# 巨人 천관우

## 우리 시대의 '言官 史官'

이 책은 방일영 문화재단의 지원을 받아 저술·출판되었습니다.

# 巨人 천관우

## 우리 시대의 '言官 史官'

일조각

『우리 시대의 '言官 史官'— 巨人 천관우』를 펴내며

# 人傑은 가도 발자취는 뚜렷하다

무리별의 중심에 있던 큰 별이 그 고난의 새벽에 스러지듯이 간 '성서星逝' 스무 해. 망각 아닌 부재不在의 시간이긴 해도 20년은 너무 길었던 일월日月이었습니다. 이제 후석後石 천관우千寬宇 선생과 시대를 함께했던 언론계 후배, 그리고 사학계의 후학, 민주화운동의 동지, 62명의 이름 있는 각수刻手들이 저마다 따르(追)고 기리(慕)는 마음으로 『우리 시대의 '言官 史官' – 巨人 천관우』, 그 다면체 실물상을 조상彫像해 해놓고, 큰 이름 '천관우'를 제창齊唱합니다.

그렇게도 뜨겁고 아팠던 날들을 당당하고·의연하게 걸어가던 '언론인 천관우' 상을, 그리고 뛰어난 사학자의 모습을, 또 민주투사의 모습을 우리는 보아서 알고 있습니다. 성강직性剛直하고 기개세氣蓋世하여 칼 같은 권력 앞에서도 뒤로를 돌아보지 아니하고 준엄한 사관史官의 눈으로 제폐諸弊를 논란論難하고 광정匡正하려던 그 자세는 실로 국사國士적인 것이었습니다.

한국일보와 조선일보 논설위원, 조선일보, 민국일보, 동아일보의 편집국장, 서울일일신문과 동아일보 주필을 거치면서 명징明徵한 판단력과 뛰어난 문화文華, 곧 조사措辭와 행문行文, 그리고 운상運想이 현대 산문의 한 틀을 이루었다는 논설과 단평은 신문 문장의 한 전범典範으로 일컬어집니다.

언론인이면서 아울러 탁발卓拔한 사안史眼을 가졌던 사학자史學者이기도 했던 천관우 선생은 7세 능문能文의 천재적 재기와 가학家學으로 이어받은 한학漢學을 바탕으로 광수박람廣搜博覽하여 국사학의 근세사에서 고대사에 이르는 영역에 두드러진 여러 개의 표석標石을 세워놓았습니다. 그리고 약관 20대부터 만년에 이르기까지 서울대학교, 고려대학교, 연세대학교, 홍익대학교, 중앙대학교, 건국대학교, 인하대학교의 강단에 섰으며 그로써 국사학계에 이바지한 공로도 그침 없이 회자膾炙되는 바입니다.

또한 신문의 편집권 수호, 곧 자유언론의 수호자로서 투쟁의 전면에 섰으며 전횡專橫과 장기집권을 획책하는 박정희 권력에 맞서서 민주회복을 도모하는 운동의 구심체로서 일신의 영리榮利를 돌아보지 아니하던 그 강의剛毅한 모습은 지금도 눈에 선합니다.

적대자가 아니라 비판자로서 정론正論을 표방하던 언론에겐 혹한기酷寒期였던 박정희 시대에 천관우 선생은 천하의 바른 자리에 서서(立天下之正位), 천하의 길을 갔던(行天下之道), 뛰어나고 매이지 않는(卓犖不羈) 선비요, 재물을 초개같이 여기던 불애전不愛錢의 염결廉潔한 선비였습니다. 일찍이 묘당廟堂에의 손짓에도 고개를 가로저었던 그 탈속의 행태行態는 천하대사를 논정論定하는 언론인으로서 바른 자리에 서지 않고서는 불가능한 처신입니다.

천관우 선생은 어느 모로 보아도, 생애를 통하여 아아峨峨한 산이었습니다. 한 시대를 상징하는 인걸의 발자취를 재현, 재록하는 추모문집을 상재上梓, 출간함으로써 숭산제崇山祭가 이루어졌습니다. 전 언론계, 역사학계와 더불어 경하하는 바입니다.

2011년 10월

천관우 선생 추모문집간행위원회

# 아! 천관우

(1925~1991)

## 縹渺 표묘

동아일보 편집국장 당시 시사만화가 백인수 화백이 그린 한복차림의 후석 선생 전신 그림. 상단의 글귀 縹渺는 '넓고 끝이 없는 모양'의 뜻으로 가없이 아득한 크기의 거인 천 선생의 경륜을 표현하고 있다. 글자가 틀려 있다.

## 기개가 서슬 같던…

이 나라 신문의 대표적 위치에 있었던 동아일보! 그 중심에는 '천관우 편집국장', '천관우 주필' 이 있었다.
당시 기개가 서슬 같던 천관우 편집국장의 이 모습 저 모습.

# 사학자 천관우

천관우 선생은 한국사학자로서 아카데미즘사학이 아닌 사론史論 위주의 민간사학의 전통을 이으며, 한국사를 대중화시키는 데 기여하였다.

천관우 선생 환력還曆기념 한국사학논총 증정식.

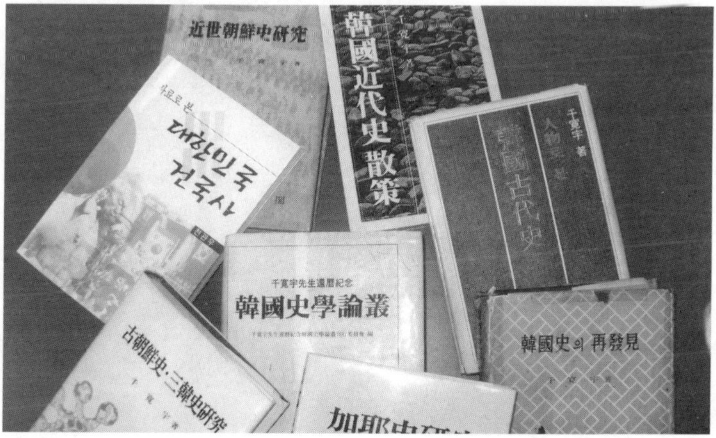


천관우 선생이 펴낸 저서.

## 유교적 선비

천관우 선생은 유교적 선비의 전형 같은 언론인으로 선후배에 대한 예의가 남달랐다.

조선일보에 있을 때
각별했던 유봉영 선생과. (59년)

이전하는 독립문 앞에서
홍종인 선생과 함께 (70년)

## 통일에 확고한 입장

일찍이 학생시절 반탁운동에 앞장선 바 있는 천관우 선생은 80년대 정치적 혼돈이 초래할 대한민국의 안보 불안을 누구보다 걱정하였고 통일문제에 대해서도 정권의 차원을 넘어 건전한 방향에서 논의되고 추진되어야 할 중대 사안이라는 확고한 입장에 서 있었다.

◀▲ 판문점에서.

## 유럽 기행

천관우 선생은 문장가였다. 53년 미국 유학 후에 쓴 「그랜드 캐년」이라는 기행문은 대단한 명문으로서 고등학교 국어교과서에 실리기까지 하였다. 그가 민국일보 편집국장 때에 영국정부초청으로 런던을 둘러보고 와서 쓴 기행문도 많은 이들의 기억에 남아 있다.

민국일보 편집국장 때 런던 웨스트민스터 궁(국회의사당) 앞에서.

민국일보 편집국장 때 분단독일의 상징, 베를린 브란덴부르크문 앞에서.

## 민국일보 '정열의 필봉'

천관우 선생이 언론인으로서 가장 영향력을 발휘한 시기는 민국일보 편집국장 때였다. 최고의 신문을 만들기 위해 쟁쟁한 기자들을 대거 스카우트해 돌풍을 일으켰다.

민국일보 편집국장 때 함께 일한 동료들과 함께. (71년)
왼쪽부터 당시 문화부장 최일남 씨, 천관우 선생, 사회부장 이목우 씨, 경제부장 안정보 씨.

## 동아일보의 대들보

편집국장 3년, 주필 3년…, 1960년대의 '천관우 시대 6년'은 동아일보 최고의 황금기를 구가했다.

최두선 사장 이임식 끝내고
기념촬영.
당시 차장 이상 참석했다.
(63년, 옛 동아일보 옥상에서)

동아일보 편집국장 시절
단평집 『썰물 밀물』
출판기념회식. (65년)

## 함의가 담긴 두 눈빛

천관우 선생에게 한 시절 힘을 실어줬던 일민 김상만 동아일보 회장과 건배하는 두 분의 눈빛이 이채롭다. (84년)

## 편협
## 일본시찰

김포공항에서 천관우 선생이 평소 존경했던 당시 일석 이희승 동아일보 사장(오른쪽)과 고재욱 주필과 함께. (64년)

## 월봉저작상 심사

제9회 월봉저작상 심사 후(1983. 3. 17). 월봉저작상은 일제 강점기 언론인, 교육자로 민족운동에 헌신했던 월봉月峰 한기악韓基岳(1898~1941) 선생을 기려 제정됐다.

왼쪽부터 이기백, 천관우, 이우성 선생.

## 박정희와 천관우

창보다 방패가 더 크기는 하다마는 창矛과 방패盾는 모순이라고 했던가.
결코 양립될 수 없었던 독재권력과 비판언론의 상견례.

박정희 대통령이 청와대에서 월남을 방문하고 온 신문편집인협회 회장단 일행을 접견하고 있다.
(66년, 당시 천관우 선생은 부회장)

## 재야민주화운동의 원조

천관우 선생은 정치적으로 어두웠던 그 시절, '서서 죽을지언정 무릎을 꿇지 않겠다' 는 자세로 이 나라 재야민주화운동을 창도하고 이끈 우뚝한 지도자였다. 그 뜨거웠던 족적들.

민주회복운동에 앞장선 천관우 선생의 '유신헌법철폐' 강연. (70년대 말)

민주화운동 초창기에 주요 인사들과 함께한 천 선생.
(아래 왼쪽부터 이인, 양일동, 김영삼, 그 뒤로 함석헌, 유진오 선생 등이 보인다.)

민주회복(유신반대) 운동 초창기 주요 인사들과 함께. (73년)

유신반대개헌운동 개시선언.
(74년, 종로 YMCA 강당, 왼쪽부터 계훈제, 천관우, 함석헌, 장준하, 김동길 씨 등)

동아일보 농성사태 때
유신반대개헌운동
선두에 나섰다.
베레모를 쓴 천 선생
왼쪽에 있는 이가
이희호 여사.
(75년)

재야단체의 효시인 민주수호협의회의 인사들과 함께한
천관우 선생. 천 선생은 '민수협' 의 핵심이었다.
왼쪽이 함석헌 옹. (75년)

김동길 선생과 부산에서. (72년)

## 기자들의 언론자유 투쟁 격려

자유언론운동에서 기자의 롤모델은 천관우 선생이었다. 천 선생은 기자들의 언론자유 투쟁에 '임중이도원任重而道遠(임무는 무겁고 길은 멀다, 큰일을 맡아 책임이 무겁다)'을 떠올리며 "의로운 언론인들이여, 복이 있을지어다. 한국의 민주주의, 복이 있을지어다"라고 격려했다.

광화문 동아일보 사옥 현관 앞에서 정일형 박사, 이태영 여사와 함께. (75년)

동아일보 자유언론투위 기자들과 함께. (77년, 불광동 댁에서)

## 주례

유신시절 민주화운동을 했다는 이들치고 천관우 선생의 이름 석 자에 기대지 않은 이 드물고, 그분의 그림자 아래 잠시 머문 이력 하나로 고난과 정통의 경력을 과시하던 이 역시 적지 않다. 그 무렵 그분을 사숙했던 언론계 후배와 후학들은 천관우 선생이 결혼식 주례를 서주시기를 바랐다.

▲▶1973년 4월 9일 천관우 선생은 당시 동아일보 기자였던 이부영 군과 손수향 양(장준하 선생의 비서)의 결혼식 주례를 섰다. 아버지가 없었던 두 사람에게 장준하 선생(왼쪽에 서 있는 분)이 대부가 되어 주었다.

## “우리가 세상을 건지지 않으면 누가 건지느냐”

한가람 흘러 흘러 / 비진 터 기름지니 / 삼천리 밝은 정기 / 엉킬 곳이 예로다 / 태백에 밤이 새여 / 봉은 바람을 치니 / 아! 온 누리 건질 / 경성대학 예과…
1945년 광복으로 경성대 예과에 재학 중이던 천관우 선생은 “우리가 세상을 건지지 않으면 누가 건지느냐” 이런 웅대한 기백의 학생가(3절)를 지었다.

청주고보 14회
동기생들과 힘께. (70년)

경성대학 예과시절 학우들과 함께.
(뒤 오른쪽이 천관우 선생)

# "노총각 늦바람 났구나"

혼례
56년 5월 2일(수) 오전 10시
서울 운현궁 예식장에서
대학 은사 이병도 박사의 주례로 혼례를 가졌다.

신혼여행 석굴암에서.

## 결혼식장에서 접수를 본 최병우崔秉宇 씨

김재석金再釋, 최준崔埈, 최병우崔秉宇 씨 세 분이 접수대를 맡고 있다. 특히 천관우 선생 결혼 얼마 뒤 한국일보 특파원으로 대만 금문도에서 취재하다 실종된 최병우 씨(오른쪽)가 눈길을 끈다. 최병우 씨는 방명록에 이런 글을 남겼다. "老總角 늦바람 났구나. 이제 관관 1年生일세(관관 6年生 崔秉宇)."

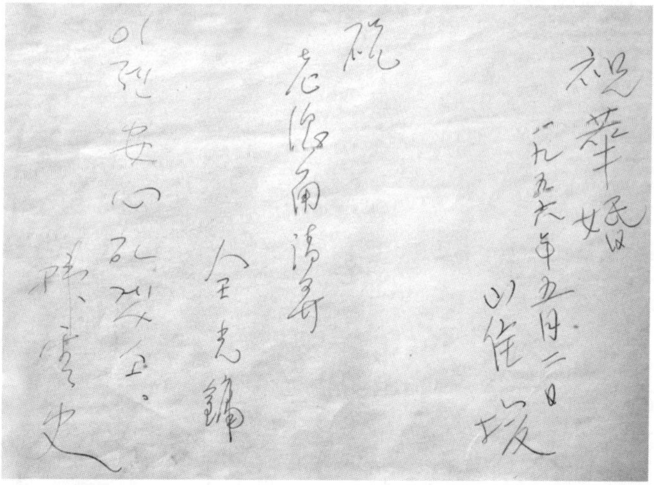


결혼식 방명록

崔埈, 全光鏞, 韓雲史, 趙豊衍, 崔鍾起, 韓佑劤, 洪思重, 芮庸海, 權重輝, 具泰會, 許善道, 金光涉, 柳洪烈, 李馨, 李寬求, 車柱環, 閔錫泓, 李建鎬, 郭福山, 鄭一亨, 李光杓, 高永復, 方一榮, 吳宗植, 洪承勉, 李奭熙, 李東旭, 尹錫憲, 廉普鉉, 金泰吉, 朱耀翰, 洪鍾仁, 李漢彬, 朴浚圭, 張基榮, 尹石重, 金庠基, 高濟経, 李基白, 李相佰, 崔哲海 씨 등 당대 언론계, 학계 등 각계 인물들 이름이 즐비하다.

## 떳떳한 삶

천관우 선생은 "생애의 주인공이라는 생각으로 살아가는 것이 떳떳한 삶의 비결"이라고 1980년 외솔상(문화부문) 수상 당시 그의 사생관을 밝힌 바 있다. 이런 기개는 실생활에도 연결되어 1971년 민주수호협의회 공동대표 등 반독재 투쟁에 발 벗고 나섰다.

제9회 외솔상 시상식.

외솔상 시상식 후 기념촬영. (80년)

## 거인의 울화증

"전두환 씨가 돈을 줘 새로 집을 지었다느니…. 천 선생은 그 악의적인 루머에 크게 상처받았습니다." — 부인 최정옥 여사

하늘을 우러러 한 점 부끄러움 없는 인생을 산 천 선생이 말년에 폐암보다 울화증에 몸이 많이 쇠했다.

폐암 수술 후 자택에서 부인 최정옥 여사와 함께. (89년)

## 무욕無慾

천관우 선생은 작은 집 한 채가 전부였다. 그러면서 후배 기자들을 만나면 집으로 데려가서 소주잔을 나누었다. 호주머니에 돈이 들어 있으면 참지 못했다. 술을 마시든지 누구를 도와주든지 탕진해버려야 하는 성품이다.

천 선생이 남긴 유품.
베레모, 파이프, 안경.

## 원고를 붓글씨로

다섯 살 때 조부로부터 한문을 배워 선생의 한문과 붓글씨 실력은 대단하다. 1934년 2월 17일자 동아일보는 「글씨 잘 쓰는 천관우 9세, 5살부터 독서 가능해」라는 제목의 기사와 함께 '송죽松竹'이라고 쓴 붓글씨를 게재했다. 언론인이 되고 나서 한국일보 시절엔 곧잘 붓글씨로 칼럼 원고를 작성해서 이채를 띠었다.

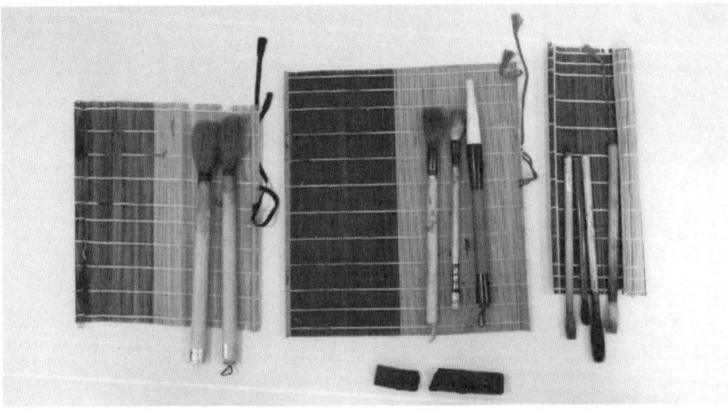

평소 사용하던 붓과 먹.

# 천관우 선생 묘소

"言論人이며 歷史學者이었던
千寬宇(1925~1991)
여기에 잠들다"

① 천안 공원묘역의 천 선생 유택幽宅.
② 세로 열두 뼘, 가로 여덟 뼘, 높이 한 자 반의 석곽묘石槨墓에 천하를 덮던 장대한 기골이 묻혀 있다.

천안 공원묘역의 천 선생 유택幽宅에서.
(왼쪽부터 권도홍 씨, 부인 최정옥 여사, 강승훈 씨, 이병대 씨)

# 목차

**발간사**


- 人傑은 가도 발자취는 뚜렷하다 / 천관우 선생 추모문집간행위원회 ........ 5


**화보**


- 아! 천관우(1925~1991) ........ 7


## 후석 선생의 큰 발자취


- 언론인, 사학자, 민주화 투쟁의 거목 / 정진석鄭晋錫 ........ 36


## 1부 언론인 천관우

### 1장 아깝다, 우리는 한 國士를 놓쳤다!


- 우리 시대의 '언관 사관' / 최정호崔禎鎬 ........ 98
- 두고두고 우뚝한 존재 / 최일남崔一男 ........ 108
- 고딕체의 인물 / 김성우金聖佑 ........ 115
- 괄괄한 유교선비 / 남재희南載熙 ........ 122
- 어디서 보아도 높은 메 / 이원홍李元洪 ........ 131
- 觀山 30년 / 권도홍權度洪 ........ 154
- 3김에 깊은 환멸 / 남시욱南時旭 ........ 167
- 하늘에서 한국현대사 굴절 정리해 주소서! / 김진현金鎭炫 ........ 176
- 그 기질에, 그 자존심에… / 손세일孫世一 ........ 183


### 2장 질풍노도의 생애를 산 선각


- '큰 사람' 그 청빈의 正義 / 이대훈李大勳 ........ 200
- '나산의기' 현장 떠어든 논설위원 / 이 형李馨 ........ 218

• 역사도 언론도 민초의 편에 섰다 / 이종식李鍾植 225
• 정열의 필봉 민국일보 지휘탑 / 계창호桂昌鎬 232
• 우람한 기상 '천하의 천관우' / 김진배金珍培 240
• 역사를 기록한 행동의 언론인 / 최서영崔瑞泳 250
• 한국 언론 100년사의 마지막 거목 / 이종석李種奭 255
• 신문지면에 반영된 투철한 역사관 / 윤양중尹亮重 269
• 거구의 뒷모습 / 김병익金炳翼 277

3장 거인 천관우에 대한 회억

• 不言實行, 천관우 편집국장 / 이혜복李蕙馥 286
• 경성대 예과 '학생가' 지어준 후석 선배여! / 민 기閔畿 290
• '한국통사' 집필의 집념 / 손일근孫一根 295
• 62년 전의 '칠판의 교훈' / 공대식孔大植 300
• 회의장 압도한 코 고는 소리 / 김광희金珖熙 304
• 언행이 한 치 어김없던 언론인 / 여영무呂永茂 307
• 모두 우러러봤던 '천관우 편집국장' / 문명호文明浩 314
• 마지막 불꽃 사르던 말년의 외로움 / 이성춘李成春 321

2부 사학자 천관우

1장 사학계의 거목, 한국사학의 스승

• 한국사학자로서의 천관우 선생 / 민현구閔賢九 340
• 獨對聽講 / 한영국韓榮國 348
• 후학을 아끼는 마음 씀씀이 / 유승주柳承宙 354
• 위암 선생, 민세 선생, 후석 선생 / 김경희金京熙 360
• 술자리가 곧 역사 강의 시간 / 이장희李章熙 363
• '군계일학'의 칭송 기억이 새롭다 / 이만열李萬烈 370
• 유신법정의 태산 같은 장중한 모습 / 김영한金榮漢 384
• 호쾌한 대세적 판단의 역사 강의 / 이재범李在範 391

## 2장 고난 속에 꽃피운 한국사학의 이정표


• 사학에 대한 열정과 천재성 / 한영우韓永愚 400
• 시대의 아픔을 학문성과로 승화 / 김정배金貞培 412
• 연금 중에 한국사 연구 몰두한 대인 / 이기동李基東 417
• 좌·우파를 뛰어넘는 넓고 깊은 뜻 / 이태진李泰鎭 425
• 인고 속에 한국고대사 대중화에 심혈 / 김두진金杜珍 435
• 글을 통해 얻은 배움의 은혜 / 정만조鄭萬祚 442
• '실학'으로 파악한 韓國史像 / 고병익高柄翊 447
• 우리 시대의 큰 별이… / 이기백李基白 455


## 3장 학문으로 만난 천관우 선생


• 민족주의 사학의 맥 / 안용환安龍煥 460
• 현실에 기초하는 역사 연구 중시 / 문창로文昌魯 480


# 3부 민주투사 천관우

## 1장 서슬 퍼런 그 시절 서슬 같던 그 기개


• 재야단체의 효시 '민수협'의 기둥 / 이호철李浩哲 492
• 되새기는 잊혀진 거목 /김정남金正男 511
• "내가 다 보고 있다, 이놈들아!" / 권근술權根述 524
• 자유언론의 길 '우리대장 천관우' / 이부영李富榮 533
• 깊은 물길 같았던 내 마음의 의지처 / 김영준金永俊 540


## 2장 천관우 선생의 통일사상


• 천관우 선생의 '복합국가론'을 다시 생각한다 546
— 한반도 평화통일론에서의 자리매김을 위하여 / 이부영李富榮

# 4부 인간 천관우

## 1장 가족과 지인들의 안타까운 회상


- "허허 내가 돈을 먹어…" 584
  — 후석 선생의 알려지지 않은 이야기들 / 이병대李炳大
- 말년 금연을 거부했던 그 심정 / 천기흥千璣興 614
- 거목으로 우뚝 서 계시옵소서! / 황 빈黃嬪 622
- 생가 수몰은 큰 실책 / 정운종鄭雲宗 627
- 고향에 남긴 '박달재 비문' / 장석건張錫健 631


## 2장 후석 선생에 대한 단상


- 역사에 일가견 갖춘 33세 편집국장 / 조선일보사 사료연구실 640
- 천관우의 '학생가' 기백 / 한운사韓雲史 644
- 「李圭泰 코너—천관우」 / 이규태李圭泰 646


## 3장 천관우 단평집 『썰물 밀물』, 『언관 사관』


- 현대산문의 한 틀 / 오종식吳宗植 650
- 신문단평의 이정표 / 김진만金鎭萬 652
- 大海서 떠낸 물 같은 단평 / 선우 휘鮮于煇 654
- 衒學스럽지 않은 지성의 샘 / 조풍연趙豊衍 656
- 한국신문 이해의 길잡이 / 홍승면洪承勉 658


### 부록


- 六十自敍 / 천관우千寬宇 663
- 千寬宇 先生 年譜 685


### 후기


- 추모문집 편찬을 끝내고 / 강승훈姜勝勳 693

# 후석後石 선생의 큰 발자취

# 언론인, 사학자, 민주화 투쟁의 거목

정진석
한국외국어대 명예교수

1. 문사일체의 언론인 겸 역사가 / 37
2. 사학 전공, 미국 유학, 언론계 입문 / 38
1) 안재홍과의 인연으로 실학 연구 / 38
2) 피난수도 부산의 대한통신 기자 / 42
3) 미국 유학, 한국일보 조사부 차장 / 44
4) 입사 5개월에 29세 논설위원 / 48
3. 조선일보·민국일보 국장, 서울일일신문 주필 / 50
1) 「만물상」 개설, 신문윤리강령 기초 / 50
2) 한국일보 거쳐 세계일보로 / 54
3) 민국일보로 개제 지면혁신 / 58
4) 서울일일신문 주필과 폐간 / 60
4. 동아일보 편집국장 주필 / 63
1) 언론인 생활 전성기 / 63
2) 신동아 필화 / 68
3) 동아일보 퇴직과 복직 / 75
5. 언론계 밖에서 투쟁과 저술 / 79
1) 기자들의 언론자유 투쟁 격려 / 79
2) 칼럼집 출판과 저술 / 84
2) 마지막 언론계 복귀 / 87
6. 긍정적 역사관, 신바람 나는 역사 / 89

천 선생은 언론인, 사학자, 민주화 운동가로
우국적인 한말 언론인의 사상과 행동을 계승한
논객이자 문장가의 풍모를 지녔던
올곧은 인물이었다.

## 1. 문사일체의 언론인 겸 역사가

천관우 선생(1925. 8. 10~1991. 1. 15)은 언론인, 사학자, 민주화 운동가로 올곧은 일생을 살았다. 우국적인 한말 언론인의 사상과 행동을 계승한 논객이자 문장가로 규정할 수 있는 풍모를 지녔던 인물이다.

천관우는 자신의 걸어온 길을 "신문인을 직업으로 삼으면서 역사책을 들여다보느라고 해 온 기자 반, 사학도 반"으로 규정하면서 장지연, 박은식, 최남선, 신채호, 정인보, 문일평과 같은 유형의 선각자들을 지침으로 삼아 의지하고 싶은 생각을 지니고 있었다고 말했다.[1] 이들은 문사일체文史一體의 언론인이자 역사가이며 문인이라는 공통점이 있다. 자신이 그들과 같은 길을 걷고자 했고, 그런 길을 걸었던 것으로 평가할 수 있다.

한말에서 일제 강점기까지도 언론인들 가운데는 역사학을 경세학經

1 천관우, 「저자후기」, 『한국근대사 산책』, 정음문화사, 1986, 294~295쪽.

世學의 주요한 일부분으로 인식한 분들이 있었으며 저널리즘은 일종의 경세학이었다고 천관우는 평가하였다. 전통사회에서의 '경세經世'란, 정권에 참여하여 정책을 구현시키는 경우가 아니면 야野에 있으면서 대개는 상소 형식으로 정책론을 개진하며 정권이 이를 채택하기를 기다리는 경우였으나 서양 근대 문물의 유입과 함께 재야자의 '경세'적인 정책론에는 저널리즘에 의존하는 새로운 길이 트인 것이라고 보았다.[2] 신문은 왕조시대의 사기史記에 해당하며 시대상황의 변화에 따라 역사영역의 일부를 언론이 담당하였지만 근본적으로는 언론과 역사가 동일한 기능을 갖는 것으로 인식하였다.

천관우는 조선일보, 민국일보, 동아일보 세 신문의 편집국장을 역임했고, 이 세 신문과 한국일보를 포함하여 네 신문의 논설위원이었으며, 서울일일신문, 동아일보의 주필을 지냈다. 논객으로서만이 아니라 신문제작을 총괄할 수 있는 능력과 인품을 동시에 갖춘 사람이 아니면 맡기 어려운 직책이었다.

이 글에서는 주로 '언론인 천관우'의 일생에 초점을 맞추면서 사학자, 민주화 운동가의 면모도 살펴보고자 한다.

## 2. 사학 전공, 미국 유학, 언론계 입문

### 1) 안재홍과의 인연으로 실학 연구

천관우는 1925년 8월 10일(음력 6월 2일) 충청북도 제천군 금성면 북진리에서 농업을 하는 가정의 2남 3녀 가운데 막내로 태어났다. 생가

2 천관우 · 최준 · 구가혀 이, 『위암 장지연의 사상과 활동』, 민음사, 1993, 506쪽.

가 있던 북진리는 충주댐 건설로 수몰되었다. 네 살 때인 1929년에는 제천군 청풍면 읍리로 이주했는데, 그곳도 수몰되었다. 다섯 살인 1930년부터 조부 천인봉千仁鳳으로부터 한문을 배우기 시작하였고, 1931년 4월에는 청풍공립보통학교에 입학했다. 보통학교를 졸업하던 1937년 3월까지 한문공부는 계속하였다. 한문 실력과 붓글씨는 초등학교 재학 중에 인근에 널리 알려져 천재라는 칭찬을 들었을 정도였다.

3학년 때인 1934년 2월 17일자 동아일보는 「글씨 잘 쓰는 천관우 9세, 다섯 살부터 독서 가능해」라는 제목으로 천관우가 다섯 살 때부터 읽기와 쓰기가 가능해서 사람들이 천재라고 칭찬이 자자하다는 기사에 곁들여 천관우의 사진과 '송죽松竹'이라고 쓴 붓글씨를 게재했다. 천관우의 이름이 신문에 처음 소개된 기사였다. 후에 그가 편집국장과 주필을 맡아 언론인으로 가장 중요한 활동을 펼치는 동아일보와의 인연이 이때부터 시작된 셈이다.

중일전쟁이 일어나던 1937년에 보통학교를 졸업하고 청주공립고등보통학교에 입학하여 1942년에 졸업했다. 5년제 중학교를 졸업할 때에는 교명이 청주제일공립중학교로 바뀌어 있었다. 졸업 후 경성제국대학에 응시했으나 2년 연속 불합격의 고배를 마셨다. 중학교 때 세계문학전집과 소설 같은 것을 읽고 학교 공부에 소홀히 했기 때문이었다. 그러나 소설을 많이 읽고 재수 기간에 다양한 방면의 독서 기회를 가진 것은 미래를 위한 기초를 다진 결과가 되었다. 이때 접한 책 가운데서는 최남선의 역사서와 기행문들이 관심을 끌었다. 장차 언론인으로 생활하면서 역사학을 탐구하는 토대를 쌓는 수련기였다.[3]

3 천관우, 「나의 학문의 길」, 「六十自敍」, 『천관우 산문선』, 심설당, 1991, 10쪽, 132쪽: 같은 제목의 「六十自敍」는 『천관우 선생 환력기념 한국사학논총』(정음문화사, 1985)에도 실려 있다. 거의 같은 내용이지만 환력기념 논총에 실린 「六十自敍」가 좀 더 상세하다. 『천관우 산문선』에 실린 「六十自敍」에 없는 설명이 추가된 것도 있다.

1944년 4월 19세에 경성제국대학 예과 문과 을류乙類(인문계)에 입학했다. 보통학교 입학하던 해에 만주사변(1931. 9.)이 일어났고, 고등보통학교 입학하던 해에 중일전쟁(1937. 8.)에 이어 태평양전쟁(1941. 12.)이 시작되어 그 막바지였던 때까지 식민지치하 일제의 침략전쟁 시기에 학업을 계속한 것이다.

광복 이듬해 1946년 7월 경성대학 예과를 수료하고 곧 국립 서울대학교 문리과대학 사학과에 진학하여 이병도李丙燾, 손진태孫晋泰, 이인영李仁榮, 유홍열柳洪烈 같은 교수와 그 외에도 당대 일류 교수진의 가르침을 받을 수 있었던 것은 큰 행운이었다. 선배 대학원 학생들과 함께 홍기문洪起文의 집에서 『대전회통大典會通』 연습을 들은 적도 있었다. 홍기문은 월북하여 『조선왕조실록』을 국역하는 대사업을 주도한 인물이었다. 이때 천관우가 들었던 강의는 조선왕조사 이해에 큰 도움이 되었다.

천관우는 1949년 7월에 졸업하였다. 졸업논문은 「반계 유형원 연구磻溪 柳馨遠 硏究—실학발생에서 본 이조사회의 일 단면」이었다. "조선후기 실학파의 일조一祖"로 불리는 유형원의 정책론을 개괄한 논문이었다. 이 졸입논문은 『역사학보』 제2호와 제3호(1952년)에 게재되어 그 후에 하나의 붐을 이루다시피 한 실학 연구에 결정적인 영향력을 발휘하였을 정도로 학계에서 인정을 받는 수준이었다.[4]

천관우가 실학을 주제로 졸업논문을 택한 것은 예과시절에 잠시 가까이 모실 수 있었던 안재홍과의 인연이 계기였다.[5] 안재홍은 언론인이면서 실학에 깊이 있는 연구를 축적한 학자였다. 해방이 되던 해 천관우는 일제의 학도 근로동원으로 홍남에 있는 군수화학공장에 가 있

---

4 이기백, 「賀序」, 『천관우 선생 환력기념 한국사학논총』, 정음문화사, 1985, 1쪽.

5 천관우, 위의 글; 천관우, 『한국근대사 산책』, 정음문화사, 1986, 295쪽.

다가 병을 핑계로 서울에 돌아오니 자신이 원래 머물고 있던 친척집에 안재홍이 기거하고 있었다. 이처럼 우연한 기회로 천관우는 두어 달 동안 안재홍과 같은 방을 쓰면서 개인적인 가르침을 받을 수 있었다. 안재홍은 천관우와 독대하여 강의해 주었는데, 천관우는 이를 노트에 필기하는 방식으로 전수받았다. 그 강의와 동일한 줄거리가 안재홍이 광복 직후에 출간한 『신민족주의와 신민주주의』(1945. 9)라는 작은 책의 일부분으로 출간되었다. 안재홍은 이 책에서 "우리는 40년간 일본에 예속되었고, 36년 동안 전 민족의 모든 계급이 굴욕과 착취의 대상이었다. 이제는 모든 계급이 함께 해방되었으므로 초계급적인 통합 민족국가를 건설하여 민족의 해방과 독립을 완성하여야 한다"고 기술했다.

천관우는 안재홍의 구술을 받아 적었던 필기 노트를 보물처럼 간직하고 있었는데 6·25전쟁 통에 잃어버리고 말았다.[6] 1978년에 『민세 안재홍 선집』 편찬을 준비하면서 천관우가 「안재홍 연보」를 작성한 것은 "민족운동가이면서 언론인이자 정치인" 안재홍의 자료를 정리한다는 객관적인 목적 외에 개인적인 인연도 많이 작용하였다.

천관우의 졸업논문 지도교수는 이병도였다. 졸업논문 「반계 유형원 연구」는 어려서부터 한학을 익힌 실력을 바탕으로 안재홍과 이병도의 가르침에 힘입어 뛰어난 논문을 완성할 수 있었던 것이다.

재학 중에 천관우는 경성대학 예과 학생회가 발행하는 『경성대학 예과신문』을 편집했다. 타블로이드 2면 체제 예과신문은 1946년 3월 6일에 순간旬刊 신문으로 창간되어[7] 중간에 휴간한 적도 있어서, 1948년 8월 29일자 제16호까지 발행되었다.[8] 한운사도 신문발행에 동참하

6 천관우, 「六十自敍」, 『천관우 선생 환력기념 한국사학논총』, 정음문화사, 1985, 1082～1083쪽.

7 조선일보 1946년 3월 13일자.

8 「신간소개」, 서울신문 1948년 8월 29일자.

면서 좌익 학생들과 맞서 상아탑을 지키겠다는 자세를 취했다.[9]

### 2) 피난수도 부산의 대한통신 기자

천관우는 졸업 후 장차 학문의 길로 들어설 계획으로 학교에 남아 무급 조수(조교)로 연구실에 남았다. 6·25전쟁이 일어나기 전까지 잠시 경기중학교 교사를 지냈는데[10] 전쟁이 아니었다면 교수가 되어 학문의 길을 걸었을 것이다.[11] 그러나 전쟁은 천관우를 언론인의 길을 걷도록 하였다.

1951년 1·4 후퇴 때에 천관우는 친구 한 사람과 트럭에 매달려 가까스로 1월 3일 0시 반에 한강을 건넜다.[12] 부산으로 내려가서는 대한통신 기자가 되었다. 우선 당장 세 끼 밥을 먹기 위한 방편이었다. 대한통신은 1950년 8월 6일 피난수도 부산의 광복동에서 창간되었다. 사장 박종만朴鍾萬은 국회 사무총장이었고 계약사는 UP통신으로 하루 2편 발행이었다.[13] 경영진으로는 전무 한응열韓應烈, 상무 최기섭崔基涉, 취체역 김성곤金成坤, 이병철李秉喆, 편집국장 강영수姜永壽, 편집부장 김광섭金光涉, 취재부장 김창문金昌文, 지방부장 원경수元瓊洙 등으로 서울에서 내려온 언론인들이 모여 창립한 통신이었다. 국방부 정훈국 부산지구분실장 김종문金宗文 중령은 기자들에게 "부산에 있는 각 통신사를 하나의 통신사로 통합하여 대한통신 지사로 발족하는 데 대하여 전폭적인 환영을 하여

---

9 한운사, 「인생만유기」 13, 매일경제 1992년 8월 17일자.

10 천관우가 경기중학교 교사를 지냈다는 사실은 「연보」나 「자서」에는 나오지 않는다. 그러나 한운사의 「인생만유기」(매일경제 1992년 8월 21일)에 "문리대 불문과로 진학한 나는 경기중학 교사로 오라는 천관우 형의 권유를 마다하고, 서울중앙방송국의 편성과로 들어갔다."라는 말이 있는 것으로 보아 천관우가 이때 경기중학 교사로 있었던 것 같다. 천관우의 수필 「占卜」에 1·4 후퇴 때에 "같은 직장의 T군과 나는" 이라는 말이 나오는데, 어느 직장인지 구체적인 언급이 없는데 혹시 그 직장이 경기중학은 아니었을지?

11 천관우, 「나의 학문의 길」, 「六十自敍」, 『천관우 산문선』, 심설당, 1991.

12 천관우, 「占卜」, 『천관우 산문선』, 심설당, 1991, 20~23쪽.

13 『합동통신 30년』, 합동통신사, 1975, 65, 326쪽.

마지않는 바이다"라고 말했다. 대한통신은 우리나라에 단 하나밖에 없는 통신이므로 외국통신에 비해서 그 체제는 물론이고 내용에 있어서 하등 손색이 없도록 노력해 주기를 바라는 동시에 이 통신의 발전을 기원한다고 말했다.[14] 대한통신 사장 박종만과 주간 조성복趙性福, 총무국장 김명보金明寶가 취임했다는 기사가 8월 29일자 부산일보에 실려 있다.

9·28 후 대한통신은 사세를 강화하기 위해 자본금 5천만 원의 주식회사를 조직하여 정일형鄭一亨이 사장에 취임하고 UP와 계약을 체결했다.[15] 정일형이 사장을 맡은 이후에 그의 부인 이태영이 고등고시를 준비하면서 천관우로부터 국사과목에 도움을 받기도 하였다.[16] 1·4 후퇴 후 부산에서 영업을 계속하던 1951년까지 대한통신 편집부국장은 강영수,[17] 편집부장 김광섭이[18] 편집진이었던 무렵에 천관우는 이 통신의 기자가 되어 언론계에 첫발을 디딘 것이다.

대한통신 시절의 경험을 천관우는 「육십자서」에 짧게 회고했다. "몇 달 동안의 외근 수습을 내놓고는, 이 통신이 맡고 있던 UP통신 번역을 주로 하면서 지냈다." 1956년에 쓴 「유령」이라는 수필에도 천관우는 당시 상황을 묘사했다.

"그때 나는 부산역전(지금은 헐린, 옛날 본역) 40계단 밑에 자리 잡고 있던 어느 통신사의 합숙소에서 누구나 겪은 그 피난살이의 설움을 맛보고 있었다. 무엇 하나 마음먹은 대로 되는 것은 없어, 정신도 피로할 대로 피로해 있었고 … 2층 건물은, 아래층이 통신사 편집실이요, 편집실 구석 층계를 올라선 위층이 합숙소로 되어 있었다. 층계는, 대낮에

14 부산일보 1950년 8월 27일자.

15 경향신문 1950년 11월 12일자; 서울신문 1950년 11월 13일자.

16 이태영, 「나의 교유록」, 동아일보 1981년 12월 8일자.

17 「인사」, 연합신문 1951년 3월 30일자.

18 「인사」, 서울신문 1951년 8월 18일자.

도 장등長燈을 켜놓지 않고는 앞을 분간 못 할 만큼 우중충했다. 이층에는 한가운데 복도의 좌우로 다다미방이 대여섯씩 붙어 있는 여관방 같은 구조였다. 그리고 컴컴한 층계를 올라서서 제일 거리가 먼, 복도 끝의 방에 내가 거처하고 있었다." [19]

일제 강점기에 부산역 앞에 있던 여관이었을 것 같은 2층 건물이 통신사 사옥의 아래층은 편집국이었고, 그 이층에서 천관우가 기숙하면서 기자생활을 하고 있었던 것이다. 몇 달 수습기자로 외근 취재를 한 후에는 사내에서 외신 번역을 담당했다.

20대 후반으로 넘어가는 나이에 통역장교 시험을 쳐서 입대하는 친구도 있었지만, 총 쏘기에 어울리지 않는 신체적 결함 때문에 입대가 불가능했고, 군 충원 검사도 불합격이었다. 남들이 모두 가는 군대에 가지 못한 처지에 천관우는 열등감을 느꼈으나 어쩔 도리가 없었다.

### 3) 미국 유학, 한국일보 조사부 차장

1952년 4월에는 부산에서 역사학회가 창립될 때에 천관우는 발기인으로 참여하여 평의원이 되었다. 이 무렵에 유네스코 기금으로 미국 미네소타 대학 신문학과에서 공부할 기회가 생겼다. 천관우는 1952년 9월부터 이듬해 5월까지 유학을 마치고 돌아왔다. 전쟁 중에 미국 대학에서 연수 받는 첫 번째 언론인이 된 것이다. 3년 뒤인 1955년 9월에 미국 국무성의 연수 계획에 따라 11명의 기자들이 6개월 동안 연수를 받고 돌아온 것을 시초로 1950년대 후반에 여러 차례에 걸쳐 기자들이 연수를 받고 돌아왔다. 이들은 서구식 언론자유와 언론학 이론을 도입하고 실무적으로 발전시키는 노력을 기울이면서 1957년 1월 관훈클럽

19 천관우, 「유령」, 『천관우 산문선』, 심설당, 1991, 14~19쪽

창립의 주축이 되는데, 천관우는 이들보다 먼저 미국에서 매스컴 교육을 받고 돌아온 것이다. 1950년대에 천관우가 발표한 언론학 관련 논문과 신문윤리강령의 초안에는 미국 연수의 학문적 바탕이 깔려 있었다. 이 시기에 쓴 기행문 「그랜드 캐년(大峽谷)」은 인문계 고등학교 2학년 국어교과서에 실렸을 정도의 명문이었다.[20]

『역사학보』에 대학 졸업논문 「반계 유형원 연구」를 게재한 것은 미국 유학 기간이었다. 귀국 후 1954년 3월부터는 서울대와 홍익대 강사로 언론학을 강의하기 시작했다. 서울대는 1959년 8월까지, 홍익대는 1955년 8월까지 출강했다. '매스콤'이라는 용어를 한국 언론계에 처음 도입하고 소개한 사람이 천관우였을 것이라는 설이 있는데[21] 이때에 서울대에서 언론학 강의를 맡으면서 그 용어를 사용한 것으로 추측된다. 천관우는 서울대에서 강의를 들었던 이상희를 한운사에게 소개하여 공보실 소속 방송연구실에 취직시켰다. 한운사가 한국일보를 떠나 방송연구실 실장을 맡고 있을 때였다.[22]

1954년 6월 9일 한국일보가 창간될 때에 천관우는 조사부 차장으로 창간 사원이 되었다. 한국일보는 장기영이 기존의 태양신문을 인수하여 지령(1,236호)은 계승하고 제호를 바꾸어 창간(창간호 지령 1,237호)하는 형식으로 발행한 신문이었다. 조사부에는 부장은 없고 차장 천관우와 견습기자 이용훈李鏞薰이 전부였다. 창간 당시 경제부, 문화부, 체육부는 2명이 담당하고 있었다. 사회부만 6명으로 가장 많았고, 나머지 부서도 3명 내외의 단출한 인력이었다. 천관우의 나이 29살이었다.

---

20 이 글은 조풍연 편, 『세계의 인상—30인의 기행문』(진문사, 1956)에 실렸고, 장하늘 편, 『소리내어 읽고 싶은 우리 문장』(다산초당, 2005)에도 수록되었다.

21 「『썰물 밀물』 서평」, 경향신문 1966년 1월 19일자.

22 한운사, 「인생만유기」, 매일경제 1992년 10월 8일자.

한국일보 사사에 실려 있는 창간 당시의 편집국 인원은 37명이었다.[23]

주필 오종식吳宗植
편집국장 전홍진全弘鎭
부국장 겸 정치부장 김영상金永上, 차장 김주묵金周默, 기자 김자환金子煥
부국장 겸 사회부장 김광섭金光涉, 차장 김용장金容章, 기자 백윤진白潤珍 · 현영건玄英健 · 이강현李綱鉉 · 박용선朴容善 · 이 형李馨
편집부장 임창수林昌洙, 기자 서재학徐載學 · 박록영朴綠影 · 홍유선洪惟善
경제부장 주효민朱孝敏, 기자 송병효宋秉孝 · 홍유선洪惟善(겸임)
외신부장 최병우崔秉宇, 기자 서광운徐光云, 통신사通信士 김오동金五童 · 황점석黃點石
조사부차장 천관우千寬宇, 기자 이용훈李鏞薰(견습)
체육부장 이용일李容一, 기자 최무기崔武起
교정부장 고재환高在環, 기자 이종대李鍾大 · 신홍철申弘澈
문화부장 조풍연趙豊衍, 도안사圖案士 한홍택韓弘澤
사진부장 김영배金英培, 기자 정행鄭幸 · 김명환金明桓, 제판부원 이수만李壽萬 · 김정철金正鐵 · 이상원李相元

천관우는 한국일보가 창간된 지 몇 달 뒤인 1954년 가을에 한운사를 한국일보에 입사하도록 추천하였다. 두 사람은 서울대학교 시절부터 친구 사이였다. 한운사(본명 한간남韓看南, 1923. 1. 15~2009. 8. 11)는 일본 주오대학中央大學에 다니다가 광복 후 서울대학교 문리대 불문과에 편입하였는데 6·25전쟁 전에 천관우, 홍승면, 김규환 등과 친하게 지냈다. 김규환(1929. 2. 12~1985. 7. 5)은 1945년 3월 경북중학교를 졸업한 후 서울대학교(당시 명칭 경성제대) 예과 문과 을류에 입학하여 1947년 6월에 수료하였다. 같은 해 9월에는 문리대 정치학과에 진학하여 3년 수료 후인 1950년에 일본으로 건너가 1952년 4월부터 동경대학교 신문연

23 20년사편찬위원회, 『한국일보 20년』, 한국일보사, 1974, 10~11쪽; 『한국일보 30년사』, 1984, 230~231쪽.

구소에서 수학하였다. 1953년 4월에는 동경대학교 대학원 수사과정에 입학하여 1955년 3월에 석사학위를 받았고 4월에는 박사과정에 진학하여 1959년 3월에 사회학 박사학위를 받았다. 귀국 후에는 동양통신 편집국장, 서울대학교 신문대학원 초대 원장을 지낸 언론학자였다.

한운사는 한국일보 입사 1년 만에 문화부장이 되었다.[24] 한운사는 서울대학교 사회학과 출신 홍승면洪承勉(1927. 7. 27~1983. 5. 26)을 사장 장기영에게 소개하여 입사하도록 했다. 천관우가 장기영에게 한운사를 소개하고 한운사는 홍승면을 끌어들여[25] 초창기 한국일보에는 문리대 친구 세 사람이 자리를 잡았다. 천관우와 홍승면은 신문 칼럼니스트로 이름을 떨쳤고, 동아일보 편집국장을 지낸 경력에 '신동아 필화사건'으로 함께 물러나는 인연을 지니면서 언론계의 거목으로 성장했다. 두 사람은 절친한 사이면서도 서로 존중했고 학교 1, 2년 차이라는 이유로 '당신', 또는 '하오'로 서로 말을 놓지 못하고 지냈다. 피난수도 부산에서 뜻밖에 통역장교의 군복을 입고 최전선에서 돌아온 홍승면을 붙들고 천관우는 포장마차에서 한없이 소주를 퍼마시던 기억을 떠올리기도 했다.[26]

천관우는 홍승면보다 두 살 위였고 1949년에 대학을 졸업했지만, 홍승면은 중간에 군대를 마치고, 1954년에 졸업했다. 천관우의 사학과 졸업 동기 가운데는 노명식盧明植(경희대 교수), 길현모吉玄謨(서강대 교수), 김봉호金鳳鎬(서울신문 논설위원)가 있었다. 홍승면과 같은 해에 사회학과를 졸업한 언론인으로는 이정석李貞錫과 서울대 사회학과 교수

---

24 한운사, 「自傳 에세이, 이제 손 모아 빈 들에 서 보라」, 동아일보 1991년 2월 10일자. 『한국일보 40년』에는 한운사가 한국일보 초창기 기자로 제 3대 문화부장으로 기록되어 있다.

25 한운사, 「인생만유기」 24, 매일경제 1992년 10월 1일자.

26 천관우, 「조사, 홍승면 형을 애도하며」, 홍승면, 『잃어버린 혁명, 홍승명 칼럼집』, 나남, 1988, 838~845쪽.

고영복高永復이 있었다. 홍승면이 57세에 사망하자 천관우는 그를 추모하는 조사를 썼고, 문집간행준비위원장을 맡아 1988년 2월 『잃어버린 혁명』과 『화이부동和而不同』이라는 제목의 문집 2권을 간행했다.

### 4) 입사 5개월에 29세 논설위원

천관우는 한국일보 창간 때에 입사하여 조사부 차장으로 출발하여 5개월 후인 11월에는 논설위원이 되었다. 29세 젊은 청년이었다. 한문 실력에 문장력이 뛰어나다는 능력을 반영한 인사였겠지만 새로 출발한 한국일보는 파격적인 인사와 혁신적인 아이디어로 언론계에 신선한 새바람을 불러일으키고 있었다. 그 같은 시도의 하나로 천관우가 발탁된 것으로 볼 수도 있다.

이 해 9월 10일에는 곽복산이 운영하던 서울신문학원 주최로 '제2회 신문기자 아카데미 연구강좌'가 개최되었는데 한국일보 논설위원 천관우가 '매스커뮤니케이션'을 주제로 강의했다. 미국 유학 경력을 가진 신문사 논설위원은 거의 없던 시절이었다.

천관우가 헌병사령부에 불려갔던 필화사건은 1954년 10월 11일자 「개헌안을 국민은 이렇게 본다/ 본사 여론조사에 나타난 민의」라는 기사가 화근이었다. 자유당은 이승만의 종신집권을 보장하기 위해 초대 대통령에 한해서 중임 제한을 받지 않도록 한다는 골자의 헌법개정안을 9월 8일 국회에 제출했다. 한국일보는 이에 대한 여론조사를 실시하여 지면에 반영하기로 하고 천관우가 조사작업을 맡았다. 조사 설문지는 개헌안 공고기간이 만료된 10월 7일에 서울지방의 각계각층 인사에게 1천 2백 장을 배부했다. 설문에 응답한 사람은 국회의원을 비롯하여 정당 사회단체 간부·판사·검사·변호사·의사·공무원·경찰관·군인·교육인·은행원·회사원·상인·점원·노동자·기술자·예술인·

종교인·언론인·농부·주부·학생·무직자 등으로 구성하여 조사 대상과 범위가 매우 넓었다. 조사결과가 종합분석되어 10월 11일(월요일)자 신문에 크게 발표되었다. 결과는 예상했던 대로 반대 의견이 압도적이었고, 찬성은 적었다.

헌병사령부는 발행인 장기영, 편집국장 이건혁李健赫, 논설위원 천관우를 소환하여 조사했다. 설문대상자에 군인 6명이 끼어 있는데 회답을 보낸 장교의 이름을 대라는 것이었다. 군인이 정치에 개입하는 행위는 국방경비법 위반이므로 단속하겠다고 위협했다. 천관우가 설문에 답한 장교의 이름을 밝히지 않자 설문서를 받아 온 국방부 출입기자 예용해芮庸海를 연행하여 조사를 벌이기도 하였다. 그러는 사이 11월 26일 국회에서 개헌안이 부결되자 이틀 뒤 이른바 사사오입四捨五入이라는 논리를 내세워 이를 번복하고 통과를 선언하였다. 이 같은 개헌파동이 일어나는 바람에 여론조사 관련 필화도 흐지부지되었다. 한국일보 창간 후 첫 필화사건이었다.[27] 개헌파동 이후 11월 30일에는 야당의원 60명이 단일 원내교섭단체로 호헌동지회를 결성하는 등으로 그 여파는 길었다.

천관우는 1955년 3월부터 한국일보 고정칼럼 「지평선」을 집필하기 시작했다. 창간 당시의 집필자는 조풍연趙豊衍이었는데, 미혼의 30세 젊은 논설위원 천관우가 이어받은 것이다. 천관우는 이듬해 5월에 최정옥崔貞玉과 결혼한다.

논설위원을 하는 동안에도 대학강의를 계속하면서 역사논문도 꾸준히 발표했다. 1950년대에 발표한 논문으로 「갑오경장과 근대화」(『사상계』, 1954. 12), 「여말선초麗末鮮初의 한량閑良」(『이병도 박사 화갑기념논

27 『한국일보 40년사』, 1994, 138~139쪽.

총』, 1956), 「한인고閑人攷—고려초기 지방 통제에 관한 일 고찰」(『사회과학』, 1958), 「반계 유형원 연구 의보疑補」(『역사학보』, 10), 「홍대용의 실학사상」(『문리대학보』, 6-2), 「실학의 개념시비」(『대학신문』, 12월), 「60년 전에 될 뻔했던 국회」(『신태양』, 1958. 5~6) 같은 논문이 대표적이다. 「실학에 관한 메모—필요한 전근대적과 근대의 연결」(조선일보 1959년 10월 10일자)은 본격적인 논문은 아니지만 '사학자' 천관우의 사학계에서의 위상을 보여준 글이었다.

## 3. 조선일보·민국일보 국장, 서울일일신문 주필

### 1) 「만물상」 개설, 신문윤리강령 기초

1956년 1월 천관우는 조선일보 논설위원으로 신문사를 옮겼다. 그리고 4월 1일부터 고정칼럼 「만물상」을 개설하여 1959년 9월까지 집필했다. 한국일보에 있던 천관우를 조선일보가 칼럼 집필자로 스카우트했던 것이다. 천관우는 「만물상」을 집필하는 동안 차츰 애정이 생겨 본직인 사설 쓰기보다 더 보람을 느꼈다고 회고했다.[28] 만물상 첫 회 끝 부분은 다음과 같다.

> "「만물상」이 오늘부터 아침마다 독자 여러분과 인연을 맺을까 한다. 길이 막힌 지 어언 10년에 저 삼선암의 기묘와 옥녀봉두의 장대를 눈앞에 그려보기조차 아마득하다 하지마는 거기에 아로새겨진 조화의 무궁을 기억에서 더듬어가며 역사의 물결에 부침하는 현실의 천태만상을 한구석이나마 그려보자고 과대망상 하더라도 만우절의 오늘만은 용납되지 못할 것인가 스스로 야

28 천관우, 「3년 집필한 정든 만물상」, 조선일보 1965년 3월 5일자.

유해 보는 것이다."

1944년 초여름에 천관우는 같은 반 친구 한 명과 금강산을 찾아간 적이 있었는데,[29] 그때의 감격을 되새기면서 고정칼럼 「만물상」 첫 회를 썼을 것이다. 1958년 10월에 조선일보 편집국장을 맡으면서 칼럼 집필을 중단했지만 1959년 9월 한국일보 논설위원으로 돌아가서 10월 24일부터 「메아리」를 집필했다.

천관우가 조선일보로 자리를 옮기던 무렵에 미국 연수를 마친 젊은 기자들이 관훈클럽운동을 시작하고 있었다. 1955년 9월 24일 서울을 떠난 기자 11명이 미 국무성의 지원으로 일리노이주 에반스턴Evanston시에 도착하여 6개월간 연수를 받고 이듬해 3월 말에 귀국하여 4월부터 1년 동안 연구 친목 모임을 가지기 시작하였다가 관훈클럽으로 발전한 것이다. 클럽은 한 해 뒤인 1957년 1월 11일에 정식 창립되었다.

회원은 미국 연수를 마친 기자들이 중심이었지만 미국에 다녀오지 않은 기자들 가운데도 자격을 갖추고 뜻을 같이하는 사람을 물색하여 연구모임에 포함시키기로 했다. 회원은 세 가지 자격 요건을 갖추어야 한다는 것에 합의했다. 첫째는 선진 문물을 흡수하는 연구활동을 하기 위해서는 영어 등 외국어의 해독이 절대로 필요하다. 둘째는 친목이라는 또 하나의 목적을 위해서는 동년배 젊은 기자들이어야 한다. 셋째로 신문계에 평생 투신할 뚜렷한 목적의식의 소지자라야 한다. 이 같은 조건을 갖춘 국내파 언론인으로 최병우崔秉宇, 천관우, 홍승면 세 사람이 영입 대상이었다. 클럽 창립의 전 단계 모임은 11명으로 출발하였고, 중심인물은 최병우였다.

29 천관우, 「마지막 본 금강산」, 『천관우 산문선』, 심설당, 1991. 206~207쪽.

천관우는 제일 먼저 미국 연수를 다녀온 경력이 있었으니 클럽운동에 참여하도록 권유할 첫 번째 대상이었다. 그런데 천관우는 연구모임의 취지에 찬동하고 적극 협조하겠으나 직접 참석하는 것은 모면해 달라고 말했고, 홍승면은 멤버로 참여하였으나 자주 나오지는 못하였다.[30] 클럽 창립 전부터 가졌던 모임의 회의록에 의하면 천관우도 참석할 예정이었으나 참석하지 않았고, 두 번째 모임에도 불참하였기 때문에 천관우를 제외하고 10명이 클럽의 창립 멤버가 되었다(1957년 1월 11일 관훈클럽 창립 당시의 '차터 멤버'는 18명).

천관우와 홍승면은 머지않아 편집국장이 될 위치였다. 관훈클럽운동을 시작하던 젊은 기자들과는 언론계 내부에서의 격차가 있었기 때문에 참여를 주저하였을 것으로 추측된다. 그것이 드러내 놓지 않은 이유였을지도 모른다.

1957년 4월 7일 편집인협회가 창립될 때에 천관우는 발기인의 한 사람으로 참여하였다. 편협은 창립과 동시에 신문주간을 제정하면서 '신문윤리강령'을 채택했는데, 천관우는 신문윤리강령을 기초하는 작업을 맡았다. 신문윤리 문제가 처음 공식 논의된 날은 1957년 3월 17일의 제2차 집행위원회에서였다. 이날 회의에서 신문의 본질적 윤리를 바탕으로 언론의 자유와 책임의 규범을 밝히기 위해 신문윤리강령을 제정하자는 의견이 나왔다. 이에 따라 편집인협회 규약안은 설국환, 신문윤리강령안은 천관우가 각각 기초하도록 위촉하였다.

천관우는 최병우와 함께 1950년에 몬테비데오에서 열린 UN 보도자유소위원회에서 기초하여 발표된 적이 있는 '국제신문인윤리강령안'을 위시하여 전 미국신문편집인협회의 윤리강령, 미국신문기자노조의

30 조세형, 「새로운 의미를 가지고」, 『신문기자 최병우』, 관훈클럽신영연구기금, 81쪽 이하.

행동강령, 미주리 대학에서 연구 발표한 신문윤리강령 등 폭넓은 자료와 문헌을 검토하여 한국 실정에 부합시킨 끝에 기초하였다.[31] 이 윤리강령은 언론의 자율기능을 존중하고 이를 지켜야 한다는 선언적 헌장으로 언론인들의 행동지침이 되고 있다.

천관우는 신문윤리강령이 "언론계의 자율로 발의되고 채택"되었다는 사실에 매우 긍지를 지니고 있었다. 4년 뒤인 1961년 7월 30일에 '신문윤리강령실천요강'이 채택되면서 '강령'도 약간 개정되었다. 마침 시기적으로 5·16 직후였기 때문에 군사정부의 압력 내지는 영향력이 작용한 것이 아닌가 하는 오해가 있었지만 이는 전혀 근거 없는 것이라는 사실을 밝히는 「신문의 윤리—일어탁수의 '부패'라는 악덕」을 썼다.[32] 신문윤리강령에 대한 애정과 자부심을 드러낸 글이었다.

천관우는 동아일보 주필 재직 중이던 1966년 4월 7일에는 조선일보에 「신문윤리강령과 신문의 긍지」라는 칼럼도 썼다. "공중의 신뢰 기초로 '정신적 뇌물'조차 거부해야"라는 요지의 글인데, 말미에는 "57년 제1회 신문의 날에 선포된 한국신문윤리강령의 기초위원·한국신문편집인협회 부회장·동아일보 주필"로 천관우를 소개하고 있다. 조선일보 편집국장을 지낸 경력은 있기는 하지만, 다른 신문으로 옮겨간 언론인의 글을 싣는 일이 거의 없는 것이 신문의 관행인데 조선일보는 천관우의 글을 실었던 것이다. 윤리강령은 세월이 흐르는 동안 언론현실에 부합되지 않는 부분도 있어서 1996년 4월 8일에는 신문윤리강령 및 동 실천요강, 신문광고윤리강령을 시대에 맞도록 개정하여 오늘에 이르고 있다. 첫 신문주간 시기에 천관우는 「매스콤뮤니케이숀의

31 한국신문윤리위원회, 『한국의 신문윤리』, 1965, 12~13쪽.

32 천관우, 「신문의 윤리—일어탁수의 '부패'라는 악덕」, 『신문평론』, 1964년 10월호. 이 글은『언관 사관』에도 실렸다.

한국적 과제」(1957. 4. 12~14)라는, 당시로서는 꽤 긴 논문을 조선일보에 3회 연재한 일도 있었다.

### 2) 한국일보 거쳐 세계일보로

천관우는 조선일보 편집국장 시절에 가장 인상 깊었던 일은 1958년 12월의 '24파동' 때에 국가보안법 개정 반대 캠페인이었다고 회고했다. 24파동 이전에도 지면을 통해서 이를 반대하다가 결국 보안법이 강행처리된 후에도 한동안 반대논리를 펴는 캠페인을 계속했다.

1958년 12월 24일 보안법이 통과된 후에도 「보안법과 기해정국」(부완혁, 1959. 1. 3~4)과 같은 칼럼과 사회면 머리기사로 「새 보안법 오늘 발효」, 「말뿐인 언론자유」(1. 15), 특집으로 「새 보안법은 어떻게 운용되려나?/ 법 자체에 많은 결함을 내포」(1. 17) 등을 계속 실었다. 1959년 1월 1일자 1면에는 「육상궁毓 내內의 노목」이라는 제목으로 수령 500년 된 노목 사진을 실었다. "모진 바람 사나운 비를 무릅쓰고 모질게 억세게 살아 무성한 가지를 뻗치는 고목처럼 우리의 민주주의도 우리의 자유도 비바람에 견디어 억세게 그리고 힘차게 살아 무성한 가지를 뻗어야 하겠다. … 우리의 민주주의도 우리의 자유도 번듯하게 안 보이는 한 때가 있을지라도 용솟음치는 민중의 힘으로 이 시련과 절망의 때를 이겨나가야 한다"는 설명을 붙였는데, 신년 첫 호 표지 사진을 이 고목으로 잡은 것은 짓밟혀도 되살아나야 할 민주주의에 대한 민중의 의지를 상징하려 했던 것이다. 천관우는 그 사진 한 장을 따로 인화해서 자신의 방에 걸어놓고 오래 바라보았다.[33]

1959년 9월 천관우는 한국일보로 돌아가 논설위원이 되었다. 그리고 10월 24일부터 고정칼럼 「메아리」를 개설하여 집필을 맡았다. 「메

---

33 천관우, 「3년 집필한 정든 만물상」, 조선일보 1965년 3월 5일자.

아리」 첫 회는 이렇게 시작된다.

> "다시는 쓰지 말자 한 총統을 또 어쩔 수 없이 쐈던 까닭에 잠시나마 정 붙였던 땅에서조차 떠나가야만 하는 '아란 라드' 그 뒤를 쫓아가며 셰인 하고 소리치는 소년의 목소리가 장산壯山에 울려 메아리가 되고 메아리가 일으키는 메아리마저 점점 작아지면서 셰인의 말발굽 소리와 함께 사라진다.
>
> ◆오늘부터 석간 이 자리에 매일 「메아리」라는 난을 두기로 되었다. 영화 '셰인'의 아름다운 메아리가 화제에 오르자 어떤 이는 알프스의 아름다운 메아리를 이야기한다. 서서瑞西의 어느 고장, 목동牧童의 각적角笛이 붉은 낙조 속에 울리면 산명곡응山鳴谷應으로 알프스의 봉우리 봉우리를 따라 번져가는 메아리가 평생에 잊지 못할 일폭화一幅畵로 뇌리에 남아 있노라고 한다. ◆여기 이 자리의 메아리는 그러나 아름다운 메아리만을 찾자는 것은 아니다. 맑은 날, 궂은 날, 기쁜 일, 성낼 일, 세상범백의 소리가 일어나 다시 대소원근의 메아리로 전해 올 때, 그 한 토막씩이나마 녹음하여 여기에 실어보자는 것이요, 때로는 이 「메아리」 난이 메아리의 하나가 되어도 보자는 것이다. ◆인조견人造絹이 나오고 인조위성이 나온 지 오래라 인조 메아리가 있다 하여 놀라울 것은 없다. 방송의 마이크에 어떤 장치를 하여 '메아리'처럼 울리게 하는 방법도 있다는 것이다. 이 「메아리」도 사람의 손으로 쓰는 메아리라 인조 메아리임에는 틀림이 없겠지마는 인조를 넘어서서 억지의 메아리가 되는 것은 아무리 조작된 의사도 나타나는 요즈음이라지만 되도록 없도록 하고자 한다. ◆제대로 녹음이 되느냐는, 억지의 녹음이 되느냐는 독지 여러분의 편달에 기내고자 한다."

그러나 두 번째 한국일보 재직은 1년을 채우지 못한 짧은 기간으로 끝내고 말았다. 1960년 6월 세계일보로 옮겨간 것이다. 세계일보는 자유당시절 여당계 신문이었다. 그 뿌리는 1952년 6월 5일 피난수도 부산에서 창간된 중앙일보까지 거슬러 올라간다. 발행한 겸 편집인은 이북李北, 편집국장은 강영수였다. 자유당 이기붕계의 신문이 된 것은 1956년 12월에 판권이 공진항孔鎭恒에게 넘어간 뒤였다. 1959년 11월

12일부터는 발행인이 김원전金元全으로 바뀌었다. 김원전은 광복 후 북선제지北鮮製紙 군산공장 관리인으로 종이와 인연을 맺었고, 고려제지 사장으로 1958년 군산에서 자유당 공천으로 4대 국회의원에 출마하여 당선된 사람이다. 이렇게 하여 세계일보는 자유당이 붕괴될 때까지 여당계 신문으로 발간되었다.

그러나 4·19는 정치와 언론에 큰 변혁을 가져왔다. 언론계에서는 자유당 독재를 무너뜨린 열기를 모아 새로운 신문을 만들어보자는 움직임이 일고 있었다. 세계일보의 편집국장으로 자리를 옮긴 천관우는 세계일보를 신문인이 주도하는 새로운 신문을 만들어보자는 열의를 안고 우수한 기자들을 불러 모으기 시작했다. 천관우는 조동건趙東健과 함께 한국일보, 조선일보를 비롯한 몇 신문에서 새로운 멤버를 스카우트하여 진용과 제호를 쇄신하는 작업을 벌였다. 민국일보 편집부장이었던 김경환金庚煥은 4·19 후 많은 신문들이 쏟아져 나오는 가운데도 민국일보가 새로운 진용을 구성하게 되던 경위를 이렇게 회고했다.

> "몇몇 원로, 중견 신문인들 간에 '신문인의 신문'을 만들어보자는 움직임이 있었다. 그때만 해도 오늘과 같이 경영진이 신문제작을 좌우하는 풍토는 아니었지만 4·19의 대변혁을 겪으면서 '신문은 역시 신문인이 만들어야 올바른 신문이 될 수 있다'는 생각이 많은 현역 언론인들 가운데 은연중에 공감의 대를 이루게 했던 것 같다. 그 움직임으로 중심인물은 내가 아는 한 석천昔泉(오종식吳宗植)과 후석後石(천관우千寬宇) 두 분이었다. 언론계 내부의 움직임으로서는 4·19 못지않은 일대 변혁의 기운이 싹튼 것이다. 도하 몇 신문사의 현역 가운데서 일선기자, 부장급 근 20명이 이에 호응하여 소속사에 사표를 내고 '새 신문'에의 참여를 기다리게 되었다."[34]

34 김경환, 「보람 있었던 순간」, 『기자협회보』, 1970년 10월 30일자.

당시의 사정을 천관우는 다음과 같이 술회했다.

> "자유당계의 신문의 하나였던 만큼 4·19 후로 어떤 형태로든지 개편을 해야만 할 형편에 있었다. 나는 그해 6 월 조동건 씨를 비롯한 10명 내외의 동료들과 함께 세계일보로 들어가 민국일보로 개제하고 새 신문을 만들게 되었던 것이다. … 우리는 배수의 진을 친 것 같은 절박감을 가지고 이 새 신문을 일류지로 키워야 하겠다고 벼르게 되었던 것이다. 언론의 자유는 '절후絶後'는 몰라도 분명히 '공전空前'의 것이었다. 도리어 이 자유가 방종으로 흘러서는 안 되겠다고 스태프들이 선의의 자제를 하곤 하는 정도였으니까. 스태프도 좋았다. 데스크, 일선, 모두 그만하면 서울 어느 일류지 못지않다는 자부가 편집국을 흐르고 있었다."[35]

자유당이 무너진 후에 성립된 제2공화국 시기는 언론의 자유가 제한 없이 허용되었다. 이 같은 사회 분위기에서 새로운 신문을 만들어 보겠다고 벼르면서 모인 편집진의 면면은 화려했다. 민국일보는 짧은 수명으로 문을 닫았으나 편집에 참여했던 언론인들은 그 후 다른 신문사로 가서 모두 중책을 맡은 유능한 인물들이었다. 6월 22일자로 1차 발령이 난 새 진용과 그 후 8월과 11월에 걸쳐서 새로 보강된 간부급은 평균연령이 30대 중반의 패기에 넘친 사람들이었다.

편집국장 천관우(36), 부국장 조동건(38), 편집부장 김경환(32), 사회부장 이목우(41) 등이 6월 22일자로 발령이 난 1차 간부진이었다(괄호 안 당시 나이). 거기에 1959년 12월 김원전이 발행인이 되면서 임명했던 세계일보의 부국장 겸 정리부장 임방현(30), 취재1부장 양기주(31), 취재2부장 박재순(37), 문화부장 최일남(28)도 그대로 남아 있었다.[36]

---

35 천관우, 「보람 있었던 순간」, 『기자협회보』, 1970년 7월 30일자.

36 최일남, 「문화부장 20년」, 『신문연구』, 여름호, 1982. 162~172쪽.

### 3) 민국일보로 개제 지면혁신

1960년 7월 9일부터 세계일보는 제호를 민국일보民國日報로 바꾸었다. 자유당계 이미지를 가진 신문으로는 새로운 사회 분위기에 맞지 않았기 때문이다. 지령은 중앙일보-세계일보를 계승하여 2853호부터 시작했다. 발행지 역시 세계일보 사옥이었던 서울 태평로 2가 120번지의 1. 현재 신한은행 본점과 대한상공회의소 자리였고, 남대문국민학교 앞에 있던 건물로 일제시대 일본어 '조선신문朝鮮新聞' 건물이었다. 지금은 헐려 없어졌지만 후에 이 건물은 일요신문, 현대경제일보의 사옥으로 사용되었다. 민국일보로 제호를 바꾸는 이유는 이렇게 밝혔다.

> "벌써 3년여 세계일보가 걸어온 길은 평탄한 것이 못 되었습니다. 4월 혁명은 이 땅에 빛나는 희망을 소생시켜 주었으며 이제 거창한 민주혁명의 조류에 부응하고 이를 밑받침할 수 있는 진정한 '독자의 신문'이 되고자 그 이름부터 일신하고 나서려고 합니다."[37]

개제 첫 호의 사설도 이 신문은 "보도에 있어 신속 정확에 한층 힘쓰고 논평에 있어 시시비비의 태도를 견지함으로써 더욱 독자에 봉사하려 한다."고 밝히면서 이른바 '중립지'라 하여 어느 양극의 중간을 지향함이 아니라 순정대공純正大公의 정신과 독립불패의 소신으로써 나날의 사태에 대응하는 '독립지'가 되고자 한다고 부연했다. 이와 함께 신문은 제작자의 신문이라기보다 독자의 신문인 이상 독자에게 성심으로써 호소하고 독자의 호소에 충실하여 독자와 더불어 호흡하는 신문이 되고자 한다고 약속했다.

민국일보가 '독자와 더불어 호흡하는 신문'을 표방한 것은 2면을 에디토리얼 페이지로 꾸미려는 노력으로 나타났다. 사설을 2면 머리에

37 「社告」, 민국일보 1960년 7월 8일자.

가로 박스로 올려놓고, 그 아래로 「독자의 편지」 난을 두어 독자투고를 게재하는 한편 「논단」 난에서는 의견을 내세우는 글들을 실었다. 개제 첫 호의 논단에는 황산덕黃山德의 「정부를 사랑 않던 애국자」가 실린 것이 그런 예였다. 에디토리얼 페이지는 지면이 늘어난 요즘 신문에는 보편화되었지만 당시로는 상당히 참신한 편집으로 눈길을 끌었다. 민주화, 자유 등의 시대적 분위기를 반영한 편집이었다.

"위로는 편집국장에서부터 밑으로는 사환에 이르기까지 전부터 있던 사람이나, 새로 들어온 사람이나, 그야말로 한 덩어리 그야말로 낮밤을 안 가리는 작업의 연속이었다. 그러면서도 누구 하나 불평이 없었다. 편집기획도 각부 데스크의 역량이 그야말로 자발적으로 엉겼다. 해방 후로 처음이었을 의견면(에디토리얼 페이지)의 창설도 그 결과의 하나."[38]

편집진은 개제 전후에 또 보강되었다. 8월 1일자로 경제부장(부국장 대우)에 안정모安正模(39), 외신·조사부장 대우 박명찬朴明燦(36)을 발령하고 취재2부장이었던 이목우를 사회부장(부국장 대우)으로, 11월 13일에는 노석찬盧錫瓚(35)을 정치부장(부국장 대우)으로 발령했다. 이렇게 편집진을 보강할 무렵인 8월 10일에는 발행인이 김홍전金弘全으로 바뀌었다. 김홍전은 김원전의 친형으로 일본에서 신학을 공부한 신학박사였다. 발행인이 바뀌었으나 김원전은 그대로 취체 역 회장으로 남아 실질적인 경영책임은 여전히 그가 쥐고 있었다.

천관우는 민국일보 칼럼 「샘물」도 집필했다. 그러나 칼럼 집필은 편집국장의 과중한 업무로 7월과 8월 두 달로 끝낼 수밖에 없었다. 천관우는 1961년 1월 21일부터 한 달 동안 영국을 시찰하고 돌아온 후 3월

---

38 천관우, 「보람 있었던 순간」, 『기자협회보』, 1970년 7월 30일자.

22일자부터 「영국의 인상」을 연재하기 시작했는데 연재가 채 끝나기도 전인 3월 27일 민국일보를 떠나 서울일일신문 주필로 자리를 옮겼다. 서울일일신문은 김성곤이 경영하던 신문이었다. 그는 40이 거의 다 될 때까지도 한군데 진득이 붙어 있지를 못하고 이 신문에서 저 신문, 마음 내키는 대로 전전했던 것은 이런 유랑벽이 일부 젊은 신문인들에게는 일종의 유행이었던 것도 사실이었다고 설명했다.

하지만 민국일보 개편의 주역이었던 천관우가 1년을 채우지 못한 채 민국일보를 떠난 것은 무언가 경영진에 대한 불만이 있었던 것으로 추측할 수 있다. 구체적인 이유는 알 수 없지만 그의 「육십자서」에는 이렇게 적혀 있다.

> "신문인들이 즐겨 내세우는 독립불기獨立不羈—어디에고 매이지 않고 산다는 것—가, 다소 비딱하게 반영된 일면도 있었던 것 같다. 그래서 나도, 툭하면 충돌을 하거나 기회를 보아 슬며시 물러나곤 했던 것이다. 한번은 신문사가 문을 닫아 함께 침몰한 적도 있고."

천관우가 떠난 뒤에 민국일보는 부국장이던 조동건이 국장으로 승진했다. 사회부장 이목우는 그보다 좀 먼저 1월 8일자로 한국일보로 갔기 때문에 후임 사회부장에는 이혜복이 임명되었다. 조동건의 국장 승진으로 노석찬이 부국장으로 정치부장을 면하고, 차장 조세형이 부장으로 승진했다.

#### 4) 서울일일신문 주필과 폐간

1960년 이후 천관우는 언론계가 공동으로 추진하는 여러 사업에 참여하는 등으로 활발한 활동을 벌였다. 5·16 군사정변 직전인 1960년 6월 8일에는 편집인협회가 언론정화특별위원회를 구성하여 4·19 이후에 난립한 언론사의 사이비 기자 문제 등을 논의하고 언론계를 정화하려는 위원회에 위원으로 선임되었다. 천관우가 민국일보를 떠난 뒤였지만 민국일보는 1961년 4월 2일자 월요판 부록으로 「굴레 벗은 말 '언론자유' / '4월신문'과 사이비기자의 생태」를 특집으로 다루고 "신문망국론의 근원"을 분석하면서 "돈 주고 사는 '기자飢者' 증에 눈꼽만 한 험만 있으면 이리떼처럼 덤벼드는 기자들의 '교대공갈'에 울상인 기관장들"이라는 중간 제목으로 당시 풍조를 개탄했다.

4·19 이후의 언론기관 난립에 대해 언론계가 자체정화와 윤리문제를 논의하기 시작한 배경이었다. 언론계 정화는 두 가지 측면에서 제기되었는데, 자유당 치하에서 "신문윤리에 벗어나는 곡필을 농하여 세론을 혼미케 한" 언론인들을 징계하는 문제와 4·19 이후 쏟아져 나온 정기간행물 가운데 사회의 지탄을 받는 사이비언론을 정화하자는 것이었다.

언론정화특별위원은 김성한(동아·편집부국장), 최석채(조선·편집국장), 박운대(경향·편집부국장), 천관우(민국·편집국장), 고흥상(합동·편집국장), 김남중(전남·사장), 이상우(부산일보·편집국장)의 7명이었다. 이 특위는 몇 차례 모임을 갖고 ① 곡필로 부정선거에 협조한 자, ② 부정선거자금을 받은 자, ③ 4·19 후 금품을 강요한 자 등을 신문윤리에 배치되는 자로 인정하고 자숙을 촉구하기로 했다. 이리하여 편협은 특위의 활동보고를 토대로 10월 21일 언론의 자유와 칙임에 관한 성명을 발표하고, 언론 자체의 노력으로 정화를 이룩할 것을 천명했다. 편협은 이와 함께 언론의 권위를 되찾기 위해 언론계가 관청으로부터 받아왔던 특전을 자진해서 반납할 것을 결의했다. 이에 따라 11월 2일자로 교통, 국방 양 장관에게 공문을 보내어 각 사에 발급된 철도 무임승차권과 종군기자 차량을 반환하는 한편, 한국일간신문발행인협회, 한국통신협회, 한국주간신문협회, 한국잡지협회, 평론가협회에도 이 운동에 적극 협조할 것을 요청했다.

1961년 2월 편협은 각국의 신문윤리기구 설치에 대한 자료수집과 한국신문윤리위원회 창립을 위한 회칙과 윤리강령의 실천요강 기초작업에 착수했다. 이리하여 4월 6일에 열린 편협 정기총회는 우선 집행부가 마련한 '한국신문윤리위원회' 설치안과 윤리요강 작성만을 만장일치로 결의해놓고, 그 구체적 추진은 새로 구성된 운영위원회에 일임했다. 그러나 언론계의 이러한 자체 노력이 결실을 보기 전에 5·16 군사정변이 일어나, 군사정부는 대대적인 언론정비를 단행하게 되었다. 군사정부는 국가재건최고회의 포고 제11호(1961. 5. 23)를 공포하여 신문의 일제정비를 단행하고 언론통제의 차원에서 언론의 윤리와 책임문제를 제기하였다. 이런 와중에 편협의 언론정화위원회는 활동을 벌이지 못하고 말았다.

그런데 천관우가 주필을 맡았던 서울일일신문은 1962년 1월 1일자 신년호를 마지막으로 문을 닫았다. 폐간 이유는 경영난이었다. 5·16 후의 경직된 언론상황으로 인해 출혈경영으로 신문을 지속하기는 어려웠기 때문이었다. 폐간호인 1일자 제5면에는 「혁명과업에 무간일언無間一言」이라는 제목으로 논설위원들의 신춘방담을 실었다. 사회는 주필 천관우가 맡았고, 참석 논설위원은 김진만金鎭萬, 석영학石榮鶴, 신범식申範植, 심연섭沈鍊燮, 안림安霖, 엄기형嚴基衡, 오병헌吳炳憲, 조규동趙奎東, 한태연韓泰淵이었다. 이 날짜 신문은 정상적으로 발행되었으나 서울일일신문은 영원히 사라졌다.

민국일보도 6개월 뒤인 1962년 7월 13일자(지령 3587호)로 '휴간'을 선언하면서 발행을 중단하였는데 복간되지 못하고 말았다. 민국일보의 사옥과 시설은 새로 창간된 일요신문(9월 9일 창간)이 소유하였고,

1964년 10월 12일에 경제지 현대경제일보로 다시 바뀌었다. 서울일일신문이 문을 닫은 후 1962년 한 해 동안 천관우는 서울대와 성균관대에서 강의를 하면서 역사논문 집필에 전념했다. 언론계에 몸을 담지는 않은 채 역사학자로 지낸 기간이었다.

이 기간에 쓴 논문은 「오위고五衛攷 (1) 조선 초기 오위의 형성」(『역사학보』, 17, 18호), 「한국근대화의 제문제」(진단학회 심포지엄 주제, 『진단학보』, 23)가 있다. 「오위고」는 이 해에 첫 논문 (1)을 발표한 후, 1964년에 발표한 (2) 「조선 초기 오위의 병종兵種」, (3) 「오위와 조선 초기의 국방체제」의 후속 논문으로 이어졌다.

## 4. 동아일보 편집국장 주필

### 1) 언론인 생활 전성기

1963년 38세 되던 해 1월 천관우는 동아일보 편집국장으로 언론계에 돌아왔다. 조선일보, 민국일보를 거쳐 세 번째 편집국장을 맡은 것이다. 천관우의 동아일보 재직기간은 언론인 생활의 전성기에 해당한다.

정치적으로는 그해 12월 17일 제5대 박정희 대통령이 취임하여 제3공화국이 출범하였다. 그로부터 불과 2개월 후인 1964년 2월에는 이른바 '3분폭리三粉暴利' 사건이 정치 문제화되었고, 3월에는 민정당과 삼민회가 공동으로 대일 저자세외교반대 범국민투쟁위원회를 결성하고 전국 유세를 시작했다. 3월 24일에는 서울의 주요 대학 학생들이 시위를 벌이다 경찰과 충돌하면서 시위는 전국으로 확산되었다. 이러한 사태를 수습 못한 최두선 내각은 불과 5개월이 못 된 단명으로 총사퇴하고 5월 11일 정일권 내각이 발족되어 마침내 6월 3일 서울시 일원에 비상계엄을 선포하면서 전국의 대학은 조기방학에 들어갔다. 이른바 6·3사태였다. 7월 28일 비상계엄은 해제되었으나 8월 2일 심야 국회는 민정당 의원이 총퇴장한 가운데 '언론윤리위원회법'을 통과시켜 언론파동이 시작되었다.

천관우는 언론윤리위원회법 반대투쟁에 앞장섰다. 8월 10일에는 프레스센터에서 500여 명의 신문, 통신, 방송 등 언론사 대표들이 모여 언론윤리위원회법의 철폐를 요구하는 '선언문'을 채택하였는데, 천관우는 이 선언문의 문안을 기초했다.

윤리위법 반대투쟁을 벌였던 기자들은 8월 17일 기자협회를 결성하여 힘을 합쳐 공동으로 투쟁할 것을 선언했다. 그런 가운데 대부분의 신문사는 정부의 압력에 굴복하였으나 동아일보, 조선일보, 경향신문, 대구의 매일신문은 윤리위원회의 소집에 반대하자 정부는 이 신문사들에 보복조치를 취하기 시작했다. 신문구독의 금지, 제지업자들에게 압력을 가하여 신문용지의 가격인상 강요, 해외 특파원에 대한 외환지불 중지 등의 조치를 취했다. 이에 네 신문의 편집국장은 "악법철폐를 위해 끝까지 감투할 것"이라는 공동성명서를 발표했다. 9월 1일자 성명에는 천관우(동아일보), 민재정(경향신문), 김창식(매일신문), 선우 휘(조선일보) 네 편집국장이 참여했다.

5·16 이후 언론과 정권이 정면에서 맞닥뜨린 언론파동은 우여곡절 끝에 9월 8일 언론계 대표가 유성에 머물고 있던 박정희 대통령을 찾아가서 언론윤리위원회법의 시행보류를 요청했고, 박 대통령이 이를 받아들이는 형식으로 38일간에 걸쳤던 파동은 일단 수습이 되었다. 언론계의 강력한 저항에 직면한 정부는 결국 이 법의 시행을 보류하여 법이 폐기되지는 않았지만 언론계의 요구가 관철되는 선에서 마무리된 것이다. 언론규제를 위한 입법조치의 시도와는 별도로 이 무렵에는 필화사

건도 자주 일어나서 언론계의 공기는 긴장되어 있었다.

천관우는 동아일보 편집국장과 주필을 맡은 기간에 언론계의 여러 사업에도 참여했다. 1963년 9월 23일에는 편협이 마포구 양화진 외국인 묘지에 있는 대한매일신보 사장 배설(裵說, Ernest Thomas Bethell) 묘비를 중수하기로 결정하였을 때에 천관우는 배설묘비중수추진위원의 한 사람으로 참여했다. 배설의 묘비는 1910년 6월에 민족진영 유지들이 성금을 모아 장지연이 지은 비문을 새겨 건립되었는데 한일강제합병 후 일인들이 비문을 깎아 없앤 상태로 서 있었다. 묘비 중수추진위원은 원경수, 천관우, 강영수, 박홍서, 엄기형 다섯 사람이었고, 이듬해 4월 신문의 날에 원래의 비석 옆에 비문을 복원하여 작은 비석 하나를 세웠다.

理性잃은言論彈壓
4個新聞編輯局長共同聲明
"惡法撤廢에 끝까지 敢鬪"

조선일보 1964년 9월 2일자 1면

1964년 4월 28일 편협은 '유공언론인 기념사업준비위원회'를 구성하고 언론발전에 공이 많은 언론인과 순직 언론인을 선정하여 초상화와 업적을 적어 신문회관에 게시하기로 했다. 위원은 강영수, 곽복산, 김종규, 천관우, 최석채 다섯 사람이었다. 위원회는 1965년 1월 10일 제1차로 서재필, 장지연, 양기탁과 순직 언론인 장덕준, 최병우를 선정하여 운영위원회에서 유공 언론인으로 확정했다. 이해 4월에 이들의 초상화를 완성하여 신문회관 강당에 게시했다. 현재 프레스센터 19층 기자클럽에 걸려 있는 초상화가 당시에 선정 제작한 것이다.

1967년 4월 14일에 열린 편협 임원총회는 '유공언론인 기념사업준비위원회'를 해체하고 새로이 '유공언론인 추모사업위원회'를 구성했다. 위원회는 강영수, 김광섭, 송건호, 주효민, 천관우의 다섯 사람으로 구성되어 경남 창원에 있는 장지연 묘소에 묘비를 세우는 사업을 벌였다. 동아일보 주필 때인 1966년 4월에는 편집인협회 부회장에 선출되어 '신동아 필화'로 신문사를 떠났던 1969년 1월까지 재임했다. 1967~1968년에는 편협 대표 윤리위원을 지냈다.

편집국장 취임 6개월 후인 1964년 6월에는 월간 『신동아』의 복간을 준비하면서 주간을 겸했다. 『신동아』는 1931년 11월에 창간되어 1930년대의 대표적인 종합잡지로 자리 잡았었다. 신문사가 발행하는 잡지라 하여 '신문잡지'로도 불렸으며 다른 신문사의 잡지 발행을 선도했었다. 그러나 1936년 8월 손기정 베를린 올림픽 마라톤 우승 때에 동아일보가 일장기를 말소한 사건으로 폐간되었던 것인데 천관우가 복간 사업의 주간을 맡아 1964년 9월에 중간重刊하였다. 동아일보 편집국장 겸 『신동아』 주간으로 복간을 주도했던 천관우는 당시의 편집 방침을 이렇게 회고했다.

> "1964년 여름, 내가 종사하고 있던 동아일보에서 해방 전에 폐간되었던 『신동아』를 중간重刊하게 되어 그때 신문의 편집 책임을 맡고 있던 내가 새로 나오는 잡지의 편집 책임도 겸해 맡게 되었다. 그 당시 고급 종합잡지로는 『사상계』가 가위 독보를 하고 있던 때여서, 종합지를 새로 낸다고 하면 자연이 『사상계』와 라이벌이 될 수밖에 없었던 것이다. … 우리의 욕심으로는 기백은 『사상계』보다 못해서는 안 되겠고, 잡지의 표현은 『사상계』보다 부드럽게 하자는 것이었다."[39]

39 천관우, 「고급 종합지로서 독보적 존재, 『사상계』와 나」, 『사상계』, 1969년 12월호.

논설 스타일의 정론잡지가 아니라 주장과 의견을 담으면서도 부드럽게 만들어 독자들이 친근감을 갖도록 하겠다는 편집방침이었다. 천관우는 창간호 편집후기에서 다음과 같이 쓰고 있다.

> "『신동아』는 그 정신에 있어 동아일보의 연장. 애초의 창간사에도 '민족적 경륜'을 위한 잡지라 했다. 그리고도 '읽히는' 잡지가 되고자 한다. 지고志高의 잡지, 친근한 잡지—양립이 쉽지 않을 이 두 목표—를 기어코 양립시켜 보려는 편집동인들의 '야심'은, 오직 독자 제위의 편달에서만 이루어질 것."

"종합지로서의 중후한 맛, 그러면서도 누구나 쉽사리 가까이 할 수 있는 부드러운 체재"(복간 제2호 1964년 10월호 「편집후기」)를 지향한 편집 의도는 적중했던지 복간 첫 호는 초판이 이틀 만에 매진되었고, 재판을 찍었으나 또 3일 만에 매진되는 대성공이었다. 1930년대에 그랬던 것과 마찬가지로 잡지 자체로서도 독자들의 호응을 받을 요소를 갖추고 있었지만 동아일보의 후광에 힘입은 바도 컸을 것이다.

1950년대의 『사상계』는 정치, 경제, 사회, 문화 등 각 방면의 전문가와 교수들의 논문과 글을 중심으로 편집해서 권위를 높였던 종합지였다. 이에 비해서 『신동아』는 동아일보 기자들의 심층취재 기사를 독자들이 선호했고, 잡지 편집의 방향도 거기에 중점을 두게 된 셈이었다. 신문사의 기동력과 우수한 취재진, 전국에 걸친 판매망과 강력한 선전력, 동아일보의 이미지가 주는 신뢰도 등 여러 가지 유리한 입장에서 『신동아』는 단숨에 많은 독자를 끌 수 있었다.

복간 2호(10월호)는 1호의 편집 방향대로 이동주李東洲, 홍성유洪性囿, 조지훈趙芝薰, 황산덕黃山德 등의 시론時論을 머리에 싣고, 「박 대통령을 움직이는 사람들」(유혁인, 200매), 「YTP(靑思會)」(김원기, 150매)와 같은 권력과 집권세력에 관한 심층보도, 좌담회 「언론파동의 밑바닥」 등을 실었다. 1950년대에서 1960년대 중반까지 잡지계의 최고봉이라 할 수 있었던 『사상계』가 정론지 성격의 종합잡지이면서 문학에도 중점을 두는 편집이었는데, 『신동아』는 심층보도 기사와 논픽션에 비중을 두고 현실문제를 분석적으로 파고들었다고 볼 수 있다. 필진도 기자 한 사람이 쓰는 글도 있었지만 2인 공동집필, 또는 정치, 경제, 체육부 등의 명의로 집필한 기사도 새로운 시도였다. 잡지가 팀워크를 통한 심층취재 방법을 구사하여 신문이 다루지 못하는 영역을 깊이 있게 파헤칠 수 있음을 보여 주었다. 『신동아』가 시도한 이러한 잡지 저널리즘의 독특한 보도와 해설기능의 확대로 인해 일어난 권력과의 마찰이 1968년의 '신동아 필화' 사건이었다.

### 2) 신동아 필화

천관우는 『신동아』 복간 후 1965년 5월까지 동아일보 편집국장과 『신동아』 주간을 겸하고 있다가 5월부터 『신동아』 주간을 면하고 편집국장만 맡았다. 후임 『신동아』 주간은 홍승면이었다. 홍승면은 1967년 9월에 『여성동아』의 주간을 겸하면서 일제 때에 발행하던 『신가정』(1933. 1. 창간)을 복간하는 형식으로 11월호를 내놓았다. 홍승면은 앞서 살펴본 대로 1955년 6월 한운사의 소개로 한국일보에 입사하여 정치부 기자, 외신부장, 논설위원을 거쳐 1958년 3월에 편집국장이 되었다.

천관우는 홍승면과의 인연을 "어찌어찌하다 보니 그 무렵 학교 친구로 이 신문 저 신문에서 앞서거니 뒤서거니 곱거나 밉거나 가장 많은 세월을 보낸 것이 당신과 나였던 것 같소" 하고 「조사弔詞」에서 술회했다. 천관우는 홍승면이 한국일보 편집국장이 되었을 때에는 조선일보 논설위원이었다가 10월에 편집국장을 맡았기 때문에 잠시 겹치는 시기에 두 사람은 조선과 한국 두 경쟁 신문의 국장으로 신문제작을 책임지고 있었다. 그러나 홍승면은 12월에 아시아재단 후원으로 미국 스탠퍼드 대학으로 유학을 떠나게 되어 7개월 정도의 짧은 국장 재임으로 끝이 났다. 귀국 후 1959년 10월부터 두 번째로 편집국장을 맡았을 때는 천관우도 한국일보 논설위원으로 돌아와 있었다.

홍승면은 1962년 6월까지 한국일보 편집국장으로 있다가 7월에 논설위원을 거쳐서 두 달 뒤인 9월에 동아일보로 옮겨 논설위원 겸 심의위원으로 근무하고 있었다. 천관우는 민국일보, 서울일일신문으로 옮겨 다니다가 언론계를 떠나 있기도 하는 동안에 홍승면은 한국일보에서 곧장 동아일보로 온 것이다. 천관우보다 동아일보 입사가 약 3개월 빨랐다.

천관우는 1965년 12월 주필 겸 이사로 승진했다. 후임 편집국장은 변영권邊永權이 맡았다. 『신동아』의 필화는 이처럼 천관우 주필, 홍승면 논설위원 겸 『신동아』 주간 체제 때에 일어났다. 신문의 필화는 대개 특정한 기사나 논설의 내용이 정확한가의 여부와 함께 취재과정의 정당성, 제작의 동기 등에 논란의 초점이 모아지지만 잡지는 꼬집어 하나의 기사 또는 논문이 문제가 된다기보다는 전체적인 제작태도가 필화를 불러일으키는 경우가 많다.

1950년대에서 1960년대 전반까지 의견잡지 성격의 종합지였던 『사상계』가 많은 독자를 확보하고 지식인 사이에 널리 읽혔지만 1958년 8월호에 실린 함석헌의 「생각하는 백성이라야 산다」가 문제화되었던 것이 거의 유일한 필화였다. 그러나 1963년 월간 『세대世代』가 창간되고 이듬해에 『신동아』가 중간된 후 1960년대 후반에서 70년대 초반에 이르는 동안 정치상황과 관련되는 몇 건의 중요한 필화들이 잡지에서 일어나기도 했다. 일간지가 여론형성에 거의 절대적인 역할을 맡고 있던 60년대 중반 이전과는 달리 사회의 몇 개 압력집단을 대변하는 잡지가 이 시기부터 나타나기 시작했기 때문이다. 이 시대 정치권을 둘러싼 반대세력의 분포가 재야, 지식인, 종교계, 근로자 등으로 다원화되었고, 그 세력을 대변하는 잡지들이 신문사와는 별개의 여론형성 기능을 확대하려는 시도를 보이고 있었던 것이다.

1964년에 일어난 가장 특징적인 잡지필화는 『세대』 사건이었다. 이 사건은 야당이 집권층에 대한 공세를 시도한 데서 비롯되었기 때문에 다른 필화와는 다른 특이한 성격을 지니고 있었다.[40] 그러나 1968년의 '신동아 필화'는 우리나라 대표적인 종합지였다는 점에서도 관심이 집중되었지만, 동아일보의 발행인이 바뀌고 중진 언론인들이 신문사를 떠나야 했던 후유증으로 인해 언론계에 준 충격이 컸던 사건이었다.

문제된 기사는 정치부의 김진배金珍培와 경제부의 박창래朴昌來 두 기자가 공동 집필하여 『신동아』 12월호에 게재한 「차관借款」이란 심층보도로 원고지 250매 분량의 긴 기사였다. 목차와 본문 리드 부분에는 이 기사를 다음과 같이 설명했다.

> "특혜와 폭리가 말썽되어 국민의 지탄으로 특별 국정감사까지 받게 된 차관업체들의 실태와 정부의 외자도입정책의 공과를 분석하고 앞으로의 상환능력 등을 진단한 총 보고서. 정부가 일부 업자에게만 치부할 수 있도록 특혜를 베풀고 있다는 비난을, 그리고 또 이들 혜택을 받은 업자로부터는 그 시혜의 반대급부로 정권을 유지하기 위한 자금 공급을 받고 있다는, 권력과 기업과의 함수관계는 비단 어제오늘에 비롯된 것이 아니다."

기사와 함께 「차관, 나는 이렇게 본다」라는 제목으로 김영선金永善, 백두진白斗鎭, 부완혁夫琓爀, 송인상宋仁相, 조동필趙東弼, 주요한朱耀翰, 최호진崔虎鎭 등의 의견으로 외자도입 정책을 비판하는 글들을 실었다.

---

40 정진석, 「세대 필화사건」, 『한국 현대언론사론』, 전예원, 1985, 356~369쪽.

중앙정보부가 명칭을 바꾼 국가정보원은 2007년에 과거사 정리를 위한 '국정원 과거사건 진실규명을 통한 발전위원회' 를 구성하여 조사를 실시한 결과를 담아 『과거와 대화 미래의 성찰』이라는 보고서를 작성하였다. 보고서의 「언론·노동편」(V)에는 '신동아 사건'이 포함되어 있다. 「차관」 기사는 차관의 국내기업 배정과정에서 일부 재벌들에게 특혜성 차관이 배정되고 있으며 집권여당은 차관배정의 대가로 불법 정치자금을 조성했다는 것으로 정치자금 '4인 공동관리설', '5% 커미션설' 등 당시 공화당 및 집권층의 뇌물·정치자금 수수 의혹을 제기함으로써 박정희 정권의 도덕성을 공격하였다.[41]

동아일보는 1968년 11월 29일자 1면에 5단 제목으로 기자가 연행된 사건을 보도했다. 「본사기자 5명 심문」이라는 컷과 함께 「정보부 『신동아』지 「차관」 기사 관련/ 보관 원고도 제출케」라는 기사는 『신동아』 12월호 「차관」 기사와 관련하여 필자인 동아일보 김진배(정치부), 박창래(경제부) 두 기자를 비롯하여 『신동아』 부장 손세일孫世一, 기자 심재호沈在昊, 이정윤李正允 등이 23일부터 차례로 중앙정보부에 연행 또는 자진출두 형식으로 불려가 심문받았는데, 그 중 몇 사람은 반공법 위반혐의로 조사하고 있다는 내용이었다.

필자 박창래 기자는 11월 23일 오전 11시 30분 출입처인 수산청 기자실에서 연행된 뒤 세 차례에 걸쳐 조사를 받았고, 또 다른 필자인 김진배는 한국기자상 수상에 대한 부상으로 기자협회가 마련한 동남아 순방여행을 마치고 귀국하던 중 김포공항에서 도착 즉시 연행되어 역시 네 차례에 걸쳐 연행 또는 출두하여 기사의 취재 집필 경위를 조사받았다. 이들 관련자 5명 외에도 중앙정보부는 동아일보 논설위원 겸

41 국가정보원 편, 『과거와 대화 미래의 성찰』, 국가정보원, 2007, 71쪽.

【1】 1968年11月29日 金曜日 東亞日報

本社記者五명審問

情報部 新東亞誌「借款」記事관련

보관原稿도提出케

洪主幹도 出頭要求

柳政治部次長 연행

동아일보
1968년 11월 29일자 1면

『신동아』 주간인 홍승면과 정치부차장 유혁인도 출두를 요구하거나 연행하여 조사하였다고 동아일보는 별도 기사로 보도했다.

이날 동아일보는 사설을 통해서 중앙정보부를 정면으로 공격했다. 사설은 「신동아 필화」라는 제목으로 사건의 경위와 함께 다음과 같이 문제된 기사 내용을 소개했다.

> "문제된 기사의 큰 줄거리를 살펴보면, 현재까지의 차관借款의 실태, 차관의 도입과 병행하여 생성된 재벌의 생태, 그 정치세력과의 관련자 특히 정치 문제들에 관하여 구체적인 사례를 들어 정리한 뒤, 그러나 차관이 가져온 경제성장의 성과를 충분히 인정하여 이를 자세히 설명하는 한편으로, 정치에 결부된 차관의 무원칙하고 특혜적인 일면이 여러 심각한 부작용을 가져왔다 하면서, 일반 소비자의 부당한 희생을 강요하는 차관업체의 폭리, 차관을 얻고도 주체 못하는 업체를 위한 현금 차관이나 대불代拂 같은 또 하나의 특혜, 닥쳐올 원리금 상환에 즈음하여 따라 나올 국제수지의 비관적인 전망 등을 역시 구체적으로 지적하고 있는 것이다."

사설란에는 평시에 두 건을 다루었는데 이날은 '신동아 사건' 한 건만으로 의례적으로 긴 분량의 사설을 실었다. 중앙정보부가 사건을 다루는 것은 부당하며, 적용법규에 있어서도 반공법 위반혐의가 될 수 없다는 등으로 중앙정보부를 직접 거론하여 비판했다. 민중은 알 권리가 있고 매스컴은 알릴 권리가 있다. 차관으로 자립경제를 내다보게 되었다는 것을 알아야 하고 알려야 한다면, 차관이 부패나 국민 간의 지나친 불균형에 어떤 작용을 하고 있는가도 알아야 하고 알려야 한다는 논지였다. 중앙정보부와의 정면대결을 마다하지 않겠다는 자세였다. 논리적이면서도 강경한 논설이었다.

그러나 중앙정보부는 12월 2일 『신동아』 10월호에 실린 「북괴와 중소분쟁」 영문원고(필자 조순승趙淳昇) 번역문 등을 비롯하여 『신동아』 월요회의 회의록, 송고장送稿帳, 서신, 영수증 등 12점을 압수하면서 수사를 확대했다. 「차관」 기사로 시작된 필화가 10월호 논문으로 방향이 바뀌면서 확대되는 양상이었다. 압수수색영장은 서울지검 이규명 검사가 청구하여 서울지법 유태홍 부장판사가 발부했다.

12월 3일 오후에는 동아일보 발행인 김상만과 주필 천관우를 연행 심문하여 수사당국은 동아일보에 대한 압박의 강도를 높였다. 물러서지 않고 끝까지 빌어붙이겠다는 태도였다. 동아일보는 이 같은 수사경과를 보도하면서 국회에서 정일권 총리를 향해서 질문공세를 펴는 정치권의 움직임도 크게 보도했다. 중앙정보부는 12월 3일에 이어 5일과 6일에도 주필 천관우를 소환 심문하였다.

12월 6일에는 서울지검 공안부가 『신동아』 10월호에 게재되었던 「북괴와 중소분쟁」에 관련하여 『신동아』 주간 홍승면과 부장 손세일을 반공법 위반혐의로 구속하는 사태로 확대되었다. 이렇게 되자 동아일보는 처음과는 달리 현저히 위축된 자세를 보이기 시작했다. 동아일보는 간략한 사실보도만 하고 더는 비판적인 태도로 나오지는 않았다.

마침내 12월 11일 동아일보는 관련 간부의 전면적인 인사개편을 단행했다. 이 날짜로 이사 주필이었던 천관우, 홍승면(『신동아』 주간 겸 논설위원), 손세일(『신동아』 부장) 3명의 간부를 해임하고 동아일보 1면에 '본사사령'으로 고지했다. 구속되었던 홍승면과 손세일은 인사가 있기 전, 구속 3일 만인 12월 9일 석방되었다.

동아일보가 권력의 압력에 굴복한 배경에 관해서 손세일은 당시 경영진은 동아일보 계열사인 삼양사와 경방(주)에 대한 세무조사 압력을 우려하는 동시에 동아일보 전 직원에 대한 병역조사 실시 등 전방위적인 압박이 있었다고 증언했다.[42] 동아일보 사사는 "당국은 이러한 직접적인 탄압 이외에도 본사 사원에 대한 갖은 압력을 간접적으로 가하였다. 본보本報와 전혀 관계없는 삼양사와 경방 등에까지 물리적 압력을 가중시켰다. 이 두 업체의 소유주가 본보 발행인과 친척관계였음을 감안하여 간접적인 탄압을 가한 것이다. 심지어 본사 발행인 소유의 주식 폐기를 요구하였다."고 기록하였다.[43]

16일과 17일에 열린 국회 본회의에서는 법무부 장관 이호와 문화공보부 장관 홍종철을 출석시킨 가운데 '언론자유침해에 대한 대정부 질의'를 폈다. 첫 질문에 나선 장준하(신민)는 "중앙정보부가 애당초 『신동아』 12월호에 실린 「차관」이란 기사를 문제 삼아 동사 소속 8~9명의 간부 및 기자들을 연행 조사하다가 갑자기 10월호에 실린 「북괴와

42 국가정보원 편, 『과거와 대화 미래의 성찰』, 국가정보원, 2007, 70쪽.

43 『동아일보사사』 3권, 동아일보사, 1985, 343쪽.

44 장준하, "동아일보는 간단하게 추려서 「청와대 예산을 깎아라」 하는 제하로 기사화했던 것인데 이것이 심히 대통령에게 노여움을 샀고 대통령 자신이 이번에 동아일보의 버릇을 고치라고 강력한 그러한 지시를 내렸다는 믿지 못할 소문도 퍼지고 있는데 … 공화당 정권은 차기 집권을 비롯한 영구집권의 야욕을 달성하기 위해서 눈의 가시로 보이는 언론기관을 완전히 어용화 내지 무력화시켜야 하겠다는 계획 밑에서 … 가끔 뻗대는 동아일보마저 완전히 숨을 죽여 버려야 되겠다고 하는 저의에서 미리부터 벼르고 있던 일이라고 보고 싶습니다." 「언론자유 침해에 관한 질문」(제 67회 국회회의록 제 34호, 1968. 12. 16)

중소분열」로 수사초점을 바꾼 이유는 무엇인가"고 따졌다.[44]

질의를 벌인 장준하張俊河, 정상구鄭相九, 송원영宋元英, 박한상朴漢相 등 신민당 의원들은 "구속 3일 만에 구속을 해제했고, 개인의 생명선인 직장을 빼앗은 것은 치죄治罪가 아니고 보복조치"라고 정부를 비난했으나 "천 주필, 홍 주간의 사퇴문제는 전적으로 동아일보사 자체 내의 업무처리인 것이지 정부가 이에 간여한 사실이 없다."는 답변을 들었을 뿐이다.

중앙정보부가 처음에 문제 삼았던 『신동아』 12월호 「차관」은 10월호의 「북괴와 중소분열」로 수사초점이 바뀌었다가 동아일보 주필 천관우와 홍승면, 손세일을 신문사에서 쫓아내는 것으로 마무리되었다. 권력은 모든 방법을 동원해서 가장 영향력이 큰 언론기관이었던 동아일보를 굴복시키려 했다. 그 최종 표적은 신문 논조를 이끄는 주필 천관우였던 것이다.

김진배 · 박창래 기자를 조사한 국정원 보유자료(중앙정보부, 「『신동아』 기자 박창래 · 김진배 조사결과」, 1968. 12. 7)에는 차관기사의 출처에 대한 조사결과에 대한 소견으로 "일부 날조한 사실이 있으나" 관련법규 미비를 이유로 훈방조치를 건의하고 있어 '3선개헌'을 위해 동아일보를 순치시킬 목적으로 「차관」 기사를 이용했다고 보기에는 중정의 공작의도가 명확히 드러나지 않고 있다고 밝히고 있다. 조사결론을 종합해 보면 「차관」 기사에서 발단된 필화는 결국 동아일보 길들이기로 확대되었고, 권력과 동아일보의 기 싸움에서 천관우는 권력이 제거해야 할 최종 목표가 되었던 것이다.

### 3) 동아일보 퇴직과 복직

동아일보는 12월 18일자 1면에 '본사 발행인에 고재욱 씨, 편집인

本社發行人에高在旭씨
編集人李東旭씨로變更등록

東亞日報社는 十二月十八日字로 同社에서 刊行하는 東亞日報 소년동아일보 新東亞(月刊) 女性東亞(月刊)의 發行人및編集人을 다음과같이變更, 同日字로文化公報部에變更登錄을끝마쳤다。종전발행인이던金相万씨는副社長職을계속맡아본다。

▲東亞日報=發行人 代表理事 高在旭(前發行人 金相万) 編集人 李東旭(前編集人 千寬宇)

▲소년동아일보=發行人 高在旭(前發行人 金相万)、編集人 李東旭(前編集人 千寬宇)

▲新東亞=發行人 高在旭(前發行人 金相万)、編集人 金聲翰(前編集人 千寬宇)

▲女性東亞=發行人 高在旭、編集人 金聲翰(前編集人 千寬宇)

동아일보 1968년 12월 18일자 1면

이동욱 씨로 변경 등록'이라는 박스 공고를 실었다. 발행인 김상만金相万이 발행인 직을 고재욱高在旭에게 넘기고 부사장만 맡게 되었으며 천관우는 동아일보, 소년동아, 『신동아』, 여성동아의 편집인 직을 모두 사임하였다는 내용이었다. 11일자 신문에 천관우가 동아일보에서 물러났다는 사실을 알린 것으로도 부족하여 1주일 뒤에 그가 동아일보와 그 자매지의 편집인으로서도 완전히 손을 떼었다는 사실을 확실히 만천하에 널리 공표한 것이다. 동아일보의 완전한 굴복이었다. '신동아 사건'은 이렇게 일단락되었다.

한편 편집인협회는 이 사건에 대해 회장 최석채崔錫采(조선일보 주필)를 위원장으로 하는 대책위를 구성했지만 이미 동아일보의 인사가 끝난 뒤였다. 필화사건의 여파는 편집인협회를 비롯한 전체 언론계에 긴 파장을 남겼다. 편집인협회 회장 최석채는 부회장인 천관우 등 3명의 회원이 이 필화사건으로 직장을 떠나게 된 언론 현실에 책임을 지고 편협 회장직을 사퇴한다고 밝혔다. 그는 이 사건이 법에 의해 판가름 나지 않은 채 동아일보와 당국의 이면 교섭으로 끝나고 만 데 대해서도 불만을 나타내면서 한국의 언론은 우리가 의식하고 있는 것 이상으로 경영주의 손에서만 움직이고 있다고 말하고 "신문은 편집인의 손에서 떠났다"는 말을 기자협회보에 남겼다.

최석채는 지금까지 편집인 중심으로 제작되던 지면이 경영주의 영향 아래 놓이게 되어 언론인들의 신분이 무방비상태로 보장받지 못하고 있다고 진단하고 해결방안으로 기자들의 노조勞組 결성과, 신문사 주식을 사원들과 일반인들에게 분산시켜야 한다는 방안을 제시했다. 그러나 기자들의 노조결성은 몇 년 후에 동아-조선 사태와 한국일보의 노조결성 등 언론계 내부의 큰 진통을 몰고 왔을 뿐이었다.

이 사건을 계기로 권력에 휘둘리는 허약한 모습의 언론 현실을 비판하고 자가 반성하는 글은 기자협회가 발행하는 『기자협회보』를 중심으로 활발히 전개되었다. 특히 동아일보 외의 다른 신문들은 이 사건을 제대로 보도하지도 않았고, 12월 16일과 17일의 국회 대정부 질의도 거의 묵살하였다는 사실에 언론계는 부끄러움과 무력감이 팽배했다. 한국을 대표하는 신문이 권력에 굴복하였다는 사실이 드러났기 때문에 그 실망감은 컸다. 천관우는 동아일보를 떠난 직후인 1969년 1월 10일자 『기자협회보』에 기고한 글에서 당시의 언론상황을 "한국 특유의 비극인 연탄중독 같은 것"에 비유했다. 잠든 사이에 스며든 가스에 취하여 비명 한 번 못 질러보고 어리둥절해하고 있는 상태에 비할 수 있다는 것이었다.

> "돌이켜보면 개스가 스며들기도 하루 이틀 저녁의 일이 아니었던 것 같다. 신문이 자유보다 자율自律을 외치고, 신문이 항쟁정신보다 협조정신을 외치면서부터 개스는 스며들기 시작했던 것이다. 우리는 자율이 따르지 않는 자유를 나무랄 줄 아는 동시에 자유가 따르지 않는 자율의 정체가 어떤 것인지를 좀 더 살폈어야 했다. 우리는 협조를 모르고 항쟁만을 아는 신문을 탓할 줄 아는 동시에 항쟁을 모르고 협조만을 아는 신문이 어디로 귀착되는가에도 좀 더 머리를 돌렸어야 했던 것이다."[45]

45 천관우, 「신년 有感」, 『기자협회보』, 1969년 1월 10일자. 이 글은 『언관 사관』(배영사, 1969) 96~99쪽에 「신문의 자유」라는 제목으로 수록되어 있다.

'패군지졸'을 자처하며 담담한 필치로 써 나간 천관우의 글은 언론계에 많은 공감을 불러왔다. 자성하는 소리가 높았고, 젊은 기자들은 "언론은 결코 죽지 않으며 죽을 수도 없다"던 천관우의 글에 용기를 얻기도 했다. '신동아 필화'는 한국 언론의 가장 취약한 부분이 경영이라는 사실을 드러내었고, 필화사건이 법정으로까지 가지 않고 타협으로 해결된 대표적인 사례라 할 수 있었다.

동아일보를 떠났던 세 언론인은 오래지 않아 모두 복직했다. 홍승면은 편집국장(1969. 2~1971. 4), 수석논설위원(1972. 4), 출판국장 겸 이사(1973. 8), 이사 겸 논설주간, 주필(1974. 9)을 역임하다가 1975년 2월에 퇴사했다. 손세일은 기획부장(1969. 4~1970. 9), 논설위원(1970. 9~1980. 4)을 지냈다.

천관우는 가장 늦게, '3선개헌'이 끝난 후인 1970년 2월에 복귀하여 상근이사로 동아일보 사사편찬을 담당했다. 동아일보에 복귀하기 전인 1968년부터 동아일보는 천관우에게 『3·1운동 50주년 기념논집』 편찬을 담당하도록 위촉했다. 논집은 1969년 3월에 출간되었는데 천관우는 편찬 주간을 맡아 76편의 논문을 담는 방대한 작업을 수행하였다. 3·1운동을 공동으로 조명한 최초의 연구논집이었다. 이 논집에 천관우는 「민중운동으로 본 3·1운동」을 썼고, 손세일은 「대한민국 임시정부의 정치지도체계」를 실었다.

천관우는 동아일보에 재직 중이던 1971년 4월 19일 민주수호국민협의회 창립 공동대표의 한 사람으로 피선되면서 민주화운동의 길로 들어섰다. 창립 대표위원은 천관우, 김재준, 이병린이었는데 후에 함석헌, 법정 스님도 공동대표가 되었다. 이해 12월 6일 대통령 박정희가 국가비상사태를 선포한 후에 천관우는 동아일보에서 두 번째로, 그리고 이번에는 동아일보에서는 완전히 물러나고 말았다.

천관우도 동아일보의 두 번째 해직에 대해서는 신문사의 입장을 이해할 수 있었다. 신문사 밖에서 종교인, 변호사, 교수, 문인 등 재야인사들이 중심이 된 모임에 깊이 간여한 것은 "신문인으로서 도를 넘은 것임을 나 자신도 알고 있었다. 이렇게 자초했던 일이라, 정든 언론계를 떠난다 해도 올 것이 왔구나 할 뿐이었다."[46] 신문사에 앉아서 글을 쓰는 일만으로는 도저히 견딜 수 없을 정도로 숨이 막히는 상황에서 민주화운동의 현장에 뛰어든 것이었다. 해직 후 정보기관의 감시가 따라다녔고, 심할 때에는 외출을 금지하거나 방문객의 출입도 금하는 경우까지 있었던 일종의 연금상태에 놓이는 때도 있었다. 그런 가운데서 10년간은 칩거하면서 '저술생활'로 돌아가서 역사논문을 집필하고 민주화운동을 전개하면서 세월을 보냈다.

## 5. 언론계 밖에서 투쟁과 저술

### 1) 기자들의 언론자유 투쟁 격려

1974년의 언론계는 언론사상 일찍이 볼 수 없었던 거센 진통을 겪고 있었다. 3월에 동아일보 기자들이 노조를 결성하면서 시작된 노조 대 경영진의 갈등이 끝나지 않은 상황에서 10월부터는 일선기자들이 언론자유 수호 결의문을 채택하여 전국적으로 확산되고 있었고, 12월에는 동아일보-동아방송에 대한 광고 탄압이 시작되어 해를 넘길 때까지 계속되는 가운데 1975년에는 경영주와 기자 간의 정면충돌이 벌어진 '동아-조선사태'가 눈앞에 다가오고 있었다. 그러나 기자들이 실력

46 천관우, 「六十自敍」, 『천관우 선생 환력기념 한국사학논총』, 정음문화사, 1985, 1086쪽.

행사를 동반한 요구를 관철하면서 이전에는 보도하지 못했던 정치 사회적인 사건들을 보도하는 사례가 늘어났다.

천관우는 이런 상황이 전개되던 무렵인 1974년 11월 8일에 발행된 기자협회보 창간 10주년 기념호에 「언론자유의 새 아침에」라는 글을 기고했다. 언론자유 수호운동으로 독자들이 궁금하게 여기는 중요사건을 다루고 있는 현상은 바람직한 일이라면서 기자들의 언론자유 수호운동을 격려했다. 비록 만족스럽지는 못해도 신문이 이 정도가 되기까지는 나의 옛 동료들, 후배들의 결심이 얼마나 눈물겨운 것이었을까. 분명히 자유언론의 새 아침은 밝았다면서 상쾌한 아침 미풍에 연탄가스 중독이 가시기 시작하고 있는 모습에 비유했다. 연탄가스 중독은 앞서 살펴본 1969년 1월 10일자 기자협회보에 쓴 「신년유감」에서 당시의 언론상황을 상징적으로 비유한 말이었다. 기자들의 언론자유 수호선언을 천관우는 이렇게 평가했다.

> "과연 언론은 궐기했다. 그것도 국내외에 그 소신을 떳떳이 밝힘으로써 이제는 후퇴가 없다는 것을 다짐하면서 일어섰다. 이 몇 해만의 통쾌인가. 고양이 목에 누가 방울을 다느냐고만 하더니 고양이 목에 방울을 달기가 불가능한 일이 아님을 보여주었다."

기자협회보는 타블로이드 한 페이지 전체를 천관우의 글로 채웠다. 천관우는 말한다. 그동안 언론은 서울이 무섭다고 과천서부터 기어온 현국이었다. "언론인이 현실의 역사 창조에서 담당하는 기능은 제한되어 있다. 그러나 그 역사의 방향이 사회정의에 바탕을 둔 것으로 되기 위한 감시와 비판을 기능으로 하는 점에서 언론인의 사명이 너무나도 무겁고 너무나도 험한 것"이다. 마지막으로 논어에 나오는 '임중이도원任重而道遠(맡은 바 임무는 무겁고 길은 멀다)'을 떠올린다면서

"의로운 언론인들이여, 복이 있을지어다. 한국의 민주주의 복이 있을지어다."라는 말로 끝을 맺었다.

1974년 12월 27일 천관우는 민주수호국민협의회가 개최한 송년 대강연회에서 동아일보 광고탄압을 중지하라고 외쳤다. 을지로 1가 대성빌딩에서 1천여 명이 모인 가운데 열린 강연에서 천관우는 "난국을 타개하려면 구속 인사들을 하루 빨리 석방해야 하며 동아일보와 동아방송 사태에 대한 온 국민의 지원이 있어야 한다"고 주장했다.

어떻게 지내십니까 ⑨

千寬宇 씨

「요즘의 新聞」 받아보는 일 즐거워

言論自由는 權力에 맞서 爭取해야

동아일보 1974년 12월 23일자 1면

이틀 전인 12월 25일에는 민주회복국민회의 창립에 공동대표의 한 사람으로 참여하였다가 이듬해 3월 상임 대표위원에 선출되었는데 4월 7일 취임 첫 기자회견을 가졌다. 민주회복만이 나라를 살리는 최선의 길이라면서 민주세력의 저변을 최대한으로 확대해 나갈 것이라고 소신을 밝혔다. 그러나 국민회의는 이듬해 4월경 활동이 정지되었다. 이때 천관우의 집에는 "불원 곡성哭聲 … 관 사다두라"는 협박 편지가 배달되기도 했다.

동아일보 광고 탄압이 거세지자 천관우는 1975년 1월 6일자 동아일보에 「동아 광고 비정상상태에 대하여」라는 의견광고를 실었다. 동아

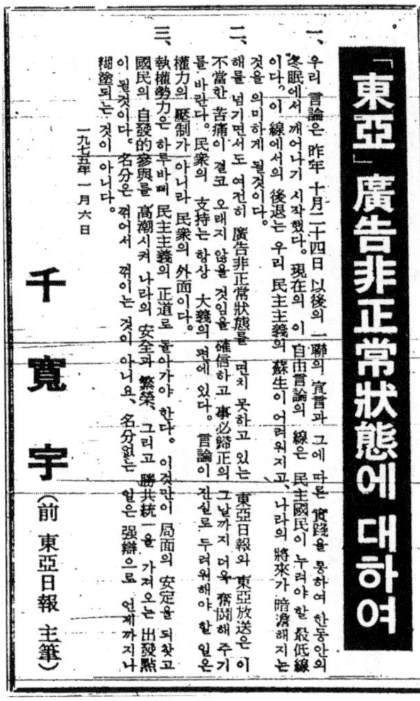

「東亞」廣告非正常狀態에 대하여

一、우리 言論은 昨年 十月二十四日 以後의 一聯의 宣言과 그에 따른 實踐을 통하여 한동안의 冬眠에서 깨어나기 시작했다。現在의 이 自由言論의 線은 民主國民이 누려야 할 最低線이다。이 線에서의 後退는 우리 民主主義의 蘇生이 어려워지고、나라의 將來가 暗澹해지는 것을 의미하게 될것이다。

二、해를 넘기면서도 여전히 廣告非正常狀態를 면치 못하고 있는 東亞日報와 東亞放送은 이 不當한 苦痛이 결코 오래지 않을 것임을 確信하고 事必歸正의 그날까지 더욱 奮鬪해 주기를 바란다。民衆의 支持는 항상 大義의 편에 있다。言論이 진실로 두려워해야 할 일은 權力의 壓制가 아니라 民衆의 外面이다。

三、執權勢力은 하루바삐 民主主義의 正道로 돌아가야 한다。이것만이 局面의 安定을 되찾고 國民의 自發的參與를 高潮시켜 나라의 安全과 繁榮、그리고 勝共統一을 가져오는 出發點이 될것이다。名分은 꺾어서 꺾이는 것이 아니요、名分없는 일은 强辯으로 언제까지나 糊塗되는 것이 아니다。

一九七五年 一月六日

千 寬 宇 (前 東亞日報 主筆)

동아일보 1975년 1월 6일자 광고

일보 돕기 의견광고는 1974년 12월 30일에 원로 언론인 홍종인이 「언론자유와 기업의 자유」라는 4단 전단 크기 광고를 실으면서 불붙기 시작했다. 동아일보 1면에 실린 홍종인의 광고는 본문보다 큰 4호 활자로 조판되어 독자들의 눈에 가장 잘 띄도록 되어 있었다. 홍종인의 의견광고는 수많은 시민과 지식인이 곤경에 처한 언론사 돕기에 동참하도록 첫 물꼬를 텄다.

홍종인은 일정한 수입이 없었던 때인데도 원고료 10만 원을 광고료로 동아일보에 쾌척하였다. ① 민주주의와 언론기업의 자유, ② 시장자유화와 국가 통일체제, ③ 광고해약의 위험한 자해행위라는 중간제목을 달고, "광고해약은 권력 자신의 자해행위이며 민주주의 사상과 제도를 원리적으로 부정하는 짓일 뿐 아니라 이것이 지금은 동아일보라는 한 신문사만을 괴롭히는 일로 보일지 모르나 결과적으로는 대한민국 내의 모든 신문에 대한 강압적인 수단이 되므로 이러한 것은 곧 바로잡아 놓게 되기를 바란다"고 규탄하였다. 나이 70이 넘었으나 불의를 보고 참지 못하는 정의감과 언론의 자유와 권위를 강조해왔던 평소의 지론을 행동으로 보여준 것이다. 이때부터 동아일보 광고란에는 기업광고는 사라졌으나 그 자리는 시민들의 격려광고로 채워지기 시작했다.

천관우는 1975년 1월 6일자 8면에 다음과 같은 의견광고를 실었다.

> **「동아」광고 비정상상태에 대하여**
>
> 1. 우리 언론은 작년 10월 24일 이후의 일련의 선언과 그에 따른 실천을 통하여 한 동안의 동면에서 깨어나기 시작했다. 현재의 이 자유언론의 선은 민주국민이 누려야 할 최저선이다. 이 선에서의 후퇴는 우리 민주주의의 소생이 어려워지고, 나라의 장래가 암담해지는 것을 의미하게 될 것이다.
> 2. 해를 넘기면서도 여전히 광고 비정상상태를 면치 못하고 있는 동아일보와 동아방송은 이 부당한 고통이 결코 오래지 않을 것임을 확신하고 사필귀정의 그날까지 더욱 분투해 주기를 바란다. 민중의 지지는 항상 대의의 편에 있다. 언론이 진실로 두려워해야 할 일은 권력의 압제가 아니라 민중의 외면이다.
> 3. 집권세력은 하루바삐 민주주의의 정도로 돌아가야 한다. 이것만이 국면의 안정을 되찾고 국민의 자발적 참여를 고조시켜 나라의 안정과 번영, 그리고 승공통일을 가져오는 출발점이 될 것이다. 명분은 꺾어서 꺾이는 것이 아니요, 명분 없는 일은 강변強辯으로 언제까지나 호도되는 것이 아니다.
>
> 1975년 1월 6일
>
> 천 관 우 (전 동아일보 주필)

불광동 천관우의 스무 평 남짓한 집에는 달갑지 않은 방문객이 수시로 드나들었다. 자신의 행동을 감시하는 기관원이었다. 기관원의 방문은 시기에 따라 빈도가 달랐다. "심할 때는 나 자신이 '연금'으로 느낀 일이 몇 번 있었지요. 요즘 얼마 동안은 별일 없는 평온상태입니다. 내 집은 항상 누구에게나 개방되어 있으니까 수사기관도 그 예외일 수 없겠지요" 그런 가운데도 민주질서가 하루빨리 제도적으로 회복되고 "나 같은 사람도 '멋있는 기자생활'을 다시 해 볼 수 있는 날이 하루빨리 오기를 기다리고 있다"고 말했다.[47] 1974년 9월 23일에는 천관우와

47 이부영, 「어떻게 지내십니까」, 동아일보 1974년 12월 23일자.

함석헌이 연행되었다가 이틀 뒤에 귀가한 일도 있었다.

천관우의 소망은 유신정권이 무너진 뒤인 1981년에 한국일보 상임 고문으로 언론계에 복귀할 때까지는 이루어지지 않았다.

### 2) 칼럼집 출판과 저술

천관우는 1950년대에 일찍이 칼럼니스트로 확고한 위치를 구축했다. 한국일보의 「지평선」(1955. 3~11)을 집필하면서 능력을 인정받았고, 조선일보로 가서 「만물상」(1958. 4~1959. 10)을 새로 만들어 집필하다가 한국일보로 다시 돌아와서 「메아리」(1959. 10~1960. 6)를 맡았으며 민국일보에서 「샘물」(1960. 6~1960. 8) 집필 등으로 29살 논설위원 시절부터 필력을 떨치기 시작했다. 한학에 능통한 국사학자로 서양의 매스컴 이론을 공부한 학문적 배경을 지녔으므로 당대의 칼럼니스트로서 더할 나위 없는 자격을 갖춘 것이다. 1965년 12월에 여러 신문에 쓴 칼럼을 모아 첫 칼럼집 『썰물 밀물』을 출간하였다. 한국일보 주필이었던 오종식은 천관우가 쓴 글을 보고 첫눈에 그 필력에 놀랐다고 말하면서 "현대 산문의 한 틀을 지었다"고 했다. (「서序」, 『썰물 밀물』, 어문각, 1965)

> "알고 보니 유시幼時에 조부장祖父丈 슬하에서 한학을 수습修習한 덕이 컸던 데다가, 국사전공이요 그 위에 신문학新聞學을 또 연구했으니 그 소양의 넉넉함을 짐작할 수 있었거니와, 구 관찰과 필력은 역시 천품의 소치라는 생각에 기울어 들지 않을 수 없었다. 일찍 학창시절에 실학, 반계磻溪에 잠심潛心하고 마냥 연찬했던 결과를 발표하여 사계의 선달들을 놀라게 하였지만, 그의 시사논평마저 탁월하고도 건전함에는 또한 평단을 괄목케 하였다."

이상은 『썰물 밀물』의 앞에 쓴 추천의 글이므로 과찬이 있을 수 있다는 점을 염두에 두고 보더라도, 오종식의 글은 천관우를 적절하게 평가했다고 볼 수 있다. 오종식은 경향신문 주필 겸 편집국장을 세 차례, 한국일보 부사장 겸 주필을 두 차례, 서울신문 전무 겸 주필 등을 맡았던 논객이자 서울신문, 부산 국제신문 사장, 대한공론 이사장을 맡았던 신문 경영인이었다. 오종식은 천관우가 한국일보에서 처음 논설위원으로 발탁되던 때의 주필이었는데 천관우와 홍승면을 아끼고 장래를 촉망했다.[48]

조선일보 편집국장과 주필을 지낸 소설가 선우 휘는 "날카로우면서도 위태롭지 않고 화려하면서도 현학적이 아니고, 섬세하면서도 웅경雄勁하다. … 문장으로 보나 재치로 보나 기교에 흐르지 않는 유머의 감각으로 보나 또한 치우치지 않는 중정中正의 계몽성으로 보아 이제 거의 고전적인 가치를 지니게 된 씨의 단평"이라고 평했다.[49]

두 번째 칼럼집은 '신동아 필화'로 동아일보를 떠나야 했던 이듬해인 1969년에 출간한 『언관言官 사관史官』이었다. '한국 신문의 체질'이라는 부제가 붙은 이 논집은 언론과 기자에 관해서 쓴 글을 모은 책인데 세 개의 장으로 구성되었다.

① 한국신문의 현황(1966년 11월 도쿄에서 열린 제1회 한일 편집인 세미나 주제논문)
② 한국신문의 안팎(신문의 비평적 기능, 신문의 자유, 신문의 윤리, 신문기자 등)
③ 한국신문의 발자취(왕조시대의 민간지, 3·1운동과 3대 민간지, 일본 침략 전쟁하의 신문, 민족해방과 신문, 정부수립 후의 신문 등)

책의 제목이 말하듯이 천관우는 여론에 큰 영향력을 미칠 수 있는 '대기자'가 활동할 수 있는 제도가 신문사에 도입되기를 희망하였다.

---

48 선우 휘, 「하얀 눈발을 맨발로」, 『석천 오종식 선생 추모문집』, 1977, 72쪽.
49 선우 휘, 「大海에서 떠낸 물 같은 단평」, 조선일보 1965년 12월 30일자.

프랑스의 볼테르(1694~1778), 중국의 양계초梁啓超(1873~1929), 일본의 도쿠도미 소호德富蘇峰(1863~1957)를 예로 들면서 시비를 분명히 하는 자세, 문장력, 통찰력을 갖춘 대기자가 많이 나와야 한다는 지론을 펼쳤다. 천관우 자신이 이 같은 대기자의 조건을 지닌 인물이었다. 대기자는 거대한 영향력을 지니고 있기 때문에 그 사회에 대한 사명감에 투철해야 하며, 권력과 맞부딪쳐도 불굴의 용기를 가지고 활동을 전개하는 투사들이었고, 때로는 만인이 싫다 해도 거침없이 자신들의 길을 가는 신념의 인물들이었다고 규정했다.

오늘날은 고소대처高所大處에서 천하대세를 논하고 비분강개하여 사회의 진로를 이끌어 가던 무관의 제왕인 대기자는 이미 용납되기 어렵게 된 세상이라지만 신문이란 대중매체가 존속하는 한 대기자는 있을수록 좋고, 많을수록 좋다고 천관우는 주장했다. 대기자가 적어지고 있다면 그것은 사회의 구조가 그것을 용납하지 않는 풍토 때문이 아니라 아직은 기자 자신이 대기자가 될 자질을 갖지 못했거나 발휘하지 않고 있는 탓이라는 논지였다. 자신이 대기자를 지향하였을 천관우의 자신을 향한 성찰이었다. 신문사를 떠나 있는 동안에 단재 신채호 전집 출간을 교열(1977)하고, 민세 안재홍의 전집 출간을 위한 「민세 안재홍 연보」 작성(1978) 같은 작업도 한국의 대기자상을 모색하는 작업의 일환이었다. 1980년 11월 1일부터는 경향신문에 「인물 한국사」를 연재하기 시작하여 이를 묶어 출간한 책이 『인물로 본 한국고대사』였다. 국사관련 저서도 계속 출간했는데 대표적인 저서는 다음과 같다.

◇ 『한국사의 재발견』(일조각, 1974)
◇ 편저, 『한국상고사의 쟁점』(일조각, 1975)
◇ 『근세조선사연구』(일조각, 1979)
◇ 『인물로 본 한국고대사』(정음문화사, 1982)

◇ 『한국근대사 산책』(정음문화사, 1986)
◇ 『고조선사·삼한사연구』(일조각, 1989)

1980년에는 한국일보사가 제정한 한국출판문화상 저작상과 외솔회의 외솔상(문화부문)을 받았다.

### 3) 마지막 언론계 복귀

천관우는 언론계와 학계에 활동하면서 정치에는 간여하지 않았지만, 민주화운동에 참여하는 동안 자연히 정치적인 활동이라 할 수 있는 행동도 하지 않을 수 없었다. 1979년 10월 26일의 대통령 박정희 서거 이후 정치상황의 급변에 따라 언론계에도 해빙 바람이 불었다. 언론 출판보도는 검열하에서 제작되었으나 유신치하에 금기사항으로 보도가 금지되었던 것들이 상당부분 풀렸다.

12월 8일에는 대통령 긴급조치 제 9호가 해제되었다. 긴급조치 9호(1975. 5. 13. 공포)는 유신헌법을 개정 또는 비판하는 행위를 금지하고 이에 위반되는 내용은 보도하지도 못하게 하여 70년대의 언론에 가장 위협적인 제한요소가 되어 있었다. 이로 인해 투옥된 언론인들도 있었다. 긴급조치 9호가 4년 7개월 만에 해제되면서 이 조치 위반으로 복역 중이던 동아투위 소속의 언론인들이 석방되었다.

대표적인 금기 필자였던 천관우가 신문에 글을 쓸 수 있게 된 것은 이 같은 상황 변화를 상징적으로 나타낸 사건이었다. 「새 정부에 바란다」라는 천관우의 글은 한국일보 1979년 12월 7일자에 실렸다. 금기의 족쇄가 풀린 것이다. 일간지에 천관우의 글이 실렸다는 사실은 외국 신문의 뉴스가 될 정도였다. 12월 8일자 일본 아사히신문은 외신면 머리기사로 한국 신문이 달라지고 있다는 사실을 보도하면서 천관우의 글이 한국일보에 실렸다는 사실을 예로 들었다.

# "南·北韓대표회의 수락하라"

## 對話제의 직후「準戰時」선포 不當

### 千寬宇 民統中央協의장 對北 성명

◇千寬宇의장.

千寬宇민족통일중앙협의회 의장은 2일 오전 對北성명을 발표, 『北韓측은 우리측이 제의한「南北韓당국및 정당사회단체대표회의」를 수락하고 이를통해 南北韓당국 최고책임자회담을 실현하는 문제를 비롯하여 통일을위해 南北쌍방이제기하는문제를협의, 해결할 것』을촉구했다.

千의장은 南北韓당국및 정당·사회단체대표회의 제의가 있은지 한달이 지나도록 北韓측이 긍정적반응을 보이지 않고있는데대해 유감을 표시하고 『우리측제의는 南北韓간에 무엇보다먼저 대화의광장을 마련해야겠다는 일관된 입장에서 종래의 北韓측주장까지를 포용한것으로 北韓측은 이에 반대할 하등의 이유가 없다』고 말했다.

千의장은 또 『北韓측은 우리의 제의가 있은직후 뜻밖에도 準戰時상태를 선포하고 나섰다』고 지적하고 『南北韓간에 폭넓은대화를 마련하자는데대해 긴장을 조성시키는것은 통일문제의 해결을바라는 온겨레를 아연실색케하는 처사』라고 비판했다.

千의장은 『南北韓쌍방이 진실로 평화통일을 추구한다면 사상과 제도의 장벽을 뛰어넘어 조건없는 대화의자리에 마주앉지 못할 이유가없다』고 말하고 『南北韓당국 최고책임자회담의 실현이야 말로 南北접촉과 대화의문을 과감히 열기 위한 첩경이며 경색된 南北韓관계를 타개하여 통일을 향한 민족의 앞길을 개척하는 획기적 계기가 될 것』이라고 강조했다.

조선일보 1983년 3월 3일자 1면

조선일보도 12월 9일자에 김동길의 「최규하 대통령에게—아침에 보내는 편지」를 실었다. 언론계의 커다란 변화였다. 그러나 서울의 봄은 짧았고 신군부가 등장하면서 언론인 대량해직과 언론통폐합의 회오리바람이 크게 불었다. 천관우는 1981년 3월에 한국일보의 상임고문으로 언론계에 복귀하였다. 그는 당시의 처지를 이렇게 말한다. "나는 57세로, 세대교체가 심한 편인 우리 신문계로서는 벌써 한물간 나이가 되어 있었다" 천관우는 고정칼럼 「담배 한 대 물고」를 집필하다가 이사(1983. 5. 15), 고문(1984)을 거쳐 사빈(1989)으로 추대되었다. 처음 신문사에 몸을 담았던 한국일보에서 마지막을 보낸 것이다.

1980년 신군부가 등장한 이후에는 관변 단체의 주요 직책을 맡기도 했다. 국토통일원 고문(1980. 2~1985. 4)을 시작으로 이듬해 4월에는 사단법인 민족통일중앙협의회 초대 의장(1981. 4~1983. 4)에 선출되었다가 임기가 끝난 후에는 중앙지도위원(1983. 6~1985. 12)으로 남았고, 독립기념관 건립위원회 준비위원(8월)·이사(1983), 국사편찬위원(1982. 7~1989), 문화재위원회 위원(1983. 2~1985. 2), 국정자문위원(1985. 4~1988)

을 역임했다.

학술활동도 병행하여 1984년 12월에는 한국사상사학회가 창립되면서 초대 회장에 피선되어 1988년까지 재임했다. 대학 강의는 건국대 대우교수(1981. 3~1983. 2), 인하대 객원교수(1985. 9~1991)로 출강했다.

민족통일중앙협의회 의장 자격으로 천관우가 북한이 술책을 버리고 진정한 대화에 나서라고 요구하는 성명을 발표하면 신문과 방송은 비중 있게 다루었다. 북한이 정부 당국을 배제하고 정당 사회단체가 모여 '통일촉진대회'를 개최하자고 주장하면서 여기에 통일혁명당과 같은 있지도 않은 유령조직을 참가시켜야 된다고 주장하는 것은 한반도의 공산화 통일을 획책하는 책략이라면서 그 허구성을 공박했다.

## 6. 긍정적 역사관, 신바람 나는 역사

천관우는 거물다운 외모를 지니고 있었다. 1963년 기준으로 키는 육척(181.8㎝)에 약간 모자란다고 했으니 적어도 180㎝ 정도였을 것이다. 무게는 28관(104.608㎏)을 오르내리는 거구였다. 나이에 따라 몸무게는 가감이 있었겠지만, 그 무렵에 제네바 어느 시계포에서 천관우를 본 주인이 일본 유도선수로 지레짐작하더라는 것이다.[50] 국민 전체의 체격이 오늘날에 비해 훨씬 적었던 1960년대의 일이었으니 천관우의 외모는 단연 남의 눈에 띄는 거물이었다. 체격에 걸맞게 대식가에 호주가였다. 목소리도 걸걸하고 시원했다.

천관우는 한복을 즐겨 입었다. 집에서는 여름 겨울 할 것 없이 한복

50 천관우, 「체질개선」, 『고대신문』, 1963; 『천관우 산문선』 (심설당, 1991, 24~26쪽) 수록.

을 입었고, 바깥 출입복으로도 한복을 자주 입었다. 특히 양력 연말에서 음력 연초에 걸치는 약 한 달 동안은 신문사에도 두루마기를 입고 다녔다. 체격과 사학자의 풍모에 어울리는 모습이었다.

천관우는 일선기자를 거치지 않은 논객이었다. 부산 피난시절 대한통신 기자로 입사한 직후 몇 달 동안의 외근 수습을 했다는데, 그때가 일선 취재 경험의 전부였다. 그 후로는 신문사 안에서 칼럼과 논설을 쓰고, 편집국장으로 신문 제작을 총괄하는 자리에 있었다. 한말 논객들이 외근 취재는 탐보원에 맡기고, 논설기자들은 일선취재를 맡지 않았던 것과 비슷한 경력이었다. 그리고 장지연, 박은식, 최남선, 신채호, 정인보, 문일평과 같은 언론인이면서 역사학의 선각자들을 사표로 삼았던 언론인이었다. 언론과 역사는 시대상황의 변화에 따라 분화되었지만 근본적으로는 거의 동일한 기능을 지녔다고 생각했다.

민주화운동에 앞장섰던 행동과 통일을 위해 노력했던 행동도 동일한 것으로 해석할 수 있다. 1980년 이후에 관변 단체에 간여했던 사정을 천관우는 이렇게 썼다.

> "한국일보와 다시 관련을 맺기로 작정이 된 것과 거의 동시에 민족통일중앙협의회(민통)라는 시단법인 단체의 의장으로 선임되었다. 통일문제에 관심을 많이 쏟아온 민간인들의 전국조직인데, 초창기이었기 때문에 거의 격일꼴로 나가 보아야 했다. 정부로부터 재정 일부를 지원받는 단체라 해서 그러했던지, 여기에 관계한 이후로 구설수가 잦은 것을 나도 짐작은 하고 있다. 이에 대해서 할 말이 없는 것은 아니로되, 역사학도로서의 반생을 이야기하는 이 자리가 그런 사설辭說 늘어놓기에 적당치 않은 듯하다."

민족통일중앙협의회 의장에 선출된 데 대한 구설수에 관해서 구차하게 해명하지 않고 지나간 것이다. 10·26 직전까지는 유신체제를 앞장서서 비판하다가 제5공화국 출범 직후에 통일운동 조직의 책임을 맡은 것은 파격적이었고, 재야에서 행동을 같이했던 사람들은 배신감을 느끼기도 했을 것이다. 언론자유의 수호와 민주화투쟁에 누구보다도 행동으로 헌신했던 경력이 민통 의장 취임으로 훼손되었다는 평가도 있다. 그러나 천관우는 권력으로부터 어떤 혜택도 받지 않았다. 일생을 청빈하게 살았다. 민통 의장 취임 이후에도 전혀 달라지지 않았다. 개인의 욕망이나 경제적인 도움을 기대한 처신이 아니었던 것이다.

천관우는 장기집권의 폐단을 지적하고 민주화를 요구하면서 체제를 비판했던 행동과 통일운동에 앞장서는 입장에는 모순을 느끼지 않는다고 해명했다. 그는 과거에도 협조와 비판을 가려서 행해왔으며 저항으로 일관하지는 않았다고 말했다.[51] 통일문제에는 정파가 따로 없다는 것이며, 비판만 하던 시대는 지났다고 말했다.[52] 통일운동의 방법은 다양하다. 시기에 따라 전략이 달라질 수도 있다. 1980년대 초와 지금은 상황도 크게 바뀌었다. 북한을 대하는 태도와 통일의 전략도 달라질 수밖에 없다. 그러나 북한에 유화적인 자세로 과거를 묻지 않고 접근하는 자세만으로 통일이 되는 것도 아니다. 천관우는 북한을 대화의 상대로 삼되 북한이 통일에 임하는 진정성을 가지고 임하라고 요구했다.

그가 실학을 연구한 것은 한국근대사가 우리 자신의 힘으로 싹트고 전개되어 온 과정을 살펴보자는 노력이었다고 말했다. 우리 역사에는 한무제漢武帝의 침입을 비롯하여 수많은 외침의 역사가 점철되어 있지만 비록 힘에 부친 경우라 할지라도 그때마다 처절한 저항이 있었고, 그 외세에 큰 타격을 주었다. 우리 자신의 이러한 힘을 아느냐, 알지 못하느냐에 따라, 우리가 파악하는 역사의 양상을 크게 달라진다는 것이었다.

---

51 「잠깐, 5분 인터뷰」, 동아일보 1981년 5월 18일자.
52 「인터뷰」, 경향신문 1981년 5월 15일자.

李圭泰 코너

신문사에 입사, 첫 출근하던 날의 일이다. 그 날이 바로 대학입학시험이 시작되던 날이기도 했다. 당시 편집국장이던 천관우(千寬宇) 씨가 첫 출근한 견습기자들을 모아놓고 시험치르는 각 대학에 배치, 시험문제지를 그 시험이 끝나기 전에 빼내오라는 하명을 하는 것이었다.

필자가 배당받은 학교는 이화대학교였다. 수험생을 위장, 수험장에 들어가기전에는 사실상 불가능한 일이었다. 어렵사리 얻은 직장을 첫날에 쫓겨나느냐 하고 마음을 죄고 있었다. 첫 시험이 시작되고 학교사무직원이 학부모들이 웅성거리고 있는 게시판에 시험문제지를 붙이는 것을 보았다.

기회를 엿보다가 그 공시한 문제지를 뜯다가 들통이 났다. 다중에게 얻어맞고 채인다음 멱살과 머리채를 끌려 교무처에 인도되었다. 당시의 교무처장이 후에 총장을 역임한 김옥길(金玉吉) 씨였다. 절도범으로 경찰에 인도되나 했다. 한데 김처장은 나의 의도를 듣더니 의외로 부드러운 말투로 『그런 뜻이라면 나한테 와서 말을 할 일이지…』하며 사무직원을 불러 시험지를 거둬주는 것이었다. 마치 누님만 같이 고마웠던 기억이 난다. 그렇게 상이기자(傷痍記者)가 되어 빼낸 시험지인데 신문에 한줄 실리지도 않았고, 또 국장도 일언반구가 없었다. 며칠뒤 천관우국장은 이렇게 말하는 것이었다.

『뜻을 세우고 일단 세우면 불가능에 도전해야한다. 기자(記者)는 지자(志者)다. 기자로서뿐아니라 세상살아가는 요체다』고.

32년전의 일이다.

그 누님같던 김옥길총장도 가고, 기개가 서슬같던 천관우국장도 유명을 달리했다.

고인이 존경하는 역사적 인물은 예외없이 지사형(志士型)인물이었다. 경술국치(庚戌国恥)소식을 듣던날 유시(遺詩)를 남기고 자결한 황현(黃玹), 집이 어디냐고 물으면 「광화문전…」이라고 대답했을 만큼 도끼들고 상소로 지새웠던 최익현(崔益鉉), 나라가 다치고 헐벗음이 내가 다치고 나의 헐벗음이라 하여 고통을 같이했던 박은식(朴殷植), 「시일야방성대곡(是日也放声大哭)」했던 장지연(張志淵) 등등….

千寬宇

고집없이 뜻을 관철할수 없었음인지 고인은 무척 고집이 세었다. 은밀한 별칭이 천고집(千固執)이었고 경우에 따라 만고집(萬固執), 억고집(億固執)으로 까지 상승했다.

일제때 제천(堤川)에 신동(神童)이 났다하여 신문에까지 났을 정도의 수재인데 수재답지 않게 거구(巨軀)였다. 식량(食量)도 비범하여 우족탕이면 3인분, 초밥이면 5인분을 먹었다.

주량도 대단하여 네홉들이 막소주 1병이 반주(飯酒)요, 그러고서 아무데서건 방안을 진동시키는 코골음으로 잘도 잘잤다.

그래서 천관우(千関羽)이기도 했다. 거구를 움직이고 또 뜻에 손모하고도 열량이 남아돌았음인지 매사에 정력적이기도 했던 고인이다. 험한 과도기에 태어나 갈피 못잡는 세대와 세대간에 은(銀)고리를 걸려 애쓰다 간 것이다.

조선일보 1991년 1월 17일자
이규태 코너의 「천관우론」

"신바람 나는 역사가 되기 위해, 있었던 것도 없다, 없던 것도 있다고 억지를 쓰자는 것이 아닙니다. 우리가 지녔던 힘을 정당하게 평가해서 정당한 자신을 회복하면 우리 역사도 결코 만만한 역사는 아니라는 말입니다."[53] 천관우의 한국 역사를 연구하는 자세를 축약한 말로 볼 수 있다.

1985년 12월에는 『천관우 선생 환력기념 한국사학논총』을 출간하였는데 42편의 논문을 1천 쪽이 넘는 책에 수록하였다. 그를 존경하고 학문적 업적을 기리는 후학들이 많았던 것이다. 1991년 1월에 천관우가 생을 마치자 후학들은 그가 남긴 방대한 글들을 모아 '전집'을 편찬 간행할 것을 논의하다가, 우선 쉽게 읽을 수 있는 부드러운 글을 모아 한 권에 묶어 내기로 하고 엮은 책이 『천관우 산문선』(심설당, 1991)이었다.

천관우는 글의 성격에 맞도록 폭넓은 문장을 구사했던 문장가였다. 간결하고 감칠맛 나는 문장을 쓰는 칼럼니스트였고, 신문의 논설이 갖추어야 할 논리적이면서 설득력 있는 글을 쓰는 저널리스트의 문장, 사학자에게 필수적인 정확하고 객관적이면서 논증적인 글을 두루 구

53 「경향신문 창간 35주년 특별기고—민족사에 자부심을 갖자」, 경향신문 1981년 10월 6일자.

사했던 논객이었다. 수필과 기행문도 적지 않게 썼다. 역사 연구의 시기도 넓었다. 연구의 시발점은 조선조 후기 실학이었으나 고조선부터 고구려사, 백제 신라 가야사, 고려사에 이르는 한국사 전반을 연구하고 3·1운동까지 내려오는 시기의 연구업적을 남겼다.

천관우는 한말에서 일제 강점기에 걸쳐 활동했던 지사풍 언론인의 맥과 전통을 이은 마지막 세대 언론인이었다. 한말의 언론과 언론인은 개화 계몽과 나라의 자주 독립을 지향했지만, 천관우는 민주화를 최고의 가치로 삼고 이를 위해서는 언론의 자유가 가장 중요하다는 점을 강조했고, 실천했던 역사학자인 동시에 지사풍 언론인이었다.

# 1부 언론인

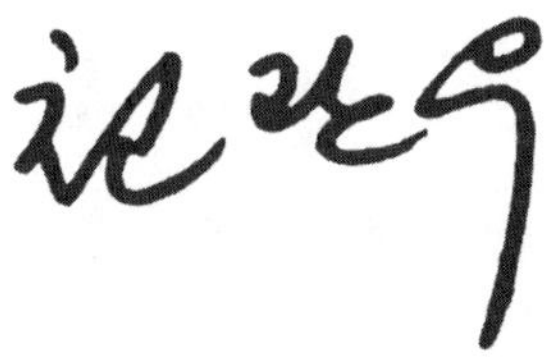

1장

# 아깝다,
# 우리는 한 國士를 놓쳤다!

# 우리 시대의 '언관 사관'

최정호

울산대 석좌교수·전 한국일보 논설위원

내 '회상 속의 언론인 천관우'는
언제나 여러 개의 '수펄러티브superlatives'가
따라 붙었으니…
과연 '거인'이었다.

## 1. 꼭 써두고 싶은 머리말

종래 우리나라에서 '언론사史'라고 하면 대부분의 경우 신문의 역사였다. 그건 신문사社의 역사, 신문 미디어의 역사였다. 언론의 범주에 방송이 들어온 뒤에도 마찬가지로 그것은 방송사社의 역사, 방송 미디어의 역사를 다루고 있다. 언론사史가 언론사社의 역사로, 곧 미디어의 역사로 동일시되어온 것이다.

그러나 인간사회의 언론현상, 언론활동은 근대적인 신문·방송의 출현 이전에도 있었다. 원래 언론현상, 언론활동은 1차적으로 미디어가 아니라 사람이 있어서, 메시지를 주고받는 사람이 있어서 비로소 가능했다. 그러한 메시지를 가진 사람이 곧 그 시대의 언론인이었다. 메시지가 먼저 있고 그 뒤에, 훨씬 후에 미디어가 나타났다. 먼저 언론

인이 있고 그 뒤에 훨씬 뒤에 언론사가 나타난 것이다. 따라서 언론의 역사는 언론사社가 아니라 언론인人의 역사에서 출발해야 마땅하다.

독일의 뮌헨 대학에서는 이미 1980년대 초에 언론인Publizist의 역사를 다룬 세미나가 개설되었고, 그에 앞서 1970년대의 출판계에선 언론사학 시리즈에서 마르틴 루터로부터 시작되는 '언론인사'가 간행되고 있었다.

서울언론인클럽에서 몇 해 전부터 작고한 우리나라 언론인에 관한 평전評傳을 간행하고 있다는 것은 매우 의미 있는 일이다. 미디어(언론사)의 역사에 가려져 버린 메시지(언론인)의 역사에 비로소 조명을 하게 됐다는 뜻에서이다. 뿐만 아니라 이번에 서울언론인클럽에서 기획한 '거인 천관우'는 바로 그처럼 '미디어'를 초월해서 '메시지'를 가졌던 언론인이었을 뿐만 아니라 학자로서도 한국의 언론사를 신문 방송과 같은 근대적 미디어가 등장하기 이전으로, 왕조시대의 언론인('언관言官 사관史官')에까지 소급해서 조명한 아마도 최초의 사학자이기도 했다.

## 2. 천관우에 따라붙는 '수펄러티브'들

과연 천관우는 '거인'이었다. 실제로 내 '회상 속의 천관우' 에는 언제나 여러 개의 '수펄러티브superlatives'가 따라 붙었다.

그는 내가 만난 최초의 언론사 시험관이었다. 내가 1955년 1월 한국일보사의 수습기자 시험을 치렀을 때 그는 반년 전(1954년 6월)에 창간한 이 신문사의 논설위원으로 나를 면접했다. 그의 나이 당시 만 29세. 그는 내가 아는 한 그때 우리나라 언론계에서 가장 젊은 논설위원이 아니었던가 여겨진다. 당시 한국일보는 '젊은 신문', '젊음의 활기에 넘치는 신문'으로 독자들을 모으고 있었다. 거기에는 물론 34세의 약관에 한국은행 부총재(1950년)가 되고 36세에 조선일보 발행인(1952년)이 되고 38세에 한국일보를 창간한 장기영張基榮(1916~1977) 사주의 인품과 비전이 큰 몫을 하고 있었다. 장 사주는 평소 동아일보 창간의 대논설을 쓴 주간이 25세의 장덕수張德秀(1895~1947)였다는 사실을 상기시키면서 '20대의 주필 대망론'을 기회 있을 때마다 되뇌곤 했었다.

과연 1950년대 말의 한국일보에는 그러한 '대망론'에 부응할 만한 젊은 논객들이 많았다. 최병우崔秉宇(1924~1958) 코리아타임스 편집국장, 홍승면洪承勉(1927~1983) 한국일보 편집국장 등이 그런 반열에 오른 사람들이다. 이들이 아직 편집국의 외신부장 자리를 이어받고 있을 때 후석 천관우는 이미 가장 먼저 논설위원으로 필봉을 날리고 있었다.

거의 연년생인 이 세 논객 중에서 후석은 가장 한문의 조예가 깊었다. 서울대학교 교수들 사이에서도 그건 이미 소문이 나 있었다. 후석은 악수할 때 사람 손을 잡기도 쉽지 않은 매우 불편해 보이는 오른손으로 펜보다 붓으로 집필하는 것을 즐기는 듯했다. 그는 내가 받은 엽서도 대부분 붓으로 써 보냈을 뿐만 아니라 급할 때도 (한가할 때만이 아니라) 사설을 먹을 갈아 붓으로 써 내곤 했다.

한국일보에 입사해서 얼마 되지 않은 어느 날 저녁 나는 혜화동 로터리에서 우연히 후석을 만난 일이 있다. 그는 나를 알아보고 반기면서 한잔하러 가자고 로터리 옆의 어느 주점으로 끌고 갔다. 놀라운 것은 후석의 주량이었다. 그는 소주를 대접으로 마시며 나에게도 권했다. 그때는 나도 20대 초반의 원기 왕성한 주도酒徒 시절이라 사양 않고 소주 대접을 들이마셨다. 그러나 그것으로 끝난 것이 아니었다. 통행금지시간이 가까워오자 후석은 집에 가 2차를 하자며 나를 혜화동 골목 안으로 이끌고 갔다. 어느 큰 저택의 별채에 사는 누님 댁에 같이 살던 후석은 술상을 차려와서 정종 한 병을 함께 마셔 비웠다. 그러고선 다시 정종 한 병을 꺼내는데 소주를 대접으로 들이마신 뒤끝에 두 병째 정종을 마셔야 한다 생각하니 너무 끔찍했다. 나는 가짜로 자는 척하느라 앉은 채 코를 골았다. 이 친구 벌써 곯아떨어졌나 하면서 후석은 그제야 비로소 잠자리를 폈다. 이후 나는 더불어 같이 대작하기 가장 힘든 두 모주꾼으로 후석과 김창렬 전 한국일보 사장을 든다.

후석은 또한 주사의 난폭함에 있어서도 언론계에 타의 추종을 불허했다. 술 취해 야밤중에 신문사에 후석이 나타나면 그날 밤으로 편집국의 전화통은 죄 결딴이 났다. 후석의 명문을 사랑한 장기영 사주는 그 주사를 잘도 참아 주는 듯했다. 그러나 그 뒤 후석이 조선일보로 옮긴 뒤에도 그 주사를 계속하자 방우영 회장은 도저히 감당할 수 없었다고 회고록에 적은 것을 읽은 것 같다.

그건 어떻든 조선일보에 가 있던 후석이 1960년 4월 혁명 전에 다시 한국일보로 돌아왔다. 그때는 그러한 시절이었다. 나도 1955년에 수습사원으로 한국일보에 입사한 뒤 열 달도 못 돼 퇴사하고(최병우 부국장의 강권으로 '사직원'을 '휴직원'으로 바꿔썼지만) 1957년에 다시 복직했다간 반년 만에 또 때려치우고 1958년 초에 삼세번째 재입사하면서 비로소 자리 잡고 열심히 일하게 된 전과가 있다. 이처럼 그 무렵엔 기자들이 신문사를 무상출입하며 여러 군데를 오가는 일이 관행처럼 받아들여진 때였다.

후석의 한국일보 복귀는 모두 다 반겼고 특히 그의 명문을 높이 사고 있던 장 사주가 가장 반겼다. 그때는 해방 후 한국 신문이 처음이자 마지막으로 조석간 제도를 도입해서 하루에 두 차례 신문을 발행하던 때였다.

신문의 칼럼난을 무척이나 좋아한 장 사주는 후석이 재입사하자 그를 위층의 논설위원실에 '가둬두지' 않고 편집국의 맨 앞쪽 홍승면 편집국장석 옆에 또 하나의 국장급 책상과 의자를 마련하여 후석을 앉혔다. 조간의 단평란 「지평선地平線」과 같이 석간에도 「메아리」란 새 칼럼을 개설해서 후석으로 하여금 집필을 연재케 하기 위해서였다. 이렇게 해서 당대의 두 명문 칼럼니스트(천관우와 홍승면)가 한국일보의 조·석간에 다투어 날카로운 필봉을 휘두르던 한국일보 칼럼의 쌍두마차 시대가 열렸다.

세상은 바야흐로 이승만 정부의 장기집권을 위한 갖가지 무리수가 극으로 치달아 올라서 어떤 극적인 변환의 불안한 조짐이 점차 일던 때였다. 1960년 3·15 부정선거에 대한 항의시위가 불붙기 시작하면서 마침내 마산 사태가 벌어졌다.

장기영 사주는 이런 때엔 신문의 논설에도 현장 감각을 살려야 한다며 천관우 논설위원을 편집국 정치부 기자단과 함께 마산으로 '특파'해 현지에서 사설을 집필하여 송고토록 했다. 장기영 사주다운 아이디어였다.

한국일보에 재입사한 후의 후석은 어딘지 겸연쩍어하는 눈치였다. 점심때가 되면 조선일보에서 비슷한 시기에 한국일보로 넘어온 이목우 씨와 늘 같이 나가서 들어오는데 그때마다 반주가 소주 한두 병을 비운다는 것이었다. 그러나 예전과 같은 주사는 볼 수 없었다. 다만 '특파 논설위원'으로 마산에 다녀온 때는 달랐다. 술에 만취해도 소리는 지르지 않았지만 후석의 내공內攻하는 노기와 불만이 폭발 직전임이 금세 감지됐다. 웬일인가 했더니 마산 앞바다에서 김주열 군의 시체가 떠오른 날 밤에도 동행한 정치부 간부가 경찰서장의 기생파티에 갔었다는 것이었다.

그리도 많은 술을 마시면서도 후석은 신문에는 흐트러짐 없이 이로理路 정연하고 당당한 기품 있는 논설을 쏟아내고 있었다. 뿐만 아니라 그는 1955년 당시 그해 8월 15일부터 12월 1일까지 64회에 걸쳐 한국일보에 「사료史料로 본 해방解放 10년十年 약사略史」를 장기 연재하고도 있었다. 그를 기억하는 까닭은 그 연재를 위해 내가 자주 옛 동아일보사의 원로 나절로 선생 댁에 가서 해방 후의 신문 자료를 빌려 후석에게 전했기 때문이다.

한편 이 무렵 한국일보에는 한국현대사 정리를 위한 또 하나의 큰 기획번역물이 아마도 후석의 발의로 연재되기 시작했다. 1955년 5월 21일부터 이후 해를 거듭하고 수백 회에 걸쳐 싣게 되는 「한말풍운비화韓末風雲秘話 매천야록梅泉野錄」이 그것이다. 지면에는 국사편찬위원회 초역抄譯으로 돼 있으나 마감시간을 앞두고 후석이 쫓기듯 붓으로 직접 적어 갈긴 번역원고를 내놓는 것을 나는 여러 번 봤다.

후석을 위해 알게 된 나절로 선생과는 또 다른 얘기의 인연도 있다. 나는 대학에 입학하기 전후해서 지어 본 내 아호, '하이재何異哉'와 '제대로諸大路'에 대해 후석에게 자문한 일이 있다. 그때 후석은 '제대로'는 '나절로'의 모방이라 안 된다고 언하에 실격시켜버리는 것이었다. 실은 그때까지 나절로(본명 우승규禹昇圭)란 사람도 이름도 알지 못했던 터라 좀 억울한 생각이 들기는 했지만 나는 그 후 수십 년 동안 '제대로'란 호는 쓰지 않았다.

나절로 선생과 관련한 사사로운 얘기를 하나만 덧붙이겠다. 나는 20대 초반의 풋내기 수습기자 시절인 1955년 10월 27일부터 11월 22일까지 한국일보에 「북한에서의 운명—신부·수녀들의 수난기」라는 번역 기사를 26회에 걸쳐 연재한 과분한 영광을 누린 일이 있다. 그때 이 연재의 첫날 장문의 「소개의 말」을 써주신 분이 나절로 선생이었다.

4·19 혁명 후 후석은 고우故友 김철순 형의 숙부 김원전金元全 사장이 경영하던 세계일보의 편집국장으로 옮겨간 뒤 제호를 '민국일보'로 바꾸었다. 그때 한 무리의 기자들을 데리고 가면서 나도 오라는 끈질긴 권유가 있었지만 독일 유학을 앞두고 있던 때라 고사했다.

1960년 10월 말 나는 독일로 떠나고 다음 해 5월 객지에서 외신을 통해 한국의 쿠데타 소식을 들었다. 그로부터 훨씬 뒤 귀국해서 들은 얘기지만 박정희 군사정부는 집권초기에 후석을 공보부 장관에 기용하려고 교섭했으나 성사시키지 못했다는 것이다. 그랬을 것이라고 나는 생각했다. 후석은 장관직을 고사한 한국현대사의 불과 몇 사람 안 되는 인사 가운데 첫 번째 사람이다. 그게 얼마나 장한 일이요, 희한한 일인지….

유럽 체류 중 나는 1966년 가을 베를린 오페라의 서울 공연을 위해 일시 귀국한 일이 있다. 그때 동아일보 주필로 있었던 후석을 찾아가 인사드렸다. 그는 내가 그 전해(1965년) 빈에서 프란체스카 여사의 친정 언니를 만나 이승만 대통령 처가와 영부인의 초혼 및 재혼 사실을 파헤친 특종기사를 크게 칭찬했다. 우리나라에도 외국처럼 신문기자상이 있다면 그건 당연히 최 형의 빈 특종이 타야 했을 것이란 말도 해주었다.

1968년 내가 학위를 마치고 귀국하자 이내 동아일보사에서 연락이 왔다. 고재욱 사장, 천관우 주필, 박권상 논설위원이 광화문 근처의 어느 한정식 집에 나를 불러 '동아'에서 같이 일하자고 권유하는 것이었다. 불행히도 나는 대학 교수직의 겸직 문제 등이 걸려 그때도 후석의 초빙에 따를 수가 없었다.

그 뒤 박정희 정권이 유신체제를 빙자해 장기, 영구 집권을 획책하면서 후석은 언론계조차도 물러나 유신정권에 맞서 재야의 거물 인사로 사회참여에 앞장서는 투사가 됐다. 그는 참으로 용감한 언론계의 몇 안 되는 '지사'로 부각됐다.

박정희 유신체제는 1979년 10월 26일 궁정동의 총성으로 갑작스러운 종언을 맞는다. 1980년 서울의 봄, 나는 그때 오래 전부터 기획해 온 일을 하나 꾸미고 있었다. 바로 한국현대사에 대해서 학계와 일반의 관심을 진작시키고 그를 위해 계간지 『현대사』를 창간하는 프로젝트이다. 나는 그 무렵 창립된 한국언론문화클럽을 설득해 『현대사』를 클럽의 기관지로 발행토록 하는 데 성공했다. 현대사야말로 학계와 언론계가 함께할 수 있는, 아니 함께해야 될 최적의 분야라는 내 설명을 수긍해준 것이다. 그래서 재정문제는 절로 해결이 됐다. 편집인으로서 잡지의 책임을 맡은 나는 고문진으로 서너 분을 모시고자 마음먹었다. 원로 언론인 홍종인 선생과 김상협 당시 고대 총장은 금방 고문직을 수락해 주셨다. 그러나 그분들에 앞서 꼭 고문으로 모시고자 한 첫 번째 분이 후석이었다.

당시 불광동에 살던 후석을 찾아간 것이 1980년 4월경이었을까. 나는 1955년 후석이 내 수습기자 시절의 한국일보에 「사료로 본 해방 10년 약사」를 연재하여 광복 후 우리나라 최초의 현대사 정리를 시도한 사실을 상기시키며 『현대사』 전문지의 고문을 맡아주시기를 간청했다. 그 뜻은 좋으나 지금은 맡을 수 없다는 후석의 반응은 뜻밖이었다. 유신체제하에 강제로 해직된 '동아투위'의 동지들이 전원 회사에 복직될 때까지는 어떤 자리도 맡지 않기로 했다는 것이 이유였다. 그 서릿발 같은 해명은 너무나도 엄중하고 단호했다. 나는 후석에 대한 경의를 새롭게 하며 그냥 물러났다.

바로 그런 일이 있었기에 그로부터 얼마 후 광주의 피바다 속에서 집권한 전두환 대통령의 취임식 단상에 후석이 임석했다는 소식은 청천벽력이었다. 후석은 나에게 또 하나의 '수펄러티브'를 갖다 안겨준 것이다. 후석의 그 처신은 아무리 생각해봐도 나에겐 가장 착잡하고 가장 이해하기 어려운 수수께끼이다. 그리고 이 수수께끼는 아직도 아무도 내게 시원한 풀이를 해주지 못하고 있다.

후석이 내가 그처럼 경모하던 '거인'이 아니었다면 수수께끼는 쉽게 풀릴 수가 있었을 것이다. 그러나 그 야릇한 변신의 주인공은 어디까지나 거인 후석 그 사람이다. 그러니….

혹시 후석이 저항 투쟁을 한 맞수는 그쪽도 거인인 이승만이나 박정희일 뿐, 쩨쩨한 신군부의 전全, 노盧 같은 졸자들은 아니었다는 말인가?

### 3. 꼭 쓰지 않아도 될 꼬리말

그로부터 얼마나 세월이 흘렀을까.

세상이 또 한 번 크게 바뀐 1988년 가을쯤. 서울 프레스센터에서 고故 홍승면 선배의 평론집 『화이부동和而不同』의 출판기념회가 있었다. 내 기억이 틀림없다면 후석은 홍승면 유저의 간행위원장을 맡았던 듯하다. 그날 밤은 천, 홍 두 선배의 많은 후배 언론인들이 모인 자리였으나 웬일인지 후석의 주위에는 민망할 정도로 아무도 가까이 가지를 않았다. 내가 다가가 인사드리고 그렇게 약주를 많이 드셔도 괜찮겠느냐고 물어봤다. 이런 기쁜 날에 어찌 마시지 않을 수가 있겠느냐는 대답이었지만 썩 그리 기쁜 모습은 아니었다. 그 뒤 최일남과 고인이 된 이규태를 만나 그날 밤의 얘기를 했다. 두 친구는 지금도 예전처럼 후석을 계속 모신다는 것이었다. 최일남은 '동아'의 해직 언론인이고 이규태는 후석이 조선일보 편집국장 당시 발굴한 언론인이었다.

# 두고두고 우뚝한 존재

최일남
소설가·전 동아일보 논설위원

편집권 침해의 기미만 보여도
가만히 있지 않았다.
주필이면 주필, 편집국장이면 편집국장의 긍지를 걸고
발행인에게 즉각 불만을 터뜨려….

못 믿을 내 기억을 더듬어 무엇부터 써야 하나. 겨냥이 잘 안 되어 옛 문건을 주섬주섬 뒤지다가 민국일보 사보社報를 발견했다. 1960년 10월 1일에 발행된, 대학노트보다 조금 큰 네 쪽짜리였는데 1면 머리에 편집국장 천관우의 머리말이 떡하니 나와 있지 뭔가. 무척 반가웠다.

독자가 사원들이기 때문에 일부러 구식 어법을 택했으랴. 「좋은 신문, 믿을 만한 신문」이라는 제목 아래 쓴 글의 서두가 미소를 머금도록 예의 발랐다.

"불초 본인이 본보 편집의 책임을 진 지 9월 말일로 꼭 백일이 되었습니다. 원체 천학비재라 역대 선임자들이 닦아놓은 터전에 오점이나 남김이 없고자 전전긍긍하여 마지않고 있습니다마는…."

헤식은 '불초'와 '천학비재' 단자單字가 오늘 다시 새로웠다.

그 신문의 문화부 데스크를 보던 나는 편집국장실과 문화부가 유리창을 사이에 두고 붙어 있는 바람에 말로만 듣던 거목의 일상과 언행을 지척에서 경험할 수 있었다. 한편 거북했다.

다 아는 대로 천관우 선생은 무척 체구가 크다. 민국일보 조간에 시사만화를 연재하던 신동헌 화백이 회사의 '자이언트 트리오' 1번으로 선생을 꼽을 만큼.

캐리커처와 함께 사보 뒷면에 실린 촌평을 보자.

> 천 국장은 몸집에 비례하여 콧김도 무시무시하고 조사부 소파 위에서 오수를 취할 때는 '드르렁 칙 드르렁 칙', 마치 증기 기관차가 화차 50량쯤 끌고 서울역을 떠날 때의 바로 그것이다. 조사부 아가씨들은 날아갈까 봐 책상을 꼭 붙잡고 있어야 할 판. 별명은 '맘모스 국장.'

그게 그거지만 선생의 동아일보 시절 별호는 '코끼리'로 바뀐다. 어느 쪽이나 크다는 말에는 변함이 없는데 선생의 오수는 일상의 필수과목이었다. 점심때라고 거르지 않는 반주가 엔간한 사람의 밤술 이상인 까닭이다.

딴 약속이 없는 날은 석간 초쇄初刷를 대강대강 훑자마자 드르륵 창문을 열고 나를 불렀다. 어떨 적에는 고갯짓으로 신호를 보냈다. 멀리 갈 것이 없었다. 남대문 옆의 신문사 코앞이 바로 명천옥이라는 설렁탕집이있으니까.

소주는 조간 제작에 지장을 줄까 봐 파란 청주병에 담아 팔던 막걸리를 마시며 국밥을 후루룩거렸다. 둘이서 한 병씩 처리하는 날이 많았거늘 나는 '맘모스'에게 지지 않으려고, 요새 말로는 '매머드'인 선생의 주량을 따라잡고자 기를 썼다.

방금 석간 조간을 한 입으로 두 소리 하듯 들먹였는데 당시엔 신문마다 조·석간 4면씩, 하루에 8면을 냈다. 머잖아 6면으로 줄어들기는 했으나 점심 먹은 것이 삭기도 전에 조간을 챙기는 중노동엔 별 차이가 없었다. 선생 같은 거구가 어찌 '드르렁 칙 드르렁 칙' 코를 골지 않고 배기겠는가.

또 옛날 타령이냐고 고개를 돌릴지 모른다. '그때는 이랬다'는 늙은이의 상투적 엄살에 젊은 축은 학질을 떼기 십상이겠으되 사실은 사실이다. 쉬는 날이라고는 연年에 딱 이틀뿐이었다. 양력 설날과 4월 7일 신문의 날밖에 없었다. 보너스는 고사하고 박봉을 찔끔찔끔 가불假拂해서라도 독주를 들이켜 몸을 버린 기자가 한둘 아니었다.

물론 취향 나름이다. 안 그런 사람도 많은 가운데 격동의 세월을 용케들 견뎠다.

나는 그러고 동아일보 편집국장으로 자리를 옮긴 선생의 주선에 따라 또다시 그곳에서 만났다. 두 달 늦게 합류한 1963년 봄이었다. 그 사이에 선생은 서울일일신문 주필을, 나는 경향신문 문화부장을 거쳤다.

널리 알려진 천관우 선생의 타고난 모습(학생 때는 날씬했다던가)과 술 마시기를 새삼스럽게 되뇌다니 쑥스럽다. 어디까지나 당신의 풍격風格에 더 친근히 다가가려는 의도려니와, 내가 생각하는 선생의 음주는 신문사 안팎 사람들과의 소통을 겸한 휴식의 한 방편이었다.

그렇다고 믿는다. 술에 매몰되지 않고 일에만 매달렸다. 광복 직후의 학생운동으로 시작하여 쓸쓸한 말년을 보낼 때까지 한시도 게으름을 피우지 않았다. 일 욕심이 지나치다 싶을 정도로 강단에 넘친 문필생활을 했다. 언변은 별로였다. 54년 무렵이었다. 동숭동 시절의 문리대에 '매스커뮤니케이션 연구'라는 강좌가 신설되면서 선생이 시간강사로 출강을 했는데 늘 딕테이션, 받아쓰기로 시간을 채우기 바빴다. 큰 기대를 갖고 수강하던 나는 몹시 실망스러웠다.

당신 역시 재미가 없었는지 곧 그만둔 걸로 안다. 오직 붓에만 서른 선후의 열정을 쏟았다. 한국일보의 「지평선」, 「메아리」를 썼다. 조선일보 「만물상」과 민국일보 「샘물」은 정신없이 바쁜 편집국장석에 앉아 집필한 단평란이다. 그중에서 3백여 편을 골라 단행본으로 엮은 것이 1965년에 나온 『썰물 밀물』이다.

2백자 원고지 넉 장 반가량의 짧은 글이라고는 하지만 마감시간에 쫓기면서 매일매일 쓰는 작업이 어찌 수월하랴. '피를 말린다'는 말이 결코 과장 아니니다. 하물며 독자는 늘 새로운 상차림을 요구하기 마련이다. 식성이 까다로운 데에다 높고 낮은 눈이 또 각양각색이기 때문에 서술의 난이도랄지 글감 선택에 노상 애를 먹을 터이다.

고정 칼럼 담당자는 따라서 세상물정에 대한 경험과 식견이 넓고 많은 독서에서 우러나온 교양을 적절히 풀 줄 알아야 한다. 산뜻한 문장이 총체적으로 뒤를 받쳐야 제격이라는 것은 더 말할 나위 없는 기본 상식이다.

하지만 선생은 가는 곳마다 그런 고역을 자청한 셈이다. 한국일보 「메아리」나, 조선일보의 「만물상」과 민국일보의 「샘물」은 더구나 자신의 뜻으로 만든 것이다.

'겉 볼 안'이라는 속담을 떠나 선생은 언행이 대범하고 선이 굵은 분이었다. 한국 언론의 중흥을 위한 폭넓은 글이 참 많다. 1968년 '신동아 필화사건'으로 사표를 내야 했다. 70년 2월 이사로 복직하면서 민주회복국민회의 공동대표로 박정희 정권과 맞섰다. 통 큰 행보가 매번 남달랐다.

그러나 일상적 몸가짐은 아주 조신했던 편이다. 덤덤히 대해도 무방한 자리에서마저 숫기 없이 세심했다는 것이 내 생각이다. 대인관계에서 보여 준 그런 겸양은 글을 쓰는 과정에서 특히 두드러졌다.

호걸형 몸집에 걸맞은 달필이 탐날 만큼 유려했거늘 문제는 너무 심한 첨삭이었다. 넘긴 원고를 고치고 또 고치는 바람에 교정지가 사통

팔달의 직선과 곡선으로 얼기설기 뒤얽혀 공무국 직원들이 혀를 내두르기 쉬웠다.

여담이지만 민중서림의 『국어대사전』(86년 판)에 '경파硬派기자'와 '연파軟派기자'라는 낱말이 있다. 전자는 신문사나 잡지사에서 정치·경제기자 등 딱딱한 기사를 담당하는 기자를 뜻하고, 후자는 사회면·문화면 또는 남녀의 정사 등에 관한 것을 담당하는 기자를 말한다고 풀이했다.

기자면 기자지 두 종류로 가른 설명이 퍽 낯설거니와, 문화부 기자마저(사회부 기자인들 다를까) '남녀의 정사 등에 관한 것을 담당하는 기자'로 정의하다니 우습다. 나야말로 문화부장 헛했다는 느낌이다.

아주 틀린 말은 아니다. 쉬운 얘기로 사설이나 학자들의 기고는 다소 딱딱하고, 연예 오락을 비롯한 시정의 온갖 뉴스는 속을 뒤집는 것이 태반일지언정 읽기는 말랑말랑한 편이다.

불특정 다수의 독자를 상대하는 하루살이 신문의 두 얼굴인가. 어느 쪽에 더 무게를 싣느냐에 따라 고급지와 저급지로 나눈다고도 했는데 우리 사회에서는 교과서적 가설이나 진배없다.

반드시 이만한 내력을 염두에 두고 하는 말이 아니지만 학인學人과 언론인으로 시종한 선생의 글쓰기는 두 기질이 적절히 조화를 이루어 맛이 한결 구수하다.

농촌에서 자라며 할아버지한테서 한문을 배웠다. 대학에서 국사를 전공하고 짧은 기간(8개월)이나마 미국 미네소타 대학에서 신문학을 공부했다. 이만한 이력에 앞서는 소양과 필력筆力을 바탕 삼아 강경할 때 강경하고, 부드러울 때 부드러운 '스타일리스트 천관우'의 문장이 나왔다고 믿는다.

『썰물 밀물』에 담긴 그 많은 칼럼을 인용하기 어려워 유감이다. 「역사는 발전하는가」, 「시궁창에도 장미가」, 「보릿고개」, 「라일락」, 「란닝구」 등등의 제목만이라도 들어 넓은 견문, 다감한 서술의 맛보기로 삼을밖에.

이 책보다 4년 늦게 나온 『언관言官 사관史官』은, 부제를 '한국신문의 체질'로 단 사실로도 알 수 있듯이 당대 신문의 현실적인 문제점을 통틀어 파헤친 역작이다.

그 가운데 두 꼭지, 「언관 사관」과 「연탄가스에 중독된 신문」이 대뜸 눈길을 끈다. 하나는 조선왕조사에 등장하는 젊은 관원들의 높은 기백을 들어 기자들의 분발을 촉구한 것(1962년)이고, 하나는 '자각증상조차 못 느끼는 시들시들한 언론'을 가스중독에 비유한 것이다. 군사독재가 세상을 요절내던 1969년 정월 『기자협회보』에 실었다.

둘 다 아주 유명한 에피그램이지만, 누가 언제 왜 발설했느냐는 경위가 중요하다. 그 속에는 중독 해소를 위한 처방도 들어 있으므로 내친 김에 잠깐 요점을 추리고 싶다.

> 우선 나 자신부터 창을 열고 맑은 바람을 받아들여 내 정신을 가다듬어야 하겠다. 언젠가도 바로 이 『기자협회보』에서 말한 바가 있지만 기자는 편집인을 탓하고 편집인은 발행인을 탓하고, 발행인은 기자를 탓하는 그런 악순환, 신문인은 신문을 탓하고, 신문은 단체를 탓하고, 신문단체는 신문인을 탓하는 그런 악순환은 정말 어서 청산해야 하겠다. 자기의 포지션을 감당하지 않으면서 누구에게 기대며 누구에게 밀다가는 정말 연탄 중독에서조차 깨어날 날이 있을 것 같지 않기 때문이다.
>
> 지금 우리나라의 언론은 죽느냐 사느냐의 고비와는 멀다고 했다. 그러나 연탄 중독도 좀 심하면 죽느냐 사느냐의 문제가 될 수도 있는 것이다. 그럼에도 불구하고 언론은 죽지 않으며 또 죽을 수도 없다. 그리고 언론이 죽지 않는다는 피닉스가 되는 것은 바로 언론인 자신들의 단결된 힘에 있다.

내 탓 네 탓 하지 말고 자기 포지션에 충실하자고 했는데 선생은 그 이상이었다. 편집권 침해의 기미만 보여도 가만히 있지 않았다. 주필이면 주필, 편집국장이면 편집국장의 긍지를 걸고 발행인에게 즉각 불만을 터뜨렸다. 한국일보 시절엔 술김을 빌려 늦은 밤의 편집국 전화통을 집어던지면서 화를 냈다고 들었다.

하지만 시간이 지나면 무안한 기색이 역력했다. 장기영 사장 추도사의 일절이 한 예다.

> '한국' 창간 직후의 어느 날 밤 나는 대취해서 사社로 돌아와 젊은 기운에 전화통 한 대를 부순 일이 있다. 그 보고를 듣고 (장 사장이) 빙그레 웃기만 하더라는 후문後聞이다. 언젠가는 새 전화통을 꼭 하나 가져다 드리겠다고 별렀건만, 이제는 그 빚을 갚을 길도 영영 없어지고 말았다.
> 고인이 관계官界로, 그 뒤에 정계政界로 투신하신 뒤로는 나의 발걸음도 자연히 뜸해졌다. "당신이 처음에 만든 「메아리」를 다시 와서 써 주어야 되지 않겠소" 하시던 것은 반농반진半弄半眞이었겠지만 이렇게 쉬이 가실 줄 알았더라면 그 앞을 지날 때라도 가끔 뵈옵고 말씀이나 들었어야 했을 것을 그것도 이제는 빈말이 되고 말았다.
>
> (천관우, 「장기영, 그는 우리에게 무엇을 남겼나」, 권인숭 편저, 『오색비상조五色非常鳥는 어느 하늘로 날아갔는가』, 정우사, 1977)

신문사를 떠나 불광동 댁에서 저술을 일삼던 선생의 모습이 눈에 선하다. 때로는 형사를 곁에 앉혀놓고 언론계 후배들과 술을 나누며 세상 걱정을 했거늘, 민족통일 중앙협의회에 관여한 이후로는 찾아오는 발길이 뜨막하여 그지없이 적적했다. 소슬한 나날이었다.

그러나 선생은 잘못된 시대의 복판을 살며 그토록 열심히 바른 언론과 민주화운동에 헌신한 분이다. 하물며 부귀영화를 꿈꾸거나 누린 적 없다. 그래서도 지친 말년의 우여곡절이 안타깝고 슬프지만 나 같은 졸장부에겐 두고두고 우뚝한 존재였다. 20년 후에야 선생을 기리는 졸문이 오히려 무색한 시간이다.

# 고딕체의 인물

김성우
전 한국일보 주필

참으로 염결廉潔과 강직의 일생이었다….
기국이 넓고 대체를 아는 대인이었다.
꾸밈없는 방형忘形의 인격이었다.
소의小義가 어찌 대절大節을 알겠는가.

내가 문리대에 다닐 때 학교 게시판에 걸린 전 학과 강의 일람표에 천관우라는 이름이 있었다. 과목은 '매스커뮤니케이션'. 천 선생 이름과의 첫 상면이었다. 과목의 호기심에 몇 번 강의실을 기웃거렸지만 그때마다 휴강이어서 직접 대면할 기회는 없었다.

1956년 한국일보에 입사하니 거기 천 선생이 있었다. 논설위원이었다. 그러나 편집국에서 논설위원을 만날 일은 드물었다. 견습기자이던 내가 어느 날 무슨 의문이 있어서 조사부에 자료를 뒤지러 갔다가 마침 거기 와 있던 천 선생과 마주쳤다. 한참 동안이나 해답을 찾지 못하고 궁해하는 나를 보더니 천 선생이 다가와 무엇을 찾느냐고 궁금해했다. 내가 무엇을 물었는지, 천 선생이 무어라도 대답했는지는 지금 기억에 없다. 다만 생생한 것은 그때 내가 천 선생의 그 우량아 같은 풍모에서 전지자를 발견한 것이다. 무엇이든지 물으면 모르는 것이 없을 것 같은 커다란 얼굴이 거기 있었다. 천 선생은 이미 사내에서도 재사로 소문나 있었기 때문일 것이다.

당시 논설위원들의 회의는 장기영 사장 주재로 사장실에서 매일 열리고 있었다. 갓 서른의 젊은 나이이던 천 선생은 유광렬 선생 같은 고참들 틈에서 맨 뒷자리에 앉아 메모만 하면서 경청하고 있었지만 나중에 사설을 써내는 것을 보면 한 군데도 손댈 데가 없었다고, 뒷날 장 사장이 여러 사람들 앞에서 극구 칭찬했다.

얼마 후 신문이 조석간제가 되면서 천 선생은 홍승면 선생과 교대로 「메아리」라는 석간 1면의 단평란을 집필했다. 홍 선생의 날렵한 명조체의 문장에 비해 천 선생은 선이 굵은 고딕체의 문장으로 대조를 이루며 두 분이 나란히 익명의 필명을 날렸다.

1958년 천 선생은 조선일보 논설위원으로 옮겨 가더니 곧 편집국장으로 발탁되었다. 그러자 역시 한국일보에 입사해 있던 대학 선배이자 당대의 기인이던 이기양 형이 천 선생을 따라 조선일보 편집부로 갔고, 얼마 뒤 이 형이 나를 보자더니 천 선생이 나더러 조선일보 편집부로 오지 않겠느냐고 묻는다는 것이었다. 그때까지도 나는 천 선생과 각별한 개인적 친교가 있었던 것도 아니었다. 생활급이 되지 못하던 한국일보의 쥐꼬리 월급에 몇 푼을 더 얹어준다는 말에 솔깃하기도 했지만 천 선생의 호명에 감격하여 나도 조선일보로 옮겼다.

천 선생은 얼마 안 있다가 무슨 사정 때문이었는지 조선일보 편집국장 자리를 떠났고 이기양 형도 파리특파원으로 나가 버린 채, 외톨이가 된 나는 1960년 4월 19일 시위대의 학생들이 총탄에 픽픽 쓰러지고 있는 태평로 거리를 조선일보 편집국에서 창밖으로 내려다보고 있었다.

4·19 직후 천 선생은 새로운 시대를 맞아 새로운 신문의 창간을 계획하면서 편집국 스태프들을 스카우트하기 시작했다. 조동건 부국장

을 비롯해 10여 명이 여러 신문사에서 모였다. 자유당 정권에서 해방된 자유로운 신문을 창간한다는 설렘에 의기들이 투합했다. 나도 그중의 하나였다. 인수할 신문과의 교섭이 여의치 않아 이미 전 직장에서 사표를 내고 나온 우리는 여러 주일 동안 여기저기서 모이며 천 선생과 함께 표류했다.

그해 6월 마침내 자유당계 신문이던 세계일보에 진주하여 민국일보로 개제하면서 우리는 자리 잡았다. 경영권은 그대로 둔 채 편집권만 인수해 천 선생이 편집국장자리에 앉았다. 나는 편집부 차장으로 동참했다.

남대문 옆에 있었던 민국일보의 편집국은 사기가 충천해 있었다. 천관우 편집국장과 함께 신문을 제작한다는 뿌듯한 긍지가 의욕들을 배가시켰다.

조판 대장을 들고 국장석에 가면 붓을 들고 제목을 고치는 천 선생의 그 서예 수준의 명필 글씨를 감상하는 것이 내게는 또 다른 재미였다.

천 국장은 매일 쓰는 「샘물」이라는 1면의 무기명 단평란도 맡아 있었지만 편집국장의 바쁜 업무에 쫓겨 도저히 집필할 시간을 틈내지 못할 때는 웬일인지 나를 불렀다. 「샘물」을 대신 쓰라는 것이었다. 논설위원도 데스크도 아닌 편집기자인 나더러 신문의 얼굴 칼럼을 당장 쓰라니 나는 경악했다. 그때나 지금이나 편집기자가 신문에 글을 쓰는 것은 드문 일이었다. 감히 불복할 수도 없어서 어찌어찌 긁적거려 원고를 가지고 가면 대충 훑어보고는 몇 자를 슬쩍 손질해서 내보냈다. 그 슬쩍이 여간 대범하지 않았고 동시에 여간 적확하지 않았다. 그런 「샘물」을 나는 10여 차례나 썼다. 나로서는 괴롭고도 즐거운 칼럼 문장의 도제시대였다.

그러나 천 선생은 그해 말에 경영진과의 의견 차이로 갑자기 민국일보를 떠나 버렸다. 민국일보는 그때 "아는 사람은 알아주는 신문"으로 성장하고 있었고 천 선생은 뒷날 "민국일보의 회상은 지금도 유쾌하다"고 회상했지만, 이 땅에 신문다운 신문의 전범을 만들어보려 했던 포부의 좌절은 천 선생으로서도 일생의 아픔이었을 것이고 그 절호의 기회를 놓친 것은 우리 신문계를 위해서도 큰 손실이었다.

천 선생이 떠나고 난 민국일보는 의기가 소침해져 얼마 안 가서 문을 닫게 되고, 나는 난파의 배를 미리 탈출하여 한국일보로 다시 돌아왔다.

한국일보를 떠나 있었던 만 2년의 외유는 이렇게 순전히 천 선생과의 인연 때문이었다.

천 선생은 그 후로 몇몇 신문을 거쳐 민주화운동에 참여하면서 약 10년간 언론계를 떠나게 되지만, 도합 3개의 신문에서 편집국장, 2개의 신문에서 주필을 역임하는 동안 타협이나 안주 없이 훌쩍 떠나는 뒷모습은 언제나 표표했다.

천 선생의 은거 시대는 나의 한국일보 파리특파원 생활 8년과 시기적으로 거의 일치한다. 1982년 내가 귀사하고 보니 마침 그해에 천 선생이 한국일보 상임고문으로 와 있었다. 당시의 장강재 회장이 삼고초려하여 모셔온 것이었다. 나는 다시 천 선생과 같은 신문사에서 반가운 재회를 했다.

천 선생은 그때 민족통일중앙협의회 의장으로 피선된 뒤라 일부 민주화운동의 동지들이 등을 돌리고 있었고, 천 선생은 그 울화 때문에 간혹 나를 불러 앉혀 놓고 통음을 했다. 소주를 맥주잔에 가득 따라 단숨에 연거푸 들이켜댔다. 심화를 화주로 끄고 있었다. 그때 벌써 건강이 좋지 않았던지 주기가 오르면 호흡이 거칠어지면서 맹수처럼 씩씩거렸다. 조금만 심기를 건드리면 금방 화산이라도 폭발할 것 같아 조마

조마했다. 그러면서도 곁을 떠난 후배들에 대해서는 일언반구도 원망의 말을 하지 않았고 자신의 신념에 대해 구차하게 해명하려고도 하지 않았다.

1983년 내가 한국일보 편집국장일 때 천 선생을 고문실로 찾아가 기명 칼럼의 집필을 부탁했다. 언론의 처신이 어려운 5공 시절이라 몇 번이나 고사했지만 나의 간청에 마지못해 격주로 쓰기로 했다. 제목을 「담배 한 대 물고」로 정해 주었다. 그러나 이 칼럼은 천 선생 스스로 재미가 없다면서 얼마 안 가 중단하고 말았다. 그때 나의 억지 청탁이 천 선생으로서는 얼마나 큰 고문이었겠는가를 지금 생각하면 부끄럽다.

칼럼을 쓰고 나면 원고를 편집국장석으로 내려보냈다. 천 선생의 육필 원고를 처음 보기야 했을까마는 그때 그 원고가 새삼스럽게 눈에 띄었다. 그 달필의 필체는 익히 아는 바이지마는, 글을 써놓고 문장 단락의 앞뒤를 서로 바꾸고 싶을 때 원고지에 새로 쓰지 않고 원고지를 손으로 찢어 내서는 풀칠을 해서 옮겨 붙여 놓고 있었다.

천 선생의 문장은 부착흔斧鑿痕이 없다. 문장을 전혀 꾸미지 않는 것이 아니라 꾸미되 꾸민 흔적이 없는 명문이었다.

"문장은 바로 그 사람이다"라 하듯이, 명석하고 간정簡整하면서 기골氣骨 있고 힘찬 천 선생의 문장은 그대로 천 선생 자신이었다.

한두 해 뒤 내가 일간스포츠 사장으로 있을 때 그때까지 한국일보에 있던 천 선생이 인편으로 다음과 같은 서신을 보내왔다.

> 김성우 사장께.
> 안녕하십니까. 제弟는 부끄러운 이야기로 또 입원을 해서 며칠 됩니다(시내의 조그만 병원, 그리고 수일 내로 퇴원 예정). 다름 아니라 오는 토요일이 백상 선생 기일인 줄 압니다만, 저의 지금 형편으로는 묘소 참배가 어렵겠습니다. 그

래서 부탁 말씀인데, 혹시 김 사장께서 화환 같은 것을 보내시는 경우가 있으시면 그와 똑같은 것을 제를 위해 함께 주문을 해서 묘소에까지 운반해 주도록 지시해 주실 수 있을는지요. 비용은 5층 제의 방에 있는 여직원에게 이르시면 곧 가져다 드리겠습니다. 미안합니다.

천관우 배상

그렇게 폭음을 하시더니 어느 새 또 입원을 하셨구나 싶어 놀라기도 했지만, 그보다는 장군 밑의 졸병에 지나지 않았던 옛 부하에 대한 이 편지의 문사文辭라니, 나는 그 과분한 겸사謙辭가 너무나 민망스러웠다. 천 선생은 늘 이런 낮은 자세의 키 큰 어른이었다.

얼마 뒤 천 선생은 슬그머니 5층 상임고문실의 짐들을 챙겨 집으로 싸가지고 가고는 신문사에 나오지 않았다. 장강재 회장이 나더러 댁으로 찾아가 보라고 했다. 신문사에 계시는 것만으로도 큰 울타리가 되니 아무 부담 가지시지 말고 사빈으로라도 계속 나와 달라는 간청을 전하라는 것이었다.

전에도 여러 차례 방문한 적이 있는 문화촌의 좁은 집은 아직도 그대로인 채 가권도 가산도 조금도 는 것 없이 한빈한 집채만 더 낡아가고 있었다. 찾아온 손님이라고 내놓은 것은 별다른 안주도 없는 소주병이었다.

천 선생은 단호했다. 한국일보에 그동안 고마웠노라고, 그러면서 더 이상의 폐를 강요하지 말라고 꾸짖듯이 사양했다. 숨은 더 가빠졌고 건강은 더 나빠져 있었다. 나는 무안한 얼굴로 돌아왔다.

그 후로 내가 천 선생을 다시 뵈올 기회가 있었는지는 기억에 없다.

참으로 염결廉潔과 강직剛直의 일생이었다.

재물을 모으지도 않았고 명성을 세우려고도 하지 않았다.

장대壯大한 풍모에 재인才人으로는 드물게 기국器局이 넓고 대체大體

를 아는 대인大人이었다.

정장을 한 양복바지의 가랑이가 늘 통바지 같았던 꾸밈없는 망형忘形의 인격이었다.

소의小義가 어찌 대절大節을 알겠는가.

아깝다. 우리는 나라가 필요한 한 국사國士를 놓치고 말았다.

# 괄괄한 유교선비

남재희
전 노동부 장관·전 서울신문 주필

유교적 선비의 전형 같은 언론인.
칼 찬 선비….
그런 선비가 천 선생이다.
의병장 같은 유생의 기개가….

나는 언론인들의 수명과 관련하여 나 나름대로 공식을 만들었다. 석간신문 기자들은 조간신문 기자들에 비해 단명하기 쉽다는 것이다. 지금은 거의 모든 신문이 조간으로 되었지만 1960년대까지만 해도 조간과 석간의 수가 비슷했다. 석간신문 기자들은 신문을 내고 나서 점심을 먹으러 간다. 그다음에 기사를 추가하고 바꾸는 일은 있으나 오후 1시 전에 석간이 나오고 나면 그날의 일은 사실상 끝난 셈이다. 그래서 점심에 대개 반주를 곁들이게 되는데 한국일보, 동아일보에서 필명을 날린 서양적西洋的 감각파感覺派 홍승면洪承勉 씨는 대개 소주 2병이고, 중후파重厚派 천관우千寬宇 씨는 2병이 보통이지만 초과하는 경우가 많다. '중후파' 앞에 '동양적'이란 수식어를 붙이려 했는데 망설여진다. 한국일보 고정칼럼 「메아리」의 첫 회는 천 선생님이 쓴 것인데 그 글은 대단히 현대적·서양적 감각이 있기 때문이다. 영화 〈쉐인〉의 마지막 장면—소년이 떠나가는 쉐인을 향해 "쉐인! 쉐인! 쉐인…." 하고 애달프게 부르고 그 목소리가 산천에 애처롭게 메아리 되어 퍼지는 그 장면—으로 칼럼을 마감했는데 매우 현대감각이 있는 글솜씨다. 그런 기억 때문이다.

그와 같이 석간신문 기자들 가운데 많이는 점심 반주를 하는 것이기에 저녁에 술로 이어지는 것은 자연스럽다. 그러니 과음하는 경우가 많고 수명이 단축되기 십상인 것이다.

거기에 비하면 조간신문 기자는 낮에 술을 마실 수가 없다. 조간이 나오고 나면 대개 저녁 7, 8시부터 술을 시작한다. 나도 언론계에선 주당酒黨 당수급으로 손꼽혔는데 아직도 건재한 것은 주로 조간신문에서 일한 덕이 아닌가 한다. 지금도 낮술은 거의 안 하는 조간의 습성이 남아 있다.

공교롭게 천관우 선생이 나의 고교 9년 선배여서 나는 자주 그와 술을 했다. 낮에는 설렁탕에 소주 2병쯤, 저녁에는 허름한 대중음식점에서 소주 4, 5병. 대중음식점이면 되었지 어느 곳이냐는 까다롭지 않다. 소주도 마시는 게 아니라 입 안에 한번에 털어 넣는다. 대단한 기구인 그에게 소주 한 잔은 흔한 비유로 코끼리 비스킷인 것이다

너무나 조숙하게 35세 정도부터 성주城主가 된 것 같다. 성주가 되었다는 이야기는 집에 버티고 있으면 사람들이 많이 찾아온다는 것이다. 명절 때는 인산인해를 이룬다. 명절 때 천 선생 댁에 가는 것이 언론계의 풍속도였다.

설에 그는 일석一石 이희승李熙昇, 각천覺泉 최두선崔斗善 선생 정도에게만 잠깐 세배를 갔다 와서 성주로서 집에 버티고 있다. 그의 아호는 후석後石인데 일석에서 한 자 빌린 것이 틀림없다. 집에서의 손님과의 주량은 셈을 할 수가 없다. 손님이 갈 때까지, 또는 더 이상 마실 수 없

을 때까지다. 아마 상한선은 소주 10병쯤 되지 않을까. 그 이상일지 모른다.

한번은 설날 소설가이자 조선일보 논설위원이던 선우 휘鮮于煇와 언론계 세배를 돌다가 헤어지려 하니 다음은 어디에 갈 것이냐고 물었다. 천 선생 집이라고 했더니 그도 동행하겠단다. 정중하게 맞세배를 하고 이런저런 이야기를 하다가 나이 이야기가 나오니 선우 선생이 몇 살 위인 것이 밝혀졌다.

선우 선생의 그 쑥스러워함이여. 천 선생은 성주, 선우 선생은 낭인浪人 같았다.

천 선생의 집안은 제천군 청풍에서는 알려진 지주(정확히는 소지주) 집안이다. 형이 일본 메이지明治 대학 유학생으로 그 당시 표현으로 사상청년이었던 것 같다. 그래서 집안의 재산을 많이 축낸 것으로 소문이 나 있다. 그 형과 민세民世 안재홍安在鴻 선생은 동서지간. 천 선생이 민세의 사료史料정리에 정성을 다한 것은 그런 인연이 아닌가 싶다. 친형의 사상에 반발하여서인지 모르겠으나 천 선생은 해방 후 대학 때 우익학생들의 지도급 인물이 되었다.

천 선생이 경성대학 예과에 들어가서 국사를 전공하겠다고 하니 현상윤玄相允 교수가 "역사 전공을 하려면 기간이 오래 걸려 집안에 여유가 있어야 할 텐데" 하는 질문을 했단다. 그때 천 선생은 "예, 조반석죽은 족히 할 만합니다"고 대답했다는데 그 당시의 표현예법은 "잘 살고 있습니다"가 아니고 겸손하게 그런 방식이었다. '아침에 밥, 저녁에 죽은 먹습니다'란 대단한 겸손이다.

마침 외삼촌댁이 청풍에 있어 1952년 대학 1학년 때 한번 갔더니 천 선생은 미국 유학 중이어서 만날 기회가 없었고, 외할머니의 친구인 그의 자당만 뵐 수 있었다. 그는 신동神童으로 소문이 자자했는데 그것은 대개 한학漢學을 두고 말한다. 소설가이자 언론인이었던 송지영宋志英 씨도 신동소리를 들었는데 그도 역시 한학 공부에 뛰어났었단다.

그리고 그때 들으니 그런 촌에서 미국 유학생이 나왔다고 초등학교 악대까지 동원되는 환영행사가 있었다 한다. 그가 그 미국여행 후에 쓴 기행문 「그랜드 캐년」은 대단한 명문으로 고등학교 교과서에 실리기도 했다.

천 선생은 한국일보, 조선일보, 동아일보 등에서 편집국장·논설위원·주필을 지낸 일급 언론인이자 재야 국사학자다. 특히 그의 실학 연구는 알찬 것이고, 「반계 유형원 연구磻溪 柳馨遠 研究」는 대단한 업적으로 치부되고 있다.

그는 유교적 선비의 전형 같다. 유학자 가운데 남명南冥 조식曺植을 칼 찬 선비라 한다. 그런 선비가 천 선생이다. 일제에 병탄당하던 때에 일어선 의병장 같은 유생의 기개가 있다. 그의 강직함은 소문이 나 있다. 동아일보에서의 언론자유 투쟁을 시발점으로 그는 재야 반유신 투쟁의 지도자가 된다. 민주회복 국민회의의 공동대표도 맡았다. 단재丹齋 신채호申采浩 선생을 연상케 하는 강직하고 당당한 투쟁이었다.

나는 사학史學에 관해 자세히 모른다. 해방 후 우리 사학계를 지배했던 두계斗溪 이병도李丙燾 교수가 조선총독부 치하의 식민사관植民史觀의 영향하에 있다는 비판을 받고 있으며, 거기에 선명하게 대립되는 것이 단재 신채호 선생의 민족사관이라는 정도밖에 알지 못하고 있었다. 그런 수준에서 한번은 건방지게 천 선생에게 그의 사관을 질문한 적이 있다. "두계와 단재를 놓고 볼 때의 위치는 어느 쯤이냐"는 거친 물음이다. 그는 한참 동안 생각하느라고 뜸을 들였다. 그러고는 "그런 질문이라면 그 중간쯤에 있다고 답변해야겠다"고 매우 신중하게 말한다.

내가 천 선생을 처음 만난 것은 대학 졸업을 앞두고 진로문제로 망설이던 때다. 지금은 코리아나호텔이 들어선 조선일보 옛 사옥의 논설위원실로 선배의 조언을 듣기 위해 방문했다. 그러나 그가 무슨 충고를 해주었는지 기억이 나지 않는다. 다만 옆자리에 있던 송지영 씨가 지금도 기억에 남는 명언을 들려주었다.

"요즘 학교에서 프랑스 혁명을 몇 시간에 가르치는 게 문제야. 아주 오랜 기간의 일들이 쌓이고 쌓여 일어난 프랑스 혁명을 몇 시간에 가르치고 마니 학생들은 모든 일이 그렇게 쉽게 되는 것으로 착각하는 게 아니겠어" 그런 요지인데, 지금 생각해보아도 젊은 후배들에게 들려줄 만한 훌륭한 교훈이다.

민국일보란 제호는 천 선생의 작품이다. 4·19 전의 세계일보는 자유당의 기관지처럼 보였었다. 자유당 정권 말기에 그 사주가 된 김원전金元全 씨는 고려제지의 사장으로 자유당 소속 국회의원도 한 분인데 성품이 매우 온화하고 또한 온건한 정치관을 갖고 있는 사람이었다.

4·19 후 그가 지면을 일신하기 위해서 이른바 천관우 '사단'을 맞아들이면서 천관우 씨 뜻대로 민국일보로 개칭한 것이다. 대한민국의 민국이기도 하고 공화국의 뜻도 있고 괜찮은 이름이다.

당초 한국일보 논설위원인 천관우 씨는 한국일보 주필인 석천昔泉 오종식吳宗植 씨를 모시고 한국일보와 조선일보의 뜻 맞는 기자들을 모아서 연합신문으로 가서 개혁을 하기로 했었다. 자유당 국회의원이던 김성곤金成坤 씨는 이들 새 인물들을 받아들여 지면을 쇄신할 뜻이 있었다. 그러나 오종식-천관우 '사단'이 '접수'한다는 소문이 미리 크게 나서 연합신문사 인들은 노동조합을 결성하는 등 크게 반발하였다. 신문에 노조가 결성되는 계기치고는 이색적이다. 여하간 그래서 그 계획은 불발.

그 움직임을 들은 김원전 씨는 사장후보인 오종식 씨를 뺀 천관우 '사단'만을 몽땅 영입한 것이다. 민국일보에서 천 선생은 편집국장으로 전권을 갖고 정말 열심히 신문을 만들었다. 국장실에 야전침대도 있었다. 논설위원에 서울법대의 황산덕黃山德 교수도 영입하는 등 논설에도 영향력을 행사했다(주필은 따로 있었다).

민국일보는 약간 진보적인 신문이었던 것으로 평가되고 있는데 천 선생이 있었을 때는 진보적인 경향에 제동을 걸었다. 심지어 얼마간 진보적인 글은 빼내기도 했었다.

그러나 천 선생의 민국일보 시대는 매우 짧았다. 괄괄한 성격인 편집국장과 온화한 성격인 사장이 잘 맞지 않았던 것 같다. 천 선생은 서울일일신문으로 이름이 바뀐 연합신문의 주필이 되어 옮겼다(농담 하나. 그때 사장은 성재誠齋 이관구李寬求 씨였다. 그래서 언론계에서는 2관짜리 개가 천 관짜리 소를 끌고 가는 형상이라고 이름풀이로 우스개를 하였다. 그 농담을 천 선생 앞에서 하다가 혼쭐이 난 사람도 있다).

민국일보 후임 국장은 천관우 '사단'의 차석 격으로 부국장으로 있던 조동건趙東健 씨가 맡아 5·16 얼마 후 자진폐간할 때까지 재임하였다. 연전延專 상과 출신의 조동건 씨는 자상한 성품의 양심파였다.

천 선생과의 대화는 대개 언론자유, 민주주의 등에 관련된 것이었다. 그런데 나는 다른 사람들과는 약간 다르게 어떤 민주주의냐에 관심을 가졌었다. 요즘 하는 이야기로는 약간 진보적인 관점이다. 이승만 정권이나 박정희 정권을 물리친 다음에는 어떤 민주정권을 이룩할 것이냐는 문제이기도 하다. 나는 그 점을 천 선생에게 여러 번 질문했었다. 그러나 그는 "민주주의만 되면 족하다. 그러면 그 후는 잘 될 것" 이란 요지의 말만 되풀이한다. 틀린 말은 아닌데 나는 어떤 방향을 알 수 없을까 하여 계속 아쉬워했었다.

천 선생과 얼마간 비교가 되기도 하는 송건호宋建鎬 씨는 '민주화 이후' 에 관하여 얼마간 진보적인 전망을 내비치기도 했었다. 예를 들어 그의 글에 이런 구절이 있다. "여·야 대립이란 특히 우리나라의 경우, 이것이 이질적 대립이 못 되고 동일한 차원에서의 싸움의 되풀이로 그치기 쉬운데 만약 지식인의 참여가 현상적 비판에 끝나 질적으로 동일한 차원에서 맴돌게 된다면 다람쥐가 쳇바퀴를 돌듯 전혀 발전이 없는 제자리걸음밖에 될 수 없을 것이다. 그러므로 지식인의 현실참여가 역사에 기여하는 참된 기여가 되기 위해서는 우선 학문적·사회과학적 인식을 바탕으로 한 본질적 참여를 하지 않으면 안 된다."

그래서 나는 그의 저서에 대한 서평에서 「자유 이상의 차원」이란 제목을 굳이 붙였었다.

천 선생의 정치철학이 그렇다는 것이지 그를 비판하려는 것은 전혀 아니다. 그는 학생 때도 전국학생연맹 맥락의 우익학생 운동의 계열에 있었지만 그 후로도 한국보수의 본류라 할 언론·학술·정치활동을 전개하여 온 것이다. 요즘 신경질적 반응을 보이는 것과 같은 극우가 아니라 한강물처럼 도도히 흐르는 폭넓은 보수다.

천 선생의 유교적인 강직함은 주석酒席에서 가끔 호통으로 나타났다. 한번은 이름 있는 칼럼니스트 수탑須塔(영어의 스톱을 한자화한 것이다) 심연섭沈鍊燮 씨가 어느 자리에서 잡담하는 가운데 "천방지추마골피 운운하는데 천관우 씨도 양반이 아닌 것 같다" 고 농담 삼아 이야기했다는 것이다. 그 소식을 전해들은 천 선생은 심 씨를 술집으로 유인한 끝에 2차를 하자고 자기 집으로 데려갔다. 그러고는 벼슬을 한 조상들이 적지 않은 족보를 보여주었다. 그다음 "이놈, 네가 나를 능멸했것다.” 천둥이 울렸다. 그렇게 호통친 이야기는 엄청나게 많다. 언론계에서는 대개 알고 있는 일이다.

나는 천 선생의 성격을 ‘폭발성 성격’이라고 규정하고 싶다. 조선일보의 고 방일영 회장은 천 선생의 그 폭발성을 암시하는 말을 가끔 했었다. 하기는 나도 비슷하게 얼마간 폭발성이 있어 천 선생과 나를 비교하며 하는 말인 듯도 하였다. 한번은 여럿이 있는 세배자리에서 “청주고보를 나온 민기식, 천관우, 남재희 모두 비슷한 성미가 있어” 하고 꼬집는다. 민 장군은 천 선생의 1년 선배다. 민 장군이 계엄 사령관일 때 천 선생은 동아일보 편집국장이어서 신경전도 있었다고.

“잘 나가다가 어찌 한다…”고 말들 한다. 천 선생과 술자리를 하면 정말 잘 나간다. 그러다가 어떤 선을 잘못 건드리면 가끔 폭발이 일어난다. 연예인 출신인 홍성우 국회의원이 사부師父로 천 선생을 모시기로 하고 찾아다녔다가 함께 심하게 당하였었다. 동아일보 논설위원 손세일 씨가 호통을 받는 것을 목격하였다. 이 ‘폭발성 성격’은 유교적 강직함도 있지만 천 선생의 어떤 콤플렉스와도 관련이 있지 않나 하는 피상적 분석이다.

그 강직한 선비 천 선생이 전두환 대통령의 간곡한 설득에 그만 넘어가 버렸다. 통일문제는 여야가 없는 민족적 과업이라는 명분에 넘어가 민족통일중앙협의회 의장 자리를 맡은 것이다. 그런데 현실사회에 있어서 통일문제에도 여야는 있는 것이어서 그 후 인산인해를 이루던 재야의 방문객들은 발길을 뚝 끊었고 그는 외로운 말년을 마치게 된 것이다. 아깝다.

한국언론학회가 창립 50돌(2010년)을 맞아 미디어발전 공로자로 신문부문에 송건호·선우 휘·김영희·장명수 씨 등 4명을 선정했다. 별세한 사람 둘, 생존하는 사람 둘로 비율을 맞춘 것인데 대체로 공정을 기하려 노력한 것 같기는 하지만 어쨌든 작고한 천관우 씨가 빠진 게 아쉽다고 생각이 들어 어디다가 나는 그런 요지로 썼다.

마지막의 한번 실수, 그 전후 사정을 나는 모른다. 다만 추측을 할 뿐이다.

첫째는 이미 말한 바와 같이 통일문제에는 여야가 없다는 자칫 갖기 쉬운 생각에서일 것이다.

둘째는 박정희 정권에 대항하여 온몸으로 치열하게 투쟁을 하다가 박정희라는 표적이 없어지고 나니 긴장감이 풀렸다고 할까, 맥이 풀렸다고 할까 하는 이완현상이 생긴 상황에서의 결정이 아니었을까 하는 해석이다.

천 선생과 한때 함께 투쟁하기도 했던 반反 박 정권 선봉장 윤보선 씨도 박 정권이 무너진 뒤 그 투쟁의 강도가 뚝 떨어지고 전두환 정권에 미온적인 태도가 된 것도 견주어 생각해 볼 일이다.

셋째로는 그 당시의 천 선생의 생활고도 관련될지 모른다. 너무 무심하였기에 나도 할 말이 없다. 그러나 "내가 고생을 할 때 누가 나를 도와주기나 했었나"라는 말을 천 선생이 했다는 이야기를 어느 누구에겐가 들은 기억이 있다. 아마 그때 경제적으로 정말 어려웠을 것이다. 그의 집은 불광동 안동네의 단층짜리 국민주택인데 초라하다면 초라하다 하겠다. 게다가 동아일보 해직 후 오랜 실직생활이 계속되었다.

세 가지 까닭의 복합일 수도 있겠다.

[필자 주 : 이 글은 연간으로 발행되는 『강서문학』 1990년대 후반에 「문주 40년」이란 연재물로 쓴 것을 『언론 · 정치풍속사-나의 문주 40년』(민음사, 2004)에 수록하였다가 이번 추모문집 간행에 맞게 대폭 보완한 것입니다.]

# 어디서 보아도 높은 메

이원홍

전 한국일보 편집국장

이렇게 보면 정의를 실현하는 열혈 언론인이요,
저렇게 보면 민족주의 발전을 재정립하는 역사학자,
뒤돌아보면 해방정국을 관통한 정치적 의지의 인물,
그리고 이런 '무욕의 천사'. 어디서 만날 수 있을까.

후석 천관우 선생은 우리에게 피라미드와 같은 존재다. 멀리서 보면 신비로울 정도로 웅장하고 가까이서 보면 놀라울 정도로 정교롭다. 나는 그분을 접할 때마다 나를 압도하는 신비로운 마력을 느꼈다. 이렇게 보면 정의를 실현하는 열혈 언론인이요, 저렇게 보면 한국의 민족주의발전을 새정립하는 역사학자였고, 뒤돌아보면 조국의 진로에 확신을 갖고 해방정국을 관통한 정치적 의지의 인물이었고, 피라미드처럼 저변이 넓고 튼튼하여 짐작조차 어려운 깊이를 가진 분이었다.

그분을 피라미드에 비유한 것은 상황에 굴하지 않는 태산 같은 요지부동과 스스로를 신뢰하며 뜻을 굽히지 않고 관철하는 돌파력에 나의 마음을 빼앗겼기 때문이다. 그래서 피라미드의 면면을 답사하듯이 천관우 선생을 분석해 보려고 한다.

## 1. 언론지사 천관우

나는 천관우 선생의 비중을 역사학자보다 '언론지사'에 둔다. 구태여 지사志士라는 근대 초기적 표현을 빌리는 것은 21세기를 운운하는 지금의 언론인과 구별하고, 기자와 언론인이 다르다는 것을 설명하고자에서이다. 금성출판사의 『국어대사전』을 보면 언론인은 "언론기관에 관계하여 언론으로써 그 업을 삼는 사람"이지만 기자는 "신문 잡지 방송 등의 기사를 취재하여 쓰거나 편집하는 사람"이다. '언론'과 '기사'가 다르듯이 '언론인'과 '기자'는 다르다. 사전적 해석에 따르면 '언론인'은 '기자'의 상위개념으로 사용하는 말인 듯하다.

천 선생은 6·25전쟁이 발발하자 부산으로 피난하면서 서울대학교 문리대학의 사학과 조수를 그만두고 1952년 9월 대한통신의 기자로 언론계에 들어섰다.

대한통신은 1945년 9월 해방이 되자마자 최초의 한국통신사로 설립된 언론기관이다. 합동통신이 이보다 1년 늦은 1946년 7월에 설립되었다. 일제 때 한반도에는 우리말 신문이 있었지만 우리말 통신사는 없었다. 일세는 국제정세의 보도와 언론의 국제교류를 도오메이쓰우신同盟通信 하나로 통제해 왔다. 대한통신은 1953년부터 본격적인 연감제작을 시작했다. 대한연감大韓年鑑으로 발행된 이 연감은 지금 보아도 그 안목에 경의를 표하고 싶을 정도의 내용이다.

천 선생이 기자직을 택한 것은 그분의 생애를 결정하는 중대한 선택이었다. 입사 5개월 만에 유네스코의 장학생으로 미국 미네소타 대학에 유학하여 신문학을 연구하게 되었다. 당시 형편으로는 흔치 않은 일이다.

그러나 천 선생은 1년 만에 귀국했다. 그 배경에 대해서는 미심쩍어

한 점이 없지 않다. 당시의 국내사정이 휴전 직후여서 미국과의 관계나 이승만 대통령의 정치운영에 파란이 일었고 가정과 사회에도 6·25의 후유증이 가시지 않았던 것이 실정이었다. 공적인 영향보다 개인적인 사정이 더 중요하지 않았을까 생각된다.

귀국한 천 선생은 1954년 3월 모교인 서울대학교 문리대학 사학과의 강사로 영입되어 홍익대학교에까지 출강하게 되었다. 대학 복귀에 대해 그분으로부터 이야기를 들어본 적이 없지만 그해 6월에 창간된 한국일보의 조사부 차장으로 발탁된 것을 보면 "신문기자가 되어야 하겠다"는 본래의 결심이 희석되지는 않은 것 같다.

실제로 그때부터 그분에게는 언론이 주업이 되었다. 한국일보의 조사부 차장에 발탁된 지 약 1년 반 만인 1956년 1월, 한국일보의 라이벌사인 조선일보의 논설위원으로 옮겨갔다.

한국일보 장기영張基榮 사장은 인사문제에는 통 큰 사람이다. 가슴이 쓰려도 타사에 가겠다는 사람을 억지로 붙잡지 않는다. 다만 언제든지 돌아오고 싶으면 기꺼이 받아주겠다는 약속을 하고, 꼭 그것을 지킨 분이다.

장기영 한국일보 사주는 본래 조선일보의 사장으로 있다가 섭섭한 생각을 갖고 그곳을 그만두고 경쟁지인 한국일보를 창간한 분이다. 천 선생의 조선일보 이전에 상당한 충격을 받았을 것이다.

당시의 언론계 관습으로는 조사부 차장과 논설위원은 다소의 격차가 있는 직책이다. 천 선생의 입장에서는 조사부 차장의 자리를 벗어나 논설위원을 전업으로 하는 것이 바람직하였을 것 같다. 그러나 1950년대 말부터 1960년대 프랑스를 휩쓴 누벨바그를 연상시키는 한국일보 지면의 신선미와 작별하는 것이 서운했을지도 모르겠다.

천 선생을 영입하는 데 성공한 조선일보는 그분을 경쟁지 제압의 수장戍將 같은 존재로 여긴 듯하다. 그래서 자사에 묶어두는 결박을 강화했다. 영입 2년여 만인 1958년 10월 조선일보는 천 선생을 편집국장에 임명했다. 그분으로서는 언론인의 정상에 오른 셈이 되었다.

지나친 편견이란 비난을 받을지 모르나 그때 조선일보에는 한국일보의 신선미를 제압할 수 있는 방책이 없었다. 장기영 사주와 같은 CEO가 없었고, 누벨바그의 주역 같은 톡톡 튀는 기자들이 별로 없었다. 한국일보는 천 선생에 대해 좀 섭섭한 생각을 가졌지만 조만간 한국일보로 되돌아올 것이라고 생각하는 사람들이 많았다.

천 선생은 1년을 채우지 못하고 편집국장을 그만두면서 조선일보를 떠나 한국일보의 논설위원으로 되돌아왔다. 그때가 1959년 9월이다. 무슨 사정이 있었는지 알 수 없으나 편집국장의 수명으로서는 단명이다. 이렇게 빠르게 신문제작의 사령탑이 붕괴되면 지면에 주는 영향이 적지 않다는 것이 보통이다. 나는 구체적으로 이야기를 들어보지 못했으나 사내적인 이유가 있었을 것이라고 생각한다. 편집국장을 그만두면서 옛집 한국일보로 복귀했다는 것은 라이벌사의 경쟁에 치명타를 주는 것이라고 생각할 수 있다.

여기서 잠깐 한국일보 이야기를 삽입하고자 한다. 천 선생을 이해하는 데도 도움이 될 것이라 생각되기 때문이다.

한국일보의 가장 뼈아픈 '치욕'은 '성공신화'가 장기영 당대로 붕괴된 것이다. 1950년대 말부터 1960년대 그리고 1970년대까지도 신문의 새로운 모델로 각광을 받아 오던 '성공신화'가 막을 내렸다는 것은 한국일보의 존재가치가 없어졌다는 것과 같다. 신문은 상품이다. 소비자가 외면하면 그것으로 끝이다. 그런데도 이 방법 저 방법으로 연명을 노리는 것은 무의미하다. 더욱이 시류를 타며 사시社是를 버리는 것은 자손이 선조를 버리는 것과 같다.

신문은 공기公器다. 독자가 떠나버린다는 것은 공기의 생명이 상실되는 것이다. 잘못하면 언론의 사물화로 사회적 규범에 도전하는 것으로 타락하게 된다. 그것은 신문의 지면에 국한된 것이 아니다. 신문의 경영은 지면의 근원이 되기 때문에 더욱 중요하다. 그래서 외국에서는 공기의 기능을 지속시키기 위해 경영을 진화시킨다.

나는 한국일보의 성쇠盛衰를 어떤 개인기업의 명멸 정도로 보지 말고 깊이 있는 연구로 종합진단을 하여야 한다고 생각한다. 신문의 지면이 경영과 충돌하는 경우도 상정해보아야 한다. 언론사가 '사기업'으로 존재할 수 있지만 '사물화' 되는 것은 법률로 방지하여야 한다. 미국의 워싱턴포스트나 뉴욕타임스, 일본의 아사히신문이나 요미우리신문에서 힌트를 얻을 수 있을 것이다.

이야기를 되돌려야 하겠다.

한국일보로 돌아온 천관우 선생은 1년을 채우지 못하고 다시 한국일보를 떠났다. 그 이유를 들어본 적이 없어 속단하기 어렵지만 사내사정보다는 당시의 언론풍토와의 연관으로 관찰하는 것이 옳지 않을까 싶다. 그분의 저서인 『언관 사관』을 읽어보면 마음에 짚이는 것이 있다. 그때는 우수한 기자일수록 여기저기 많은 신문사를 전전했다. 신문사가 스카우트 경쟁을 하다시피 리크루트전쟁을 전개하고 있었다. 그리고 신문의 발행이 유신維新 이후보다 까다롭지 않아 새로운 신문이 줄지어 나타나기도 했다.

천 선생은 한국일보 논설위원에서 4·19 직후인 1960년 6월 세계일보로 옮겼다. 그리고 세계일보를 민국일보로 개편하면서 편집국장이 되었다. 다시 5·16 직전인 1961년 3월 서울일일신문의 주필로 옮겨갔다. 그러나 그해 12월 군사정부에 의해 신문이 폐간되자 천 선생은 다시 대학으로 돌아가 성균관대학교의 강단을 택했다.

내가 천 선생의 정력적인 활동에 탄복한 것은 그보다 1년여 전인 4·19의 전초전 마산의거馬山義擧 때였다. 나는 그때 정치부 기자로 선거취재를 담당하고 있었다. 대통령선거 투표일인 1960년 3월 15일 갑자기 마산에 이목이 집중되었다. 선거는 대통령에 자유당의 이승만李承晩, 부통령에 역시 자유당의 이기붕李起鵬이 당선된 것으로 확정되어 있었기 때문에 취재의 초점이 선거부정에 집중되었다.

선거일인 3월 15일 오후에 마산에서 폭동이 일어났다는 보고가 편집국으로 들어왔다. 아침부터 먹구름에 덮여 있던 마산이 드디어 폭발한 것이다. 그날 밤 기차 편으로 마산에 내려가라는 출장명령을 받고 일행과 함께 허둥지둥 야간열차를 타고 마산으로 향했다. 다음 날인 3월 16일 아침에 도착하자마자 밤새 엄청나게 진전해버린 폭동사태의 진상취재에 나섰다.

많은 유권자가 투표번호표를 받지 못해 투표를 못한 데 대한 항의가 시위의 목적이었다. 당시는 번호표가 없으면 투표를 할 수 없었다. 번호표를 달라고 항의하는 시민을 향해 경찰이 총을 쏘았다. 경찰 집계로는 첫날 시위군중 7명이 사망하고 72명이 부상을 입었다. 경찰은 시위주동자로 21명을 구속했다.

야당인 민주당은 구파의 영수 조병옥趙炳玉을 대통령에, 신파의 영수 장면張勉을 부통령 후보로 내세워 선거전에 임했으나 미국 월터리드 육군병원에서 위암수술 중이던 조 박사가 투표일을 한 달 앞둔 2월 15일 현지에서 별세했다. 그래서 선거전은 장면 부통령 후보의 고독한 투쟁으로 계속되었다.

사태가 그렇게 되자 자유당이 더 긴장했다. 왜냐하면 자유당 부통령 후보인 이기붕이 사생결단으로 부통령 당선을 노렸기 때문이다. 이기붕 계열인 자유당 강경파도 무슨 짓을 해서라도 이기붕을 당선시키기로 방침을 정해두고 있었다.

자유당 강경파가 걱정한 것은 조병옥의 추모표가 장면에게 집중되어 대세가 불리해질 수 있다는 점이었다. 이미 내각도 강경파 일색의 선거내각으로 짜여 있었다.

투표는 3인조, 6인조, 9인조 등으로 유권자를 묶어 기표소 안에서 감시하는 방법과 충성분자들이 남의 번호표로 두 번 세 번 번갈아 대리투표를 하는 것으로 강행했다. 부정선거는 그것으로 끝나지 않았다. 자유당 후보에게 찍은 투표용지를 투표함에 미리 투입해 두는 어처구니없는 부정도 강행했다. 그래서 번호표를 받지 못해 투표를 못한 유권자들이 많이 생기고 개표장에서는 유권자보다 많은 투표지가 나타난 것이다.

한국일보 취재팀은 마산시내 백운여관에 취재본부를 두고 종횡무진 거침없이 보도했다. 시위사태는 하루가 다르게 격화되었다. 3월 19일에는 사망자가 16명으로 늘어나고 체포된 사람도 219명에 달해 오후 7시부터 통행을 금지하는 통금령이 내려졌다. 4월 11일에는 눈에 최루탄이 박힌 김주열金朱烈 군의 시체가 마산부두에 떠올라 사태가 격렬하게 달아올랐다.

논설위원으로 한국일보의 단평칼럼인 「메아리」의 집필을 담당하고 있던 천 선생이 마산으로 달려와 백운여관의 취재본부에 합류했다. 그리고 내무부 출입기자였다가 문화면 기획물을 담당하게 된 예용해 씨도 합류했다. 저녁이 되면 취재본부는 언론의 역할과 시국문제를 논하는 '토론의 광장'으로 변했다. 천 선생의 시국관과 언론관이 토론의 방향을 이끌어주었다.

천 선생은 1969년 자신이 신문 잡지에 게재했던 글을 모아 『언관 사관』이란 문고판 저서를 출판했다. 그 책의 말미에 4·19에 관한 견해를 밝힌 부분이 있다.

> "59년 9월 이후 7, 8개 선거구에서 실시된 국회의원 보궐선거에서는 선거인에 대한 관권의 위협, 투표비밀의 파괴, 개표의 부정이 광범위하게 드러났고 이러한 부정은 1960년 3월의 제4대 대통령 선거에서 전국적으로, 조직적으로 거리낌 없이 자행되었다. … 이 선거가 실시되기 1개월 반 전부터 대구를 비롯한 각 도시에서 부정선거에 항의하는 학생들의 시위가 계속 일어나고 있었고, 선거당일인 3월 15일 저녁에는 마산에서 학생 시민으로 혼성된 군중 데모가 경찰과 충돌하여 방화와 유혈을 보게 되고 이것이 서울을 비롯한 주요 도시로 파급, 마침내 이승만 대통령이 4월 26일 하야를 선언하게 된 것이다.
> 이 4월 혁명의 과정에 있어 몇몇 신문들의 반독재 투쟁은 최고조에 달하여 글자 그대로 지탄紙彈으로서 이 혁명에 큰 구실을 다한 것이다."
>
> (『언관 사관』, 배영사, 1973)

천관우 선생이 정치의 죄과를 규탄하고 언론의 역할을 고무한 것에 힘을 얻었던 일이 생각난다. 천 선생은 짤막한 글이지만 4·19의 근원을 구체적으로 밝혔다. 이승만 대통령의 하야에 이르는 과정이 정확하게 지적되어 있고 그러한 상황을 주도한 것이 시민과 학생들의 데모와 그 사태를 이끌어간 신문이었다는 점을 분명하게 지적했다. 신문의 투쟁이 없었으면 4·19는 어려웠다는 것이 천 선생과 우리들의 긍지였다.

1951년 피난수도 부산에서 대한통신 기자로 언론에 입문한 천 선생은 『언관 사관』을 출판한 1969년까지 20여 년을 신문과 공생했다. 그 동안에 6, 7개 신문사를 전전하면서도 한국신문편집인협회 창설과 신문윤리강령 기초 등 언론의 자유를 지키며 언론인의 품위를 향상시키는 외곽구축에 정열을 쏟아왔다. 나는 그분이야말로 한국 언론의 장래를 투시한 진정한 설계자였다고 생각한다.

그러나 그분의 가슴에는 탄식이 끊어지지 않았던 것 같다. 1969년 『기자협회보』에 기고한 글이 「연탄가스에 중독된 신문」이란 제목이다. '신동아 필화사건'으로 사표를 던진 뒤였던 것 같다. '패군지졸敗軍之卒'에 할 말이 있을 까닭이 없다는 전제를 두면서도 "언론은 결코 죽지 않으며 죽을 수도 없다"고 기염을 토했다. 그분의 울적한 가슴 속에 한번 뛰어들어가 보자.

> "우리나라 언론은 지금 가스에 취하여 잠시 어리둥절하고 있다. 그러나 독립신문 이래 70년의 그 험한 노정 속에서 칠전팔기七顚八起해 온 우리 언론의 경험에서 보면 이 정도의 연탄중독은 단시일에 회복될 수 있는 성질의 것이며 또 회복되지 않고는 안 될 성질의 것이다.
> 우선 나 자신부터 창을 열고 맑은 바람을 받아들여 내 정신을 가다듬어야 하겠다. 언젠가도 바로 이 기자협회보에서 말한 바가 있지만 기자는 편집인을 탓하고 편집인은 신문을 탓하고 발행인은 기자를 탓하는 그런 악순환, 신문인은 신문을 탓하고 신문은 신문단체를 탓하고 신문단체는 신문인을 탓하는 그런 악순환은 정말 어서 청산해야 하겠다. 자기의 포지션을 감당하지 않으려면서 누구에게 기대며 누구에게 밀다가는 정말 연탄중독에서조차 깨어날 날이 올 것 같지 않기 때문이다." (상계서)

뒤이어 언론의 진화문제를 논한 부분이 있다. 1969년 6월 수습기자 세미나의 강연에서 한 말이다.

> "부패한 기자생활을 해서라도 돈을 벌어보겠다고 한다 합시다. 그러나 그렇게 해서 벌면 얼마나 벌겠습니까. 타락한 기자생활을 해서라도 권력과 결탁이나 해 보겠다고 한다 합시다. 그러나 그렇게 해서 권력과 가까워지면 얼마나 가까워지겠습니까. 돈을 벌려거든 나서서 돈을 벌고 권력을 잡고자 하거든 나서

서 권력을 잡는 것이 첩경이기도 하려니와 소득도 크고 무엇보다 그 길이 떳떳할 것이 아니겠습니까.

… 그래도 기자를 해야 되겠다면, 그 이유는 무엇이겠습니까? 기자가 되어서 후회하지 않는 긍지는 어디서 나오는 것이겠습니까. 단 한 가지 있다면 사회에 대한 사명감 때문일 것입니다. …

『맹자孟子』에 '하늘이 대임大任을 내릴 때는 먼저 심지心志와 근골筋骨을 괴롭힌다'는 말이 있지 않습니까. 기자로 일하는 것을 하늘이 준 대임으로 알고 심지와 근골의 고달픔을 이겨나가는 것이야말로 기자의 한 모습일 것입니다. 또 같은 맹자에 '부귀도 음淫하지 못하고 빈천貧賤도 이移하지 못하고 위무威武도 굴屈하지 못하는 인물을 대장부大丈夫라 한다'는 말이 있지 않습니까. 기자의 하는 일이 대장부의 하는 일로 믿고 부귀의 유혹으로서도 빈천의 수난으로서도 위무의 압력으로서도 그 뜻을 어찌할 수 없는 소신을 지녀 그것을 실현시켜 나아가는 것이야말로 역시 기자의 한 모습일 것입니다. 옛날이야기에 맥貊이라는 동물은 꿈을 먹고 산다지만 기자는 사명감과 거기서 오는 긍지를 먹고 사는 인종인지도 모르겠습니다.

여기서 한 가지 더 말해 둘 것이 있습니다. 그 긍지란 기자가 자기의 고달픔을 달래기 위해 머릿속에 그려보고 자기의 외로움을 잊기 위해 나름으로 도취하는 그런 것이 아니라는 것입니다. 한마디로 기자의 사명감은 민중을 위해 있는 것이요, 따라서 그 긍지는 민중의 지지 위에 있는 것입니다.

신문은 누구를 위하여 있나. 두말할 것 없이 민중을 위하여 있습니다. 신문이란 민중과 호흡을 같이하고 민중의 지지를 얻음으로써만 키울 수 있었던 것입니다. 신문이 그처럼 갈구하고 투쟁해 오는 신문의 자유라는 것도 민중이 한편이 되어주기 때문에 이루어지는 것입니다. 그러기 때문에 신문이 진실로 두려워해야 할 것은 법령에 의한 제재나 경영상의 압력이 아니라 독자로부터의 불신이요 민중과의 공동전선이 무너지는 일입니다." (상게서)

이 글을 읽으면 그분의 마음 한구석을 으스름하게나마 보는 것 같은 느낌이 든다. 신문사를 전전한 것도, 언론단체를 만들기 위해 뛰어다녔던 것도 그러한 마음의 그림자가 아니었을까. 연탄가스에 중독이 되어 앞을 가누지 못하는 언론을 못 견디게 안타까워했던 것을 알 수 있다.

천관우 선생은 마산의거를 목격하고 신문과 민중과 권력의 삼각관계를 정열적으로 규명했다. 안정적으로 유지될 수 있는 구조를 찾는 것이 삼자의 시대적 임무라는 뜻을 강조했던 것으로 기억한다. 그것이 이상적인 국가발전의 동력이며 사회발전의 요체이며 언론의 사명인 동시에 기자의 긍지라는 생각을 가지고 있었다. 해방정국에서 공산당의 혁명전술을 체험하고 그 연장선에서 저질러진 6·25에서 모든 것이 박살나는 처참한 상황을 체험한 그분이 다시 4·19라는 민중봉기의 승리를 맛보았다는 것은 언론에 대한 애정이 더욱 강렬하게 되는 계기가 되었을 것이다.

여담 같지만 그분의 사색세계를 엿볼 수 있었던 장면의 하나가 예용해 씨와의 대화였다. 장기영 사장의 출장명령으로 전국을 누비고 다니던 예용해 씨의 취재여행은 우리나라의 전통공예 장인들의 공방을 찾아 그 솜씨와 정신을 취재하는 일이었지만 연재물의 제목에 고민하고 있었다. 마산 여관방에서 그 이야기가 재론되었다. 흥미롭게 듣고 있던 천 선생이 "그건 인간문화재야…" 한 마디를 던졌다. 전광석화電光石火, 예용해 씨의 귓전을 쳤다. 그래서 그 자리에서 그 유명한 역사적 연재물의 제목이 「인간문화재人間文化財」로 정해졌다. 예용해 씨는 이것으로 문화재전문가로 대성했다. 천 선생의 조언이 예용해 씨의 날개가 된 셈이다.

나는 '언론인 천관우'를 여러모로 탐색하여 더 깊이 연구하여야 한다고 생각한다. 그분은 생애 많은 부분을 언론에 소진했다. 좋은 일, 궂은 일 가리지 않고 언론에 그분의 인생 거의 전부를 투척했다.

나는 솔즈베리 뉴욕타임스 편집국장의 회고록 한 구절을 천 선생 추억의 말로 남겨두고자 한다. 1944년을 뉴욕타임스에 재직하며 미국과 세계를 상대로 언론을 구사해 온 세기적 저널리스트의 직업신조 이야기다.

> 한 나라의 안전을 보장하는 것은 성벽만이 아니다. 안전성은 자유로운 사회기구에 대한 우리들 국민의 숭앙심에도 있다. 고집 있는 보도기관이나 강인한 보도기관, 물불을 가리지 않는 보도기관이 표현의 자유와 공중의 알 권리를 지키려고 하다가 권력자로부터 박해를 받는 것은 필연의 일이다.

나는 1971년 6월 19일 마레 · 가파인이 뉴욕 지방재판소 재판관석에서 밝힌 이 말을 보도한 신문쪽지를 지금도 지갑 속에 넣고 다닌다.

## 2. '해방정국'의 천관우

천관우 선생은 솔즈베리처럼 대국의 권위를 등에 업은 행운을 누리지 못했다. 대국의 힘에 의해 노예상태에서 해방되어 신생국으로 갓 태어난 나라의 처시가 그분의 운명의 전부였다. 그러한 상황에서 처음으로 직면한 것이 '해방정국'이라는 '사상의 전쟁'이었다. 거기서도 그분은 정확한 가치관으로 적과 동지를 식별했다. 그 무렵의 우리나라 언론은 거의가 사상전의 포열에 지나지 않았다. 그러기 때문에 식별의 능력은 생존의 조건으로 통용되었다.

전쟁이 막바지로 치닫고 있던 1944년 경성제국대학 예과 인문계에 진학한 천 선생은 해방되던 해 2학년이 되었다. 청주제일공립중학교를 졸업한 것이 18세 때인 1942년이다. 경성제대 예과 진학까지 2년의 공백이 생긴다.

천 선생이 경성제국대학 예과에 진학할 무렵의 일본 교육은 학교의 병영화에 집중되었다. 패전을 의식하기 시작한 일본정부는 1944년부터 중학교 이상의 학생들을 학교단위로 조직하여 군수공장의 노동력으로 동원하고 17세 이상 21세 미만의 조선인 청년에게는 군사훈련을 실시하는 '조선청년특별연성령朝鮮青年特別鍊成令'을 공포했다. 조선인 청년의 전력화戰力化를 서두른 것이다.

1945년에 들어서면서 일본은 발광상태에 빠졌다. 미군과의 본토결전에 대비한 '인적국방자원화人的國防資源化'를 추진하는 전쟁정책대강戰爭政策大綱에 따른 조선인의 전쟁자원화에 총력을 기울였다. 중학교 이상의 학교는 수업을 폐지했다. 천 선생의 학교공부도 거의 불가능했을 것이다. 예과 2년 되자마자 해방을 맞았으니 예과생활도 두 동강 나버린 꼴이 되었다. 전반부가 일본의 전쟁도구로 소모되었지만 후반부도 '해방정국'의 사상투쟁 전장이 되어버렸다.

1946년 남로당은 미소공동위원회와 정판사 위조지폐 제조사건 공판저지에 올인하여 남한을 쑥대밭으로 만들었다. 그 와중에 '국대안國大案(국립 서울대학교 설립안)' 파동이 등장했다. 미 군정청에 의해 '국대안' 추진이 시작된 것은 1945년 10월 7일이다. 공산당은 청년학생을 사상투쟁에 동원하여 '국대안' 전선戰線을 전개하기 시작했다.

해방정국은 공산당의 계략에 춤추는 화려한 무도장처럼 변해갔다. 천 선생도 '국대안' 파동을 외면할 수 없었다. 투쟁의 주력이 예과에 집중되었다. 그러나 천 선생이 '국대안' 반대투쟁에 나섰다는 기록은 찾아볼 수 없다. 다시 말하자면 좌익세력의 투쟁에 참가한 사실이 없다.

천 선생은 '국대안'을 일본의 군국주의 식민지교육제도의 근원을 수술하는 개혁의 시작이라 이해했다. 좌익계의 '국대안' 반대투쟁이 개혁에 대한 도전이며 학원을 공산화하는 계략이라는 관점에서 그분의 생각도 정리되어 있었다. 그러기 때문에 대학이 좌익세력에 의해 수라장이 되고 황폐해지는 것을 보고만 있을 수 없었다.

미 군정청의 '국대안' 작업의 첫 단계는 경성제국대학을 '경성대학京城大學'으로 개편하는 것과 미 해군대위 크로프트A. Croft를 학장으로 임명하는 것으로 나타났다. 교직원과 학생들이 당황했다. '국대안' 그 자체보다 미군 대위가 서울대학의 학장이 되는 것에 반발한 것이다. 그래서 미 군정의 조치가 좌익세력에게 유리한 빌미가 되었다. '국대안' 파동이 초장에 시끄럽게 된 것도 그 때문이었다.

우여곡절의 격랑을 뚫고 1946년 6월 16일 경성대학을 국립대학으로 개편하는 '국대안'이 발표되었다. 그 내용이 약 2개월 뒤인 8월 23일 군정법령 102호로 공포되었다.

좌익세력의 '국대안' 반대투쟁은 학생들이 주동이 된 학원투쟁이 아니었다. 당시 경성대학 예과부장으로 '국대안' 파동을 직접 겪었던 이숭녕李崇寧 박사의 생생한 수기(조선일보사 출판국 편, 「국대안반대맹휴」, 『전환기의 내막』, 조선일보사, 1982)가 증언하고 있다. 이미 고인이 된 이 박사는 우리나라 국문학의 태두이다. 잔명이 얼마 남지 않은 예과부장으로 있으면서 좌익세력의 투쟁을 육탄으로 막아냈다.

천관우 선생은 '국대안' 반대 맹휴에 가담하지 않았다. 그것이 그분의 인격과 학문형성에 크게 영향을 미쳤을 것이라고 생각한다. 기자시절에 쓴 글을 보면 반공이념이 분명하다.

이숭녕 박사의 수기에는 구체적인 언급이 없지만 다른 기록에는 북한의 북로당北勞黨(조선로동당 이전의 북한 공산당)의 소련군 교육담당 니콜라이 그즈노프의 '국대안' 반대 투쟁지령문이 남로당에 전달된 것으로 되어 있다. 1982년 4월에 북한이 발간한 『주체의 기치 따라 나아가는 남조선 인민들의 투쟁』이라는 통일전선 지도서에서도 "청년 학생들이 적기가赤旗歌를 부르며 삐라를 살포하고 국대안을 반대하고 있다"고 고무했다.

'국대안' 반대투쟁 파동은 미소공동위원회의 와해와 남로당의 정판사 위조지폐제조사건 공판이 끝나자 자멸로 꼬리를 감추었다. 학생들에 의한 학사투쟁이 아니라 공산당의 지령에 의한 '혁명투쟁'이었기 때문이다. 이숭녕 박사는 그것을 6·25의 전초전이었다고 술회했다.

좌익세력의 투쟁이 그러했다고 하더라도 경성제국대학을 국립 서울대학교로 개편하려는 과정에서 나타난 미 군정의 조치가 선량한 학생들의 마음을 어지럽게 했다는 사실은 부인하기 어렵다.

천 선생은 표류하지 않았다. '해방정국'은 그분에게 자신과 국가와 민족의 미래의 선택을 결정할 수 있는 중요한 정보가 되었다. 가장 큰 소득은 좌익의 실체를 알게 되었다는 점이다. 그분은 자신의 처지에서 습득한 정보와 자료의 활용을 게을리하지 않았다. 그것은 그분의 학풍으로 굳어지면서 학문하는 방법론이 되었다.

천 선생은 한국일보 조사부 차장이었던 1955년 해방 10주년을 기념하는 기획물「사료로 본 해방 10년 약사」의 연재를 시작했다. 연재가 끝나기 전인 1956년 조선일보 논설위원으로 신문사를 옮겼다가 1959년 다시 한국일보로 돌아오는 진퇴를 계속했다. 그 사이에도 두 신문의 연재를 중단하지 않았다. 2007년 6월 그 연재물이 후학들의 노력으로 『자료로 본 대한민국 건국사』로 정리되어 지식산업사에 의해 단행본으로 발간되었다.

천 선생은 신탁통치를 반대하던 공산당이 모스크바의 지령에 따라 찬성으로 급선회할 때, 당시의 조선공산당 책임비서 박헌영朴憲永이 "신탁통치가 끝나는 5년 후에 조선은 소련 연방에 편입되기를 희망한다"고 말한 기록을 연재물에서 밝혔다.

공산당이 극구 부인하고 있는 정판사 위조지폐 제조사건도 "공산당 총무부장 겸 재정부장 이관술, 당 중앙집행위원 겸 해방일보 사장 권오직의 지령으로 당원인 조선정판사 사장 박낙종 등이 1945년 10월 하순부터 1946년 4월 상순까지 서울 소공동 조선정판사에서 1200만 원의 위조지폐를 인쇄하여 남한경제를 교란시켰다"고 정확하게 밝혔다.

그리고 철도총파업도 "공산당의 대규모 폭동의 일부였으며 공산당의 조직적인 파괴는 10월 1, 2일 대구폭동에서 절정에 달했다"고 밝히고 "1947년에는 방송국을 이용해서 남조선을 적화하는 음모를 하다가 남로당 간부 등 60여 명이 체포되었다"는 사실을 구체적으로 기록했다.

이런 것들은 천 선생이 '해방정국'을 어떻게 살아왔으며 문제의 핵심을 어떻게 인식하였는가를 잘 설명해 주는 부분이다. 천 선생의 역사관은 분명히 '해방정국'의 체험의 결과라 생각한다. 이것이 그분의 언론인 정신이었다. 박정희 대통령 시대에 재야의 민주화 투쟁에 합류한 것도 민주주의를 소생시키려는 목적이었지 재야의 좌익이념에 동조한 것이 아니라는 점은 이것만으로도 이해할 수 있을 것이다.

## 3. 실학주의자 천관우

천관우 선생의 서울대학교 문리과대학 졸업논문은 「반계 유형원 연구」이다. 이 논문을 심사한 이병도李丙燾 박사가 그 논문을 가리켜 '군계일학群鷄一鶴'이라고 격찬했다는 일화가 지금도 화제로 남아 있다.

그분이 반계 유형원에 심취한 것은 그의 정책론의 영향이 크다. 어린 시절부터 보고 들은 것이 가난한 식민지로 전락한 조국의 모습이었고, 가슴에 사무친 것이 구미 여러 나라처럼 유복한 나라가 되어 가난에서 벗어나는 것이었다. 그 과정으로 제시한 것이 철저한 개혁이어서 공감의 폭이 컸던 것 같다.

천 선생은 반계의 정책론을 '부민부국富民富國'에 집중하여 해석했다. 그분이 반계의 경국제민經國濟民의 정책을 '부국부민'이 아닌 '부민부국'으로 '국國'보다 '민民'을 앞세운 데 특색이 있다. '민民'이 '부富'하여 '국가'가 부해지는 정책구조를 택한 것이다. 천 선생의 '민부론民富論'은 "국민을 부富하게 하여 나라를 부하게 하는 것"으로 '실학적 국부론實學的國富論', 즉 '민부론적 국부론民富論的國富論'이다. 일제 식민지와 해방정국과 6 · 25전쟁의 체험에서 생산된 시대적인 답안이라 하겠다.

그리고 두 번째, '부민부국의 길'이라고 소개한 것이 농민의 국가에 대한 부담인 공납貢納의 개혁이다. 천 선생은 토지를 농민에게 주는 것은 농민에게 국가에 대한 부담의 정당한 이행을 요구하는 것이 전제로 되어 있다고 설명했다. 국가재정은 예나 지금이나 국민부담이 전제다. 당시의 부담은 토지를 대상으로 하는 세곡稅穀과 노동력을 직접 제공하는 것과 마포麻布, 목면木棉 등으로 대신 물납하는 역役과 가족 단위를 대상으로 하는 시방특산물의 현물 공물貢物 등이었다. 천 선생은 현물 공납을 경세輕稅로 일원화하고 궁중이나 관청이 필요한 것은 경세에서 일정한 비목으로 정하여 상인으로부터 구입하도록 하라는 반계의 개혁안을 높이 평가했다.

세 번째, '부민부국의 길'로 역役의 개혁을 주장했다고 설명했다. 당시의 국민부담은 토지에 부과된 세稅와 가족단위로 부과하는 현물 공납과 노동력으로 국가에 제공하는 역役으로 되어 있다. 이 부분에 있어서는 반계가 실학파의 초창기인 관계로 신분제도 자체를 비판하는 급진적인 요소는 없다고 지적했다. 그래서 과중한 부담을 경감하고 정해진 부담을 초과시키지 말고 신분에 따라 고르게 부담시킨다는 개혁안을 제시했다고 했다. 신분제도 운용에 있어서 사대부는 평시의 부담에서 면제하고 무반武班은 관직으로서의 군역軍役과 구별하는 것으로 하였다.

네 번째, '부민부국의 길'로 기강紀綱의 개혁을 제시했다. 천 선생이 반계에 의욕을 갖게 된 것은 선명하고 적극적이며 방대한 구상의 개혁처방에 매혹되었기 때문인 것 같다. 그래서 그것을 신사조新思潮로 형태를 드러내기 시작한 실학 일파에 기대를 건 것 같다. 그분의 설명에 따르면 "실학이란 때로는 유가儒家 자신의 호칭으로 불리기도 하지만 흔히는 실사구시實事求是의 학學이란 의미로 쓰이고 있다"는 것이다.

이것을 학문으로 탐구하는 데는 상당한 수준의 한학漢學의 소양이 있어야 한다. 특히 반계의 방대한 분야의 저서와 고문서古文書를 섭렵하려면 한학의 수준이 보통 이상이어야 한다. 일제 말기의 중학교 교육이 매우 부실했기 때문에 그분이 학교교육에서 한학의 실력을 쌓았다고는 보기 어렵다.

나는 선조로부터 이어지는 DNA의 영향을 생각한다. 천 선생은 가계가 중국의 귀화성씨歸化姓氏다. 그러나 '천관우 사학史學'은 민족의식이라는 기반을 잃지 않았다. 세보로 따지면 한족계漢族系 후손이지만 16대를 거쳐 한국에서 살아왔기 때문에 중국계라거나 한족계라는 의식이 전혀 형성되지 않았다. 우리나라의 귀화성씨 분들도 비슷한 처지다. 선조는 호적의 기록일 뿐이다.

민족의식이란 풍토와 생활조건과 사회적 관행이라 할 수 있는 일상적인 의식주 생활에서 '공속감각共屬感覺'을 형성하는 데서 발아한다. 천 선생의 가슴에 자생적으로 발아한 것은 '나는 한국사람'이라는 것뿐이다.

그러나 나는 천 선생을 민족주의자民族主義者로 보기보다 '실학주의자實學主義者'로 보는 것이 좋을 것 같다고 생각한다. 구태여 민족주의를 강조하여야 한다면 '실학적 민족주의자'라 해 두는 것이 어떨지 모르겠다. 그분이 반계 유형원을 스승처럼 존대하는 것을 미루어 보아도 그분의 사상이 민족이라는 범주에 묶여 있는 것이 아니라 더 넓고 높은 인간의 가치실현 추구에 중점을 두고 있다는 것을 알 수 있다.

미국인 제임스 버나드 팔레James Bernard Palais 교수의 『반계수록磻溪隧錄』 연구 집대성인 『유교적 경세론과 조선의 제도들—유형원과 조선후기』(산처럼, 2008)가 1,580쪽에 달하는 방대한 분량의 서적으로 서울에서 출판되었다. 1996년 미국 워싱턴 대학에서 영어판으로 출판된 것을 우리말로 번역한 것이다. 팔레 교수는 이 저서에서 "해방 이후 유형원의 저작을 연구한 첫 학자가 천관우 씨"라고 격찬했다. 그리고 『반계수록』을 "그때까지 한국에서 나온 저술 중에서 경세론의 문제를 다룬 가장 위대한 저서"라고 평가하면서 "당시 국가가 직면하고 있는 문제들이라고 생각한 사안에 대해 매우 명확하고 자세한 서술을 남겼다. 현대의 역사학자들은 유형원을 그동안 유교적 도덕론과 성리학에 대한 관심에서 경세론의 문제로 관심을 돌린 실학이라는 새로운 학파에서 최고는 아니더라도 최초의 학자로 평가했다"고 지적했다(영어판 제목과 출판사는 다음과 같다. 『Confucian Statecraft and Korean Institutions—Yu Hyongwon and the Late Choson Dynasty』, University of Washington Press, 1996).

천관우 선생은 박정희 대통령 시대에 재야인사들의 민주화 투쟁대열에 참가하여 유신과 긴급조치에 반대하는 투쟁에 가담했다. 김진배 기자의 '신동아 필화사건'을 책임지고 동아일보를 퇴사한 1971년 4월부터 약 10년간 계속되었다.

그분의 민주화 투쟁은 진짜 민주주의를 회복하기 위한 투쟁이었다. 재야인사와 투쟁의 열도를 맞추었지만 사상적인 한계를 넘지 않았다. '천관우'가 '천관우'를 지켰다. 그분이 믿고 있던 민주주의의 기준은 독재와 장기집권이 없는 정치였다. 장기집권을 막으면 독재를 막을 수 있다고 생각했다.

그래서 1981년 전두환 대통령을 만나 단임으로 임기를 끝내줄 것을 건의했다. 듣고 있던 전두환 대통령이 천관우 선생에게 역제안 했다. "내가 단임 약속을 꼭 지킬 터이니 천 선생도 나의 청을 들어주시오"라고 전제하며 "민주적인 민족통일을 실현하기 위해 새로 만든 민족통일중앙협의회 의장직을 천 선생이 맡아주시오"라고 요구했다. 천 선생은 자신의 의견을 말한 뒤 전 대통령이 단임을 반드시 지킨다는 공약이행을 약속해준다면 의장직 수락을 약속하겠다고 대답했다. 전 대통령이 서약 같은 약속을 했다. 그리고 천 선생도 의장직 수락을 약속했다. 두 분이 약속을 교환했다.

천관우 선생은 "장기집권을 방지하면 한국에도 민주주의가 가능하다"고 믿고 있었다. 그분의 신념이었다. 그렇다면 전두환 대통령에게 단임 약속 이행의 책임을 지우는 것도 방법의 하나가 될 것이라고 생각한 것 같다. 전두환 대통령은 취임식에서 단임 실현을 공약했지만 믿어주는 사람이 거의 없었다. 임기가 다 될 무렵까지도 믿지 않는 사람들이 있었다. 천 선생도 반산반의였던 것 같다. 그래서 약속을 교환하는 거래를 제안한 것 같다. 정권이 몇 번 바뀌면 한국에도 민주주의가 필연코 실현된다. 전두환 대통령의 단임 실현에 민주화의 명운을 걸 만한 가치가 있다. 이것이 천 선생의 신념이었다.

그분이 재야투쟁에 참가한 것도 한국의 민주화 때문이었다. 그러나 재야의 투쟁에 합류한 것을 사상의 일치로 보아서는 안 된다. 나는 깊이 있는 사고의 심연에서 나온 천 선생의 정치적 역정은 실학주의자의 철학으로 풀어야 한다고 생각한다.

천관우 선생은 자신의 소신을 관철했다. 그러면서도 좌파의 비난에 변명이나 응수를 하지 않았다. 소신과 이상을 행동으로 밝혔다. 천 선생은 전두환 대통령이 자신에게 확약한 단임 약속이 지켜진 것을 확인하고 우리 곁을 떠났다. 그분은 소신과 행동이 일치하는 우리 시대 언론인의 이상이다.

## 4. 무욕의 천사 천관우

나는 이 세상에서 보기 드문 욕심 없는 사람이 천관우 선생이라 생각한다. 무욕無慾은 무소유와 다르다. 무욕은 진짜 마음을 완전히 비우는 자동사 격인 명사다. '욕계欲界와 작별했다'는 표현도 생각해 보았으나 욕계에는 물욕이나 권세욕이나 금욕 같은 것만 있는 것이 아니라 여러 가지 지저분한 것들이 많아 피했다.

내가 천 선생을 '무욕의 천사'라 하는 것은 인간의 3대 욕망인 의식주를 초월한 분이었기에 하는 말이다. 그분의 평소생활과 불광동 문화촌에 마련한 그분의 자택이 그 증거다.

천 선생은 1959년 8월에 불광동에 이사를 갔다. 35세 때라 한다. 그분이 입주할 당시에는 문화촌에는 10여 평의 방갈로 같은 문화주택이 꽉 들어서 있었다. 울타리가 없어 화단을 꾸미고 집집마다 집 가꾸기에 바빴다. 미국의 서부개척시대를 짐작하게 하는 분위기였다.

천 선생은 10여 평 되는 '저택'에서 1959년부터 1991년 별세할 때까지 32년을 살았다. 그러면서 한번이라도 집에 관해 불평하는 말을 들어본 적이 없다는 것이 언론계의 이야기다.

천 선생은 자택인 불광동 문화주택에 관한 이야기를 수필잡지에 기고했다. 제목을 「서부西部」라 달았다. 수필의 몇 구절을 간추려 보았다.

"무악毋岳재를 넘어 또 고개를 몇인가 넘어 버스에서 내려서도 논가의 길을 7, 8분 걸어 들어간다."

"처음 여기에 들어왔을 때는 좀 서글펐다. 그날로 밤에 도배를 하고 부엌에 시멘트를 바르고 전등을 달고 수도꼭지를 끼워놓고 나니까, 그제서야 약간은 사람 사는 곳 같아졌지만 이제부터 손길이 가야 할 데가 얼른 헤아려보아도 한두 가지가 아니다."

"새집에 들던 날 밤에 억수같이 비가 쏟아졌다. 뭐 대단한 집이라고 큰 걱정할 것은 아니었지만 하루를 살아도 내 사는 집이라서 그랬던지 아주 걱정이 안 되는 도리는 없었다. 이튿날 아침, 옆 산의 큰 안벽에 어제까지 없던 큰 폭포가 생긴 것이 신기로웠다. 고르지 못한 마당 여기저기에 물구덩이가 생겼다."

"며칠 아침을 새겨 마당을 고르고 배추씨 무씨를 뿌렸다. 철이 늦어 나오기나 할까 했더니 며칠 안에 파랗게 돋아나왔다. 아쉬운 대로 산 밑에 핀 코스모스 몇 그루 옮겨다가 마당가에 심어 놓았다."

"담을 쌓고 대문을 달아야 문패를 붙일 것인데…. 처음에는 식료품에 잡화를 겸한 가게가 하나 있더니 며칠 안 되어서 연탄가게가 생기고 쌀가게가 생기고 잡화가게가 또 하나 생겼다."

"멀다 멀다 하던 이 마을도 하루 한 번을 내왕하기 두 달 남짓에 그리 먼 곳이 아니라는 생각이 들게 되었다. 아침마다 문안을 향해 들어가는 길, 차가 숨 가쁘게 무악재 마루를 올라서면 안개가 서리는 서울의 한구석이 내려다보이는 것이 상쾌하기도 하고. 그 맛을 보자면 되도록 운전대 근처에 자리를 잡아야 된다는 요령도 터득했다. 서울의 서부가 정이 들어가는 것일까."

읽어 내려가면 정경이 훤하다. 천 선생은 이 집 한 채가 전부였다. 이사 갈 생각도 하지 않았다. 그러면서 후배 기자들을 만나면 집으로 데려가서 소주잔을 나누었다. 집이 좁거나 어떻다는 것은 생각조차 하지 않았다. 호주머니에 돈이 있으면 참지 못한다. 술을 먹든지 남을 도와주는 일에 탕진해버려야 했다.

우리가 어디서 이런 '무욕의 천사'를 만날 수 있을까. 천관우 선생만이라도 우리들의 가슴속에 소중하게 묻어두어야 하겠다.

국사학자 이기백李基白 선생이 『천관우 선생 환력기념 한국사학논총』의 「하서賀序」에서 "천 형은 소신이 굳고 다재다능하며 … 학문에 대한 강한 의지를 버리지 않고 … 대학의 연구실을 지키는 학자들보다 오히려 많은 연구업적을 세상에 내놓았고 … 학문의 대중화에 남다른 관심을 가지고 … 사론史論 위주의 민간사학의 전통을 이어가려고 노력하며 … 역사학의 전통을 계승·발전시키려 하였다"고 찬사를 보냈다.

역시 천관우 선생은 우리 앞에 솟아 있는 피라미드임에 틀림이 없다.

# 觀山 30년

권도홍
전 동아일보 편집부장 · 전 주부생활사 부사장

질풍이 불면 산이 되었던 거인,
박정희의 권력이 칼이 되어 천하를 재단할 때
준엄한 사관史官의 눈으로
천하대사 논정論定하던 천관우 주필….

서고書庫처럼 된 책 읽고 글 쓰는 작은방 북쪽 벽면에 천관우 선생의 흑백사진이 걸려 있다. 담배를 물고 얼굴을 옆으로 한 풍모는 삭풍이 부는 듯한데 이 사진은 83년 한국일보에 연재칼럼「담배 한 대 물고」를 시작하면서 씌은 사진으로 알고 있다. 조석으로 대하는 그 풍상風霜 같은 사진에서 나는 질풍 속을 걸어간 한 선비의 정신을 읽는다.

사진틀 밑에는 묽은 먹으로 써서 희미해진 붓글씨 엽서 한 장이 붙어 있다. 정사丁巳년 정월, 그러니까 1977년이다. 연하장 문면文面은 새해인사가 아니라 격문檄文이다. 달필의 붓글씨로 이렇게 적고 있다. '하늘이 장차 큰일을 맡기고자 함에 그에 앞서 반드시 그 사람에게 어려움으로 심지를 시험한다(天將降大任於是人也必先苦其心志).'『맹자』의「고자告子」편에 나오는 글귀이다. 연하장 옆에는 내가 붓글씨로 쓴 글귀가 붙어 있다. '매회는 추위를 두려워하지 아니하며 진금은 불을 겁

내지 않는다(梅花不怕寒 眞金不怕火).'

격문 같은 연하장을 보낸 1977년은 천관우 주필이나 나나 언론현장에서 쫓겨나 있었으므로 장외場外의 사람들이었다. 나는 잡지사에 자리를 얻어 밥벌이를 하고 있었지만 천 주필은 양도糧道가 끊긴 채 박정희 독재에 맞서 혼신의 투쟁을 하고 있을 때다. 그러므로 연하장 문면에 담긴 "초심初心 잃지 말라"는 함의含意를 내가 모를 턱이 없다.

연하장 같은 격문을 보낸 77년 그 무렵은 유신정권의 말기 증상이 두드러지게 드러나던 해이므로 정국은 녹은 쇳물처럼 뜨거움을 속으로 품은 채 겉으로는 그냥 흘러가는 것처럼 보였다. 그러나 만 2년 뒤에 궁정동의 총소리는 그렇게도 강고하게 보였던 박정희의 권력이 호롱 속의 돌개바람에 의해 느닷없이 꺼지게 되는 굉음轟音이 된다. 역사는 신묘한 데가 있다. 절대로 무너지지 않을 것 같은 쇠주먹 권력이 스스로 쌓아올린 부조리에 의해 모래성처럼 허물어져 내리는 자기붕괴의 모습을 만천하에 드러냈으니 말이다. 그것은 우발성偶發性처럼 보이지만 역사가 진행시키는 필연적인 귀결이다.

천관우 국장과 나의 첫 만남은 1960년 초로 기억된다. 조선일보 편집국장으로 있다가 그 자리를 그만두고 조선일보에 함께 있던 이목우 李沐雨 부장과 본디 있었던 한국일보로 되돌아왔을 때다. 그때는 선생이라 부르기엔 어색한 서른여섯 살의 덩치 큰 젊은 편집국장이요, 또한 논객論客이었다. 처음 보았을 때 "와따 크다!" 고 했던 느낌이 지금도 생생하다.

그때 나는 부산일보 기자를 하다가 장기영 사장에게 직소直訴를 해서 한국일보 편집기자로 편입되었던 터라 딴생각 않고 오로지 편집일에 전력을 쏟던 때다. 그래서 그랬을까, 첫 만남이 있고 난 뒤 4·19를 치르고 6월이던가, 천관우 국장이 한국일보를 떠나며 나를 함께 가자고 했다. 동행이었던 이목우 부장의 천거가 있었지 않았는가 하는 짐작이다.

불광동 담도 울도 없는 조그마한 국민주택, 휴지가 너절하게 깔린 그 방에서 마주앉아 멸치젓갈에 절인 풋고추 안주에 막소주 한 되로 동행타진은 끝났다. 대우가 어떤지도 언급이 없었으나 나는 함께 가겠다고 했다. 지방신문사 기자였던, 그것도 대학을 다니다 그만둔 나를 이력서가 아니라 부산일보에서 썼던 글(칼럼)을 보고 흔쾌히 불러올린 장기영 사장에게 미안한 생각을 지울 수가 없었으나 그땐 마음이 그렇게 움직이는 걸 어쩔 수가 없었다.

천관우 국장이 한 무리의 젊은 기자들과 더불어 떠난 행선지는 세계일보다. 남대문 근처, 지금은 흔적이 없어진 세계일보에 짐을 푼 천관우 부대는 조선일보에서 합류한 기자들과 한국일보에서 차출된 기자, 그리고 합동통신, 사상계에서 뽑힌 기자도 있었다.

천관우 편집국장은 세계일보를 '민국일보民國日報'로 제호를 바꾸고 기운 생동하는 신문을 발족시킨다. 그때 편집국 진용은 기존의 어떤 신문에 비해서도 꿀릴 데 없는 엘리트 집단이었다. 그때 나는 속으로 "나 같은 사람도 때를 만나면 엘리트 대열에 끼는군" 하고 웃었다.

그때 민국일보 편집국 진용을 추모의 글 속에 굳이 넣을 건 없다 싶어도 '천관우 자장磁場'이 어떤지를 알아보기 위해서 적는다. 대충 기억에 남는 이를 외인부대와 재래파를 유순 무순無順으로 적자면 이렇다.

조동건(부국장), 김경환(편집부장), 노석찬(정치부장), 이목우(사회부장), 안정모(경제부장), 최일남(문화부장), 박명찬(외신·교정부장) 부장들에 이어 조세형, 김성우, 조동오, 계창호, 남재희, 이홍우, 임홍빈, 조지·서(서인석), 황운헌, 최영철, 권도홍, 김중배, 유혁인, 남욱, 박재순, 박정하, 홍돈섭, 김천수, 정인량, 노철용, 이구열, 임영웅, 박재권, 서동구, 김종환, 주태영, 최일영, 한우석, 이준우, 전남석. 천관우 국장이 떠난 뒤 합류한 인사는 부국장 겸 사회부장의 이혜복, 편집차장에 남철기, 편집부에 정태성, 신양휴 등이 있다. 빠진 사람이 있을 텐데 이는 나의 기억력이 못 미치기 때문이다.

이들 편집국 진용에는 일당백도 있고 일당십도 있다. 이들의 후력後歷을 적자면 상당한 분량의 지면이 필요하게 될 것이다. 자화자찬이라 할 사람도 있겠지만 신념과 식견, 뛰어난 기능을 갖춘 기자집단, 그 정상에 약관 36세의 천관우 국장이 앉아 있었다. 그것은 두 번 다시 있을 수 없는, 그 시대가 낳은 '천관우 부대'가 아닐까 싶다.

신문제작에 전권을 쥐고 민국일보를 이끌고 나가던 천관우 국장은 언론인으로서 정상에 섰던 동아일보 시대의 전 단계로 민국일보 시절을 꼽을 수 있다. 최강의 편집부가 엮어내는 펄펄 끓는 지면, 어떤 부서든 기사에서 선편先鞭을 치던 그때의 활기는 언론사言論史의 한 획劃으로 기록될 만하다. 그리고 역량 있는 논객論客들을 동원해서 보수 색깔 뚜렷한 논진論陣을 펼치던 젊은 언론인 천관우 국장의 노성老成하고 명석한 풍모는 날이 갈수록 국사國士적인 풍모로 바뀌어 나간다. 이때 민국일보 논진에 참여한 지조론志操論의 시인 조지훈趙芝薰의 「인물 내망론」, 「붕당朋黨 구국론」, 온 세상이 도둑놈이라는 「거세개도론擧世皆盜論」은 기억에 남는 논설이다.

그러나 언론계의 눈길이 쏠리던 민국일보는 겨우 1년을 채웠을까. 김이 빠지게 된다. 적자에 대한 경영주의 투정 때문이었던지 천관우 국장은 사표를 던지고 떠난다. 기가 너무 세서 그럴까. 아니다 싶으면 서슴없이 그만두는 그 결단도 감당이 불감당이라 할까. 일단 영국으로 떠났던 천 국장은 돌아오자 서울일일신문의 주필로 앉는다. 나더러 함께 가자고 했던 대장이 혼자 덜렁 딴 동네로 가버렸으나 나는 막막하지는 않았다. 가려고 생각하지는 않았으나 오라는 데는 여러 군데라 좀 생각해봐야 했다. 한국일보 복귀를 첫째로 경향신문 편집부장, 조선일보 편집위원, 결국 이혜복 부장과 사회부 유혁인 기자가 스카우트되어 간 동아일보 편집부의 평기자로 행선지를 잡는다. 민국일보로 간지 햇수로 3년째 1962년 늦봄이던가. 13년 뒤인 1975년 자유언론수호투쟁이 빚은 농성에 가담했다가 해임되는 그 동아일보로 나는 길을 떠나게 된다.

1963년 내가 영 낯선 동네 같은 동아일보 편집부의 흐느적하고 대충대충 꾸려가는 듯한 타성에 빠져들지 않으려고 안간힘을 쓰고 있던 어느 날, 편집국장 자리에 낯익은 거구가 와서 앉았다. 언론계의 최강타자 천관우 선수가 '동아구단'에 감독 겸임으로 영입된 것이다. 계약금 한 푼 받지 않고…. 그라운드는 끓기 시작한다.

말이야 바른 말이지 그때부터 동아일보는 날기 시작한다. 동아일보 비상飛翔의 시대가 시작된 것이다. 천관우 국장은 편집국 진용을 가다듬는 시발로 에이스 최일남을 데려와서 문화부장 자리에 앉히고, 날더러 한국일보에 복귀해 있던 글 잘 쓰는 김중배를 오도록 전하라고 했다. 그 무렵 최영철도 한국일보에서 건너와 편집부에 합류한다. 천 국장은 나를 편집부 차장으로 승진시키려 했으나 불발로 그친다. 재래파 고참들과의 균형관계로 사장이 안 된다고 했다는 이야기를 뒷날 들었다. 그러나 나는 전혀 개의치 않았으나 이듬해(64년) 조선일보 편집부 차장으로 건너간 것은 그 때문이 아니라 조선일보 편집국장이 된 김경환의 집요한 권유 때문이다. 동아일보를 떠날 때 천관우 국장이 보인 섭섭한 표정을 나는 지금도 잊지 않고 있다. 조선일보에서 1년 동안 있다가 나는 동아일보로 되돌아온다. 동아일보 이희승 사장이 되돌아온 날더러 "한번 나간 사람 받지 않는 게 통례인데 천관우 국장의 제청이니 그렇게 알라"고 했다.

동아일보가 날아오른 그 무렵은 박정희 정권이 장기집권을 획책하면서 언론통제의 날을 세우기 시작한 시기와 일치한다. 자존自尊과 자존自存을 뼈대처럼 지닌 언론은 뜨뜻한 날씨보다는 눈보라 치는 계절에 그 꿋꿋한 모습을 드러낸다. 센바람이 불면 꿋꿋한 풀을 안다(疾風知勁草)고 하지 않던가.

편집국장 자리와 편집부의 위치는 지척에 있었다. 그러니 나는 날이면 날마다 천관우 국장의 거동을 장기판 앞에 앉은 기사棋士를 보듯 관찰하게 된다. 행마行馬의 기략機略과 위기의 대처능력을 남김없이 보았다. 그때 천관우 국장은 참으로 훌륭한 멘토요, 든든한 방벽防壁이었다. 나 개인으로 봐서도 그렇지만 편집국장으로서도 나무랄 데가 없었다. 점심때 일식집에서 생선찌개와 밥 두 그릇을 시켜 단숨에 처리하고, 대단한 소음에 속하는 코골이 낮잠을 잤지만 나는 전혀 하자로 생각하지 않았다. 그런 천 국장을 조석으로 대하면서 나는 도저히 편집국장이 될 수 없을 것이라는 판단 아래 그 꿈을 접었던 기억이 있다. 대학을 다니다 그만둔 학력 때문이 아니라 낮잠 중에 사장이 편집국으로 올라와 낮잠 자는 천관우 국장 곁에 서 있어도 실눈을 떴다가 도로 감고 코고는 소리를 기적처럼 울리는, 아무것에도 매이지 않는 그 모습에 기가 실린 것이다. 그러나 다른 국장을 몇 사람 겪으면서 국장에의 꿈을 접었던 내 판단이 오판이었음을 깨닫게 된다. 국장이면 다 국장이냐 대소大小가 부동不同이요, 기국器局이 전혀 다른 데야 물을 것도 없다. 천 국장 이후 하극상을 밥 먹듯이 한 내 저의底意가 그런 데도 있다. "편집국장은 키잡이(操舵手)인데도 배가 어디로 가는지 모르는 채 그것이 중앙정보부의 압력이나 공화당 청탁인 줄 알면서도 사장 지시라면 찍소리 못하고 기러기 편지 달고 오듯이 물고 와선 날더러 그 기사 줄여라 빼라 하는 게 무슨 놈의 편집국장이냐 아이구 가슴이야!" 하는 게 천 국장 이후 나를 분통 터지게 하는 일이었다.

권력의 언론에 대한 간여의 통로는 기자의 선을 넘어 사장실로 통로가 나 있었다. 그러므로 천 국장 시절에도 편집부장이 사장실이 있는 2층에 불려 내려갔다가 올라오면 사회면 편집을 맡고 있던 나와 승강이가 벌어지게 된다. 내가 사장지시라도 그렇게는 못한다고 버티면 난감해진 편집부장이 나를 얼러대지만 나는 꿈쩍도 않으니 국장석 근처가 시끄럽게 된다.

번쩍하면 불이 붙어 연기를 피워 올리는 부싯깃통 같은 나를 천 국장은 언제나 덤덤하게 바라보기만 했다. 속으로 "하는 짓이 옳기는 하다마는 걸핏하면 저 난리니 고달프기도 하겠다" 하고 측은하게 생각했을까.

한번은 공화당이 강제동원한 선거청중을 실어 나르던 트럭이 엎어져서 여러 사람이 죽고 다친 사고가 있었다. 사장실에서 기사를 조그맣게 다루라는 지시가 편집부장 손을 거쳐 나에게 전달되었으나 나는 사회면 머리기사로 눈이 번쩍하도록 크게 다룸으로써 난리가 난 적이 있다. 그때 나는 "목을 자를 테면 잘라라. 그렇게는 못한다"는 생각으로 버텼는데 그때도 천관우 국장은 지근거리의 국장석에서 나를 지켜보았을 뿐 한마디도 하지 않았다. 기가 차서 그랬던 것은 아닌 것이 그날 저녁 퇴근시간에 천 국장은 나에게 동행신호를 보냈다. 술집에 가자는 신호임을 나는 알고 있었다.

지금은 없어진 현대건설 건물 뒤편의 사잇길을 지나 서울신문 뒤쪽으로 가는 골목길의 청요리집에 마주 앉아 배갈을 마시기 시작했다. 술잔이 착륙하는 법이 없이 수없이 왔다 갔다 하다가 드디어 나는 팔분능선에서 의식이 몽롱해져서 머리가 방아를 찧기 시작했다. 천 국장은 거저 멍멍하게 앉아 있었다. 천야주무적千也酒無敵, 내가 어찌 천하무적의 천 국장의 주량을 당할 것인가. 그 일은 징벌이 아니라 나의 저항에 대한 격려라 할 것인가?

천 국장은 편집부나 나에게 판단을 제약하는 어떤 지시도 내린 적이 없다. 물론 국장이 판단할 일이 생기면 언하言下에 엄정한 판단이 내려지지만 어떤 기관에서도 국장을 통한 압력은 불가능했다. 사장도 천 국장에게만은 호출해서 외부압력이나 청탁을 지시라는 이름으로 전달할 수 없었던 것으로 추단推斷할 수 있다.

천관우 국장의 언론인으로서의 전모를 판단하는 일은 그 시대를 살피지 않고는 불가능하다. 특히 그의 진면목이 유감없이 드러나던 동아일보 시절을 모르면 평가의 정확성이 떨어진다.

4·19 이후 터져 나온 자유란 이름의 무질서로 어지럽기는 하되 선거에 의해 이루어진 민주당정권을 1961년 5월 16일 무력에 의해 찬탈한 박정희의 정체는 '군인'으로 귀결된다. 군복을 벗고 양복으로 갈아입었지만 그는 군인이었다. 그가 쥐고 있던 권력은 처음부터 위하威嚇 권력이었다. 위하권력은 따르지 않는 자를 신체적인 고통으로 통제하는 권력이다. 군대란 조직의 질서를 유지하고 통제하는 명령체계는 위하권력에 의해 이루어진다. 그러므로 박정희가 18년 동안 휘두른 권력의 핵심은 위하권력이다. 1964년 언론에 재갈을 물리기 위해 발의한 '언론윤리법'은 그 저의의 드러남이다. 그때 거의 모든 신문이 입을 다물었으나 동아, 조선, 경향, 대구매일만이 반대투쟁에 나섰고, 그 4개 신문에 구독금지와 광고를 못 싣게 하는 등 모든 수단을 동원해 보복정책을 썼을 때 권력과 언론의 대립은 극한점에 이르렀었다. 반대투쟁 4개사의 편집국장은 동아의 천관우, 조선의 선우 휘, 경향의 민재정, 대구매일의 김창식이었다. 악법철폐 투쟁의 대열에 천관우 국장이 섰던 일은 그 뒤로 일관되게 벌이게 되는 박정희의 일탈에 대한 투쟁의 단

초가 된다.

전쟁은 피가 흐르는 정치이며 정치는 피가 흐르지 않는 전쟁이라는 말이 있다. 박정희 시대의 정치는 피가 흐르는 전쟁의 양상이었다 할 것이다. 반대파를 압살하고 언론의 기능을 반신불수로 만들려는 그의 집요한 공격의 맞은편에 천관우 국장이 태산처럼 서 있었다. 그러나 68년 말에 박정희는 언론계의 산을 덜어내는 데 성공한다. 신동아 필화사건이다. '몸집 작은 독재자 박정희'는 '불손하게 큰 논객 천관우'가 그렇게도 못마땅했던 모양이다.

박정희는 신문기자를 회유하고 포섭하기 위해 보상報償권력도 썼지만 그것은 주 무기가 아니다. 그리고 그는 찬탈에 의해 거머쥔 권력에 정통성을 부여하는 방법으로 조건화條件化, Conditioned권력, 곧 동기를 부여함으로써 사람들을 복종하게 하는 조건화권력을 쓰게 된다. 그래서 조건화권력의 명분은 '국가재건'과 '잘살아보자'는 명제로 집약된다. 그 깃발 아래 그는 장기집권을 획책하고 반대자를 압살하는 무리수를 강행하게 된다. 「춘추좌전」에 나오는 '완화자자분玩火者自焚', '불을 가지고 노는 자는 그 불에 타게 된다'는 그 말이 헛말이 아님을 뒤에 가서 알게 된다.

무소불위의 박정희 권력에 대해 '파부침주지계破釜沈舟之計'로 스스로의 퇴로를 끊고 전력을 다해 맞섰던 언론인 천관우의 사상적 배경은 무엇인가? 그 전모를 모르기는 하지만 짐작컨대 천관우 선생의 사상의 배양토培養土는 한학漢學을 바탕으로 한 사관史官의식에 있지 않나 하는 생각이다. 언론인이기 이전에 그는 뛰어난 사학자다. 그러므로 사학자의 기능을 아울러 가진 언론인이긴 하지만 사학자의 길을 두고 언론계에 몸담은 이유는 밥벌이라는 이유 외에 신문에서 사기史記의 기능을 보았고, 스스로 사관이고자 했던 게 아닌가 하는 짐작이다.

사마천의 사기보다 앞선 것으로 평가되는 「춘추좌전春秋左傳」의 기록형식을 보면 오늘날의 신문과 유사한 데가 있다. '일어난 일(사건)을 날짜에 매어 기록하고, 날짜는 달(月)에 매어 기록하고, 달은 절후에 매어 기록하고, 절후는 해(年)에 매어 기록하되 논평(시비곡절)을 그 속에 섞어 기록하였으며 지난날을 밝혀 장래를 생각하게 한다(所以章往考來).'고 했으니 오늘날의 신문이 평론(사설)을 따로 놓아 만든 것만 다를 뿐이다. 춘추좌전도 사기요, 그것을 기록한 사람은 사관이다. 천관우 선생이 『언관 사관』이란 저서에서 밝힌 바 있지만 오늘날의 신문기자의 일 몫에 사관적인 기능을 보았을 것이다. 제왕도 사전사후에 검열을 할 수 없었던 사기의 기자記者가 갖는 엄정한 공정성, 곧 직필直筆이 언론인 천관우의 생애를 관통하는 정신이요 뼈대다.

선비로서의 천관우 선생의 신념의 한 자락을 살펴볼 수 있는 글귀가 지금 연로한 부인 최정옥 여사가 홀로 살고 있는 충주의 10평도 안 되는 아파트, 가구랄 것도 없는 상자 사이에 작은 육신을 눕히면 빠듯한 그 집의 벽면에 달필의 붓글씨로 걸려 있다.

'선비의 도량은 넓고 심지는 굳세지 않으면 안 되며 그 임무는 무겁고 가는 길은 멀다(士不可以不弘毅任重而道遠).' 그 글귀의 원문인 논어엔 선비가 가는 길은 '죽어야 끝난다(死而後已).'는 후귀後句가 붙어 있다. 천관우 선생의 사관적 신념이 묻어나는 대목이다. 그 붓글씨를 쓴 해는 을묘년乙卯年, 1975년 동아일보의 언론자유 수호투쟁을 위한 농성이 벌어지던 해다. 치열한 마음의 일단을 드러냄이다.

2010년 12월, 세모에 충주에 홀로 사는 부인에게 전화를 걸었다. 그 얼마 전에 충주에 다녀왔으므로 통성명 다시 할 것 없이 "나 권도홍입니다" 하고 말문을 열었다.

"천 선생님 생전에 모주꾼 신문기자치고 술 얻어 마시지 않은 사람 없을 테지만 아마 제가 제일 많이 얻어마셨으니 살아계시면 내가 용돈을 드려야 되겠지만 그렇지 못하니 세모라 용돈 조금 부치려고 합니다. 은행 계좌번호 좀 가르쳐 주세요." 카랑카랑한 목소리가 되돌아왔다. "나, 나라에서 주는 30여만 원도 다 못 쓰고 늘 돈이 남아요. 돈 주시면 그 돈을 누군가에게 주어야 하니 그러지 마세요." 몇 마디 더 주고받았으나 결과는 철벽만 보았을 뿐이다. 마치 옆에서 천 선생이 시키는 게 아닌가 하는 느낌이었다. 거절이라도 목소리에는 고맙다는 느낌이 묻어 있었다. "근데 좀 물어봐도 되겠습니까? 천 선생이 동아일보 계실 때 월급은 갖다 줍디까?" "월급날은 빈손으로 오고 며칠 지나면 가불을 해서 조금 갖다 주곤 했지요. "하도 답답한 부인이 친정아버지에게 편지를 올리기를" 천 서방이 월급을 갖고 오지 않으니 어떻게 하면 좋겠습니까?" 라고 했더니 답서가 오기를 "아무 말 말고 참고 살아라." 고 했다고 한다. 옛날 옛적 이야기이다.

내가 불광동 그 집에 늘 다녀봐서 더 물을 것도 없지만 천 선생은 가정인으로서는 가타부타 물을 것도 없이 논평 밖에서 산 분이다. 그는 평생을 통하여 돈을 사랑하지 않은 청렴淸廉한 선비다. 산 만큼 큰 골칫덩어리를 너끈하게 견디고 산 부인 최 여사는 나이 80 중반에 목소리가 짱짱해서 반가웠다. 나는 숨이 막혀 오래 앉아 있기가 거북하던, 컨테이너보다 좁은 아파트에서 쇠잔한 노후를 홀로 보내면서도 전혀 기죽지 않고 카랑카랑하게 사시는 부인 최 여사를 보곤 천관우 선생이 아무것도 남겨 줄 것이 없어 미안했던지 그 엄청나던 기氣만 조금 물려주고 갔을까 생각했다. 그 집의 벽면에는 동아일보에서 시사만화를 그렸던 백인수 화백이 그린 한복차림의 천관우 선생 전신 그림이 걸려 있었는데 그림의 상단에는 '아득하다'는 뜻의 '표묘縹渺' 두 글자가 인상적이었다. 가없이 아득한 크기의 거인, 학문과 식견만 가득할 뿐 욕심은 깡그리 비운 그는 명리名利 밖에 솟아 있던 산이다. 1960년부터 1991년까지 30년을 멀리서 가까이에서 우러러보거나 안타까운 심정으로 산처럼 바라보았기로 추모의 글에 제목하기를 '觀山 30년'이라 한 것이다.

전화로 문안했던 일이 있은 지 몇 개월 뒤 나는 천안에 있는 공원묘역의 천 선생 유택幽宅을 찾아갔다. 부인이 성묘한다는 소식을 대한언론인회 이병대 부회장이 귀띔하기에 강승훈 서울언론인클럽회장과 나, 세 사람이 서울을 떠나 천안에서 부인과 합류했다.

산모퉁이를 돌고 돌아 다다른 공원묘역은 내가 품고 있던 걱정을 기우杞憂로 돌릴 만큼 아늑한 언덕바지. 오색의 키 작은 화목花木들이 떨기를 이루어 피고 오월의 찬찬한 햇살이 집중조사集中照射하듯이 푸지게 쏟아지는 그 묘역은 임수臨水가 아니더라도 배산背山만으로 유택의 터로는 썩 괜찮은 곳이었다. 거기에 누워 있는 후석 천관우 선생. 세로 열두 뼘, 가로 여덟 뼘, 높이 한 자 반의 석곽묘石槨墓에 천하를 덮던 장대한 기골이 한 줌 고골枯骨로 묻혔으니 사람 사는 일의 무상함이 이와 같다. 과일과 건어물을 진설하고 소주를 따르고 절하는 과정에서 나는 허막虛漠의 바다 같은 상념에 젖었다.

5공 때의 천 선생의 행지行止를 두고, 나는 5공의 그 대통령을 '성공한 도살자' 이상으로는 보지 않았으므로 명분이야 어떻든 천 선생 일생일대의 오판誤判으로 보았고, 지금도 그 생각을 거두지 않고 있으나 그 일 뒤로 발길을 끊었던 나의 협량狹量이 멍이 되어 여러 해를 두고 천관우 선생의 생애를 기념하고 현창顯彰하는 추념 사업이 이루어지기를 염원했었다. 그런 까닭으로 지금 추모의 글을 쓴다는 일이 비록 무사蕪辭를 늘어놓기는 해도 마음 흐뭇하다.

5공의 마당에 발을 들여놓았던 천 선생을 두고 돈을 먹었다는 낭설이 퍼진 일이 있으나 그 점만은 아니라고 확실하게 말할 수 있다. 천 선생은 시종일관 재물이나 자리에 연연하지 않던 염결廉潔한 선비였음을 나는 지근거리에서의 10년 관찰로 확언할 수 있다.

'문신이 돈을 사랑하지 않고 무신이 죽음을 아끼지 아니하면 천하가 편안하다(文臣不愛錢 武臣不惜死 則天下平矣).'라는 말이나 왕면王冕의 매화부梅花賦 속의 '천지의 기운을 받고 서리와 눈의 지조를 천품으로 계곡에서 태어나 한겨울에 빼어나며 담연하나 봄빛이로다(受天地之氣 稟霜雪之操 生于溪谷 秀于隆冬 淡然而有春色).'라는 글귀를 볼 때마다 천관우 선생을 떠올리는 것은, 작은 일은 덮어두고 그 대절大節을 보고자 함이다.

폭풍이 불어 큰 산의 비탈이 사태져 상처가 되었을지라도 자연치유력은 모든 창조물의 속성인지라 세월이 흐르면 이끼와 풀이 돋아나고 나무가 자라 산은 예대로의 모습으로 돌아가게 마련이다. 추모집 발간을 기념하는 날 그 자리에 구스타프 말러의 심포니 〈거인〉과 게오르크 헨델의 〈메시아〉의 선율이 흐르면 좋으련만….

# 3김에 깊은 환멸

남시욱
세종대 석좌교수 · 전 문화일보 사장

신군부시대를 운명적 과도기로 받아들여
행동반경을 통일운동과 역사 연구에 국한
비록 '5공 협력'이라는 비난을 받았지만
거대한 발자취는 여전히 빛난다.

### 그에게 쏠린 비난의 소리

1981년 5월이었다. 천관우 선생의 근황이 궁금해서 그의 사무실로 전화를 넣었다. 당시 나는 동아일보 편집국 부국장으로 정치부장도 겸하고 있었다. 내가 정치부장 자리에서 여자사환을 시켜 천 선생 비서에게 전화를 걸게 했더니 그는 천 선생을 직접 불러내어 전화를 나에게 바꾸어 주었다. 당황한 나는 천 선생에게 사과를 드리면서 사환에게 비서실에 전화를 걸어 비서를 연결시켜 달라고 시켰더니 직접 천 선생을 불러내어 큰 실례가 되었다고 해명했다. 천 선생은 내 말이 채 끝나기도 전에 "아니 아니, 그건 상관없어요. 안 그래도, 나도 남 국장과 연락이 되었으면 했는데 아주 잘 되었어요"라고 반색을 했다.

천 선생은 그때 막 발족한 민족통일중앙협의회 초대 의장에 취임한 직후였다. 그해 2월 출범한 전두환 신군부 정권은 출범 직후 협의회를 설립한 것이다. 천 선생이 신군부 정권에 협력을 하게 되자 항간에서는 그에게 곱지 않은 시선을 보냈다. 과거의 민주화운동 동지들 사이에서는 그를 변절자라고 규탄하는 소리까지 나왔다. 그 점에 대해 천 선생은 해명하고 싶었던 것 같았다. 나는 천 선생이 1963년 1월 동아일보사 편집국장으로 부임해 온 이래 근 20년간 그를 상사로, 또 선배로 모셨다. 그가 70년대 초부터 본격적인 유신반대운동을 벌이는 동안 때때로 직장 동료들과 함께 불광동 자택으로 그를 찾아가 소주잔을 기울이면서 시국담을 나누었다. 그러다가 1975년의 동아일보기자 집단해직사태 이후에는 자주 연락을 못 드리던 상황이었다.

나는 천 선생에게 당장 우리 기자를 보낼 터이니 인터뷰에 응해 달라고 요청했다. 천 선생은 솔직하게 자기도 동아일보와 인터뷰를 해서 자신의 입장을 설명할 겸 할 말을 하고 싶다고 했다. 나는 바로 취재기자를 그에게 보냈다. 그의 인터뷰 기사는 5월 18일자 신문에 나갔다. 천 선생은 인터뷰에서 "민족통일운동에 관한 한 국론통일이 이루어지고 여야를 망라한 모든 국민이 자발적으로 참여해야 한다"고 강조했다. 그는 이어 통일꾼 운동을 체계화하고 활성화시키는 방향으로 나갈 것이며 통일의 당위성과 과정, 그리고 통일 후의 민족상에 대한 민족적 공감대를 형성하기 위해 초당파적인 통일운동을 벌이는 토론의 중심체 역할을 하게 될 것이라고 했다.

천 선생이 사령탑을 맡은 민족통일중앙협의회는 업무상 신군부 정부와 밀접한 관계를 지니게 마련이다. 과거 유신체제 비판에 앞장섰던 그가 이 자리를 맡은 데 대해 해명했다. 그는 자신을 아는 사람들 중 나이 든 층에서는 "잘 해 보라"고 격려하고 젊은 층에서는 "안 하던 일을 어떻게 하려느냐"고 회의적인 방응을 보이는 사람이 있다고 했다. 천 선생은 "과거의 민주화운동과 통일운동에 앞장서려는 현재의 입장에 모순을 느끼지 않는다"고 강조하면서 그 이유로 민주화운동과 통일운동은 모두 한국을 수호 발전시키자는 생각에서 출발한 것이기 때문이라고 했다. 그러면서 천 선생은 자신은 "협조와 비판을 가려서 행해왔으며 저항으로 일관해 살아온 것은 아니었다"고 설명했다.

당시의 시대상황은 아주 복잡했다. 1979년 10·26사태로 박정희의 유신정권이 무너지면서 찾아온 '서울의 봄'은 이듬해 신군부의 5·17 계엄확대조치로 끝장이 났다. 뒤이어 발생한 광주항쟁으로 우리 사회는 극도의 혼란에 빠졌다. 그 전해에 12·12사건을 일으켜 정승화 참모총장 등 군 지휘부를 체포함으로써 군권을 장악한 전두환은 5·17조치 직후 최규하 과도정부에 압력을 넣어 국가보위비상대책위원회(국보위)라는 이상한 기구를 만들었다. 전두환은 이 기구의 상임위원장 자리를 맡아 최규하 대통령을 허수아비로 만들고 사실상 정권도 장악했다. 전두환은 그해 8월 최규하를 물러나게 하고 유신헌법 절차에 의한 대통령보궐선거를 통해 11대 대통령에 취임해 정권을 인수했다. 정권을 잡은 전두환은 개헌을 단행해 이듬해 2월 새 헌법에 따른 대통령선거를 다시 실시해 12대 대통령에 당선됨으로써 제5공화국이 정식으로 출범하게 된다.

### 통일고문으로 5공과 인연

5공 출범은 이처럼 박정희 시해사건 이후 불과 1년여 만에 모두 마무리 되었지만 그동안 시시각각 숨 가쁘게 진행된 정치적 소용돌이는 국민들이 모두 정신을 잃을 정도였다. 그 정치적 소용돌이가 한창이던 1980년 가을 천 선생의 거취에 관련된 소문이 나돌기 시작했다. 신군부가 그를 포섭했다는 이야기였다. 과연 그해 10월 말경 당시 신군부와 가깝던 경향신문에 그가 집필하는 '인물한국사'라는 대형시리즈가

11월 1일부터 연재된다는 큼직한 사고가 나왔다. 결국 그 소문은 사실로 판명된 셈이다. 천 선생은 이듬해 5공 출범과 더불어 민족통일중앙협의회 의장에 추대된 것이다. 천 선생은 앞에서 소개한 그의 인터뷰에서도 말했듯이 민주화운동과 통일운동은 모순되지 않기 때문에 그 자리에 취임했다는 이야기 이외에 그가 왜 5공과 협력하게 되었는지 자세한 설명을 하지 않았다. 그가 5공에 협력하기 시작하고부터는 불광동 그의 자택을 찾던 재야인사들의 발길은 뚝 끊기고 말았다.

그는 애석하게도 1991년 향년 66세의 젊다 할 연세에 세상을 떴다. 지난날 오랜 기간 그를 직장상사로 모셨고 또한 그를 존경한 후배 입장에서 더욱 안타까운 점은 부인 최정옥 여사의 애절한 말이다. 최 여사는 2004년 8월 기자협회보와의 인터뷰에서 "전두환과 독대를 하고 '7년 단임'을 꼭 한다는 약속을 받아내고서 입을 다문 것인데, 사람들은 '천관우가 돈 받았다'고 오해했다"며 "남편은 사람들이 뒤에 쉽게 이야기한 것처럼 암이나 술로 죽은 것이 아니고 주위의 '비난화살'에 괴로워하다 죽었다"고 말했다. 그렇다면 그는 왜 그토록 괴로워했던 것일까. 당시를 되돌아보면서 내 생각을 정리해 보기로 하자.

천관우 선생에게 유신정권의 몰락은 개인적으로는 인간해방을 의미했다. 그는 1968년 '신동아 필화사건'으로 동아일보 주필에서 물러났다가 이사(나중에 전무대우로 승진)로 재입사했으나 1971년 유신선포 직전의 위수령 발동으로 다시 신문사를 떠났다. 그에게 1979년의 박정희 시해사건까지 10여 년간의 세월은 늘 감시자가 그의 뒤를 따르는 부자유스러운 삶의 연속이었다. 그런 자유의 박탈상태에서 유신정권이 붕괴되고 최규하 과도내각이 들어서면서 그에게 사회적 활동의 자유가 주어졌다. 최규하 과도정부는 우선 1980년 2월 그를 통일고문으로 모셨다. 이때는 아직 신군부의 영향력이 크지 않을 무렵이었다. 그와 함께 통일고문에 영입된 저명인사는 허정, 정일권, 백두진, 민복기, 신현확, 박순천, 윤치영, 이병도, 이희승, 이민우, 유진오, 이호, 김용완 등 각 정파를 망라한 지도급 인사들이었다. 천 선생은 오랜만에 제대로 대접을 받은 셈이다. 당시 신문보도를 보면 그는 통일고문회의에서 남북대화문제에 적극적으로 발언해 화제가 되었다.

천 선생은 이미 70년대 초에 통일론에 대한 금기를 깨고 이른바 '복합국가론'을 거론할 정도로 통일문제에 관심이 많았다. 아마도 그가 전두환 정권 아래서 민족통일중앙협의회 의장 자리를 수락한 것도 통일문제에 관한 그의 남다른 관심이 큰 작용을 한 것으로 보인다. 일설에는 천 선생이 그 무렵 전두환이 아니라 더한 사람이라도 통일사업을 한다면 협력할 것이라고 말할 정도로 통일중시주의자였다고 한다. 부인 최 여사에 의하면 천 선생은 전두환과 독대를 하고 7년 단임 약속을 꼭 지킨다는 약속을 듣고 통일문제에 협력하기 시작했다는 것이다. 천 선생은 이 무렵 한글학자 최현배 선생의 유지를 받들어 제정된 외솔상 제9회 수상자로 선정되기도 했다. 경향신문에 글을 연재하면서 서대문에 연구실도 마련했다. 그는 나중에 한국일보 상임고문으로 추대되어 언론계에 완전히 복귀하고 문화재위원과 국사편찬위원, 그리고 독립기념관 이사에도 위촉되었으며 문화훈장도 받았다. '서울의 봄'은 문자 그대로 그에게는 새로운 생명이 움트는 희망찬 계절이었다.

### 현실정치 참여 요청에는 거절

천 선생은 통일문제에 관해서는 현실참여를 했지만 당시 정치적으로 중립적이었던 최규하 과도정부가 설치한 헌법개정심의위원회에는 참여하는 것을 자제했다. 1980년 새해로 접어들면서 반짝 찾아온 '서울의 봄'을 맞아 국회에 개헌특위가 설치되고 정계 학계 언론계에서도 저마다 헌법의 개정방향을 둘러싸고 활발한 논의를 벌였다. 과도정부는 헌법개정문제가 중구난방식으로 전개되는 것을 막기 위해 필요하다면서 정부 안에 이 기구를 만든 것이다. 아마도 천 선생은 자신의 오랜 민주화 투쟁과 개헌이라는 당면 현실정치문제의 간여를 구별하고 통일문제와 역사연구에만 전념하기로 마음을 정한 것 같다. 그는 또한 이듬해 신군부가 민정당을 창당할 때 입당 교섭을 벌였지만 끝내 고사했다고 나중에 경향신문이 보도했다.

천 선생은 1980년 5월 15일 발표된 '지식인 134인 시국선언'에 이름이 나오는데 이것이 유신체제 붕괴 후 그가 참여한 마지막 민주화운동이다. 비상계엄의 해제, 과도정부의 정권이양기간 단축, 학원의 자유와 사학비리근절 및 교수재임용제 폐지, 언론자유 및 해직기자복직, 민주인사 석방, 군의 정치적 중립과 전두환 보안사령관의 중앙정보부장 겸직 금지가 이 선언의 골자였다. 이 선언은 그러나 이튿날 신군부의 5 · 17계엄확대조치로 아무 효과도 보지 못했다.

신군부의 5·17계엄확대조치와 함께 김대중과 문익환, 이문영, 예춘호, 고은, 김상현 등 그의 지지자들, 그리고 송건호, 서남동, 한승헌, 김윤식, 한완상, 유인호, 이호철, 이택돈 등 각계의 민주투쟁인사들이 계엄군에 구속되었다. 그리고 김영삼은 가택연금, 김종필은 연행조사를 받았다. 이때 천관우는 무사했다. 이건 가정이지만, 어떤 이유에서건 천 선생도 134인 시국선언에 관련해 이때 체포되었더라면 그의 행로는 달라졌을지 모른다. 하기야 최규하 과도정부가 통일고문으로 위촉한 그를 특별한 혐의가 없는 한 신군부가 연행할 수는 없는 노릇이었다. 좌우간 천 선생은 이 시점에서 과거의 민주투쟁 동지들과 다른 길을 걷게 된다.

이때 옥고를 치른 많은 인사들은 5공에 협력한 과거의 민주화운동 동지들을 배신자라고 공공연하게 비판했다. 심지어 천 선생이 상임고문으로 있던 한국일보에도 어떤 저명한 학자 겸 작가가 일제 말기에 변절한 춘원 이광수의 예를 든 '변절론'이라는 칼럼을 써서 당시에 화제가 되었다. 물론 이 칼럼은 특정인을 지목하지 않았으나 "신의와 절개는 값지고 소중한 것이며 난국일수록 그 수절은 어려운 것이기는 하나 신의의 토대 없는 민주주의를 생각할 수 없고 국민의 자각된 수절이 따르지 않는 국가의 존립을 생각할 수 없다"고 강조했다. 작고한 강원룡 목사에 의하면 이 무렵 항간에서는 "이 시대의 변절자가 윤천지강"이라는 말이 돌았다고 한다. 윤보선, 천관우, 지학순, 그리고 자신(강원룡) 네 사람을 지칭한 것이라 한다. 강 목사가 전두환 정부의 국정자문위원을 수락한 것은 사형 집행이 예정된 김대중을 구명하고, 기독교방송의 광고탄압 해제를 요청하기 위해서였다고 말했다. 강 목사는 전두환과 독대해 김대중 사형불가론을 강력하게 주장했다고 한다. 천 선생도 나중에 전두환 정부의 국정자문위원에 위촉되었다.

### '서울의 봄' 때 실망 커

민족통일중앙협의회를 맡은 천 선생은 2년간 재임하는 동안 협의회를 대북민간대화창구로 만들고 중앙과 지역협의회 구성을 완료했다. 그는 북한에 남북대화촉구 성명을 발표하고 북한의 정치범 수용소 해방을 위한 1천만 서명운동도 주도했다. 그는 또한 통일문예작품 공모, 대학생 통일잼버리 개최 등 젊은 세대의 통일운동 동참을 위해 많은 일을 하고 중앙협의회 의장 자격으로 경기도 파주에서 모내기 일손 돕기 활동에도 참여했다. 민족통일협의회는 박정희 정부 말기인 1978년 통일연구소 수료자들을 중심으로 조직된 기존의 관변 민간통일운동단체인 통일꾼협의회를 해산하고 대신 만든 새로운 초당적인 기구였다.

과거의 통일꾼조직은 지방조직만 있고 중앙조직이 없는 한계가 있었는데, 전두환 정부는 중앙조직이 있는 새로운 기구를 만든 것이다. 이 협의회는 그동안 활동을 계속해 이명박 정부가 들어선 이후에도 2010년 10월 프레스센터에서 통일부와 공동주최로 포럼을 개최하는 등 활동을 벌이고 있다.

천 선생은 1985년 환갑을 맞아 사학계의 후배들로부터 기념논총을 봉정받은 직후 중병이 발병했다. 천 선생은 그해 5월 서울대병원에 입원함으로써 그의 건강에 적신호가 온 것을 알게 되었다. 그의 사회적 활동도 그때부터 서서히 끝나게 된다. 그는 발병 후 인하대 객원교수로 위촉받고 한국일보 사빈으로 추대되는 한편 1987년에는 한국정신문화연구원에서 개최한 '한국상고사 제문제' 심포지엄에 논문을 내기도 했으나 이미 건강을 해친 뒤였다.

그가 1991년 1월 작고했을 때 나에게 문득 떠오른 추억이 있었다. 그 암흑처럼 어두웠던 1970년대의 어느 날 그가 민주화운동에 열중하던 때의 일이다. 나는 거구인 그가 세종로 비각 근처의 어떤 제과점의 조그만 의자에 혼자 앉아 있는 모습을 보고 조금 의아하게 생각했다. 나중에 안 일이지만 천 선생은 그를 뒤따르는 정보원들을 따돌리기 위해 일부러 어른들이 잘 안 가는 빵집을 동지들과의 만남의 장소로 선택했다는 것이다. 미처 본인에게 진위여부를 물어 볼 기회가 없었지만 그가 신군부 정권과 협력하게 된 진정한 동기는 그의 시국관과 밀접한 관련이 있다는 설이 있다. 즉 그는 '서울의 봄' 때 김영삼, 김대중, 김종필 세 김 씨에게 크게 실망해 정치인들에게 환멸을 느꼈다는 것이다. 이 말이 사실이라면, 천 선생은 박정희 이후에 들이닥친 신군부시대를 운명적인 과도기로 받아들여 자신의 행동반경을 통일운동과 역사 연구에 한정했다는 가설을 생각해 볼 수 있다. 그렇다 하더라도 여전히 아쉬움은 남는다. 그를 평소에 아끼던 적잖은 사람들이 이 같은 그의 선택을 배신행위라고 비난함으로써 그에게 상처가 되고 있다는 사실이다. 그러나 나는 그가 언론인으로서, 민주투사로서, 그리고 사학자로서 당대에 남긴 거대한 발자취는 여전히 찬연하게 빛난다고 생각한다.

# 하늘에서 한국현대사 굴절 정리해 주소서!

김진현

대한민국역사박물관 건립위원회 위원장 · 전 동아일보 논설주간

천관우 선생님! 이름을 불러보면
내 인생에 큰 획이면서 끝이 허전해지는 데서
스스로 답답함을 견디기 어렵다.
과연 '흠결 없는 지사'를 우리는 가질 수 있는지….

천관우 선생님.

오랜만에 참으로 오랜만에 불러보는 이름이다. 이름을 부르고 나니 아련하고 무섭고 또 다소 허무한 느낌이 가슴을 친다.

천관우 선생님은 나에게 정말 선생님이셨다. 서울대학 사회학과 재학시절(1954~1958)의 스승이셨다. '매스커뮤니케이션'(컴이 아니라 '콤'뮤니케이션이었던 것 같다)이라는 강좌를 사회학과 소속강사로 동숭동 빨간 벽돌집에서 강의하셨다. 일찍부터 언론계, 신문사 글 쓰는 일을 미래직업으로 점지했던 나로서는 당연히 들어야 했던 강의였다. 수강학생은 그리 많지 않았고 선생님도 열을 내는 강의는 아니었다. 아마도 당신의 전공은 매스컴이 아닌 국사였기 때문이었을 것이다. 또 사후적으로 정리해보면 강의 내용을 충실히 할 여건이 되지 않았기 때문이었을 것이다.

나중에 안 일이지만 천 선생님은 당시 어떤 통신사에 다니시면서 시간강사로 나오셨고, 원래가 국사학 전공이신 천 선생님이 언론계로 빠진 데는 서울대학 국사학과 내부의 사정이 있었다고 들었고, 그래서 역시 조선조사朝鮮朝史가 전공이면서 사학과 아닌 사회학과를 창설하신 이상백 선생님 아래서 매스컴 강의를 맡으셨던 것이다. 그때 천 선생님은 결혼 전이고 서울대학박물관장을 겸하던 이상백 선생님 도움으로 박물관에서 기거하셨다.

그런 천 선생님이 국사 아닌 매스컴 강의를 맡은 것은 천 선생님이 미국 국무성(?) 초청으로 미국에서 저널리즘을 1년인가 공부할 기회가 있었고 직업 언론인인 연고로 강의를 맡으셨고 그 첫 학기 학생들이 우리 1954년 입학 동기들 중 몇 명이 아니었던가 기억한다. 지금 기억을 더듬어도 강의 자체에서 크게 기억에 남는 것이 없고 당시 사회학과에서 매스 커뮤니케이션mass communication, 매스 소사이어티mass society라는 개념을 터득한 것이 평생 지식의 밑거름이 되었다.

천 선생님은 그 후 1950년대 말 견습 1기로 입사했던 연합신문(서울일일신문)에서 짧게 뵈었으나 그분은 논설실 쪽이었고 나는 올챙이 기자 시절이어서 대화할 기회는 거의 없었다. 천 선생과의 본격적 대화, 의미 있는 시간은 동아일보 시절이다. 내가 5·16 이후 연합신문 폐간으로 동아일보로 옮기고(1962) 얼마 후 천 선생이 동아일보 편집국장으로 오셨다. 부국장으로 변영권, 최호, 정경부장 김성열 체제 아래에서 정경부 기자였던 나는 역시 업무로 직접 부딪히는 일은 많지 않았다. 다만 경제부 차장 겸 기획부 차장으로 승진한 뒤 가끔 부장을 대신해 편집회의에 참석했을 때 회의 도중에 남이 뭐라건 쿨쿨 코 골고 주무시던 광경에 처음에는 강렬한 인상을 받았었다. 그러나 나중 논설위원, 경제부장, 다시 논설위원을 거치면서, 사장이 참석하는 어전회의에서도 코 골고 자는 풍경이 되풀이되어 그냥 천관우 선생 하면 떠오르는 풍경의 하나이지 가장 강렬한 것은 아닌 게 되었다.

내가 천 선생님을 특별히 모시게 된 것은 경제부(기획부) 차장이 된 지 1년쯤 되어 논설위원실로 끌어 주셨기 때문이다. 1966년 '코리안의 고동—세계로 향하는 한국, 한국인, 한국상품'이라는 1년에 걸쳐 1주 1회, 한 면, 전면을 쓰는 해외취재 기획을 성사시켰다. 사실 나는 1964년 수출 1억 달러 달성이 한국경제, 한국사회 변화의 큰 전기라 생각하고 65년 초부터 해외로 뻗는 한국(인人, 상품, 역사)을 취재하자는 기획안을 올렸었다.

여러 곡절이 있었으나 당시로서는 상상키 어려운 거금이 드는 해외 취재 기획이 김상만 부사장의 용단으로 결정되었다. 나는 당초 3개월 취재 계획이 6개월로 늘어나고 워싱턴 일본주재 특파원 또는 다른 목적으로 취재차 출국하는 기자들도 모두 활용하여 1년 계획으로 연장되는 대기획물이 되었다.

이때 취재 4개월쯤 되어 유럽에 있을 무렵 천 선생으로부터 대사관을 거쳐 편지가 왔다. 논설위원실로 오라는 내용이었다. 내 나이 30세, 신문기자로 입신한 지 10년도 안 되어 논설위원실로 오라는 분부는 감사하기도 하고 내가 과연 해낼 수 있을지 겁도 나고…. 그래서 6월 말 취재가 끝나게 되었으니 귀국 후 직접 뵙고 말씀드리겠다는 편지를 띄웠다. 천 선생님 편지는 논설위원실에 대학교수들(황산덕, 오병헌, 이갑섭 교수 등이 기억난다)이 많으니 현실감이 떨어지고 글도 너무 딱딱한 감이 있고 또 편집국 인재를 키우는 의미에서도 과감히 편집국 출신을 논설실로 발탁하겠다는 것이고 이미 권오기 정치부 차장을 논설실로 발령했으니 경제를 맡으라는 말씀이었다.

여러 가시 징횡으로 보아 내가 '코리안의 고동' 기획을 천관우 편집국장에게 열심히 설명하고 끝내 김상만 부사장의 결단을 받아내는 과정을 보시면서 특별히 관찰했던 것 같다. 특히 뜻밖에 기획이 성공하여 독자들 반응이 좋다고 3개월 계획이 6개월, 1년으로 연장되면서 나를 인정하신 것 같다.

당시에 박정희 정권에 대한 격렬한 대척점에 섰던 천 선생님 입장에서는 보기에 따라 또 결과적으로는 박정희 대통령의 수출지향 경제정책을 옹호하는 기획이라 해석할 여지가 있는 이 기획을 거듭거듭 칭찬하신 것으로 미루어 그리 해석할 수밖에 없다.

나는 술을 못한다. 체질이 한 잔 이상 술을 받지 못한다. 술을 못해서 선배들로부터 참으로 많은 모욕도 당했다. 지금 생각해도 불쾌한 모욕도 있다. 50, 60, 70년대 언론계 습성이 그랬다. 천 선생님은 자타공인하는 두주불사이다. 논설실에 있을 때 점심 하러 여럿이 나가면 특히 홍승면 선생님이 같이 대작하면 나 같은 조무래기는 피해갈 수 있었다. 그러나 어쩌다 단 둘이 가게 되면 이런 고통이 없었다. 점심에 자장면 한 그릇에 배갈 한 병 또는 두 병 거뜬히 하시는데 도저히 대작이 안 되니 고통이 이만저만이 아니었다. 그래서 될 수 있으면 핑계 대고 뺄 수밖에 없었다. 점심 무렵 전화 받고 천 선생 목소리가 들리면 얼른 전화기 내려놓고 빵소니치는 요령도 생겼었다.

추석이나 신년 연휴 천 선생님 댁 술판 이야기, 특히 무용담이 많은데 나는 항상 천 선생 눈에 취기가 돌면 댁을 빠져나오기 일쑤여서 그 많은 무용담의 현장 목격자가 못 되었다. 천 선생을 동아일보에서 10년간이나 모셨으면서 천 선생 주사와 무용담을 쓸 수 없는 사람이라는 점에서 나는 특이한 존재일 수밖에 없다. 그런 무용담들은 주로 천 선생과 이웃해 살던 내 대학동기 손세일로부터 제일 많이 들었다.

그보다는 천 선생님의 그 달필, 무엇보다도 200자 원고지에 붓으로 원고를 쓰고 논설위원들이 쓴 사설 원고를 그 비좁은 200자 원고지 행간에 붓으로 교정하고 추가하는 달필을 옆에서 지켜보고 있노라면 신기神技라는 느낌이 들 정도이다. 그 거구와 우람한 목소리, 꼭 태산 같은 풍모인데 벼루에 먹물 찍어가며 좁은 200자 원고지 위를 급하게 흘러가는 가는 붓을 쫓다보면 저절로 탄성이 나왔다.

술을 못해서 가까이 가지 못했고 대학교 때부터 배운 제자 격이니까 어렵고, 그러면서 천 선생의 붓글씨에 경탄하고, 무엇보다 그의 강렬한 반박정희 반독재 투쟁의 지사적 풍모에 압도된 나였다. 논설위원 시절 제일 꼴찌 논설위원으로서 나는 봄, 가을 두 차례 정도 논설실 단체로 시골에 가서 바람을 쐬자고 건의하여 춘천호 뱃놀이로, 인천 바다낚시로 천 선생 모시고 논설위원들이 모두 함께 다닌 것은 아직도 인생의 고전적 추억으로 남아 있다.

그러나 대한민국의 운명이랄까, 근대와 전통이 만나는 단층의 균열이랄까, 내가 동아방송 보도국장 무렵 동아일보 광고사태가 벌어지고 동아일보가 박정희 정권의 탄압으로 극도로 어려울 때 천관우 선생님은 동아일보 앞뜰에서 동아일보를 규탄하는 시위를 벌이는 역설이 전개되었다.

동아일보에서 천 선생을 모셨던 우리 연배 사람들 모두가 느꼈을 당시의 곤혹, 당황함이란 표현할 길이 없다. 반박정희 반독재 저항의 투지는 결국 동아일보 문을 닫아서라도 투쟁하라는 결의로 나타내신 것인데 동아일보를 박정희 정권의 앞잡이로 규정하지 않는 한 지향하기 어려운 결의였다고 생각된다. 천 선생의 불같은 지사 투사 면모의 극치였을 것이다.

그 후로는 연초 세배도 가지 못하게 되고 서울대학교 사회학과 학생 시절부터 이어져 동아일보에서 나에게 특별한 은혜를 베풀어 주신 천 선생과의 인연도 허무하다 할 만큼 공백이 생겼다. 동아일보와의 인연을 끊으신 것을 계기로 언론계와의 인연도 끊긴 천 선생님이 반독재 투쟁 과정에서 고초를 많이 당하고 계시다는 소식은 듣고 있었다. 동아광고사태 때 동아방송 보도국 관리에 너무나 지쳐버린 나로서는 천 선생님이 동아일보 광화문 앞뜰까지 직접 오셔서 시위하신 광경이 결코 나의 정리와는 너무 거리가 멀어, 잊고 지내기로 했다.

그러다 이제는 내가 1980년 전두환 군부가 들어서며 동아일보를 쫓겨나 거리에 나앉게 되었다. 이 무렵 천 선생님은 전두환 정권이 만든 통일관련 단체의 책임자가 되셨다. 반독재 투쟁의 동지들, 동아일보 해직기자들로부터 많은 원성과 배신자의 욕설을 듣고 계셨다. 나는 서대문 사거리에 있었던 사무실로 찾아갔었다. 동지들로부터 배반자 소리를 들으시는 천 선생이 너무 애절하게 느껴졌기 때문이다. 참 반갑게 맞아 주시고 외롭다는 말씀도 하셨다.

거구, 우람한 목소리, 지칠 줄 모르는 투사, 지사가, 상당한 정도 보통의 '인간'이 되어 있는 듯했다. 지금 생각하면 인간 천 선생을 그때나 그 후로 더욱 이해하고 이해하려고 노력하고 도와 드렸어야 했다는 반성이 크다. 그때는 전두환 정권에 의하여 거리에 방황하던 내가 전두환 정권에 대한 적개심으로 해서 천 선생을 한번 찾아뵙고 위로하는 이상으로는 이해를 하고 싶지 않았던 좁은 소견을 벗어나지 못했었다.

그래서 '천관우 선생님!' 이름을 불러보면 내 인생에 큰 획이면서 끝이 허전해지는 데서 스스로 답답함을 견디기 어렵다. 어쩌면 이것이 한국현대사의 진면목일 것이다. 천관우 개인이 아니라 이 나라 이 민족이 '근대'와 '서구문명'이라는 것이 마주치면서 겪는 굴절, 단층, 쓰나미의 한 가닥일 것이다. 한용운, 장지연 선생까지도 친일분자로 몰아가는 단면이 있는 세상. 반대로 일제관료 출신은 부귀영화 모두 누리고 산업화의 공적으로 좌파에서까지 칭송받는 이런 굴절, 이런 단층 속에서 과연 '흠결 없는 지사'를 우리는 가질 수 있는 것인가. 김수환 추기경도 일부 신부들로부터 공격을 받고 김지하 시인이 반독재 투쟁의 동지로부터 매도당하고 죽음을 강요당하는 이상현상 속에서 정작 이 사회·정치·문화 개혁 대상인 기득권은 북쪽에서나 남쪽에서나 세습하며 백성과의 격차를 넓혀가고 소득, 신분, 교육 상승의 기회는 점점 어려워지고 있다.

한국현대사의 성공이라고 하는 산업화와 민주화, 이 양쪽의 성공만이 아니라 성공 속의 '음습'한 실상을 거두어야 하는 마지막 근대화 정리 작업이 남아 있지 않을까. 천 선생이 아직 살아 계셨더라면 어떻게 정리하셨을까. 한국현대사를 냉철하고 객관적인 눈과 따뜻한 인간, 사람의 가슴으로 들여다보면 목청이나 외침이 아니라 눈물과 선문답으로만 풀 수 있는 대목이 많을 것이다. 천관우 선생은 술 잡수실 때, 반독재 투쟁을 하실 때, 우람한 목소리와 팔 걷어붙이는 몸짓을 자주 하셨는데 그의 진면목은 눈물과 참선이 아니고서는 풀어내기 어려울 것이다.

천관우 선생님.

제 능력으로는 이 정도 답답한 글밖에는 쓸 수가 없음을 용서해 주십시오. 하늘에서나마 천 선생님께서 이 음습한 한국현대사 부분까지를 포괄하는 완벽한 한국현대사를 써주십시오. 아직도 '한국현대사'는 천 선생님의 붓글씨를 기다리는 미완의 과제입니다.

# 그 기질에, 그 자존심에…

손세일

전 국회의원 · 전 동아일보 논설위원

얼마나 아팠을까, 만년의 그 고독.
『신동아』 복간 무렵,
나와 얽힌 많은 사연
천지에 가없는 이름, 아아 '천관우' 선생.

1

동아일보사東亞日報社가 언론계의 기린아 천관우 선생을 편집국장으로 맞아들인 것은 1960년대의 전성기에 실행한 김성한金聲翰, 홍승면洪承勉, 박권상朴權相, 송건호宋建鎬 등 당대를 주름잡던 논객 영입작업의 화룡점정畵龍點睛이었다.

천 선생이 편집국장 발령을 받던 날 저녁상을 받은 장인(고재욱高在旭 씨—편집자 주)은 매우 흐뭇한 기색이었다.

"천 국장은 세일이가 데려온 셈이다." 잘 도우라는 뉘앙스가 느껴지는 말이었다.

동아일보사의 편집국장 감을 천거해보라는 장인의 말을 듣고 나는 천 선생이 어떻게 적임자인가를 꽤나 설득력 있게 진언했던 것 같다.

서울일일신문日日新聞의 주필이던 천 선생은 신문이 폐간되어 집에서 저술활동에 전념하고 있었다.

장인은 문장가를 편애하는 성향이 있었다. 천관우 선생은 우선 문장가였다. 그가 민국일보民國日報 편집국장 때에 영국정부 초청으로 영국을 둘러보고 와서 쓴 기행문의 어떤 대목들은 지금도 잊혀지지 않는다. 이를테면 이런 대목이 있었다. 옥스퍼드에서 뉴칼리지라는 기숙학교를 구경했을 때의 이야기였다. 칼리지의 교회에 들어가서 은은하게 울리는 파이프 오르간 소리를 들으며 이 구석 저 구석을 살펴보다가 문득 어떤 벽 앞에서 발을 멈추었다. 2차 대전 중에 전사한 이 칼리지 출신자들을 기념하여 수많은 이름이 새겨져 있었다. 그런데 그 옆에 따로 새겨놓은 또 하나의 이름들이 있었다. "다른 나라로부터 이곳에 와서 배우다가 돌아가서 그들의 조국을 위하여 싸우고 죽은 친구들을 위하여"라는 글과 함께 그 밑에 5, 6명의 이름이 새겨져 있었다. 이 칼리지에 유학했던 독일 학생들이 그들의 조국으로 돌아가서 모교의 조국인 영국과 싸우다가 전사한 것을 기념하는 것이었다.

나는 그 뒤로 몇 차례 영국을 방문할 기회가 있었는데도 일정에 쫓기어 이곳을 찾아보지 못한 것이 천 선생에게 무슨 결례나 한 것 같은 소회로 남아 있다.

천관우 선생은 '군계일학'의 사학도였다. '군계일학'이란 말은 그의 유명한 대학졸업논문 「반계 유형원연구磻溪柳馨遠硏究—실학實學 발생에서 본 이조사회의 일 단면」을 지도한 이병도李丙燾 교수의 평언이었다. 그러나 그는 국사학계의 주류를 이룬 이른바 '두계학파斗溪學派'에는 이런저런 이유로 들지 못했다. 1951년에 피난지 부산에서 대한통신사大韓通信社 기자로 언론인 생활을 시작한 천 선생은 1954년에 모교인 서울대 문리대에서 비상임 강사로 강의를 했는데, 그것은 국사학과 강의가 아니라 이상백李相佰 교수가 수장인 사회학과의 '매스커뮤니케이션론論' 강의였다. 이러한 인연으로 그는 진단학회震檀學會에서 펴낸 이상백 씨의 『한국사』(근세전기 편) 저술을 도왔다. 그가 꼼꼼히 적어 놓은 「육십자서」에는 이때의 일에 대해 "(저술의) 기초 작업을 도와드리게 되어 자연히 조선전기에도 상당한 정력을 기울이지 않을 수" 없었다고 써 놓았다. 이 작업은 전후 7년이나 걸렸다. 그 '기초 작업'의 내용에 대하여 서로 술이 거나해졌을 즈음에 내가 그의 자부심을 유도하는 질문을 할라치면 천 선생은 이러저러한 자랑을 자세히 이야기하곤 했다. 이 책이 나온 뒤에 우리나라 사극의 수준이 업그레이드되었다는 이야기도 그러한 자랑의 하나였다. 그래서 아마 나는 웬만한 역사학자들보다 이 책의 장점을 잘 알고 있다고 생각한다. 이상백 씨는 이 책으로 '대한민국학술원상大韓民國學術院賞'을 수상했다.

아는 사람들은 다 아는 일이지만 장인은 돌다리도 두들겨 보고, 그것도 작대기가 아니라 쇠망치로 두들겨 보고 건너는 성품이었다. 천 선생이 언론인으로서, 국사학자로서 얼마나 훌륭한 인물인가 하는 나의 설명에 대해 장인은 조근조근 따져 물었다. 그의 친화력과 통솔력을 설명하자, 패거리를 몰고 이 신문사, 저 신문사 옮겨 다니는 사람은 아니냐고 물었다. 그때까지만 해도 그것은 한다 하는 언론인들의 일반적인 풍조였다. 천 선생도 그런 편이었다. 이에 대해 그는 「육십자서」에서 "신문사가 대개는 자리를 잡지 못했던 당시로서는 이런 유랑벽이 일부 젊은 신문인들에게 일종의 유행이었던 것도 사실이다"라고 썼다. 장인이 제일 관심 있게 물은 것은 이상백 씨와는 어떤 관계이기에 저서 집필까지 도왔느냐는 것이었다. 나는 국사학계의 이러저러한 상황을 아는 대로 설명했으나, 장인의 관심사는 그것이 아니었다. 해방 직후의 건국준비위원회建國準備委員會 시절부터 여운형呂運亨 씨의 브레

인트러스트 역할을 한 이상백 씨와 어떻게 해서 그런 친분관계가 있느냐 하는 것이 궁금했던 것이다. 여운형 씨의 라이벌이었던 송진우宋鎭禹 씨의 후계자다운 관심이었다. 나는 천 선생의 사상이나 성품이 동아일보의 사시社是에 어떻게 맞는지를 장황하게 설명했다.

천관우 선생은 반골기질이 강한 20세기의 마지막 선비였는지 모른다. 조선시대 선비의 보수성과 20세기 한국 지식인들의 보편적인 진보성을 겸비했다고나 할까. 그의 선비기품의 한 가지는 수습기자들에게도 말을 놓아 하지 않는 것이었다. 언젠가 나는 한번 진지하게 물어보았다. 후배들이 오히려 위화감을 느끼지 않겠느냐고. 그랬더니 그는 정색을 하고 대답했다.

"수습기자도 선비입니다. 선비를 선비로 대접해야지요."

그 뒤로 나도 어지간해서는 후배들에게 말을 놓아 하지 않는 것이 습관이 되었다.

이 '수습기자修習記者'라는 말도 천 선생이 만들어 낸 말이다. 그때까지는 '견습기자見習記者'라는 일본말을 그대로 썼다.

문제는 반골기질이었다. 천 선생의 반골기질은 남다른 정의감의 발로이기도 했지만 터무니없는 콤플렉스에서 기인하는 면도 없지 않았다. 동아일보 생활이 평탄치만은 않으려고 그랬던지 그 반골기질은 최두선崔斗善 사장의 면접 때부터 발휘되었다. 최 사장은 근엄한 표정으로 물었다.

"그래, 고향은 어디시지요?"

천 선생의 고향은 충청북도 제천군 청풍면 읍리忠淸北道堤川郡淸風面邑里이다. 읍리는 충주댐 건설로 수몰되고 지금은 없어졌다.

"충북 청풍입니다."

제천이라고 하면 될 것을 최두선 사장이 아는가 모르는가 떠보려고 일부러 청풍이라고 어깃장을 놓은 것이었다. 테스트 받는 사람이 테스트 하는 사람을 테스트한 것이었다. 최두선 사장은 모든 면에 박식했다.

"아, 제천이시로군."

이렇게 하여 천관우 선생은 1963년 1월에 동아일보 편집국장에 취임했다. 서른아홉 살 때였다. 해방과 더불어 복간된 동아일보의 필정筆政을 혼자 주관하다시피 해온 장인은 천 선생을 후계 편집국장으로 맞은 것이 여간 흐뭇하지 않았던 것 같다. 그리하여 이따금 저녁으로 같이 반주를 곁들여 식사를 하기도 하는 모양이었다. 그러던 어느 날 장인은 이름 대신에 호號을 부르는 것이 좋겠다면서 천 선생의 호를 물었다.

"호라기보다 그저 필명으로 후석後石이라고 씁니다."

그러자 장인은 그것은 당신의 딸 이름과 발음이 같아서 안 되겠다고 했다. 천 선생은 이 이야기를 나에게 들려주면서 호쾌하게 웃었다. 천 선생의 호와 발음이 같은 장인의 셋째 딸 고후석高厚錫은 나의 아내이다.

이렇게 시작한 천관우 선생의 동아일보 생활은 그의 표현에 따르면, 처음부터 '여기저기 부딪치는 데'가 많았다. 천 선생이 편집국장으로 취임한 지 1년이 채 안 된 때쯤이 아니었나 싶다. 장인이 부르더니 흰 봉투 하나를 주면서 천 선생에게 갖다 주라는 것이었다. 사직서였다. 천 선생은

"이걸 왜 손 형孫兄이 가져와요?"

하고 퉁명스럽게 말하고는 봉투를 옆으로 밀어 놓았다. 사직서를 왜 썼는지는 설명도, 질문도 없이 두 사람은 평소대로 삼라만상을 주제로 토론을 하면서 술만 마셨다. 내가 지나치게 고집을 부리거나 할라치면 천 선생은 짐짓 화가 난 듯이 큰소리로 말했다.

"You are too logic(당신은 너무 논리적이야)."

그것은 같잖은 고집 그만 부리라는 말을 품위 있게 하는 말이었다.

내 손으로 천 선생의 사직서를 돌려준 것이 내 기억으로 대여섯 번은 넘었을 성싶다. 이처럼 그의 사직서 반려 담당자가 있었던 것이 다른 신문사에서는 대개 1년 미만씩이거나 조선일보사朝鮮日報社에서 2년 9개월 동안 재직한 것이 가장 장기근속이었던 것과는 달리 동아일보에서는 그토록 오래 재직할 수 있었던 것이 아닌가 한다.

조선일보에 있을 때의 재미있는 에피소드의 하나는 뒤에 주필이 된 논설위원 부완혁夫琓爀 씨와의 대화이다. 처음 논설위원으로 발령받았을 때였는지 얼마 뒤에 편집국장으로 발령받고 나서였는지, 천 선생이 논설위원실로 부완혁 씨를 찾아가서 정중하게 허리를 굽혔다.

"선배님이 잘 좀 도와주시기 바랍니다."

일껏 친근감을 표시하느라고 거구에 어울리지 않게 몸을 낮추어 "선배"라고 호칭하는 천 선생을 부완혁 씨는 실낱같은 눈으로 빤히 쳐다보다가 웃지도 않고 말했다.

"천관우 씨하고 나하고 어떻게 선후배 관계가 되지요?"

송곳 같은 성미의 부완혁 씨의 뜻밖의 반응이었다. 부완혁 씨는 경성제대京城帝大 졸업생이고 천 선생은 서울대학 졸업생이다. 서울대학의 전신이 경성제대이고, 더구나 천 선생은 경성제대 예과豫科를 거쳤으므로 그만하면 당연히 선후배라고 할 만했다.

천 선생이 이 이야기를 하면서 "어찌나 무안했던지…" 하는 바람에 부완혁 씨를 익히 아는 나는 폭소를 참을 수 없었다.

천관우 선생이 더러 고함을 빽 지르며 화를 내는 때도 없지는 않지만 대개는 특유의 걸걸하면서 쏟아지는 듯하게 웃으며 편안하게 술 마시는 상대가 되는 사람들 사이에서 그의 별명은 '코끼리'였다. '코끼리'라는 별명이 가장 실감나는 것도 술 마실 때였다. 술 마시는 모습부터 그랬다. 누구나 술을 마실 때에는 머리가 약간 뒤로 젖혀지게 마련이다. 그러나 천 선생은 그럴 필요가 없었다. 술잔을 입에 갖다 대기만 하면 후루룩 하고 술이 저절로 빨려들어가기 때문이다. 그러고는 그 잔을 불쑥 상대방 코앞에 내민다.

흔히 몸집이 큰 사람들이 의외로 섬세하고 치밀한 경우가 많기는 하지만 '코끼리' 선생의 경우는 유별났다. 동아일보사의 사내지社內誌『동우東友』에 실린 '쑥과 마늘'이라는 수필은 그러한 사례의 대표적인 것이었다. 어느 날 일본 백과사전에서 북아시아 초원지대의 대표적인 식생植生이 쑥과 부추라는 기사를 읽고 흥분했다. 단군신화檀君神話에 나오는 쑥과 마늘 이야기의 수수께끼를 해독함으로써 한민족의 기원을 밝힐 수 있을지 모른다고 생각했기 때문이다. 그리하여 본격적인 논문으로 완성하기 전에 영감 수준의 힌트나마 다른 사람이 손대기 전에 발표해두어야겠다고 생각하고 사람들의 눈에 잘 뜨이지 않는『동우』지에 짧은 수필로나마 미리 발표한 것이었다. '쑥과 마늘'은 그 뒤에 연구가 많이 진척되어『인물로 본 한국고대사』의 첫머리를 장식했다. 그러나 끝내 학술논문으로는 완성하지 못하고 말았다.「사료로 본 해방 십년 약사」나「해방 이십년 연표」를 꼼꼼히 작성해 놓은 것도 그러한 사례였다.「사료로 본 해방 십년 약사」는 중앙선거관리위원회의『대한민국정당사大韓民國政黨史』부록으로,「해방 이십년 연표」는『신동아新東亞』1965년 1월호의 별책부록으로 간행되었다.

## 2

내가 천관우 선생과 의기상합意氣相合하여 온 정열을 쏟았던 것은

『신동아』를 복간할 때였다. 천 선생은 동아일보 편집국장으로서 『신동아』 주간主幹을 겸했다. 나는 천 선생과 함께 『신동아』를 복간한 것을 내 생애에서 가장 보람 있었던 일의 하나로 꼽는다.

준비기간은 두세 달밖에 되지 않았다. 우리는 한국 잡지사에 처음 보는 잡지를 만들자는 의욕에 차 있었다. 그때까지 우리나라 잡지는 이른바 계도의 기능, 비평의 기능을 위주로 하는 논설잡지였는 데 비해 우리가 새로 만드는 잡지는, 특히 언론 자유가 억압된 상태에서는, 가장 강조되어야 할 폭로의 기능에 더 비중을 두는 잡지가 되어야 했다. 그것은 20세기 초에 미국자본주의의 부패를 정화하는 데 크게 공헌한 머크레이커 저널리즘Muckraker journalism이 했던 것과 같은 역할이었다. 물론 그것만은 아니었다. 『신동아』가 지향하는 것은 동아일보 1면에 거듭하여 크게 게재된 「사고社告」에 집약되어 있다. 이 「사고」 원고를 쓰면서 나는 적이 흥분했었다.

"'민족적 경륜을 마련하는 터전'을 표방하며 1931년 11월에 창간되었던 『신동아』가 1939년 9월에 저 동아일보 일장기말소사건日章旗抹消事件의 여파로 폐간되기까지 명실 아울러 민족의 잡지로서 활동했던 것은 독자여러분이 기억하고 계실 것으로 믿습니다.
새로운 시대는 새로운 경륜이 필요합니다. 지금 우리나라는 세계로 문을 활짝 열고 있고 생활의 질서도 사뭇 달라지고 있습니다. 따라서 이번에 복간되는 『신동아』도 편집방침에 있어 창간이나 다름없이 새로운 출발을 해야 할 것으로 믿습니다. 그러나 모든 문화의 창조와 비약이 전통의 기조基調 위에서 이루어지듯이, 복간되는 『신동아』의 성격도 지난날의 그것을 뿌리로 삼을 것입니다.
독자 여러분이 바라는 기사가 어떤 것인지 항상 유의하겠습니다. 유동하는 정세의 바닥을 파헤치고, 겨레가 겪은 특수한 경험들을 공유하게 하고, 민족문화의 참다운 모습을 빚어내는 등 가능한 모든 분야를 고루 다룰 작정입니다."

「사고」에서 천명한 대로 『신동아』가 지향하는 것은 복간호(1964년 9월)에서부터 나타났다.

첫째는 베일에 가려진 현실의 폭로였다. 그것은 단순한 폭로가 아니라 되도록 이론의 잣대, 정의의 잣대를 들이대면서 폭로하는 것이었다. 복간호에 실린 동아일보 정치부 이웅희李雄熙 차장과 경제부 김진현金鎭炫 기자의 공동 집필인 「정치자금—한국민주주의 비용」, 신동아부 강인섭姜仁燮 기자의 「육사 8기생」이 스타트를 끊었다.

둘째는 한국민족주의를 탐구하고 진작시키는 것이었다. 겨레의 특수한 경험을 공유하겠다는 말이 그 말이었다. 신상초申相楚 씨의 「일군탈출기日軍脫出記」(1964년 9월호), 이경손李慶孫 씨의 「상해임시정부 시대의 자전」(1965년 6월호), 그리고 권말부록으로 「일제고등경찰이 내사한 한국독립운동에 관한 비밀정보」 같은 자료를 소개한 것 등이 그 보기였다. 그리고 같은 취지에서 복간 기념으로 「30만 원 고료 논픽션 모집」을 시작하여 큰 수확을 거두었다. 유주현柳周鉉 씨의 「소설·조선총독부」와 서기원徐基源 씨의 동학농민봉기를 주제로 한 장편소설 「혁명」을 복간호부터 연재한 것도 그러한 문제의식에서였다. 「특집·한국의 민족주의」(1966년 12월호)와 같은 이론적 탐구가 뒤따랐다.

셋째는 한국민족주의의 정서적 기반인 일본과의 관계 문제였다. 편집위원회의 공동집필로 된 「한국 속의 일본을 고발한다」라는 400장짜리 기사(1964년 11월호)는 일본신문에도 보도되어 화제가 되었다. 「한일경제교섭의 손익예상」(1965년 2월호), 「특집·한일회담, 이대로 조인돼도 좋은가」(1965년 6월호), 「특집·한국과 전후 일본」(1965년 10월호) 등의 문제제기가 이어졌다.

넷째는 통일문제와 공산주의 및 공산주의사회에 대한 정보와 이론의 분석과 비판이었다. 이철주李喆周 씨의 「북괴조선노동당」(1965년 5

월호), 「특집·휴전선 저너머의 현실」(1965년 8월호), 부완혁 씨의 「조국통일의 가능성」과 국제전문가들의 앙케트 「한국통일의 조건과 과제」(1965년 9월호), 「특집·도전하는 붉은 대륙」(1966년 5월호), 「특집·자본론資本論 100년과 마르크스주의」(1967년 9월호), 「특집·동유럽 공산주의의 향방」(1968년 9월호), 김준엽金俊燁 교수의 「북한학의 현황과 문헌해제」(1965년 9월호) 등 다양한 기사가 이어졌다.

다섯째는 『신동아』의 가장 큰 특성이라고 할 수 있는 국사의 대중화 작업이었다. 그 작업은 천 선생이 거의 직접 주관했다. 대표적인 것의 하나가 「특집·한국사의 논쟁점」(1966년 8월호)이었는데, 그것은 김원용金元龍 교수의 「선사문화는 어떠했는가?」부터 시작하여 허웅許雄 교수의 「한글은 과연 과학적 문자인가?」, 김영호金泳鎬 교수의 「자본주의 성립과정은 어떠했는가?」, 홍이섭洪以燮 교수의 「일본통치기간의 성격은?」 등 국사학계에서 논쟁이 되어 온 열아홉 가지 문제를 자세히 소개하고, 마지막에 천 선생이 「또 무엇이 문제인가?」라는 글로 마무리한 방대한 특집이었다. 1965년 1월호부터 매년 1월호와 함께 발행한 별책부록도 국사와 관련된 것이 많았다. 『근대한국명논설집—100년간의 한국을 만든 33편』(1966), 『속·근대한국명논설집—100년간의 한국을 만든 33편(속)』(1967), 『한국의 고전 100선』(1969) 등이 그 보기였다. 이러한 별책부록은 그 뒤에도 『한미수교 100년』(1982), 『현대한국을 뒤흔든 60대 사건—해방에서 제5공화국까지』(1988) 등으로 계속되었다.

여섯째로 『신동아』가 한국언론사에 공헌한 장르로 들 수 있는 것은 「신동아 인터뷰」였다. 그전에도 인터뷰 기사가 없었던 것은 아니지만, 지금처럼 잡지뿐만 아니라 일간지에서까지 간지에 인터뷰 기사를 독립적인 섹션을 만들어 발행할 만큼 인터뷰가 언론의 인기 장르가 된 것은 「신동아 인터뷰」가 효시가 아니었나 생각한다. 『신동아』는 복간호부터 홍승면洪承勉, 심연섭沈鍊燮, 박권상朴權相, 권오기權五琦, 김진현 등의 논객들에게 인터뷰를 맡겨 왔다. 그런데 내가 동아일보 논설위원으로서 신동아 인터뷰를 맡았던 것은 하필이면 고약한 시대였던 1974년에서 1975년에 걸친 기간이었다. 인터뷰 대상은 중국의 문호 임어당林語堂을 비롯하여 신민당新民黨 총재 김영삼金泳三, 국제엠네스티 한국지부 이사장 이병린李丙璘, 추기경 김수환金壽煥, 전 신민당 대통령 후보 김대중金大中, 이화여대 총장 김옥길金玉吉, 천주교 원주교구장 지학순池學淳, 외무부 장관 김동조金東祚, 원로 언론인 홍종인洪鍾仁, 해방둥이 소설가 최인호崔仁浩, 막사이사이상을 받은 변호사 이태영李兌榮, 세계무대에서 활동하는 바이올리니스트 김영욱金永旭 제씨였다. 나는 이때에 『신동아』에서 받은 인터뷰 원고료로 유신헌법에 대한 국민투표를 실시하는 1975년 2월 12일의 동아방송 정오뉴스의 스폰서가 되었다. 동아일보사가 광고탄압을 받고 있던 때여서 동아방송의 정오뉴스에도 광고가 있을 수 없었다. 동아방송은 이날 정오뉴스의 첫머리 광고시간에 "이 뉴스는 윤보선 전 대통령과 동아일보 논설위원 손세일 씨가 『신동아』에 기고한 원고료로 제공하는 것입니다" 하고 소개했다. 이른바 '격려광고'였다. 이보다 일주일 전에 나는 꽤 큰마음 먹고 「국민투표를 해야 하는가」(1975년 2월 6일자)라는 통단 사설을 눈에 띄라고 한글로 썼다. 이때의 논설주간은 홍승면 씨였다.

『신동아』를 복간하면서 천 선생과 내가 의견이 맞지 않았던 것은 잡지의 얼굴인 표지를 어떻게 정하느냐 하는 문제였다. 돈을 좀 들여서라도 창작 그림을 사용하자는 데에는 쉽게 의견이 일치했다. 그러나 어떤 종류의 그림을 쓰느냐를 두고는 의견이 맞지 않았다. 나는 추상화를 쓸 것을 주장했으나 천 선생은 반대였다. 그리하여 복간호부터 어중간한 이른바 반추상화를 쓰기로 결정되었다. 또 한 가지 심하게 의견이 맞지 않는 일이 있었다. 그해의 노벨문학상 수상작으로 발표된 사르트르의 자전적 소설 『말』 전문을 번역해서 싣자는 나의 제의를 천 선생이 반대했던 것이다. 나는 좀 실례가 될 만큼 반발했다. "천 선생은 동아일보보다 더 보수적이십니다" 하고. 그러자 그는 "『신동아』가 동아일보사에서 발행하는 잡지가 아니라면 나도 반대하지 않겠습니다" 하고 통명스럽게 반격했다. 지금 생각하면 천 선생의 말이 옳았던 것 같아서 뒤늦게나마 송구스러운 마음을 금할 수 없다.

천 선생은 『신동아』를 만드는 일을 퍽이나 신명나 했다. 오전에는 동아일보 편집국장 자리에 앉아 있다가 오후에는 『신동아』 주간 자리에 와서 『신동아』 만드는 작업을 거들었다. 『신동아』 화보의 설명문까지도 꼼꼼히 챙겼고, 신년호 부록을 만들 때 같은 때에는 같이 야근도 했다.

천 선생은 가방 대신에 책보를 들고 다녔다. 생각해 보면 그것은 그에게 썩 어울리는 일이었던 것 같다. 가방은 들어가는 것이 일정하지만 천 선생처럼 폭넓은 작업을 하는 지식인에게는 필요에 따라 내용물을 마음대로 줄였다 늘렸다 할 수 있는 책보가 훨씬 편리한 문명의 이기였기 때문이다.

## 3

『신동아』의 마크레이커 저널리즘, 곧 심층 종합분석보도의 결정판은 동아일보 정치부의 김진배金珍培 기자와 경제부의 박창래朴昌來 기자가 공동집필한 250장 분량의 「차관借款」(1968년 12월호)이었다. 이

「차관」 기사가 꼬투리가 되어 일어난 이른바 신동아사건은 해방 이후의 한국언론사를 그 이전과 이후로 갈라놓을 만큼 글자 그대로 에포크 메이킹한 사건이었다. 『동아일보사사·3東亞日報社史 三』은 신동아사건의 서술을 다음과 같은 말로 시작하고 있다.

> "1968년 11월에 일어난 세칭 신동아사건은 60년대 한국언론계가 압도하는 정치권력 앞에 무참히 짓밟힌 비극이었고, 중앙정보부의 폭거에 본보本報가 정면으로 대결하여 고군분투하다가 세 불리하여 굴욕을 강요당한 분노의 기록이었다. 그리고 이 사건은 단순히 월간 『신동아』가 68년 12월호에서 정부의 차관 도입의 병리현상을 과감히 해부함으로써 권력과 정면으로 혈투하다가 쓰러진 한낱 고립된 사건이 아니라, 실은 3선개헌이라는 영구집권에의 길을 닦는 정치세력의 폭주과정에서 그런 정치목적 수행에 장애요인을 하나하나 제거하는 야수적인 정치탄압의 일환으로 나타난 것이다. 그리고 신동아사건은 언론을 침묵시키는 일대 결전이었고, 이 사건을 고비로 정부의 언론조작은 거칠 것 없는 대담성을 보이게 된 역사의 분수령을 이루었다."

천 선생은 이때에 이사 겸 주필이 되어 있었고, 논설위원 홍승면 씨가 『신동아』의 주간을 겸하고 있었다. 신동아사건으로 주간 홍승면 씨와 신동아 부장인 나는 구속되어 서대문교도소에 수감되었다가 천 선생과 함께 세 사람이 동시에 동아일보사에서 해직되었다.

이 사건에 대해서는 내가 겪고 아는 대로 좀 자세히 쓸 요량으로 자료도 모으고 했으나, 차일피일하는 사이에 증언해줄 만한 사람들도 한 사람 두 사람 세상을 떠나고 하여 더욱 난감할 따름이다.

우리가 해직되어 있는 1969년은 3·1운동 50주년이 되는 해였다. 동아일보사는 3·1운동 50주년을 앞두고 천 선생의 아이디어에 따라 몇 가지 기념사업을 추진했는데, 그 가운데 하나가 『3·1운동 50주년 기념논집』(1969)을 간행하는 일이었다. 그 제작책임을 천 선생이 맡았다.

시간 여유가 생긴 나도 그 논집에 수록할 논문을 한 편 쓰기로 했다. 문제의식은 한국헌법의 권력구조가 정권을 담당할 개인 또는 집단에 의하여 비합리적으로 개정되어 온 실상의 기원을 3·1운동으로 수립된 대한민국임시정부의 헌정사에서부터 밝혀보자는 것이었다. 그것은 말하자면 '3선개헌'에 대한 저항의 의의도 있을 것이었다. 그렇게 하여 작성된 것이 비교적 긴 「대한민국임시정부의 정치지도체계—임시헌법 개정과정을 중심으로」라는 논문이었다. 이 『3·1운동 50주년 기념논집』은 외국인까지 포함하여 한국사 연구자 76명이 참가하여 '3·1운동에 관한 중요한 문제점이 대체로 망라된 논제들'을 학문적으로 구명한 최초의 논문집으로 평가된다. 이 논문의 후속작업으로 시작한 『이승만과 김구』 저술이 나의 라이프 워크가 된 것은 이러한 천 선생과 나의 '특별한 관계'의 소산이라고 할 수 있을지 모른다.

천 선생은 한국사 통사通史를 한 권 써보고 싶다고 말하곤 했다. 그럴 때면 나도 이기백李基白 씨의 『한국사신론』이나 한우근韓佑劤 씨의 『한국통사』의 장단점을 나름대로 지적하면서 그의 한국통사가 얼마나 절실히 필요한가를 역설했다. 그가 통사를 썼다면, 외국의 역사개설서들이 의례히 그렇듯이, 근현대사 서술에 훨씬 많은 지면을 할애한 통사가 되었을 것이다. 그랬다면 최근에 심각하게 논란되는 국사교과서 문제도 아마 없었을지 모른다. 그러나 천 선생은 결국 그 뜻을 이루지 못하고 말았다. 천 선생에게서 그러한 기회를 앗아간 책임이 누구에게 있을까?

4

천관우 선생의 가장 큰 덕목은 청빈淸貧이었다. 서른두 살에 최정옥崔貞玉 여사와 결혼한 그는 몇 해 뒤에 서울 교외인 불광동의 국민주택에 정착했다. 한동안 담장도 없이 살았다. 블록으로 담장을 쌓고 대문 기둥에 '千寬宇'라고 문패를 해 달고 바라보니까 기분이 아주 좋더라면서 껄껄 웃던 모습이 눈에 선하다. 청빈이 저렇게 당당한 것인가, 저렇게 행복한 것인가 싶었다. 10·26 이후에 개축은 했지만 이 세상을 하직할 때까지 천 선생은 그 집에서 살았다.

『신동아』를 복간하고 얼마 되지 않았을 때의 일이다. 어느 날 천 선생 집에 들렀더니 보지 못하던 개가식 책장이 한쪽 벽면을 차지하고 있었다. 천 선생은 웃으면서 말했다.

"손 형 서재를 보고 부러워서 나도 하나 장만했지요."

그 무렵 나는 불광동보다 언덕 하나를 더 넘어 있는 갈현동의 국민주택에서 살았다. 방 하나를 내가 쓰면서 한쪽 벽면을 개가식 책장으로 채워 놓고 있었는데, 천 선생이 『신동아』 식구들의 부회 때에 같이 와서 보고 그 '서재'가 여간 부럽지 않았다는 것이었다.

문패 이야기를 했지만, 천 선생은 자기 이름에 대해서도 불만이었다. '고재욱', '손세일' 하면 딱딱 끊어져서 매듭이 지는데, '천관우' 하면 축 처져서 영 맺고 끊는 데가 없어 보이지 않느냐는 것이었다. 그러나 천 선생은 그러한 자기 이름을 세상의 어떤 것보다도 소중히 여겼다. 군사정부에서 그에게 문화공보부장관 자리를 교섭한 적이 있었다. 그 자리에서 바로 거절했을 법한데, 그러지 않았다고 한다. 그런데 그 망설인 이유가 기가 차는 것이었다. 권력에 대한 유혹 때문은 물론 아니었다. 일 욕심 때문도 아니었다. 오직 관 뚜껑에 그냥 학생學生 아무개라고 쓰는 것보다 그래도 무슨 무슨 장관 아무개라고 쓰는 것이 남 보기에도 낫지 않겠느냐 하는 생각 때문이었다는 것이다.

이러한 기질이었기 때문에 천 선생은 그 자신의 말마따나 "연탄가스에 중독되어" 동아일보라는 제호가 뿌옇게 바래는 것보다 그 제호 밑에 깨알 만한 글씨로 인쇄된 '천관우'라는 이름 석 자가 흐려지는 것을 더 참을 수 없는 일로 여겼는지 모른다.

그는 「육십자서」에서 10·26사태 이후에 사단법인 민족통일중앙협의회의 의장으로 선임된 사실을 말하고 나서 "정부로부터 재정 일부를 지원받는 단체라 해서 그러했던지, 여기에 관계한 이후로 구설수가 잦은 것을 나도 짐작은 하고 있다" 하고 덧붙였다.

말은 데면데면하게 했지만 그 기질에, 그 자존심에 그 '구설수'는 병마에 시달리는 것보다 더 고통스러웠을 것이다. 그리고 고독했을 것이다. 그렇게 그는 갔다.

아아, 코끼리 선생! ——— 당신을 두고 기둥이다 벽이다 하고 논란을 벌이는 사람들을 만나면 나도 품위 있게 말해 줄 것이다.

"장님들은 너무 논리적이십니다"

하고.

2장

# 질풍노도의 생애를 산 선각

# '큰 사람' 그 청빈의 正義

이대훈
전 동아일보 이사

'제대로 된 신문'을 만든
그의 인격, 그의 경륜, 그의 용기, 그의 열정.
동아일보, 아니 한국 언론사에
비명碑銘처럼 그의 이름은 새겨져야.

연작燕雀이 홍곡鴻鵠의 큰 뜻을 어찌 헤아리랴 했던가. 긴 시간은 아니지만 지근거리에서 배우고 함께 일했던 감동으로 '큰 사람' 천관우를 우러러보고 있다. 그 높은 지성과 식견, 굳건한 신념과 불굴의 용기, 깊은 통찰력과 올바른 판단, 불같은 열정과 뜨거운 가슴, 호방한 인품과 '해맑은 가난', 인간이 갖춘 이 같은 덕목을 그 누군들 숭앙崇仰하지 않겠는가. 그러나 1968년 그 '담대한 희망'은 무참히도 꺾이고 말았다. 거인 천관우는 가고 동아일보의 대들보는 무너지고 한국 언론에는 조종弔鐘이 울렸다. 권력의 무자비한 도륙자屠戮者 김형욱金炯旭(중앙정보부장)은 야수처럼 동아일보를 덮치고 짓밟았다. 박정희朴正熙 대통령 '3선개헌'에 가장 큰 장애물, 동아일보의 천관우 편집인 몰아내기에 과녁을 맞힌 것이었다.

동아일보 간행 시사 교양지 『신동아』 12월호에 실린 차관借款의 병리현상 폭로기사를 빌미로 홍승면洪承勉(신동아 주간), 손세일孫世一(신동아 부장), 김진배金珍培(동아일보 정치부 기자), 박창래朴昌來(경제부 기자)를 그 악명 높은 남산(중앙정보부 소재)으로 끌고 갔다. 당치도 않은 트집으로 목을 걸 수는 없었고 도리어 국회에서 정치문제로만 확대됐다. 동아일보는 지상을 통해 그 소상한 경위를 밝히고 장문의 사설로 이 비열한 정치음모에 맞섰다. 광명한 민주주의 사회에서 언론의 자유는 어디까지나 보장되어야 하고 국민의 이름으로 알 권리는 전취戰取되어야 한다고 거침없이 설파했다. 무소불위無所不爲의 중앙정보부에 대한 천관우 주필의 담대한 도전이었다.

무지막지한 칼잡이 김형욱은 샅샅이 뒤지고 후벼댔다. 느닷없이 두 달이나 지난 『신동아』 10월호 게재의 조순승趙淳昇(15대 국회의원 역임) 미국 미주리 대학 교수 기고문을 물고 늘어졌다. '북괴와 중·소 분열'을 다룬 내용 중 '남만주 빨치산 지도자 김일성'이라는 한 대목을 들고 나온 것이다. 그 문맥 속 영문 'Leader' 번역을 '지도자'로 했다는 것을 문제 삼았다. 이 문제에 관해선 이미 신동아 11월호 지상으로 그것은 공비두목共匪頭目의 오역이었음을 밝혀 일단락된 셈이었다. 그러니 그들은 반공법反共法 위반으로 견강부회牽强附會하는 소동을 벌였다. 김상만金相万 동아일보 발행인, 천관우 편집인, 홍승면 신동아 주간, 손세일 신동아 부장을 잡아가뒀다. 기가 찰 노릇이었다. 그 야만적인 폭거는 김상만 발행인의 동아일보 주식 포기와 『신동아』 자진 폐간이라는 속셈을 드러내며 며칠 동안 압박을 가해왔다. 동아일보는 옥쇄玉碎 아니면 타협이라는 처참한 벼랑길에 몰렸다. 고재욱高在旭 사장과 홍종철洪鍾哲 문화공보부장관 간의 담판이 가까스로 이루어져 끝내는 천관우 편집인, 홍승면 주간, 손세일 부장의 해임 그리고 김상만 발행인 겸 부사장의 발행인직 해제라는 조건으로 마무리됐다. 이 굴욕적인 타협은 '천관우 주필이 신문에서 그만 손을 떼야 한다'는 씻을 수 없는 상처를 남기고 만 것이다. 천관우 주필은 퇴장했고 절통切痛의 순간을 맞은 신문은 넋을 잃었다.

1968년 봄 프랑스 파리에서는 '스튜던트 파워'의 물결이 '68년 학생혁명'이라는 거센 폭풍으로 발전, 끝내 드골 대통령의 퇴장과 권위주의적 체제의 변혁을 초래하기에 이르렀다. 또한 여름에 들어서는 '프라하의 봄'이 소련 탱크의 침공으로 무참하게 짓밟혀 체코의 피맺힌 자유화 열망은 산산조각이 나고 말았다. 이 세계사적 진전과 좌절이 한국에도 회오리를 몰고 온 것이었을까. '신동아 필화사건'은 '민주독립 언론'이 '얼빠진 언론'으로 전락하는 역사의 굴절을 뜻했다. 바야흐로 언론 자유는 말살되고 '암흑의 시대'가 시작된 것이다.

### 천관우 그는 과연 누구인가

한국 사학, 특히 실학實學 연구에 빼어난 자취를 남긴 학자요 현대 언론을 올곧게 견인한 거인이었다. 온 나라 수재들이 다 모여든다는 경성제국대학 예과 시절부터 천 선생의 뛰어난 재능은 다른 학우들 회고에도 나와 있다. 해방 직후 서울대학 통합에 즈음한 '국대안國大案' 반대 리더로서의 면모도 보여주었다. 6·25전쟁 전 서울대학교 문리과대학 사학과를 졸업할 때의 논문이 「반계 유형원 연구」로 벌써 그때부터 학계의 비상한 주목을 받았다. 천관우 선생의 삶의 궤적을 살펴볼 때 그가 「반계 유형원 연구」에 왜 그토록 몰두했는지 그 까닭을 추론해 볼 수 있다. 영국이 낳은 위대한 인물 토마스 모어의 불후의 명저 『유토피아』는 과거 역사에 대한 반성의 대안으로 이성에 의해 지배되는 재산 공동체적 국가 유형을 예시하며 관용과 개인의 종교적 자유가 이상국가理想國家의 토대라고 선언했다. 그것이 1516년이었으니 유형원이 『반계수록磻溪隨錄』을 저술한 1600년대 중반과 비교하면 140~150년의 시차가 있다. 오늘날과는 달리 선진 영국의 문물을 접할 수도 없었던 17세기 이 나라에서 『유토피아』와 흡사한 이상국가 건설 구상의 독보적 저술이 나왔다는 것은 너무나도 획기적인 것이었다. 국태민안國泰民安의 근본은 농민이 곡식을 확보하는 데 있고 그것은 토지개혁에 의해 최소한의 경작농지를 갖도록 해주어야 한다는 반계의 주창은 정도의 차이는 있으나 농업이 주산업이고 재산공유에 의해 사회악이 번지지 않도록 해야 한다는 『유토피아』의 구상과 흡사하다. 전제田制, 녹제祿制, 병제兵制, 교선敎選, 임관任官, 직관職官, 군현제郡縣制, 공거제貢擧制, 관아官衙 정비, 제도사制度史 연구 등을 다룬 『반계수록』은 난삽難澁한 한자로 되어 있어 입문 자체가 힘든 것으로 정평이 나 있다. 이 『반계수록』을 줄줄 외우다시피 한 천관우 선생의 학문적 천착穿鑿과 조예造詣는 타의 추종을 불허할 만하다. 유형원은 벼슬을 마다하고 전라도 부안扶安에 자리를 옮겨 경독耕讀하며 저술에 몰두, 청렴결백淸廉潔白하게 살았다. 농촌에서 이웃과 노복에 이르기까지 극진한 사랑과 기근구제에도 앞장섰다는 점 등으로 미루어 볼 때, 천관우 선생이 청빈한 삶과 학문의 정진 그리고 주변사람을 대하는 성품이 매우 닮아 있다. 퇴폐적 사회와 정치 · 경제에 비판의 눈을 돌리고 부조리한 현상을 극복하여 이상사회를 향한 희망과 미래를 내다보고자 했던 실학사상 연구가 경세학經世學으로 발전, 천 선생의 저널리스트로서의 삶에 직접 연계되었음을 쉽게 알 수 있다. 천 선생이 저술한 『언관 사관』은 왕의 언행과 정사政事, 백관들의 잘잘못을 사초로 남겨 후세에 거울로 삼도록 하며 특히 언관은 사헌부司憲府, 사간원司諫院 관리로 왕에게 바른말을 하고 그릇됨이 없도록 보필하는 책임이 있음을 강조하고 있다.

언론의 오늘날 역할이 이와 무관치 않다고 지적한다.

천관우 선생이 서울대학교를 나온 얼마 후 사학과 조교로 발탁되고 한때 경기중학(지금의 경기고등학교) 교단에 선 적도 있지만 언론계에 발을 들여놓게 된 것은 6·25전쟁 와중 호구지책糊口之策으로 통신사에 들어가게 된 게 계기였다. 1951년 부산에서 대한통신 외신부에 근무하며 UP(UPI의 전신) 번역을 주로 맡았다. 곧이어 1952년 유네스코 장학기금으로 도미, 미네소타 대학에서 신문학을 6개월간 수학했다. 이런 이력으로 상당한 수준의 영어를 능란하게 구사했지만 그의 뛰어난 문장력이나 해박한 실력 때문에 논설 부분에 부름을 받은 것은 자연스런 일이었다. 한국일보 창간 멤버에서 조선일보 논설위원으로 그리고 33세의 젊은 나이에 편집국장에 발탁될 만큼 주목을 받았다. 언론계의 기린아였다. 당시 열악했던 언론계 현실에서 새롭게 창간되는 신문이 천관우 선생을 탐내는 것은 당연했다. 민국일보 편집국장과 서울일일신문 주필도 지냈다. 자리를 옮길 때마다 유능한 기자들이 모여들기도 했다. 1963년 해가 바뀌면서 마침내 동아일보가 편집국장으로 천 국장을 불러들였다. 1920년 조선일보와 같은 시기에 창간한 이 신문은 민족주의, 민주주의, 문화주의를 표방하며 항일민족지로 자리를 굳혔고, 해방과 6·25를 거치며 반탁, 반공, 반독재의 기치로 튼튼한 기반을 다져 비길 데 없이 막강한 영향력을 미치고 있었다. 이 나라 신문의 대표적 위치에서 장안의 지가를 자랑했다. 누구나 동아일보를 원했고 "동아일보 보았느냐"는 말이 유행하던 시기였다. 그러나 조선일보, 한국일보가 대오를 가다듬고 만만치 않은 도전을 해오는 마당에 동아일보 내부에선 인사의 갈등, 무사안일한 제작으로 이래선 안 된다는 목소리가 확산돼 가고 있었다. 매너리즘에 빠져 기력을 잃게 되면 공든 탑도 무너지는 것은 하루아침의 일이다. 여기에 "바꾸지 않으면 안 된다, 개혁만이 살 길이다"라는 절박한 상황에서 택한 것이 천관우 국장의 영입이었고 구원 투수로 동아일보의 새 기수가 된 것이다. 편집국장 3년, 주필 3년 천관우 선생의 '6년 리더십'은 동아일보를 반석 위에 올려놓고 좋은 신문, 흔들릴 수 없는 권위지, 우러러보는 신문으로 자리매김했다. 90년 역사상 최대, 최고의 황금기를 구가하게 했던 '천관우 6년 시대'를 모두 아련한 추억으로 기억하며 노스탤지어에 젖는다. 그의 인격, 그의 경륜, 그의 용기, 그의 열정, 그의 '그릇' 됨이 '제대로 된 신문'을 만든 것이다. 동아일보, 아니 한국 언론사에 비명碑銘처럼 우뚝 그의 이름은 새겨져야 한다.

참 언론인, 깨끗한 지도자, 큰 사람 천관우의 리더십을 내 나름으로 풀이해 보는 것은 제작의 한복판에서 수문장으로 일했기 때문이다. 1963년 초 그가 동아일보 제작의 사령탑에 오른 지 6개월쯤 지났을 무렵 조선일보에서 불려가 정치, 경제, 해설 분야 편집을 줄곧 맡았었다. 신문의 얼굴이었던 1면을 오랫동안 다루면서 그의 눈빛, 그의 입김, 그의 몸짓, 그의 체취까지도 몸소 느끼면서 지근거리에서 지도 편달을 받았다. 정말 뛰어난 사령관이요 비범한 편집인이요 넘치는 그릇이었다. '로고스'와 '파토스'를 겸한 인물, 논리정연하면서도 사람냄새가 물씬 풍기는 높은 인격의 소유자였다. 비길 데 없는 뛰어난 CEO였다.

**'천관우 스타일' 그것은 어떤 것인가.**

첫째, '공명정대公明正大'는 천관우 철학이다.

키가 6척이 넘는 코끼리 같은 거구의 우람한 풍모처럼 언제나 거침이 없었다. 공평무사公平無私, 현정파사顯正破邪는 바로 그의 믿음이었고 곡학아세曲學阿世, 교언영색巧言令色을 무척이나 싫어했다. 사邪란 있을 수가 없었고, 사私도 없었다. 언제나 거선巨船의 기관처럼 힘 있고, 저 남산의 바위처럼 흔들림 없고, 무서우리만큼 비상한 용기를 보여주었다. 그것이 살아 숨 쉬는 지면으로 여실히 나타났다. 산천초목도 벌벌 떨게 했던 정보부는 서슴없는 간섭과 무서운 압력을 가해왔다. 이에 결연히 맞서 힘차고 뼈대 있는 신문을 만들어내는 것은 그의 확고부동한 신념이었다. 서울 광화문 139번지 고색창연한 동아일보 구 사옥 3층 편집국의 남쪽 오른쪽 모서리 낡은 책상 위에서 질러대는 벽력 같은 소리에 모두들 깜짝 놀랄 수밖에 없었다. "여기 신문제작에 아무 상관없는 외부 사람은 당장 나가시오." 그의 일갈은 천둥소리 같았다. 연이어 전화기를 들고 "여기 편집국에 들어와 있는 외부사람 당장 데려 나가도록 하시오" 하고 1층 수위실을 다그쳤다. 엄혹했던 그 시절 어느 신문사 할 것 없이 정보부 언론 담당 요원은 무상출입하는 것이 당연한 관행처럼 굳어 있었다. 유일하게 천관우 국장의 동아일보 편집국은 이를 용인하지 않았고 사무실 출입문 한복판에는 '외부인 절대 출입금지'라는 커다란 글씨가 붙여졌다. 천관우 국장의 서슬 같은 저항의식과 불꽃같은 '신문의 독립 의지'였다.

둘째, '청렴淸廉의 정의正義'는 그의 신앙이다.

맑고 깨끗함은 선善이요 향기롭다. 그것은 높은 도덕성을 낳고 바로 정의의 원천이 된다. "정의는 모든 도덕성의 중요한 부분이고 비교할 수 없으리만큼 신성하여 가장 강력한 구속력을 갖는다."고 존 스튜워트 밀은 갈파했다. 정政·경經·언言 유착이 바로 부패의 고리요, 사회를 어지럽히며 나라를 좀먹는 악惡의 원천이다. 그것은 재물을 탐하는 데서 비롯된다. 돈에 깨끗할 사람 어디 있겠는가. 시쳇말로 잘나가는 동아일보 편집국장 천관우에게 그 얼마나 많은 유혹과 회유가 있었겠는가. 그러나 천 국장은 정말 쓸쓸하고 고고孤高했다. 천 선생의 출신 고장 충청북도 제천의 청풍淸風처럼 안빈낙도安貧樂道했고 명경지수明鏡止水같이 깨끗한 몸가짐이었다. 재물에 눈을 돌리는 것을 한번도 본 적이 없었고 안팎이나 위아래에서 오는 청탁을 어디 한번 내뱉는 법이 없었다. 외부 접촉이나 밥 한 끼 같이 먹는 것을 결코 목격한 바가 없다. 고개만 들면 바로 정면으로 얼굴을 맞대고 숨소리도 들릴 만큼 가까운 1면 편집자의 자리에서 하루도 빠짐없이 오랫동안 그를 대해왔던 이 생생한 증언은 천 선생의 말년의 일부 비난에 흔연히 그렇지 않다는 메시지이기도 한 것이다. 아침에는 책보자기를 들고 급하게 들어와 자리하고 바쁜 제작 시간을 보내고 점심은 으레 일식집 덮밥이나 설렁탕을 사무실로 불러 먹고 때에 따라 내근 기자들(주로 편집부)과 함께 중국집이나 냉면집 가는 것이 고작이었다. 오후 제작회의나 간부회의 그리고 저녁때 지방판 끝난 다음엔 책보자기를 끌러 한문으로 가득찬 역사책과 씨름하는 것이 시계추처럼 되어 있는 일과였다. 어디 한번 약속이라면서 외출하고 일찍 자리를 뜨는 법이 없었다. 워낙 깨끗하고 깐깐하기 때문에 그 누구도 감히 범접하지 못했다. 갈고 닦고 한시도 책을 손에서 놓지 않는 이 깨끗한 선비는 진정 '큰 사람'이고 덕망 높은 군자였다. 언론계를 떠나 사학 연구에 몰두하고 있을 때 어쩌다 불광동 그의 초라한 집에 찾아가면 핼쑥한 모습으로 반갑게 맞으며 술잔을 기울이던 정경이 지금도 환영처럼 떠오른다. 정말 가난이 몸에 착 배어 있어도 기품만은 그렇게 당당할 수가 없었다. 이와 같은 깨끗한 인격이 그 시절 동아일보 금자탑의 원천이었던 것이다. 이 '청렴의 정의'가 무너지면서 동아일보는 그만 시들기 시작했던 게 아닌가. 험난한 가시밭길을 굳건히 걸으며 그 신념과 정의를 실현하려 했던 이 '큰 그릇'이 아무것도 남긴 것 없이 홀연히 떠난 빈소는 야단법석을 떨고 호화로운 한판을 벌이는 여느 장례식장과 달리 그렇게도 초라하고 쓸쓸할 수가 없었다. 물론 그런 호화판은 절대 그의 것일 수는 없지만 연로한 미망인이 갈 곳마저 없이 사방을 헤맨다는 가슴 아픈 소식에 모두들 숙연했다. 셋방이라도 마련해 주어야 한다는 캠페인은 그 고결한 선비의 맑고 맑은 가난을 단적으로 대변했다. 권력에의 야합이라도 있었다면 어찌 그러했겠는가. 항간의 뜬소문은 그의 삶의 모습과는 앞뒤가 전혀 맞지 않는 모순된 발상이다. 협력이니 변절이니 하며 비난의 화살을 겨누는 것은 너무나도 단순하고 일방통행식의 극단논리가 아닐까. 해방공간 '국대안' 반대, 6·25 전쟁, 반독재 투쟁, 민주화운동이라는 궤적을 통해 그는 결단코 극단논리의 편에 서지는 않았다. 참으로 안타까운 한 국면이다.

셋째, '속물근성俗物根性 배격'은 천 선생의 좌우명이다.

온갖 요설로 혹세무민하는 세상, '낮에는 야당, 밤에는 여당'이라는 말이 단적으로 말해주듯 이리 보고 저리 살피는 웃지 못할 행태는 언론계에서도 예외는 아니다. 교태를 부리고 아부가 판을 치는 마당에 품격이나 지조는 설 자리를 잃어버린다. '무르와 섬의 거북'처럼 방향감각을 잃고, 횡설수설 '좋은 게 좋은 거다'라는 논리로 두루뭉술 적당히 얼버무리는 것이 체질화되어 있다. 스노비즘Snobbism은 스스로의 정체성을 잃어버리고 철새처럼 이리저리 몰려다니는 인기 경연장 같은 풍토를 조성한다. 바른 소리는 외면하고 꼭 가야 할 길로 가지 않고 언제나 샛길로 빠진다. 비위에 거슬리면 인화 단결을 해친다며 난도질하고 모난 돌처럼 정으로 때린다. 하지만 천관우 선생은 위선과 아부에는 알레르기 반응을 보이며 그렇게도 싫어했다. 심지가 굳고 불의不義에는 결코 타협하지 않는 것을 언제나 반기고 보이지 않게 든든한 울타리가 되어 준 훌륭한 리더였다. '언론·표현의 자유'로 요약되는 자유주의는 의회민주주의와 자본주의 발전의 요체가 되어 왔고, 이런 토대 위에서 저널리즘은 '공리주의 사상公理主義 思想'을 제도화했다. '최대 다수의 최대 행복'이라는 도식에 함몰되어 사실과 진실의 규명 없이 뉴스를 단순, 획일화하는 위험을 안고 있다. 아무리 불편부당不偏不黨, 엄정중립, 객관보도라 해도 특정 뉴스에만 초점을 맞추다 보면 집중호우가 내리듯 단선화單線化하는 경향을 보인다. 공정·객관·정확한 보도라는 저널리즘의 전통적 기준은 망각되고 자칫 편향보도의 함정에 빠지기 쉽다. 이런 경향을 경계했던 그는 품격 있는 정확한 신문을 어디까지나 지향했다. 인기영합주의와 스노비즘의 노예로 전락하는 일반적 성향을 언제나 경계했다. 1963년 10월 중순 군정이양을 위한 대통령 선거전이 절정에 이르렀을 때 박정희와 윤보선의 막바지 유세가 서울과 춘천에서 열렸다. 오후 신문 개판을 끝내고 강판 직전 대장을 국장석에 갖다 놓았을 때였다. 지방판 발송 시간이 절박한데 천 국장은 "이렇게 신문 내면 안 돼요" 당장 사진을 바꾸라는 것이었다. 정치부, 사진부, 편집부 간부들이 한데 모여 시간이 촉박하니 곤란하다며 난색을 표명했다. "글쎄 안 돼요, 안 되는 것은 안 돼요. 이 사진 이렇게 해서 나가면 안 되는 것이요." 엄격하고 단호했다. 박정희의 서울고등학교 운동장 유세 사진은 세스나 비행기를 띄워 공중에서 찍은 항공사진이요, 윤보선의 춘천 공설 운동장 유세는 지상에서 찍은 지상사진이었다. 박정희 사진은 공중에서 찍은 것이니 영상이 작고 청중이 조밀하지 않은 것처럼 보였고 윤보선 사진은 지상에서 찍었으니 영상이 크고 조밀한 것처럼 되어 있었다. 과열했던 유세는 서로가 청중 수에 온갖 신경을 다 쏟았다. 동아일보 편집국은 박정희 타도라는 과열된 무드에 휩싸여 있었고 터줏대감 같던 재래파 고참 기자 간부들은 그렇게 하는 것이 민주주의 회복의 길이요, 그것은 너무나도 당연한 것으로 여기고 있었다. 여기에 찬물을 끼얹다니 "천관우는 사꾸라"라고 공공연하게 항변하는 분위기였다. 민주주의 회복의 중심 편집국에 어디 신출내기 국장이 이런 짓을 할 수 있느냐는 경멸의 소리도 들려왔다. TV가 아니라 신문의 전성기였던 당시에 특히 동아일보의 권위는 타의 추종을 불허했던 상황에서 콩을 팥이라 해도 누구 하나 의심치 않는 독주의 시대였다. 장안이 아니라 전국의 다른 신문 부수를 합쳐도 동아일보를 따르지 못한다는 얘기가 나돌던 때의 그러한 동아일보식 제작태도는 전혀 이상할 게 없었고 객관·공평·정확한 보도라는 저널리즘 대원칙 같은 건 대수롭지 않게 여기는 풍토였다. 윤보선 청중 수를 많게 보여 박정희를 떨어뜨려야 하는 것은 당연한 논리였고 이를 방해하는 것은 반민주적·반동아일보적 행태라는 태도였다. 사꾸라 사꾸라 얼마나 거래하고 협력하느냐라는 눈초리를 보내고 있었다. '최대 다수의 최대 행복'이라는 슬로건이 인기영합주의에 빠져 정확·공정·객관성을 잃게 된다면 자칫 '최대 행복'은 '최대 불행'으로 전락하고 만다는 엄연한 진리를 단적으로 보여주는 것이었다. 목에 칼이 들어와도 버릴 것은 꼭 버리고 가야 할 길은 기어코 가고야 마는 천관우 국장의 진면목을 생생하게 보았다. 정말 경도되고 스스로 배우며 가슴에 깊이 새겨 넣었다. 이런 의연함은 영원히 기억되어야 하고 반드시 선양되어야 한다고 다짐했다. 소인배의 수월한 길이 아니라 아무리 거칠고 험난하다 해도 큰 길을 보무당당하게 걸어 나가는 천 국장은 진정 '대인大人'이었다.

넷째, '제작의 달인'이라는 기록.

'지사형志士型 언론인'과 '프로페셔널 저널리스트'로 기자들의 유형을 대별해왔다. 반독재 투쟁의 역사를 넘어 민주화된 오늘에 와선 지사형 언론인이란 망각의 피안에 자리한 듯이 보인다. 그러나 언론의 비판 감시기능은 그 언제나 살아 숨 쉬어야 한다. 동서고금을 막론하고 독주, 부패, 타락, 오만은 권력의 속성이다. 아무리 유능하고 뛰어난 기능을 갖추어도 투철한 비판정신이 결여된 기자는 진정한 '프로페셔널'이 아니다. 권력 감시는 투쟁정신에서 비롯되고 불굴의 용기를 필요로 한다. 천관우 국장 그가 그렸던 신문 제작의 그림은 이런 요소들에 언제나 유념했다. 박학다재했던 그는 맹수가 먹이를 낚아채듯 뉴스가 있는 곳이면 언제나 촉각을 곤두세우고 동물적인 예민한 후각으로 샅샅이 추적했다. 기발한 발상의 신통력, 나무도 보고 숲도 보는 전천후 네트워크, 등잔 밑도 살피며 산 넘고 물도 건너는 큰 디자인, 겉도 보고 속도 살피는 형안, 양도 보고 질도 따지는 만능 저울, 고양이 목에 방울을 다는 비장한 용기로 지면은 활력에 넘쳐났다. 미처 알아차리지 못한 숨은 알맹이도 족집게처럼 집어내는 통찰력은 타의 추종을 불허한다. 펄펄 뛰고 거리낌 없는 자유로운 분위기를 본체만체하는 것도 창의력을 기대하는 천 국장의 마음이었다. 창의력은 공상적 자유분방에서 비롯된다는 것을 너무나도 잘 알고 있기 때문이다. 속이 꽉 찬 내용과 빈틈없는 독보적 포장으로 다른 신문과는 분명 차별화했다. 독자들은 뜨겁게 환호했고 사세는 불길처럼 타올랐다. 양과 질이 함께 올라가 최대의 신문, 최고의 권위지라는 찬사가 그치지 않았다. 어떤 신문에서는 이렇게 신문을 만들어보라는 교본으로 인용한다는 소리까지 들려왔다. 천 국장의 비상한 리더십과 무서운 추진력은 전에 없는 황금기를 구가하는 신문을 만들어냈다. 황홀한 절정의 시기였던 것이다.

'3선개헌' 움직임과 배경, 야당의 폭로 공세에 몸을 사렸던 다른 신문과는 달리 천 국장은 샅샅이 뒤지게 하고 끈질기게 대서특필하는 당당한 지면을 만들어냈다. 결국 '신동아 필화사건'은 그런 신문을 만들지 못하게 하려는 더러운 작전이었다. 삼성 '사카린 밀수사건'이 온 나라를 들썩이게 하고 끝내 한국비료 헌납으로 이끌게 한 것도 끈질긴 탐사 보도의 결과물이다. 근대화와 수출전선, 해외진출 한국인의 생생한 실상을 르포르타주한 「코리아의 고동鼓動」도 다른 신문이 따라오지 못할 획기적인 기획이었다. 한·일 국교 정상화와 6·3사태의 과감한 보도는 지금도 자주 인용되는 모델로 꼽히고 있다. 법정法頂 스님이 조계사 한 암자에 칩거하여 수도에 정진하던 시절 어렵게 초빙하여 「서사여화」에 장기간 지면을 내준 것은 빛나는 업적이다. 이를 계기로 그는 큰스님으로 주목을 받고 온 나라가 향기롭게 추앙하는 가운데 입적했다. 그런 인연으로 스님의 인터뷰나 관련 기사는 오로지 동아일보에만 독점적으로 허용했다. 박완서 작가의 발탁도 그 당시에 이루어진 일이고 박경리 작가의 소설 「파시波市」 연재에 천경자 화백이 삽화를 그릴 수 있었다는 것은 상상을 초월한 깜짝 놀랄 기획이었다. 어디 가능할 법이냐고 모두들 혀를 내둘렀다. 이호철 작가의 「서울은 만원이다」, 홍성원의 「D데이의 병촌」, 이규희의 「속솔이 뜸의 댕이」. 모두 주옥과 같은 작품들이다. 아놀드 토인비, 시드니 후크, 에드윈 라이샤워, 한스 모겐소, 레이몽 아롱 등등 그 이름만 들어도 눈이 휘둥그래지는 해외 석학들이 신년이나 기념 특집에 기고한 것은 당시로서는 감히 어느 누구도 넘겨볼 수 없는 업적이다. 위와 같은 큰 그림들은 달인의 경지에 이르지 않고서는 그릴 수 없는 어려운 작업이다. 천 국장의 지휘 감독엔 언제나 유능한 연출자들이 함께했다.

다섯째, '인재 발탁'은 천 국장의 장기다.

'신문은 사람이 만든다'는 것을 천 국장은 누구보다 잘 알았다. 유능한 사람을 적재적소에 배치해야만 조직은 살아 움직이고 높은 실적을 올린다. 취재와 편집으로 대별되는 신문제작의 특성상 어느 부서를 어떻게 다루어야만 유기적인 팀워크가 이루어지는지를 훤하게 꿰뚫고 있었다. 조선일보, 한국일보, 민국일보 등을 두루 편력한 천 국장의 특유한 이력은 제작의 메커니즘뿐만 아니라 지면의 우열을 당장 알아내는 놀라운 감식안까지 갖추고 있었다. 하늘의 별만큼 많은 스타가 명멸하는 언론계에서 어떤 별이 빛나는지를 훤히 알고 있었다. 천 국장의 인명사전은 신통하리만큼 정확하고 소상했다. 어떤 다른 지도자들보다 출중한 이유가 바로 이런 자산을 가지고 있기 때문이었다. 천 국장이 가는 곳에 기라성 같은 별들이 모여들게 되는 것은 남다른 흡인력 때문이었다. 천관우에게 발탁된다, 천관우와 함께 일한다 하면 흔쾌히 응했고 자랑스러워했다. 인재를 진실로 아끼는 그의 천재적 용인술은 특출했다. '천관우계' 니 '천관우 사람' 이니 하고 질시하는 목소리가 없는 것은 아니었지만, '좋은 신문 만들기' 를 위해 이에 대범하고 초연했던 우수한 설계사였다. 천관우 스타일, 천관우 리더십은 바로 이를 두고 하는 말이다. 인사人事는 만사萬事라 했던가. 실제 현장 운영 관리에는 철저한 '메리트 시스템merit system' 을 적용했다. 능력과 실적 위주의 인사고과는 공평무사의 표본으로 불평, 불만, 반발을 잠재웠다. 층층시하 숨이 막힐 듯 위계서열을 따지고 고루하기 그지없는 텃세로 정평이 나있던 동아일보에서 만사를 무릅쓰고 과감하게 이를 실행에 옮길 수 있었던 것은 초인超人 천관우이기에 가능했다. 천 국장이 발탁하고 중하게 여겼던 얼굴들을 살펴보면 누구나 높이 평가할 이 나라의 재목이었다. 천관우 스타일, 천관우 지도력을 재평가해야 할 분명한 이유가 여기에 있다. 홍승면(출판국 주간·논설위원), 박권상(논설위원), 김성한(논설위원), 송건호(논설위원), 이갑섭(논설위원), 안재준(논설위원), 장용학(논설위원), 정용석(논설위원), 변영권(편집국 부국장), 최호(편집국 부국장), 김성열(편집국 부국장), 이동수(지방부장), 권오철(조사부장), 자타가 공인하는 영어의 달인 진철수(초대 주미 특파원)를 비롯해 권오기(주일 특파원), 이만섭(정치부), 신동준(정치부 차장), 유혁인(정치부장), 이웅희(정치부장), 최영철(정치부장), 박경석(정치부 차장), 남시욱(정치부 차장), 이진희(정치부), 김진배(정치부), 조규하(정치부), 여영무(정치부), 박순재(정치부), 강인섭(정치부), 이경식(정치부), 황선필(정치부), 최재욱(정치부), 남중구(정치부), 강성재(정치부), 이종구(정치부), 이종대(정치부), 박순철(정치부), 이춘구(경제부장), 이병천(경제부 차장), 김진현(경제부장), 이채주(경제부장), 신동호(경제부 차장), 김태선(경제부), 이계익(경제부), 민병문(경제부), 박창래(경제부), 정출도(경제부), 김욱한(경제부), 이현락(경제부), 성영소(경제부), 이혜복(사회부장), 이효식(사회부장), 윤양중(사회부 차장), 김중배(사회부 차장), 정형수(사회부), 이연교(사회부), 홍인근(사회부), 김지자(방송뉴스부), 이상하(사회부), 조강환(사회부), 김재곤(사회부), 정연춘(사회부), 이경문(정치부), 정구종(사회부), 김명걸(사회부), 김봉호(사회부), 성민선(사회부), 권근술(사회부), 김성익(사회부), 전만길(사회부), 최일남(문화부장), 권영자(문화부 차장), 김재관(과학부 차장), 장윤환(문화부), 김병익(문화부), 정자환(문화부), 이근무(문화부), 이길범(문화부), 박병서(문화부), 서권석(과학부), 정연권(외신부장), 박홍원(외신부 차장), 장행훈(외신부 차장), 안성열(외신부 차장), 이인철(외신부), 정종문(외신부), 문명호(외신부), 김담구(외신부), 박지동(외신부), 심송무(외신부), 김두식(외신부), 이종률(외신부), 서정균(외신부), 우승용(외신부), 문대탄(외신부), 임학수(체육부장), 김광희(체육부 차장), 국홍주(체육부), 이부영(체육부), 이광석(체육부), 조광식(체육부), 최경덕(사진부장), 이명동(사진부장), 박용윤(사진부 차장), 홍성혁(사진부), 송호창(사진부), 이의택(사진부), 윤석봉(사진부), 조천용(사진부), 김성환(고바우 화백), 백인수(동아희평 화백), 최영식(사사편찬), 구연묵(편집부장), 김준철(편집부장), 권도홍(편집부장), 이대훈(편집부 차장), 박중길(편집부 차장), 신양휴(편집부 차장), 한갑수(편집부 차장), 최성두(편집부), 안종필(편집부), 장동만(편집부), 문준호(편집부), 이시헌(편집부), 고준환(편집부), 박종만(편집부), 송경선(편집부), 성유보(편집부), 고재언(사회부장), 이정석(방송뉴스부장), 박정하(방송뉴스부장), 서병현(방송뉴스 부차장), 최종철(방송뉴스부), 장순재(방송뉴스부), 이병대(방송뉴스부), 천승준(방송뉴스부), 문영희(방송뉴스부), 이문조(방송뉴스부), 최동호(방송뉴스부), 서창식(방송뉴스부), 김민남(방송뉴스부), 오봉환(방송뉴스부), 손세일(신동아부장), 이종석(신동아부), 이정윤(신동아부), 이문환(여성동아부), 임채정(여성동아부), 최학래(여성동아부), 황의방(여성동아부). 위와 같은 쟁쟁한 군웅할거는 제작이라는 차원을 넘어 신문 사세의 웅대함을 내외에 떨치는 놀라운 힘이 된 것이다. 한국을 주름잡는 이 얼굴들을 그 누가 당해낼 수 있었겠는가.

여섯째, '뜨거운 가슴'은 천 국장의 대명사다.

우람한 체구만큼이나 인간다운 큰 가슴을 지니고 있었다. 오랜 학문 천착과 광범한 녹서에서 오는 인격도야 때문일까, 타고난 천성 때문일까. 호연지기浩然之氣란 천 국장을 두고 한 말 같기도 하다. 천 국장의 주변에 많은 사람이 모이는 것은 너무나도 인간적인 사람 냄새가 물씬 풍기기 때문이다. 범접하기 어려운 듯해도 한번 마음이 트이게 되면 그만 끌려들어간다. 두주불사斗酒不辭, 말술을 마시고 싹쓸이 음식 주문에는 혀를 내두르게 한다. 낮에는 신문을 만들고 밤에는 선비의 모습이 되는 그의 나날은 놀라움으로 가득 차 있다. 불와不臥정진, 책과 씨름하다 앉아서 잠깐 졸고 만다는 불철주야不撤晝夜 정진이 천 국장의 나날이다. 절로 고개가 숙여진다. 제작에 정말 애쓰는 기자들에 대한 격려와 배려는 너무나도 깊었다. 동아일보 맞은편 교보빌딩이 들어선 곳 길가에 있던 복취루라는 중국음식점은 천 국장 단골이었다. 내근 기자 20여 명을 몰고 가서 배갈 20병, 10병, 또 10병… 밑 빠진 독처럼 마셔대고 그 집 주방을 다 비울 만큼 요리라는 요리는 모두 주문하는 통 큰 마음, 어느 고사에서나 나오는 호걸을 방불케 했다. 그의 월급은 복취루 아니면 그 옆 일식집 복청에서 다 가져간다는 얘기는 너무나도 유명하다. 호걸 같은 기행은 언론계에 널리 회자됐다. 사람을 아끼는 마음은 너무나도 각별하다. '좋은 신문'에의 열정은 천 국장의 맨 파워 Man Power 확보 관리에서 여실히 드러난다. 신문 편집의 귀재 권도홍權度洪(편집부장)은 정말 질식할 것 같은 사내 분위기와 재래파 질시에 못 이겨 그만 동아일보를 뛰쳐나가고 말았다. 간곡한 만류에도 얼마나 참기 어려워서 그랬을까 안타까운 일이었다. 제작의 핵심 인사가 빠져버렸으니 큰 낭패였다. 동아일보 병폐의 단면을 증언하는 좋은 보기이다. 동아일보는 한번 퇴사하면 다시는 받아주지 않는 계율로 유명했다. 그러나 좋은 신문이 우선한다는 천관우 국장의 지론에 그 터부는 그만 깨지고 말았다. 권도홍 재입사라는 새로운 이정표를 세웠다. 천관우 국장의 철저한 인재 포용 방침이 아니고서는 불가능한 일이었다. 필자와 최성두崔聲斗, 안성열安聖悅도 같은 재입사 케이스로 뒤를 밟았다. 뛰어난 장수 밑에 약졸 없듯이 천 국장이 견인했던 동아일보는 최고의 신문을 만든다는 의욕에 불탔고 동아일보이니까 그래야 한다는 자부심에 가득 차 있었다. 동아일보 절정의 금자탑을 세운 천관우 선생은 쓸쓸히 가고 짝 잃은 거위를 곡哭하듯이 뜻 있는 동우들은 가슴을 저미고 있다.

'런던 타임즈London Times'를 '더 타임즈The Times'로 정상의 권위지로 올려 세운 토마스 반즈는 '선더러Thunderer(뇌성을 치는 사람)'라는 별명의 유명한 주필 편집인이었다. 영국 조야는 그의 한 줄 한 줄에 일희일비했다. 그럼에도 그는 사후에 장문의 추도 기사는 절대 쓰지 말고 단 3줄의 출생·사망 단신란에만 알리라는 당부를 했다. 그만큼 타임즈의 지면을 아끼고 사랑했기 때문이다. 천관우 선생은 동아일보를 위해, 한국 언론을 위해 그 제단에 몸을 바쳤다. 천관우 선생의 순교가 동아일보의 자랑임을 왜 모르는 것인가. 몇 사내 인사의 비위나 맞추고 눈치나 보는 편협한 이기주의에서 하루속히 벗어나야 한다. 재야에서도 악惡 아니면 선善이라는 이분법적 단순논리에서 벗어나 모두 함께 천관우 선생의 뛰어난 자취를 현창해야만 한다.

천관우 선생이 타계한 뒤로 부인 최정옥 여사는 충주의 아주 작은 아파트에서 국가에서 주는 30여만 원의 연금으로 어렵게 살고 있다. 항간에 떠도는 천 선생이 5공에서 돈 먹었다는 낭설이 허구임을 말해주는 단적인 증거다.

# '마산의거' 현장 뛰어든 논설위원

이 형

전 한국일보 논설위원

언론인으로 진면목을 발휘한 것은
4·19혁명의 전초가 된 마산사태 때
현지에서 써서 보낸 「메아리」.
민주화를 향한 간절한 속마음이 드러나 있다.

내가 후석을 만난 것은 한국일보가 창간되던 1954년 6월의 일이다. 후석은 조사부 차장, 나는 평기자로 함께 한국일보의 창간 동인이 되었다. 선생을 만나기는 그때가 처음이었지만 천관우라는 존함은 6·25 전쟁 전부터 알고 있었다. 1948, 9년경 서울 시내 K중학에서 서울대를 갓 졸업한 엘리트 선생 몇 분을 교사로 초빙한 적이 있었는데 그중에 천관우 선생이 있었다. 나는 직접 그분에게서 배우지는 않았으나 그분이 유망한 사학계의 소장학도라는 말을 다른 선생을 통해 들은 바 있었다. 그리고는 5, 6년이 지나고서 같은 신문사에서 만나게 된 것이다.

그분은 입사 후 얼마 되지 않아 논설위원으로 자리를 옮겼다. 논설위원과 기자 초년생의 처지로서는 서로 만나기 쉬운 것이 아니었다. 그런데 창간 사원의 수가 워낙 적었던 데다가 젊은이와 어울리기를 좋아하던 주필 석천昔泉 오종식吳宗植 선생이 자주 젊은이를 불러 대폿집으로 데리고 가곤 했는데 나도 그 속에 끼는 영광을 얻었고 후석도 자주 자리를 함께했다. 후석이 한국일보와 인연을 맺은 것이 석천의 권유였으니까 논설위원실에서 두 분은 자주 술자리를 같이했을 것으로 짐작된다. 그렇게 1년 남짓이 지난 후 후석은 조선일보로 자리를 옮기게 되어 만나는 것이 뜸해졌다. 같은 직장에 있은 것이 1년 반 남짓이라 서로 사귈 겨를도 없었다.

한국일보가 창간된 54년 말엽에는 이른바 '사사오입四捨五入' 개헌안으로 정국이 시끄러웠다. 자유당은 이해 9월 6일에 개헌안을 국회에 제출하고 9월 8일 정부는 이 개헌안을 공고했다. 그러나 국회는 공고기간 만료일이 되는 10월 7일을 넘기고도 40일이 더 지난 11월 18일에서야 국회본회의에 이 법안을 상정했다. 자유당의원들의 행동통일에 자신이 없었기 때문이었다. 한국일보는 공고기간 중에 「개헌안은 통과될까」라는 제목으로 본사 일선기자들의 좌담회 기사를 싣고 곧이어 개헌안에 대한 시시비비를 가릴 목적으로 여론조사를 실시했다. 개헌안 공고기한이 만료된 10월 7일에 서울지방의 각계각층의 인사를 대상으로 1천 2백 장의 설문서를 돌려 여론을 수집했는데 그 조사범위에는 은행원, 회사원, 공무원, 군인, 경찰, 법조인, 의사, 교육·종교·언론계와 주부, 학생, 농업인, 무직자까지 실로 광범위한 대상이 포함되었다. 이 여론조사는 천관우 논설위원이 주관했으며 결과의 분석도 그가 맡아서 했다. 조사 내용은 「개헌안을 국민은 이렇게 본다—여론조사에 나타난 민의民意」라는 제목으로 도표까지 넣어가며 여섯 가지 설문에 대한 찬, 반, 잘 모르겠다, 관심 없다, 무기입 등의 비율을 제시했다.

그런데 기사가 발표되자 날벼락이 떨어졌다. 헌병사령부에서 발행인 장기영, 편집국장 이건혁, 논설위원 천관우를 차례로 불러 문초를 하고 "설문 대상자에 군인 6명이 끼어 있는데 회답을 보낸 장교의 이름을 대라"며 족쳤다. 간부들은 곧 풀려났으나 설문서를 받아온 국방부 출입기자 예용해芮庸海는 며칠을 헌병사령부 지하실로 끌려다니며 신문을 받았다. 예 기자는 끝내 소스를 대지 않고 버티다가 구속되기 직전에 국회에서 '사사오입' 개헌안이 통과되는 바람에 화를 면하고 흐지부지되었다. 이것이 '한국일보 필화筆禍사건' 제1호였는데 그 주인공이 후석이었다.

필화사건 얘기가 나왔으니 말이지만 공교롭게도 '한국일보 필화사건' 제2호의 주인공 중 하나가 바로 나였다. 두 번째 필화사건은 장면張勉 부통령 저격사건의 배후에 관한 기사가 원인이었다. 기사의 제목은 「배후에 경찰수뇌 / 치안국장→장 특정과장→박 분실장→오 시경국장→최훈 / 최훈의 진술, 부인한 건 가족 때문」이라는 것으로 치안국장에서 범인 최훈에 이르는 화살표 때문에 누가 보더라도 사건 배후에 경찰이 있다는 인상을 주었다. 기사 내용에 비하여 제목이 약간 앞질러 간 것 같은 점은 없지 않았으나 김종원 치안국장이 노발대발해서 당장 관련자를 모조리 잡아넣으라고 호통을 쳤다. 아무튼 편집담당자와 정치부 기자 2명 그리고 정치부 차장으로 데스크를 맡았던 내가 전국으로 지명수배를 당하였고 도피 1주일 만에 전화도청에 걸려 내가 치안국 중앙분실로 연행되어 갔다. 10시간 이상을 닦달을 당한 끝에 석방되었는데 사건이 해결된 후 우리는 장 사주로부터 '오보상誤報賞' 1만 원씩을 받아 그 돈으로 통음을 할 수 있었다. 후석과 나는 한국일보 필화사건 1호와 2호라는 인연을 가지고 있다.

조선일보로 옮겼던 후석은 1959년 10월 말경 다시 한국일보 논설위원으로 복귀했다. 복귀한 후 우리는 함께 4·19를 겪었다. 당시 정치부 차장으로 국회·정당의 팀장이었던 나는 「정국왕래」라는 정치 가십난을 맡고 있었고 후석은 「메아리」라는 고정칼럼을 담당하고 있었다. 당시 정치에 관심을 가진 언론인 같으면 대부분이 같은 생각들을 가지고 있었겠지만 정치부를 담당하고 있던 나나 시사문제를 주로 다루었던 후석이나 둘은 뜻이 잘 맞아들었다. 둘 다가 술을 좋아했던 점에서도 서로 가락이 맞았던 것 같다. 여담이지만 그 무렵 후석은 곧잘 붓글씨로 「메아리」 원고를 작성해서 이채를 띠었다. 그것이 멋이 있어 보였던지 나도 그분을 흉내 내어 한껏 멋을 내느라 신통치 않은 붓글씨로 외부원고를 써 보낸 적이 있었다.

1959년 10월 24일부터 석간夕刊에 연재하기 시작한 후석의 「메아리」 칼럼은 그 날카로운 필치와 풍부한 지식, 넘치는 해학, 그리고 올바른 양식으로 독자의 평이 좋았다. 그분이 언론인으로서 진면목을 발휘한 것은 4·19 때이다. 4·19혁명의 전초가 된 제2차 마산馬山사태가 일어났을 때 그분은 임시취재본부가 차려진 마산으로 내려가 현지에서 마산 발發로 「메아리」를 송고했다. 취재현장으로 뛰어든 논설위원의 기개를 보여준 것이다. 1956년 4월 15일에 그분이 보낸 「메아리」 내용은 담담하면서도 그 속에 담긴 애절한 시민들의 아픔과 민주화를 향한 간절한 그분의 속마음이 잘 나타나 있다.

> 3·15 마산 제1사건이 있은 지 꼭 한 달째 되는 오늘 상오 마산의 시가는 고요하다. 합포合浦 앞바다(눈에 최루탄이 박힌 김주열 군의 시체가 발견된 곳—필자 주)의 파란 물결도 예와 다름없이 잔잔하고 한 달 전 그날 군중들이 밤을 새웠다는 용마산龍馬山도 입을 다물고 말이 없다. 여기는 남해안 보리밭과 복숭아꽃이 더욱 탐스럽다. * 그러나 지난날의 악몽을 되일깨워주는 부서진 유리창들, 거리마다 길목마다 심지어 불에 그을은 파출소 속에까지 쫄달린 무장 사복경찰들, 그럴 듯이 보여서 그런가, 무표정하도록 냉정한 행인의 걸음걸이, 도립병원에는 아직도 한 달 전의 관통상이나 절단된 다리로 물끄러미 천장을 쳐다보는 7, 8인의 창백한 얼굴들, 이런 것이 모두 고요한 마산과는 아직도 거리가 있음을 보여주고 있다. * … '강하다더니 오히려 애절하다는 것이 솔직한

백성들의 심정'이라고 현지신문은 부르짖고 있다. … 1913년에 진주에 '삼정三政'의 부패를 규탄하는 민요가 일어나 삼남三南을 휩쓸었을 때 당시의 정부는 민중의 요구를 들어 '삼정이정청三政釐政廳'을 두어 성의를 보였다. 마산시민의 애절한 요구에 정부는 무엇을 보여주었나….

다음 날인 4월 16일에는 '마산시민에게 죄가 있다면 선거부정을 앞장서서 규탄했다는 죄'라고 좀 더 노골적으로 가슴속의 울분을 표현하고 있다.

정식구속이 오늘 아침 현재 32명, 초저녁 7시에 통금시간 위반자 대량 연행—사흘 밤째인 어젯밤에도 1백 25명이 잡혔다. 수군거리며 오가는 말에도 행방불명자들에 대한 관심은 여전히 크다. 상가의 진열장은 열렸으나 어두운 마음의 창문은 아직도 열리지 않았는가. * 지금 마산은 각지에서 온 사람으로 득실거리고 있다. 경찰 증원부대가 왔고 국회조사단 … 자유당 민주당의 조사단에 변협辯協조사단 10여 명의 외국인기자를 포함하여 … 아마 백여 명은 훨씬 넘은 기자들이 들고나고 있다. … 그러나 이들이 마산 시민을 불안에서 구해 낼 수 있느냐. 이것이 문제이다. '조사단만 자꾸 오면 뭘 해'라고 의심스런 눈초리로 바라보는 시민들이다. … * 서울서는 국회에서 어느 의원이 마산사건을 '의거義擧'라고 했다 한다. … 마산시민에게 죄가 있다면 전국 각지에서 경험한 3·15선거의 부정투성이를 앞장서서 규탄했다는 죄요, 부정에 대한 항의는 큰 눈으로 보아 이 겨레의 앞길을 정의와 번영으로 이끌어가는 원동력인 것이다. …

그분의 이러한 울분은 3·15선거가 자유당의 압승으로 끝난 3월 16일자「메아리」에서도 정확히 표현되어 있었다.

그 무지스러운 '불공정선거'는 마침내 마산의 일대 유혈극으로 막을 내렸다. 자유당의 '압도적 승리'를 각각刻刻으로 고하는 서울의 중앙방송은 승리의 행진곡과 심지어 '해피 버스데이'를 노래 부르고 있다. 누가 누구에게 이겼다는 것이냐. 관권官權이 민권民權에게 이겼다고 개선의 노래냐. …

그런데 천 선생과 나와의 만남은 언제나 짧은 시일로 끝이 났다. 1954년의 첫 만남도 1년 반가량으로 끝이 났고 1959년의 만남도 1년 반 정도로 끝이 났다. 1959년 10월에 논설위원으로 재입사한 후석은 4·19를 치르고 민주당 정부가 들어서자 61년 6월에 세계일보(민국일보의 전신) 편집국장으로 자리를 옮겼다가 다시 서울일일신문 주필로 옮겼고 5·16 군사쿠데타 후 한참 있다가 일일신문이 폐간되면서 퇴사를 하게 된다. 그동안 나도 5·16 덕분에 일본을 거쳐 미국으로 건너가 1962년 2월부터 1972년 여름까지 10여 년 동안 객지생활을 했다. 그 동안에 후석이 동아일보 편집국장 등을 지내면서 민주화운동에 앞장섰다는 소식은 전문으로 들어 알고 있었다. 내가 귀국하기 1년 전에 동아일보에서 퇴사를 할 수밖에 없었던 저간의 사정도 알고 있었다. 후석이 1983년에 와서야 겨우 한국일보 고문이라는 이름으로 언론계로 돌아왔지만 공교롭게도 한국일보와 다시 인연을 맺게 되었을 때 나는 전두환 정권의 언론인 숙청에 걸려 1980년 8월부터 1985년 4월까지 신문사에서 밀려나 있었다. 1985년에 내가 한국일보 논설위원으로 복귀했을 때 후석은 이름만 한국일보 고문이었지 회사에는 잘 나오지를 않았다. 처음 만나서부터 30여 년을 서로 자주 엇갈리는 처지에만 놓여 있었던 셈이다.

마지막으로 사족으로 소개하고 싶은 해프닝이 하나 있다. 한국일보의 장기영 사주가 별세하고 그 1주기 되던 1978년 4월 11일 우리는 금단산 묘소에서 있은 추모식에 참석했다. 식을 마치고 돌아오는 길에 후석이 "근처에 장어구이 잘하는 집이 있는데 한잔하고 가지" 하고 제의를 했다. 나도 마다할 이유가 없었다. 또 한 분 논설위원과 셋이서 장어구이 집으로 들어갔다. 후석의 술 마시는 방식에 따라 각기 소주 한 병씩을 자기 앞에 놓고 술잔을 돌릴 것 없이 각자 자기 몫 술을 자기 잔에 따라 마셨다. 한 사람이 두 병 내지 세 병씩을 마셨던 것 같다. 그런데 서로 주머니를 탈탈 털어 돈을 갹출해 낸 것이 술값의 3분의 1이 되지 않았다. 아무도 술값 걱정을 하지도 않았거니와 서로가 상대방의 호주머니를 믿고 무작정 마셔댔던 것이다. 사정사정해서 겨우 시계를 잡히고는 곤경을 벗어났다. 나중에 그 시계를 누가 찾았는지 기억이 나지 않지만 10중 9 후석이 바가지를 썼을 것으로 짐작된다. 남이 들으면 무모한 짓이라고 욕할지 모르나 지나고 보니 그때만 해도 기자 사회엔 낭만이 있었다는 생각이 든다. 좋은 추억거리로 지금도 그때 일이 생생히 기억에 남아 있다.

# 역사도 언론도 민초의 편에 섰다

이종식

전 국회의원·전 조선일보 정치부장

천 국장은 한참 나를 쳐다보더니 싱긋 웃었다.
나는 그가 웃는 모습을 그때 처음 봤다.
기사로 해서 나를 다시 보게 된 것은
민초들의 얘기를 기사 머리에 올린 뒤부터가 아닌가 한다.

내가 그분을 처음 만나게 된 것은 언론인 천관우로서가 아니라 학자로서였다. 그리고 지극히 비우호적인 관계로 시작됐다. 1958년 후반기 그분은 고려대학교에서 '한국근대정치사'라는 강좌를 열고 있었다. 이 거창한 이름의 강좌에 내가 수강신청하면서 교수 천 선생님과의 인연이 시작된 것이다. 내가 정치학과 4학년 2학기 때였던 것 같다. 필수과목 두 과목을 남겨두고 졸업에 필요한 학점은 모두 따놓은 터라 굳이 들어야 할 강좌는 아니었다. 다만 비싼 등록금을 내고 소학교에서부터 시작한 16년의 학생신분을 마감하면서 그냥 빈둥빈둥하기도 아쉽고 더욱이 학생들 사이에서 이름이 널리 알려진 거물 선생님의 강의라 흥미를 갖기에 충분했다. 강의실은 지금의 대학본부가 있는 본관 중앙의 탑신부분 지붕 바로 밑의 4층. 수강생이 30명은 넘었던 것 같다. 처음 보는 선생님은 우선 무섭다는 인상에서 시작됐다. 머리는 높다랗게 깎아 올려 마치 무 머리에 붙은 이파리를 보는 것 같고 머리빗은 평생 사본 일이 없어 보였고 빗어본 일도 없는 것 같았다.

수염은 면도기가 지나간 지 사흘쯤은 되는 날의 모양새고, 양복 저고리에 점박이처럼 허옇게 묻어 있는 것은 처음에는 비듬인가 여겼는데 알고 보니 담뱃재다. 선생님은 엄청난 골초였는데 담뱃재를 손으로 터는 법이 거의 없다. 담배를 입에 문 채 입바람으로 불어 재를 날리는 기능이 신기에 가깝다. 거의 웃는 법이 없고 성품도 온순해 보이지가 않았다. 그러나 어쩌다 한번 웃으면 그 웃음의 표정이 세속을 떠난 선인仙人의 것처럼 그렇게 천진무애할 수가 없다. 선생님의 '한국근대정치사'는 결국 조선후기의 실학사상을 소개하는 것이었다. 그중에서도 반계磻溪 유형원柳馨遠에서 시작하여 성호星湖 이익李瀷, 다산茶山 정약용丁若鏞에 이르는 주로 성호학파星湖學派의 이야기다.

주류 집권세력인 노론老論에 의해 쫓겨난 기호畿湖 남인南人들이고 집권세력의 주자학적 원리주의에 맞선 실사구시·이용후생의 경험철학을 정치에 접목시키려 한 무리들이다. 요새 말하는 진보세력이었던 것이다. 국사학계에서도 천 선생님은 조선 실학 연구의 제1인자로 알려져 있었다. 그분의 강의는 『반계수록磻溪隨錄』, 『성호집星湖集』, 그리고 그의 사상을 이은 다산의 방대한 저서의 내용들을 발췌하여 그들의 사상과 삶을 설명하는 것들이다.

이들 실학자의 저서는 모두가 한문이라 흑판에 빽빽이 써놓은 행서체 글씨의 내용을 받아적기는 여간 힘든 일이 아니었다. 나를 포함하여 한문을 체계적으로 배운 사람이 그리 많아 보이지 않았다. "선생님 저거 무슨 잡니까?" 처음 몇 번은 정자로 써 가르쳐 주다가 묻는 횟수가 많아지자 그분은 모자라는 손가락 사이에 절묘하게 끼워놓은 분필은 칠판 위에 얹이 놓은 채 고개를 뒤로 돌려 질문자를 한참 노려보다가 말없이 다시 써내려간다. '이 한심한 놈들을 앞에 놓고 내가 강의를 하고 있구나' 하는 표정으로.

그럴 때면 나는 어차피 학점과는 무관한 강의라 쓰기를 포기하고 뒤돌아앉아 저 멀리 펼쳐진 청량리 일대의 채소밭과 그 속에 움직이는 사람들의 일상을 감상하는 것으로 시간을 보냈다. 그런 형편인데도 내가 이 강의에 꼬박꼬박 들어간 것은 말로 하는 대목의 강의 때문이다. 둔탁한 북소리를 내는 발성이라 모두들 다 알아들을 수는 없지만 천 선생님이 왜 이 방면에서 사학계의 일인자인지를 실감케 하는 알찬 강의 내용에 매료되었기 때문이다. 조선의 당쟁黨爭은 인조반정을 겪으면서 반정공신들을 중심으로 한 정파의 이백 년에 걸친 장기집권에 들어간다. 영조와 정조가 이 구도를 깨려고 애썼지만 결국 뜻을 이루지 못한다. 더구나 임진왜란과 병자호란의 참화를 겪으면서 민생은 도탄에 빠지고 심지어 양반계급도 생계를 걱정하여 체면을 벗어던지고 생활전선에 나서는 사회현상이 일어난다. 때마침 불어온 서학西學(기독교사상)의 영향을 받았지만 실학은 이러한 정치·경제적 사회상과 관련하여 발생한 것이다. 권력에 접근하는 것이 막힌 남인南人들이 할 수 있는 것은 학문밖에 없었고 그들 학문도 유학儒學의 한계를 벗어나는 것은 아니지만 주류 집권층의 주자학朱子學적 원리주의를 공론空論으로 몰아가는 것이다. 그리고 그들은 대거 유배를 떠난다. 탄압을 받았던 것이다.

이 시대를 연구하는 국사학자의 대부분이 절대권력에 밀린 민초의 편에 서서 반권력적 민중사상과 운동에 가담하게 되는 것이 그들의 연구분야와 무관하지 않다고 여겨지며 천 선생도 이에 예외는 아니었을 것이다.

말로 하는 설명이 끝나면 칠판은 다시 깨알 같은 흰 개미로 메워진다. 한 손에 지우개를 다른 한 손에 수없이 부러지는 분필을 계속 갈아 끼우고 분필가루를 무한정 마시면서 쓰기에 몰입한다. 원고는 교탁에 펼쳐놓고 가끔 뒤돌아볼 뿐 상당부분을 그냥 외우고 있는 듯했다. 분필이 흑판 왼쪽 끝에 이르면 다른 손의 지우개는 칠판의 오른쪽으로 가 지우고 거기에 다시 쓰기 시작한다. 그 동작이 너무도 자연스러워 적군에 둘러싸인 장수가 단기 필마로 포위망을 뚫고 나오는 모습을 연상케 한다. 그러면서 그분이 왜 청주삼절淸州三絶의 첫머리에 빠지지 않고 들어가는지를 실감케 하는 것이다. 천 선생의 그런 열정에도 불구하고 대부분의 시간 나의 시선은 청량리의 저 들판으로 옮겨져 있었다.

그런 나의 행동이 불손한 것이고 선생님이 화를 내고 있었다는 것을 알게 된 것은 그로부터 다시 반 년이 지난 뒤였다. 나는 그저 따라 적을 수가 없어서 무료했을 뿐이고 그래서 밖을 내다본 것이다. 학기가 끝나고 시험이 있었다. 시험에 응할까 말까 한동안 망설여졌다. 그러다가 일단 시험에 들어가기로 마음먹었다. 문제가 내가 필기하지 않은 곳에서 나오면 시간이 끝날 때를 기다렸다가 시험지를 접어가지고 나오면 된다고 판단했다. 수강신청을 해놓고 시험을 치지 않으면 학점이 없는 것인지 F학점이 되는 것인지도 궁금하고, 좀 켕기는 대목이다. 내가 긴장했던 것과는 달리 문제는 쉬웠다. 뜻밖이다.

갑자기 긴장이 풀어지면서 마음이 편해진다. 실학자의 문집에 나타난 개별학자의 사상이 아니라 그 시대와 실학의 일반적 사상동향에서 문제가 나온 것 같다. 그것은 내가 흥미를 가지고 비교적 열심히 들은 것이 아닌가. 답안은 20분 정도에서 완성됐다. 그리고 선생님 앞에 답안지를 내밀고 나왔다. 걱정이 어느 순간 눈 녹듯 사라진 탓일까 답안지를 내밀며 또 건방진 실언을 한마디 했다. "선생님 문제가 참 좋습니다." 천 선생은 느긋한 성격의 소유자가 아니다. 성격이 약간은 급한 편이다. 그런데도 내 말에 대한 반응은 없었다. 그래서 내 말이 천 선생님의 교육자로서의 자존심을 건드린 언사인지도 자각하지 못했다. 학점은 욕심보다 못한 B+, 나는 자신 있게 썼다고 생각했는데 말이다.

이듬해 3월이 되어서야 천 선생님이 나의 일련의 언동에 대해 기억하고 있었으며 몹시 화를 내고 있었다는 것을 알게 됐다. 1959년 3월 나는 조선일보 편집국에서 천 선생을 다시 만났다. 천 선생은 편집국장, 나는 수습기자로서다. 내가 그분을 만나러 갈 때 천 국장이 나를 기억해 주기를 바랐다. 단 한 사람의 아는 사람이 없는 생애 첫 직장에서 편집국장이 나를 기억해준다면 얼마나 큰 힘이 되겠는가고 기대했었다. 과연 천 국장은 나를 기억하고 있었다. 그러나 그 기억은 우호적인 것이 아니었다. 그분은 내 이름과 얼굴을 따로 기억하고 있었다. "당신이 이종식인 줄 알았으면 합격을 안 시켰다." 그분은 웃음기 없는 표정으로 이렇게 말했다. 지금의 내 처지는 고양이 앞에 웅크린 생쥐다. 편집국장과 수습기자의 거리가 얼마인데 이제 나는 죽었다. 나를 도와줄 이 없는 낯선 이 직장에서 유일하게 기대했던 분이 이런 모습으로 나타나다니 앞으로 나에게 다칠 고달픈 운명을 걱정하지 않을 수 없었고, 비로소 나의 수업태도에 대한 후회가 머리에 떠올랐다. 그러나 이미 엎질러진 물이다.

그런 긴장을 안고 몇 달이 흘렀다. 그리고 역전의 기회가 쉽게 찾아왔다. 우리들 수습기자는 취재 부서를 8주씩 돌아가며 현장수습을 했는데 내가 사회부 수습을 하던 어느 날 내 교육을 맡았던 조동오趙東午 선배가 지금의 세종문화회관 자리에 짓고 있는 전 건물인 시민회관을 취재해서 2백자 원고지 8장에 옮겨보라고 지시했다. 막연했지만 우선 현장에 갔다. 건설본부에 들러 뜻을 밝히고 몇 가지 자료를 얻었다. 규모라든가 예산, 공기工期, 내부시설 등 신문에 난다니까 당시만 해도 첨단시설인 무대가 어떻게 움직이고 조명이 어떻고 하는 것들을 잔뜩 들었다. 그러고 나오는데 참으로 희한한 장면이 연출되고 있었다. L자형 건물의 왼쪽은 탑신이다. 거기는 높이 때문에 철골로 구조를 만들고 있었는데 철골과 철골을 잇는 볼트 같은 것을 지상에서 벌겋게 달구어 던져 올리면 탑신에 매달린 다른 기능공이 쇠 쓰레받기 같은 것으로 반동을 주며 넙죽 받아 구멍에 끼우는 작업이다. 시뻘건 쇠뭉치가 하늘로 치솟는 것만으로도 볼거리인데 그것을 받아 끼워 넣는 일은 당시의 내가 보기에는 신기에 가까웠다. 이거다. 나는 취재를 다시 시작했다. 이 일을 얼마나 했느냐, 돈은 얼마나 받느냐, 몇 사람이 조를 이루느냐, 일거리가 많으냐는 등. 생각보다 월급은 적었다. 그리고 일거리도 그리 많은 편이 아닌 것 같았다. 생각을 바꾸어 나는 이 기능공의 이야기를 주제로 위에 앉히고 건설본부에서 얻은 자료는 뒤에 붙여 기사를 완성했다. 조동오 선배는 별로 고치지 않고 기사를 넘겼다. 이윽고 문선을 거쳐 기사는 교정쇄로 편집국장 책상까지 갔다. 교정쇄를 열심히 살피던 천 국장이 한 교정쇄에 시선이 멈췄다. "조 기자, 시민회관 얘기 누가 쓴 겁니까?" 둔탁하고 큰 소리가 사회부 쪽에 날아왔다. 조 선배는 옆에 있는 나를 가리키며 이종식이 썼다고 일렀다.

참으로 의외라고 여겼던지 천 국장은 한참 나를 쳐다보더니 싱긋 웃었다. 그것으로 그만이다. 나는 그분이 웃는 모습을 그때 처음 봤다. 그로부터 사흘쯤 뒤 조 선배와 나(다른 또 한 사람이 있었던 듯)는 천 국장의 소주파티에 초대를 받았다. 천 국장은 많은 얘기를 했다. 그리고 그분의 본성은 이때처럼 자상한 성품이라는 것을 알았다. 그분이 내가 수업을 받는 학생으로 청량리 들판을 쳐다보던 장면을 기억하고 있었다. 이제 기자생활 몇 달 안 되는 내 기사의 문장력이 제대로 되었을 리가 없다. 그럼에도 시민회관 기사로 해서 나를 다시 보게 된 것은 민초들의 얘기를 기사머리에 올린 얘기의 구성 때문이 아닌가 여겨진다.

그 뒤 얼마 있지 않아 천 국장은 자리를 옮겼다. 그분과의 관계를 이어줄 특별한 일들이 없어졌는데도 나는 그 뒤에도 가끔 천 선생을 만났다. 불광동 천 선생님의 20평 남짓한 'ICA 주택'에는 많은 사람이 찾아왔다. 주로 운동권 사람들이 많았겠지만 나같이 운동권과는 무관한 사람도 있었다.

박정희 대통령도 그분의 인간성을 기려 생활에 약간의 도움을 주려 했지만 단 한 번도 받아들인 적이 없었다고 했다.

이는 당시의 집권층과 세상 보는 눈이 달라서라기보다 권력의 도움을 받는 것은 언론인의 부끄러움이라고 여겼기 때문일 것이다. 명절이 임박해 어쩌다 양주 한 병 구해 찾아가면 결코 그냥 돌려보내는 법이 없었다. 사모님 시켜 안주 준비시키고 술병을 따야 했다. 둘이 앉아 한 병을 다 비워야 석방된 일도 있다. 그러나 그렇게 자주 찾아 뵈옵지는 못했던 것 같다. 천 선생님은 세상 보는 눈이 그분의 이름처럼 크고 넓은(寬宇) 것은 틀림없다. 그러나 내가 보기에 천 선생님의 행동은 유교적 예禮의 테두리 속에 있었다고 보인다. 나와의 적은 인연에도 천 선생은 해마다 연하장을 보내주셨다.

# 정열의 필봉 민국일보 지휘탑

계창호

사단법인 북한연구소 소장 · 전 경향신문문화방송 이사

천 국장은 최고의 신문을 만들기 위해
쟁쟁한 기자들을 대거 스카우트해
최초 에디토리얼 페이지 등 언론에 돌풍
그야말로 신문제작의 신기원을 열었다.

### 민국일보와 함께 시작된 인연

"계 형, 아직 다 안 됐어요?" 한참 기사 쓰느라 정신이 없는데 언제 다가왔는지 바로 등 뒤에서 천 국장(나는 만나서부터 계속 이렇게 불렀기 때문에 달리 호칭을 붙이는 것이 오히려 이색하다)의 음성이 들렸다. 사옥 2층에 자리한 편집국 홀에는 편집, 정치, 경제, 사회 등 각 부서가 죽 들어서고 서쪽에 유리로 칸막이를 한 국장실이 있었으며, 내가 일하던 문화부는 남쪽의 유리창 벽을 사이에 두고 홀과 떨어져 있었다. 천 국장은 국장실을 나와 편집국 홀을 지나 일부러 문화부까지 온 것이다.

"잠깐만요, 다 됐습니다." 내가 몇 줄 더 마무리할 때까지 천 국장은 곁에 그대로 지켜 서 있다가 내가 펜을 놓고 일어서자 그제야 앞장을 섰다. 나는 급히 원고를 편집부에 넘기고 천 국장 뒤를 따랐다.

우리가 가는 곳은 정해져 있었다. 지금은 다 없어졌지만 신문사 옆을 끼고 돌면 음식점들이 여럿 있었는데 그 속에 작지 않은 설렁탕집이 하나 있었다. 천 국장과 나, 이렇게 두 사람은 점심때면 으레 이곳에 와서 설렁탕을 먹었다. 천 국장이 다른 약속이 있을 때면 몰라도 이 일정은 거의 매일 되풀이되었다. 다른 사람도 많았는데 왜 천 국장이 늘 나를 설렁탕집에 데리고 가곤 했는지 나는 모른다.

"계 형, 자 한잔!" 천 국장은 나를 꼭 '계 형'이라 불렀다. 형이란 호칭은 예부터 비록 손아래라도 점잖은 선비가 더러 쓰는 것이고 과례는 아니라고 하지만 나이가 10년이나 차이가 나 학교도 직장도 대 선배가 되는 터에 '계 형'이라니 듣기 민망해서 여러 번 말렸지만 소용없었다.

천 국장은 애주가였다. 그리고 육중한 체격 탓일까, 두주불사의 호주가였다. 점심 설렁탕에도 큼직한 보리차 잔 가득히 채운 소주를 두세 잔씩 꼭 곁들였다. 이렇게 서너 달을 천 국장 따라 술을 마시자 결국 배탈이 났다. 밥맛이 떨어지고 자꾸 속이 메슥거려 병원에 갔더니 급성위염이라고 했다. 덕택에 그로부터 석 달은 술 한 모금도 입에 대지 못하고 고생했다. 천 국장이 영국정부 초청으로 출장가게 돼 설렁탕과 소주로 상한 내 위도 휴가를 얻은 셈이 되었다.

천 국장 지휘 아래 대한민국 일등 기자들이 전력투구한 끝에 민국일보는 그야말로 일취월장, 욱일충천의 기세로 사세를 불려나갔다. 갓 나온 민국일보가 발행 석 달 만에 4만을 기록했다. 그때 1위의 동아일보 부수가 20만, 한국일보가 15만, 조선일보가 10만, 경향신문이 6만이던 때이다. 놀라운 고속성장이었다. 1960년 7월 5일에 출발해 1960년 11월 천 국장이 떠날 때까지의 불과 5개월의 민국일보는 한국언론에 돌풍을 일으킨 기적의 신문이었다. 특히 민국일보는 우리 신문사상 최초로 에디토리얼 페이지를 만들어 신문제작의 신기원을 열었다. 신문 2면에 배정된 이 페이지에는 가로 머리에 2편의 사설을 싣고 그 아래에 논단과 독자의 편지를 싣는 구도였다. 지금은 보편화되어 있지만 저명인사의 시사논평을 매일 싣는다는 것은 당시로는 대담한 시도였다. 그날그날의 국내외의 모든 문제에 대해서 그 분야의 전문가와 권위인사의 논평을 싣는다는 것은 그리 쉬운 일이 아니었다. 그만큼 반향도 컸다. 이 에디토리얼 페이지를 천 국장은 내게 맡겼던 것이다. 아마 사상계의 경력을 샀던 것 같다.

당시 미 대사관은 민국일보를 경이적인 퀄리티 페이퍼라고 극찬했고 정진석 교수는 『한국언론사연구』에서 요절한 정열의 필봉이요, 한국신문역사의 충격이라고 평가하고 있다. 천 국장도 화려한 신문기자 경력 중에 가장 보람차고 또 정열을 다했던 때는 민국일보 편집국장 시절이었다고 생전에 술회한 적이 있다.

### 민국일보 탄생과 '천관우 사단'

4·19혁명 이후의 한국은 혼돈과 희망이 뒤엉킨 나라였다. 자유당 정권이 무너지고 이승만 대통령은 하와이로 망명했고 이기붕 일가는 자살했으며 곽영주, 최인규 등 3·15부정선거와 발포의 책임자가 처형되었다. 자유당은 추풍낙엽이 되고 자유당 중진들은 부정축재로 몰려 전전긍긍하고 있었다. 이런 와중에 서울신문 사장을 지낸 고 석천 오종식 선생이 자유당 거물 김성곤 씨가 발행하던 연합신문을 접수하기로 장면 정부와의 협의를 끝내고 소위 점령군을 편성, 천 국장을 편집국장에 선임했다. 이에 따라 천 국장은 최고의 신문을 만들기 위해 노석찬, 안정모, 김경환, 김성우, 이목우, 조동오, 이어령, 권도홍, 김중배 등 도하 각 일간지에서 쟁쟁한 기자들을 대거 스카우트해 편집국 진용을 짰다. 나도 사상계사를 그만두고 여기에 합류했다.

그러나 '오종식 군단'의 연합신문 접수는 뜻대로 되지 않았다. 1960

년 5월, 졸지에 신문사를 빼앗기게 된 노련한 김성곤은 한국 언론사상 최초의 친위노조를 급조하여 '외세의 진입'에 대항했다. 지금의 롯데백화점 자리에 있던 연합신문 사옥 정문에는 '연합신문을 사수하자', '오종식 결사반대' 등의 커다란 플래카드가 내걸리고 연합신문 사원 이외의 출입이 엄격히 차단되었다. 일이 꼬이자 오종식 선생은 백방으로 대책을 강구해 보았지만 김성곤 씨의 완강한 저항으로 사태는 풀리지 않았다. 자유와 민주를 표방한 신생 장면 정부로서도 사원이 집단으로 막아서는 상황에서 강경으로 밀어붙일 수 없었다. 오 선생은 새 진용에 합류하기로 한 이어령 씨(당시 서울신문 논설위원)와 연합신문 편집국 내부에 나름대로 정보라인을 가지고 있던 나를 불러 매일 10시쯤 연합신문 맞은편 골목에 있던 작은 일식집에 나와서 사태의 추이와 연합신문 내부의 움직임을 점검하곤 했다. 그러나 여러 날이 지나도 연합신문 내부의 공기는 전혀 호의적으로 변하지 않고 사태의 해결 기미가 보이지 않았다.

난처하게 된 것은 천 국장이었다. 5월이 다 가고 6월이 되어도 연합신문 입성의 실마리가 안 보이자 사표를 던지고 나온 '천관우 사단'에 합류했던 엘리트 기자들의 생계가 걱정이 된 것이다. 한두 사람 이탈자도 생겨났다. 천 국장은 대안을 당시 여당지인 세계일보에서 찾았다. 세계일보는 자유당 국회의원이자 발행인인 김원전 씨의 고려제지가 재정적 배경이었다. 천 국장과 김원전 씨는 세계일보의 경영과 편집을 분리하여 천 국장이 편집권과 편집국 인사권을 독점적으로 행사하고 제호를 민국일보로 바꾸어 발행하기로 전격 합의한 것이다. 이렇게 해서 연합신문 입성 좌절로 어정쩡해 있던 천관우 편집사단은 그대로 남대문의 세계일보사로 들어갔다. 그리고 1960년 7월 9일 우렁찬 고고의 소리를 울렸다. 이것이 비록 단명이었지만 신문사 운영이나 편집진용, 신문체제와 스타일, 그리고 보급 확장의 속도 등에서 획기적인 기록을 우리 언론사에 남긴 민국일보 탄생의 역사이다. 나의 천 국장과의 인연도 이 민국일보에서 비롯된 것이었다.

지금까지 기억되는 민국일보 창간 당시의 편집국 진용은 다음과 같다.

편집국장 천관우

편집부국장 조동건

편집부장 김경환 기자 김성우 남재희 권도홍

정치부장 노석찬 차장 조세형

경제부장 안정모

사회부장 이목우 차장 조동오 기자 김중배

문화부장 최일남 차장 황운헌 기자 이홍우 이홍렬

**술에 얽힌 추억**

천 국장이 발행인 측과의 의견충돌로 민국일보를 떠나면서 편집국은 와해되고 민국일보는 급전직하, 쇠락의 길을 걷다가 마침내 1962년 1월 13일 문을 닫았다. 천관우 사단에 합류해 민국일보에 왔던 기자들은 천 국장이 떠난 때를 전후해 거의 다 원대 복귀했다. 일간지 맛을 본 나는 사상계사에 돌아가지 않고 계속 신문사에서 일하고 싶었지만 내게는 돌아갈 신문사가 없었다. 발행인 측에서 잔류파인 조세형 씨를 통해 잔류권유가 있었지만 천 국장이 없고 천 사단이 흩어진 뒤의 황량한 민국일보에는 남기는 싫었다. 사정을 들은 천 국장은 자기가 추천해 줄 테니 걱정하지 말고 아무 신문사나 가고 싶은 데를 찍으라고 했다. 잠깐 고민에 빠졌던 나는 동아, 조선이 연조나 사세로 보아 좋기는 하나 나이 젊은 나에게는 분위기가 무거울 것 같았다. 그래서 창간한 지 얼마 안 됐지만 젊은 신문사로 혜성처럼 상승하고 있는 한국일보를 택했다. 천 국장에게 그 뜻을 전한 지 단 이틀 만에 장기영 한국일보 사장으로부터 만나자는 연락이 왔고 그렇게 해서 나는 한국일보에 둥지를 틀게 되었다.

그해 겨울 그믐날 밤 나는 쇠갈비 반 짝을 싸 들고 불광동의 천 국장 자택을 찾아갔다. 늦게 신문사 일을 마치고 고깃간에 들렀다가 물어물어 천 국장 댁을 찾아 당도하니 밤은 이미 깊어 있었다. 사방은 죽은 듯이 고요하고 흐린 불빛만 담 넘어 창밖으로 보여 대문 한쪽 위에 달린 초인종을 눌렀다. 늦은 밤에, 그것도 섣달 그믐날 한밤중에 초인종이 울렸으니 안에서 무척 의아해했으리라. 이윽고 부인이 대문을 열어주어 깜깜한 마당에 들어서니 희부연 한복을 입은 천 국장이 반갑게 맞아주었다. 천 국장을 따라 안방에 들어가 인사를 하고 이런저런 얘기를 나누고 있는데 부인이 내가 들고 간 갈비로 주안상을 차려 내왔고 천 국장과 나는 술잔을 나누며 시간 가는 줄 몰랐다. 그러자 통금예비 사이렌이 울려 황급히 일어서려는데 천 국장이 술 좀 더하고 여기서 자고 가라고 굳이 붙잡았다. 나는 넉살 좋게 주저앉아 주거니 받거니 술을 마시는데 멀리서 제야의 종소리가 들렸다. 나는 벌떡 일어나 넙죽 엎드려 절을 올렸다. "새해 복 많이 받으시고 강건하십시오." 천 국장이 황급히 맞절을 했다.

이렇게 나는 천 국장과 함께 묵은해를 보내고 새해를 맞았고 나란히 이불을 깔고 잠깐 눈을 붙였다. 그리고 새벽이 가까워서 새해 세배꾼들이 오기 전에 천 국장 댁을 나섰다. 나의 이 같은 그믐날 습격 외박은 내가 1964년 결혼할 때까지 해마다 계속되었다. 돌이켜보면 나에게는 더없이 귀한 추억이지만 부인에게는 한밤에 술상 심부름을 시키고 남편과 각방을 쓰게 만드는 젊은 불청객이 반가울 리 없었을 것이다. 그저 송구스러울 따름이다.

천 국장과의 술에 얽힌 추억은 또 있다. 1965년 미 국무성 주선으로 인디애나 대학과 미국 동·서부 신문사에서 소정의 수업을 마치고 귀국하는 길에 나는 유고슬라비아에 들어가 4일을 머물고 온 일이 있다. 당시 유고는 티토 대통령의 냉전 속 비동맹 외교정책으로 세계의 이목을 집중시키고 있어서 신문기자라면 어떻게든 한 번 가보고 싶은 나라였다. 그러나 비동맹이라 해도 유고는 어엿한 공산국가였다. 따라서 사전 우리 공안당국의 허가가 필요했고 또 유고가 과연 입국비자를 내줄지도 의문이었다. 어쨌든 두 관문을 잘 넘기고 단 나흘이라는 짧은 시간이었지만 흥분되고 유익한 유고여행을 무사히 마치고 귀국했고 귀국 다음 날로 인사차 천 국장을 찾아갔다. 천 국장은 그때 동아일보 편집국장이었다.

마침 점심시간이어서 천 국장은 나를 데리고 근처의 중국집으로 갔다. 2층 작은 방에 자리 잡은 천 국장은 요리에 배갈을 시키고 내 미국 수학 얘기와 특히 유고 견문 얘기를 흥미롭게 들어주었다. 그리고 나에게 『신동아』에 싣도록 유고 기행문을 쓰라고 했다. 그러나 유고여행 사실을 일체 공개하지 않기로 공안당국과 미리 약속했던 터라 기행문 게재는 불발로 끝났지만 어쨌든 두 시간이 훨씬 지나 우리가 일어섰을 때 나는 다리가 휘청했고 방 한쪽 벽엔 빈 배갈 병이 두 줄로 늘어서 있는 것이 보였다. 나는 가까스로 천 국장을 모시고 갔다. 천 국장은 내 작별인사를 받고 의자에 털썩 앉자마자 드르렁 코를 곯았다. 나는 허겁지겁 화장실로 달려가 속에 있는 것을 모두 토해냈다.

천 국장은 6척 거구에 형형한 안광으로 사람들을 압도하였다. 그리고 해박한 학문적 지식과 예리한 통찰력으로 사람들을 제압했다. 그러나 그 속에는 인간적 자애가 스며 있었다. 불의와 비굴을 타기해 추호도 타협하지 않는 반면 온정과 배려로 부하들을 품었다. 그래서 천 국장을 따르는 신문기자가 많았다. 이제 천 국장이 세상을 등진 지 20년. 세월이 흘러도 천 국장의 흔적은 내 가슴에 영원한 그리움으로 남아 있다. 그리고 다시 더한 배탈이 나더라도 천 국장이 주는 술을 마시고 싶은 마음 간절하다.

# 우람한 기상 '천하의 천관우'

김진배

전 국회의원 · 전 동아일보 기자

다른 신문들이 사설은커녕
단 한 줄의 기사도 쓰지 못하던 그 시기에
'중앙정보부' 이름을 똑똑하게 박아….
철석같은 결단이 아니면 할 수 없는 일.

1985년 정초 나는 내가 사는 북가좌동에서 멀지 않은 역촌동 송건호宋建鎬 국장 집으로 세배를 갔다. 상 위에는 쓰다만 원고 더미가 너부러져 있고 방 한쪽 석유난로 위에 놓인 주전자 주둥이로 김이 가물거렸다. 조금 전에야 불을 피웠는지 방은 냉기가 감돌았다. 송 국장은 전쟁 때 더러 보던 옷깃이 목까지 감싼 국방색 '도꾸리'를 입고 무릎 밑 썰렁한 방바닥에 두 손을 넣고 있었다. 교도소에 다녀온 지 꽤 된 탓인지 항상 동안인 얼굴은 한두 해 전과 다름이 없는 듯이 보였다. 마땅한 말머리를 꺼내기 어려워 서로 머뭇머뭇하는 사이 송 국장은 남의 일처럼 말을 꺼냈다.

"우리같이 술 담배 않는 사람은 형무소도 견딜 만해요."

"오죽하겠습니까, 견딜 만하면 왜 형무소 보내겠어요?"

"아, 참. 김 형, 차 있지요? 지금 나하고 어디 좀 같이 갑시다."

전두환 정권 5년째 되는 1985년 1월은 겉으로는 쥐 죽은 듯이 조용했다. 어느 신문 할 것 없이 침묵이 강요되었고 반체제 사람들은 몸부림치면서도 연결고리를 찾지 못하던 그런 질곡의 세월이었다.

10분도 되지 않아 우리는 불광동 안쪽 좁은 골목에 있는 이른바 '국민주택' 앞에 닿았다. 천관우 선생 댁이었다.

여느 때처럼 판자 대문은 활짝 열려 있었다.

"천 선생님 계세요우!"

송 국장은 무슨 좋은 일이라도 있는 듯이 활기가 넘쳤다. 천 선생은 한겨울인데도 맨발로 계셨는지 두 손으로 양말을 당겨 신으며 현관 쪽으로 나와 우리를 맞이했다.

"하, 내가 송 국장 문안을 가야 할 텐데 송 국장이 내 집까지 오시다니!"

나는 불광동 입구에서 산 닭 튀김 한 봉지와 진로 소주 두 병을 들고 방 안으로 들어섰다. 20여 권 되는 『한화대사전漢和大辭典』, 동양역사사전, 인물사전, 국사사전 등이 육중한 서가에 가득 채워져 있었다. 방 한쪽 석유난로 위에 놓인 주전자 물이 끓고 있었다. 물은 끓는데 손님은 없었다. 정초에서 겨우 한 사날 지났나, 여느 때 같으면 손님들이 비글버글하는 천 선생 집이 이렇게 썰렁할 수가 있나. 몇 년 전까지만 해도 아침이고 저녁이고 손님들이 버글버글했다. 문 밖에 남산이다, 보안사다, 사복형사다 하는 사람들이 누가 들랑거리는지 은밀하게 체크하고 있었지만 적어도 이 집에 출입하는 사람들이 그런 걸 개의하지는 않았다. 자유의 성벽이었다. 천 선생은 아주 소탈하면서도 겸손했지만 황제의 기풍이었다. 그런데 이렇게 썰렁할 수가 있나. 세상에서는 천 선생이 변했다고 쑥덕거렸다. 무슨 민족통일협의회 의장이라던가 국정자문위원이라던가 하는 감투를 쓰고 있다는데 집안은 흔히 말하는 훈김이 없었다. 다들 웬만하면 식모(가정부)나 심부름하는 아이를 두고 살 그 무렵 어린 자기 딸에게 차 심부름을 시켰다.

"희숙아, 차 좀 맛있게 날여줄까?"

"차보다 소주 한잔 합시다. 이거 가져온 걸로, 닭 튀김에 혹 북어무침이나 멸치도 좋고요."

추위를 소주로 녹이려던 내 말은 한 마디로 끊겼다.

"송 국장은 술 안 하시죠. 나도 며칠이라도 입에 대지 않으려고 해요."

날씨며 그렇고 그런 얼마 전 분위기라며 아주 쓸데없는 하찮은 시정 이야기를 하다 송 국장은 불쑥 "이李 아무개 잘 아시지요?" 하며 한 손으로 서류봉투를 꺼내면서 지나가는 말처럼 "이거 좀 풀어달라는 탄원선데 선생님 이름 한 줄 써주시면 큰 힘이 될 것이라 해서 갖고 왔습니다."

그는 천 선생 얼굴도 보지 않고 사인펜을 꺼내 사인할 곳을 가리켰다.

"이거, 그런 일 제가 잘 하지 않습니다. 양해해주세요."

"국회에 있는 송지영 씨도 하고 경향신문 최 아무개, 이 아무개, 동아나 조선에서 많이들 했습니다. 이렇게…."

"나와야지요. 몸은 풀어줘야지요. 하지만 아시다시피 내가 지금 정부 일에 자문하고 있는 처지에 이렇게 서명하기는 좀…. 그분들 사정과는 좀 다릅니다."

"탄원서 아닙니까. 뭐 정부가 잘못했다는 게 아니고, 그저 형집행정지든지 가석방이든지 특사해 달라는 건데…."

"그 이야기는 그만하지요!"

'3선개헌'을 시작으로 1970년대의 이른바 유신과 긴급조치의 살얼음 속에서 박정희 독재를 선두에서 규탄하고 붓대가 쥐어지면 붓대로, 붓대를 빼앗기면 비밀문서로 반정부 민주화선언의 최전선에 섰던 대중운동의 지도자 천관우의 모습과는 전혀 달랐다. 송 국장은 그런데도 마치 탄원의 취지를 설명하는 자기의 정성이 부족하거나 혹 천 선생과 이 아무개와 사이에 무슨 껄끄러운 관계라도 있는 것이 아닌가, 돌아오는 차 속에서 고개를 갸우뚱하면서 몇 번이나 내게 물었다.

내가 천 선생을 가까이서 처음 뵌 것은 1964년 2월 초였다. 나는 마침 결혼청첩인으로 편집국장이던 천 국장을 모셨다. 결혼답례로 넥타이 한 개와 와이셔츠 한 장을 들고 불광동 천 국장 댁을 방문, 예물을 내놓았다.

"가져가세요. 내 몸에 맞는 와이셔츠가 없어요."

"미도파에서 제일 큰 걸 골랐으니까 맞을 겁니다. 한번 입어나 보십시오. 누구 아이들이라도 주시든지…."

대학쯤 다니는 아들이나 동생이 있겠다 싶어 넘겨짚고 한 말이었다.

"그런 사람 없어요. 호의는 고맙지만 가져가세요. 넥타이만 받지요."

그 말을 듣고 천 국장을 바라보니 언뜻 보기에 허리그기가 내 곱은 되어 보였다. 목도 마찬가지 비율이었다. 하지만 그렇게 사람을 무색하게 할 수 있나. '태극당' 케이크 한 상자나 '백화' 정종 한 병이면 너끈하게 끝낼 답례를 맞지도 않을 넥타이며 와이셔츠를 들고 온 내가 멍청했지.

천 국장 댁에 오기 전 주례를 서주신 이희승李熙昇 사장을 댁으로 찾아뵈었을 때와는 딴판이었다. 그때는 넥타이와 가장 작은 와이셔츠 한 벌을 내놓았다.

"아이구, 이런 걸 다 들고 오고, 빈손으로 오지. 신접살림에 돈도 많이 들었을 텐데. 김 군, 그렇지 않아?"

주례를 하실 때는 나나 비슷한 키로 보였는데 웬걸 방바닥에 바로 마주앉아 보니 헐렁해서 도저히 입기 어려울 듯이 보였다.

"크실 것 같습니다. 어떻게 좀 작은 걸로 바꾸어 드리지요."

"괜찮아, 괜찮아요. 두 번 수고 끼칠 것까지 있나. 내 몸이 작은 게 흠이지!"

사장은 좋은 할아버지, 편집국장은 말 그대로 고약한 큰 형님 같았다.

천 국장을 앞에 두고 '국장님' 이라고 불러본 건 아마 이때가 처음이자 마지막이 아니었나 싶다. 나는 그가 동아, 조선, 한국 어디에 있든 직책이 뭐든 '천하의 천관우' 라는 이름 석 자로 통하는 사람으로 알고 있었다. 거기에다 명성 못지않게 우람한 체구에 압도되었다. 직함이 아무리 자랑스럽더라도 내게는 '선생님' 이 최고의 존칭이었다.

'선생님' 을 가까이서 접한 것은 이른바 신동아 차관借款 사건 때다. 1968년 12월호에 『신동아新東亞』는 '차관특집' 을 했다. 그 가운데 정치부에서 국회를 출입하던 나와 경제부에서 기획원을 출입하던 박창래朴昌來 기자가 공동으로 쓴 차관과 정치자금과의 관계를 다룬 기사가 문제가 되어 정보부의 탄압으로 신문사가 쑥대밭이 된 그 무렵이었다.

'김종필 공화당 의장 탈당' 특종으로 '한국기자상' 을 타고 그 선심으로 3주일 동안의 동남아여행을 마치고 귀국하던 나는 김포공항에서 정보부원에 의해 남산에 연행되어 닷새 동안 밤샘신문을 받았다. 한밤중에 풀려나 회사에 가 있으라고 해서 신문사 내 자리에 앉아 있는데 천 주필한테서 전화가 왔다.

"남산에서 잠깐 물어볼 게 있다면서 당신하고 같이 들어오라는데 같이 갑시다."

남산의 내 담당한테서도 같은 뜻의 전화가 왔다. 한겨울의 오후 3시쯤일까. 남산의 중앙정보부 정문 초소에 동아일보 깃발을 펄럭이며 군청색 지프가 들어서자 초소 옆 안내소에 있던 직원이 물었다.

"어디 차요? 어디 가시오? 비표 있소?"

으레 하는 식으로 퉁명스럽게 물었다. 육중한 체구의 천하의 천관우가 꽥 소리쳤다.

"당신들이 좀 보자고 불러서 오는데 손님을 당신들이 안내해야지, 거 무슨 소리를 그렇게 하시오. 연락해 보시오! 어디서 불렀는지."

한참 여기저기 연락하더니 군번표 같은 비표를 지프 앞자리 문을 열며 홀쩍 던졌다. 천 주필은 다시 호통치며 초소 쪽으로 되던졌다.

"이거 개표요? 국가기관이 어디 그럴 수가 있소!"

죄지은 놈은 과천부터 긴다지만 정보부 초소부터 호통치는 천관우, 나는 통쾌했다. '저런 거물도 있구나!' 하고. 그 전날 천 주필은 통단짜리 장문의 사설로 '중앙정보부'를 정면으로 규탄하며 본사의 입장을 밝혔다. 제목부터 분명했다.

「상賞 줄 일이지 벌罰 줄 일 아니다」(1969년 11월 29일자 석간 2면)

다른 신문들이 사설은커녕 단 한 줄의 기사도 쓰지 못하던 그 시기에 동아일보는 '중앙정보부'라는 이름을 똑똑하게 박아 정면으로 치고 나왔다. 천 주필의 결단이 아니면 할 수 없는 일이 아니었을까. 그때 분위기로 보아 누가 썼더라도 썼을 것이다. 그러나 이렇게 명쾌하게 쓸 만한 사람은 누구다 누구다 하는 쟁쟁한 논설위원들 가운데 천 아무개밖에 없었다고 한다.

이런 일이 생각난다. 한밤중에 남산에서 풀려난 나는 그 이튿날 아침 바로 회사 간부들께 심려를 끼쳐 죄송하다는 인사를 드렸다.

"김진배 씨, 애썼어! 잘 썼어. 더 열심히 해야지. 하하!"

그는 반공법, 국가보안법, 출판물에 의한 명예훼손 등 온갖 무시무시

한 죄명으로 얽혀지고 있는 피의자를 이렇게 고무 찬양했다.

"몸은 괜찮은가, 옳은 말이라고 다 쓰는 건 아닌데…."

"멀라고(왜) 그런 것까지 썼어?"

사설을 쓴 주필의 반응은 맨 먼저 인사드린 이런 분들의 반응과는 크게 달랐다.

천 주필은 며칠 회사에 나오지 않았다. 나는 죄송하기도 하고 궁금하기도 해서 불광동 집으로 찾아뵈었다. 마침 이사한 분이 와 계셨다.

"뭐, 어려워 마시고 하실 말씀이 있으면 말씀하세요. 이 구석진 곳까지 오셨는데."

"고생도 많이 하셨는데 푹 쉬시랍니다. 그런데 제 생각으로는 형식이지만 병가든지 휴가든지 내시는 게 어떨까 해서…."

"허허, 그런 게 필요하답디까? 쓰지요."

그는 책상 위에 놓인 흰 종이에 붓으로 북북 써내려갔다. 이사理事 사임서였다. 오른쪽 가운데 손가락 마디는 없어도 여전히 달필이었다. 그 뒤 몇 년 동안 동아일보에서 '천하의 천관우'는 사라졌다.

### 내가 조사부 차장으로 있을 때던가

"김 형! 나 천관운데 우리집에 잠깐 좀 들러주시겠어요?" 신문사에서는 천 선생의 생계를 위해 인촌仁村 전기나 동아일보 사사社史 자료를 모으는 일을 맡겼다. 『3·1운동 50주년 기념논문집』의 편찬 책임도 맡겼다. 천 선생은 한 100장쯤은 될 만한 끈으로 묶은 원고뭉치를 내주며 사실관계를 확인해보라는 부탁이었다. 학자나 명사들의 논문을 신문기자인 나에게 '검토'를 맡기다니 과분 정도가 아니라 불가능한 일이어서 일언지하에 "제가요?" 하며 사양했다. 하지만 상대는 작심한 듯이 밀어붙였다.

“작년에 「차관」 쓴 걸 보니까 아주 논리적이요, 학구적이랄까, 김 형 같으면 능히 할 수 있어요. 여기 백 총장(백낙준) 원고 좀 검토해주시오. 시간은 좀 있으니까 한 1주일 꼼꼼하게 보아주시오.”

들자니 허리가 부러질 것 같고 놓자니 죄송하고 “옛다, 모르겠다.” 하고 집으로 원고 뭉치를 들고 왔는데 후회막심이었다. 건방지기로 잔뼈가 굵은 터여서 석학이다 대학총장이다 하는 이름 석 자에 기죽을 일은 없지만 80노인의 글씨는 한글은 물론 영문도 알아먹기가 힘들었다. 남의 원고에 손을 댈 수도 없어서 아마 열 번은 통독한 다음 엽서 크기만 한 내 전용 연구용 메모지를 꺼내 하나하나 문제점을 1, 2 하는 식으로 적어나갔다. 우선 청탁한 원고 제목이 「3·1운동까지의 외국인에 대한 여론」인데 내용의 대부분이 합방 이후 3·1운동까지의 10년은 거의 없고 대부분 20세기 초 10년으로 초점이 어긋나 있었고 영문이든 국문이든 원주보다는 재인용이 많았다. 이런 논문을 꼼꼼하게 보기는 처음이지만 우선 격이 크게 떨어지는 것으로 느꼈다. 분석이 아니라 주장이 앞선 대목이 눈에 띄었다.

며칠 뒤 10여 가지 항목을 적어 천 선생께 드렸더니 무릎을 치며 말했다.

“바로 그거요. 원고청탁을 김 형이 받았으니 갖다 드리고 그런 방향으로 고쳤으면 하고 말씀드리세요. 이걸 그대로 실을 수는 없다고 정중하게 말씀드리세요.”

나는 백 총장을 댁으로 찾아가 뵙고 죄지은 사람처럼 차근차근 이런 걸 좀 손보아주시면 어떨까, 제 외람된 생각입니다마는 하고 운을 떼었다. 백 총장은 벌컥 화를 내었다.

“이건 내 견해요. 내가 내 명예를 걸고 책임지는 겁니다. 신문사 누가 그런 소리를 하는지 모르나 학계의 상식에 어긋나는 일이 아니겠습니까?”

이 말을 전해 들은 천 선생은 단호했다.

"백 총장의 명예만 있고 동아일보의 명예는 없습니까? 발행인 편집인의 이름을 거저 올려놓은 게 아닙니다. 고치기 전에는 원고 안 받습니다. 원고료는 일간 보낸다고 전해주세요."

용재庸齋 백낙준白樂濬 총장에 비하면 천 주필은 소장이다. 그런데도 학문에 대한 열정은 불덩이 같았다. 양쪽을 몇 번 드나들다 나는 확실하게 동아일보 편을 들었다. 아무런 이유 없이 정부 비위에 거슬리는 사설 하나 썼다 해서 쫓겨난 천 주필이 그 불광동 냉방에서 쏟아내는 현대사 개척의 열기 앞에 나는 무릎을 꿇었다.

백 총장의 원고 손질 시비를 겪으며 나는 천 선생의 총명 못지않게 학자로서의 성실성에 탄복했다. 천 선생은 누가 옆에 있으나 없으나 나를 대놓고 칭찬했다. 기자로서뿐만 아니라 학자도 될 수 있겠다고 추켰다. 그 이듬해 동아일보 창간 50년을 맞아 『신동아』에 「동아인맥 50년」이라는 제법 묵직한 원고를 쓰게 하고 신동아 부록으로 낸 『한국근대인물 100인』에 '가인 김병로(초대 대법원장)'를 쓰게 된 것은 천 선생의 청탁과 격려 덕이었다.

아마 그 무렵이었다. '신동아 사건' 사설로 주필 자리에서 쫓겨난 천 선생은 얼마 지나지 않아 이사 겸 정책위원이라는 직책을 받아 복직되었다. 무슨 일이 맡겨졌는지는 모르나 우선 선생의 방부터 한데였다. 3층 편집국에서 쇠사다리 난간을 타고 내려오면 2층 옥상에 옥탑방처럼 붙은 서너 평쯤 될까, 아주 좁은 방이었다.

"바쁘시지 않으면 지금 잠깐 내 방에 들러주시겠어요?"

앉자마자 그는 어느 중학생이 쓴 것 같은 삐틀삐틀한 원고 조각 하나를 내어주시며 보라 했다. 흰 종이 위에 세로글씨로 쓴, 문서도 아니고 원고도 아닌 걸 보라니 어리둥절하여 그저 보는 둥 마는 둥 대충 훑어보았다. 반정부낙서 같은 느낌이었다.

"다 보실 건 없고 대강보세요. 우리 입장을 밝히는 성명이랄까 선언인데 해위海葦 윤보선尹潽善, 애산愛山 이인李仁, 현민玄民 유진오兪鎭午, 양일동 씨, 윤제술 씨한테 가서 그 취지를 이야기하고 서명을 받아 주십사 해서…. 어때요, 수고 좀 해주시겠어요? 집은 아시죠?"

덜컥 가슴이 내려앉았다. 정보부가 눈앞에 어른거렸다.

"제가 해야 합니까?"

"누구 맡길 사람이 없어요. 시간도 없고…."

거절하는 데는 시간이 걸리지 않는다. "생각해 보지요." 하면 그만이다. 지금 천 선생 손에 쥐어진 서명 받을 쪽지(2 * 5cm쯤 될까) 서너 장을 받지 않으면 그만이다. 그 일이 지식인이라면 아니, 흔히 말하는 민주시민의 한 사람이라면 서슴없이 해야 할 일이라고 말하고 써왔다. 하지만 아무리 성스러운 일이라 하더라도 신문사에서 밥 먹고 사는 내가 할 일은 아닌 듯싶었다. 그럼 동아일보 정책위원이 할 일인가. 나는 그가 '민주수호국민협의회', '민주회복국민회의'를 광화문 한복판에서 이끄는 걸 보았다. 극비의 일을 당당하게 해내는 게 신기했다.

"수십시오. 다녀오겠습니다."

우람한 기상, 물러설 줄 모르는 패기에 기가 죽었다.

# 역사를 기록한 행동의 언론인

최서영

전 코리아 헤럴드 사장·한남대 초빙교수

동료기자 몇몇이 선생을 모시고 한문 공부
덧붙여 위암, 단재의 민족사관과 언론활동 등
강의는 폭넓게 진행되었는데
스스로 이 반열의 후계자임을 자부….

"역사와 신문은 사실의 기록이라는 점에서 공통된 일면을 갖는다. 다만 신문은 오늘의 역사요 역사는 어제의 신문이다. 따라서 신문은 직시直時의 공시를 위한 것으로 현재의 비판을 위한 것이라면 역사는 미래의 비판을 위해 예비하는 것이라 할 수 있다."

이것은 천관우 선생이 「언관言官 사관史官」이라는 글에서 밝힌 그의 투철한 언론관이다.

역사학자이면서 당대의 대논객이었던 천관우 선생은 이런 신념으로 일생을 보낸 언론인이다. 더욱이 그는 골방에 앉아 붓만 놀린 서생적 논객이 아니라 붓이 칼보다 강하다는 것을 몸으로 보여준 행동하는 선비였고 투사였다.

내가 천관우 선생과 갖게 된 인연은 좀 색달랐다. 현직 기자로 있으면서 1주일에 한 번씩 꼬박꼬박 그분에게 한문을 배운 것이 관계를 갖게 된 계기가 되었다. 내가 뒤늦게 한문공부를 하고자 한 데는 까닭이 있었다. 그 이유는 이러했다. 기자라는 직업은 글을 쓰는 직업이다. 그리고 글을 쓰려면 제대로 된 좋은 글을 써야 한다. 어떻게 하면 좋은 글을 쓸 수 있는가? 글을 쓰는 사람은 누구나 부딪치는 고민이다. 여기에는 왕도가 없다. 좋은 글을 쓰려면 좋은 글을 많이 읽는 수밖에 없다. 그런데 우리 조상들이 남긴 글 가운데서 꼭 읽어야 할 좋은 고전古典들이 모두 어려운 한문들로 쓰여 있어 그것을 읽어 낼 능력이 없었다. 서양과 비교해 보면 이것은 우리만이 갖는 억울한 핸디캡이며 우리 어문체語文體의 어쩔 수 없는 역사적 비극이라 할 수 있다.

예를 들면 영국 사람들은 4백여 년 전에 쓰인 셰익스피어의 작품들을 아무 불편 없이 지금도 수월하게 읽고 있다. 그러나 우리의 경우, 셰익스피어와 동시대인인 임진왜란 당시의 재상 유성룡柳成龍의 「징비록懲毖錄」을 술술 읽을 수 있는 사람은 극히 드물다. 4백 년 전은 고사하고 2백여 년 전에 쓰인 연암燕岩 박지원朴趾源의 「열하일기熱河日記」는 우리 언론인들이 꼭 읽어야 할 훌륭한 르포르타주인데도 한자 때문에 그 원전을 읽지 못한다. 이런 사정은 현대에 이르러서도 마찬가지였다. 미국인들은 230여 년 전(1776년)에 쓰인 그들의 「독립선언서」를 지금 아무런 어려움 없이 모두 읽는데 우리는 불과 90여 년 전(1919년)에 쓰인 3·1운동 때의 독립선언서조차 잘 읽지 못한다.

글을 쓰는 사람의 처지에서 보면 이것은 큰 비극이었다. 그래서 나는 이런 고민을 함께하게 된 동료 기자 몇몇과 상의하여 시기적으로 좀 늦기는 했으나 뒤늦게라도 한문공부를 시작해 보기로 했다. 돌이켜보면 어언 45년 전의 아득한 옛날 얘기다. 당시(1966년) 천관우 선생은 동아일보 주필이었다. 나는 그때 경향신문 정치부장이었는데 모두의 뜻에 따라 천관우 주필을 선생님으로 모시기로 하고 월간 『신동아』 편집장이던 손세일 형과 함께 천 주필을 찾아갔다. 한문공부를 하고 싶다는 우리 얘기를 듣자 그 자리에서 흔쾌히 응낙, 다음 주부터 매주 토요일 『신동아』의 옆방에서 1주일에 한 번씩 공부를 하기로 했다.

그때 선택된 교재가 『반계수록磻溪隨錄』이었다. 조선조 중기의 실학實學 개척자인 선비 유형원柳馨遠이 남긴 이 책은 문장이 어렵기로 유명한 글인데 너무나 까다로운 글자가 많아 사전과 씨름하느라 쩔쩔맸던 기억이 지금도 생생하다. 그런데 천관우 선생은 그 어려운 책을 처음부터 끝까지 줄줄 외우고 있었다. 그때 함께 공부했던 우리들(남재희, 서동구, 손세일, 김진배, 서행식 등)은 말로만 듣던 천관우 선생의 천재성에 다시 한번 놀라지 않을 수 없었다. 충북 제천에서 태어난 그는 어릴 때부터 신동 소리를 들으며 자랐는데 대학시절에는 그 재주가 하늘을 찔렀다고 한다. 경성대학 예과를 함께 다닌 작가 한운사韓雲史 씨가 남긴 회고록 『구름의 역사』를 보면 대학시절의 천관우 선생이 다음과 같이 그려져 있다.

> "천관우는 일제日帝 때 경성제국대학 예과에 입학한 수재다. 경성대 예과는 당초 일본인을 위하여 만든 것이지만 소수의 조선인 학생도 받아주었다. 그래서 수재 중의 수재만 들어올 수 있게 했다. 천관우는 그런 관문을 통과하고 입학한 엘리트다. … 1945년 경성대학 예과에 재학 중이던 천관우는 광복으로 식민지 굴레에서 벗어나자 그의 시재詩才를 발휘, 다음과 같은 학생가學生歌를 지어 유포시켰다.
> 한가람 흘러 흘러 비진 터 기름지니 / 삼천리 맑은 정기 엉킨 곳이 예로다 / 태백에 날이 새어 봄은 바람을 치니/ 아! 온누리 건질 경성대학 예과 ….
> 천관우는 진리의 사도를 자부했다. 천재라는 자부심도 대단했다. "Was ist Leben?(인생이 무엇이냐?) Was ist Wahrheit?(진리가 무엇이냐?)" 우리는 독일어로 발음하기를 좋아했다. 그래야만 실감이 났다."

『반계수록』을 교재로 우리를 가르치기 시작한 천관우 선생은 조선조의 실학계보를 간간이 언급하면서 우리나라가 왜 일본에 병탄되었는가를 유교儒教적 입장에서 자세히 설명하기도 했다. 그러면서 덧붙여 위암韋菴 장지연張志淵, 단재丹齋 신채호申采浩의 민족사관과 언론활동 등 강의는 아주 폭넓게 진행되었다. 나는 이때의 수업을 계기로 구한말舊韓末의 우리나라 신문을 찾아 읽게 되었고 이것을 밑천 삼아 뒷날 도쿄대학에 유학하면서 한국 신문의 발생사를 공부했고 마침내 『한국의 저널리즘』이라는 졸저拙著를 출간하게 되었다. 지금 생각해도 천관우 선생의 학은學恩에 감사할 뿐이다.

역사학자이면서 언론인이었던 신채호와 비슷한 길을 걸었던 천관우 선생은 그 사관史觀에 있어 단재와 완전히 같지는 않았지만 썩어 빠진 유교를 비판하는 입장만은 비슷했다. 을사보호조약으로 나라가 들끓던 때 황성신문 주필로 있으면서 시국을 비판하고 계몽한 신채호의 사상을 천관우 선생은 다음과 같이 설명했다.

> 나라를 망친 유교의 폐풍이 네 가지였다는 것이다. 첫째는 관념의 오류로서 인유仁柔 온후溫厚만 가르쳐지는 것이 이기는 것이라는 약자, 패배자의 도덕을 바른 도덕으로 착각하게 했다는 것이다. 둘째는 복종의 편중인데 이것은 이미 낡은 전제시대에나 맞는 도덕이지 수평적 질서를 도모하는 성격은 전혀 없고 오직 수직적 질서만 강조하는 노예의 도덕으로 망국의 결과만을 가져왔다는 것이다. 셋째는 공사公私의 전도轉倒로서 유교의 도덕은 공덕公德보다 사덕私德을 중시하는 성질이 강하여 사회와 국가를 소홀히 한다는 설명이다. 끝으로 소극消極의 태심太甚—지나친 소극성—이 문제라는 것이다. 가령 의義를 위해 어떻게 하라는 것이 아니라 의가 아닌 것을 하지 말며 예禮에 입각하여 행하라는 것보다 예가 아니면 행하지 말라는 식으로 적극적 공세보다 소극적 방어에 치우친 사상들이 결과적으로 나라를 망치고 있다는 주장이다.

천관우 선생은 또 「장지연의 사상과 활동」이란 글을 통해서는 "배우지 않고 세월을 허송하거나 새 학문을 배척하면서 실효 없는 고담준론만 하는 자(不敎不學浪送歲月 高談峻論排斥新學者)는 국가와 민족의 좀이라는 점을 애써 부각시켰다. 아무튼 역사학자로서 일가를 이룬 천관우 선생이 대학교단이 아니라 신문에 몸담고 일생을 비바람 속에서 사회비판과 계몽에 나선 데 대해 다음과 같은 글로써 자신의 입장을 설명하고 있다.

> 우리 전통사회의 이념이었던 유학儒學 특히 경세학經世學과 근대사회의 새로운 문화현상인 저널리즘이 역사학을 매개로 서로 접근하기 쉬웠다고도 하겠고 역사학과 저널리즘이 유학(특히 경세학)을 매개로 서로 밀접한 상호관계를 지닐 수 있었다고도 하겠다. 유학과 그 일부분인 역사학이 저널리즘을 매개로 더 자연스럽게 각기 자기전개의 길을 찾을 수 있었다고도 하겠다. …
>
> (천관우 저, 『한국근대사 산책』, 심설당, 1991, 213쪽)

천관우 선생은 저명한 사학자이면서도 언론인으로 활동한 역사적 인물로 장지연을 비롯해 신채호, 문일평, 최남선, 안재홍을 열거했다. 그 자신이 이 반열의 후계자임을 자부하는 태도라 할 수 있다.

한때는 모든 기자들의 우상이었던 그가 66세를 일기로 세상을 떠난 지도 어언 20년이 넘었다. 두주불사의 호걸형이었으면서도 치지역행致知力行의 선비였고, 투쟁할 줄 알았던 언론인이었던 천관우 선생의 모습이 아직도 눈에 선하다. 청빈하게 살다간 선생의 영전에 묵념하며 거듭거듭 명복을 빈다.

# 한국 언론 100년사의 마지막 거목

이종석
장지연 기념회 회장 · 전 동아일보 논설실장

뛰어난 학자로서의 견식과
굽힘 없는 언론인으로서 신념,
거침없는 경세警世의 글
권력 앞에서도 그렇게 당당했던….

1985년 간행된 『천관우 선생 환력기념 한국사학논총』(이하 『논총』으로 약칭)은 천관우 선생의 평생에 걸친 한국사학 연구의 업적을 기리는 후학들의 기념 논문집이다. 그러나 선생의 행적을 훑어보면 선생의 평생의 업業은 교단이나 학문 연구보다는 주로 생애의 태반을 언론 일선에서 활약한 언론인이라 할 수 있다. 간간이 대학 강단에 서거나 연구 논문을 발표하기는 했지만 이는 분망한 언론인 생활의 틈새를 활용한 노력의 결실이었다. 따라서 선생의 일생을 기리는 논총이나 추모문집은 학계에서보다는 언론계에서 먼저 이루어졌어야 하지 않았는가 하는 생각이다. 뒤늦게 언론계 일각에서 선생의 추모문집이 준비 중이니 그나마 다행이라 하겠다.

앞서의 『논총』에 실린 연표나 「육십자서」에 보면 선생은 대학을 나와서 교수가 되고자 서울대 문리과대학 사학과 조교로 남아 있었다.

6·25전쟁 중 호구지책으로 대한통신大韓通信 기자가 되고 잠시 미국 미네소타 대학에 유학하여 신문학을 공부하고 돌아와 계속 언론계에 몸담게 되었다고 한다. 이후 한국일보를 거쳐 조선일보, 민국일보, 동아일보 편집국장을 역임하고 주필이 되는 등 화려한 입신과 활동을 펼치니 이것이 모두 그의 30대에서 40대 초반의 일로 지금으로는 상상도 할 수 없는 언론계의 혜성과 같은 존재였다.

천 선생이 주위의 주목을 끌며 두각을 나타낸 것은 이미 1949년 그가 대학 졸업 때 제출한 논문 「반계 유형원 연구」에서 비롯된 것이 아니었나 생각된다. 일개 대학 졸업논문이 학계의 주목을 끌기는 아마도 선생이 전무후무한 게 아닌가 생각되는데 지도교수인 이병도李丙燾 선생이 일찌감치 그의 대기大器의 가능성을 인정하고 군계일학이란 말로 칭찬하여 마지않았다는 것은 유명한 얘기이다. 이 논문은 1952년 『역사학보』에 게재되어 해방 이후 우리 학계에서 붐을 이루게 된 실학 연구에 결정적인 단초가 되었음은 세상이 다 아는 일이다.

「육십자서」에 의하면 그가 실학 연구에 개안開眼하게 된 것은 일제강점기 말 대학 예과 시절에 우연한 기회에 민세民世 안재홍安在鴻 선생을 만난 것이 계기가 됐음을 알 수 있다. 민세는 식민지하 한국 언론의 거봉이요 민족운동가이며 한국 실학 연구의 선구로서 1930년대에 이미 정약용丁若鏞의 「여유당전서」의 거질巨帙을 교열校閱하고 실학 관련 논문도 몇 편 남겼던 분이다. 이 밖에 당시 선생이 흠모하던 박은식朴殷植, 신채호申采浩, 정인보鄭寅普 선생 등 몇 분 역시 언론과도 깊은 관련을 가지고 학문활동을 하던 분들이니 천 선생도 전란 중 어찌하다 기자가 됐지만 자신의 언론에서의 역할이나 활동이 이들 선각자들의 역할을 계승할 수 있지 않을까 하는 바람과 기대를 가졌을 수도 있었을 것이다.

또 하나 내 짐작으로 천 선생은 천성이나 재주가 평생을 교단이나 연구실에서 공부나 하다가 종생終生할 분이 아니란 것이다. 1954년 한국일보 창간 후 그는 30세에 단번에 논설위원이 되고 2년 후에 조선일보 논설위원, 이듬해에는 한국편집인협회 창립 때 발기인으로 참여하여 운영위원으로 활동하며 '신문윤리강령'을 기초하여 이를 채택케 했다. 이듬해인 1958년에는 33세의 나이로 조선일보 편집국장이 되고, 1960년 민국일보 편집국장, 1963년 39세 때에는 동아일보 편집국장이 되니 이 무렵이 선생의 언론생활에서 절정기가 아니었나 생각된다. 이후 1965년 주필에 오르니 그의 편집국장 3년, 주필 3년의 시기는 동아일보로서도 전성기였고 천 선생도 언론인으로서 장년의 전성기를 구가했다 할 것이다.

또한 이 무렵은 박정희 정권이 군정軍政을 끝내고 민정이양으로 돌아서던 때로서 언론과 정권이 격돌하던 때이기도 했다. 1964년부터 대일굴욕외교반대 시위의 격화로 계엄령이 선포되는가 하면 박정희 정권이 언론에 재갈을 물리려 한 '언론윤리위원회법'의 국회통과에 따른 언론계의 반발로 정부와 언론의 갈등이 극심하였다. 더구나 정부와 언론과의 대립각의 최일선이 당시 동아일보였고 동아일보의 선봉이 천 선생이었으니 그의 언론인으로서의 비중이나 정치·사회적 역할이 막중했던 것은 불문가지不問可知였다. 동아일보 권오기權五琦, 최영철崔永喆 기자와 변영권邊永權 편집국장 테러 사건과 동아방송 앵무새 사건 등 각종 테러 사건과 협박, 회유, 연행, 구속이 정권에 의해 자행되는 바람에 언론현장은 자주 공포분위기를 연출하기도 했다.

1964년 9월 동아일보사에서는 옛날 일제강점기에 발행하다가 폐간되었던 월간종합잡지 『신동아』를 복간했는데 천 선생이 이 신동아의 주간을 겸임하게 됐다. 편집국장과 함께 겸임한 것이어서 웬만하면 잡지업무에는 소홀하기 쉬웠을 텐데 뜻밖에 선생은 이 일에 유달리 열의를 보였다. 틈만 나면 별도 건물에 있던 잡지편집실에 들르고 거기서 많은 시간을 보냈다. 편집국장에, 잡지주간에, 언론파동의 중심역할에, 이 무렵 천 선생의 하루하루는 그야말로 '다사다망' 그 자체였다. 오전에는 신문대장을 들고 편집국으로, 중역실로, 오후에는 외부회의와 신동아 편집실을 뛰는 모습은 옆에서 보기 안타까울 지경이었다.

1965년 12월 선생은 드디어 신문기자의 정상의 자리인 동아일보의 주필이 되었는데 이는 부사장 겸 주필로 평생을 동아일보에 봉직했던 심강心崗 고재욱高在旭 선생이 사장에 취임하며 그 뒤를 이은 영예로운 승진이었으며 그때 선생의 연세 40세였다. 1968년 12월 '신동아 사건'으로 퇴직할 때까지 만 3년간 그는 주필직에 머물며 언론활동에 매진했다. '신동아 사건'의 발단은 그해 12월호에 김진배金珍培 · 박창래朴昌來 기자의 「차관」이란 기사가 정권의 비위를 거슬러서 필자와 편집실 관계자들을 중앙정보부가 무더기로 연행하면서 시작됐던 것인데 천 선생도 주필로서 여기에 연루됐던 것이다. 그의 「육십자서」에서 언급했듯이 정권이 '3선개헌'을 앞두고 언론의 기를 죽이느라고 그랬던지, 정권비판에 가상 앞장섰던 동아일보를 골라서 혹독한 몽둥이를 든 것이었다. 한 달가량을 끌면서 홍승면洪承勉 주간, 손세일孫世一 부장과 이정윤李正允, 심재호沈在昊, 정출도丁出道 기자들을 연행하며 고초를 가하다가 천관우 주필, 김상만金相万 사장까지 연행하였다. 이때 동아일보는 관계자들의 연행을 꼬박꼬박 보도하였고 사설 「신동아 필화新東亞筆禍」로 정부의 언론탄압을 강도 높게 비판했는데 필자 보호차원에서 천 선생이 이 사설을 직접 썼다. 결국 천 선생은 홍 주간, 손 부장 등 관계자들과 함께 신문사에서 물러나고 말았다.

이때 나는 신동아부 기자로 1969년 1월 신년호 부록으로 『한국고전

100선韓國古典百選』이란 별책의 제작을 맡고 있었는데 아침에 출근하면 정보부 직원이 출두요구서인지 노란봉투를 들고 "아무개", "아무개" 존칭도 생략한 채 호명하며 기자들을 끌고 갔다. 조마조마 마음을 졸이다가 끌려가는 동료들의 뒷모습을 바라보는 심경이 말이 아니었다. 홍 주간이 끌려가면서 내가 맡고 있던 『한국고전 100선』의 제작을 차질 없이 진행하라고 독려하며 "흔들리지 말아요, 별거 아니에요, 곧 끝날 거예요" 하던 모습이 43년이 지난 지금도 생생하다.

'신동아 사건'을 계기로 한국 언론은 그야말로 서리 맞은 고추밭 꼴이 되었다. 그때까지 동아일보를 비롯한 몇몇 신문들은 중앙정보부 사람들과 숨바꼭질을 하면서나마 정권을 비판하는 저항을 시도했었지만 '신동아 사건'을 억지 조작하여 무지막지한 몽둥이질을 서슴지 않는 정권의 만행을 보고 완전히 기가 꺾이고 말았다. 1968년 말 동아일보 주필직에서 밀려난 천 선생은 불광동 자택에 칩거하며 울분의 나날을 보내고 있었는데 마침 1969년이 3·1운동 50주년을 맞는 해이고 동아일보가 이를 계기로 『3·1운동 50주년 기념논집』을 발간하며 이의 계획, 편집 일체를 천 선생께 의뢰하였다. 논문 필자가 77명이고 1,070쪽에 달하는 방대한 이 기념논문집은 지금에 와서 봐도 최초의 본격적인 3·1운동 연구로서 기념비적인 업적이었다. 3·1운동이 우리 현대사에서 차지하는 의의나 비중이 더할 수 없이 막중함에도 불구하고 그때까지 이에 대한 학계의 연구성과는 미미한 것이었다. 이를 통합한 종합적인 연구가 절실하고 시급한 마당에 천 선생에 의해서 이것이 시도되었다는 것은 천 선생 개인이나 학계에서 볼 때 중요한 의미가 있다 하겠다. 천 선생은 이 일에 전력투구하며 놀라운 역량을 발휘하였다. 3·1운동관련 연구논문이나 연구실적이 없는 학자들을 필자로 선정하는 경우가 태반이었는데 선생은 많은 학자들의 평소 관심분야나 연구의 근접성에 대한 광범위한 정보를 동원하여 필자를 선정했고 일단 논문을 접수한 뒤에는 각 논문들의 통계숫자나 사실fact의 상이한 부분들을 필자들의 양해하에 일일이 조정하고 보완하는 방대한 작업을 맡아했다. 뿐만 아니라 필요한 대목에는 통계표나 지도를 첨부하기도 하였다. 그밖에 책의 뒤쪽에 자료편을 꾸며 「3·1운동 주별 상황지도」, 「3·1운동관계 자료목록」, 「3·1운동관계 일지」, 「3·1운동관계 주요 사적」 등을 붙여 명실상부한 3·1운동 연구의 결정판을 만들었으니 이 책이야말로 지금까지 3·1운동 연구자들의 길잡이가 되고 지침서가 되는 것은 천 선생의 열정과 혜안과 노고의 결실이 아니겠는가. 천 선생이 아니고는 누구도 대신할 수 없는 대역사大役事였다 하겠다.

월간지 『신동아』도 역시 3·1운동 50주년 기념으로 「3·1운동 50주년 기념시리즈」를 3월호부터 12월호까지 매달 연재했는데 이 기획을 내가 담당케 되었다. 우선 3월호에 3·1운동 33인의 한 분인 신석구申錫九의 「3·1운동 실기實記」란 회고록의 발굴과 연세대 정석해鄭錫海 교수의 3·1운동 당시 시위에 참가했던 수기 「남대문 앞 시위」, 그리고 동아일보 창간기자인 신길구申佶求의 회고록인 당시 종로경찰서 한국인 경부였던 「신철申哲의 3·1운동 비회秘話」 등을 묶어서 게재했다. 4월호에는 상하이 임시정부의 의사록 발굴, 이규갑李奎甲 옹의 「한성임시정부漢城臨時政府 시말」을 싣는 등 이 기획 연재는 3·1운동 이후부터 8·15해방 때까지 면면히 이어지는 우리 독립운동의 주요 사건을 열 개의 유형으로 나눠 연재하는 것이었는데, 이는 당시까지 생존했던 사건 당사자들의 회고록이나 가족들의 생생한 기록들이어서 사료적 가치가 매우 높은 것이었다. 연구자들이 1차 자료로 활용할 수 있는 것들이어서 이후 학계의 높은 평가를 받았다.

나는 이 시리즈를 담당하면서 너무 막연하고 황당한 나머지 불광동 천 선생에게 달려가서 그 열 개의 주제를 잡는 것부터 의논을 하고 지도를 받았다. 천 선생은 일말의 주저 없이 이에 응해주었다. 청산리대첩青山里大捷, 봉오동대첩鳳梧洞大捷, 광복군光復軍 등과, 의열투쟁으로 강우규의사姜宇奎義士의 데라우치寺內 총독 투탄사건, 윤봉길尹奉吉 의사의 상하이 홍구공원의거, 이봉창李奉昌 의사의 일황투탄의거日皇投彈義擧, 김지섭金祉燮 의사의 일황투탄의거, 나석주羅錫疇 의사의 동척투탄의거東拓投彈義擧 등을 선정해주고 유족들이나 관련자들을 찾아보라 일러 주었다. 이 밖에 송학선宋學先 의사의 금호문金虎門 사건, 신간회新幹會운동, 물산장려운동, 민립대학설립운동 등 이 시리즈는 학계와 특히 독립운동 연구자들의 호응과 관심, 그리고 평가가 뒤따랐다. 나도 일 년 내내 이 시리즈에 매달리며 고달프게 지내기도 했지만 기자로서의 상당한 성취감을 맛보기도 하였다. 지금 생각해도 천 선생의 지도가 아니었으면 이 기획은 균형과 역사적 가치를 겸비한 기획물이 되지 못했으리라 생각하고 선생에 대한 감사의 염을 금할 수 없다.

그 당시까지 독립운동 관련 당사자들이나 연고자들이 많이 생존해 있어서 사건의 진상에 접근할 수 있는 좋은 기회가 많았다. 청산리대첩과 광복군의 주역인 철기鐵驥 이범석李範奭 장군의 육필肉筆을 받을 수 있었고 강우규 의사의 친손녀인 강영재姜英才 여사에게서는 손녀의 손을 잡고 만주와 노령露領을 떠돌며 거사준비를 하던 강 의사의 모습을 그릴 수 있었다. 그리고 한성漢城 정부政府의 주역인 이규갑 옹은 3·1운동 직후 만국공원에서 13도 대표가 모여 정부수립을 마치고 정부 관련 문건의 보따리를 들고 홍진洪震과 함께 안동安東(지금의 단동丹東)으로 해서 배편으로 상하이(上海)에 가서 이미 결성되었던 상하이 정부와 합병하는 과정을 회고했다. 상하이 정부는 망명객 몇십 명이 모여 만든 정부인 만큼 13도 대표가 만든 한성 정부와 병합함으로써 비로소 국민적 대표성을 획득하게 된 사실은 역사적으로 중요한 대목이었다.

이 밖에 용산시장에서 막일을 하는 이봉창李奉昌 의사의 양자 이실李實 씨를 만났고 삼양동 뚝방촌에서 취로사업으로 생계를 잇고 있는 나석주 의사의 딸을 찾았으며, 송학선 의사의 친동생 송삼선宋三善 씨는 서울역 앞 봉래동의 싸구려 여인숙을 경영하고 있었다. 그때 후에 광복회장光復會長을 지낸 독립운동가 이강훈李康勳 선생이 그곳에 기식寄食하고 있었는데 이분이 모처럼 만난 기자를 붙잡고 반가운 김에 자신의 독립운동 행적을 장황하게 피력하여 그가 누구인지도 알아보지 못하고 취재에 방해가 된다고 핀잔을 드리는 결례를 범한 일은 지금도 죄송스럽기 짝이 없다. 그때까지만 해도 우리 사회에서 독립운동사나 독립운동자들에 대한 관심이 희박하던 때여서 3·1운동 50주년을 맞은 우리 학계나 언론의 관심도 별로 없었다. 정부의 특별한 행사도 눈에 띄지 않고 더구나 신문이나 방송 잡지에서도 별다른 관심을 보이지 않았는데 동아일보가 유독 이에 유의하여 논문집도 만들고 『신동아』를 통해 연중기획年中企劃으로 3·1운동에 대한 열의를 보였던 것은 천 선생의 이에 대한 관심과 역량에 힘입은 것이었음을 유의할 필요가 있다.

1970년 박정권의 '3선개헌'의 회오리도 한고비 지나고 정국이 다소 진정되자 천 선생은 다시 동아일보사에 상근이사란 한직閑職으로 복귀하여 2년여를 보냈다. 이때 나는 또 『신동아』 1972년 신년호 별책부록 『현대한국명논설집現代韓國名論說集』을 맡게 되었는데 또다시 천 선생의 도움을 받게 되었고 천 선생도 의당 이를 자기 몫으로 생각하고 기꺼이 응해 주었다. 천 선생이 주도했던 1966년과 67년의 『근대한국명논설집近代韓國名論說集』의 속편 격인 이 부록은 1919년 3·1운동 이후부터 1960년 4·19혁명까지의 기간에 쓰인 각종 논설이나 선언문, 취지서, 성명서, 결의문 등을 망라한 그야말로 한국현대사의 역사적인 문건文件들이었다. 각계 전문 학자, 원로들에게 후보논설을 추천받고 이 중 선고위원들이 72편을 골랐으며 선고위원들의 좌담회를 뒤에 실은 것이 특징이었다. 이 책의 목차를 보면 해방 이전 것으로 만주노령유지滿洲露領有志의 「대한독립선언서大韓獨立宣言書」, 경방의 「창립취지문創立趣旨文」, 신채호의 「조선혁명선언서朝鮮革命宣言書」, 임정의 「대한민국건국강령大韓民國建國綱領」, 신규식申圭植의 「한국혼韓國魂」등 33편이고 해방 이후의 것으로는 「국민대회준비회취지서」, 김창숙金昌淑의 「조선공산당에 보내는 경고문」, 조선어학회의 「우리말 큰 사전 머리말」, 김구金九의 「나의 소원」, 이시영李始榮의 「부통령사임서」, 최병우의 「판문점 조인식장에서」, 신익희의 「한강백사장 연설」, 조병옥의 「이승만李承晩 대통령에게 드리는 공개장公開狀」, 4·19관계 선언문, 조지훈趙芝薰의 「지조론志操論」 등 다양한 문서와 논설들이 있다. 이들 목록들을 뽑은 것까지는 좋았는데 문제는 이 글들의 원문을 어디서 찾고 정확하게 베껴내느냐에 있었다. 천 선생 소장자료를 찾고 인사동 헌책방, 각  도서관을 뒤져서 책이나 자료들을 빌리거나 사는 수밖에 없었는데 자료를 쌓아놓고 책을 뒤져서 그 속에서 필요한 부분을 찾는 '작업'이 반만치 않았다. 마감시간은 다가오고 작업속도는 나지 않자 천 선생은 일요일 하루를 출근해서 집중적인 작업을 해보자고 제의했다. 천 선생의 사무실에서 별인 방문객도 전화도 없는 일요일의 작업은 그야말로 실속 있는 하루였다. 그날 나는 천 선생의 학자로서나 기자로서의 능력을 목도하고 새삼 놀라지 않을 수 없었다.

천 선생 댁 서재나 회사 사무실 책상 뒤쪽 서가에는 앉은 자리에서 뽑아 볼 수 있는 자료의 스크랩이 빼곡히 꽂혀 있었는데 이날 천 선생은 이 서가에서 필요한 자료들을 찾아내는데 그 솜씨가 비호같았다.

서가에서 자료집을 뽑는 것도 빠르고 그 안에서 필요한 부분을 펼치는 것도 빠를 뿐만 아니라 읽는 속도도 빨랐다. 천 선생의 습성이 책이나 자료를 읽을 때 붓에다 잉크를 찍어 필요한 부분에 줄을 쳐서 이게 마르면 종이가 우글거려서 책이 부풀어 오르기 일쑤였다. 한두 번 뒤지면 어김없이 찾는 부분을 찍어내니 보통사람들의 솜씨에 비해 그 속도가 몇 배 빨랐다. 이날 천 선생과 나는 점심도 거른 채 오후 4시까지 꼬박 작업을 계속했는데 그 작업량이 평소의 서너 배는 되었다. "아하, 천 아무개가 공연히 천 아무개가 아니구나. 천 선생의 천부적인 재질이야 익히 알고 있었지만 일을 처리하는 빠른 머리회전과 동작이 바로 천 선생의 재주구나" 하고 나는 속으로 감탄했다.

이날 천 선생과 나는 점심 겸 저녁으로 근처 설렁탕집을 찾아 인삼주를 반주로 마셨다. 나는 주량이 신통치 못해 몇 잔에 술이 오르는데 천 선생은 코끼리 비스킷 격으로 연방 마셔대며 내게 잔을 내밀었다. 내 주량이 감당치 못하겠으니 조금씩 달라 해도 천 선생은 "별 말씀, 난 뭐 별 주량인가요?" 하며 내 엄살을 묵살하는 것이었다. 꽤 큰 병으로 세 병을 마시니 나는 곤죽이 되어 정신을 차릴 수 없었다. 설렁탕집을 나오며 신발 끈을 매려 엎드렸다가 나는 댓돌에 고꾸라지고 말았다. 창피하고 내심 화도 났지만 천 선생은 본 체도 않고 마침 연말이라 거리에 내걸린 캘린더의 여자사진을 보며 콧노래를 불렀다. 기분이 좋다는 모습이었다.

1971년 『신동아』 1월호부터 천 선생의 사회로 「한국사의 쟁점」이란 명칭의 대형 학술토론 프로가 연재되기 시작했는데, 이는 신동아가 무대를 제공하여 천 선생에게 타의에 의해 모처럼 찾아온 여가를 자신의 학문적 포부와 기량을 펼치는 데 활용케 하는 의미가 있었다. '한국사의 거시적 재구성과 대중화를 위한 시리즈'란 부제의 이 기획은 ① '한국사의 주인공과 무대', ② '한국사의 창세기創世記', ③ '한국농경문화의 기원' 등의 순서로 진행되었는데 역사학자뿐 아니라 고고학, 언어학, 인류학, 지질학 전공자들이 총동원되는 대형기획이었다. 천 선생은 사전에 참석자들을 만나 발언내용을 조율하는 등의 열의를 보이기도 했다. 천 선생의 연구분야가 근대사인데 고대사 분야를 다루는 게 좀 어떨까 걱정도 되었지만 의외로 열정적으로 이 시리즈를 진행하였다. 그러나 매달 여러 분야의 학자들을 한자리에 모으는 일이 의외로 힘들어 이 기획은 5회로 중단되었다. 이 내용은 후에 『한국상고사의 쟁점』으로 개제改題하여 단행본으로 나왔다. 이해 말 천 선생은 소위 '국가비상사태선언'으로 다시 신문사를 떠나 칩거생활로 들어갔다. 얼마 전부터 관여해오던 민주수호국민협의회가 화근이었다.

다음 해인 1972년 5월부터 천 선생은 『신동아』에 또 「한국사의 조류」란 시리즈로 등장하는데 또다시 찾아온 여가에 평소 자신의 역할이라 자임自任해오던 '한국통사'를 써보겠다는 꿈을 실현하고자 하는 의도가 있었으며 신동아 측에서도 기꺼이 그의 꿈의 실현에 대한 배려가 있었던 것이다. 이 시리즈는 더러 쉬기도 하면서 단군에 대한 새로운 해석이나 고대국가의 형성과정 등을 거쳐 삼국시대, 삼국의 통일까지 12회를 계속하다가 본인의 '준비부족'이란 이유로 중단되었으니 아쉽기 그지없었다. 그로부터 6, 7년이 지나 이 연재물도 『인물로 본 한국고대사』란 이름으로 출판되어 그의 고대사에 대한 새로운 학설을 공표하게 되니 이후 천 선생의 신설新說이 연구자들의 논문에 상당 부분 인용되기도 하였다.

이상과 같은 과정으로 천 선생의 이후 10년의 칩거생활이 시작되고 동아일보사와도 소원한 관계가 되었다. 이후 1981년에는 한국일보 고문으로 다시 언론계에 복귀했지만 이 무렵부터 뜻밖에 민족통일중앙협의회 의장이 되고 이 단체가 정권이 주도하는 관변단체라 해서 세간의 구설에 오르기도 했다. 이 대목에 대해 그는 「육십자서」에서 "이에 대해 할 말이 없는 것은 아니로되" 하여 불편한 심기를 보이기도 했지만 이후 점차 세상에서 멀어져가는 존재가 되었고 1985년에는 중환重患을 겪고 건강이 전과 같지 못해 활동이 저조하기에 이르렀다. 건강이 많이 회복되고 다시 한국일보에 출근한다는 소식을 듣고 나는 오랜만에 전화로 인사를 드리고 마침 동아일보에 연재 중인 「우리는 동창생」이란 난에 단문短文 하나를 청하니 그는 반색을 하며 응낙을 하는 것이었다. 단문이란 다름 아니라 사회원로급을 중심으로 옛날 중학교 동창생들을 모아 옛 모교를 배경으로 한 사진과 그중 한 명이 원고지 5~6장의 회고담을 싣는 것이었는데 청주고보 그의 동기들이 등장하는 차례였다. 며칠 후 10여 년 만에 만난 천 선생은 점심이나 하자며 나를 신문사 차에 태우고 불광동 가는 길 구기터널을 지나 외딴 음식점으로 안내했다. 1시가 지난 음식점은 손님도 별로 없었는데 일부러 이렇게 한적한 시간과 장소를 고른 것이었다. 부대하던 체구가 몰라보게 여위었고 얼굴에 뮟이 많이 돋아서 옛날 위풍당당하던 모습과는 거리가 멀어서 이를 남에게 보이기가 싫었던 것이다. 그만큼 그는 소심해졌고 의기소침해 있었다. 나는 가슴이 메었다. 이후 나는 천 선생을 다시 만나지 못했다.

차에 올라 사라져가는 그의 뒷모습을 보며 나는 깊은 상념에 빠졌다. 편집국장 시절 출퇴근 시 늘 그의 손에 들렸던 푸른 보자기의 원고보따리, 미처 원고를 쓰지 못해 독촉을 받으며 미안해하던 모습, 점심 때 반주에 취해 국장석에서 코를 골며 낮잠을 자던 모습, '신동아 사건' 때 그를 연행하려고 대기하던 중앙정보부원을 앉혀놓고 자장면 두 그릇을 먹어치우던 모습, 그 당시 저승사자와도 같았던 정보부원 앞에서 보통사람들은 입맛이 달아나서 밥숟갈을 들지 못하는 게 상례였다. 그 정보부원도 한 그릇은 자기를 주려는 것으로 기대했었는데 두 그릇을 먹어치우는 걸 보며 놀랐다고 하더란 말을 들었다. 천 선생은 자주 기자들을 몰고 신문사 근처 중국집에 가서 중국요리를 푸짐하게 사주기도 했다. 고작 탕수육이나 잡채 정도밖에 모르던 우리는 처음 맛보는 고급 중국요리에 이게 웬 떡이냐 하며 흠뻑 술에 취했었다.

천 선생은 스스로를 역사학자로보다는 기자로 자처하는 편이었지만 평생을 역사학 연구에 대한 향수 속에서 살았다고 할 수 있다. 그리고 실제로 분망한 신문사의 편집국장과 주필 생활 속에서도 역사 연구와 논문 집필을 멈추지 않았다. 평생의 학문적 업적 중 신문사 생활 중에서 이루어진 것이 많았음을 미루어 천 선생의 언론계 생활이 얼마나 긴장과 정진의 연속이었는지를 짐작할 수 있다.

천 선생은 이 같은 숙명과도 같은 평생에 걸친 자신의 신문과 학문 연구를 어우르는 생애를 구한말 한국 언론의 선각자인 장지연張志淵과 일제강점기 중후반의 안재홍과 견주어 생각하고 이들을 전범典範으로 추수했던 게 아니었을까 나는 생각한다. 개화기 이래 언론활동과 학문 연구를 겸비했던 선각자들로 가령 박은식, 양기탁梁起鐸, 신채호, 유근柳瑾, 최남선崔南善, 정인보 등 많은 인물들이 있지만 장지연과 안재홍이 언론을 전업專業으로 삼고 신문 제작과 운영에 참여했던 전문 언론인이었다는 점에서 자신의 인생을 이들에게 비춰 봤을 것이라 짐작된다. 1967년 『백산학보白山學報』에 게재되었던 「장지연과 그의 사상」이란 논문은 그의 근세인물 연구로서는 처음이요, 당시까지는 장지연과 관련한 거의 유일한 논문이었으며 1989년 완간된 『장지연 전집張志淵全集』 편찬에도 편집위원으로 참여하여 장지연 선생에 대한 관심과 애정을 표했다. 그리고 안재홍은 「육십자서」에서 그가 태평양전쟁 말엽

학생시절 한동안 한집에 기거하며 훈도를 받았던 우연한 인연을 적고 있으며 안재홍이 일제강점기 중후반 조선일보 등에서 9차례에 걸친 투옥을 무릅쓰고 펼친 치열한 언론활동과 「조선상고사감朝鮮上古史鑑」, 「조선철학朝鮮哲學」과 정약용의 「여유당전서與猶堂全書」의 거질을 정인보 선생과 교열하는 등 역사 연구에 대한 업적에 유의했음을 짐작케 한다. 천 선생은 1981년부터 간행된 『민세 안재홍 선집民世 安在鴻 選集』 편찬에 앞장서 그 해제를 쓰는 등 성력誠力을 다했는데 유족들이 보관해 오던 방대한 양의 유고를 일일이 점검, 선별하는 작업에 몰두하기도 하여 안재홍에 대한 극진한 열의를 보였다.

한 가지 두고두고 아쉬운 것은 본인이나 주위에서 그처럼 바라던 대중적인 한국사 개설서나 통사通史를 끝내 쓰지 못한 점이라 하겠다. 본인도 「육십자서」에서 이 점을 못내 개탄하고 있다.

한국 근세 언론 1백년사에 명멸明滅했던 지사형 학자형 거물 언론인들은 많이 있다. 그리고 자유당독재, 군부독재 등 이 시대 험난했던 우리 언론사에도 나름대로 기억할 만한 언론인들이 많이 있을 것이다. 그러나 천관우 선생은 누구보다 긴 여운을 남기며 사라진 혜성과 같은 존재라 생각한다. 그처럼 폭압 속의 정치권력이나 금권, 그리고 세속의 명리名利 앞에 당당했던 사람이 누가 있을까. 또 그처럼 학자로서의 뚜렷한 족적足跡과 거침없는 글을 남긴 언론인이 누구일까. 천 선생은 우리 언론 백년사의 후미後尾를 찬란하게 장식한 언론의 거인이었다.

# 신문지면에 반영된 투철한 역사관

윤양중

일민문화재단 이사장 · 전 동아일보 논설위원

천 선생이 동아일보 편집국장으로 부임하자
직접 쓴 제목 글씨 '조국祖國' 시리즈
「금강산이 보인다」, 「독도와 울릉도」 등
역사 캐낸 창간기념 특집에 뜻을 담아….

40년 전 일이다. 1971년도 저물어 가던 12월 중순, 정치부장이던 나는 미 국무성 초청으로 연수를 마치고 귀국길에 서독 정부가 주선한 통독 전 서독의 주요도시와 언론기관 등을 돌아보던 중이었다. 임시수도는 본이었고, 베를린은 동·서로 갈리고, 팬암이 베를린 항로를 독점하던 시절이었다. 미 관광단에 끼여 동 베를린 박물관 등을 돌아보고 프랑크푸르트에 당도, 숙소에 들어갔더니 본사 편집국장의 급전이 기다리고 있었다. "여정을 단축, 빨리 귀국하라"는 짤막한 내용이었다.

4주 남짓의 독일여정이 남아 있어 본사에 전화를 걸었더니 "자세한 경위는 귀국하면 알 것"이라는 대답이었다. 부랴부랴 통역으로 동행하던 S씨(본 대학원 박사과정)와 의논하여 나머지 방문예정지를 취소하고 본으로 돌아갔다. 외무성에 사정을 설명하고 이탈리아, 터키, 인도 등을 주마간산走馬看山하듯 거쳐서 김포에 도착. 반 년여 만의 서두른 귀국이었다. 광화문으로 직행하여 본사에 당도한 것이 초저녁 무렵이었다. 동료들은 반가워하면서도 서먹하고 썰렁한 분위기가 감돌았다.

알고 본즉 후석 천관우 선생이 정부의 비상사태령 선포 직후에 타의로 '해임' 된 것이었다. 후석 선생은 편집국장, 주필 등을 지내면서 「차관借款」 특집기사를 써서 '신동아 필화사건'(정치부 김진배 · 경제부 박창래 기자 공동 집필, 1968년 12월호) 등을 겪은 데다 본지나 자매지 『신동아』의 제작방향을 놓고 당국과 '불편한 관계'였고 특히 박정희朴正熙 대통령의 '3선' 길을 터준 개헌안 변칙통과 이후로는 민주회복국민회의 공동대표로 활동하는 등 미운털이 박힌 터여서 이번 해임은 두 번째이자 동아와의 결별이었다.

어쨌거나 후석은 한국 언론계의 든든한 버팀목이자 거인이었다. 선생의 바로 아랫동서인 언론인 이일재李一宰 씨에 따르면 후석 선생은 임진왜란 때 명明의 원군으로 왔다가 귀화한 천만리千萬里 장군의 후예로 본관은 영양潁陽이며 1925년 6월 충북 제천에서 아버지 천병선千炳善 과 어머니 민수흥閔壽興의 다섯 남매 중 막내아들로 태어나 어려서는 할아버지 천인봉千仁鳳에게 한문을 배웠다고 한다. 태어난 곳이나 어려서 이사 가서 살던 곳(淸風) 모두 지금은 충주댐으로 수몰되었다는 것이다. 지방 명문의 하나인 청주고에서는 M 장군, N 언론인과 함께 3재사才士라는 소리를 들을 만큼 다재다능한 역사학자이자 걸출한 대논객이다. 선생은 조선일보, 한국일보, 민국일보 등에서 논설위원 혹은 편집국장으로 있다가 동아일보 편집국장으로 영입되었다.

서울 불광동의 작고 허름한 국민주택에 살 때, 특히 명절에는 세배객들이 줄을 이었던 일은 오늘날의 언론풍토와는 사뭇 다르다. 방문객들은 그와 인연이 있는 각 신문사의 논설진과 편집국의 소장 기자들이었다. 세배나 인사를 맞절로 응대하고 나면 곧장 술판이 벌어지곤 했었다. 단골은 동향인 극작가 한운사韓雲史, 언론인 권오철權五哲 씨를 비롯 최경덕崔慶德, 오상원吳尙源, 유혁인柳赫仁, 신용순申用淳, 백인수白寅洙 제씨(이상 모두 작고)와 김중배金重培, 손세일孫世一 씨 등이 기억에 남는 얼굴이다.

화제는 시사문제로 시작, 후석 선생이 미국 미네소타 대학에서 짧은 유학생활을 하던 일과 그랜드 캐년 등 명소를 탐방했던 일, 영국, 호주 등지를 유람했던 일 등 다채로웠는데 화자話者는 후석이었고 방문객들은 주로 듣는 편이었다. 넓지 않은 거실에는 책과 잡지들로 가득했는데 특히 선반에 꽂혀 있는 『신동아』, 『사상계』 등에 선생이 붓으로 기사제목을 써넣어 손쉽게 찾아볼 수 있게 했다. 거구인 선생은 『고대高大 신문』에 「체질개혁」이란 제목으로 "내 키는 6척에 조금 모자라지만 내 생각에도 작은 편은 아니며 무게는 근래에 좀 줄어서 28관을 오르내리는 중이라 역시 작은 편은 아니다"라고 쓴 것을 보았다.

후석 선생이 3년 동안 동아일보 편집국장을 마치고 주필로 있을 때로 기억된다. 7대 총선거가 각종 부정부패로 얼룩졌는데도 동아 등 주요 신문이 제대로 기능하지 못했다 해서 편집국이 뒤숭숭했을 때였다. 천 주필을 모시고 경기도 양주인가의 '마당바위'로 편집국 간부와 논설위원들이 야유회 겸 단합대회를 간 일이 있었다. 이때 사회부 차장이던 나는 낮부터 대취한 끝에 후석 선생에게 대들다시피 "천관우로는 안 되니 만관우萬貫牛라고 하시오"라는 등 망언을 서슴지 않았으나 선생은 나무라지 않고 웃어넘긴 일이 있다. 인사불성이 된 나는 그 뒤 어떻게 귀가했는지조차 알지 못했지만 수색 근처의 집 뜰에 심은 장미가시에 찔린 채 피투성이가 되어 있었다. 이튿날 부랴부랴 천 주필을 찾아가 죄송하다고 사죄했지만 선생은 개의치 않고 웃고 마는 것이었다. 1991년 1월, 후석 선생이 타계하신 뒤 펴낸 『천관우 산문선』의 수필란에 쓴 「나의 학문의 길」은 언론계를 떠난 후 10여 년간 저술활동에 전념하던 시절의 면모를 엿볼 수 있겠기에 아래에 줄여본다.

> "무슨 공식문서 같은 데에 '직업'이라는 난을 메워야 할 때 나는 몇 해 전까지만 해도 '기자' 혹은 '신문인'이라고 했고 기자를 그만둔 뒤로는 '저술업'이라고 쓰고 있다. 저술이래야 몇 해 걸려 책 한 권 겨우 나오는 정도를 가지고 '업'이라고 하는 것이 민망하기도 하고, 그것도 직업이냐고 짓궂게 놀려대는 친구들도 있다. 그러나 책장이나 뒤적거리고 글줄이나 적어두면서 소일하고 있는 것을 굳이 직업과 관련시키자면, 저술업이라는 말이 그래도 가까울 것 같아서 그렇게 자칭하고 있는 것이다."

위의 인용한 글에서 보듯 후석 선생은 극구 겸손해하고 있지마는 1965년에 간행한 『썰물 밀물』을 비롯하여, 『언관 사관』, 『한국사의 재발견』 등 10여 권의 저서와 대학시절 이병도李丙燾 박사의 지도 아래 졸업논문으로 쓴 「반계 유형원 연구」, 그 후로도 「여말선초麗末鮮初의 한량 홍대용洪大容 실학사상」, 「오위고五衛攷」, 「성웅 이순신론」, 「동아일보 상용한자常用漢字 2,000자 안案」 등 30여 편의 학술논문 등이 각 신문사의 데이터베이스(DB)에 저장되어 있다. 이처럼 선생은 활발한 연구와 저술, 강연 등으로 역사학계와 언론계의 위상을 높였다.

언젠가 선생은 실학사상에 눈을 뜬 계기는 민세民世 안재홍安在鴻의 훈도에 힘입은 바 컸다고 술회하기도 했다. 한편 1984년 3월 『문학사상』에 실린 「육십자서」에는 "옛날에는 박은식朴殷植, 장지연張志淵, 신채호申采浩 … 역사학의 대가들이 신문에 고정적으로 논설을 쓴 일이 적지 않아, 나도 이런 분들을 따라가야지 하고 채찍질을 하기도 했다"고 쓰고 있다. 이어 "이것 참 희한하다"고 느낀 것은 육당六堂 최남선崔南善 선생의 역사책들과 기행집들이었다고 지적하고 "나의 한국사와의 인연은 이렇게 해서 시작되었다"고 회고했다. 또한 후석 선생은 대학 예과와 학부시절 한국사학을 전공하면서 "학부에 올라가서 나는 매우 자신감을 가지고 공부할 수 있었다. 이병도 선생을 비롯하여 손진태孫晉泰, 이인영李仁榮, 유홍렬柳洪烈 선생을 모실 수 있었고 다른 직책을 가지고 계시던 신석호申奭鎬, 김재원金載元 선생이 시간으로 나오셨다. 또 동양사의 김상기金庠基, 김성칠金聖七 선생, 사회학의 이상백李相佰 선생도 한국사학에 큰 업적을 가지고 계셔서, 뒤에 여러 가지 지도를 받는 계기가 되었다"고 자신의 스승 복에 감사하고 있다.

그러나 후석 선생은 "지금 생각해서 아쉽기 이를 데 없는 것은 정인보鄭寅普, 최남선 두 선생을 직접 뵙지 못한 일이며, 이는 '공부는 없는 주제에 그런 대가大家 앞에서 무엇을 물어 본담' 하는 자신의 소심小心 때문이었다"고 자책하고 있다. 후석 선생은 이처럼 실학사상을 실천하고 선비나 지식인의 현실참여를 중시한 때문인지 젊었을 때 역사학회 창립에 발기인이 된 것을 비롯해, 1956년 5월 최정옥崔貞玉 여사와 결혼한 후 안정된 생활과 더불어 신문편집인협회를 창립하고 발기인과 운영위원으로 활동했다. 1966년에는 신문 편집인협회 부회장, 그 뒤 1971년에는 민주수호국민협의회 창립을 이끌어 공동대표로 참여했던 일은 앞에서 잠깐 언급하였다.

선생은 80년대 들어 그의 환력還曆기념으로 펴낸 논총의 「육십자서」에 사단법인 민족통일중앙협의회 초대 의장에 피선된 데 대해 "여기에 관계한 이후로 구설수가 잦은 것을 나도 짐작은 하고 있다"고 쓸쓸한 심경을 토로하고 있다. 하지만 후석 선생은 평생토록 부귀를 탐하거나 양심과 정의를 저버린 일은 없었다고 주변 인사들은 말하고 있다. 이는 현재 향리 근처의 작은 도시에서 고단하고 쓸쓸한 노후를 홀로 보내고 있는 미망인 최 여사의 처지를 보더라도 충분히 알 수 있는 일이 아닌가 싶다.

필자가 동아일보에서 맨 처음 후석 선생의 지도를 받은 것은 선생이 편집국장으로 부임한 1963년으로 기억된다. '조국祖國'이라는 제자題字를 선생이 쓰고 장기 연재된 시리즈가 있다. 가령 64년 1월 1일자 「조국-5. 금강산이 보인다」를 비롯해 「한반도의 심장 세종로」(같은 해 4월 2일자), 「설악산」(같은 해 5월 30일자), 「독도와 울릉도」 등은 최경덕 사진부장(작고)이 찍은 큼지막한 사진과 함께 실려 있는데 당시 필자는 군軍 출입기자였기 때문에 함정탑승 등 편익을 받은 게 사실이다.

그 당시 후석은 원고는 일절 고치는 일이 없었고 대장에서 붓에 먹물을 듬뿍 묻혀 제목만 손을 보던 기억이 난다. 이듬해 1965년 4월, 동아일보 창간 45주년 특집(15회 연재) 관련 기획기사는 필자에게 취재를 맡기고 기획회의에 참여시켜 이런저런 지침을 주었는데, 가령 (1) 창간호의 제호는 누가 정하고, 글씨는 누가 썼는지? (2) 창간에 참여한 기자들 가운데 아직 생존해 있는 분을 빠짐없이 찾아내어 인터뷰할 것 등이다. 당시 보도된 것을 기초로 현재 동아일보 홈페이지에 올라 있는 공식 블로그 '동네'를 클릭하면 제호는 창간 당시 편집감독 석농石儂 유근柳瑾 선생이 제안하였고 이것은 '동아시아' '해 뜨는 곳'의 중심이라는 뜻이다. '동아일보東亞日報'라는 글씨는 명필로 이름 높던 성당惺堂 김돈희金敦熙 선생이 썼으며 제호 둘레의 도안은 고구려 벽화를 본떠 창간기자였던 춘곡春谷 고희동高羲東 화백이 만든 것으로 올라 있다. 46년 전의 일이라 기억이 가물거리지만 특집 첫 회 「동아일보의 창간(1920년) 45년의 증언-1」은 필자가 동아일보 창립과 창간호 발행에 참여했던 분 가운데 당시 생존자인 진학문秦學文, 유광렬柳光烈, 고희동高羲東, 김동철金東澈, 이서구李瑞求, 신길구申佶求 제씨와 일석一石 이희승李熙昇 사장의 회고담을 듣고 종합하여 쓴 것이다.

여담이지만 천관우 선생의 아호인 후석後石이 일석一石 선생의 돌 석

石자를 빌려 쓴 것이라는 설이 있지마는 필자는 당시 천 선생의 아호가 있는 줄도 몰랐으므로 그 진위眞僞는 알 길이 없다. 창간기자 일곱 분은 당시 몇 분을 빼고는 모두 생계가 어려워 보였는데 사정을 알게 된 후 석은 당장 경영진과 의논하여 동아일보의 평생 구독권과 은수저 두 벌씩을 드렸다. 시리즈 기사 첫 회분에는 창간사에 해당하는 「주지主旨를 선명하노라」라는 논설이 게재되어 있다. 이것은 오늘날의 사시社是에 해당하는데 28세의 주간 설산雪山 장덕수張德秀의 회심의 역작으로 평가된다. 91년 전에 민족주의, 민주주의, 문화주의를 표방한 것은 참으로 놀랍다. 지금은 없어졌지만 제호가 세로일 때 제자의 배경에 있는 '무궁화' 도안은 1930년 초 청전青田 이상범李象範 화백이 추가로 그린 것이다.

우리나라의 첫 번째 비행사인 '안창남安昌男 고토故土 비행'(1922년), '관동대진재關東大震災' 후 조선총독부가 문화정치의 가면을 서서히 벗고 민족진영의 언론을 압박하기 위해 배후조종한 박춘금朴春琴 등 친일 폭력단과 결연히 대결하여 탄핵운동을 펼친 경위는 당시를 잘 아는 양원모梁源模 씨의 증언으로 다시 한번 드러났다. 1929년 광주학생사건은 당시 편집국장이던 주요한朱耀翰 씨와의 인터뷰로 재구성되었다. 문맹퇴치와 아울러 민족의식을 고취한 1933~1934년에 걸친 '브나로드 운동'은 유달영柳達永 박사, '이 충무공 유적 보존운동'은 소액(당시 화폐의 최하단위인 5전, 10전) 민간모금을 통해 1만 7천 원의 거금을 모아 이 충무공의 위토位土를 되찾은 자세한 결과를 이상범 화백의 회고로 되짚어 보았다. 1931년 7월 만주 장춘長春 서북쪽의 이른바 '만보산萬寶山 사건'은 처음에는 한·중 농민들의 수리水利 싸움에서 번져 한·중 간의 연쇄보복으로 이어지던 사건을 당시 한만韓滿국경 특파원이었던 서범석徐範錫 의원(당시)의 회고를 통해 소위 만주사변 전후사정을 생생하게 회고하였다.

1936년 8월 베를린 올림픽의 마라톤경기에서 일장기日章旗를 달고 우승한 손기정孫基禎 선수의 가슴에서 일장기를 말소하여 보도한 이른바 동아일보와 자매지 『신동아』의 '일장기 말소사건'으로 동아일보는 결국 10개월간의 정간을 당하고, 관련인사들에 대한 혹독한 강제수사와 그 당시 사건을 겪은 이들 중 인사조치가 이루어졌다. 사건당시 관련인사들은 모두 작고하였고, 살아 있는 사람은 청전靑田 화백과 『신동아』 책임자였던 최승만崔承萬(전 제주지사, 인하공대 학장) 씨 두 분이 있는데 최 선생의 증언을 토대로 당시를 돌아보았다. 그 밖에도 「동아일보의 강제폐간」(1940년, 김승문金勝文 씨 회고)와 「동아일보의 정간」(1945년, 곽복산郭福山 씨 회고), 같은 해 「모스크바 협정과 고하」(고하古下 송진우宋鎭禹 씨 회고), 「5·10총선거」(1948년, 이언진李彦鎭 동아일보 이사의 회고)에 이어 1950년의 「6·25와 동아일보」(조인상趙寅相 전 취재부장의 회고), 1952년의 「부산 정치파동과 인촌」(백광하白光河 전 편집부국장의 회고), 마지막 15회는 1956년의 「24 보안법 파동」(이철승李哲承 전 국회부의장의 회고)를 창간특집으로 모두 4월 중에 연재를 마감하였다. 이와 같은 연재물을 단기간에 싣게 한 것이나 사건과 취재대상을 선정한 것 등은 기획회의에서 토론을 거쳤지만 최종결정은 후석 선생의 단안에 의한 것이었다. 이를 통해 후석 선생의 뚜렷한 역사관을 엿볼 수 있어 뜻깊다고 말하지 않을 수 없다. 후석 선생이 별세한 지도 어느덧 20년이 넘는 세월이 흘렀고 이 시대를 증언해줄 많은 지도자와 사학자 그리고 언론계 인사들에게 경의를 표하며 영원한 명복을 빌어 마지않는다.

# 거구의 뒷모습

김병익
문학평론가·전 동아일보 기자

'후석後石'이란 아호 그 뜻이 무언지…
그러나 그 글자에 어울리는 이미지는
안타깝기도 하고 쓸쓸하기도 한,
한 거물의 뒷그림자와 같아.

천관우 선생님이 유명을 달리하신 지 벌써 20년. 그러나 그분을 추모하는 문집의 간행은 너무 늦었다. 연배로나 활동의 크기에서 새카만 후배인 내가 생각해도 왜 그분에 대한 전집, 적어도 선집은 고사하고 추모십마저 미루어지는지 섭섭해했는데 이번에 작지만 그 기획이 이루어진다는 소식을 받고서는 해한解恨의 감까지 느낄 정도로 반가웠다. 그 고마운 말을 듣고 나도 원고로써 동참하기로 작정하면서부터 그분에 대한 회상들은 웬일인지 거의 쓸쓸함, 안타까움으로 점철된 것들로 이어지고 있었다. 그분이 할 수 있는 많은 일들을 두고 뜻밖에 세상을 버리셨기 때문일까, 그분의 사인이 폐암의 재발이 아닌 술병으로 말미암은 영양실조일 만큼 세상이 그분을 피폐하게 만들었기 때문일까. 혹은 내가 그분에 대한 흠모의 정이 인간적인 이해의 정서에서 비롯한 때문일까.

수습기자로 편집국생활을 시작하면서 가장 먼저 눈에 띈 분이 하늘 높이 보인 천관우 편집국장이었다. 천근이 넘게 커 보이는 육중한 체구로 여러 권의 책을 싼 듯한 보자기 보따리를 들고 덜거덕거리는 구두 소리로 편집국 안에 들어오면 넓은 편집국 안의 분위기가 문득 진정되는 듯했고 크고 걸걸한 목청의 굵직한 목소리가 멀리서라도 내용과 관계없이 들려오면, 키는 작고 목소리마저 쇠약한 나는 우선 압도되고 그런 그분의 무게가 경외스러웠다. 그분이 체구만이 아니라 학식이며 의식, 정신이며 정력이 그처럼 담대하다는 사실을, 편집국장에서 40세를 겨우 넘은 나이에 주필로 승진하시는 과정에서 조금씩 존경의 눈길로 익혀가면서 심신이 그처럼 거인다운 분은 참 드물다 싶어지며 당시의 젊은 나에게 그분과 한시대에 같은 직장에서 수하의 기자로 일한다는 게 참으로 영광스러워졌다. 그것이 어느 만큼이었는가 하면, 그분이 즐겨 피우는 파이프담배를 나도 따라 피우고 그분처럼 보자기로 책을 들고 다녀볼 정도였다. 그러나 흉내 낸다 해서 그 멋이 따르는 것도 아니고 모방한다 해서 그 뒤에 숨은 내공과 늠름한 중량감을 훔쳐낼 수 있는 것도 아니었다.

문화부에 근무하면서 학술 쪽도 맡았기에 당시 일기 시작한 한국학의 취재를 하기 위해 뵌 여러 국사학자들은 천관우 선생의 안부를 묻고는, "천 선생이 역사학으로 집중하셨더라면 한국사학계에 엄청 큰 힘이 될 터인데"라고 애석해한 분도 있고 "그분은 학문에만 전념하기에는 너무나 정력이 넘치는 분"이어서 언론활동을 당연히 여기는 분도 있었는데 천관우 선생 당신은 옛것을 찾아 연구 분석하는 것이 역사학이고 지금 것을 살피며 분석하고 비평하는 것이 언론이어서 직무는 마찬가지란 '언관-사관'론을 펼치셨다. '한일수교'에 반대하고 개발성장론을 빙자하여 권력을 독점해가는 박정희 대통령에 대해 비판적이었던 당시의 동아일보의 태도는 그분의 뜻으로 더욱 강화되었을 것이지만, '한국학'을 부추겨 서울대 문리대의 사학과를 3분하여 국사학과와 동양사학과, 서양사학과로 독립하도록 여론을 이끈 분도 그분이었다. 나로서는 문화부의 올챙이 기자로 윗분들의 지시를 따르기도 했지만 60년대 중반에 활발하게 전개되던 국학과 근대화를 향한 학계의 새로운 움직임과 그 지향을 보도하는 데 열심일 수 있었던 것은 천관우 주필-선생님의 의도에 큰 영향을 받은 때문이었다.

대학 졸업논문으로 쓴 「반계 유형원 연구」로 해방 후 실학에 대한 새로운 인식을 일으켰다는 전설적인 이야기로부터 시작되는 그분의 한국사 연구는 고대사의 개척과 시대사 구분 문제, 한국사의 쟁점 등 한국사의 여러 부면에 대한 사학자로서의 업적, 그리고 독립불기獨立不羈의 정신과, 편집 또는 논설의 책임자로서 권력과의 대담한 대결, 큰 기자의 육성을 바란 대기자론大記者論과 기자정신의 타락을 질타한 '연탄가스 중독론' 등 숱한 주장과 논리로써 기자들의 사명을 강조한 언론인으로서의 자세 등 '사관'이자 '언관'으로서의 천관우 선생의 앞모습은 이번에 간행될 『거인 천관우』를 거치며 앞으로 더욱 많은 분들이 제대로 기록·연구되고 분석 평가될 수 있을 것이다. 그러기를 바라고 또 그러리라 믿는 내게, 그런데 지금은 오히려 그분의 또 달리 숨은 거인다운 뒷모습들이 더 많이, 더 선연히 기억되고 있다. 이번에 처음 알게 된 천선생님의 '후석後石'이란 아호가 어디서 얻어진 것인지 그 뜻이 무언지 모르는 채, 그러나 그 글자에 어울리는 이미지는 안타깝기도 하고 쓸쓸하기도 한, 한 거물의 뒷그림자와 어울리는 것 같아 속이 뭉클해지기도 한다.

귀신이 있는지 없는지 자신은 장담할 수 없다며 피난지 부산의 한

통신사에 근무하던 시절 잠자리로 쓰던 낡은 일본식 이층 방에서 본 일본 여자 귀신 이야기를 생생하게 그려주던 일이나, 가끔 신문사 앞의 영화관 시네마코리아에 가서 한국의 멜로드라마 영화를 보면 그렇게 눈물이 많이 나와 손수건을 적신다는, 도무지 거인답지 않은 고백은 거물의 순진성에서 나온 여유 있는 유머로 재미있게 다가왔다. 그러나 나는 두어 차례, 순진한 마음으로만 볼 수 없는, 거구의 쓸쓸한 뒷모습을 목격한 적이 있다. 그 첫 번째는 유신사태 속에서 천 선생님이 다시 동아일보 상임감사로 돌아와 계셨을 때였다. 3층 편집국에서 우연히 내려다본 2층의 베란다에서 선생님은 와이셔츠 바람으로 외로이 게으른 걸음을 이리저리 옮기면서 멀리 남산 쪽을 바라보거나 하늘을 우러르거나 하는데, 마치 우리 안의 코끼리처럼 보인 그 뒷모습이 날개 잘린 장수 설화의 한 장면을 재현해주는 듯했다. 그분은 편집이나 논설에서 아무런 실권이 없는 자리에 앉아 저항할 수 없는 시세時勢와 그 때문에 치른 씁쓸한 좌절감을 되씹고 있는지도 모르겠다고 생각한 것은 어쩌면 그 서글픈 모습을 혼자 훔쳐본 나의 지레짐작일지도 모른다. 어떻든 거구의 쓸쓸한 뒷모습을 보며 에는 듯하던 그 마음은 얼마 후 그분이 '민주회복국민회의' 대표로 반독재항의의 앞장에 선 후에도 지워지지 않았다.

그다음은 신군부 정권이 들어서고 나서 얼마나 되어서였는지 가물가물하지만 동아투위 멤버 한 분의 결혼식장에서였다. 늦게 식장에 들어서니 바로 앞에 천 선생님도 앉을 자리 없이 맨 뒷줄에 서계신 뒷모습이 눈에 띄었다. 그때 다시 그분의 추레함이 눈앞으로 비춰온 것이다. 청첩을 받고 오셨겠지만 후배 기자들이나 민주화운동 동료들이 그분을 안내하거나 후한 인사를 드리지 않는 듯 그분 주변이 휑뎅그렁해 보였다. 그즈음 천 선생은 전두환 정권으로부터 민족통일중앙협의회

회장이란 실속 없는 감투를 받으셨고 나도 TV 뉴스에서 독두禿頭의 통치자로부터 그 임명장을 받는 화면을 안타까운 마음으로 바라본 적이 있었는데 이 때문에 그분은 아마도 훼절자로 낙인찍혔을 것이었다. 그분을 흠모하던 나 역시 왜 그분이 대학의 교수초빙을 마다하고 권력정치에서 박정희와 다름없는 전두환 정권의 청을 수락하셨을까 의아해하던 참이었다. 사정은 어떻든, 동아투위며 젊은 반체제 운동가들로부터 높은 존경을 받아오던 이 거인이 거의 '왕따' 당하는 듯한 뒷모습에서 나는 다시 쓸쓸함, 안타까움, 안쓰러움을 느껴야 했다. 뒷날 선생님은 "나는 박정희와 공산당을 반대한 것이었고 전두환에게는 아무런 원한이 없다"고 내게 설명하셨고, 그 말씀에 나의 내심이 긍정적인 동의를 한 것은 아니었지만, 자신을 핍박한 시대에 대한 울분이 어느 정도였기에 이렇게 오판을 하시게 되었는지 들추어보면서, 그토록 그분께 판단착오를 일으키게 만든 세태에 대한 유감이 참으로 깊어졌다.

그분은 언론계로부터 아주 물러나시고 나도 신문사에서 쫓겨나 출판사를 운영하면서 그분을 뵙는 기회가 오히려 더 잦아졌다. 나는 명절이면 꼭은 아니더라도 더러 세찬거리를 보내드렸고 혹은 불광동 댁으로 찾아가 뵙고 근황을 여쭙기도 했다. 그런데 댁에서 우리를 맞는 그분은 손수 부엌에서 소주병과 잔에 '김치쪼가리'를 들고 오셔서 '대접'을 하시는데 아무리 어려운 시절이라 하더라도 그 모습은 분명 궁상스러웠고 그런 안쓰러운 모습을 보는 나는 차라리 그런 양상이 한 시대의 어려움을 견뎌내는 솔직한 자세가 아닐까 싶었다. 우리가 편집하던 계간지 『문학과 지성』에 선생님은 「신가야사新伽倻史」를 연재하셨는데 호마다 마감 날짜를 넘겨 우리가 애를 태워야 했음에도 한번은 예상보다 이르게 원고를 가져오시고는 원고료를 바로 지불해주기를 청하셨다. 작은 여행가방을 들고 계셔서 어디 가시느냐고 여쭈었더니 시골의 상사喪事에 참석하셔야 한다는 것이었다. 그러니까 부조금이 없어 원고를 급하게 마치시고 예외적인 원고료 청구를 하셨던 것이고 그때의 그분의 물질적인 가난함까지 충분히 짐작되어 거구의 뒷모습이 다시 안타깝고 원망스러워지지 않을 수 없었다. 암수술 후 댁에서 치료받을 때 찾아뵙고 내가 주책없이 담배를 피워도 되겠느냐고 양해를 구하자 손수 재떨이를 가져다주시면서 "내가 할 말은 아니지만 담배를 태우는 사람을 보면 스스로 명을 줄이고 있구나 하는 안타까운 심정이 된다"고 말했다. 큰 웃음을 섞어 하신 그 말씀이 전날 그처럼 많은 담배를 태우던 그로부터 내가 들을 수 있었던, 아마도 마지막 마음 비운 잡담이었을 것이다. 내가 담배를 끊은 것은 그로부터 근 20년 후였다.

우리 집 거실 벽에는 횡액이 한 폭 걸려 있고 거기에는 한자로 '소요일세지상 비예천지지간消搖一世之上 睥睨天地之間'이라 적혀 있다. 그 글씨를 쓰신 분이 '천관우千寬宇'였고 일자는 '을묘유하乙卯榴夏'였다. 셈해보니 1975년 6월이다. 동아투위가 결성된 후 사회 각계의 지원을 얻기 위해 바자회를 열었는데 그때 선생님은 글씨를 몇 장 써 기증하면서 따로 내게 글씨 한 폭을 주셨다. 나는 그 글씨를 표구해서 내 눈길이 자주 닿는 곳에 걸어두고 때로 그 뜻을 음미해보곤 한다. 한자에 무식한 내게 선생님은 '유하榴夏'는 '유월'과 같고 '소요消搖'는 '소요逍遙'와 같은 글자로 쓴다면서 중장통仲長統의 「낙지론樂志論」에 나오는 구절로서 굳이 번역한다면 '세속을 벗어나 노닐며 천지의 이치를 곁눈질한다'는 뜻이라고 설명해주셨다. 다시 찾아보니 중장통은 후한後漢 때의 뜻 높은 학자이며 선비로 관직을 마다하고 포의布衣로 일생을 보냈다 한다. 이 노사老子적 사유의 명구를 쓰시면서 천관우 선생님은 그 자신의 서러운 자적自適(그리고/또는 自謫)을 위로하신 것일까, 젊은 후배에게 경구警句로 삼으라고 주신 것일까. 내가 기자협회장으로 당선된 직후 선생님은 프레스센터의 기자협회 사무실로 찾아오신 적이 있다. 황망하게 아랫자리로 몸을 옮기면서 차를 권해드리는 내게 선생님은 나의 기자협회장 취임사에서 "회장으로서 나는 무능하고 무력하게, 되도록 아무 일도 하지 않겠다"라고 밝힌 내 그 말이 무척 마음에 들어 부러 찾아오셨다는 것이었다. 결과적으로 '10·24 언론자유선언'이며 동아 광고사태, 기자 해직 등으로 더 많은 일을 해야 했고 더 심한 사태에 맞닥뜨렸다가 마침내 이것저것으로부터 물러나야 했던 내게 이 구절은 그래서 더 뜻있게, 그러나 그 깊은 심지는 미처 헤아리지 못한 채 내 마음을 가로지르며 다가온 것이다. 그러면서 다시, 세상의 움직임을 바로 보면서도 그 세속으로부터 비켜나 울울한 심정으로 '소요'를 자청하며 말년의 쓰린 가슴을 다스려야 했던 그분의 속마음만 아프게 짐작할 뿐이다.

3장

# 거인 천관우에 대한 회억

# 不言實行, 천관우 편집국장

이혜복

대한언론인회 고문·전 동아일보 사회부장

"동아일보가 사실보도로 진상을 밝혔으니
우리의 보도사명을 충실히 이행했다.
그러나 정보부에서 할 말이 있다면
그쪽 주장도 들어 보는 게 공정한 보도 자세"

벌써 반세기 전의 일이니 기억이 삭막하나 동아일보사의 천관우 국장 밑에서 사회부장직을 맡고 있을 때였다. 당시 천관우 국장은 서울일일신문에서, 나는 민국일보(당시 사회부장)에서 거의 비슷한 시기에 동아일보로 일터를 옮겼다. 추운 겨울이 가고 바야흐로 봄기운이 무르익던 3월 초순 어느 날 낮 나는 천관우 국장 바로 옆에 있는 편집부장석에서 누군가와 협의할 일이 생겨 이야기하고 있었다. 기자들은 첫판版 마감이 끝나 거의 점심을 먹으러 나가 텅 빈 편집국은 쥐죽은 듯 조용했다. 이때 중국집 배달하는 아이가 "자장면 가져왔습니다" 하면서 자장면 두 그릇을 천국장석 테이블 위에 놓고 나갔다. '자장면이 두 그릇이니 천 국장이 누군가와 함께 들려고 두 그릇을 주문했나보다' 짐작했으나 나의 예상은 맞지 않았다.

천 국장이 자장면 한 그릇을 맛있게 먹고 난 후 나머지 한 그릇도 마저 들고 나서 차 한 잔으로 입가심을 한 후에 국장석 회전의자에 비스듬히 몸을 기대고 식후의 오수午睡를 즐기는 것이었다. 그의 잠든 모습이 퍽 평화롭게 보였다.

그때 아까부터 천국장석 바로 앞에 자리 잡고 앉아 농담을 주고받던 젊은 두 기자가 잠든 천국장의 닉네임(코끼리)을 들먹이며 "코끼리가 잔다"고 깔깔대고 웃기 시작했다. 이들의 농담을 잠결에 들었는지 어쩐지 알 길이 없으나 어떻든 잠자던 천 국장이 눈을 번쩍 떴다. 그리고 아무 말 없이 앞을 바라보지 않는가. "코끼리가 잔다"고 농담을 주고받던 두 기자는 잠결에 천 국장이 자기들의 농담을 듣고 눈을 뜬 게 아닌가 하고 겁을 먹었는지, 그래서 천 국장으로부터 불호령이 내릴까 미리 짐작 겁을 먹었는지, 어떻든 놀란 토끼마냥 편집국 출입구 쪽으로 뺑소니쳤다. 그 모습이 지금도 기억에 생생하나 그 두 기자가 누구였는지 기억이 아득하다. 그러나 천 국장은 아무 일이 없었다는 듯 다시 지그시 눈을 감고 오수를 즐기는 것이 아닌가. 그때 잠든 천 국장의 평화로운 얼굴을 바라보면서 저만큼 체구가 크고 보면 그 체력을 지탱하기 위해서 식사량도 보통사람보다는 당연히 많은 양을 먹어야 될 것이라는 생각이 들었다.

천 국장은 첫 판 마감이 끝나 점심때가 되면 가끔 "사회부상, 점심하러 갑시다" 하고 천 국장의 단골음식점(도렴동인데 어디였는지 기억이 가물가물하다)으로 함께 가서 자리를 잡고 나면 천 국장은 우선 인삼주 두 병부터 주문했다. 주거니 받거니 마시다 보면 그것을 세 병까지도 마셨다. 천 국장과는 대작對酌할 기회가 많았지만 그분이 안주에 까다롭거나 또 술에 취한 것을 본 기억이 없다. 호주가好酒家요 애주가愛酒家였던 천 국장은 주도酒道를 엄격하게 지키는 분임이 분명하였다. 그렇다고 "술을 즐겁게 마시되 술에 취해서는 안 된다"고 주도에 관해 나에게 이야기한 적은 없다. '말없이 몸으로' 실천하는 주도, 그것이 주객酒客이 지녀야 할 정도正道가 아닐까. 나는 그분과 대작하면서 늘 그런 생각을 해봤다.

'불언실행不言實行', 은연중 천 국장은 나에게 그런 교훈을 전해주는 것같이 느꼈기 때문이다.

사람이 살다보면 때로는 격해 큰소리를 낼 수도 있다고 본다. 그러나 천 국장이 화를 내거나 큰소리로 누구를 질타하는 것을 본 기억이 없다. 매사를 대범하게 너그럽게 처리하는 그런 분으로 기억한다. 내가 천 국장 밑에서 꽤 오랫동안 사회부장직을 맡고 있었으나 한번도 사회면 제작에 관해서 이렇다 저렇다 언급한 적이 없었다. 일단 누구에게 일을 맡겼으면 그를 믿고 일을 맡은 자의 책임 아래 매사가 진행되도록 배려하는 그런 분이었다.

어느 해였던가. 내가 사회부장직을 맡고 있을 때인데 60년대 초 3월쯤으로 기억된다. 정보부에서 서울대학의 학생운동단체 안에 이른바 '정보부 프락치'를 심어 학생운동의 동향을 낱낱이 정보부에 알리도록 하려 했다. 바로 'YTP(Youth Thought Party)' 조직을 동아일보에서 톱기사로 폭로하여 사회적으로 큰 파문을 일으킨 적이 있었다. 사회부장인 내가 정보부에 불려가 "기사 출처를 대라"고 다그쳐 곤욕을 치르기도 했다. 그때가 이른 봄이라 아직 추위가 가시지 않아 내가 조사받던 정보부 안가安家에 난로가 있어 조사관이 계속 장작을 지피고 있었는데 들고 있던 장작으로 나를 후려칠 것 같은 위협적인 자세를 취하기도 하였다.

그런 일이 있은 후 당시 천 국장은 "동아일보가 사실을 보도하여 진상을 밝혔으니 우리의 보도사명을 충실히 이행했다. 그러나 정보부에서 할 말이 있다면 그쪽 주장도 어느 정도 들어보도록 하는 것이 공정한 보도 자세일 것"이라고 천 국장은 말하였다.

왕왕 보도기관에서 어떤 사실에 대해 보도한 다음 그 정당성을 관철하기 위해 폭로의 대상이 된 측의 주장은 아예 전적으로 묵살해버리는 예가 허다한데 천 국장은 그것은 "언론 본연의 자세가 아니다"라고 지적한 것이다. 천 국장은 언론 본연의 자세가 어떤 것이어야 되는지에 대해서 뚜렷한 견해를 지니고 있는 언론인이었다고 나는 판단했다.

# 경성대 예과 '학생가' 지어준 후석 선배여!

민 기

소설가·한국 언론기자협회 고문

바로 그때 학생신분이면서도
기백 넘치는 우리말 가락으로 엮은
"한가람 흘러 흘러…" 다시 불러본다.
그저 감개무량했던 그 탁월한 시조 리듬을.

후석 천관우 선생은 충청북도 제천군 금성면 북진리에서 아버지 천병선千秉善 공과 어머니 민수홍閔壽興 여사 사이의 2남 3녀 중 막내로 태어났다. 5남매 중에서도 막내였으므로 귀여움 듬뿍 받고 자랐다. 5세 때인 1929년 농업을 가업으로 하는 집을 금성면 북진리에서 청풍면 읍리로 옮겨 이사했는데, 위 두 곳 북진리(生家—터)나 읍리는 모두 8·15 광복 뒤의 충주댐 건설로 현재는 수몰지역에 해당할 뿐 그 흔적이 전혀 남지 않았다. 인간은 늘 자연파괴를 하면서 새로운 발전, 새로운 환경을 만들어 낸다고 야단을 떠는 것인지 모른다.

여섯 살 때부터 할아버지 천인봉千仁鳳 공의 슬하에서 한문 수학을 시작한 후석은 기억력 좋고 명석한 두뇌와 날카로운 관찰의 눈이 있어 사람들한테서 '천재' 소리를 들으며 자랐다. 이듬해인 1931년 청풍공립보통학교에 입학하여 1937년 3월 졸업한 13살까지도 지속된 조부님이 베푼 한문 교육이야말로 큰 힘이 되었다. 초등교육의 공식과정과 병행하느라 뭔가 벅찬 느낌도 들 성싶은데, 배우건 일을 하건, 가정에서건 노는 장소에서건, 항상 긴장한달까 밭에서 밭갈이하는 소처럼 우직한 후석에게는, 바로 천재소년 되는 첩경을 걷고 있는 셈이었다.

그해 4월 우수한 성적으로 청주공립고등보통학교에 입학, 18세 때인 1942년 3월 그동안 교명校名이 개칭된 청주제일공립중학교를 마치고 진학에 실패하자 요즘 말로 재수再修랄까 다시 한 해 입시 공부에 몰두, 20세 때인 1944년 4월 경성제국대학 예과京城帝國大學 豫科 문과 을류文科 乙類(인문계)에 당당히 입학했다. 후석이 예과 2학년 때, 일제는 패망하게 되었고, 한국은 식민지 사슬에서 풀려나 1945년 8·15 광복을 맞이하니, 그가 다니던 예과의 교명에서도 '제국'이라는 두 글자가 제거되어 '경성대학京城大學 예과'로 개칭되었으며, 이듬해인 1946년 7월 이 교육과정을 수료한 그는 9월에 국립 서울대학교 문리과대학 사학과에 진입, 25세 때인 1949년 7월 졸업한 뒤에는 곧바로 '사학과 조수' 발령을 받고 정진精進을 거듭했다.

뒷날 확인한 사항이지만, 광복 이후 이 명문 예과 학창을 나온, 외람되지만 나와 인연 있는 분을 수료 연도별로 적으면 1회(1946년도)가 후석, 2회(1947년도)에는 언론인이며 작가인 한운사韓雲史 선배, 그리고 3회(1948년도)에 내가 해당하며, 이 3회 수료자 배출을 마지막으로 이 학창은 문을 닫았다. 그때 이름은 '국립 서울대학교 문리과대학 예과부'였다.

"한가람(한강 애칭) 흘러 흘러 빛은 터 기름지니/삼천리 맑은 정기正氣 모인 곳이 예로다"로 시작되는, 불과 3년간 불리다 말았으나, 당시 좌우대립이 심했던 학생사회에 엄청난 감동과 감명을 주었던 '경성대학 예과 교가校歌'의 작사자(작곡: 임원식林元植 선생)가 바로 그때 학생신분이던 천관우 선생이다.

어찌 그 솜씨 장하다 아니할 수 있겠는가. '성대예과城大豫科'(한국투: 경대예과京大豫科 생긴 뒤부터 일본말 '료카寮歌', 곧 이른바 기숙사 학생들 노래에 그쳐 왔던 것을 뒤엎어버리고, 기백 넘치는 우리말 '혼魂불'어語로 엮인 교가로 변신했으니 그저 감개무량 그 자체였다.

새삼 고인故人의 그 탁월한 시조時調 리듬 어절語節 '한가람 흘러 흘러'를 불러본다. "참으로 고마운 선배, 예과 교가 지어준 후석이여! 고맙습니다."

천관우 선생과 나는 띠동갑이다. 음력으로 그가 6월 2일, 내가 9월 27일생이니 약 3개월여쯤 그가 앞서 태어난 소띠다. 그러나 그는 커서 굳건한 거인 체격으로 점심때면 식성 좋게 설렁탕도 두세 그릇 든다는 소문이 났지만, 나는 어려서부터 병약하며 입이 짧은 단구短軀로 컸다. 내가 보건대 후석의 표면은 둔중하고 무겁지만 내면은 아동처럼 감수성이 싱싱하다. 남의 명령을 받기보다, 한 장소를 맡겨주면 그 일거리의 완수와 그 일에서 수확을 꼭 달성하는 성격자이다. 외강내유外剛內柔랄까, 무신경한 걸 싫어하며, 최후 정리에 뛰어나고, 잘 때쯤이 긴장 푸는 시간인 셈이다.

후석이 언론계로 첫발을 내디딘 것은 1951년 27세 때 대한통신大韓通信 기자가 되면서부터다. 그 뒤 통신사에서 신문사로 자리를 옮겨, 1954년 6월 1일 한국일보 조사부 차장직을 맡고 한국일보 창간 멤버(편집국: 37명) 중의 한 사람으로 참여했다. 그해 11월엔 이 신문의 일요판 발행 전담요원 중 1명이 필요할 때 후석의 소개로 한운사 선배(1955년 문화부장)도 언론계에 들어왔다. 그러고 보니 학창시절의 예과 수료 순서대로 앞서거니 뒤서거니 천관우·한운사 두 선배가 한국일보에 입사한 터였다. 그렇다면 나와 한국일보와의 만남은 전혀 안 일어났단 말인가. 아니다. 세 번째로 인연이 닿았다. 사람이란 만나야 될 때에, 만나야 할 사람이나 사물과 꼭 만나게 된단다. 공교롭게도 나는 1953년 3월 서울신문 공채 1기로 교열부(당시 명칭: 교정부) 기자가 된 뒤, 이사社 저 사社 전전轉轉 초기에 해당하는 시기로 서울신문을 떠나 1차 한국일보 교열부 기자 시절(1955. 11~1956. 11)이었다. 때마침 후석으로서도 1차 논설위원시기(1954. 11~1955. 12)였으므로 이때 잠시 단 한 차례 후석과 내가 같은 사에서 근무했음이 사실이다. 둘의 두 번째 한국일보 전전시기에는 서로 빗나가서 엇갈렸다.

언론계에서 '천관 나가는 소'로 별명이 붙은 천관우 선생은 후배들에게 늘 버릇처럼 말했다. "기자는 흔히 깊지는 않더라도 넓은 식견을 가져야 한다고들 말하지만, 기자도 뭔가 하나의 전공에만은 깊은 식견을 갖는 것이 좋다." 수박 겉핥기가 아닌 한 분야를 선택해 지속적인 공부를 해나가도록 권유했다.

두 가지 분야 선택의 경우, 언론과 짝패 선택이 매우 무난한 것은 어디까지나 인문과학 분야이다. 사학자 마르크 블로크가 지적했듯이, 생물학자의 선택분야까지 역사가가 파고든다면 "그건 역사가 아니다"고 '경계신境界神의 파수꾼'들이 호통친단다. 내친 김에 내가 덧붙인다면, 그 경우 언론 경계신 파수꾼 쪽은 아마도 "여보게, 그건 이미 언론도 아닐세" 할 것이다.

어쨌든 후석은 현명하게도 눈앞의 '오늘'을 역사로 기록하는 언론인 직분과 지난날을 오늘의 시각에서 해석하는 사학자로서의 길을 굳건히 걸었다. 우선 이분이 언론계에 남긴 굵직한 발자취랄까 그 이정표를 보면, 30대 초반에 일찍 한국일보 논설위원이라는 중책을 맡아 했고, 그 뒤 조선·민국·동아 등 여러 신문에서 논설위원·편집국장을 지낸 때는 40대 초반이었으니 그 인품과 필력筆力의 탁월한 솜씨로 언론정도言論正道를 빛낸 멘토 구실을 한 것이다. 이분에게 혹여 사회단체에서 사정 모르고 촌지寸志라도 전달해보려 해서 내방한다면 으레 한바탕 난리친다는 게 정설이었다. 그런가 하면 신문 단평집 『썰물 밀물』, 『언관 사관』 등 명名칼럼들을 묶은 저서를 펴내는 일도 잊지 않았다. 한편 박정희 군사정권 때의 60년대 말 '신동아 필화'와 70년대 중반 '민주회복국민회의 공동대표'와 관련하여 강제 퇴사退社·자택연금·연행 따위 고초를 거듭 겪으며 민주화운동에 앞장을 서기도 했다.

천관우 선생이 한국사를 향해서 걷는 한평생의 또 하나 이정표에 부침浮沈하는 연구는 어떠했나 살펴보자. 대학 졸업논문 「반계 유형원 연구」로 사학계의 기린아가 나타났다는 찬사 속에, 실학 연구에 이어 『한국사의 재발견』, 『근세조선사연구』, 『한국근대사 산책』은 물론, 고대사까지에도 연구영역을 넓혀 『한국상고사의 쟁점』, 『인물로 본 한국고대사』, 『고조선사·삼한사연구』 등 빛나는 통찰력으로 점철點綴된 많은 저서를 남겼다. 민주화를 위한 체제비판이나 통일운동에 참여한 것은, 한국을 수호, 발전시키자는 참된 '통일대의統一大義'를 향한 행보行步였다고 그는 말하기도 했다. 67세로 가신 한 평생, 후석은 자신의 생애를 현명하게 썼다고 보는가 자문自問해 볼 때 그 자신이 아마도 그것은 역사의 시간만이 대답해 주리라 그리 분명 말할 것이라 본다.

후석 천관우 선생이시여, 일 많이 하셨소. 고맙소이다. 좋이 쉬십시오.

# '한국통사' 집필의 집념

손일근

전 한국일보 논설위원·서울대 총동창회 상임부회장

"내가 많은 논설위원들을 다 겪어봤지만,
천관우 씨만큼 내 말과 내 뜻을
빈틈없이 풀어내는 사설을 못 봤어!"
그래서 문공장관에 천거했다던 백상….

후석 천관우 선생은 1969년에 그의 칼럼들을 묶어 펴낸 『언관 사관』이라는 책 이름 그대로 강직하고 사명감이 투철한 언론인(言官)이었고, 거시적 통찰과 해박하고 치밀한 논증을 바탕으로 한 독창적 사학사(史官)였다.

후석은 1949년 서울대학교 사학과 졸업논문에서 「반계 유형원 연구」를 발표하여 일찍이 사학계의 주목을 끌었다. 이 논문은 실학 연구의 선구적 업적으로 꼽힌다. 그때 은사 이병도李丙燾 교수는 '군계일학群鷄一鶴'이라고 극찬을 아끼지 않았다니 알 만하다. 후석은 얼마 뒤 6·25전쟁으로 부산에 피난, 그곳에서 대한통신 기자로 일하게 되면서 언론계에 투신하게 된다. 1952년 약 1년간 미국 미네소타 대학에서 신문학을 수학하고, 귀국하여 한국일보 창간 당시에 동인으로 참여했고 잠시 조선일보에 가 있다가 1959년 다시 논설위원으로 일하게 된다.

백상百想 장기영張基榮(한국일보 사주)은 그때의 일을 이렇게 회상했다.

> "내가 많은 논설위원들을 다 겪어봤지만, 천관우 씨만큼 내 말을 빈틈없이 풀어내는 사설을 못 봤어!"
> 하루는 후석이 논설회의에 늦게 참석했다. 백상께서 후석에게 회의내용을 대강 전해주며 사설집필을 부탁해 놓고 나중에 사설 교정지를 읽어보고 감탄했다는 얘기다.
> "있잖아! 꿈보다 해몽이 더 낫다는 말 있지 않아!"

라고 후렴을 덧붙일 정도였다.

나는 그로부터 1년 뒤 1955년 한국일보에 참여하게 된다. 그러니까 나는 후석을 직접 알고 지내기 전에 벌써 나의 '보스'로부터 충분히 사전학습(?)을 받은 셈이다. 아닌게 아니라 1991년 후석이 타계他界했을 때, 이기백李基白 교수도 그의 추도문에 백상과 똑같은 얘기를 하고 있지 않은가. "흐트러진 실 꾸러미의 실마리를 풀듯이 착잡한 주제를 잘 풀어나가곤 하였다"고 그를 회상하고 있다. 이 교수는 이러한 시원스럽고 명쾌하게 일을 판단하고 처리하는 후석의 능력이 언론계에서도 혁혁한 공적을 이루고, 그 바쁜 언론계의 생활 속에서도 연구실에 묻혀 골몰하는 우리들(史學者) 이상으로 뛰어난 업적을 낼 수 있었다고 말하고 있다.

유별나게 선입관이 강한 백상은 1964년 정일권丁一權 내각의 부총리(경제기획원 장관 겸)로 입각하게 될 때 후석을 못 잊어 그를 문공부 장관으로 천거했다는 비화를 나에게 귀띔해줬다. 그때 후석은 조선일보(논설위원·편집국장), 민국일보(편집국장), 서울일일신문(주필)을 거쳐 동아일보 편집국장을 맡고 있을 때였다.

물론 불발不發, 이유는 불문가지不問可知!

그로부터 얼마 있다가 후석은 동아일보 자매지인 월간 『신동아』의 주간을 겸하게 되고, 1968년 12월호에 정부의 '차관도입'에 따른 병리 현상을 다룬 기사가 문제된다. 이른바 '신동아 필화사건'으로 그해 10월 군사정부에 의해 동아일보를 떠나게 된다. 뒤이어 '3선개헌'을 계기로 군사정부의 독재정치가 가열화됨에 따라 반독재·민주화운동에 앞장서게 된다. '민주수호국민협의회', '민주회복국민회의' 등의 공동대표를 맡으면서 "서서 죽을지언정 무릎 꿇고 살지는 않겠다"고 스스럼없이 토로하면서 독재에 맞서 발 벗고 나선 것이다.

1977년 4월 11일 백상이 별세하고, 1978년 1주기 때 나는 『백상, 그 모습』이라는 추념화집을 간행하면서 후석에게 추모의 글을 청탁했다. 두 분의 짙은 정리가 그 글 행간行間에 녹아있는 것 같아 여기에 간추려 본다.

"장기영 선생을 처음 뵈옵기는 1954년 한국일보 창간에 내가 말단기자의 한 사람으로 참여했을 때였다. 억척스러운 분이었다. … 논설이나 중요한 기사 게라를 일일이 체크하는 신문사 사장, 야전野戰침대 같은 것을 가져다 놓고 새벽녘 강판해서 윤전기 돌아가는 것까지 지켜보는 신문사 사장은 그때 처음 보았다. 4·19 직전의 마산사건 때는 논설위원까지 현지에 내려보내 전화로 매일 사설을 송고送稿시키는 데는 정말 놀랐다. 신문사 안에서 통하던 애칭이 '장 기자'였고 고인 자신도 이 애칭을 싫어하지는 않는 눈치였다. 탁상일기에는 자작自作의 경구 몇 가지가 매일처럼 새로이 기록되곤 했다. '대사건은 일요일에 터진다'는 것도 그런 경구의 하나다. 기자는 일순一瞬도 방심해서는 안 된다는 뜻이다. 이분은 늘 새로운 것을 생각해냈다. 신문이란 항상 새로운 것이어야 한다면 고인은 그런 의미에서는 전형적인 신문인이었던 것이다. 고인이 탁월한 신문경영자였다는 것은 모르는 이가 없겠지만 문장으로도 직업적인 문장가 못지않았던 것을 아는 이는 많지 않을는지 모른다. 창간 후 얼마 안 되어 최초의 미국여행에서 보내온 통신은 뒤에 『태평양 공로太平洋 空路』라는 책이 되어 남아 있지만 그 엉뚱하고도 섬세한 관찰력, 그 유려流麗하고도 당당한 행문行文은 기행문 모델의 하나로 삼아도 좋을 것이었다. …"

위의 글만으로도 후석의 문맥文脈을 짚어볼 수 있는 것 같아 그 시절에의 그리움이 애절하게 느껴진다.

후석은 그 뒤 유신체제 아래 자택연금, 연행 등의 고초를 겪으며 정보기관의 감시와 탄압으로 사회활동이 거의 불가능하게 되자 집에 칩거하며 한국사 연구와 저술에 몰두하게 된다. 언론인으로 활동하는 동안에도 발표하여 왔으나 약 10년간 지속된 칩거생활 중에는 특히 고대사 연구에 주력하여 많은 저술과 논문을 남겼다. 「고조선사·삼한사연구」, 「가야사연구」, 「인물로 보는 한국고대사」 등이 이때 나온 것이다. 본인은 비非아카데미 사학도라고 항상 겸손해했지만 사론史論 위주의 민간사학의 선봉을 이으며 특히 한국사의 대중화에 큰 기여를 하였다.

이 무렵, 나는 당시 한국일보의 고故 장강재張康在 회장을 설득하여 1981년 후석을 한국일보 상임고문(이사)으로 모셔왔다. 서대문 로터리 전 농협 건물 자리에 있던 빌딩 사무실의 짐을 몽땅 싣고 한국일보 건물로 이사 오게 했다. 후석은 처음에 개인사무실만은 그대로 놔두고 싶다고 했으나 내가 간곡히 우겼다. 「담배 한 대 물고」의 명칼럼이 한국일보 지상에 연재된 것도 이 무렵이다. 그런데 이때 언론계 어떤 선배로부터 뜻밖의 전화를 받는다. "알고 보니 당신, 천 선배의 회유 전초前哨작업에 당신도 한몫한 것 아니야?" 후석이 민족통일중앙협의회 의장직을 맡게 되면서 일부에서 그가 변절한 게 아니냐는 의문을 제기하기도 했었다. 뚱딴지같은 소리에 나도 놀랐다. 그대로 있어서는 안 될 것 같았다. 후석 사무실에 가서 머뭇거리며 "요새…" 하고 말문을 열기도 전에 "손 형에게만 하는 얘기인데 내 동창 김병○의 말을 믿고 맡긴 일인데 말이지…" 하였다. 통일이라는 대명제 앞에 둘은 더 이상 말을 이어가지 않아도 알 것 같았다.

또 1984년 6월 나는 한국일보 30년사를 책임편찬하면서 후석에게 원고청탁을 했다. 사사社史 첫 장에 '한국일보 30년 통사通史'를 싣기로 한 것이다. 그러나 마감날짜를 일주일이나 넘기고서야 아슬아슬하게 원고를 넘겨받았다. 두 차례 조심스럽게 독촉을 하였으나 나중엔 아예 전화를 받지 않으시니 함부로 더 이상 독촉을 할 수도 없는 노릇이었다. 며칠 지나서야 여직원을 시켜 마지막 원고를 내 사무실로 보내왔었다. 이때 많이 괴로워하셨던 것 같다. 가뜩이나 두주불사斗酒不辭인데 이 무렵 주량이 과하지 않았나 싶어, 지금 생각해도 마음이 저려온다. 더구나 후석은 옛 선비의 풍모와 대인다운 도량을 겸비했으면서도 뜻밖에 예리하고 결백성이 강한 분이었기 때문이다.

1985년 후석은 갑자기 나에게 전화를 걸어왔다. "손 형! 그때 '한국일보 사사에 30년 통사'를 써달라시면서 나더러 뭐라고 하셨지요?" (후석은 거북할 정도로 후배인 나에게 지나치게 겸손하게 '손 형'이라 불렀다)

"글쎄요, 말이 되는지 모르겠습니다마는, 그때 스케일과 격조를 업그레이드한 30년사의 '서머리summary'라고 말씀드렸던 것 같은데요. 왜요?"

후석은 그해 그분의 회갑을 기념하는 모임에서 앞으로 '한국통사'를 저술하는 것이 최대 희망이라고 밝혔다고 한다. 끝내 그것은 미완未完인 채 우리 곁을 떠나 아쉽다. 그러나 후석은 1980년 '외솔상' 수상소감에서 역사의 주인공이라는 생각으로 살아가는 것이 떳떳한 삶의 비결이라고 했다. 후석은 결백하고 강직하고, 실속 안 차리고 청빈했다. 그리고 역사의 주인공으로서 긍지를 갖고 사회적 책임을 다하기 위해 당당하게 이 시대를 산 언론인이요 사학자였다. 우리의 기억 속에 오래오래 맥동脈動할 것이다.

# 62년 전의 '칠판의 교훈'

공대식

전 MBC 해설위원 · 전 명지전문대 교수

선생님은 1949년 대학을 졸업한 뒤
바로 경기중학교 교단에 섰던
한복차림 거구의 청년교사.
그때 수업모습이 떠오르니….

제가 후석 천관우 선생을 처음 뵈었을 때는 62년 전(1949년) 서울 경기중학교 5학년 1학기 때였습니다. 때마침 대학진학을 고민하고 있을 때, 그러니까 문과냐 이과냐 갈림길에서 방향을 잡고 수험준비를 할 때였습니다.

천 선생은 그 당시 막 국립 서울대학교 사학과를 졸업하시고 바로 경기중학교 교단에 서게 되었습니다. 선생님은 어느 날 첫 수업에 들어오셔서 자기소개를 한 뒤 바로 '고전古典'이란 두 글자를 칠판에 쓰시면서 다음과 같이 말씀하시었음이 어렴풋이 생각납니다.

"고전이란 영원한 가치가 있는 책이다. 고전은 모든 시대에 있어서 참된 인간교양의 근원이요 샘이 되어온 책이다. 참으로 이보다 뛰어난 정신적 양식은 없다. 기술의 혁신이 눈부시고 산업사회가 이룩되어도 가장 긴요한 문제는 사람의 내적충족內的充足, 참된 인간교양이 아닐 수 없는 것이다"라고 학생들의 인생 지표를 명시해 주셨습니다. 해방된 후 한참 혼란한 과도기를 거치면서 1950년 봄 내가 문과 쪽으로 가기로 방향을 잡고 문리대 정치학과로 원서를 내게 된 동기는 천 선생님의 말씀에서 찾았다고 생각됩니다. 그러나 유감스럽게도 이러한 고전을 읽을 기회가 거의 없었습니다. 고전이란 거의 어려운 한문이나 외국어로 쓰여 있기 때문에 읽어야 할 줄 알면서도 읽을 수가 없었습니다.

다만 지금도 천 선생님께서 소개해 주신 그 당시의 드문 간행물 『진단학보震檀學報』(『국사교본』 14호, 진단학회 발행)를 보았던 기억이 납니다.

> 참으로 세월은 화살과 같이 빠르게 흘러 이제 저 자신이 팔순 고개를 넘고 후석 선생의 추모문을 쓰게 되니 더욱 애달픈 생각이 듭니다.
> '活到老, 學到老훠 따오 라오 슈에 따오 라오(늙을 때까지 살면서 늙을 때 가지 배운다)'라는 중국의 격언처럼 지난 세월을 회상하면서 천 선생님이 중학교 교단에서 힘주어 가르쳐 주신 고전과 고사성어를 다시 음미하고 세계사 속의 한국사를 다시 조명해보려고 노력하고 있습니다.
> 패기가 넘쳤던 후석 선생의 그때 그 모습을 회상하면서, 또 지난 60년 동안의 저의 생활과 행로를 돌이켜보면서 나의 뇌리 속에서 맴돌게 하는 뜻깊은 고전의 몇 글자를 떠올려봅니다.
> 첫째는 『논어』「자로子路」편에 나오는 '군자 화이부동 소인 동이불화君子 和而不同 小人 同而不和'라는 명언입니다. "군자들의 사귐은 서로 진심으로 어울려 조화롭지만 의리를 굽혀서까지 모든 견해에 '같게 되기'를 구하지는 않는데 반해, 소인배들의 사귐은 이해가 같다면 의리를 굽혀서까지 '같게 되기'를 구하지만 서로 진심으로 안 어울려 조화롭지는 못하다"고 한 것입니다. 두 번째는 '인간이나 인간성'의 문제입니다. 이 두 가지 테제를 갖고 후석 천관우 선생님의 사관史觀 또는 세계관을 음미해볼까 합니다. 저뿐만 아니라 많은 후학들이 공감하듯이 최근의 우리 사회상을 들여다볼 때 너무나 소인배들이 많은 것을 몸으로 느낄 수 있습니다. 정政·경經·언言·교敎·사司·문文·예藝·체体 등 각 분야에서 많은 비리와 부정부패 등이 만연되고 있는 것이 현실입니다.

후석 선생과 같은 선각자들이 계셨으면 이렇게까지는 안 되었을 것입니다.

특히 중학교 졸업을 앞두고 천 선생님의 마지막 수업은 '인간'과 '인간성' 문제였습니다. 지금도 도덕과 윤리문제가 심각하게 대두되고 있기 때문에 다시 한번 상기해 봅니다.

인간은 동물의 1종으로 다른 동물과 공통적인 동물성을 가지고 있지만, 일종의 특수한 동물로 인간 특유의 특징을 갖고 있다고 했습니다. 그 인간 특유의 성질, 즉 인간성이란 무엇인가를 간단하게 지적하셨습니다.

천 선생님께서 열거하신 인간 특유의 성질을 나열해 보면 다음과 같습니다.

① 인간은 사회적 동물이다.

② 인간은 자각적인 동물이다.

인간만이 고도의 자각성이 있고, 이성에 따라 지성이나 감정, 의욕을 세련시킴으로써 본능이나 습성을 합리적·합목적적으로 재편성하고 조정하는 능력을 갖는다는 것이다(사고 작용).

③ 인간은 문화를 갖는 동물이다.

인간은 각각 생각이 다르게 사회생활을 하기 때문에 서로 상충하고 또 서로 모방하고 서로 영향을 주면서 사회의 공유재산으로 집적集積시켜 나가는 것이 이른바 문화의 진보라고 한다. 이러한 것은 수천 년 동안의 인류사와 동물사史를 비교한다면 일목요연하게 이해할 수 있다.

④ 인간은 가능성과 구진성求眞性을 갖는 동물이다.

이것은 인류가 존재하는 한 문화는 그 본질상 늘 진보하거나 퇴보하는 가능성을 갖는다. 하물며 인간은 인식할 수 있는 현실에 부딪칠 때 더욱 진실한 것을 찾고 더욱 나은 이상을 구상하면서 그를 추구하고 획득을 위하여 현실을 운영하려는 의식구조를 갖고 있다는 것이다.

⑤ 인간은 생활을 하면서 현실적인 경제활동을 떠날 수 없다.

인간도 생명을 유지하고 번식을 하기 위한 생활현실 방법에 있어서도 인간 독특한 형태를 유지한다. 그중에서도 의식주를 충족시키는 욕구를 실현시키기 위한 경제활동과 떨어질 수 없다는 것이다.

⑥ 인간은 의식하든 않든 간에 종교적 지향성을 갖는 동물이다.

인간은 다른 동물과 비교할 때 가장 고도로 진화하고 복잡한 생물유기체로서 개인으로서 개체유기체이면서도 사회인으로서는 사회유기체에 속하는 이중구조를 갖는다. 여기서 기억해둘 것은 사회적 또는 개인적으로 특정종교에 대한 어떠한 믿음을 갖지 않더라도 모든 인간들은 궁극적, 근본적으로 무엇인가를 믿지 않을 수 없다는 것이다.

후석 선생은 대략 이상과 같은 철학적, 인류사적인 역사관을 피력하시면서 인간은 다른 동물에게서는 찾아볼 수 없는 인간성의 특성을 가르쳐주시었습니다.

후석 선생 20주기를 맞아 이 못난 한 제자가 62년 전의 가르침을 회상하면서 그 당시의 주옥같은 '칠판의 교훈'을 다시 한번 되새겨 봅니다.
특히 불확실하고 한 치 앞을 내다볼 수 없는 혼미 속의 사회현상을 볼 때 후석 선생의 인간성 회복의 말씀이 더욱 가슴에 와 닿습니다.

세월은 또 갑니다. 봄철에 많은 꽃들이 피게 되면 유희이劉希夷의 당시唐詩 한 구절 '해마다 피는 꽃은 비슷하지만 해마다 사람 얼굴 같지 않네(年年歲歲花相似 歲歲年年人不同)'가 떠오르는데, 자연의 운행은 같아 보여도 그 속에 오고 가는 사람만은 다르다는 뜻이 아닙니까.

꽃이 피다 지는 이 계절, 어지러운 이 세상에 선생님 생각이 간절합니다.

# 회의장 압도한 코 고는 소리

김광희

東友會(동아일보 사우회) 회장 · 전 동아일보 이사 제작국장

처음 먼빛으로 바라보던 나에게
언론계의 태산북두泰山北斗 같았다.
회의 중에 코를 골았던 실수도
덕담으로 수습한 사장의 이해.

거구에다 어글어글한 성격, 그리고 대식가이며 주호酒豪인 후석 천관우 선생을 내가 처음 뵙게 된 것은 그분이 동아일보 편집국장으로 임명되어 편집국 안쪽의 국장석에 좌정했을 때였다. 출입문 입구, 체육부 한편에서 먼빛으로 바라보던 나에게 선생은 언론계의 태산북두泰山北斗라는 인상으로 각인되고 있었다.

그의 언론경력과 주목받던 사학자란 관록에다 중량감 있는 외모가 그런 인상을 심어주었는지도 모르겠다. 솔직한 말로 기자 경력 4년 안팎의 깜냥으로 편집국장을 만나기란 쉽지 않을뿐더러 깊은 이야기를 나눌 형편은 물론 아니었다. 그런 어느 날 국장석에서 호출이 있었다. "김 형, 이거 한번 읽어봐요." 의표를 찌르는 '김 형'이란 말에 얼떨떨해진 나에게 그는 전국여자정구대회 개회사 원고를 내보였다.

"이게 설의식薛義植(1900~1954) 선생이 쓴 건데 30년도 넘은 거요.

현대어로 좀 바꾸면 해서….” 전국여자연식정구대회는 1921년 동아일보가 창설한 우리나라 최고最古의 스포츠 이벤트인데 그 개회사를 당대의 문필가요 훗날 편집국장, 주필을 역임한 설의식 선생이 쓴 것이었다. 이 대가의 글에 손을 댈 수 없어 40년 넘게 날짜와 횟수만 바꿔 그대로 사용해 왔었다는 게 사업부의 변이었다.

하필이면 왜 내가 하면서도 밤새 낑낑대며 써 놓고는 찢고 또 쓰는 괴로운 과정을 거치며 이튿날 원고를 국장석에 몰래 갖다놓고는 도망치듯 출입처로 나가버렸다. 저녁에 돌아오자마자 국장석에서 부른다는 사환의 전갈이 있었다. 잔뜩 긴장해서 서 있는 나를 쳐다보지도 않고 원고를 꼼꼼히 읽던 천관우 국장이 “됐어, 수고했소”라지 않는가. 이것이 계기가 되어 동아일보가 주최하는 스포츠 이벤트의 개회사, 예컨대 전국마라톤대회, 황금사자기 고교야구, 수영대회 등의 개회사를 내가 맡아 쓰게 되었다.

천관우 선생의 코 고는 소리는 글자 그대로 벽력같았다. 에어컨이 없던 당시의 편집국은 윙윙 돌아가는 선풍기로 겨우 더위를 식혔고 국장석은 그나마 커다란 물통에 얼음을 넣어 더위를 식히는데 가뜩이나 육중한 몸을 움직이느라 고단했던지 그는 졸다가는 벽력같은 소리로 코를 골았고 그 서슬에 자신도 놀라 깨는 것이 당시 동아일보 편집국의 여름풍경이기도 했다. 그런데 그 코 고는 소리가 거슬린다기보다는 으레 그런 걸로 치부되었고 어떤 의미에서는 편집국장 건재健在라는 신호로도 여겨졌다는 것이 천관우 국장의 매력 포인트였다.

1964년 초로 기억된다. 64년은 도쿄올림픽이 열리는 해이며 북한이 신금단辛金丹이라는 세계 육상계의 걸출한 선수를 앞세워 처음으로 올림픽에 참가하게 되었고 따라서 첫 남북대결이 이루어지는 긴박한 분위기가 조성되고 있었다.

더구나 동아방송이 개국되어 의욕이 왕성하던 때인지라 당연히 대규모의 취재단을 구성해야 한다는 분위기였다. 동아일보 동아방송의 취재·중계팀을 구성하는 간부회의가 회장실에서 열렸다. 심강心崗 고재욱高在旭 회장, 일민一民 김상만金相万 사장을 필두로 편집국장, 주필, 방송국장 등 간부진과 신문 방송의 실무진이 한자리에 모여 취재 · 중계팀의 규모, 예산, 일정을 짜는 중요한 자리였다. 당시 동아일보는 국내 언론사 가운데 단연 선두주자였고, 동아방송도 개국 초부터 새로운 콘텐츠와 정론으로 주목을 받던 터라 질적인 면은 말할 것도 없고 규모 면에서도 타사를 압도해야 된다는 데 의견의 일치를 보았다. 먼저 천관우 편집국장이 체육부는 물론 사회부, 외신부서, 그리고 도쿄지사 인력 등으로 취재팀을 구성하고 국내에서의 지원시스템을 확보하겠다는 취지의 설명이 있었고 취재팀 단장으로 변영권邊永權 편집국 국장대리를 추천했었다.

편집국에 이어 방송국의 브리핑이 있었다. 예상보다 많은 인력을 요구하고 이에 대한 찬반이 있는 도중 갑자기 벽력같은 소리가 회의장을 압도했다. 천 국장이 잠깐 방심하는 사이에 자신도 모르게 코를 곤 것이다. 이 돌연한 해프닝에 모두들 당황했고 제풀에 잠이 깬 천 국장이 "아이고 죄송합니다, 죄송합니다"를 연발, 일동은 웃음으로 분위기를 얼버무렸다.

"국장이 요즈음 과로로 고생을 하는구먼." 심강 회장의 이런 덕담으로 회의는 산회되었다. 중요한 회의에서의 이런 실태는 상상하기 어려운데 그럼에도 불구하고 천관우 국장의 경우는 모두들 이해하는 분위기였다. 천관우 국장의 평소의 언행과 그 넉넉한 인품이 이를 뒷받침해주는 것이라고 믿고 싶나.

# 언행이 한 치 어김없던 언론인

여영무

세종대 석좌교수 · 전 동아일보 논설위원

선생은 부하기자들에게 자상하고
자신을 낮추는 겸손과 관대한 성격이면서도
독재권력에 대해서는 추상같은 매를 들고
저항하는 자세를 글과 행동으로….

내가 천관우 선생을 처음 만난 것은 그가 1963년 동아일보 편집국장으로 부임했을 때였다. 그 후 나는 천 선생이 1972년 정치적 엄혹한 시기 동아일보를 떠날 때까지 모시고 함께 일했다.

나는 33년간 동아일보 근무기간과 그 후 근 20년간 언론활동을 하는 동안 수많은 언론인들과 만났다. 이 기간 중 천관우 선생이야말로 내가 만난 언론인들 중 본받아야 할 귀감이자 위대한 언론인이었다는 것을 직접 확인할 수 있었다. 그는 언행일치言行一致, 학행일치學行一致, 지행일치知行一致한 언론인이었다. 1960년대 후 이런 언론 선배와 함께 같은 공간에서 일했다는 것은 나로서는 무척 큰 자랑이요 행운이었다고 생각한다.

천관우 선생은 1960년대 후 한국 언론계를 대표하는 거물이면서 동시에 한국고대사와 실학 연구에도 큰 업적을 남긴 국사학자로도 평가

받고 있다. 그의 논평과 칼럼들이 순간순간 뉴스를 다루는 저널리즘의 좁은 공간에 갇히지 않고 개방적이며 거시적인 시각에서 과거·현재·미래를 통시적으로 다루는 역사적인 시야를 담고 있는 것도 이런 이유 때문이라고 생각한다.

천관우 선생은 1960년대 편집국장이면서도 긴급뉴스 또는 중요한 사건이 터질 때마다 기자들과 야근을 하면서 부하들과 고락을 함께하기도 했다. 그는 밤 11시쯤 되면 여기저기 다니면서 큰 소리로 '아무개 기자'라고 부르면서 잠든 기자들을 직접 깨우기도 했다. 1960년 전반기는 미·소냉전이 정점에 도달하고 한국이 베트남전에 파병하는 등 국제적으로도 긴장이 최고조에 달했던 시기였다. 1964년 소련 서기장 흐루쇼프가 실각하는가 하면 중공이 핵실험을 하는 등 한반도 안보에도 엄청난 악영향이 밀려오던 때였다. 이 때문에 천관우 선생은 자주 밤늦게까지 편집국을 지키면서 뉴스 편집을 지휘하기도 했다.

그는 낮에도 한자리에서 가만히 앉아 있지 않고 편집국을 가로질러 연방 이 부 저 부를 부지런히 오가면서 부장들과 편집에 관해 협의했다. 그는 6척 큰 키에 우람한 거구였다. 별명이 코끼리라고 불리기도 할 만큼 몸집이 컸다. 그럼에도 그는 거구답지 않게 걸을 때나 식사할 때 그리고 글을 쓸 때 믿기지 않을 만큼 민첩하고 날쌨다. 그는 글을 초서로 번개처럼 빨리 날려 썼다. 교열부 기자들이 일일이 전화를 걸어 물어보는 번거로움도 있었지만 그는 속필이었다. 사고와 동작도 남달리 빨랐다.

그는 몇 사람의 기자들과 점심을 함께할 때면 한꺼번에 두 그릇을 시켜 먹을 만큼 식성 좋은 대식가였다. 소주를 즐겨 마시면서 주량도 대단했다. 93kg 큰 몸집을 유지하자니 그렇게 많이 먹는 것은 당연했고 대식가답게 에너지가 넘쳐흘러 편집국 내외에서 처리하는 업무량도 엄청 많았다. 거구와 대식가에다 밤낮없이 많은 일을 해내다 보니 피곤에 지쳐 가끔 편집국에서 꼿꼿이 의자에 앉은 채 큰 소리로 코를 골면서 낮잠 자는 때도 있었다.

그는 얼굴모습도 둥그렇게 큼지막하고 배까지 나왔다. 동아일보 편집국장으로서의 지도적 위치, 그리고 많은 대학강의 경력의 소유자인 국사학자라는 학문적 전문성에다 거구라는 신체적인 조건까지 갖추고 있어서 그에게서는 자연히 리더로서의 카리스마가 넘쳐났다. 그는 『천관우 산문선』에서 거구가 된 사연을 유머를 섞어가며 재미나게 공개했다. 그는 30세 되던 해까지 몸이 비쩍 말라서 피골이 상접할 정도라고 했다(자신의 표현). 그는 친구들에게 살찌는 비결을 물어서 설렁탕을 1년간 장복을 하고 틈만 나면 잠을 자고 나니까 이렇게 단기간에 살이 찌더라고 답변해주었다. 그는 모든 옷을 새로 해 입어야 하는 불편이 있었지만 이득도 보았다고 했다. 무엇보다도 길가에서 병역증을 내보이라는 말을 듣지 않게 되더라는 것이었다(당시 길가에서는 병역기피자를 색출하기 위해서 신분증과 병역증을 내보이라는 일이 가끔 있었다).

천관우 선생은 인의예지신仁義禮智信 유교적 예의가 철두철미했다. 후배 기자들에게는 엄격하면서도 언제나 깍듯한 예의를 갖췄다. 부하들을 따뜻하게 사랑하고 포근하게 감싸주는 포용력이 뛰어났다. 나는 1960년대 중반 외신부에 있을 때 미국 CIA 국장 알렌 덜레스가 쓴 「정보의 기술The Arts of Intelligence」을 번역, 지면에 연재했다. 어느 날 그는 내 자리에 찾아와 번역을 잘 하는데 직역直譯보다 뜻을 풀어쓰는 의역意譯 쪽으로 나갔으면 더 좋겠다고 권고하기도 했다. 그만큼 남의 글을 지적할 때도 필자의 자존심을 건드리지 않도록 신중하면서도 지적할 것은 반드시 지적하는 철저성을 가졌다고 할 수 있다.

천관우 선생은 부하기자들에게 자상하고 자신을 낮추는 겸손과 관대한 성격이면서도 독재권력에 대해서는 추상같은 매를 들고 저항하는 자세를 글과 행동으로 보여주었다. 1960년대 중반 박정희 정권의 언론탄압과 장기집권을 위한 독재가 강화되던 시기 박 대통령에 대한 경호도 강화되어 갔다. 박 대통령은 나들이할 때 자동차로 세종로 네거리를 자주 통과하곤 했다. 이런 시기 하루는 종로경찰서 형사가 천관우 선생 자리에 찾아와서 편집국 남쪽 창에 있는 커튼을 치라고 명령조로 말했다.

이에 격분한 천 선생은 우렁우렁한 큰 목소리로 "내가 커튼 치는 사람이냐" 몇 차례 되풀이 고래고래 소리쳤다. 이 호통소리에 그 형사는 더 이상 말 한마디 못하고 혼비백산, 자리를 떠나고 말았다. 거구의 몸에서 튀어나오는 그 고함소리는 고막이 아플 정도로 컸다. 그의 목소리는 편집국 북쪽 끝에 있던 화장실까지 요란하게 울려 퍼졌다. 정부쪽에서 볼 때 이른바 야당지인 동아일보(사실은 독립지임) 안에 자객이 숨어 있다가 지나가는 박정희 대통령에게 총을 쏘아 암살하지 않을까 해서 경호목적에서 창문 커튼을 치라는 것이었다. 한동안 박 대통령이 세종로 네거리를 지나갈 때는 경찰이 언제나 커튼을 치라고 했다.

천관우 선생은 1950년대 조선일보에서 단평란 「만물상」을 개설하고 이를 거의 전담하다시피 했고, 1959년 한국일보에서 단평 「메아리」란을 개설하고 이를 전담하기도 했다. 이런 단평란의 글은 유머와 풍자로 독자들을 사로잡았으나 1960~70년대 민주화운동 시기 시국문제에 관한 글은 「기미독립선언서」처럼 웅장하고 직설적인 격문조를 띠고 있었다. 동아일보 시절 시국관계 논설과 칼럼은 비분강개조이면서도 차가운 논리와 설득력을 잃지 않고 있어서 많은 독자들의 공감을 불러일으켰다.

일생을 통한 언론자유와 민주화 투쟁, 그리고 거구의 몸집에서는 우국충정이 듬뿍 담긴 독립지사적인 풍모를 풍겼다. 독재권력에 정면 저항하는 천관우 선생은 박정희 정권에 대해서 제거되어야 할 눈엣가시였다. 이 때문에 그는 1968년 12월 동아일보 주필자리를 떠나야 했다(신동아 필화사건). 1년간 가택연금처럼 집에서 칩거생활을 하다가 1970년 2월 동아일보에 상근이사로 복귀했다. 그는 10월 유신 때인 1972년 12월 한겨울 다시 권력의 압력에 의해서 동아일보를 강제 퇴사해야 하는 아픔을 겪었다. 그 후 근 10년간 천관우 선생은 불광동 단독주택에서 사실상 정치적 연금생활 속에서 독재권력의 밀착감시와 핍박을 받으면서 경제적으로도 고통스럽기 이를 데 없는 빈궁한 생활을 이어가야만 했다.

천관우 선생은 관할경찰서 형사가 늘 감시하기 때문에 어디 가서 누굴 자유롭게 만날 수도 없었다. 지루하고 답답한 연금생활이었다. 퇴사 후 초기에는 동아일보 후배들이 위로 문안을 했으나 가택연금이 길어질수록 방문객 숫자는 줄어만 가다가 마지막에는 찾아오는 방문객도 드물었다. 나도 몇 차례 불광동 자택을 방문했다. 그가 거처하는 방 모퉁이에는 역사책인지 책이 수북이 쌓여 있었고 한복에다 맨발로 저술작업을 하고 있는 듯이 보였다.

나는 천 선생과 이런저런 시국얘기를 나누다가 돌아오곤 했다. 그는 연금생활기간 방문객들이 가져온 코냑 등 양주를 함께 마시면서 고독을 달래기도 했다. 퇴사 후 초기 많은 방문객들과 빈번히 술을 나눠 마시고 파이프 담배로 외로움을 달래다 보니까 건강을 해치지 않을 수 없었다. 그가 천수를 다하지 못했던 이유다. 권력의 압박으로부터 오는 견딜 수 없는 스트레스도 건강을 해치는 데 악영향을 미쳤을 것은 물론이다. 자주 가뵙지는 못했지만 간혹 찾아갈 때마다 "찾아오는 것은 좋으나 여 형한테 권력으로부터 불이익을 당할까 두려우니 다음에는 찾아오지 말라" 고 말하기도 했다.

1979년 10월 26일 박정희가 김재규의 총탄에 쓰러지자 국민의 자유를 옭아매고 언론을 탄압했던 종신집권 유신체제도 마침내 철폐되었다. 그가 저항해서 투쟁했던 직접 상대는 박정희 유신체제였다. 그 후 들어선 전두환 정권은 유신체제는 아니었으나 권위주의적 행태는 여전히 계속되었다. 정치적으로 그의 가택연금은 해제되었고 그가 운신할 조그만 활동공간이 1981년 3월에 찾아왔다. 한국일보 상임고문에다 사단법인 민족통일중앙협의회 의장으로서 활동하게 되었다.

박정희 유신정권 시기 대부분의 지도적 언론인들은 몸을 낮추면서 소극적인 저항을 했으나 사실상 권력과 수동적으로 타협했다고 할 수 있다. 유일하게 천관우 선생만은 정론직필로 박 정권에 적극 저항하면서 민주화달성을 위해서 희생적으로 헌신했다. 이런 고독한 희생적 저항은 개인적으로는 가계를 망치고 빈궁을 가속화하며 건강을 결정적으로 해치는 것이었다. 그는 10년간의 연금생활을 더는 할 수 없었을 것이다. 민주화운동도 좋지만 혼자 힘으로는 감당할 수 없는 불가능한 일이었다.

그는 어렵사리 전두환 정권 시기 가택연금에서 풀려났으며 눈곱만한 활동공간이 생겼나. 그것이 민족통일중앙협의회 의장직을 맡은 것이다. 이를 두고 이러쿵저러쿵 시비를 거는 일부 사람들이 있는 것은 사실이다. 국가관 세계관에 따라 견해가 갈릴 수도 있다. 이런 경우 흔히들 은殷나라의 백이伯夷와 숙제叔齊의 지조 논리를 들먹인다. 두 형제는 주周나라 무왕이 은나라 주왕을 멸하자 어떻게 신하가 천자를 토벌할 수 있느냐며 주나라의 고사리마저 먹기를 거부하고 수양산首陽山에서 굶어죽었다. 21세기 현재 우리가 백이와 숙제를 가치의 모델로 삼아야 할 것인가는 의문이 아닐 수 없다.

천관우 선생은 10년간 민주화회복을 위해서 모진 고통을 혼자 짊어지고 이루 말할 수 없는 핍박을 받아왔다. 일부 언론인들 중 자신은 권력과 적당히 타협, 유복한 생활을 해왔으면서도 천관우 선생이 전두환 정권 때 콧구멍만 한 활동공간에 참여했다고 해서 이를 비판하는 것은 냉혈적이며 앞뒤가 맞지 않는다. 우리가 천관우 선생에게 그 이상의 희생을 강요하는 것은 좀 지나친 요구가 아닐까 한다. 우리는 불가피하지 않는 한 지도자에게 생명과 모든 것을 버리도록 무한대의 희생을 강요해서는 안 된다.

해방과 건국, 산업화, 민주화의 굴곡에서 청렴하게 살아온 사람은 남루해졌고 적당히 타협한 사람은 넉넉하고 편안한 생활을 했고 적극적인 타협과 굴종적인 부류는 한없는 부귀영화를 누렸다. 요컨대 오늘날 우리가 이런 잘못된 현실을 목격하고 경험하는 그대로다. 이명박 정권 시기 집권핵심들은 대부분 군 면제자였다. 청문회 때 장관지명자 등 요직들은 대부분 표절, 위장전입, 부동산투기꾼, 탈세, 다운계약서작성자들로 밝혀졌다. 이런 흠이 있는데도 이들은 대부분 장관 등 요직에 임명되었고 오늘날 여전히 부귀영화를 누리며 떵떵거리며 잘살고 있다.

이런 고질적 부정부패와 불공정사회에서 천관우 선생은 언론자유투쟁에서 누구도 감히 흉내 낼 수 없는 엄청난 희생을 치르면서도 꿋꿋하게 지조를 지켜온 한국자유언론사에 찬연히 빛나는 공적을 남겼다고 할 수 있다. 오늘날 우리가 세계굴지의 민주국가로서 아시아 제일의 언론자유를 누리고 있는 것도 천관우 선생이 민주화와 언론자유투쟁에 바친 가없는 희생 덕분임을 알아야 한다.

그의 정론직필적 필력과 유려한 문장, 우국충정 어린 절절한 애국심은 그의 저서 『언관 사관』과 『천관우 산문선』에 구구절절 잘 표현돼 있다. 후석 천관우 선생의 언론자유투쟁에 바친 공로를 기리기 위해서 '천관우 자유언론 기념관 건립' 운동을 제안한다.

# 모두 우러러봤던 '천관우 편집국장'

문명호

전 동아일보 논설위원·공정언론시민연대 공동대표

"기자는 지사적 정신을 가져야"
동아일보 7기 수습기자들에게 하신 첫 마디.
"천 국장은 참 대단한 분이오"
정보부 요원도 존경스런 표정을 지어….

서울 시내에 전차가 다니고 여름이면 청계천에서 아이들이 송사리를 잡던 1964년 11월, 동아일보 수습기자 7기로 11명의 우리 풋내기들이 입사했을 때 후석 천관우 선생은 편집국장이었다. 지금은 일민一民(고 김상만 회장 아호)기념관이 된 동아일보 3층 편집국장석에 거구의 천 선생이 앉아 있는 모습을 보고 대학을 갓 졸업한 우리 풋내기들은 마치 커다란 산을 대하는 느낌이었다.

며칠 후 천 국장은 11기 수습기자들을 동아일보 맞은편 지금의 교보빌딩 자리인 '귀거래' 다방 옆에 있던 단골 중국식당 '복취루'로 저녁 초대를 했다. 필자를 비롯해 김병익, 이근무, 민병문, 이시헌, 김욱한, 박기성, 이병대, 그리고 이제는 고인故人이 된 남중구, 김광협, 우승용 등 11명이 '복취루' 이층 방에 자리를 잡고 앉았다. 천 국장께선 몇 가지 안주와 배갈을 시켜놓고 잔을 돌리기 시작했다. 기자들이 받은 술잔을 다시 드리면 배갈을 마치 물 한 방울 떨어뜨리듯 입안에 훅 털어 넣고 잔을 다시 돌렸다.

그 자리에서 천 국장께서 하신 말씀은 기자생활이 봉급쟁이생활과 다르다는 것과 지사志士적 정신을 가져야 한다는 주로 격려의 말이었던 것으로 기억된다. 11명을 상대로 엄청난 주량이었다. 나중엔 배갈을 주전자에 넣어 들여오도록 했다. 그런데 조그만 탈이 하나 났다. 모두들 술잔을 공손히 받아 마시고 있는데 우승용 씨가 "저… 밥을 좀 먹어야죠" 하고 말했다. 그러자 천 선생은 "먹겠으면 먼저 시켜먹어요" 하고 언짢은 표정이었다. 우리는 순간 정신이 번쩍 들고 "아, 어른들 말씀을 중간에 깨서는 안 되는구나" 하고 깨달았다.

입사 몇 달이 지나 각 부서 고정배치 때가 왔다. 천 국장은 수습기자들을 한 사람씩 국장석으로 부르더니 "그래, 자네는 어느 부서에서 일하고 싶은가?" 하고 물어보셨다. 필자는 기자는 사건기자를 거쳐 보아야 한다는 선배의 말에 따라 사회부를 지망했다. 그에 따라 필자와 남중구 씨가 이혜복 부장의 사회부에 배속돼 경찰서를 출입하게 됐다. 그런데 어느 날 돌아가며 걸리던 내근 당번이 되어 사회부 데스크에 앉아 있는데 천 국장께서 부르시는 것이었다. 4월 1일 창간기념호에 쓰려고 하니 조사부에 가서 동아일보 창간 당시에 게재된 "백두산 뻗어내려 반도 삼천리…" 노래를 찾아보라는 것이었다. 창간호부터 신문들이 쌓여 있는 어둠침침한 도서실 안에서 당시의 신문을 찾는데 의외로 쉽지가 않았다. 창간호부터 하루 종일 걸려 겨우 "백두산 뻗어내려…" 노래가 실린 신문을 찾아내 갖다 드렸더니 "수고했어요"라며 환한 표정을 지으셨다.

천 국장께선 거의 하루 종일 편집국장석에서 꼼짝 안 하고 일만 하셨는데 주로 집필과 신문 대장을 보는 일이었다. 그런데 유별난 것은 당시 천 국장의 필기도구는 편집국에서 누구나 쓰던 펜과 잉크가 아니라 붓이었다. 그 붓을 잡고 점을 찍어 가며 신문 대장을 보고 원고지에 글을 써 내려가는데 그 붓놀림이 어찌나 빠른지 기자들이 쓰던 철필 글씨보다 훨씬 빨랐다. 또한 초서라도 필법에 맞는 글씨였다. 신문이나 책을 보는 속도도 비상하게 빨랐다. 우리들은 내근을 하며 편집부 너머로 붓글씨를 써 내려가는 날랜 솜씨를 넋을 놓고 바라보곤 했다.

또 하나 훔쳐본 것은 국장의 점심이었다. 밖으로 나갈 때 말고는 중국집 '복취루'나 동아일보 뒷문 쪽에 있던 일식집 '일력一力'에서 점심을 시키는데 보통 자장면 두 그릇이거나 공기 밥 두 그릇이었다. 이 공기 밥 두 그릇을 앉은 자리에서 마치 코끼리 비스킷 먹듯 '후루룩' 드시는데 처음에 우리 수습들은 그 모습이 신기해서 점심시간이면 천 국장께서 점심 드시는 것을 훔쳐보곤 했다. 하긴 코끼리 같은 거구에 밥 한 공기로는 도저히 안 될 양이었다. 점심을 드신 후엔 의자에 기댄 채 꼭, 한 몇십 분 낮잠을 주무셨다. 원래 천 국장께선 지금처럼 체구가 그렇게 뚱뚱한 편이 아니었는데 한국일보에서 일할 때 1년 이상 설렁탕을 거의 매일같이 드시고 난 후부터 뚱뚱해졌다는 얘기를 들은 일이 있다.

여기에 천 국장의 점심과 중앙정보부원과의 에피소드 한 토막이 있다. 서울 마포의 한 집에 배달된 북한 선전물 보도와 관련돼 사회부의 남중구 기자가 당시 초동에 있던 정보부 분실에 연행되어가 조사를 받고 있었는데, 이 사건과 관련해 한 정보부 요원이 천관우 편집국장도 '모시러' 신문사에 왔다. 낮 12시가 넘어 신문 1판이 나오자, 천 국장은 "점심이나 하고 갑시다" 하며 사동을 시켜 '일력'에 점심을 시켰다. 잠시 뒤 배달이 되어 편집국장석에 신문을 깔고 식사를 차려 놓았는데, 공기 밥이 두 그릇이었다. 국장석 바로 앞에 앉아 기다리던 정보부

요원은 속으로 "한 그릇은 내 것인 모양이다"고 생각하며 입맛을 다시고 있는데, 아니었다. 천 국장은 눈길 한 번 주지 않고 그 자리에서 평소대로 공기 밥 두 그릇을 뚝딱 다 들고 일어났다. 얼마나 먹고 싶었을까. 후일 그 정보부 요원은 "아무리 잡으러 가도 그렇지, 밥을 혼자만 먹다니…" 하고 투덜거렸다고 한다. 우리 풍속과 예절을 존중하고, 평소 도량이 넓으신 천 국장이 음식을 나눠 먹는 습속을 모를 리 없었다. 그 당시 언론통제의 본산이었던 '남산'에 대한 저항감 내지 미움의 뜻이었을 것이다.

이 사건과 관련된 또 하나의 얘기는 남중구 기자가 조사를 받던 중 마침 천관우 국장을 조사하던 요원과 우연히 부딪쳤다. 그는 남 기자에게 "(천관우) 국장은 참 대단한 분이오. '기사를 싣고 안 싣고는 편집국장이 결정하는 것이오. 저 젊은 기자는 아무 책임이 없고, 내게 책임이 있소. 그러니 남중구 기자를 당장 내보내 주시오' 합니다"라고 말하며 존경스런 표정을 짓더라는 것이다. 하긴 매일 지척에서 천 국장을 대한 편집부의 한 기자는 천 선생을 존경해 "천관우 선생 같은 분이 지도자가 되어야 한다"고 말하곤 했다.

주필이 되어 논설위원실 가까이 자리를 옮긴 천관우 선생은 대식가이기도 하지만 대주가였다. 배갈 잔을 입에 툭 털어 넣고 곧바로 잔을 권했다. 천 주필은 신문과 함께 편집인을 맡고 있던 월간 『신동아』를 무척 아꼈다. 이따금 『신동아』 편집실 일행을 데리고 나가 점심을 함께했다. 주로 설렁탕으로 유명한 무교동의 '한밭식당'이나 요즘도 성업인 다동의 '부민옥'을 잘 가셨는데 그날은 중국집 '중홍루'로 갔다. 일행 중에 특근 때 자주 도와주던 젊은 작가 강호무 씨도 있었다. 천 주필은 늘 하던 대로 식사에 앞서 잔을 돌렸다. 배갈이 빠르게 몇 순배 돌아가고 있을 무렵, 강호무 씨의 얼굴이 창백해지더니 순간 얼굴을 팡 소리가 나게 음식 접시에 처박고 정신을 잃었다. 술을 못하는 강 씨가 감히 천 선생의 잔을 거절하지 못하고 같은 속도로 툭 털어 넣다시피 마시다 인사불성이 된 것이다. 물론 점심은 그대로 진행됐다. 강호무 씨를 깨워 편집실로 돌아온 『신동아』 기자들은 그제야 배를 쥐고 한바탕 웃었다.

천관우 주필과 얽힌 일화는 많지만 이 정도로 그치고, 한창 고난을 겪으시던 때를 간략히 전하려 한다. 천 선생이 동아일보를 떠난 후 유신체제 비판과 민주회복운동에 지도자로 적극 참여하면서 연금되다시피 한 불광동 자택 부근엔 항상 감시요원들의 눈길이 있었다. 어느 때 찾아뵈었더니 흰 바지저고리에 수염이 덥수룩한 채 역사 원고를 쓰고 계셨다.

천 선생은 출강하던 연세대에서 홍이섭 교수의 작고로 천 선생을 교수로 임용하려 했으나 당국의 압력으로 안 됐다며 "허허" 하고 웃었다. 유일한 수입원인 국방부 전우신문에 연재되던 역사 얘기도 외부의 압력으로 끊긴 상태였다. 천 선생이 전두환 정부의 간청으로 민족통일중앙협의회 의장직을 맡자, 평소 선생을 존경하고 따르던 많은 분들의 구설수에 올랐다. 언론인, 학자, 문인 등 천 선생을 찾아오던 방문객들의 구두로 현관이 가득 차던, 많은 방문객들의 발길도 뜸해져 갔다. 생활은 말이 아니었고 대학 때 재원으로 이름 높던 부인께서 그야말로 간신히 꾸려가는 형편이었다. 어린 수양딸까지 생긴 처지였다. 천 선생이 신정부의 요청으로 민족통일중앙협의회 의장을 맡게 된 데는 민족통일이라는 대의에 일조한다는 뜻이 있으셨겠지만 필자는 가장으로서 천 선생의 극심하게 어려우셨던 입장을 백 번 이해할 만하다.

그래도 천 선생은 동아일보 기자들의 결혼식엔 꼭 참석했다. 마침 어느 때 찾아뵈었을 때 신문사를 떠나 역시 어려운 생활을 하고 계시던 청암靑巖 송건호 선생(전 동아일보 편집국장)의 전화를 받고 결혼식에 가신다며 부인께 약간의 축의금과 교통비를 받는 것을 본 일이 있다. 천 선생은 이따금 갈현동에 살던 송건호 선생과 만나 설렁탕을 함께 했다. 필자가 81년 워싱턴 특파원으로 발령이 나 송건호 국장께 인사를 갔더니 자신도 곡식을 걱정할 정도로 생활이 어려운 형편이었는데도 “천 선생이 무척 어려우실 겁니다” 하고 오히려 천 선생을 걱정하는 것이었다. 송건호 선생 역시 청빈하고 지조 있는 선비 그대로 당대 한국의 대표적 지성이었다. 유신체제의 70년대, 필자가 베트남, 태국, 말레이시아 등 동남아 순회 취재를 마치고 돌아와 천 선생께 인사를 가자, 천 선생은 필자가 마닐라에서 보낸 당시 ‘필리핀의 하이메 신 대주교’ 인터뷰 기사를 잘 읽었다며 반가워했다. 후일 페르디난드 마르코스 독재체제를 무너뜨린 필리핀 ‘피플 파워’의 정신적 지주이자 구심점 역할을 했던 하이메 신 추기경과의 인터뷰를 통해 한국의 민주발전을 기원하는 내용이었다. 천 선생은 그때 저서 『한국사의 재발견』을 주셨다. 천 선생은 한국고대사부터 근대사에 이르기까지, 그리고 ‘독보적 실학연구’ 등 숱한 사학 연구서들과 『썰물 밀물』, 『언관 사관』, 『천관우 산문선』 같은 언론 저서 등 많은 저서들을 남겼는데 필자는 선생으로부터 받은 『썰물 밀물』, 『언관 사관』, 『한국사의 재발견』을 요즘도 이따금 읽고 또 소중히 보관하고 있다.

돌아보건대 특히 60년대 천관우 선생이 편집국장과 주필로 계시던 시절, 동아일보 기자들에겐 지사정신과 선비정신이 깊게 새겨졌다고 생각한다. 말할 것도 없이 이는 평소 천관우 선생의 가르침과 영향 때문일 것이다. 천 선생은 단재丹齋 신채호 선생의 나라 사랑과 학문, 교육 얘기를 자주 하셨다.

천 선생의 연구논문인 「반계 유형원연구」를 비롯한 체계적 조선실학 연구 등 큰 학문적 업적은 생전에 이미 학계로부터 '군계일학'의 수작이라고 높은 평가를 받고 있었기 때문에 더 이상의 첨언이 필요하지 않을 것이다. 다만 필자의 기억으로는 천 선생에게 많은 저서와 함께 『한국근대사 산책』도 있지만 말년까지도 한국근현대사를 총정리할 생각을 갖고 있었던 것 같다.

올해로 천관우 선생께서 가신 지 어느덧 20년, 지금 후회스러운 것은 말년에 왜 선생님을 자주 찾아뵙지 못했는가 하는 것이다. 그러나 한편으로 내 언론생활의 초기, 천 선생을 만나 그 아래서 일하고 가르침을 받은 것은 큰 행운이었다고 생각한다.

# 마지막 불꽃 사르던 말년의 외로움

이성춘

전 한국일보 논설위원 · 전 고려대 석좌교수

20여 년 전 거구의 선생이
미니 중국집에서 지팡이를 옆에 놓고
배갈 컵을 든 채 쓸쓸하게
문 밖을 내다보는 모습이 눈에 밟혀….

**제1부**

후석 천관우 선생의 존함은 학창시절 신문을 통해서 접할 수 있었다. 언론계에 입문한 후 광화문 부근에서 이따금 뵐 수 있었지만 처음으로 인사를 드린 것은 초년병 기자시절 다동 골목의 어느 주점이었던 것으로 기억된다.

다른 회사 친구들과 들어서니 안방에서는 석천昔泉 오종식 선생 등 언론계의 원로 몇 분이 거나한 주흥 속에 해학과 담론을 펼치고 있었다. 올챙이들이 줄지어 들어가서 "안녕하십니까? ○○사의 아무개입니다"라고 인사를 드리자 원로들이 "어디에 출입하나", "전공이 무엇인가"라고 묻는데 유독 천 선생만이 "열심히 하세요" 하고 경어敬語로 격려해 인상에 남았다.

젊은 후배들에게 경어를 쓰는 이유는 20여 년 뒤 그분의 칼럼을 통해서 짐작할 수 있었다.

> … 나는 여러 해째 나보다 젊은이들에게 되도록 경어를 쓰는 노력을 하고 있다. 이를테면 음식점에서 말만 한 처녀를 보고 "얘" 하는 대신에 "이봐요" 한다. 또 복도에서 마주치는 젊은이가 목례를 하고 지나치면 나는 일부러 "안녕하세요" 한다. … 한두 번 그러고 나면 저편에서도 먼저 "안녕하세요." 하게 되는 것이 보통이다. (「목요칼럼」, 한국일보 1984. 1. 12일자)

1960년대 후반 어느 해 가을 천 선생 댁을 방문한 적이 있었다. 다른 신문사 친구 4~5명과 일요일에 불광동 계곡으로 놀러 갔다가 귀로에 동아일보 기자가 이 근처에 있는 천 선생 댁에 잠깐 들렀다 가자는 제의에 모두 뒤를 따랐다.

당시 천 선생은 동아일보 편집국장을 거쳐 주필을 맡고 있을 무렵이었다. 작은 집의 문을 두드리니 사모님이 문을 여셨고 이어 거구의 천 선생이 바리톤 목소리로 "이거 언론계의 젊은 빈객賓客들이 오셨구먼" 하며 환영했다.

서재인 듯한 건넌방에 들어선 일행이 일제히 큰 절을 하려 하자 "설도 아닌데 왜들 그래요" 하며 만류한 뒤 안방에다 "여보! 상 좀 차려와, 맥주잔도 여러 개 갖고 오고"라고 일렀다.

우리들은 당시로서는 귀하고(?) 비싼 맥주를 주시는 것으로 기대했다. 그러나 정종 병에 든 독한 소주를 컵마다 가득 따르시는 게 아닌가. 저마다 놀라서 "선생님 저는 술을…" 하며 사양을 하자 "무슨 소리요. 기자라면 이 정도는 몇 잔 씩 쭉 마셔야 하는 것 아니요" 하며 찍소리 못하게 했다.

이어 선생의 즉석 특강이 이어졌다. 위엄에 눌려 소주를 2~3컵씩 마셔 겨우 취기를 가누고 있는 젊은 후진들에게 구한말舊韓末의 역사에서부터 한국 언론의 당면한 숙제에 관해 강의가 이어졌다.

2시간여의 특강 말미에 필자가 "겨우 4~5년짜리 올챙이 기자들인 저희들에게 귀한 훈계의 말씀을 해주십시오"라고 부탁드리자 선생은 소주를 거침없이 들이켜신 뒤 "여러분들은 매우 어려운 언론인의 길을 선택했습니다"라며 운을 떼었다.

괴롭고 힘든 경우를 자주 만나게 되며, 갖가지 유혹과 회유도 많을 것이라는 것, 어떤 경우도 불의不義와는 타협하지 말라는 것, 권력을 감시하고 비판하지 않으면 언론이 아니라는 것, 언론자유는 누가 가져다 주는 게 아니라 언론인 스스로가 지켜야 한다는 요지의 충고를 하신 것 같다.

그리고 아무리 바빠도 책을 많이 읽으라고 몇 차례나 강조하셨다.

**제2부**

이날 천 선생에 관해서는 거처의 방이 좁게 느껴질 정도의 6척 거구의 몸집, 줄담배, 컵 소주를 계속 드셔도 한 치의 흐트러짐이 없는 몸가짐, 능변能辯은 아니지만 매사 확신에 찬 말씀 등이 인상적이었다.

깊고 넓은 학식에 올곧고 기개와 위엄을 느끼게 하는 풍모는 옛 선비를 떠올리게 했다. 6·25전쟁 때 납북拉北당한 위당爲堂 정인보鄭寅普 선생의 모습을 보는 듯했다.

그 후 광화문, 태평로, 무교동 부근에서 간간이 뵙고 인사를 드리면 "한국일보의 이성춘 기자지요? 책은 꾸준히 읽고 있지요?"라고 말씀해 필자를 뜨끔하게 했다.

1968년 말인가. 월간 『신동아』에 실린 김진배金珍培 기자의 외자도입의 실태를 파헤친 기획기사를 당국이 문제 삼아 필화筆禍사건으로 발전했다. 간부들과 기자들이 줄줄이 불려가 조사를 받게 되자 이사직을 겸하고 있던 선생이 모든 책임을 지고 주필직을 사임해 언론계의 화제를 모았었다.

1년 넘게 언론계를 떠났던 선생은 1970년 2월 동아일보의 상근이사로 복귀했다. 그런데 박정희朴正熙와 김대중金大中이 대결을 벌인 7대 대통령선거일을 1주일 앞둔 1971년 4월 19일 재야의 각계인사들이 '민주수호국민협의회'를 결성했다.

정석해鄭錫海(전 연세대교수), 신일철申一澈(고려대교수), 조향록趙香錄(목사), 계훈제桂勳悌(재야), 최인훈崔仁勳(소설가), 김지하金芝河(시인) 등 60여 명이 서명한 이 모임은 이날 오전 서울 대성빌딩(전 흥사단본부)에서 열린 결성대회에서 결의문을 채택했다.

결의문은 "파괴된 민주주의를 회복시키기 위해 국민 총궐기를 촉구한다"고 전제한 후 "이번 양대 선거가 민주헌정사의 분수령임을 자각하고 이 선거에서 반민주적 부정과 불법을 감행하는 자는 역사의 범죄자로 인정하고 이를 역사의 이름으로 규탄한다"고 선언했다. 혹시나 있을지 모를 불법선거운동과 부정투개표 기도에 엄중하게 경고한 것이다.

놀라운 것은(?) 이날 3인의 공동대표위원으로 김재준金在俊(목사), 이병린李丙璘(전 대한변협회장)과 함께 천 선생이 선출된 것. 사실상 언론계를 대표한 것이다. 선거가 끝난 뒤 당국은 선생과 동아일보에 갖가지 압력을 가한 것으로 전해졌다.

이 단체는 결성취지문에서 분명히 밝혔듯이 공명선거를 통한 민주주의를 수호하기 위한, 정치인들은 일체 배제시킨 비정치적 단체였다. 하지만 당국은 야당후보를 지지하는 단체로 단정하고 더구나 중립을 지켜야 할 언론계의 지도급 핵심간부가 참여한 것은 매우 잘못된 것이라며 압력을 가한 것이다. 선생은 결국 그해 12월 동아일보의 상근이사직을 사임하고 언론계를 떠났다.

10개월 뒤 박정희 대통령은 계엄령을 선포, 국회와 정당을 해산하고 비상각의에서 헌법을 대폭 개정함으로써 세상을 소위 유신체제로 전환시켰다. 이어 국민이 유신헌법, 유신체제에 대해 불만과 개정요구를 못하게 하기 위해 잇달아 긴급조치를 발표했다.

국민의 기본권과 정치적 자유를 크게 제약한 유신체제가 2년이 지난 1974년 11월 27일 오전 서울 종로구 연지동 기독교회관에서 '민주회복국민선언대회'가 열려 국민을 놀라게 했다.

윤보선尹潽善 전 대통령을 비롯해 유진오兪鎭午, 백낙준白樂濬, 김홍일金弘壹, 이인李仁, 이희승李熙昇, 함석헌咸錫憲, 정일형鄭一亨, 정화암鄭華岩, 김영삼金泳三, 양일동梁一東, 윤형중尹亨重, 안병무安炳茂, 김정한金廷漢, 고은高銀 등 각계인사 71명이 서명하고 대회에는 50여 명이 참석했다.

신민당의 김대중 전 대통령후보 내외도 참석한 이날 대회는 "모든 가능한 평화적인 공동행동으로 자유와 민주주의를 쟁취하기 위해 서슴없이 나서기로" 하고 '민주회복국민회의'를 발족시켰다. 이어 채택한 결의문에서 "반反정부는 반反국가가 아니다"라면서 정부에 대해 언론자유와 구속자 석방을 요구했다.

그런데 천 선생께서는 민주회복국민협의회에 이어 이 대회에도 서명 참여했고 장차 이 단체를 주도적으로 이끌어나간 7인위원회 위원, 이희승, 함석헌, 이병린, 김홍일, 천관우, 강원룡姜元龍, 이태영李兌榮으로 선임되었으며, 이어 얼마 후 함석헌, 이병린 등과 공동대표위원으로 추대되었다.

민주회복국민회의는 암울한 유신체제하에서 분연히 반대하고 민주주의와 자유의 복원을 위해 전면적 도전과 행동에 나선 각계의 명망 있는 지도급 인사들이 결집된 최고 최대의 재야기구였다.

천 선생은 이듬해 5월까지 상임대표위원으로 있다가 사임하고 연구와 집필활동을 위해 칩거에 들어간다.

## 제3부

1970년대 박정희 정권은 유신체제를 밀고 나갔고 이에 끊임없이 격렬하게 저항하는 민주화의 열기로 시국은 긴장과 혼란으로 소연騷然했다.

1979년 10월 26일 김재규金載圭 중앙정보부장의 박 대통령 시해사건으로 강권통치는 일단 전환을 맞게 된다. 하지만 민주주의와 관련하여 온 국민이 열망했던 '1980년의 봄'은 신군부新軍部가 12·12와 5·18을 일으켜 짓밟고 말았다 .

광주사태로 많은 시민들을 살상케 한 그들은 권력을 장악한 뒤 국민들과는 무관한 개혁이라는 이름하에 공무원과 언론인들의 대량해직, 최규하崔圭夏 대통령 밀어내기, 7년 단임의 5공헌법의 확정, 국회와 정당의 해산, 정치활동규제, 언론사들의 통폐합 등을 멋대로 단행했다.

1981년 년 초 한국일보 장강재張康在 회장이 필자를 불렀다.

"천관우 선생 잘 알지요?"

"조금 알고 있습니다."

"수년째 댁에서 쉬고 계신 듯한데 우리 한국일보사의 고문으로 모시는 것 어떻게 생각합니까?"

"천 선생께서는 한국일보의 창간 초기에 일하시는 등 우리사와 인연이 깊고, 특히 고故 장기영張基榮 사주社主와는 각별한 관계였던 것으로 기억합니다. 만일 모실 수만 있다면 회사도 영광일 뿐만 아니라 사원들에게도 든든한 기둥이 되실 게 틀림없습니다. 그러나 반정부 인사로 낙인찍힌 선생을 신군부가 극력 막지 않을까요?"

"근간 선생을 찾아가 부탁을 드릴 생각입니다. 신군부 쪽도 적극 설득하고…."

수개월 뒤 한국일보 1면에 사고社告로 상임고문 발령이 났고 필자는 며칠 뒤 신문사 현관에서 오랜만에 거구의 천 선생을 뵈올 수 있었다.

"선생님 안녕하십니까. 그동안 인사드리지 못해 죄송합니다. 정말 잘 오셨습니다."

"나야 집에서 책 보고 원고 쓰고 편안하게 지냈지요. 이성춘 씨, 기자는 아닐 테고 요즘은 무엇을 맡고 있어요?"

"정치부장으로 있습니다."

"고문실이 4층에 있어요. 시간 날 때 차 마시러 들르세요."

"알겠습니다."

그로부터 한 달쯤 뒤 모든 신문에 천 선생께서 '민족통일중앙협의회 의장'으로 선출되었다는 기사가 사진과 함께 일제히 실렸다. 처음 듣는 기구여서 통일부 출입 기자를 시켜 기구의 성격과 천 선생을 추대하게 된 경위를 알아보도록 했다.

이 기구의 모태母胎는 1970년대 중반 이후 통일연구소(현 민족통일연구원)에서 통일교육을 받은 각계의 수료생들이 민간차원의 통일운동기구를 추진해왔고 1979년에는 남북대화의 재개를 위해 1천만 명 서명운동을 벌이기도 했다는 것.

이것이 신군부가 집권한 후 협의회 결성으로 발전되면서 초대회장에 일찍부터 통일문제에 깊은 관심을 기울여왔고 또 통일원의 고문으로 있는 천 선생을 추대하게 됐다는 것, 또 통일원은 일부 예산만 지원하지 일절 간섭하지 않을 것이라는 설명이었다.

하지만 신문사 안팎, 언론계에서는 "아무리 생각해도 그럴 분이 아닌데 왜 회장직을 수락했는가", "통일원의 하부기구 아닌가", "그토록 강직했던 선생께서 신군부와 손을 잡은 게 아닌가" 하는 얘기들이 간간이 돌았다.

선생께서는 대체로 오전에는 협의회 쪽에, 오후에는 고문실에 들르시는 듯했다. 이따금 4층에 올라가면 천 선생께서는 정치와 시국 얘기는 전혀 하지 않고 전해에 강행됐던 언론인들의 대량 해직과 신문 방송사들의 강제 통폐합에 대해 걱정을 자주 했다.

"도대체 이럴 수가 있나, 그들이 언론에 대해서 얼마나 안다고 함부로 이렇게 하나, 나중에 두고두고 후유증이 적지 않을 텐데, 참."

1983년 봄 2년간의 민족통일중앙협의회 의장직의 임기가 끝나자 거의 매일 오전에 고문실에 나오신다는 얘기를 들었다. 이해 5월 15일자로 이사 겸임 발령이 났고 6월부터는 한국일보 5면에 「담배 한 대 물고」라는 컷으로 격주隔週로 칼럼을 연재했다.

「6·25, 사변事變인가 내전內戰인가」, 「한국인의 자긍自矜과 자괴自愧」, 「오군서五軍書를 읽어야 한다는데…」, 「일본어 세대는 정녕 가고 있다」, 「호기豪氣의 역설逆說 침통沈痛의 역설」, 「광개토왕릉비廣開土王陵碑 문제의 재연再燃」, 「충무공, 한 위인偉人을 다시 기리며」, 「실사구시實事求是와 영토문제」, 「일본의 역사교과서는 이대로 끝나는가」, 「조선인과 왜인倭人의 제자리」, 「국사國史에 대한 자신自信과 반성」, 「갑신정변 100주년에」 등이 이때의 역작力作들이다.

**제4부**

천 선생을 찾아뵈면 화제는 시국과 언론계 상황, 그리고 한국사에 관한 것 등이 중심이 됐다. 더구나 한국사에 관해 물으면 열정적으로 설명을 하셨다.

이 무렵 한국일보사 주최로 국내에서는 이례적으로 한·중·일 3개국 학자들이 참가한 가운데 '광개토대왕비의 연구와 논쟁'에 관한 심포지엄이 열렸다.

당시 중국 제일의 호태왕비好太王碑(중국은 광개토대왕비를 이렇게 표기했다) 전문가인 왕건군王健群, 도쿄대의 한국사 전문교수(이름 잊었음), 국내학자들이 주제발표를 했다. 그리고 러일전쟁 전에 일본군 참모부가 한반도 강점과 만주침략을 위한 준비로 사코 중위를 밀파密派, 소위 임나일본부설任那日本府說을 사실인 것처럼 못 박기 위해 비문碑文의 일부를 조작했다는 주장을 해서 화제를 모았던 재일동포 학자인 메이지대明治大 이진희李進熙 교수도 참가했다.

임나일본부설은 4~6세기경 왜가 한반도 남부의 임나(금관가야를 지칭)에 통치기구를 세워 오늘의 김해시 부근을 다스리고 조공朝貢을 받았다는 해석이다. 근거로는 대왕비문大王碑文의 신묘년辛卯年 관련 기록, 일본서기 및 백제가 준 칠지도七支刀의 명문銘文을 들고 있다.

이에 대한 한일 양국의 학자들의 해석은 제각각이다. 일본학자들은 군국주의시대 이래의 강변强辯대로 일본의 통치기구로, 이병도李丙燾 박사는 당시 일종의 교역기관으로, 월북한 사학자인 김석형金錫亨은 가야인이 일본에 건너가서 세운 기관으로, 천 선생은 백제가 가야를 지배하기 위해 세운 일종의 백제군사령부라고 해석해온 것이다.

신문사에서는 천 선생께서 주제발표를 해주기를 요청했으나 사양하고 토론에만 참여했다. 선생은 토론에서 일본의 주장은 훗날 한반도 식민통치를 정당화하기 위한 억지논리다, 비문 중 일부의 파자낙자破字落字는 7백여 년에 걸친 풍화작용에다 주변농민들의 잡초 태우기와 청조淸朝의 고관들의 지시에 따른 잦은 탁본拓本으로 인한 가능성이 많다고 강조했다. 또 이 교수의 조작설에 대해서는 증거와 자료의 미비로 신뢰성이 희박함을 우회적으로 지적했다. 왕 교수에게는 한일 양국의 학자들 간의 오랜 해석논쟁에 중국은 더 이상 침묵을 지키지 말 것과 당시 한·중 간 수교는 되지 않았지만 보다 정확한 연구와 해석을 위해 한국의 학자들도 대왕비大王碑를 현지답사할 수 있도록 하루속히 허용할 것을 촉구했다.

1984년에 들어서 한국일보사는 천 선생의 양해를 얻고 김동길金東吉 교수와 교대로(격주) 칼럼을 연재했다.

## 제5부

천 선생과 김 교수의 칼럼은 횟수를 거듭할수록 독자들에게 커다란 반향을 일으켰으며 언론계에서도 화제가 되었다.

두 분의 개성과 스타일도 그렇고 칼럼 주제와 내용, 문체, 논리전개, 그리고 글이 풍기는 맛과 멋이 대조적이었기 때문이었다.

김 교수의 글은 시류적인 주제에 간결미, 해학과 촌철살인 격인 비판, 깔끔한 맛을 느끼게 했다.

이에 비해 천 선생의 칼럼은 늘 역사를 바탕으로 시냇물이 모여서 심산유곡深山幽谷을 지나 때로는 여울도 되고 폭포도 되다가 유유히 또는 도도하게 흐르는 대하장강大河長江이 되는 식이다. 느리게 시작되는 듯하나 은연중에 묵직하고 천금 같은 교훈을 일깨워 주는 것이다.

김 교수의 경우 「4월은 잔인한 달」, 「교황님 오시는 길에」, 「어디로 가시나이까」, 「책임지는 사람이 없구나」, 「정치에 왜 돈이 필요한가」, 「이래서야 어디 마음 놓고 살겠는가」 등등 주제만 봐도 그분의 체취體臭와 스타일을 느끼게 한다.

많은 화제와 파장을 일으켰던 김 교수의 "3김씨 낚시론"(원래 제목은 「나에게도 할 말이 있다」)도 이때 쓴 글이다. 두 분은 근 1년 이상 교대로 칼럼을 쓰다가 천 선생은 1985년 봄에 집필을 중단했고 김 교수는 연말까지 연재를 계속했다.

이해 중반 천 선생이 국정자문회의의 위원으로 위촉됐다. 국정자문회의는 "국정의 중요사항에 관해 대통령에게 자문하거나, 건의할 사항을 심의하는 기구"(5공 헌법 66조)로 위원은 각계의 원로들 중에서 대통령이 위촉하고 의장은 전직 대통령(최규하)이 맡게 되어 있었다.

국정자문회의는 1981년 4월 20일 3부요인 출신과 각계 원로인 허정, 백낙준, 유진오, 민복기閔復基, 김현철金顯哲, 이호李澔, 이병도, 박순천朴順天, 홍종인洪鍾仁, 유달영柳達永, 김정열金貞烈, 이성철李性徹(조계종 종정) 등 25명의 위원으로 출범한 후 매달 한 번씩 회의를 열었다.

4년이 지나면서 몇몇 고령의 원로들이 와병臥病 또는 작고함에 따라 정일권 전 국회의장, 천 선생 등이 새로 위촉된 것이다. 국정자문회의에 참여한 후 천 선생에 관해 한동안 잠잠했던 '이상한 뒷말'들, "전두환 정권에 가담한 것이 아닌가"에서 심지어는 "변절하신 게 아니냐"는 '뒷말'들이 또다시 고개를 들었다.

이후 필자가 고문실에 들르면 방안이 조금 무겁고 우중충한 느낌이 들었다. 천 선생은 "그래 정치부장에서 부국장으로 자리를 옮겼다지요", "신문제작에 대한 당국의 간섭과 압력은 여전하겠지요?"라고 말한 뒤 이두운 표정을 지었다.

어느 날인가. 천 선생은 대화 도중 필자를 향해 정색을 하며 "정확하게 말해보세요. 언론계에서 천관우가 달라졌다고 말들이 많지요? 이 부국장도 내가 변절했다고 생각합니까?"라며 물으셨다.

순간 필자는 난감했다. 하지만 언젠가는 한번 제기될 화두여서 나름대로 소견을 말씀드렸다.

"사실 선생님께서 앞서 민족통일중앙협의회 의장을 맡으셨을 때부터, 그리고 얼마 전에 국정자문위원에 위촉되신 뒤에 '선생님께서 뭔가 변하신 게 아니냐', '전두환 정권을 도우시려는 게 아니냐', '선생님한테 실망했다'는 등의 얘기가 있어 왔습니다. 따지고 보면 언론계는 솔직하지 못합니다. 언론계는 오래전부터 통일문제는 정치적 정략적으로 접근해서는 안 된다. 당파를 떠나 초당적인 자세로 임해야 한다고 쓰지 않았습니까. 그런데 민간운동성격의 민족통일협의회 의장을 맡으셨다고 '변하셨다' 운운하는 것은 오해입니다."

"국정자문위원의 경우도 홍종인 선생님께서는 '정부의 잘잘못을 가리고, 따지고 질책하는 데 기구의 성격과 형식이 무슨 상관있는가'라고 말씀하셨습니다. 죄송한 말씀입니다마는 도대체 천 선생님께서 전두환 정권을 찬양하는 글을 쓰신 적이 있습니까. 강연을 하신 적이 있습니까. '변절하셨다' 운운은 말도 되지 않습니다. 언론계 일각에서 뭔가 오해하고 착각한 것 같으니 괘념하지 마십시오."

필자는 애써 강변한 게 아니고 평소의 생각을 솔직하게 피력한 것인데, 선생은 "이 부국장이 나를 위로하는 것 같군요"라며 씁쓸한 미소를 지었다.

짐작컨대 이즈음 천 선생께서는 무척이나 마음이 괴롭고 심란했을 게 틀림없다. 민족, 우국憂國, 역사, 자유언론, 민주화 등과 관련해 연중 내내 줄지어 찾아오던 지인知人과 후배들의 발길이 뜸해지고 게다가 재야와 언론계 일각에서 보내는 사시斜視의 눈길에 외로움과 허탈감을 느끼셨을 것이다.

**제6부**

당시 안국동의 옛 한국일보 사옥에서 경제기획원(현 문화관광부) 쪽으로 50여 미터 가다보면 왼편에 손님이 겨우 7~8명 정도 앉을 수 있는 조그마한 중국집이 있었다.

주인은 1950년대 말 아시아에서 이름을 떨쳤던 타이완(臺灣) 여자농구 양우良友 팀의 멤버출신으로 늘씬한 몸매를 갖춘 미모의 40대 초반의 여인이었다. 한국일보 식구들이 타이타이太太집이라고 부르는 이 미니 중국집에 한창 붐비는 점심시간이 지난 오후 2~3시께 천 선생께서 혼자 앉아계시는 일이 잦아졌다.

필자는 외출에서 서둘러 귀사하다가 선생과 눈이 마주치면 어쩔 수 없이 들어갔다. 언제나 상 위에는 소주나 배갈이 담긴 맥주컵과 단무지가 전부였다.

필자가 "선생님 점심은 드셨습니까?" 하고 물으면 "입맛이 없어서…, 이거 두어 잔으로 괜찮아요"라고 말씀하셨다. 나중에 타이타이 여사에게 물으니 점심식사는 거의 하지 않고 술만 드신다는 것이다. 밖에서는 당신에 대한 '이상한 얘기들'이 계속되고 집에도 고문실에도 내방객들이 뜸해가는 박정한 현실에 얼마나 괴롭고 속이 끓으셨을까.

결국 외로움과 답답함을 해소하기 위해 매일 술을 드신 것이다.

어느 날 필자가 침묵을 깨기 위해 "선생님, 왜 학계에 남지 않고 언론계로 진출하셨습니까?"라고 물었다. 이에 대해 선생은 "역사학은 내가 평생 공부하는 학문이오. 하지만 현실을 제대로 알고 고치기 위해 언론의 길을 택한 것이오. 그동안 언론에 있으면서 틈틈이 논문을 쓰고 대학에도 출강해오고 있으니 얼마나 다행한 일이오. 나는 언론인이 된 것을 조금도 후회하지 않습니다"라고 말씀하셨다.

필자는 근 한 달간 신문사 안팎의 일에 쫓겨 뵙지 못하다가 오랜만에 고문실에 들러 매우 수척해지신 모습을 보고 깜짝 놀랐다. 선생은 "그동안 바빴지요. 나 얼마 전에 간단한 수술을 하고 퇴원했어요" 하시는 게 아닌가.

선생께서 입원, 수술하신 것을 몰랐고 문병도 가지 못했으니…, 필자는 뜨거워진 얼굴을 한동안 들 수가 없었다. 간단한 수술이 아닌 위중한 수술인 폐 수술을 하셨던 것으로 기억된다.

당시 장강재 회장은 지방에 가서 푹 쉬면서 요양을 하시라고 권유했지만 천 선생은 지팡이를 짚고 거의 매일 고문실에 나오셨다. 놀라운 일은 이따금 타이타이집에 들르신 것이다. 어느 날 필자가 찾아가 "선생님, 이러시면 큰일 납니다. 폐와 술 담배는 천적 아닙니까"라고 말씀드리자 선생은 "담배는 의사 얘기대로 잠시 끊었고 술은 마음을 달래느라고 이렇게 따라 놓기만 하고 있는 거예요" 하며 쓸쓸하게 웃으셨다.

어느 날 신문사의 총무국장으로부터 "천 고문께서 하는 일 없이 월급만 받고 있다며 몇 차례 그만두시겠다는 것을 장 회장이 그때마다 '우리 회사의 큰 어른으로 계속 모실 생각이니 아무 걱정하지 마시고 건강회복에 힘쓰시라'고 만류했다는 얘기를 들었다.

결국 천 선생의 고집(?)대로 1989년 6월 20일자로 상임고문을 사직했고 장 회장은 계속 모시겠다는 집념으로 그 날짜로 사빈社賓으로 발령을 냈다. 하지만 선생은 더 이상 한국일보사에 폐를 끼칠 수 없다며 사빈직마저 사퇴했다.

천 선생이 한국일보를 떠나신 후 틈나는 대로 댁을 방문하겠다고 말씀드렸으나 신문사 일에 묻혀 지내다 끝내 찾아뵙지 못하고 말았다. 2년 뒤 필자는 하와이 대학교에서 연수 도중 미주한국일보를 통해 선생님의 부음을 들었다.

한국일보를 그만두신 후 인적人跡이 끊기다시피 한 가운데 쓸쓸하게 투병생활을 하다가 돌아가셨다는 것이다. 평생 학문활동, 언론활동, 사회활동을 해오는 동안 흐트러짐이 없이 올곧고 바른길만 고집스럽게 걸어오셨고 단 한 번도 누구에게 고개를 숙이지 않으셨던 선생이 아니신가.

그러한 신념과 자세로 민족통일중앙협의회와 국정자문회의에 참여한 것임에도 지나친 억측과 오해로 당신께서 키우고 이끌어 주셨고, 그러기에 밤낮없이 문을 두드리고 잔을 기울였던 숱한 후학과 후배들이 등을 돌리고 발길을 끊은 데 대해 눈을 감으시면서도 무척이나 괴로워하셨을 것이다. 사실 '천관우 사전'에는 처음부터 사私와 부富, 영달榮達과 명리名利라는 단어는 없었다. 참으로 죄송스러운 표현이지만 만에 하나 선생께서 자리와 돈을 탐하셨다면 진작 재상宰相이 되고 거부巨富가 되시지 않았겠는가.

선생은 이 나라의 큰 언론인, 큰 사학자, 큰 선배, 큰 지성인, 큰 국민의 스승이었다. 평생 역사연구와 언론활동과 사회활동을 통해 남긴 업적은 사학과 언론의 발전은 물론 사회와 국가 발전에 중요한 밑거름이 될 것으로 확신한다. 이제 언론계와 사학계, 그리고 우리사회는 '천관우'라는 인물과 업적에 관해 하루빨리 올바른 재평가 작업을 벌여야 한다.

지금도 천 선생 하면 여러 가지 영상이 떠오른다. 특히나 20여 년 전 거구의 선생이 좁은 타이타이집에서 지팡이를 옆에 놓고 배갈 컵을 든 채 쓸쓸하게 문 밖을 내다보는 모습을 생각하면 가슴이 아프다.

후석 선생이 그립다.

# 2부 사학자

천관우

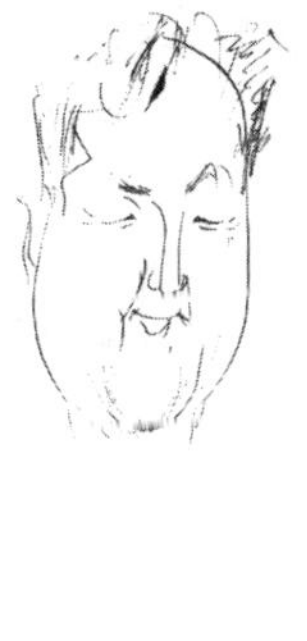

1장

# 사학계의 거목, 한국사학의 스승

# 한국사학자로서의 천관우 선생

민현구
고려대 명예교수

외면상 민주투사로서의 이미지를 풍기지만,
내면적으로는 커다란 간난을 오히려 기회로 삼아
한국고대사 연구에 심혈을 기울임으로써
새로운 경지를 개척한 순수한 학자 모습이었다.

천관우 선생은 20세기 중후반 한국사회의 격동 속에서 누구보다도 치열하고 올곧은 삶을 살면서 큰 족적을 남긴 거인이다. 그는 해방 이후에 배출된 언론인 그룹의 선두에서 활약하며 언론의 수준 향상과 자유 신장에 큰 영향을 미쳤지만, 친정이라고 할 수 있는 한국사학 쪽에도 독특하면서도 빼어난 업적을 남겼다. 실학 연구를 개척하고, 새로운 고대사 체계의 수립을 시도했을 뿐만 아니라, 한국사의 대중화에 크게 공헌하였던 것이다.

천 선생이 별세한 지 어언 20년이 흘렀다. 그의 최후는 쓸쓸하면서도 의연하였다. 그동안 격동과 변혁의 시기가 이어지는 가운데 그의 존재는 잊히는 듯했는데, 어찌 보면 현실적 이해관계를 뛰어넘어 대도大道를 지향한 지사적志士的 언론인이요 대학 연구실 바깥에서 절실하면서도 순수한 자세로 연구에 몰두한 '비非아카데미' 사학자였던 그가 사후死後에 감당해야 할 세속적 대접이었는지도 모른다. 그러나 그는 결코 망각될 존재가 아니었고, 장차 그에 대한 역사적 관심은 점차 높아지리라 여겨진다. 여기서는 선생과 한국사학을 매개로 연緣을 맺어 학은學恩을 입은 필자의 입장에서 한국사학자로서의 그의 발자취와 학문적 업적을 간략히 되짚어보려고 한다.

천 선생은 당초 한국사학을 연구하여 교수가 되어 학술활동을 펼치려 했다. 그는 1925년 6월(음력) 충북 제천에서 태어나 고향과 인근의 청주에서 초등·중등 교육을 받은 후 경성제국대학京城帝國大學에 입학했는데, 대학 입학을 앞두고 독서에 열중하는 가운데 최남선崔南善의 역사책들과 기행집을 접하고 받았던 신선한 충격이 한국사와의 인연으로 이어졌고, 해방 직후 대학 본과本科 진학을 앞둔 시점에서는 한국사학 전공의 뜻을 분명히 할 수 있었다. 그리하여 그는 24세에 서울대학교 문리과대학 사학과를 졸업하고(1949), 이어서 대학원에 진학하여 조교로 근무하게 되었다.

그러나 곧 6·25전쟁이 발생하면서 사정이 달라졌다. 1·4후퇴로 부산에서 피난생활을 하는 와중에 '당장 세 끼 밥을 먹기 위해' 통신사 기자로 취직함으로써 그의 진로는 크게 바뀌었던 것이다. 처음 외신外信을 번역하는 일을 하다가 신문학新聞學 연구를 위한 단기 미국 유학의 기회를 얻어 미네소타 대학을 다녀오고, 휴전 다음 해에 서울서 창간된 한국일보에 들어가 곧 논설위원이 됨에 이르러 언론계에 깊이 빠져들게 되었으니, 당시 그의 나이 29세였다. 그 후 조선일보 논설위원·편집국장(31~34세)과 몇몇 신문의 간부를 거쳐 동아일보에서 편집국장, 주필로 6년간 근무하다가 1968년 말 43세 때 퇴임하기까지 그는 두드러진 논객, 지도적 신문인으로서 한국 언론 창달에 크게 공헌하였다.

천 선생은 언론을 본업으로 삼아 활동하는 동안에도 한국사 연구의 끈을 잠시도 놓지 않았다. 그의 대학 졸업논문인 「반계 유형원 연구」는 조선후기 실학에 대한 최초의 체계적 연구로서 지도교수인 이병도李丙燾 선생이 "군계일학群鷄一鶴"이라고 감탄한 수작이었거니와, 학계의 선배 동학들은 언론 쪽의 그를 계속 격려 응원하였고, 그로서도 바쁜 가운데 끊임없이 한국사 연구논문을 발표하고 대학출강을 멈추지 않았다. 선생 자신의 술회에 따르면, "하루하루에 승패를 거는 기자생활 속에서 무언가 한 가지 장기적인 것을 붙들고 있지 않고서는 허전해서 못 견딜 것 같은 심정"이 크게 작용하였다고 하지만, 그의 한국사 연구에 대한 집념과 실천력은 비범한 것이었다. 그 바쁜 편집국장 시절에도 시간과 정력을 할애하여 거의 해마다 무게 있는 논문을 발표하여 경탄을 자아냈다.

그는 언론계에 몸담고 있는 동안 한국학, 특히 한국사학의 진흥과 발전에 큰 도움을 주었다. 논설과 칼럼을 통해서 한국사의 중요성을 강조하며 정부 당국에 연구 지원을 호소하였고, 언론사의 사업 기획과 관련하여 한국사 방면의 특집물을 꾸미고 한국사학자들에게 참여의 기회를 제공하였다. 대표적인 것으로 동아일보사가 펴낸 『3·1운동 50주년 기념논집』이 시종 그의 기획과 편집 책임 아래 학계를 총동원하다시피 해서 제작되었던 일을 들 수 있는데, 이러한 일은 동시에 언론의 품격을 높여주는 것이기도 했다.

또한 천 선생은 한국사 연구에 종사하는 후진들에게 따뜻한 관심과 배려를 베풀었다. 대학 후배들과 강의를 수강한 후학들 다수가 강의실이나 주석酒席을 통해 그의 격려와 지도에 깊은 감명을 받으면서 그 학문과 인품을 숭앙하게 되었다. 허선도許善道(1927~1993) 교수는 2, 3년 후배로 친밀한 사이였으나, 평생 '선생'이란 호칭을 쓰며 그를 경모하였다. 필자도 1960년대 초반 대학 강의실에서 첫 대면을 한 이후 거의 30년간 가르침을 받을 수 있었는데, 가끔 경험하는 주석에서의 질책과는 무관하게 늘 선생께 변함없는 존경심과 친밀감을 느꼈던 까닭은 선생의 넓은 학문세계에 매료되고 인간적 신뢰감에 감동받은 때문이었을 것이다.

1970년대 들어서 유신체제가 자리 잡히면서 천 선생은 민주화운동을 벌이며 정보기관의 감시·연금 아래 10년 가까이 칩거생활을 하였다. 잠시 복직해 근무하던 동아일보사를 재퇴사한 후 순수한 야인野人의 처지에서 보낸 그 시기의 선생은 외면상 민주투사로서의 이미지를 풍기지만, 내면적으로는 커다란 간난을 오히려 기회로 삼아 한국고대사 연구에 심혈을 기울임으로써 새로운 경지를 개척한 전업專業의 순수한 학자 모습을 보여주었다. 당초 가야사加耶史를 대상으로 삼으려던 고대사 연구가 고조선사古朝鮮史, 광개토대왕비廣開土大王碑, 삼한사三韓史 등으로 범위가 넓혀져서 한국고대사 체계를 재구성하는 단계로 발전하였다. 그의 한국사학자로서의 학문연구 후반부는 고대사 연구에 몰두한 것이었다고 말할 수 있다.

1980년을 전후하여 정치환경이 바뀌면서 선생의 행보가 새로워졌다. 감시·연금에서 풀려난 그는 신문에 기고할 수 있게 되었고, 대학 출강도 가능해졌다. 그리하여 한국일보 고문에 취임함으로써 '뒷전'의 위치로나마 언론계에 복귀하였으며, 대우교수 또는 객원교수로서 출강도 했다. 또한 국사편찬위원, 문화재위원, 독립기념관건립준비위원으로도 활동했다. 이 무렵 그는 새 정부의 요청으로 민족통일중앙협의회民族統一中央協議會(약칭 민통民統) 의장에 취임하였고(재임: 1981~1983), 뒤에는 국정자문위원으로 추대되기도 하였는데, 이것은 항간에 상당한 물의를 일으켰다. 그러한 가운데 그는 저서들을 출간하고 한국사상사학회韓國思想史學會 회장에 선임되었다.

천 선생의 후학들은 그가 칩거하는 동안에도 때때로 방문하여 학문적 담론을 나눌 수 있었고, 그 후 정세가 변화하여 세상이 소용돌이칠 때에도 여전하였는데, 필자도 여러 차례 선후배들 속에 끼여서 또는 단독으로 대면의 기회를 가졌었다. 그는 정치에 나설 생각이 추호도 없었고, 스스로의 처신에 대해 어떤 해명도 하지 않았으나, 당면한 정치상황이나 현실문제에 대처하는 시각과 관련하여 간간이 입장을 내비치기도 하였다. 박정희 대통령의 피격 사망으로 초래된 정치적 변혁을 '5·16시대의 종언'으로 파악하면서도 그는 북한의 전쟁도발 가능성을 경계하는 안보사항을 가장 긴요한 국가적 당면과제로 인식했다. 그리고 통일문제는 정파나 정권의 차원에서 좌지우지되거나 이용당해서는 안 된다는 확신을 갖고 있었다. 그러므로 천 선생은 당시 극심한 정치의 혼돈이 초래할 대한민국 존립의 위기 문제에 대해 숙고한 끝에 확실한 신념을 갖고 민통民統 의장직에 나아갔으리라고 가까운 후학 대부분은 이해하였고, 필자의 생각도 물론 그러하였다. 언론인, 한국사학자이기에 앞서 그는 빼어난 선비요, 독립불기獨立不羈의 지사로서 출중한 식견을 지녔음을 잘 알기 때문이었다.

1985년 천 선생이 회갑을 맞이하자, 한국사학계의 후학들은 『천관우 선생 환력기념 한국사학논총』을 편찬해 봉정하였다. 이기백李基白 선생의 「하서賀序」와 중진 중견학자 42명의 논문이 수록된 1,098면의 이 책은 그동안 수많은 난관을 뚫고 한국사학의 길을 계속 걸으며, 그 발전에 크게 기여한 선생에 대한 후학들의 존경과 신뢰의 뜻을 담은 것이었다. 후학을 대표해서 이장희李章熙 교수로부터 논문집을 받은 선생은 깊은 감회에 젖어, "썰물 밀물에 비견되는 언론계와는 달리, 한국사학계가 한결같은 관심과 정의情誼"로 기념논문집을 마련해 준 데 대해 고맙다는 인사를 하였다. 이 무렵 건강이 나빠져 곧 투병생활로 접어든 그는, 마지막 저서를 내고 1년 남짓 지난 1991년 1월에 66세를 일기로 세상을 떠났다.

한국사학자로서의 천관우 선생의 업적은 어떠한가. 그의 저서는 언론 쪽의 ① 『썰물 밀물』(어문각, 1965), ② 『언관言官 사관史官』(배영사, 1969)과 수필집인 ③ 『천관우 산문집』(심설당, 1991)을 제외하고, 한국사 분야에서 일곱 책을 들 수 있다. 실학을 포함하여 조선시대를 다룬 ④ 『근세조선사연구』(일조각, 1979), 고대사 분야의 ⑤ 『인물로 본 한국고대사』(정음문화사, 1982), ⑥ 『고조선사·삼한사연구』(일조각, 1989), ⑦ 『가야사연구』(일조각, 1991), 근현대사 쪽의 ⑧ 『한국근대사 산책』(정음문화사, 1986), ⑨ 『자료로 본 대한민국 건국사』(지식산업사, 2007), 그리고 사론집史論集인 ⑩ 『한국사의 재발견』(일조각, 1974)이 그것들인데, 그 가운데 ③, ⑦, ⑨는 천 선생이 별세한 뒤 후학들, 즉 최영식崔永植 위원, 이기동李基東 교수, 한영국韓榮國 교수가 각각 그 유고遺稿를 책임 정리해서 펴낸 것들이다.

이 저작들을 종합하여 그의 학문적 업적을 크게 세 가지로 정리할 수 있는데, 첫째는 실학 연구를 개척하고 토지·군사제도를 구명한 조선시대사 방면의 선구적 업적을 들 수 있다. 앞의 저서들 가운데 ④ 『근세조선사연구』가 주로 그 내용을 담고 있거니와, 이 연구는 탄탄한 실증을 기초로 하면서 조선사회, 더 나아가 한국사를 발전적으로 파악할 토대를 마련함으로써 일제 식민주의사학 극복의 길을 열어준 뜻깊은 것이었다.

둘째로 한국고대사의 새로운 체계 구축을 시도한 것이다. 앞서 고대사 분야 저서로 제시한 ⑤ 『인물로 본 한국고대사』, ⑥ 『고조선사·삼한사연구』, ⑦ 『가야사연구』의 3부작과 그밖에 그의 편저인 『한국상고사의 쟁점』(일조각, 1975)이 그것을 반영하는데, 상고上古시기 한국사의 개막과 변천을 동아시아의 한韓, 예濊, 맥貊의 이동을 중심으로 재해석하고 고대의 정치적 발전에 대해 성읍국가城邑國家 →영역국가領域國家의 발전단계를 설정했다. 그리고 가야사를 추적해서 '임나일본부任那日本府'는 가야 쪽에 있던 백제군百濟軍 총사령부라는 창견創見을 도출했다.

셋째는 한국사의 대중화에 크게 기여한 점이다. 그는 아카데미 사학이 아닌 사론史論 위주의 민간사학의 전통을 중시하고, '나와 우리의 입장', '현재의 입장'을 살려 사회적 요구에 부응하는 한국사 연구의 필요성을 강조함과 동시에 그 연구성과를 널리 일반 지식인들에게 파급하는 일이 중요하다는 점을 역설하면서 스스로 그 방면에 두루 힘을 기울였다. 그의 저서들 가운데 ⑩『한국사의 재발견』이 직접적으로 이에 해당되고, ③『천관우 산문선』, ⑧『한국근대사 산책』과 ⑨『자료로 본 대한민국 건국사』도 연관되는 것들이다. 그가 일제 압제하에서 언론활동과 연관하여 한국사를 연구한 신채호申采浩, 안재홍安在鴻, 정인보鄭寅普 등 민족주의사가民族主義史家를 각별히 존숭한 이유 가운데에는 그들의 연구가 절실한 문제의식 아래 광범위한 일반 지식층을 겨냥해 이루어진 것이었다는 점도 상당한 비중을 차지하리라 생각된다.

천 선생은 만년晩年에 '한국통사通史' 집필에 대한 강한 소망을 내비치곤 했었으나 끝내 그 뜻을 이루지 못하고 생애를 마쳤다. 아마 건강이 허락되어 그의 뜻이 이루어졌다면, 내용에 충실하고 흥미로우면서도 한국인에게 역사의식을 깨우쳐 널리 공감받는 한국통사, 정통적인 역사학의 방법론에서 결코 일탈하지 않으면서도 교과서적인 틀에서 과감히 벗어난 개성 있는 역사서가 탄생하여 널리 국민 대중에게 사랑받을 수 있었을 것이다.

일제 압제기를 거쳐 대한민국이 성립·발전하는 역사적 소용돌이 속에, 치열하면서도 성실하고 올곧은 생애를 보내며 지사적 언론인으로 큰 족적을 남긴 선생은, 동시에 두드러지고 특색 있는 사학자로서 빼어난 업적을 남겼다. 재·학·식(才學識)을 두루 갖춘 한국사학자로서의 천관우 선생은 민족주의사학의 전통을 포용해 20세기 후반 현대 한국사학의 내용을 풍성하게 하면서 그 성장과 발전에 큰 몫을 담당한 거목巨木이었다고 하겠다.

# 獨對聽講

한영국
전 인하대 교수

선생님과의 대화는 간단없이 이어졌고
따라서 술잔도 쉼 없이 돌았다.
뜻밖에 얻어진 '특강' 내용이 지워졌으니
어찌 아쉽고 안타깝지 않았겠는가.

50년 전 겨울, 그러니까 1960년 12월 말이나 1961년 1월 초의 어느 날, 눈이 꽤나 내리던 날로 기억된다. 대학원생이던 나는 여느 날과 같이 아침 일찍이 국사합동연구실(서울대 문리대)에 나와 난로에 불을 지피고 논문을 손질하고 있었다. 그런데 연구실의 냉기가 채 가시기도 전에 천관우 선생님께서 불쑥 들어오셨다. 선생님께서는 그 무렵 신문사에서 정치적 사회적 격동을 온몸으로 겪으면서 언론을 주도하는 위치에 계셨는데, 그러한 중에서도 진단학회震檀學會에서 간행을 준비하던 『한국사韓國史』의 일부(朝鮮前期篇)를 맡아 집필하고 계셨다. 그래서 가끔 오후에 연구실이나 도서관을 찾아 자료를 수집하시곤 했는데, 이 날은 유별나게도 오전에 일찍이 오셨던 것이다.

"어휴, 날이 좀 춥습니다."

특유의 커렁커링한 목소리로 한 말씀하시고는 내가 인사를 마치기도 전에 서가에서 책들을 뽑아 부지런히 책장을 넘기기 시작하셨다.

연말·연초인 데다가 눈이 와서 그런지, 이날따라 시계가 1시를 가리키도록 아무도 찾는 이 없어서, 연구실은 선생님이 가끔 담뱃불 붙이는 소리와 책장 넘어가는 소리만이 이어지고 있었다.

"한 형, 점심하러 가지 않겠소?"

선생님께서 정적을 깨셨다.

"아, 네. 조금 이따가…."

"같이 갑시다. 혼자 먹기 싫은데."

"네, 그럼…."

나는 선생님의 긴 걸음을 쫓아 눈길을 잰걸음질했다. 학교 건너 중국음식점 '진아춘'은 당시 선생님들이 자주 이용하시는 식당이었다. 그런데 그 앞에 다다른 선생님은 "여기 복잡하니 우리 다른 데로 갑시다" 하시면서 혜화동 쪽으로 발걸음을 더하셨다. 혜화동 로터리에는 '동양서림東洋書林' 옆에 2층짜리 중국음식점이 있었다. 식당으로 들어선 선생님은 마중하는 주인에게 2층에 방이 있는가를 확인하시고는 곧장 계단을 오르셨다. 나는 뒤따라 오르며 계단에 꽉 차는 선생님의 체구를 다시 한번 실감했다.

가로 3자, 세로 2자 정도의 작은 상을 마주하고 앉았는데 사환이 엽차를 가져오며 주문을 청했다.

"한 형, 술 좀 하시죠? 우리 날도 추운데 반주 한잔하고 식사합시다."

선생님은 "아, 네" 하는 내 대답이 나오기도 전에 안주와 술(배갈)을 주문하셨다. '무척이나 성미가 급하신 분이구나' 생각하며 엽차를 한 모금 마시는데, 이미 찻잔을 내려놓은 선생님은 내가 손질하고 있는 논문에 대해 물어보시면서 이야기를 풀어나가셨다. 나의 논문주제가 대동법大同法이어서 당시 실학實學 연구의 대가大家로 명성이 높던 선생님 연구분야와 연관되는 것이 적지 않았기 때문에 선생님과의 대화는 간단없이 이어졌고 따라서 술잔도 쉼 없이 돌았다.

"우리 이왕 시작한 것, 좀 더 합시다."

그제야 깨달은 바지만, 선생님께서 '진아춘'을 피하신 것이나, 이 식당에 와서도 텅 빈 1층 홀을 두고 2층으로 오르는 불편을 택하신 것이 모두 식사만을 생각하신 것이 아니었던 것 같다. 나는 선생님과의 대화가 끊기는 것이 아쉽기도 했고, 또 감히 거역할 용기가 나지 않아 순순히 응했다. 이른바 '풋술'이던 때라 '풋술'의 만용이 움텄는지도 모른다.

그러나 뒤이어서 안주와 술이 계속 더 들어오게 되자, 나는 화장실을 찾아 양치질을 자주하게 되었고, 선생님도 취기가 오르시는지 가끔 벽에 기대어 숨을 가쁘게 몰아쉬셨다. 물론 선생님의 말씀은 계속되었는데, 간간이 내게 질문을 던지시면서 '조선사회경제사朝鮮社會經濟史'를 중심으로 당신의 견해를 거침없이 피력하셨다. 내가 주석酒席에서 천 선생님과 독대獨對하여 청강聽講하는 형국이었다.

그런데 이런 상황에서 선생님은 식탁 가장자리를 손으로 두르시면서 기절초풍할 제안을 하셨다.

"한 형, 우리 아예 한 바퀴 돌릴까요?"

배갈병이 식탁을 빙 돌릴 정도로 마셔 보자는 말씀이시다. 짐작으로는 지금까지 들어온 술병이 그 반에도 미치지 못했는데…. 나는 더는 순종할 수가 없었다. 선생님의 '특강'을 듣는 것은 좋지만, 더 마시면 몸을 가눌 수가 없을 것 같았다. 시간도 어느덧 6시에 다가서고 있었다. 나는 정중히 사양하였는데, 그것은 술에 대해 선생님께 항복한다는 뜻을 함축하는 것이기도 하였다 선생님은 싱긋이 웃으시며 자리에서 일어나셨다. 나는 주인장을 불러 함께 선생님을 부축하여 좁고 가파른 계단을 간신히 내려왔다. 그리고 어렵게 택시(이른바 시발택시)를 잡아 선생님을 모셨다.

"어, 오늘 즐거웠어. 또 봅시다."

선생님의 말씀과 함께 택시가 떠나자 나는 긴장했던 몸이 일시에 풀리면서 취기에 휩싸였다. 나도 곧장 집으로 향했다.

이튿날 지끈거리는 머리를 흔들어가며 11시가 되어서야 연구실에 나갔다. 내가 펴 놓았던 책과 노트는 그대로 있는데, 선생님이 보시던 책들은 모두 제자리를 찾아가 있었다. 나는 어제 선생님께 들은 이야기를 정리해 놓고 싶었다. 그러나 중간중간이 끊겨 제대로 복원되지가 않았다. 나는 어제 갔던 중국음식점을 다시 찾았다. 해장을 하며 차근차근 생각해 보면 기억이 되살아나지 않을까 기대한 것이다. 하지만 이 또한 허사였다. 선생님께서 일부러 내 뇌리에서 특강내용을 지워버리려고 술을 권하고 또 권하신 것은 아니었을 텐데….

내가 처음 선생님의 강의를 들은 것은 학부 4학년(1958년) 1학기 때였다. 선생님께 수강한 강의로는 유일한 것이기도 했는데, 사학과가 아닌 타과(정치학과이거나 사회학과)에 개설된 조선후기 실학에 대한 강좌였다. 당시 나는 졸업논문으로 대동법을 생각하고 있었기 때문에 관련이 깊다고 여겨 선뜻 수강신청을 했지만, 그에 못지않게 선생님에 대한 호기심도 상당한 작용을 하였다. 간간이 선배들로부터 들은 선생님에 대한 이야기, 즉 「반계 유형원 연구磻溪柳馨遠硏究」를 학부 졸업논문으로 쓴 문리대 3대 수재 중 한 분이라는 이야기라든가, 언론계에서 중요한 활약을 하면서도 국사연구에 정진해 계속 괄목할 연구성과를 내고 계시다는 이야기, 그래서 언젠가는 대학에 자리가 생기면 연구실로 돌아오실 거라는 이야기 등등을 들어왔던 것이다.

그런데 어찌된 영문인지 좋은 성적을 받은 것은 분명한데도, 수강 내용에 대해서는 뚜렷이 기억나는 것이 없다. 논문을 쓰는 데 많은 도움이 되었을 텐데도 말이다. 하기는 다른 선생님들의 강의에 대해서도 비슷하다는 점을 생각하면 유별난 일은 아닌 것 같지만. 그러나 소문대로 박학강기博學强記하시다고 느꼈던 점, 또 강의 모습이 신념과 열정에 넘치셨던 점 등은 지금껏 뇌리에 남아 있다. 다만 그때는 그 우람한 체구와 컬컬한 목소리에 겹쳐서 소탈하면서도 거칠어 보이는 말씀 때문에 가까이 하기가 어려운 분이라 느껴졌던 것이 후일에 실제로 경험한 바와는 다른 점이었다고 하겠다. 학기 말 시험시간에 담배를 한 대 피워 물으시고, "담배를 피워야 글이 잘 써지는 사람은 담배를 피워도 좋습니다"라고 복학생들을(당시에는 6·25 때 종군했다 제대한 복학생들이 많았다) 배려하시던 말씀에서 무언가 풍기시는 것이 있기는 했었지만….

그로부터 2년여가 지난 그날, 그러니까 정말 우연하게도 이루어진 독대 청강의 날에는 그동안 나도 논문을 하나 써보아서 그런지, 선생님의 학문의 깊이와 넓이가 더더욱 절절하게 다가왔다. 그리고 그 성품에 대해서도 겉보기와는 달리 다정다감하고 자상하며 섬세하신 분이라는 점이 새롭게 느껴졌다. 그러한 가운데 선생님은 분명히 많은 말씀을 들려주셨다. 그럼에도 불구하고 뜻밖에 얻어진 '특강'의 내용을 제대로 정리하지 못하게 되었으니, 어찌 아쉽고 안타깝지 않았겠는가.

나는 그날과 같은 독대 청강의 기회가 다시 오기를 기대했다. 그러나 그런 기회는 다시는 오지 않았다. 그로부터 10년쯤 뒤, 선생님께서 감수하신 『한국사대계韓國史大系』(1973년 간)의 조선후기 편을 맡아 집필하면서 몇 차례 만나 뵐 기회가 있었고, 그 후에도 대학원 학생들의 지도를 부탁드리면서, 또 선생님의 환력기념논총을 준비하면서 여러 번 모시고 식사할 기회가 있었지만 그때마다 내가 이미 대학에 몸담고 있어서 그러하셨는지 나의 끈질긴 유인(?)에도 불구하고 '특강'은 허용되지 않았다. 천재일우千載一遇의 기회란 백세인생百歲人生에게는 다시 한번 기대하기가 어려운 것인가.

선생님을 추모하는 자리를 맞이하니 뜻밖에 누렸던 행운의 추억과 함께 가시지 않는 아쉬움이 또다시 떠오른다.

# 후학을 아끼는 마음 씀씀이

유승주

고려대 명예교수

선고先考의 상喪을
알리지 않았는데도
신문의 부고 난에서 보셨다며
추위를 무릅쓰고 친히 오셔서….

후석 천관우 선생은 고려대 학부시절에는 신문지상에서, 대학원에 들어가서는 논문을 통해서 익히 알고 있었다. 그러나 정작 후석 선생과 인연을 맺게 된 것은 홍대용의 『담헌서』를 공동번역하게 되면서이다. 선생을 고문으로 모시고 연세대 이석호 교수가 주관하던 대양출판사의 한국고전번역사업에 『담헌서』가 선정되었다. 아마도 선생이 일찍이 홍대용의 실학사상을 연구하면서 번역의 필요성을 느꼈기 때문으로 보인다. 당시 선생이 동아일보 주필을 맡고 있을 때로 기억되는데 손수 번역할 시간적 여유가 없어 역자를 물색하던 중 중재 김황 선생 문하의 대선배인 허선도 교수가 나를 추천한 것으로 알고 있다.

당시 필자는 30대 초반의 나이에 전임이 되기 전이라 어렵게 살고 있었다. 해서 한 번도 읽어보지 못한 책을 무턱대고 맡아 여간 고생하지 않았나. 특히 『담헌서』 중 「건정동필담」은 홍대용이 청나라로 가는 사행 편에 군관으로 따라가 교유한 중국의 수재들인 반정균, 엄성 등과 즉석에서 주고받은 필담이어서 문장에 생략이 많았다. 중국 역대의 학자들은 이름 대신 호를 주로 사용하였고 내용도 거두절미하였기 때문에 누가 한 말인지, 앞뒤의 내용은 무엇인지 도무지 알 도리가 없었다. 고민하던 차에 마침 경인문화사에서 일본의 『대한화사전大漢和辭典』을 영인했다기에 가져다 일일이 참고하느라 거의 넘겨보지 않은 페이지가 없었을 정도였다.

그러나 이 『담헌서』를 번역하면서 얻은 것도 많았다. 첫째는 후석 선생과 공역으로 내보낼 책이라 그분의 명성에 누가 되지 않을 역서가 되어야 한다는 부담을 안고 철저하게 고증하는 과정에서 얻은 알찬 경험이었고, 둘째는 경인문화사가 『대한화사전』을 꼼꼼히 살펴 제본하지 못한 탓에 중복되고 빠진 부분이 많아 다시 제본하여 사계에 공헌할 수 있게 한 점이며, 셋째는 청나라 학자가 조선학자들의 독서법을 문의하여 홍대용이 지어 보낸 「매헌에게 준 글」을 서울대학교 사범대학 국어교육연구소가 찾아 고등학교 국어(하)교과서에 실음으로써 우리 옛 선비들의 정치한 독서법을 학생들에게 익히도록 한 점이다.

여담이지만 『담헌서』의 번역이 거의 끝나갈 무렵 나는 막내딸을 얻었는데 난산에다 조산早産이어서 인큐베이터에서 길러야 했다. 선생이 이 소식을 듣고 자신의 번역료를 다음 번에 타겠다고 양보해주셔서 얼마나 고마웠는지 모른다. 그리고 번역에 큰 오류는 없는지 읽어보시도록 선생의 댁으로 원고를 가져갔다. 나지막한 국민주택에 방이 두 개였던가? 서실 벽에는 무관無冠의 제왕帝王이라 써 붙여놓았고, 불가佛家의 포대화상布袋和尙 같은 선생의 용태가 작은 집을 누르고 있었다. 초등학생 딸이 종이를 달라고 하자 원고지 두어 장만 떼어주니 더 달라고 졸랐는데 막무가내셨다. 삶의 분위기나 선생의 모습에서 청빈한 선비로 독립불기獨立不羈의 기품을 느끼게 하였다. 번역문을 몇 장 읽어 보시고 아주 잘했다고 칭찬하시고는 사모님을 불러 술을 내오라고 하신다. 대낮인데도 사모님이 들고 오신 소반에는 4홉들이 진로 두 병과 마른안주 한 접시, 맥주잔 2개가 놓여 있었다. 손수 병마개를 따서 맥주잔에 가득가득 따르시더니 번쩍 들어 권하신다. 나도 술 잘하기로 소문난 사람이지만 이런 주법은 처음이라 황당하였다. 30대의 젊은이가 12세 연상인 선생의 권주를 사양할 도리가 없어 받아마셨지만 나올 때는 무척 취했던 것으로 기억된다.

그 뒤에도 간혹 선생을 뵐 기회가 있었다. 언젠가 한국과학사학회에서 토론자로 선생과 송찬식 교수와 함께 나를 초청한 자리였다. 발표가 끝나자 사회자가 "선생님께서 먼저 말씀하시지요" 하고 청하자, 선생은 옆자리의 송 교수를 가리키면서 "이 어른부터 먼저 말씀하시게 하지요"라고 해서 송 교수가 웃으며 머리를 내저어 참석자들의 폭소를 자아내었다. 송 교수는 선생보다 10여 년 서울대 후배지만 흰머리가 많아서 한 말씀인데 한마디 유머로 긴장했던 장내를 부드럽게 만든 기지에 모두 감탄했다.

또 한번은 우연한 일이었지만 달갑지 않은 곳에서 10여 일간 선생과 침식을 같이한 적이 있었다. 이른바 5·18민주화운동이 한창인 때의 일이다. 박정희 정권이 막을 내리고 민주화의 물결이 전국을 휩쓸 무렵 내가 몸담고 있던 홍익대학교에서도 개혁의 바람이 일었다. 대학의 재정과 인사 등 모든 운영권을 이사장이 장악하고 교권이 무너진 상태였다. 이를 개선할 방도를 찾기 위해 늦은 봄 어느 날의 교수회의에서 내가 일어서 "학교운영의 개선방안을 평교수들 의견을 수합한 뒤 함께 논의해보자."는 취지로 이사장과 총장 이하 보직교수를 모두 밖으로 나가게 하였더니, 순순히 자리를 비워주어 우선 각 단과대학별로 운영위원을 세 사람씩 선출하였다. 이들로 구성한 운영위원회에서는 며칠간 대학의 개선방안을 작성, 토의하였고 곧이어 이사장과 총장 및 보직교수가 참여한 교수회의에서 발표할 예정이었다. 그리고 한편으로는 몇몇 동료들과 전국교수민주화서명운동에 참여할 분들을 물색한 결과 전국 160여 명의 교수가 참여한 가운데 겨우 7명이 가담할 의사를 보여 내 연구실에서 서명을 받았다.

이러한 움직임을 빌미로 어느 날 학교에 출근하는데 교문에서 세 사람의 청년이 불문곡직하고 나를 차에 태워 서대문경찰서의 '김대중사건 수사본부'로 갔다. 조사실이 딸린 넓은 홀의 양쪽 벽면에는 나처럼 잡혀 온 30여 명의 인사들이 줄지어 앉아 있었다. 가장 먼저 눈에 띈 인물이 후석 선생이었다. 인사를 드리자 대뜸 "다행이오. 조금 전에 저 사람(서강대 박홍 교수)이 들어오는데, 태도가 불순하다고 헌병들이 양발치기로 뺨을 때렸다오. 유 교수도 몸매가 좋아 얻어맞지 않을까 걱정했는데 다행이오. 혹시 무슨 운동을 했소?" 하시기에, 주변을 둘러보니 과연 모두가 긴장된 모습들이다. 잡혀 온 인사들은 대개가 고려대와 서강대 교수들이었다.

첫날은 유치장에 혼자 들어가 자술서를 쓰고 잠을 잔 뒤 다음 날에는 수사관이 조서를 꾸몄다. 사실조회를 하는 기간인지 나도 홀의 다른 인사들과 합류했다. 그럭저럭 다 나가고 홀에는 선생과 서강대 차하순 교수, 박홍 교수가 남았으며, 그밖엔 뒷날 모두가 국회의원이 된 문희상 씨와 학생신분인 서울대 총학생회장 심재철, 고려대 사학과 재학생이던 설훈 등 3명이 있었다. 문희상 씨와 학생 둘은 시위에 깊이 관여한 사람들이라 이곳의 수사가 끝난 다음에는 남한산성 쪽에 가서 심한 고문을 받는다고들 하였다. 문희상 씨는 평범하게 지냈고, 설훈 군은 조용히 앉아 구약성경을 읽고 있었으며, 심재철 군은 간간이 체력단련을 했던 모습이 지금도 눈에 선하다.

식사 때면 학생 둘이 밥을 타 와 함께 먹고 환담하며 시간을 보내는 것이 일과였다. 어느 날 신부 박홍 교수가 신부수업과정으로 유럽 등지를 무전순회하는 동안 스스로 건강을 지키도록 가르친다는 '정체운동' 이야기를 재미있게 들려주어 선생도 흥미로워하셨다. 취침시간이면 각자 군용담요 한 장씩을 덮고 잤다. 우스갯소리지만 내 옆의 문희상 씨는 생김새도 삼국지에 나오는 장비 같은 인상에다 덩치도 커서인지 방귀도 자주 뀌고 소리도 엄청 커 싫었는데 그는 이를 자랑삼아 했다. 한번은 선생이 방귀를 뀌는데 강당이 울릴 정도라 문희상 씨가 기겁을 하고 "아이구! 아이구!" 하며 웃던 모습이 가관이었다.

내가 선생을 특히 잊지 못하는 것은 1981년 음력 정월, 선고先考의 상喪에 오신 일이다. 부고訃告를 하지도 않았는데 신문의 부고 난에서 보셨다면서 추위를 무릅쓰고 친히 찾아주셔서 너무 놀랐다. 이렇게까지 후학을 아끼실 줄은 미처 몰랐기 때문이다. 선고와 선비先妣의 상례喪禮만은 전래된 가풍家風에 맞춰 모시기로 하여 좁은 형님 댁에 빈소를 마련하고 굴건제복을 갖추었다. 범절이야 보잘것없었지만 집안의 관습을 지키려 하는 것을 대견스러워하셨다.

이처럼 오랜 세월 선생의 후의만을 입어 송구스럽게 여겼던 차에 선생의 회갑이 1985년 12월인데, 그 2년 전 허선도 교수 이하 몇몇 후학들이 '천관우 선생 환력기념 한국사학논총 간행위원회'를 결성하였고, 나도 말석의 위원으로 참여하게 되어서 여간 기쁘지 않았다. 조금이라도 선생의 후의에 보답할 수 있는 기회였기 때문이다.

그러나 필자는 '조선후기 경제사'에 관심을 갖고 논문들을 써온 터라 경제사 논문은 선생의 취향에 맞지 않을 것 같아 여러 날을 두고 다른 주제를 물색해 보았다. 당시 진보단체들이 지향하던 민주화운동의 내면에는 외세를 배격하고 자주성을 되찾자는 열망이 내포되어 있었다. 한국동란에 미군을 위시한 유엔군의 참전이 남한을 지켜내는 데 큰 도움을 주었지만 이제는 그들을 제외하고 자주국방을 모색하자는 입장이었다. 그렇다면 임진왜란에 명나라 군사 지원을 받아 왜군을 물리친 뒤 조정 내부에서는 유군留軍과 철군문제에 대해 어떤 논의가 전개되었는지 살펴보는 것도 의미가 있을 성싶었다. 결국 시사성을 지닌 「임란壬亂 후後 명군明軍의 유병론留兵論과 철군론撤兵論」을 주제로 삼게 되었다. 어설프게 서술되기는 하였지만 옛날이나 지금이나 외국군의 국내 주둔은 달갑지 않은 일이지만 군사력이 약한 처지로서는 '범이 산에 있으면 다른 짐승들이 꼼짝 못한다'는 '호표재산지세虎豹在山之勢'를 필요로 하지 않을 수 없었던 것 같았다. 어떻든 이것이 보잘것없는 글이지만 선생의 후의에 조금이나마 보답하고자 애써 본 것이라 보람을 삼을 수 있었다.

끝으로 이 일을 추진하고 글을 청탁한 분들의 노고에 감사하면서 아울러 후석 선생님의 명복을 삼가 빌어 마지않는다.

# 위암 선생, 민세 선생, 후석 선생

김경희
지식산업사 대표

「시일야방성대곡」 포함한 시문時文과 함께
위암의 말년 '경남일보 시절'을 들어
안타까운 표정을 짓던 모습의 참뜻은
훨씬 뒤에 알게 되었으니….

## 1.

선생을 처음 뵌 것은 1958년 초 조선일보사 논설위원실에서였다. 마침 문리대 학생신문 필화筆禍사건 때문에 매스코미(매스컴)연구회 회원들이 언론사에 계신 학교의 선배 몇 분을 찾아 선후책을 자문하러 간 데 낀 자리였다.

무슨 말씀을 들었는지 기억에 없으나, 기골이 장대하고 훤칠한 모습으로 앉아서 궐련을 입에 물고 한쪽 입술을 '후후' 불어 재를 털면서 학생들의 말을 듣는 한편으로, 외국 시사잡지를 훑어보고 색연필로 밑줄을 치시던 모습은 지금도 선연하게 떠오른다.

선생을 자주 뵙게 된 것은 다음 해, 「위암 장지연론」 강독시간이었다. 위암 선생의 「시일야방성대곡」을 포함한 그분의 시문時文들을 읽어가는 시간에 강의실은 항상 가득했다. 종강終講시간에 위암의 말년

경남일보 시절을 들어 말씀하시면서 안타까운 표정을 짓던 모습의 참 뜻은 훨씬 뒤에 알게 되었다.

## 2.

가까이서 자주 뵙기는 『민세 안재홍 선집民世安在鴻選集』(前期) 5권 간행문제 때문이었다. 선생이 아주 어려운 시기였던 1979년 늦여름, 댁으로 찾아뵙고 "출간할 수 있는 원고를 주십사"고 말씀드렸더니, "사실은 전 국민이 쉽게 읽을 수 있는 '한국사'를 쓰려고 하는데, 내 책은 천천히 하고, 우선 급한 원고가 있다"며 민세 선집 문제를 꺼내시는 것이었다. 한 선배 출판인이 간행하기로 했던 것이 어떤 사정으로 못하게 되었다면서 간곡히 권하시는 것이었다. 우러르는 민세 선생의 선집을 내고 싶기는 하지만 도저히 한번에 할 수 있는 제 힘이 자라지 못하므로 완곡히 사양했으나, "1년에 한 권씩이라도 하자"는 말씀에 어쩔 수 없이 떠맡게 된 것이다.

## 3.

착수한 지 2년이 지난 1981년 여름에 첫째 책이 나온 이 선집은, 글자 그대로 오로지 선생의 '책임편집'이었다. "나로서는 전후前後 5년을 소비하여(물론 이 작업에만 매달린 것은 아니나) 정성을 다하여 하노라 하였다"고 스스로 「육십자서六十自敍」에 밝힌 대로, 그분의 삶에서 가장 괴롭고 힘들 때 벌인 작업이었다(이 책은 우여곡절 끝에 1999년에야 마쳐 선생은 완간을 보시지 못하고 타계했다).

## 4.

그 무렵 좀 더 정확히 말하면 1979년 한여름의 어느 날이었다. 전화로 좀 만났으면 하시기에 "제가 찾아뵙겠습니다." 하니, 그러지 말고 "곱창전골을 잘하는 그 집"으로 나오겠다고 했다. 땀을 흘리시면서 늦은 점심을 드시다가 누가 들을세라 목소리를 낮추고 머뭇머뭇하다가, "김 형, 어디 대학입시학원에라도 나갈 수 없겠소?" 하시는 것이었다. 선생은 모진 권력 앞에 그 즐기시던 소주나 담배마저 줄이다가 오죽하면 새카만 후학인 필자에게 그 말을 털어놓았을 것인가.

그 얼마 뒤 일본 도쿄에서 나오던 『통일일보統一日報』에 선생의 「인물人物로 본 고대한국사古代韓國史」가 연재된다는 보도가 있었다.

## 5.

『민세 안재홍 선집』이 간행되자, 1981년 7월 초 간행위원회 위원장 안호상 선생을 비롯, 이희승·유광렬·김을한·송지영 등 여러 분이 민세 선생의 미망인 김부례 여사 등 유족들과 함께 20여 분이 모여 종로1가 뒷골목 설렁탕집 2층에서 축하자리가 마련되었다. 그 끝자리에 후석 선생이 대취하였던 기억이 아련히 떠오른다.

# 술자리가 곧 역사 강의 시간

이장희

전 성균관대 사학과 교수

댁에서 특강을 끝내면 제자에게
잊지 않고 술상을 베풀었다.
살림이 어려웠을 때였는데
그것도 모르고 기뻐만 하였으니….

무정한 것이 세월이라 했던가. 지금도 선생님의 근엄한 풍채가 눈앞에 어른거리는데 유명幽明을 달리하신 지가 어언 스무 해가 지난다.

내가 선생님을 처음 뵌 것은 군을 필하고 복학한 1962년 1학기로 기억된다. 다른 대학들도 비슷했지만 내가 다니던 성균관대학교 사학과도 예외일 수 없어 교수님들이 정원에 크게 미달하여, 학업에 큰 지장을 주는 형편이었다. 따라서 전임교원으로 충당하지 못하는 수업은 외부 비상임 강사로 충당되는 것이 일반적인 추세였다. 후석後石 선생님을 만날 수 있었던 것도 그러한 학교 형편 때문이었다.

당시 선생님은 서울일일신문 주필로 있으시다가 신문이 폐간되어 퇴사하신 때였기에, 강의를 하실 수 있는 공백이 생겼던 것이다. 선생님은 1962년 3월부터 다음 해 2월까지 성균관대 사학과에 출강하셨다. 1학기에 담당하신 강의과목은 '한국사상사'와 '한국사원강', '한국사특강'이었고, 2학기에는 1학기에 하던 '한국사상사'와 '한국사특강'이 계속되었다. '한국사상사'는 한국사상 전반에 걸친 내용이었으나 선생님의 선구적인 업적으로 꼽히는 「반계 유형원 연구磻溪 柳馨遠 研究」의 내용을 중심으로 실학實學 전반에 관한 것이었다.

'한국사원강'은 『경국대전經國大典』을 읽어가며 조선시대 제도사에 관한 내용을 설명하셨다. '한국사특강'은 선생님의 발표 논문인 「오위고五衛攷」였다. 조선전기 군제의 기본인 오위제五衛制의 형성과 병종兵種, 오위와 조선초기의 국방체제가 그 주된 내용이었다.

강의는 내용을 모두 이해할 수 없었지만, 근래 선생님께서 연구하신 깊이 있는 논문이 바탕이 된 패기 넘치고 자신만만한 강의였으며, 참신한 맛이 넘친다는 것을 느낄 수 있었다. 또한 쩌렁쩌렁한 음성은 청강생들을 압도하고도 남음이 있었다. 나도 선생님의 강의에 대해 '대학 강의는 이런 것이구나' 하는 느낌을 가질 수가 있었다.

선생님과의 만남은 강단에서 두 학기 청강으로만 끝나지 않았다. 첫 학기가 끝날 즈음 선생님은 청강생들에게 강의를 더 듣고 싶은 학생이 있으면 함께 자택을 찾으라는 말씀이었다. 나는 이렇게 좋은 기회가 올 수도 있는 것인가 하고 기쁜 마음을 가눌 길이 없었다.

그때 선생님은 불광동 국민주택에 정착하신 지 몇 해밖에 되지 않았다. 댁은 협소하였으나 태산泰山 같은 선생님이 자리하고 있어서 그런지는 몰라도 그러한 느낌을 받지 않았고 아늑해 보였다. 그때 선생님 댁을 찾아간 제자는 세 명이었다. 문수홍文守弘, 이평우李平雨, 그리고 나였다. 세 사람은 1주일에 한 번 선생님 댁을 방문하여 배움을 청했으며 선생님은 반가이 맞아 주셨다. 강의 교본은 학부에서 강의하시던 『경국대전』이었다. 학부에서 『경국대전』을 강의하였다고는 해도 시간이 충분하지 못하여 제대로 이해할 수 없었다는 것을 아신 때문이 아니었나 한다.

선생님의 강의를 들으면서 알게 된 새로운 것은 『경국대전』에 있는 내용들은 그것 자체가 역사적인 사실로서 그대로 시행된 것으로 알고 있었는데, 그것이 꼭 그렇지 않다는 것이었다. 그것은 어디까지나 기본 지침에 불과한 것이며 정사政事에 반영하는 데는 꼭 그대로 실천되지 않았다는 것을 깨닫게 되었다.

선생님은 특강을 끝내시면 젊은 제자에게 술상을 내오시는 것을 잊지 않으셨다. 지금 생각하면 사모님이 살림을 꾸려 가시기에도 곤란할 때였는데 철부지 제자들은 그러한 것을 모르고 술상이 나오는 것을 기뻐만 하였으니 지금 생각하면 염치없이 술을 마신 것이 면괴스럽기 짝이 없다.

어느 날 선생님과 마주 앉아 술잔이 오고가던 중 갑자기 취기가 올랐다. 다급한 김에 화장실을 찾아가다가 미처 이르지 못하여 마루에 질펀하게 토한 적이 있다. 아직 정신은 있어서 죄송한 생각에 어찌할 바를 몰랐다. 사모님은 토한 것을 치우기에 급급하셨는데 선생님은 사모님께 어서 설탕물을 타오라고 하셨다. 나는 그것을 마시고 정신을 차릴 수 있었으나 죄송하고 창피하여 어찌할 바를 몰랐다. 선생님은 저 사람 술을 잘하는데 오늘은 어인 일인가 하고 의아해하시며 걱정스런 표정을 지으셨다. 그때에 숨을 곳만 있었다면 어딘가 달려가고 싶은 심정이었다.

1963년 1월에 선생님은 동아일보 편집국장으로 가시게 되어 성균관대 사학과의 출강도 끊기게 되었다. 선생님으로서는 언론계의 큰일을 하실 수 있는 길이 열려 다행이라고 하겠으나 성대 사학과로는 명강의를 계속 들을 수 있는 길이 막히게 되었다. 그러나 나는 선생님이 신문사로 가셨다고 해서 찾아뵙지 않을 수 없었다. 어쩌다가 선생님을 찾아뵈올 때면 반겨주셨고, 그러시는 선생님이 고마웠다.

어느 땐가 점심시간이 조금 지났을 무렵이었다. 선생님을 찾은 나에게 나가자고 하시더니 예전 국제극장 골목 허름한 2층 중국집으로 들어가셨다. 음식점은 보잘것없었으나, 내오는 음식은 일품이었다. 돼지고기를 삶아서 누른 것인데 술안주로는 최상품이었다. 배갈을 열 잔쯤 마시며 나는 선생님께서 하시는 말씀을 들었다. 술좌석이 곧 역사 강의를 듣는 시간이기도 하였다.

어느 날 또 선생님을 따라 독립문 옆에 도가니를 전문으로 하는 술집을 간 적이 있었다. 그때도 선생님이 동아일보에 계실 때인데 정보부원이 늘 뒤를 좇았다. 선생님과 술잔이 오고가던 차에 옆방에서 술을 들던 두 명의 젊은이를 향해 선생님은 호통을 치는 것이었다. "너희들은 왜 나를 따라다니는 것이냐! 누가 시키더냐!" 는 것이었다. 힐끔힐끔 쳐다보면서 그들은 말없이 술만 드는 시늉을 하였다.

선생님은 표현은 안 하셨어도 나에게 많은 관심을 가지셨던 것 같다. 어느 날 댁을 방문했을 때 나의 생활이 어려운 것을 아신 듯, 번역 한번 해보겠느냐는 것이었다. 번역도 해본 적이 없고 선생님의 말씀에 가벼이 답할 수도 없어 미적거리고 있으려니 한번 해보라는 것이었다. "어느 책을 했으면 좋겠습니까?" 하였더니, 마음에 드는 책을 하라는 것이었다. 그래서 『매천야록梅泉野錄』을 해보겠습니다" 하였더니 그렇게 하라고 하셨다. 이것이 나의 최초의 번역서로 치부되는 것이다.

선생님이 이러한 말씀을 하실 수 있었던 것은 당시 대대적인 번역사업을 하던 대양서적大洋書籍에 도움을 주고 계셨기 때문이었다. 나중에 이 출판사의 주간을 맡고 있던 전 연세대 이석호李錫浩 교수가 나에게 하는 말이 남의 부탁이라고는 하지 않는 천 선생님이 그러한 부탁을 해오자 무조건 믿고 응했다는 이야기다. 번역료는 나에게 거금이었으며, 어려운 생활에 큰 보탬이 되었다. 선생님은 또 추천서를 써주시는 등 나를 전임으로 만들기 위해 힘써주셨으며, 그밖에도 알게 모르게 이끌어 주셨다.

1984년 11월 3일에 역사 철학 등 관련분야 60여 명의 학자로 구성되어 사상사 연구의 새로운 방법론을 모색하기로 하고 한국사상사학회가 창립되었다. 발기대회는 한국일보사 13층 송현클럽에서 있었으며 회장에 선생님을 추대하였다. 나도 그때 발기인의 한 사람으로 출판간사를 맡아 선생님을 도와 한국사상사학회 발전에 미력이나마 이바지할 수 있는 기회를 얻게 되었다.

이즈음 선생님께서는 환갑이 가까워지셔서 후학과 제자들이 이를 기념하기 위해 논총을 간행하기로 하고, 이미 '천관우 선생 환력기념 한국사학논총 간행위원회'가 작동하여 논문집필자를 선정하고 집필을 당부하던 참이었다. 그러던 어느 토요일 본 학회 월례발표가 끝날 무렵 한국일보 고문실에 있는 선생님의 비서가 발표장으로 나를 찾아와 선생님이 보낸 10만 원짜리 수표 한 장을 전하였다. 발표 끝나면 식대 등 필요경비로 쓰라는 것이었다. 늘 발표가 끝나면 선생님이 독자적으로 식대를 지불하셨다. 그런데 비서의 얼굴빛이 심상치 않았다. 잠시 머뭇거리다가 하는 말이 선생님이 지금 서울대학병원에 입원하고 계시는데 발표가 끝나면 병원으로 왔으면 좋겠다는 것이었으며 아무에게도 알리지 말라는 것이었다.

나는 깜짝 놀랐으나 다른 사람이 낌새라도 챌까 내색도 하지 못했다. 발표회가 끝나자 바로 병원으로 달려갔다. 선생님은 나를 반가이 맞이하셨다. 병실에는 신문과 잡지 등이 여기저기 쌓여 있었고, 선생님은 무엇인가를 가위로 오리고 있었다. 아마 선생님이 쓰셨던 기사들을 찾아 오리는 것 같았다. 만약을 위해 쓰신 글을 찾아 한데 모으심이 분명했다.

콜라를 한 잔 따라 주시고 오늘에 있었던 학술발표에 대해 가벼운 말씀을 하셨다. 잠시 침묵이 흐르더니 이어 하시는 말씀이 내가 월요일 큰 수술을 받는데 나의 기념논총간행을 그대로 진행하겠느냐는 것이었다. 나는 그게 무슨 말씀이냐고 되물으면서 계속 추진하겠다는 뜻을 말씀드렸다. 입원 사실을 절대 발설하지 말라는 선생님의 말씀 때문에 논총간행위원들은 물론, 위원장을 맡은 허선도許善道 선생께도 말씀드릴 수 없었다. 다행히 선생님의 수술도 잘되고 병세가 호전되어 1985년 12월 7일에 42편의 논문으로 천여 면에 달하는 논총을 봉정할 수 있었던 것은 큰 경사요 다행이었다.

4년이 지났을까. 하루는 도산기념사업회 상근이사로 있던 선생님의 큰 처남 최종호崔宗鎬 형에게서 전화가 걸려왔다. 충주에 내려가 계신 누님 댁을 양가 내외가 함께 방문하자는 것이었다. 오랫동안 사모님을 한 번도 찾아뵙지 못해서 죄송하던 차에 참 잘된 일이라고 생각했다. 집사람이 허리가 불편해서 나는 혼자 갈 수밖에 없었다. 우리 내외가 함께 뵙지 못한 것이 사모님께 송구스러울 뿐이었다.

사모님 댁에 당도하니 우리가 올 것을 연락받으셨는지 과일류를 마련하고 기다리고 계셨다. 댁은 10평이 될까 말까 매우 협소하여 뵙기가 매우 민망스러웠다. 그렇지만 사모님은 만면에 미소를 띠시고 팔십이 넘은 연세에도 살아가는 데 아무 불편함이 없다고 하시면서 예전 선생님과 함께 불광동에 사실 때와 다름없이 전혀 흐트러짐이 없으셨다. 참 대단하신 분이구나 하며 존경하는 마음이 한층 더해졌다.

최 형이 승용차를 가지고 가서 사모님과 함께 선생님 고향 땅인 청풍淸風을 밟아보고 박달재에 이르러 선생님이 쓰신 박달재비문을 감상하였다. 사모님은 누구보다도 감회가 깊으셨을 것이다. 충주댐에 이르러 사모님을 모시고 최 형 내외분과 함께 점심을 들었다. 그런데 평소 만나면 술잔을 사양하던 최 형이 몸이 불편한 듯한데도 사양하지 않고 술잔을 기울이며 즐거워하였다. 나중에 안 사실이지만 최 형은 위암 수술을 받고 투병 중인 상태였다.

충주를 다녀온 지 한 해를 넘기지 못하고 최 형이 타계하였다는 소식을 듣고 보니 죽음을 예견하고 나와의 마지막 술잔을 나누고 싶어 작심했던 것이 아니었나 한다. 자형姉兄의 전집 출간에 관해 그렇게도 갈망하던 최 형이 뜻을 이루지 못하고 불귀의 객이 되고 보니 지금도 허전한 마음 가눌 길이 없다.

선생님은 군사독재와 외롭게 싸우시다가 타의에 의해 언론계에서 밀려나셨다. 오랜 기간 자택 연금軟禁에도 뜻을 굽히지 않고 저술에 몰두하여 값진 논문과 명저名著들을 남기셨다. 선생님이 당한 화禍가 사학계에는 복이 되는 기막힌 전기轉機가 되었다고 말하는 이가 있다. 천상天上에 계신 선생님은 어떻게 생각하실는지.

선생님은 민통의장民統議長을 지냈다고 해서 한때 온갖 구설수에 오르내렸지만, 그것은 어느 정권을 위해서라기보다 통일문제에 관한 한 방관할 수 없다는 확고한 신념이 있었기 때문이 아닌가 한다. 이것을 가지고 오랜 기간 민주화 투쟁에 앞장서셨던 선생님을 함부로 말할 수는 없다고 본다.

선생님은 연세가 들면서 '한국통사韓國史通史'를 쓰고 싶어 하셨다. 병환이 있고서부터 더욱 그 말씀을 자주 하셨다. 그러나 결국 병마病魔를 이겨내지 못하고 타계하셨다. 사학계를 위해 안타까운 일이었다.

서울언론인클럽에서 선생님의 20주기를 기념하여 추모집을 내겠다는 연락을 받고 기억나는 대로 두서없이 적어봤으나 저 세상에 계신 선생님께 혹 누를 끼치는 것이 아닌지 심히 염려가 된다.

20주기에 즈음하여 삼가 선생님의 명복을 빈다.

# '균계일학'의 칭송 기억이 새롭다

이만열
숙명여대 명예교수

방대한 자료 수집, 학문적 독창성,
고증의 치밀함, 종횡무진인 식견 구사….
다시 읽어보아도 훌륭한
「반계 유형원 연구」 등 논문들.

천관우 선생을 생각하면 늘 빚진 마음이 앞선다. 선생이 남긴 한국 언론 사상의 업적이나 국사학계에 남긴 학문적 성과는 차치하고라도, 암혹한 시절 한국의 민주화를 위한 그의 치열함을 생각하면 더욱 그렇다. 그런 시절 선생과의 세대차이로 교제도 나눌 수 없었거니와 따뜻한 격려를 드린다는 것은 언감생심 할 수 없었다 해도, 그 후 그를 향한 비아냥거림에 대해서도 한마디 변호하지 못한 것은 필자 스스로를 더욱 초라하게 만들고 있다.

선생과의 인연은 다른 분들처럼 그렇게 끈끈하지 않다. 학창시절 필자가 학과를 통해 그 성명盛名을 들은 이래, 선생이 개설한 강의를 직접 수강할 수 있었으며, 선생이 주도하여 삼진사三珍社에서 간행한 『한국사대계韓國史大系』에 참여한 바 있고, 그의 사후에는 처남 되는 최종호 형을 통해서 선생의 어려웠던 시절에 대해서 들은 정도다. 이 정도의 인연을 가지고 선생을 회고하는 글을 쓴다는 것이 오히려 선생을 욕되게 하는 것이 아닌지 모르겠다.

### 1. '군계일학'의 학부 졸업논문: 「반계 유형원 연구」

필자가 대학에 입학한 것은 1957년 4월이다. 이때 시골에서 올라온 필자로서는 다른 학우들이 대부분 선배들로부터 정보를 얻는 것과는 달리 대부분의 정보는 학과를 통할 수밖에 없었다. 이때 학과 사무실을 출입하면서 여러 선배들 중에 선생이 활동하고 계심을 알게 되었다. 그때 전해들은 것이 선생의 학부 졸업논문이 역사학계의 학술지인 『역사학보』에 게재되었다는 것이다. 갓 입학하여 논문이 어떤 것인지를 잘 모르는 필자에게 그 소식은 처음에는 특별한 의미가 없었다. 그러나 선생의 학부 졸업논문이 학술지에 실렸다는 것이 우리를 놀라게 하는 데는 그리 오랜 시간이 걸리지 않았다. 당시 학부에서도 졸업논문을 제출하지 않으면 졸업 자체가 어렵다는 것을 알게 되었고 그에 따라 졸업학기를 맞아 거의 한 학기 동안 졸업논문을 써야 하는 상황이 되면서 비로소 선생의 학부 졸업논문의 진가를 알게 되었다. 그 무렵에 가서야 『역사학보』 제2집, 제3집에 게재된 선생의 논문 「반계 유형원 연구磻溪柳馨遠硏究—실학實學발생에서 본 이조사회의 일 단면」이 얼마나 중요한 연구인지를 비로소 깨닫게 되었다.

그 논문이 어떤 평가를 받았는가는 일찍이 이기백李基白 교수가 "천千 형兄의 졸업논문은 … 창간초기의 『역사학보』에 게재되어 해방 후에 하나의 붐을 이루다시피 한 실학 연구에 결정적인 영향력을 발휘하였다. 이 논문을 지도한 은사 이병도 선생은 군계일학群鷄一鶴이란 말로 이를 칭찬하여 마지않던 기억이 새롭다"고 한 데서 알 수 있다. 이 증언으로 제출 당시부터 이미 선후배 사이에서는 선생의 이 논문이 정평이 나 있었음을 알 수 있다. 오늘날 학문적 수준에서 보더라도 방대한 자료의 수집, 열람과 학문적 독창성, 고증의 치밀함, 종횡무진인 식견의 구사 등 결코 소홀히 할 수 없는 논문임에 틀림없다고 할 것이다. 『역사학보』에 게재된 논문이 학부 졸업논문 거의 그대로라는 것은 『역사학보』 제3집 그 논문 말미에 써 놓은 '1949. 6. 15.'라는 탈고 일자가 이를 잘 증명하고 있다. 선생의 연보에 의하면 그가 서울대를 졸업한 것이 1949년 7월이고 이듬해 6월까지 '서울대 사학과 조수'로 있었다. 논문을 제출한 후 보정補正할 수 있는 기간은 있었지만, 본인이 굳이 논문 탈고 일자를 명기한 것을 보면, 활자화된 논문이 학부 졸업논문을 거의 그대로 『역사학보』에 옮긴 것이라는 것을 암시하고 있다.

역사학회를 발기할 때(1952. 3. 1), 학회는 오늘날의 조직이 한국사와 동양사, 서양사를 아우르고 있듯이, 세 분야에서 각각 세 사람의 대표를 냈던 것으로 보인다. 전해종, 고병익, 정병학 선생이 동양사학계를 대표했던 것 같고, 민석홍, 안정모, 이보형 선생이 서양사학계를 대표하여 발기인회에 참석했다. 이때 선생은 한우근, 김철준 선생과 이름을 나란히 하면서 국사학계의 발기인으로 참여했다. 그 뒤 3월 16일 당시 피난지인 부산의 서울대 문리과대학 임시교장에서 최초의 발기회를 열고 홍이섭 교수를 회장으로 선출하고 다른 몇 분과 함께 선생도 간사에 선출되어 역사학회 규약을 기초하게 되었다. 선생은 이때 대한통신기자로 재직하면서 역사학계의 이 같은 움직임에 깊이 관여했던 것 같다. 『역사학보』 제1집이 1952년 9월 10일에 간행되었고, 이어서 이해 말에 간행된 제2집(11. 10), 제3집(12. 30)에 선생의 무려 128쪽이나 되는 긴 논문 「반계 유형원 연구—실학발생에서 본 이조사회의 일 단면」이 게재되었던 것이다. 제2집에는 김상기 선생과 김철준 선생의 논문이 같이 실렸고, 제3집에는 고병익, 전해종, 조의설 선생의 논문이 각각 실렸다.

선생의 「반계 유형원 연구」는 필자가 이 글을 쓰기 위해 다시 보아도 참으로 훌륭한 논문이다. 선생은 서문에서 "부패 경화해가는 조선 봉건사회의 사상적 여천餘喘인 동시에 그 봉건사회 속에서 태동하는 신단계로서의 사상적 지향"이라고 할 수 있는 실학을 연구하기 위해, 그 실학을 비교적 명확한 형태로 드러낸 유형원 선생을 잡아 연구에 나섰던 것이라고 했다.

> 정체停滯의 유착癒着 속에서 소극적인 사회를 유지해온 조선에 세계사적인 '근세'의 맹아萌芽를 보게 되는 것은, 이조 말엽李朝末葉에 비롯하는 외래자본주의의 유입流入으로써 시작된다 함은, 흔히 이르는 말이다. 그러나 조선의 '근세'를 형성하는 내재적內在的 계기契機는, 실로 멀리 임진왜란에서 시작되는 사회자체의 자기붕괴 및 그것을 반영하는 일연의 시대정신에서 엿볼 수 있는 것이니, 그것은 혹은 불평지배층의 속에 이루어진 개량주의적 사회사상으로, 나아가서는 민중의 실천적 반항운동으로 나타나고 있다. 이러한 사상동향으로서의 '실학實學'은 곧 부패腐敗 경화硬化해가는 이조봉건사회李朝封建社會의 사상적 여천餘喘인 동시에, 그 속에 태동하는 신단계로의 사상적 지향인 것이다. 실학은 이리하여 근래 일반의 관심을 끌게 된 것이나, 그 반면에 그 연구의 실적에 있어 볼 만한 것이 적음은 유감이라 하겠다. 실학을 비교적 명확한 형태로 구성시킨 선구자로서의 반계 유형원을 잡아 본 것은 여기에 그 의도가 있는 것이다. (『역사학보』 제2집, 10쪽)

'실학'이라는 말은 이미 조선초기에도 보였던 것이지만, 선생과 같이 조선후기의 역사적 한 시점을 자리매김하는 용어로 사용한 것은 1930년대 조선학 운동에서라고 할 수 있다. 일제강점기에 식민주의사관의 한 형태인 정체성停滯性사관이 일제 관학자들과 그를 추종하는 무리들에 의해서 유포되고 있을 때 일련의 사회경제사학자들과 조선학 운동가들은 이 같은 식민주의사관에 맞서고 있었다. 아마도 선생은 이 같은 역사학의 흐름을 파악하고 '실학'을 제대로 밝힘으로써 그 시대의 조선사회의 새로운 움직임에 주목해 보려고 했던 것 같다. 해방 후 한국사 연구에서 북한의 학계와는 달리 식민주의사관의 정체성론을 극복하려는 움직임이 나타난 것은 선생의 이 같은 연구와 무관하다고 할 수 없을 것이다. 특히 1950년대 말부터 역사학 대회 등에서 실학을 논제로 설정하여 정체성사관 극복문제를 적극화한 것은 선생의 '유형원 연구'와 밀접하게 관련되어 있을 것으로 본다.

여기서 이 논문에 대해서 자세히 언급할 겨를이 없지만, 선생이 탐구하려 한 것은 반계가 가장 심혈을 기울여 연구, 개혁하려 했던 토지소유관계, 농민의 부담형태(토지세, 노동력, 특산물), 과거제와 학제, 관제官制, 국방체제 등이었다. 그 결과 반계는 '이상국가'를 세우기 위해 토지개혁을 실시하여 농민에게 최저기본량의 농지경작을 확보케 하는 방안을 강구함과 동시에 병농일치와 진관鎭管체제, 노비제를 폐지하되 봉건적 신분제도를 엄격히 유지토록 하며, 20분의 1 세율의 경세經稅 단일제, 중앙과 지방의 기획재정, 상공업의 적극권장, 과거제의 폐지와 공거貢擧제의 시행, 진국에 읍학邑學 영학營學 태학太學제도 실시, 중앙 각 관아를 7할로 감소하고 용관冗官을 전폐하여 관원을 6할로 감소시킨다는 것 등을 주장했다고 밝혔다.

선생은 반계 연구를 통해 중요한 사실을 밝혔다. 즉 실학의 입장과 관련, 반계 이전을 실학의 준비기로서 "소개 메모 또는 단편적 고식적인 방편"에 그쳤다고 하고, 반계의 출현을 계기로 성호 이익과 그의 제자들에 이르러 학파로서 성립되었으며, 박제가, 홍대용, 정약용에 이르러 시대사조의 지배적 경향으로 되었고, 나아가 전성기의 이규경李圭景·최한기崔漢綺를 거치면서 실학이 근대문명과 닿게 되었다고 다음과 같이 설파했다.

> 반계磻溪 한번 나와 실사구시實事求是의 원칙에서 그 학學을 체계화함에 이르러 실학은 비로소 학으로서의 존재를 확인하였다 할 것이다. 그 후 약간의 간극間隙을 두고 반계에 사숙私淑한 성호星湖가 그 고증에 있어 더욱 정밀을 더하고 서학西學을 섭취하매 그 일문 제자를 더불어 한 학문의 집단으로서 학파로서의 존재를 확인하게 된 것이었다. 줄기찬 이 신사상의 세勢를 몰아 연암燕巖·담헌湛軒 등이 북학北學을 제창하고 다산茶山이 한번 그 망측罔測의 대재大才를 구사하여 훈고訓詁·사회정책·서학·국학 등 무소부지無所不至의 장관壯觀을 이루매 실학은 완연히 시대사조의 지배적 경향으로서의 존재를 차지하게 되었으나 그 전성기의 역군役軍으로서 오주五洲·명남루明南樓 등이 광채를 던져 도미掉尾의 대업을 지음에 미쳐 일세기의 준비와 일세기의 맹아萌芽와 일세기의 전성을 자랑한 실학이 그 광망光芒을 걷고 그 뒤를 따르는 서구적 근대문명과 서로 시대사조의 주류로서의 그 위치를 바꾸지 않을 수 없게 되었다. (『역사학보』 제3집, 133~134쪽)

이와 함께 선생은 실학의 근대와의 관계를 "실학내부에 배태된 근대의식은 비록 그 자체의 탈피는 불가능하였으나마 갑신정변 독립협회운동 등 조선의 근대화운동에 있어 잠재적이나마 전통적인 일대 원동력을 이루었던 것"(『역사학보』 제3집, 134쪽)이라고 그 역사적 의미를 설명했던 것이다. 그가 이렇게 실학의 역사적 위치에 대한 맥을 짚어줌으로써 뒷날 실학시대가 한국사에서 '자본주의 맹아기'이며, 식민지근대화론에 앞서 '내재적 발전'을 강조하는 학문적 근거를 얻게 된 것이다. 이 점에서 선생의 학부 졸업논문인 「반계 유형원 연구」는 한국사학계에 지대한 영향을 미쳤던 것이다.

선생의 이 논문에서 놀라운 것은 자료의 섭렵이라 하겠다. 1차 사료는 물론이고 참고문헌도 당시 자료수집이 매우 어려울 것이라는 것을 감안하면 매우 광범위하게 수집, 활용하고 있다는 것이다. 『반계수록

磻溪隨錄』이나 『경국대전』, 『속대전』, 『증보문헌비고』는 말할 것도 없고 『세종실록』에서 『영조실록』에 이르기까지 연구에 필요한 시대의 『조선왕조실록』과 『만기요람』, 문집류에 이르기까지 거의 섭렵하고 있었다. 사회경제사를 포함한 일본 학자(후쿠다 도쿠조福田德三, 아이카와 하루키相川春喜, 후카야 빈테츠深谷敏鐵, 스도우 요시유키周藤吉之, 모리야 카쓰미森谷克己, 와다 이치로우和田一郎, 이마호리 세이지今堀誠二, 시카다 히로시四方博, 이시이 히사오石井壽夫, 오우치 타케지大內武次, 야마구치 마사유키山口正之)들의 논문 저서는 물론이고 한국인 학자들(김석형金錫亨, 김한주金漢周, 박극채朴克采, 박시형朴時亨, 백남운白南雲, 이병도李丙燾, 이북만李北滿, 이인영李仁榮, 장지연張志淵, 전석담全錫淡, 홍이섭洪以燮)의 연구도 활용했다. 그가 『반계수록』이나 『조선왕조실록』 등 1차 자료 활용에 능통했던 것은 '신동'으로 알려진 그가 한말 중추원 의관을 지낸 조부 천인봉千仁鳳의 슬하에서 6세 때부터 7년 남짓 한학을 수학했기 때문이리라.

### 2. 열정적인 '실학' 강의

이렇게 다소 장황하게 선생의 학부 졸업논문을 언급한 것은 필자가 선생의 강의를 수강한 내용과 관련이 있기 때문이다. 필자가 학적보유자로서 1년 반의 군복무(1959. 3~1961. 2)를 마치고 1962년부터 복학했는데 아마도 1963년에 선생의 강의를 수강한 것 같다. 당시 졸업반 학생에게는 졸업논문이 큰 부담이었으므로 일반적으로 졸업학점에 맞춰 최소한의 필수과목만 신청하고 있었다. 이때 선생의 강의가, 확인된 것은 아니지만, 사회학과의 요청(?)으로 개설되었다는 소문이 있었다. 선생의 인품과 학식을 일찍부터 들어오던 터라 더는 수강할 기회가 없을 듯싶어 학점 외에 '도강盜講'하기로 했다. 강의 제목은 정확하게 기억하지 못하지만, 조선후기 실학을 중심으로 한 사회사 강의였다.

선생은 강의실에 들어오시면 먼저 책보에 싼 보따리를 풀어 제치고 담배 한 대를 급하게 퍽퍽 피우신다. 그러고는 이것저것 주섬주섬 자료를 꺼내놓고 때로는 소개하면서 강의를 시작했다. 그의 강의는 무엇에 쫓기듯 빨랐고, 판서글씨는 신문사에서 급하게 원고를 작성할 때에 단련된 듯한 초서草書형 달필이었다. 불편한 손가락을 그때 처음 보게 되었는데 저런 손으로 어떻게 저렇게 달필을 휘두를 수 있을까 하고 때때로 놀랐다. 한문을 줄줄 내려 쓸 때에 강의안이나 원고를 보는 법이 없었다. 한 강좌 강의에 칠판을 아마도 대여섯 번은 지우는 것 같았다. 그럴 때에는 분필가루가 펄펄 날리기도 하여 윗옷 소매를 털기도 했다. 그러다가도 생각이 나시면 담배를 또 물곤 했다. 강의에서는 선생의 학사 졸업논문에서 시작된 조선후기 사회경제 및 제도사를 꿰고 있었다. 한 시간에 수많은 인물들이 거론되고 그들의 저술이 소개되었다. 그러다가 어떤 때는 수강생들의 신상이나 형편을 물어보시기도 하면서 인생에 대한 대화도 가끔 나누었다. 뒷날 필자가 강단에 섰을 때는 선생의 자신만만한 강의가 어디에서 나왔을까를 생각하게 되었다. 그것이 바로 강의하기 전에 꼼꼼히 준비했기 때문이 아닌가, 그렇게 생각하면서 많은 질문을 받기도 했다. 제대로 준비하면 강의안이나 원고를 보지 않고도 자신 있게 강의할 수 있다는 교훈을 얻었던 것이다.

### 3. 『한국사대계』 편찬에 참여

선생과 다시 인연을 맺게 된 것은 1973년 삼진사에서 『한국사대계』 12권을 간행하게 되었을 때였다. 당시 선생은 그 책의 편집의 총책임을 맡으면서 제10권 연표年表와 제11권, 제12권 두 권의 편람便覽을 책임 맡았다. 제1권에서 제9권에 이르는 본문에는 각기 저자가 있었지만 선생은 감수監修 명의로 참여하게 되었다.

선생이 『한국사대계』 간행에 참여하게 된 것은 아마도 언론사에서 잠시 떠났을 때가 아닌가 싶다. 「천관우 선생 연보략」(『천관우 선생 환력기념 한국사학논집千寬宇 先生 還曆紀念 韓國史學論叢』, 정음문화사, 1986)에 의하면, 선생은 1968년에 '신동아 필화사건'으로 동아일보사에서 퇴사했고, 1970년에 동아일보사에 복귀, 상근이사로 사사社史를 담당했으나, 1971년에 창립된 민주수호국민협의회에 공동대표의 1인으로 피선되고, 이 일로 이해 12월에 국가비상사태가 선포되자 동아일보사를 재퇴사하게 되었으며 이때부터 '저술활동'에 혼신의 힘을 기울이게 되었다. 『한국사대계』에 참여하게 된 것은 바로 이 무렵이었다.

『한국사대계』(4·6배판)는, 앞서 언급한 대로, 제10권에서 제12권까지의 세 권은 선생이 제작했지만, 제1권에서 제9권까지는 저자가 따로 있었다. 제1권 '상고上古'에 한병삼韓炳三·윤무병尹武炳·김기웅金基雄, 제2권 '삼국'에 이만열李萬烈, 제3권 '통일신라'에 임병태林炳泰·이희덕李熙德, 제4권 '고려'에 민병하閔丙河, 제5권 '조선전기'에 이재룡李載龒·유영렬柳永烈, 제6권 '조선후기'에 한영국韓榮國, 제7권 '조선말기'에 원유한元裕漢·윤병석尹炳奭, 제8권 '일제강점기'에 이현희李炫熙, 제9권 '현대'에 이갑수李甲秀·송건호宋建鎬가 각각 맡았고, 선생은 이 각각의 시대사에 감수를 맡았다.

이 책을 출판하기 위해 저자들의 회의가 여러 번 있었다. 그럴 때에 선생께서도 거의 참석했다. 당시 필자는 대학 강단에 전임으로 간 지 얼마 되지 않은 데다가 필자의 석사학위 논문이 한국고대의 신앙과 관련되었다는 것 때문에 한국고대사의 집필을 맡게 되어 매우 부담스럽게 생각하고 있었다. 학문적 온축이 되어 있지 않은 데다가 여러 선배들 그리고 선생과 함께 집필, 제작에 참여한다는 것은 필자의 역량으로는 도저히 불가능한 것으로 느꼈다. 그러나 어쩔 수 없이 빨려들었다. 당시 필자는 단재 신채호에 대해서 관심을 갖고 있던 때인지라, 진단학회에서 간행한 『한국사』(고대편)과 비교해 볼 때 관점의 차이가 너무 컸다는 것도 어렴풋이 인지하고 있었다. 여기서 진단학회 발간의 고대사 인식을 넘어서야 한다는 생각이 없지 않았으나 그렇다고 필자의 학문이나 역량으로서는 거의 불가능했다.

그 무렵 선생은 한국고대사에 관심을 갖고 접근하고 있었다. 그 전에는 시대사적으로 봐서 주로 근현대사와 고려사에 이르는 정도였다. 학부 졸업논문으로 유형원을 다룬 이래 「한국 근대의 기점」, 「사료로 본 해방 10년 약사」, 「홍대용의 실학사상」, 「실학의 개념 시비」, 「실학 개념 성립에 관한 사학사적 고찰」, 「독립협회의 의회개설운동」, 「장지연과 그 신구과도기의 사상」 등 조선후기와 근현대사의 주제를 연구대상으로 했다가, 1969년 3·1운동 50주년을 맞아 『3·1운동 50주년 기념논집』을 '거의 혼자의 힘으로 감당'했다. 그와 동시에 고려사와 조선초기에도 관심을 기울여 「여말선초의 한량閑良」, 「한인閑人고—고려초기 지방통제에 관한 일고찰」, 「오위고五衛攷」, 「과전科田법과 그 붕괴」 등의 논문을 집필하여 언론계에 재직하면서도 강단에 있는 분들 못지않게 많은 논문을 발표했다. 그러다가 1971년부터 『신동아』(1월~5월)에 「한국사의 쟁점—고대」를 연재했고, 1972년에는 「한국사의 조류—고대」라는 제목으로 역시 『신동아』(1972. 5~1973. 8)에 연재하게 되었다. 그 뒤 선생은 1974년에 『동방학지』에 「기자고箕子攷」를 발표했고 1975년 이후에는 그 여세를 몰아 「삼한고三韓攷」를 발표하여 한국고대사에 대한 새로운 견해를 발표하고 있었다.

선생이 고대사에 관심을 갖게 된 것은 따로 정리할 필요가 있지만, 여기서 하나 지적하고자 하는 것은 선생이 위당 정인보, 민세 안재홍 및 단재 신채호 등 한국고대사를 주체적으로 인식했던 이들에 대해서 이미 잘 알고 있었다는 것이다. 선생이 역사에 관심을 갖게 된 것은 육당 최남선의 역사책과 기행문 때문이라고 하면서 육당은 "나에게 한국사 개안開眼의 길을 터준 분"이라고 했고, "정인보 선생은 후일 나의 실학 공부에 지침이 되어준 분"이라고 했다. 선생은 또 실학을 공부하게 된 계기로 "안재홍 선생에게서 실학에 대한 단편의 귀동냥을 얻어둔 일이 있기 때문"이라고 했다. 선생은 해방 직전에 서울에 있는 일가一家 '다다미방'에 안재홍 선생과 기거를 같이하며 가르침을 받은 적이 있었다고 했다. 선생이 「육십자서六十自敍」(『천관우 선생 환력기념 한국사학논집』)에서는 정인보, 안재홍에 대해서 자신의 실학연구가 시작된 기연에 대해서만 언급했지만, 언론인으로서 선생은 정인보와 안재홍에 대해서 그들의 1930년대 조선학운동도 잘 이해하고 있었을 것으로 추측된다. 뒷날 선생이 『안재홍 선집』 간행에 관여한 것을 보면 『조선상고사감朝鮮上古史鑑』(민우사, 1948)도 이해하고 있었을 것이다. 선생이 자신의 학문(실학)에 한 계기를 만들어준 분으로 정인보를 이해하고 있었다면, 그의 『조선사연구』(서울신문사, 1946)도 섭렵했을 것으로 추측할 수 있다. 여기에다 선생은 이선근, 김영호, 김정균, 신수범, 이은상, 홍이섭과 함께 『단재 신채호 전집』(을유문화사, 1972) 간행위원으로 참여했다. 그 참여정도가 어느 정도인지는 알 수 없으나 적어도 전집 간행 전부터 관여했다면 선생은 단재 선생의 저술, 특히 고대사에 접하면서 단재의 고대사 인식을 이해하게 되었을 것으로 추측할 수 있다. 선생이 「육십자서」의 '나의 고대사 공부'를 언급한 부분(1091~1093쪽)에서는 이 부분에 대해서 언급하고 있지 않지만, 선생이 남긴 고대사 인식에서는 단재적인 발상을 많이 엿볼 수 있다. 그 때문에 필자는 선생이 단재의 고대사를 접하면서 새로운 충격을 받았던 것 같고 그것이 한 계기가 되어 한국고대사를 새롭게 인식해야겠다는 학문적

각성을 갖게 된 것이 아닌가 생각한다. 이렇게 추측하는 것은 선생의 한국고대사에 대한 논문들이 일제 관학자들이나 '실증주의 사학자'들이 인식하고 있는 것과는 발상과 전개과정이 다르고 오히려 단재 등 '민족주의 사학자'들의 그것과 많은 유사점을 발견하기 때문이다.

『한국사대계』 제2권을 집필하면서 맨 먼저 이 책의 이름을 어떻게 정할 것인가 하는 문제부터 쉽지 않았다. 제1권(상고)은 삼국시대까지의 한국의 상고사와 고대사를 고고학적 관점에서만 다루고 있었다. 그래서 필자가 맡은 제2권은 고고학에 나타난 것과는 달리 문헌적으로 한국의 상고사에서부터 '삼국시대'까지를 다루어야 했다. 그렇다면 제2권의 제목이 '고조선과 삼국'이 적당할 것 같은데, 전체 편집을 주관하고 있는 선생께서 아마도 '삼국'으로 정해 간행키로 했던 것 같다. 지금 보면 그 책에 오자와 탈자가 더러 보이고 중간 제목을 바꾸려고 하다가 여의치 않은 흔적들도 보이는데, 이것은 당시 간행을 급히 서둘러야 했던 상황을 반영하고 있다. 원고를 넘긴 뒤에 교정도 여의치 않았는데, 아마도 선생의 책임하에 급히 진행하지 않으면 안 되었던 것으로 보인다.

집필의 방향을 어떻게 할 것인가를 두고도 선생과 몇 번 협의했다. 원고 진척이 제대로 속도를 내지 못하는 필자에게 선생은 자신이 주관하여 진행했던 『신동아』의 연재 「한국사의 쟁점—고대」와 「한국사의 조류—고대」를 활용해도 좋다고 권했다. 필자는 선생의 단군과 관련된 서술에서 환웅계桓雄系에 관한 부분을 특히 탁견으로 보고 당시의 고고학적인 성과도 원용해서 설명해 나갔던 것으로 기억한다. 그리고 『한국사대계』의 다른 책도 마찬가지지만, 제2권도 앞부분 220여 쪽은 필자가 서술한 것이지만 그 뒷부분 200여 쪽의 「도록圖錄」 이하 부분은 선생의 책임하에 이뤄진 것으로 알고 있다. 이렇게 선생은 저자와 나란히 올려놓은 '감수'라는 직책을 형식적으로 맡지 않고 성실하게 수행했던 것이다.

### 4. 남은 말

이제 선생과 맺었던 인연을 중심으로 한 회고를 끝내면서 몇 가지만 첨언하겠다. 그 하나는 선생의 처남이었던, 도산 안창호 선생 기념사업회 및 도산학회의 최종호 국장이 생존해 있을 때 선생의 어려운 시절에 대해서 많은 이야기를 들었던 것이다. 최 국장은 명민하고 추진력이 특출한 분으로 도산 안창호 선생 전집 출판과 미주 국민회 자료 수집 및 그 자료집 간행, LA의 대한인 국민회관 복원 등의 사업에서 특히 필자와 의기투합하여 동역했다. 그는 종종 그의 자형 되는 선생과 관련된 에피소드를 귀띔해 주기도 했지만 그걸 여기서 다 옮길 수 없다. 또 하나는 서두에서도 밝힌 바와 같이, 다른 이들에 비해서 깊은 인연은 맺지 못했지만, 선생에 대한 예의를 제대로 갖추지 못한 부분이다. 술을 못한다는 핑계로 선생과의 대화 기회를 스스로 차단한 것이 한두 번이 아니다. 생각하면 이 시대의 큰 어른이신데 옆에서 배울 기회를 스스로 놓쳤구나 하고 후회가 치민다. 또 동학들이 선생의 환력논총을 준비한다는 소식을 어렴풋이 들었지만, 그 무렵 필자의 신세 또한 곤궁한 처지여서 선생의 학덕을 송축하는 반열의 말석에도 끼지 못했다. 그럼에도 지인을 통해 필자의 이름을 써서 그 논총을 보내왔을 때 후학의 도리를 다하지 못한 데 대해 부끄러움을 금치 못했다.

1980년대 선생을 두고 이런저런 헤픈 이야기를 옮기는 이들이 주변에 없지 않았다. 지금 생각하면 왜 그들에게 "당신은 선생이 10여 년간 군사정부로부터 조직적으로 괴롭힘을 당하고 있을 때 따뜻한 위로와 격려를 전한 적이 있는가, 또 선생이 좋아하는 술 한 잔이라도 대접한 적이 있는가, 그렇지 못했다면 그 입 다물고 함부로 말하지 않는 것이 좋겠소"라고 따끔하게 말하지 못했던가 하는 아쉬움이 없지 않다. 당시 군사정부의 조직적인 괴롭힘은 인간성을 파괴하고 인간관계를 철저히 차단했기 때문에 선생같이 그런 폭력 앞에 노출되었던 분들을 두고 함부로 용훼하는 것은 예의가 아니라고 생각한다. 선생도 그 점과 관련, 구설수가 잦다는 것을 짐작하고 있었고 "할 말이 없는 것은 아니로되" 역사학도로서 사설을 늘어놓지 않겠다고 말한 바 있다.

# 유신법정의 태산 같은 장중한 모습

김영한
서강대 명예교수

천 선생의 역사적 소임과 사명은
70년대의 유신철폐로
일단락 짓고,
80년대에 와서 그의 역할은….

## 우연한 만남의 인연

내가 아는 제천 출신 사학자는 두 분이다. 한 분은 우리나라 언론계와 역사학계의 거목이셨던 천관우 선생이고 다른 한 분은 우리나라 독립운동사의 권위자이신 윤병석 선생이다.

천관우 선생의 고향은 남한강이 유유히 흐르는 제천시 청풍면淸風面이고 윤병석 선생의 고향은 유행가 곡명으로 널리 알려진 '울고 넘는 박달재' 서편에 있는 백운면白雲面이다. 박달재를 경계로 동편이 봉양읍鳳陽邑인데 이곳이 나의 출생지이다. 봉양에는 구한말 의병대장인 유인석의 자양영당紫陽影堂이 있고 '황사영 백서사건'이 일어난 배론 성지聖地가 있다. 이처럼 이 지역은 주위가 높은 산으로 둘러싸인 오지라서 예로부터 기존체제에 반대하는 이단자들의 은신처였다.

나도 대학에서 40년이 넘도록 역사를 가르쳐왔으므로 전문 역사가라고 할 수 있다. 그러나 나는 서양사를 전공한 관계로 한국사를 전공한 두 분 선생과는 평소에 교류가 잦은 편이 아니었다. 그렇지만 역사를 공부하는 후학으로서 저명한 선배 역사학자들이 내 고향에서 배출된 것을 자랑스럽게 생각해 왔고 또 은근히 자랑을 하고 다녔다.

내가 두 분 선생과 각별한 친분관계를 맺지 못한 것은 전공과 연령의 차이도 있지만 그보다 더 큰 이유는 내성적이고 소심한 내 성격 탓이었다. 천 선생도 학부시절에 정인보, 최남선 선생을 찾아뵙지 못한 것을 그의 「육십자서六十自敍」에서 매우 아쉬워하였다. 그는 그 이유를 "공부도 없는 주제에 그런 대가大家 앞에서 무엇을 물어 본담 하는 소심 때문이었다"고 하면서 "지금 배짱 같아서는 구체적으로 무엇을 배우고 얻고가 아닐지언정 그런 분들의 풍모를 가까이서 배하고, 지나가는 한두 마디라도 들어두었더라면 역시 큰 공부이었겠는데 하는 아쉬움이 있다"고 술회하였다. 천 선생의 글은 마치 지금의 내 심정을 그대로 대변해 주고 있는 것 같다. 나야말로 고향의 명사名士이며 학계의 대선배인 두 분 선생을 종종 찾아뵙고 가르침을 받았어야 했는데 애석하게도 그러지 못하였다.

내가 천 선생의 함자를 알게 된 것은 고등학교 시절이었다. 고등학교 국어교과서에 선생의 기행문인 「그랜드 캐년」이 실려 있었다. 국어참고서를 찾아보니 선생은 제천 출신의 언론인으로 소개되어 있었다. 처음 그 구절을 발견했을 때 내 눈에는 '제천'이라는 작은 글자가 대문짝처럼 크게 보였다. "아! 우리 고향에도 이런 훌륭한 분이 계시는구나" 하는 탄성이 절로 나오면서 선생의 함자가 내 뇌리에 선명하게 각인되었다.

1962년 대학입시에서 나는 서울대 사학과에 지원하였다. 면접시험을 보려고 교실 문을 열고 들어가니 면접교수가 6명이나 되었다. 잔뜩 긴장하고 있는데 면접서류를 검토하던 교수 한 분이 갑자기 "자네 제천 출신이군" 하는 것이었다. 깜짝 놀라 "예!" 하고 대답하자 "자네, 제천 출신의 유명한 사학자를 아는가?" 라고 물었다. 예상치 못한 질문에 당황한 나는 우물쭈물하다가 "모릅니다" 하고 말하려는 순간, 궁窮하면 통通한다고 했던가, 나도 모르게 "유명한 사학자는 몰라도 유명한 언론인은 압니다" 하는 말이 튀어나왔다. 그가 누구냐고 하기에 천관우 선생이라고 했더니 모두 "와~" 하고 웃었다. 그러면서 사학과 지망생이 언론인 천관우는 알면서 역사학자 천관우를 모른다면 말이 되겠느냐고 하면서 천 선생이 바로 사학과 출신이라고 알려주었다.

나중에 알게 된 사실이지만 제천에 관해 이것저것을 물어본 분은 우리나라 미국사학의 개척자인 이보형 선생이었다. 당시 선생은 동국대학교에 재직 중이었으나 서울대 사학과에 우연히 들렀다가 과 교수들의 권유로 면접에 합류하게 되었다는 것이다. 이로부터 20년이 지나서 나는 이보형 선생과 5년 동안 서강대학교에서 같이 근무하였는데 이런 것을 기연이라 하는지 모르겠다. 어쨌든 지금도 나는 까다로운 면접시험을 비교적 수월하게 넘긴 것은 천관우 선생의 음덕이라고 믿고 있다.

사학과에 합격한 나는 개학이 되자 학교에 나가 수강신청을 하였다. 수강신청을 하면서 시간표를 살펴보았는데 천관우 선생 함자가 있었다. 반가워서 유심히 보았더니 천 선생이 맡은 과목은 이상하게도 사학과 강의가 아니라 사회학과 강의였다. 강의 제목도 3~4학년을 대상으로 하는 '사회학 연습'이었던 것으로 기억된다. 1학년 학생이 수강하기에는 무리라는 생각이 들어서 우선 청강을 하기로 마음먹었다.

강의 첫 시간에 일찍 가서 맨 뒤 좌석에 앉았다. 천 선생을 만나 볼 생각을 하니 가슴이 설레었다. 수업시간이 되자 어떤 분이 가방 대신 보자기에 책을 싸서 들고 교실로 들어와 교단으로 가는데 거구의 몸이었다. 선비처럼 단아하고 깔끔한 모습을 연상했던 내 예상은 완전히 빗나갔다. 선생은 이번 학기에 정약용의 『목민심서』를 읽겠다고 하시면서 학생들에게 미리 예습해 올 것을 당부하였다.

수업이 끝난 후 선생을 뒤쫓아가 문리대 교정에서 인사를 하였다. 제천에서 올라온 사학과 신입생이라고 내 소개를 하였다. 반갑게 격려해 줄 것으로 기대했으나 기대와는 달리 덤덤한 표정으로 집이 제천 어디냐고 물었다. 내가 봉양이라고 말하고 선생님 강의를 청강하고 싶다고 했더니 이번에는 한문을 잘 하느냐고 반문하였다. 잘 못한다고 하자 그러면 3~4학년이 되어서 수강하는 것이 좋겠다고 조언하였다. 선생과의 첫 만남은 이렇게 짧았지만 나에게는 추억에 남는 의미 있는 대면이었다. 그 후 몇 주 더 강의에 참석하였다. 그러나 내 한문 실력으로는 따라가기가 어려워 청강을 포기하였다.

### '민주화운동 기수' 위상

1979년, 충격적인 '10·26사태'가 발생하였다. 이 사태가 있기 전에 이른바 '크리스천 아카데미 사건'이 일어나 세인의 관심을 끌었다. 이 사건은 중앙정보부가 강원룡 목사가 운영하는 '크리스천 아카데미'의 간사였던 이우재, 한명숙 등을 반공법 위반 혐의로 구속한 사건이다. 나는 당시 한양대학교 사학과의 학과장으로 있었는데 우리 과 교수 한 분이 이 사건에 연루되어 함께 재판을 받고 있었다. 나는 재판이 있을 때마다 특별한 사정이 없는 한 거의 모든 재판정을 방청하였다. 수개월에 걸친 예심재판 끝에 마침내 결심공판의 날이 되었다. 이날은 피고인들의 가족과 친지는 물론이고 재야운동권 인사나 학생들이 모여들어 법정 안팎이 만원이었다.

피고인들이 법정에 도착하면서 법정 밖은 호명소리, 구호소리, 노랫

소리 등으로 몹시 소란스러웠다. 개정시간이 임박하자 밖에 있던 사람들이 일시에 안으로 밀고 들어와 법정 안은 입추의 여지가 없었다. 손발을 움직이기도 얼굴을 돌리기도 힘들었다. 이때 갑자기 뒷문 쪽에서 외치는 소리가 들렸다. "여러분, 천관우 선생님과 송건호 선생님이 오셨습니다. 길을 좀 열어 주시고 자리를 양보해 주시기 바랍니다." 이 소리가 두세 번쯤 들리자 참으로 신기한 일이 벌어졌다. 한 치의 틈도 없을 정도로 빽빽하게 서 있는 사람들 사이로 길이 트이며 두 분이 걸어 들어오자 환호성과 박수갈채가 터져 나왔고 의자에 앉았던 사람들이 일어나 서로 자리를 양보하였다. 반독재 민주화운동의 기수로서 두 분의 위상이 어떠했는가는 이 작은 법정에서도 확인할 수 있었다. 지도자의 진정한 권위는 위에서 아래로 내려오는 것이 아니라 밑에서 위로 떠받쳐 올라간다는 사실을 목격하는 감동적인 장면이었다. 인파에 밀려 변변히 인사도 못하고 헤어졌으나 버스를 타고 집으로 돌아오는 내내 법정에 앉아 있던 천 선생의 태산 같은 장중한 모습이 떠올라 숙연한 기분이 들었다.

"서서 죽을지언정 무릎 꿇고 살지 않겠다"고 일갈하며 선생이 치열하게 맞섰던 유신체제도 마침내 붕괴되었다. 신군부체제가 수립되자 그는 1981년 민족통일협의회 초대 의장이 되었다. 이때부터 선생은 민주화운동 동지들과의 관계가 멀어지게 되었고, 1982년 한국일보 상임고문을 맡았으나 울적한 나날을 보내는 것으로 전해졌다. 이럴 때 동향인들이라도 모여서 선생을 모시고 한담이라도 나누면 조금이라도 위로가 되지 않을까 하는 생각이 들었다. 그래서 우선 내가 알 만한 학계 사람들에게 연락을 취했더니 7명이 참석하였다. 상호는 기억이 안 나지만 모인 장소는 옛 신신백화점 뒤쪽의 음식점이었다. 동향인이라고 하나 대부분이 서로 친숙한 관계가 아니라서 그런지 분위기가 화기애애

하였다고 보기는 어려웠다. 참석자 중에 대작할 만한 사람이 없어서인지, 아니면 건강 때문이었는지 두주불사라는 선생도 그날은 약주를 많이 하지 않았다. 무엇보다 공통된 화제가 궁색하여 활발한 대화를 이어가지 못하였다. 분위기가 즐겁고 유쾌하면 앞으로 종종 이 같은 모임을 가질 계획이었으나 그런 것 같지 않아 다시 시도하지 않았다.

### 역사의 진보를 믿어

역사적 인물에 대한 평가는 언제나 명암과 공과功過가 수반되며 시대에 따라 변하기 마련이다. 천 선생의 경우도 마찬가지이다. 1970년대의 천 선생은 반독재 민주회복운동의 기수이며 투사였다. 이에 이의를 제기하는 사람은 아마 없을 것이다. 그러나 1981년 신군부의 민족통일협의회 의장을 하고 난 뒤부터 민주화운동의 변절자, 또는 배반자라는 비난을 받기도 한 것 같다. 이에 대해 그를 아끼고 이해하려는 사람들은 민족통일 문제에 관한 한 정권과 여야의 구분 없이 모두가 범국민적으로 협력해야 한다는 것이 천 선생의 소신이었다고 변호한다.

천 선생을 가까이서 접촉할 기회가 거의 없었던 나로서는 무엇 하나 자신 있게 언급할 위치에 있지 않다. 그러나 내 나름으로 유추하여 천 선생을 평가한다면 민주투사로서의 그의 역사적 소임과 사명은 1970년대의 유신철폐로 일단락 짓고, 1980년대에 와서 그의 역할은 역사의 뒤안길로 사라졌다고 보면 어떨까 한다. 역사는 각 시대마다 해결할 과제가 있고 그 과제를 수행할 인물을 필요로 한다면 역사가 천 선생에게 부과한 임무는 유신체제의 철폐였다고 할 수 있지 않을까.

일제로부터 해방만 되면 모든 것이 잘될 것으로 기대했던 것처럼 암흑과 절망의 유신 터널을 우리가 벗어나기만 하면 광명의 새로운 민주시대가 도래할 것으로 그는 낙관했던 것이 아니었을까. 말을 바꾸면,

앞으로 다가오는 새 시대의 정치체제는 아무리 악화된다 하더라도 유신체제보다 더 악화될 수가 없다는 역사의 진보를 믿었던 것은 아니었을까. 만일 그렇다면 천 선생의 미래에 대한 예단이 너무 순진하였다고 말할 수는 있어도 그를 민주화운동의 배반자라고 할 수는 없을 것 같다.

2008년 6월, 참으로 우연한 기회에 천안 공원묘원에 있는 천 선생 묘소를 참배하였다. 본래는 서강대에 재직했던 이기백 선생의 서거 4주기 추도식에 참석할 목적으로 천안 공원묘원에 갔는데 동행했던 고려대 민현구 교수의 제안으로 그 근처에 있는 천 선생의 묘소를 먼저 찾게 되었다. 작고한 지 17년 만이라 감회가 새로웠다.

회고하건대 천 선생과 나와의 관계는 끊길 듯 끊길 듯 하다가 다시 이어지는 우연한 만남의 연緣인 것 같다.

# 호쾌한 대세적 판단의 역사 강의

이재범
경기대 사학과 교수

그 꼼꼼한 고증과 포괄적 해석
듣는 것만으로도 행복했다.
선생님의 치우침 없는 역사서술
언제 다시 대할 수 있을까.

대학문화연구원에 들렀다. 이곳에는 이장희李章熙, 신해순申解淳, 손홍렬孫弘烈, 박경룡朴慶龍 등 한국사학계의 선배이자 선생님들이 계신 곳이다. 이곳에서 이장희 선생님으로부터 뜻밖의 소식을 들었다. 천관우 선생님(이하 선생님)과의 회고를 모은 출판물 간행 계획이 있다는 것이다. 이장희 선생님을 졸라 추모문집 출판 주관 측에 간청하여 간신히 지면 한쪽 구석을 얻었다. 나와 선생님과의 만남은 짧았지만, 나에게는 너무나도 소중하고 절실한 이야기로 남아 있기 때문이다.

### 선생님과의 첫 만남

선생님을 처음 뵌 것은 한국일보사 고문실이었다. 당시 나는 성균관대 박사과정에 있었고, 한국정신문화연구원 『한국민족문화대백과사전』(이하 『민백』) 편찬부에서 근무하고 있었다. 시기는 1980년대 초였다. 지면과 소문으로만 듣던 선생님은 체구가 크셨고, 목소리도 크셨고, 소신에 따라 거리낌 없이 실천하시는 분이라는 인상이 짙었다. 선생님과의 만남은 『삼국지 위지 동이전』 강독으로 매주 토요일 오후 3시에 한국일보 고문실에서 강의로 진행되었다.

### 왜 선생님인가?

이번 출판물의 제목을 보니 '거인 천관우'이다. 선생님이 거인인 것은 맞지만, 그분의 호칭으로는 선생이 따라다닌다. 그 이유는 무엇일까? 나는 그 이유를 잘 알지 못하고, 알려고 하지도 않는다. 『민백』 편찬 시의 일화를 소개하는 것으로 족할 것 같다. 『민백』 항목 가운데 '선생'이 있다. 항목 집필자 선정을 하면서 당시 부장이던 조동일趙東一 교수께서 "우리나라에서 선생이라고 한다면 과연 누굴까? 천관우 선생 정도는 되어야 하는 것 아닌가?"라고 하셨다. 맞는 말이다. 언제부터인가 천관우라는 존재는 우리들에게 선생님이라고 각인이 되어 있었다. 이유나 배경은 따질 것이 없다. 그냥 선생님으로 모시면 족하다.

### 야단만 맞은 한 학기 강의

선생님의 강의는 언제나 열강이었다. 이미 점심 반주로 홍이 나신 선생님은 혼신의 열정으로 강의에 임하셨다. 내용은 말할 것도 없고 자세 또한 훌륭하셨다. 동이전에 나오는 '면綿'이 '견絹'과 같은 의미라는 등 세밀한 고증과 대세론이 함께하는 시간이었다. 나는 한 학기 내내 야단맞은 기억밖에 없다. 선생님의 거침없는 원전 강독과 해석에 토를 달다 혼이 난 것이다. 예컨대 '면綿' 자가 나오면 나는 그 한자만을 보고 이미 3세기에 우리나라에 목면재배가 시작된 것이 아니냐는 그런 질문을 하였다. 선생님께서는 더 깊이 생각하라고 꾸짖어 주셨다. 수강생은 성대경成大慶, 문수진文秀鎭, 이동우李東宇, 박옥걸朴玉杰 선생님들로 대선배님들과의 한 학기였다. 내가 야단맞은 시간만큼 손해난 강의 결손에 대해 그분들께는 죄송할 따름이다.

### 백제 의자왕이 먹던 삼계탕

강의가 끝나면 저녁을 함께하며 담소가 이어졌다. 선생님의 지나온 경험을 포함하여, 한국사에서부터 세계사에 이르기까지 다양한 화제와 지칠 줄 모르는 이야기 시간이었다. 자주 가던 곳이 한국일보사 부근에 있는 삼계탕집이었다. '□'형 한옥을 개조해 음식점으로 만든 곳인데, 식당 안에 '백제 의자왕이 자주 먹던 삼계탕'이라는 문구가 있었다. 선생님께서 의자왕의 삼천궁녀를 연상한 것 같다고 하시면서 웃곤 하셨던 기억이 새록새록하다.

그런데 선생님께서는 술이 조금 과해지시면 주변을 흘끔흘끔 보시면서 경계하는 태도를 보이셨다. 아마도 오랜 연금생활을 겪었기 때문이리라. 한번은 대청에서 식사를 하다가 아래쪽에서 식사를 하던 중년 남자에게 왜 자신을 노려보느냐고 호통을 치셨다. 그 남사는 바로 선생님께 오더니 자신이 한국일보 부장인데, 다음 날부터의 일본 장기출장을 선생님께 보고 드리지 못해 이야기가 끝나길 기다리고 있다고 밝혔다. 선생님께서는 바로 오해를 풀었지만, 선생님을 생각할 때마다 마음 한구석에 짠하게 남는 대목이다.

### '민통' 의장에 대한 변명

선생님은 자신의 자랑이나 변명을 거의 하지 않으셨다. 그러나 민족통일협의회 의장을 역임한 데 대한 평가에 대해서는 무언가 불만이 많으셨던 것 같았다. 주변에서 경제적 이유로 자신이 수락했다는 것에 대하여 무언가 변명을 하고 싶으셨던 듯하다. 선생님의 변명 내용은 모르지만, 어떤 변명을 하시더라도 나는 그 변명이 타당할 것이라고 믿는다. 이 사실 하나만으로 선생님을 지나치게 매도하려는 일부 인사들이 있다는 것은 심하게 불쾌한 일이다.

### 부산횟집

선생님을 모시고 부산횟집에 간 적이 있다. 서대문로터리 부근, 적십자병원 후문에서 영천 방향으로 가다 보면 있었다. 이곳은 선생님이 야인시절 한국문화원에 계실 때 자주 가셨던 곳이다. 당시 『민백』 편찬부가 서울시교육위원회의 건물의 일부를 이용하고 있었는데, 우연히 식사를 하러 왔다가 알게 되었다. 나와 동료들과의 이야기를 듣다가 사장님이 자신도 선생님을 잘 안다는 것이었다. 그리고 돌이켜보니 바로 선생님이 출입하시던 부산횟집이 우리 한국고대사의 산실이었다는 생각이 들었다. 이곳을 출입하시면서 『가야사연구』, 『고조선사·삼한사연구』와 같은 불멸의 거작을 구상하고 집필하셨을 테니 말이다. 어느 날 부산횟집을 가보니 사라지고 없었다. 아쉬운 감이 들었다. 그곳에서 멀지 않은 곳에 젊은 날의 홍난파 하숙집이 있다고 해서 복원을 한다는데, 울분을 토하며 국가와 민족의 역사와 미래를 생각했던 거인이자 대학자의 흔적에는 아무 관심이 없으니….

### 선생님과 김형욱, '안테나집'에 대한 기억

『민백』 원고청탁 건으로 선생님과 함께하는 자리에서 『김형욱 회고록』에 관한 이야기를 나누었던 적이 있다. 이 책에서 김형욱은 공화당 창당시절에 자신이 준 거액의 돈을 유일하게 받지 않은 분이 선생님이며, 자신이 진실로 존경하는 분이라는 회고를 했다. 그래서 이 이야기를 선생님께 전해 드렸더니 펄쩍 뛰셨다. 그 이유는 김형욱 자신이 그렇게 존경하는 사람이라면서 어떻게 십수 년씩이나 연금상태에 처하게 했느냐는 것이었다.

실제로 그 사실은 선생님의 말씀이 너무나 옳은 것이었다. 그리고 내가 그 사실을 확인할 수 있었다. 『민백』의 일부가 출간되어 선생님의 댁을 방문하게 되었다. 댁의 위치를 물으니 연신내파출소에 와서 '안테나집'을 찾으라는 것이다. 그래서 파출소에서 물으니 바로 "아! 천 선생님 댁 말이지요" 하고 알려준다. 왜 '안테나집'인가 하고 연유를 물었더니, 늘 안테나를 높이 세운 정보부 차량들이 주변에서 감시를 했기 때문이란다. 이 안테나차를 보낸 김형욱의 경우를 생각하니, 아무한테나 존경받을 일도 아니라는 생각이 들었다. 그것은 어떻든 간에 선생님은 오전 10시경에 방문한 나에게 소주를 한잔하자고 권하신다. 승용차가 있다고 하자 권유를 거두셨다. 그리고 홍남순 변호사에게서 선물 받았다는 다산의 휘호를 보여 주시면서 동심으로 돌아가신 듯 편안한 얼굴을 보이셨다. '안테나집'에서 광주의 의인 홍남순 변호사와 다산에 관한 이야기를 듣고 온 날이었다.

### 술 마시고 얼굴 깎이기

선생님을 닮아보려고 낮부터 술 마시고 책을 보기도 한 적이 있었다. 결국 알게 된 것은 '황새와 뱁새' 교훈의 반복이었다. 아무리 발버둥을 쳐봐도 선생님의 그림자 곁에도 가기가 어렵다는 사실을 확인할 뿐이었다. 그런데 어느 날 선생님과 단둘이 대작을 할 기회가 생겼다. 선생님께서 한 홉들이 유리컵에 소주를 따라주셔서 점심때부터 술을 마셨다. 정신이 들어서 살펴보니 한쪽 얼굴이 시멘트 바닥에 쓸려서 피투성이가 되어 있었다. 아내는 한심한 듯 쳐다보고 있고. 기억이 잘 나지는 않았다. 아마도 선생님과의 대작 당시는 긴장을 하여 취하지 않았던 것 같은데, 선생님께서 가시자마자 바로 취기가 넘쳐나 쓰러졌던 것 같다. 직장에서는 연가를 억지로 사용하여 며칠 직장을 쉬면서 상처 치료를 하게 되어 큰 창피는 면했지만, '네 자신을 알라'는 생각이 엄습하였던 시간이었다. 그래도 내가 가장 기억에 남는 술자리였다.

**선생님의 학문**

선생님의 학문에 대해서는 나 이외에도 많은 분들의 말씀이 있을 것이라서 간단히 내가 학생들에게 강조하는 부분만을 소개해본다. 나도 벌써 고교 교사와 시간강사 시절을 포함하면 33년에 이르는 교육경력이다. 현재는 대학에서 한국 고대사와 중세사를 가르치면서 선생님의 저서를 교재로 하기도 한다. 특히 선생님의 『인물로 본 한국고대사』에서 취한 두 가지 점을 나는 학생들에게 강조하고 있다. 백제와 고구려의 멸망 이후 그 유민들이 해외에서 벌인 활동의 성격에 관한 것이다. 예컨대 고구려의 후예 고선지나 신라의 승려 혜초와 같은 경우를 우리 민족사와 어떻게 관련지을 수 있느냐는 점인데, 나는 천 선생님의 견해를 따르고자 한다. 이들은 우리 민족사와 관련하여 굉장한 자부심의 사례가 될 수 있다. 그러나 한편으로 국가사의 입장에서 본다면 우리 역사의 '외곽外廓'이라고 할 수 있다. 이런 점을 선생님은 일찍 지적해 주셨다. 한편으로 식민지에 대한 이해이다. 무조건 식민지 지배에 대하여 감정적 불쾌감으로만 대해서는 안 된다는 조심스러운 지적이 있다. 낙랑군의 예가 그것인데, 선생님은 이때부터 한반도가 수준 높은 한문화와 한자생활을 시작했다는 것을 이해해야 한다고 하셨다.

선생님의 학문에 대하여 내가 외람되이 입에 담기가 어렵다. 그 꼼꼼한 고증과 포괄적 해석, 호쾌한 대세적 판단에 의한 역사 강의를 듣는 것만으로도 행복했다. 이러한 선생님의 치우침 없는 역사서술은 언제 다시 대할 수 있을까, 그리워지기 때문에 돌이켜보는 것만으로도 만족하고자 하는 것이다.

### 또 다른 천관우 선생님을 생각하며

『민백』이 완간되고 나서 나는 잠시 선생님을 뵙지 못했다. 그리고 갑자기 선생님의 부음을 들었다. 큰 수술을 하셨다는 소식은 전해 들었으나, 그렇게 갑자기 가실 것으로 생각하지는 않았었다.

우리 사회의 거인이자 영원한 선생이신 천관우 선생님. 그러나 이제 선생님과 같은 분이 다시 나타나서는 안 된다고 생각해 본다. 그만큼 사회가 불안하거나 불평등해서는 안 되기 때문이다. 그리고 한 개인에게 그러한 고통의 시간을 전가시켜서는 안 된다는 생각에서이다. 개발은 있으되 독재는 없는 그런 사회, 민주와 함께 발전을 거듭하여 선생님의 존재감이 약해지는 그런 사회가 오길 바란다. 어려운 시절, 우리에게 인권과 민주의 구현을 위한 실천의 본보기가 되셨고, 한국사의 여러 쟁점을 실증과 논리를 바탕으로 새 장을 열어주신 선생님께 감사를 드린다.

내세來世라는 것이 있다면 새로운 모습의 선생님과 만나고 싶다. 통기타를 치면서 포크송을 부르는 선생님, 사자후와 함께 서정시를 낭송하는 선생님, 그런 선생님이 필요한 그런 사회에서 함께 있게 되길 바란다.

내 기억의 적지만 가장 소중한 한 부분을 여기에 올린다.

2장

# 고난 속에 꽃피운 한국사학의 이정표

# 사학에 대한 열정과 천재성

한영우

이화여대 석좌교수

조선시대 연구자로서, 고대사 연구자로서
그분의 위상은 학계에 막강한 영향력
단단한 실증사학 기초 위에서
민족주의 역사학의 흐름을 계승 발전시켜….

## 1. 역사연구 개관

천관우 선생을 떠올리면 한마디로 거인이라는 인상이 압도적으로 다가온다. 그분의 체격만이 거인이 아니라 다른 면에서도 거물급이지만, 나의 전공과 관련된 역사학의 눈으로 볼 때에도 단연코 거인이다. 평생 언론이 본업이었던 분이 어떻게 역사학 분야에서도 그토록 양적으로나 질적으로 획기적인 업적을 낼 수 있었는지 놀라움을 금할 수 없다.

천 선생의 한국사 연구는 고대사와 조선시대에 집중되어 있지만, 근현대사의 중요한 사건과 인물에 대해서도 비상한 관심을 가지고 자료정리 사업이나 학술회의를 통해 새로운 연구의 지평을 열어놓았다. 그 결과를 책지로 여은 것을 대충 소개하면 다음과 같다. 먼저, 고대사에 관한 것으로는 『고조선사·삼한사연구』, 『가야사연구』, 『인물로 본 한국고대사』 등이 있고, 조선시대에 관한 것으로는 『근세조선사연구』가 있으며, 근현대사에 관한 것으로는 『한국근대사 산책』, 『자료로 본 대한민국 건국사』, 『민세 안재홍 선생 전집』, 『3·1운동 50주년 기념논집』 등이 있다.

천 선생의 한국사 연구 편력을 시대순으로 돌아보면, 조선시대사, 특히 실학實學에 대한 연구로 시작되었으며, 이어 조선시대 토지제도사를 정리하고, 개별적인 연구로 조선초기 한량閑良과 오위五衛에 관한 논문도 발표했다. 그 결과물이 뒷날 책자로 모아진 것이 바로 『근세조선사연구』이다. 그 후 그분의 일생 중 가장 불우했던 1970년대의 은거시절부터는 고대사연구에 몰두하여 고조선사와 가야사에 관한 독창적 연구 결과를 발표했는데, 그 결과를 단행본으로 엮은 것이 위에 소개한 『고조선사·삼한사연구』와 『가야사연구』이다. 천 선생이 근현대사관련 인물이나 사건에 관심을 가지고 자료를 정리하거나 토론을 통해 재해석을 시도한 것은 신문사에 계실 때 또는 은거시절에 이루어졌다. 안재홍, 3·1운동, 대한민국사와 관련된 자료정리가 그것이다.

## 2. 실학 연구

천 선생은 일찍이 1949년에 서울대학교 문리과대학 사학과 학부 졸업논문으로 「반계 유형원 연구」를 발표하여 학계를 깜짝 놀라게 했다. 당시 지도교수였던 이병도李丙燾 선생에 의해 "실학 연구의 방향을 제시한 군계일학群鷄一鶴"이라는 평가를 받았던 이 논문은 실학의 개념과 실학의 발전과정을 최초로 이론화시킨 업적으로 평가된다. 이를 따르면, 실학이란 실정實正, true, 실증實證, evidential, 실용實用, pragmatic을 특징으로 하는 조선후기의 신학풍으로서 17세기의 한백겸, 이수광, 김육, 권문해 등이 준비하고, 유형원, 이익, 안정복, 박세당, 이중환, 신경준, 서명응 등에 의해 맹아가 싹트고, 그 뒤로 북학파인 박지원, 박제가, 홍대용, 성해응, 정약용, 김정희, 이규경, 최한기 등에 이르러 전성기를 누렸다는 것이다. 그런데 천 선생은 실정, 실증, 실용으로 포장된 실학은 봉건封建에서 근대近代로 나아가는 과도기의 사상이며, 실학이 극복하고자 하는 봉건적 사상은 주자학朱子學으로 보았다. 이런 해석은 1930년대에 조선학운동을 펼친 안재홍, 정인보, 문일평 등이 실학을 민족적, 민중적, 실용적 학문으로 이해한 것을 계승하면서, 여기서 한 걸음 더 나아가 '봉건'에서 '근대'로 역사가 발전한다는 새로운 틀 속에서 재해석한 것으로 볼 수 있다.

천 선생의 실학이론은 그 뒤 한우근韓沽劤 선생을 비롯한 여러 학자들에 의해 주자학이 곧 실학이라는 반론을 만나면서 한층 이론적으로 다듬어졌는데, 그것이 1970년에 발표한 「한국실학사상사」(고대 민족문화연구소 발행 『한국문화사대계』 제6권에 수록)이다. 이 글은 실학의 특징을 '민족지향＝자주'와 '근대지향＝진보'라는 두 가지 잣대로 보면서, 조선후기 유학사의 유형을 의리학義理學, 고증학考證學, 사장학詞章學, 경세학經世學 등으로 나누어 고찰하고 나서, 그 가운데 경세학이 실학의 뿌리가 되는 것으로 해석했다.

천 선생의 실학이론은 학계의 호응을 크게 얻어 오랫동안 정설로 굳어졌다. 하지만, 그 후 40년의 세월이 흐르면서 조선후기 사상사 연구가 깊어지고, 이에 따라 실학을 바라보는 눈도 많이 달라졌다. 최근 우리 학계에서는 조선후기 사상계의 주류를 주자학으로 부르기보다는 성리학으로 부르고, 성리학 안에 명분名分과 의리義理와 예학禮學에 치중하는 성리학과 국리민복國利民福을 위한 실용과 개혁을 추구하는 성리학이 있으며, 그 가운데 후자를 실학으로 부른다는 것으로 입장이 정리되고 있다. 그리고 이런 범주에 드는 사상가는 그동안 알려진 인물들뿐 아니라, 노론, 소론, 남인, 그리고 영조나 정조 같은 군주君主를 모두 포괄하는 부류에서 광범위하게 나타나 조선후기 사상계의 주류가 실학이었음을 알게 되었다.

다음에 실학이 추구하는 실용과 개혁의 방향은 천 선생이 지적한 것처럼 '민족지향(자주)', '근대지향(진보)' 인 것은 사실이지만, 그 반대가 '봉건적' 인 것이며, '근대' 가 반드시 '서양 근대문명' 을 가리키는 것인가에 대해서는 회의적이다. 왜냐하면 조선시대는 서양적 기준의 봉건사회가 아니었고, 실학이 추구하는 근대도 반드시 서양적 기준의 근대를 가리키는 것으로 보기는 어렵다는 생각 때문이다. 다시 말해, 서양사의 틀 속에서 실학이나 한국사의 발전과정을 해석하는 것은 무리가 따른다는 것이다. 하지만 이러한 역사해석의 틀은 1970년대까지는 학계의 공통된 분위기였다는 점을 고려할 필요가 있다.

## 3. 조선시대 토시제도土地制度 한량閑良 군제軍制 등에 관한 연구

천 선생의 조선시대 연구는 실학에만 그친 것이 아니었다. 이미 1950년대와 60년대 초에 조선초기의 한량閑良, 군제軍制, 토지제도에 관한 논문을 발표하여 이상백李相佰 선생에 이어 조선시대 연구를 개척한 공로가 컸다.

먼저, 1956년에 발표한 「여말선초 한량」(『이병도 박사 화갑기념논총』)은 막연히 지방 세력가나 무과급제자, 또는 돈 잘 쓰고 막판 놀기만 하는 사람 등으로 알려진 한량을 실증적으로 연구한 최초의 논문이다. 여기서 한량은 전함관前銜官(전직관리) 및 그와 동등한 신분을 가진 부류로 해석하고, 이들이 조선왕조 건국과정에 군전軍田을 받아 서울에 와서 시위侍衛를 하는 수전패受田牌와 군전을 받지 못한 무수전패無受田牌로 갈라졌으며, 한량은 국가의 중대사를 결정할 때 중의衆意를 대표하는 계층이라는 점을 밝혔다.

이 논문이 나온 뒤로 1967년에 일본 학자 하마나카 노모루浜中昇 씨가 한량에 관한 논문을 발표하고, 이어 필자가 「여말선초 한량과 그 지위」라는 논문을 발표하여 선학의 연구를 보완하기에 이르렀지만, 천 선생의 논문은 한량연구의 선구로서 개척적인 의미가 매우 큰 것이 사실이었다.

다음에 천 선생은 조선초기 군제軍制의 근간이 되는 오위五衛에 주목하여 1956년에 「조선 초 오위의 형성」(『역사학보』 17·18 합집호)을 발표하고, 이어 1962년에 「오위와 조선초기의 국방체제」(『이상백 박사 회갑기념논총』)를 잇달아 발표했는데, 이 연구는 한국군제사 연구의 선구적 업적으로 후학에게 큰 자극을 주었다. 끝으로, 1965년에 발표한 「한국토지제도사」(하)(고대 민족문화연구소 발행 『한국문화사대계』 제2권에 수록)는 조선전기 토지제의 근간이 되는 과전법科田法을 중심으로 하여 토지소유권 문제와 토지세土地稅 문제를 깔끔하게 정리한 것으로 평가된다. 이 논문은 그동안 토지국유론土地國有論의 시각에서 연구되어온 좌파사가들의 관점을 비판하고, 토지사유론土地私有論의 시각에서 여러 선학들의 연구업적을 정리하면서 농민의 소유지인 민전民田의 실체를 부각시켰다는 점에서 큰 의의가 있다.

## 4. 고대사 연구(1) : 고조선사 연구

1970년대 이후로 천 선생의 관심은 한국고대사로 옮겨갔다. 고대사에 관한 논문을 연대순으로 소개하면 다음과 같다. 이 논문들은 뒤에 『고조선사 · 삼한사연구』와 『가야사연구』라는 이름으로 단행본으로 출간되었다.

1) 1974년 : 「기자고箕子攷」(『동방학지』 15)
2) 1975년 : 「삼한고三韓攷, 제1부–삼한의 성립과정」(『사학연구』 26집)
3) 1976년 : 「삼한고, 제2부–『삼국지』 한전韓傳의 재검토」(『진단학보』 41)
「삼한고, 제3부–삼한의 국가형성」(『한국학보』 2·3호)
「진辰, 변국弁國 제국諸國의 위치 시론」(『백산학보』 20호)
「한국사에서 본 기마민족설」(『독서생활』 11–12월호)
4) 1977년 : 「난하灤河 하류의 조선–중국 동방주군東方州郡의 치폐와 관련하여」(『사총』 21·22 합집)
「복원 가야사」 (상)(『문학과 지성』 여름호)
「임나일본부任那日本府 관견」(한국역사교육연구회 주최 〈역사교육과 한일 고대사〉 세미나)
「복원 가야사」 (중)(『문학과 지성』, 가을호)
5) 1978년 : 「복원 가야사」 (하)(『문학과 지성』 봄호)
6) 1979년 : 「목지국고目支國攷」(『한국사연구』 24집)
「마한제국馬韓諸國의 위치 시론」(『동양학』 9집)
「백제사의 기본문제 몇 가지」(『독서신문』)
「광개토왕릉비문 재론」(『전해종 박사 화갑기념 사학논총』)
7) 1987년 : 「고조선에 관한 몇 가지 문제」(『한국정신문화연구원 연구논총』)

위 일람표를 보면, 1974년 이후로 거의 매년 4편의 논문이 생산되고 있었음을 알 수 있는데, 그분의 관심과 열정이 어느 정도인가를 짐작하고도 남음이 있다. 이 시기에 그분만큼 고대사 연구에 심혈을 기울인 학자가 또 있었는지 의문이다. 특히 고조선과 삼한에 대한 연구는 일본강점기 이병도 선생의 연구 이후로는 거의 학계의 관심을 끌지 못했던 상황을 고려할 때 더욱 독보적이라 할 만하다.

먼저, 고조선사에서 그분이 특히 주목한 것은 기자조선箕子朝鮮의 실체였다. 일제강점기 민족주의 역사가들은 기자조선의 실재를 부인하고, 단군조선檀君朝鮮의 역사가 2천 년 이상 이어져 온 것으로 보았으나, 그 정치사를 복원할 자료는 찾지 못하고 있었다. 한편, 일본 어용사가들은 단군조선을 부인하고 기자조선을 마치 중국인의 식민지국가인 것처럼 해석하여 이래저래 우리 학계에서는 기자조선의 실재를 인정하지 않고 있었다. 일본강점기 이병도 선생만이 유일하게 기자조선의 실재를 인정했으나, 기자箕子가 중국에서 왔다는 것은 부인하고, 조선의 한씨韓氏 토착인들이 세운 국가로 보아 기자조선 대신 한씨조선韓氏朝鮮이라는 호칭을 부여했다.

그러나 광복 후 우리 학계에서는 이병도 선생의 설이 한씨족보에 근거한 주장으로서 족보를 그대로 믿을 수 없다는 이유로 한씨조선을 받아들이지 않았으며, 기자조선도 받아들이지 않고 있었다. 그러다 보니 고조선 역사는 단군신화를 소개한 다음에 2000년의 공백을 건너뛰어 위만조선衛滿朝鮮에서 확실한 역사로 서술하는 경향이 생겨났다. 결과적으로 이는 고조선사의 치명적인 약점으로 남게 되었다.

천관우 선생은 기자족箕子族이 중국에서 고조선으로 온 것을 사실로 인정함으로써 이 문제의 돌파구를 열었다. 다만, 기자족을 화하계華夏系 중국인으로 보지 않고, 동이계東夷系의 하나인 한족韓族으로 해석하고, 이들이 수백 년에 걸쳐 요서지방(난하유역의 고죽, 창려, 광녕)과 요동(심양)을 차례로 거쳐 기원전 4세기경에는 최종적으로 대동강 유역의 평양까지 와서 고조선의 새로운 지배층으로 등장한 것으로 추정했다.

이 주장은 문헌사료와 고고학적 성과를 결합시킨 데서 얻어진 결론으로서 지금까지 민족감정을 이입시켜 기자조선을 바라본 잘못된 선입관을 과감하게 극복한 것이다. 필자는 천 선생의 학설에 영향을 받아 『다시 찾는 우리역사』에서 기자조선을 집어넣었다.

다음에 고조선사에서 또 하나 문제가 되는 단군조선檀君朝鮮에 대해서는 이를 국가단계로 보지 않고, 동일한 농경문화를 가진 문화권文化圈으로 이해하고, 그 영역이 요서지방과 한반도 북부에 걸친 것으로 보았다. 이는 고고학적으로 청동기문화가 기원전 2천 년으로 올라가기 어렵다는 데 근거를 둔 것이다. 그래서 청동기문화가 꽃핀 기원전 10세기경 이후부터 국가단계를 설정할 수 있는데, 기자조선이 바로 여기에 해당한다고 보았다.

단군조선 문제는 청동기문화의 상한과 밀접하게 관련되어 있는데, 중국 학계에서 최근 요서지역의 청동기문화를 기원전 2천 년까지 올려보고, 또 요서의 홍산문화紅山文化 가운데 곰과 여신女神(웅녀)과 관련된 유물과 유적이 발견된 것을 고려하면 단군조선의 첫 중심지를 요서지역으로 보고, 이를 국가단계로 이해할 수 있는 가능성은 크다. 그러나 천 선생은 아직 이런 고고학적 성과를 접하지 못한 상태에서 단군조선을 이해한 것이다.

## 5. 고대사 연구 (2) : 삼한사와 가야사

천 선생이 심혈을 기울여 연구한 고대사 가운데 삼한三韓의 위치와 문화에 대한 해석도 획기적인 의미를 갖는다. 일찍이 민족주의 역사가 신채호申采浩는 삼한이 원래 북방에 있다가 남하하여 한반도 남쪽에 남삼한南三韓이 되었다는 주장을 폈는데, 천 선생은 신채호가 삼한을 삼조선三朝鮮으로 해석한 것은 문제가 있다고 보지만, 삼한이 원래 북방에 있다가 남하한 것은 인정하고, 그 위치를 새롭게 고증했다. 즉 마한馬韓은 기자조선의 중핵을 이루는 집단으로서 대동강 하류 내지는 압록강 하류에 있다가 뒤에 위만조선에 밀려 지금의 경기도, 충청도, 전라도 일대로 내려왔는데, 그 왕도王都를 지금의 충남 홍성시 금마면金馬面으로 비정했다. 이는 지금까지의 통설인 전라도 익산설益山說, 경기도 직산설稷山說을 뒤집는 것이지만 아직은 고고학적 뒷받침이 없는 것이 문제로 남아 있다. 이 지역의 발굴이 이루어진다면 천 선생의 주장이 증명될 날이 올지도 모른다.

다음에 진한辰韓과 변한弁韓은 원래 요동반도에 있던 기자조선의 외곽 집단이었는데, 뒤에 위만조선衛滿朝鮮에 밀려 지금의 황해도 지역으로 내려왔다가, 다시 백제세력에 밀려 경상도 지역으로 내려와 진한(경주)과 변한(김해)으로 되었다고 보았다.

삼한 문제는 자연히 삼한에서 일어난 백제, 신라, 가야의 역사와도 연결되는데, 그 가운데 삼한의 맹주로 알려진 목지국目支國의 위치를 인천(문학산文鶴山 일대)에 중심을 두고 충청도의 서산瑞山과 보령保寧 지방을 연결하는 해상세력으로 이해했으며, 목지국의 지배층은 비류계沸流系의 고이왕古爾王으로 해석했다. 천 선생은 마한 54국의 위치와 백제 5방五方의 위치를 새롭게 비정했으나, 여기서는 자세한 소개를 생략한다.

한편, 신라의 건국과 관련해서는 김씨金氏를 선주민으로 보고, 그다음에 진한辰韓에서 들어온 세력이 석씨昔氏(탈해脫解와는 다름)가 되고, 그 뒤에 박씨朴氏가 김씨 족의 협조를 얻어 세습적 수장이 되고, 뒤에 흉노匈奴계의 탈해, 다음에 석씨가 차례로 왕권을 이어간 것으로 해석했다.

끝으로, 가야사에 대해서는 별도의 저서를 낼 만큼 큰 관심을 가지고 연구했는데, 특히 주목되는 것은 이른바 '임나일본부任那日本府'에 대한 새로운 해석이다. 임나일본부에 대해서는 왜倭가 가야를 지배하던 기관이라는 일본 학자의 설에서 시작하여 대마도에 있다는 설, 삼한, 삼국이 일본 열도에 건설한 식민지기구라는 설에 이르기까지 다양한 학설이 있어 왔지만, 천 선생은 임나일본부가 일단 가야지방에 있었다는 것은 인정하면서도 그 주체는 왜가 아니라 백제로서, 백제가 5~6세기에 낙동강 유역의 가야지방(진주, 함안)으로 진출하면서 건설한 파견군사령부派遣軍司令部와 같은 것으로 해석했다. 『일본서기』에 보이는 왜는 곧 백제계라는 사실에 근거를 둔 것이다.

가야의 정치수준에 대해서는 종전에 연맹왕국聯盟王國이나 부족국가部族國家로 본 것을 부인하고 성읍국가城邑國家 내지는 소규모 영역국가領域國家로 보았으며, 나아가 변진弁辰 20여 국의 위치를 새롭게 비정했다.

광개토왕릉비문廣開土王陵碑文에 대한 해석도 천 선생의 고대사 연구에서 눈여겨볼 업적이다. 이 비문을 둘러싼 논쟁은 한일韓日 두 나라 학자 간에 치열하게 전개되어 왔고, 아직도 진행 중이지만, 천 선생의 해석은 매우 독특하다. 비문에서 가장 문제되는 부분은 잘 알려진 바와 같이 "왜이신묘년래도해파백잔□□신라이위신민倭以辛卯年來渡海破百殘□□新羅以爲臣民"이라는 구절이다. 이 구절에 대해 일본 학자들은 왜를 주어로 하여 일본이 신묘년에 바다를 건너와서 백제와 신라를 정벌하여 신민臣民으로 삼았다고 해석한 반면, 정인보鄭寅普 선생은 주어를 고구려로 바꾸어 왜가 신묘년에 바다를 건너오자 고구려가 백제와 신라를 격파하여 신민으로 삼았다고 해석했다. 그런데 비문 가운데 파자破字가 조작되었다는 설도 있어 해석이 구구했던 것이다. 천 선생은 위 구절을 "왜이신묘년래 도해 고倭以辛卯年來 渡海 故(혹은 인因, 혹은 시時, 혹은 이而)백잔장침百殘將侵(혹은 욕취欲取)신라 이위신민新羅 以爲臣民"으로 읽어야 한다고 주장했는데, 이를 풀이하면, "백제가 끌어들인 왜가 신묘년 이래로 바다를 건너 백제로 왔으므로, 이 왜와 연계한 백제가 신라를 공격하여 신라를 신민으로 삼으려고 하였다"고 해석했다. 이렇게 읽어야 당시의 한반도를 둘러싼 국제정세에 알맞는 해석이 된다는 것이다.

이상 천 선생의 고대사 연구의 핵심적인 주제들을 간단하게 소개했지만, 그분의 논문을 읽으면서 느끼는 것은 첫 번째로 자료수집의 범위가 무한히 넓다는 것이다. 중국 측 자료는 물론이요, 『일본서기』, 조선시대 실학자들의 고대사 연구, 민족주의 역사가들의 연구성과 그리고 광복 전후시기 이병도 선생을 비롯한 여러 학자들과 일본인 학자들의 연구성과, 그리고 고고학의 성과까지도 낱낱이 섭렵하고 있기 때문이다. 그래서 논문구성이 매우 번잡스럽게 느껴지는 것도 사실이지만, 그만큼 논리구성에 빈틈이 보이지 않는다.

두 번째로 느끼는 것은 민족주의나 특정한 사관史觀 같은 어떤 선입관을 가지고 연구에 임하는 것이 아니라 철저하게 객관적인 자세로 자료를 분석하고 해석하여 합리적인 결론을 이끌어내려고 노력하는 모습이다. 그래서 그분의 연구성과는 누가 읽어도 설득력이 강하고, 그래서 통설通說의 지위를 얻는 경우가 많았다.

그분의 본업이 언론인이라는 점에서 간혹 그의 연구업적이 아마추어 수준을 넘지 못했을 것으로 예단한다면 이는 매우 잘못된 판단이다. 조선시대 연구자로서, 고대사 연구자로서 그분의 위상은 학계에 막강한 영향력을 미친 거목巨木이었으며, 조선시대에 관한 한 그분은 내가 가장 존경하는 선학의 한 분이었다. 사학史學에 대한 치열한 열정과 다재다능한 천재성天才性, 그리고 단단한 실증사학의 기초가 없었다면 강단 밖에서 이런 대학자가 나올 수 없었을 것이다.

한국사학사에서 그분의 위치를 가늠해본다면, 이병도 선생 이후의 실증사학의 기초 위에서 장지연, 신채호, 안재홍 등 민족주의 역사학의 흐름을 계승 발전시킨 인물로 평가할 수 있을 듯하다.

**〈추기〉**

천 선생의 20주기를 맞이하면서 두 가지 죄송한 마음이 다시 떠오른다. 1965년에 선생이 동아일보 편집국장으로 계실 때 필자는 언론인의 꿈을 지니고 견습기자시험에 응시하여 합격한 일이 있었다. 당시 '무관의 제왕'으로 불리던 신문기자는 인문학도들이 가장 선호하는 직업의 하나였으며, 그만큼 경쟁도 치열했던 것으로 기억한다. 그런데 필자는 동아일보 입사를 포기하여 천 선생을 크게 실망시켜 드렸다. 막상 기자생활을 떠올리니 겁이 났고, 내 체질에 과연 맞는 것인가 회의가 들기도 했다. 그래서 신문사를 포기하고 대학원 입학으로 방향을 바꾸었다.

두 번째로 죄송한 마음은 1987년 1월 24일에 모친상을 당했을 때였다. 모진 추위에도 불구하고 천 선생은 필자의 누추한 신림동 자택으로 문상을 오셨다. 너무나 고마운 마음에 소주를 대접해 드렸는데, 문상을 마치고 현관문을 나서다가 층계에서 넘어져 머리를 다치시는 사고가 났다. 큰 부상은 아니었지만, 그 후 4년 뒤에 세상을 뜨시자 그때의 부상이 늘 마음에 걸렸다. 부족한 필자를 늘 아껴주시던 그 은혜에 추호의 보답도 드리지 못하고 심려만 끼쳐 드린 것이 두고두고 회한으로 남는다.

# 시대의 아픔을 학문성과로 승화

김정배
고려중앙학원 이사장 · 전 고려대 총장

천관우 선생은 매일매일 피부에 와 닿는
현실 정치체제의 현대사를 몸소 체험하면서,
동시에 고대사 연구에도 몰두하며
이후 '한국통사'를 쓰려는 계획이….

필자가 후석 천관우 선생과 짧지 않은 기간 교류하며 겪은 일들을 한마디로 정리하면 "오대양 육대주의 식견을 가슴과 머리에 흠뻑 뒤집어 쓴 것 같고, 행동하는 언행을 보노라면 흡사 포효하는 사자와 같다"라고 할 수 있다.

젊은 시절 필자는 천관우 선생과 고대사와 고고학 관련 연구에 대해 담론과 격론을 치르면서도 비교적 원만한 관계를 유지하는 편이었다. 처음 천관우 선생을 봤을 때 역사가로서의 이미지보다는 호걸풍의 언론인의 풍모로 필자에게 강하게 다가왔고, 식사자리에서 주고받던 학계의 뒷이야기는 매우 흥미로웠다. 특히 허름한 옷차림과 소박한 음식을 즐기는 애주가로서의 면모는 상대방을 편하게 만들어주는 천 선생만의 징짐이었다.

6·25전쟁 이후 남북관계는 대립과 긴장의 연속이었고, 역사학을 비롯한 학문교류도 여타 분야와 마찬가지로 금지 대상이었다. 그런데 우리의 현대사를 돌이켜보면 몇몇 놀라운 큰 사건들이 있는데, 그중 한 가지가 '7·4 남북 공동성명'이다. 이 성명 발표 직후 한 기관에서 필자에게 북한의 고고학과 민속에 관해 문의하였고, 필자는 이에 대해서 잘 알지 못하며 자료도 없다고 대답을 한 적이 있다. 그 후에 천관우 선생이 필자에게 전화를 걸어 "모처럼 남과 북이 평화롭게 지내자고 선언을 한 마당에 비정치적 분야인 고고학이나 민속학에 대한 북쪽 사정과 관련 서적들을 정부 기관에서 알 수 있도록 김 선생이 자료를 제공하면 어떻겠느냐"고 하셨다. 그러면서 자신이 특별히 부탁하는 것이니 국가보안법은 걱정하지 말고 기관 사람들한테 도움을 주라고 간곡히 부탁을 하셨다. 사실 필자는 당시 해외 유학에서 얻은 공산권 자료를 통해 필요한 부분을 가지고 있었고, 천 선생과 이에 관해 의견을 나눈 적이 종종 있었다. 이후 기관에서 다시 연락을 하여 천관우 선생을 언급하며 재차 도움을 요청하였다. 결국 필자는 관련 인사를 만나 북한 학계의 연구성과에 대해 설명해주었다. 그 후에 천관우 선생을 만나 식사하는 자리에서 다음과 같은 이야기를 들을 수 있었다. "나는 정부의 비민주적인 독재정치 형태는 반대합니다. 그러나 이번처럼 남북이 평화롭게 교류한다는 것은 좋은 일입니다. 내가 김 선생이 내키지 않아 하는 것을 알면서도 김 선생이 북쪽 자료를 갖고 있는 유일한 학자라고 믿기 때문에 부탁을 한 것이고, 그 사람들한테도 예의를 갖추고 협조를 부탁하라는 말을 하였습니다. 이것은 국민을 위한 것이 아닙니까."

사실 천관우 선생은 그 시기 대표적인 반골, 반체제 인사로, 날카로운 필봉과 번뜩이는 지혜로 동아일보 등의 언론에서 활동하고 있었다.

필자는 천관우 선생의 세상을 보는 식견이 남다르게 넓고 깊으며, 특히 정치판을 바라보는 날카로운 시선과 달리 국민과 역사를 아끼고 사랑하는 따뜻한 마음에 감동을 받고 고마움을 전한 적이 많았다. 훌륭한 선배는 원래 타인의 마음을 움직일 수 있는 사람인데, 내가 알고 있는 천관우 선생의 진면목이 바로 그러하기 때문에 뿌듯하기 그지없다.

사실 필자는 청결하고 정갈한 것을 좋아하여 음식점이 허술해도 음식이 소박하고 깔끔하면 족하다. 그런데 천관우 선생을 생각할 때면 우족탕이 종종 떠오르고, 그때마다 벌어졌던 똑같은 일을 잊을 수가 없다. 으레 우족탕을 시키면 식초와 간장을 섞은 양념장이 그릇에 담겨 나오는데, 천 선생은 소주를 한두 잔 들이켜고는 족을 집어 양념장에 찍을 때면 자주 떨어뜨리곤 하셨다. 이때 양념장이 본인은 물론 상대방의 셔츠와 넥타이, 심지어는 얼굴에까지 튀곤 하였다. 그런데 이 모습을 보고 천 선생은 손으로 툭툭 털고는 개의치 않고 술과 음식을 드셨다. 상대방 옷에 묻은 것쯤은 개의치 않는 분이다. 큰 체구에 대식가이면서 대주가인 모습은 지금 생각해도 참 인상적이다.

필자가 천관우 선생을 존경하는 또 다른 일면은 아주 소탈하면서도 의견을 개진함에 있어 주저하지 않는 남아다운 품격을 소유하였다는 점이다. 천 선생이 정치적인 이유로 소위 낭인행각을 할 때 일상생활은 물론 모든 사회활동이 궁핍한 시기였다. 필자가 한국사연구회에 관여하고 있을 때 종종 전화나 엽서로 서로 소식을 전하곤 하였다. 한번은 장문의 편지에서 현재의 자신의 심경을 언급하며 마지막에는 학회에 회비를 낼 수 없다는 처지를 농담처럼 말씀하시면서 먼 훗날 빚을 다 갚겠다는 내용으로 끝을 맺으셨다. 우리는 회비 납부와 관계없이 『한국사 연구』를 보냈고, 천 선생의 훌륭한 역사연구 업적이 지속되길 바라는 마음뿐이었고 건강하시기만을 기원하였다.

필자는 한동안 제기동 종암초등학교 근처에 산 적이 있었다. 부모님을 모시고 있었지만 대문에는 한자로 쓴 필자의 문패를 걸어놓고 있었다. 한번은 천 선생이 호쾌하게 웃으시면서 "지나다가 김 선생 집을 알고 문을 두드린 적이 있었는데 김 선생이 부재중이라 상면하지 못하였다"고 하신 적이 있었다. 필자는 어떻게 된 일인지 궁금하여 자초지종을 물었더니 당시 상황을 말씀하셨다. 지나가다가 필자의 이름이 적힌 문패를 보고 초인종을 누르니 집에서 일하는 아가씨가 나오기에 여기가 고려대 김 교수댁이냐고 물었다. 그런데 이 아가씨가 이상한 듯 천 선생을 위아래로 훑어보더니 집은 맞는데 계시지 않는다고 대답을 하였다고 한다. 이때 천 선생 말씀의 요지는 필자가 부재중이었음을 말하려는 것이 아니라 자신의 몰골과 행색이 하도 남루하고 이상하여 일하는 아가씨가 놀란 것 같다는 것이었다. 이야기를 듣고 보니 전후 사정이야 어떻든 미안하다는 생각이 들어서 사과를 하였다. 그런데 천 선생께서는 오히려 손을 저으면서 내가 보아도 영락없는 낭인의 모습인데 그렇게밖에 대답을 할 수 없었을 거라며 크게 웃으셨다.

핍박을 받던 시기의 천 선생을 생각하면 항상 마음이 아프고 안쓰러웠다. 헝클어진 머리카락이 바람에 휘날리는 모습, 추울 때면 빛이 바랜 베레모를 쓰시던 모습이 아직도 눈에 선하다. 특별한 경우가 아니면 자유롭게 옷을 입는 것이 큰 언론인이자 역사학자의 품위를 떨어뜨리는 일은 아니지만, 불행한 시대를 맞아 크게 고생을 하신다는 생각이 필자의 가슴을 무겁게 하곤 하였다. 그럴 때마다 필자가 해드릴 수 있는 것은 같이 식사를 하면서 건강하시라는 당부를 드리거나 책이나 자료를 구해 보내드리는 것이 전부였다. 그러면 천 선생은 항상 초서체의 한문이나 한글로 고맙다는 내용의 답장을 써서 보내셨다.

천 선생은 말년에 고대사에 많은 관심을 갖고 업적을 남기셨다. 특히 사료를 이해하고 기억하는 능력은 그 누구도 따라올 수 없을 만큼 특출한 것이어서 주위를 놀라게 하였다. 지금 소개할 일화는 『신동아』에서 고대사에 관한 좌담회를 마친 후 식사자리에서 있었던 일이다. 좌담회의 사회를 맡은 천 선생은 고대사와 고고학 분야가 이견이 많고 각종 학설이 난무하기 때문에 고생을 많이 했지만, 한편 공부도 되었다고 하셨다. 그러면서 천 선생은 필자에게 "김 선생, 고대사가 어려운 줄은 짐작하였지만 웬 놈의 견해가 그렇게 많아요. 내가 고대사 논문을 쓰는 데 혹 잘못이 있더라도 잘 지적해주세요. 그런데 내가 고대사 전공자가 아니니까 잘못이 있어도 괜찮은 거 아닙니까?"라고 하셨다.

사실 옳은 이야기이다. 전공분야가 아니지만 역사에 일가견을 갖고 있던 천 선생은 자신의 구상과 논리를 기왕의 업적 위에서 고대사의 이야기를 마음껏 펼치고 있었다. 솔직하고 대담한 성격이 아니고는 이루기 어려운 학문성과를 천 선생은 시대의 아픔 속에서 승화시켜 나갔다.

천관우 선생은 매일매일 피부에 와 닿는 현실 정치체제의 현대사를 몸소 체험하면서, 동시에 고대사 연구에도 몰두하며 이후 '한국통사'를 쓰려는 계획을 갖고 있었다. 그러나 천 선생의 빛나는 붓끝이 고대사에 머물고 더 나아가지 못하고 지혜의 보고가 빛을 잃게 된 것은 매우 불행한 일이다. 천 선생은 정론을 펴는 언론인이면서, 명문을 짓는 문장가요, 붓을 들면 뜻을 만드는 역사가였다. 천 선생은 선비인 척하지 않았지만 실은 선비정신을 바로 갖춘 제천 출신의 보기 드문 선비였다. 의인이자 명인에게 일화가 많다는 것은 그의 인생의 활동 폭이 넓다는 의미인데 천 선생도 알고 보면 이와 다르지 않은 분이다.

# 연금 중에 한국사 연구 몰두한 대인

이기동
동국대 석좌교수

여러 학술잡지에 잇따라 발표한 논문들
신진 연구자인 나에게 꾸준히 보내주셔
『고조선사·삼한사연구』로 발간되었고
『가야사연구』는 서세하신 뒤 유저로….

천 선생님을 먼발치에서나마 처음 뵌 것은 1960년대 초반 옛 서울대학교 문리대 마로니에 교정에서였다. 40을 바라보는 연세에 책과 노트 등 강의 자료를 잔뜩 싼 큰 보자기를 들고 성큼성큼 걸어가는 거구의 선생님 뒷모습을 보고 주위의 학생들이 "저분이 천관우 선생"이라고 수군거리는 소리를 들었던 기억이 난다. 당시 선생님은 모 일간지의 편집국장이란 매우 바쁜 직책을 수행하면서 시간을 내어 사회학과의 '한국사회제도사' 과목을 맡아 출강 중이셨다. 사학과 출신인 선생님이 사학과가 아닌 사회학과의 교과목을 맡게 된 사연에 대해서는 자세한 것을 알 수 없었으나, 선생님이 당시 이상백李相佰 교수님의 크나큰 지우知遇를 받고 있었던 까닭에 그리된 것이 아니었나 생각된다. 선생님이 진단학회震檀學會에서 펴낸 『한국사』 총서 전 7책 중 이 교수님 명의로 된 '근세전기 편'의 실제 집필자라는 소문이 돌고 있을 정도로 두 분은 20여 세의 연령 차이에도 불구하고 가깝게 지냈다고 들었다.

그것은 어쨌든 당시 사학과 학부생이었던 나는 후석 선생님이 1949년 학부 졸업논문으로 조선후기 실학實學운동의 선구자가 된 17세기 반계磻溪 유형원 柳馨遠에 대해 본격적인 논문을 써서 해방 후 실학 연구의 길을 개척했다는 이야기라든지 또한 6·25전쟁 중에 나온 일본인 하타다 다카시旗田巍 씨의 『조선사朝鮮史』에 대해 서평을 써서 학계에 소개했다는 이야기를 듣고 있었고, 때때로 국사연구실에 들러 초창기 『역사학보』에 실린 선생님의 글들을 뒤적이고 있을 때였던 만큼 선생님에 대한 관심은 남다른 편이었다고 할 수 있다. 다만 당시는 선생님을 직접 찾아뵙고 가르침을 청할 만한 역사의 기초 지식도 없었고 더욱이 용기가 나지 않았다.

1960년대 들어 후반기에 이르기까지 후석 선생님에게는 언론인으로서 최대의, 그리고 최후의 전성기가 아니었을까 짐작된다. 선생님은 당시 최대 일간지인 동아일보의 편집국장에서 주필로, 장기집권을 획책하는 국가권력의 폭주에 맞서 언론자유를 지켜내야 하는 무거운 짐을 떠맡고 있었기 때문이다. 결국 선생님은 1968년 12월에 있었던 월간잡지 '신동아 필화사건'으로 언론계를 물러나게 되었는데, 당시의 언론상황을 "잠든 사이에 스며든 연탄가스로 비명 한 번 못 질러보고 어리둥절하고 있는 상태"로 비유한 바 있다. 한편 나는 1965년 대학 졸업과 동시에 2년간 전방 보병사단에서 복무한 뒤 대학원에 진학하여 가정형편상 학생신분으로 서울 시내 고교 교사 자리를 얻어 정신없이 바쁜 생활을 하고 있었다. 그 때문에 선생님을 찾아뵐 엄두도 나지 않았다.

1970년 초 석사학위를 받고 나서 조금 시간 여유가 생겼으므로 민현구閔賢九 교수에 이끌려 이기백李基白 선생님을 처음으로 찾아뵙고 가르침을 청했다. 그리고 1971년 정초에 역시 민 교수와 동행, 불광동의 국민주택으로 후석 선생님을 찾아뵌 것이 선생님과의 첫 번째 대면이 아니었는가 기억된다. 선생님께서는 그간 퇴직했던 언론사에 사사社史 담당 이사라는 한직으로 일단 복직했다가 다시금 정부 당국의 압력에 의해서 신문사를 떠나 바야흐로 야인野人생활을 시작할 무렵이었다. 선생님은 실로 여유를 잃지 않는 대인大人의 풍모에 시종 겸손한 언사로 후학들을 편하게 대해주는 서글서글한 인간미를 풍기고 계셨으나, 한편으로는 뜻밖에 세심한 일면이 있다는 느낌을 받았다. 이는 훨씬 뒤에 선생님의 친필 원고 교정지를 검토할 기회에 새삼스레 느낀 점이다. 뒤에 민 교수에게서 들은 얘기지만, 선생님은 선배와 동료, 친구분들과 함께 어울린 주석酒席에서 때때로 화를 참지 못해 술잔을 상 위로 내던지는 일도 있었다고 하는데, 어쩌면 섬세하고 순진무구한 성품에서 우러나온 해프닝이 아니었을까 문득 생각되기도 한다.

나는 1976년 봄 서울생활을 청산하고 아무런 연고가 없는 대구로 내려와 모처럼 한적한 생활을 즐기게 되었다. 아는 사람도 거의 없었으므로, 강의시간을 제외하고는 대부분의 시간을 대학에서 제공한 연구실에서 조용히 독서하며 보낼 수 있었다. 그때 마침 한국사특집을 준비하던 계간잡지 『창작과 비평』의 편집부로부터 원고 청탁을 받았다. 나는 「한국고대사 연구의 현황과 문제점」이라는 제목으로 연전年前에 나온 후석 선생님 편저 『한국상고사의 쟁점』과 김철준金哲埈 교수님의 『한국고대사회 연구』, 1976년 초에 나온 이병도李丙燾 선생님의 『한국고대사 연구』 세 책을 소개하면서 몇 가지 문제점을 제법 강한 톤으로 제기하기도 했다. 후석 선생님과 김 교수님은 이병도 선생님의 고제高弟였으나, 두 분 모두 개성이 강한 편으로 은사의 학문방법이나 견해와는 대립되는 면도 많아서 곳곳에서 충돌을 빚고 있었다. 이 선생님이 어디까지나 문헌고증에 충실한 것과는 달리 김 교수님은 사회인류학의 이론을 일부 수용하면서도 문화사적 접근에 집착하는 등 다분히 관념적인 취향으로 기울고 있었다. 이에 비해 후석 선생님은 거시적巨視的인 관점에서 이 선생님이 한평생 쌓아 올린 한국상고사의 틀을 새롭게 대체하려고 시도했다.

선생님의 전공분야는 본래 조선시대사로 언론계에 종사하던 바쁜 시절에도 틈을 내어 조선군제사라든가 근대화에 관련된 논문을 발표하셨다. 『신동아』 1966년 8월호에 '한국사의 논쟁점'이라는 특집이 실렸을 때 그 기획을 총괄한 선생님은 「또 무엇이 문제인가?」라는 제목 아래 한국 근대화의 문제를 논하기도 했다. 선생님은 언론사를 떠날 무렵인 1971년 벽두부터 '한국사의 거시적 재구성과 대중화'를 위한 시리즈를 기획하여 역사학과 그 인접 학문분야의 전문가들을 동원하여 '토론·한국사의 쟁점'을 역시 『신동아』에 연재하기 시작했다. 최초의 계획은 한국사의 전 과정을 끌고 내려올 예정이었으나, 고대 도시국가의 형성문제까지를 다룬 제5회로 중단하고 말았다. 『한국상고사의 쟁점』은 활자화된 5회분을 편집·간행한 것인데, 선생님은 사전에 필요한 개별 예비토론을 맡았을 뿐 아니라 매회 사회자로서 토론 진행을 이끌었다.

선생님은 이 같은 예비작업을 거쳐 『신동아』 1972년 5월호부터 '한국사의 조류潮流'를 한동안 연재했다. 선생님은 그간 역사학계에서 부인론否認論으로 일관해오던 『삼국사기』 초기 연대기를 긍정적인 입장에서 취신取信하는 한편 가야사加耶史를 연결 고리로 한 고대 한·일 관계사 연구에 획기적인 신설新說을 제시하여 한국·일본 양국 역사학계의 큰 주목을 받았다. 한편으로는 기자조선의 문제를 본격적으로 다룬 「기자고箕子攷」 등 상고사의 핵심적인 쟁점들을 정면에서 조준한 논문을 학술지에 발표하기 시작했다. 선생님께서는 1974년에 발족한 '민주회복국민회의' 공동의장의 한 사람으로 참여하여 이른바 유신정권과 삼엄한 대치상태에 놓이게 된 것이 역설적으로 상고사 연구에 전념하게 된 계기가 되었다고 할 수 있다. 외부활동에 큰 제약을 받아 자택에 칩거하도록 사실상 강요됨으로 해서 여기저기 흩어져 있는 많은 자료들을 섭렵해야 하는 근대사 연구는 불가능했던 것이다. 선생님께서는 유신정권이 쓰러진 1979년 말경까지 여러 학술잡지에 잇따라 발표한 논문의 별쇄別刷를 당시 고대사학계의 신진 연구자에 불과했던 나에게 꾸준히 보내주셨는데, 이것들은 선생님 만년에 『고조선사·삼한사연구』로 발간되었고, 그 자매편에 해당하는 『가야사연구』는 서세逝世하신 뒤 유저遺著로 발간되었다.

삭막하기 짝이 없던 유신체제 후반기에 선배 몇 분과 함께 신년인사를 드리려고 선생님의 자택을 방문할 때마다 정부의 압력에 의해서 강제로 퇴직당한 동아일보사의 젊은 기자들로 집안이 온통 성시成市를 이루곤 했던 광경이 생각난다. 어느 해인가 우리 일행이 소주 한 병을 달랑 들고 인사 갔을 때 간단한 술상이 나왔는데, 선생님께서 큰 목소리로 안방의 사모님께 갈비를 내오라고 말씀하셨다. 어찌 된 영문인지 궁금해하는 우리들에게 선생님은 중학 및 언론계의 후배인 모 일간지 간부 N 씨가 보내온 것이라고 했다. 그때 우리들은 부끄러운 마음을 억제하지 못하면서도 염치없이 주식酒食을 즐겼으니, 지금 생각해보면 식은땀이 날 정도이다. 선생님은 사실상의 자택 연금생활이 여러 해 계속되는 형편이었으나 시종 태연자약 시국에 대한 불평 따위는 한마디도 내비친 적이 없었다. 선생님의 저서 『한국사의 재발견』을 1976년 일역日譯하여 펴내기도 했던 일본 아사히朝日신문의 다나카 아키라田中明 씨의 『조선단상朝鮮斷想』(1984, 뒤에 아사히문고朝日文庫로 나올 때 『한국의 민족과 반일韓國の民族と反日』로 개제改題함)에 실린 「한국의 지식인을 생각

한다韓國の知識人を考える」(『조선연구朝鮮研究』 1976년 10·11월호)를 보면 1974년 봄 후석 선생님이 자기에게 보낸 짤막한 편지에서 '속사俗事'에 쫓겨 그간 결례缺禮했다고 썼다는 점을 지적하면서 항상 겸억謙抑한 대인大人의 종용從容한 풍자風姿를 보고 선생님이 관계하고 있던 '민주회복' 운동에 대한 신뢰감을 느꼈다고 쓴 바 있다. 이는 그가 당시 일본에 망명 중인 한국 지식인 가운데 누군가가 T·K生이란 가명으로 「한국으로부터의 통신」을 잡지에 발표하면서 미국의 압력만이 유신정권을 끝장낼 수 있는 유일한 길이라고 선전·선동활동을 벌이고 있던 데 대한 실망감을 토로하고 있는 것과 흥미로운 대조가 된다고 생각한다.

1980년 '서울의 봄'이 도래하면서 선생님은 오랜 칩거생활에서 벗어났다. 선생님은 서대문 네거리에 있는 한국연구원으로부터 일실一室을 제공받아 바깥나들이를 시작하셨다. 다만 세대교체가 빠른 언론계에 복귀하기는 어려운 형편이었으므로 야인생활은 한동안 계속될 수밖에 없었다. 이 시기에 선생님은 신정부로부터 정계 진출을 권유받았다고 하는데, 사양했다고 들었다. 그 뒤에도 모 야당 총재로부터 국회의원 출마를 위한 지역구를 제의받았으나 즉석에서 거절했다고 한다. 오늘의 비판을 맡는 언관言官과 내일의 비판을 위해 예비하는 사관史官을 자신의 천직으로 부단히 자각하고 있던 선생님에게 관직이나 국회의원직은 본디 부질없는 것이었을 뿐이다. 사실 관직으로 말한다면 선생님은 38세 때인 1963년 월간잡지 『세대世代』에 「이순신론李舜臣論」을 쓴 것이 마침 최고 권력자의 눈에 띄어 공보처장직을 제의받고 망설임도 없이 사절한 적도 있었다고 들었다.

선생님은 한국사의 대중화를 위한 집필활동에 주력하여 그 일부를 경향신문에 연재하기도 했고, 『신동아』에 연재했던 「한국사의 조류」의 주요 내용을 정리하여 『인물로 본 한국고대사』를 펴내기도 했다.

이 책의 제5장 가야 수로왕首露王과 제6장 백제 근초고왕近肖古王은 가야사와 백제사를 축軸으로 한 고대 한·일 관계사에 대한 선생님의 번득이는 창견創見을 엿볼 수 있는 귀중한 대목이다. 이 무렵 나는 대구에서 상경할 때면 민현구 교수와 함께 선생님의 집필실로 인사를 가고는 했는데, 저녁식사 때는 모처럼 자유로워진 생활의 변화에 크게 흡족해하시던 모습이 지금도 눈에 선하다. 머지않아 선생님은 통일 관련 정부·민간 협의기구의 의장직을 맡으셨는데, 운동권에서는 이를 군사정권과 야합한 행위라고 매도하는 분위기가 거셌다는 이야기를 들었다. 특히 몇 해 전까지 선생님의 자택에서 정초가 되면 며칠씩 성시를 이루던 신문사 후배들로부터도 비난을 받았으니 선생님이 겪은 정신적 고초가 이만저만이 아니었을 것으로 짐작된다. 뒤에 사모님으로부터 들은 바에 의하면 협의회 의장 수당으로 받은 돈은 전액 사무처 직원들을 위한 후생비로 내놓았다고 한다.

나는 1983년 봄 서울로 직장을 옮겼다. 그 직후인 4월 하순 경향신문사 주최로 한·일 고대사 국제심포지엄이 열렸는데, 발표자로 하타다 다카시 씨와 재일동포 학자 이진희李進熙 씨 등이 초청되었고, 후석 선생님은 「『일본서기日本書紀』에 의한 가야사 복원 시론加耶史 復元 試論」이라는 제목으로 발표하셨다. 나는 그 얼마 전 하타다 다카시 씨의 『일본인의 한국관』과 이진희 씨의 『광개토왕릉비의 탐구』라는 편역서를 낸 인연도 있었으므로 심포지엄에 토론자로 참여할 기회를 얻었다. 이른바 지한파知韓派 인사들끼리의 학술모임이었던 만큼 회의 분위기는 매우 부드러웠고, 청진동의 고급 요정 '장원'에서 열린 만찬은 시종 화기애애한 가운데 오랜 세월 적조積阻한 이야기의 꽃을 피웠다. 그다음 날인가 한국사를 전공하는 몇몇 교수들이 하타다 다카시 씨를 조계사 근처의 수정水晶으로 초대하여 저녁을 들면서 한·일 역사학계의 당면한 문제들을 격의 없이 논의하기도 했다.

1985년 후석 선생님의 회갑을 맞아 역사학계 인사들 사이에 기념논문집을 발간하여 프레스센터에서 조촐한 봉정식을 가졌다. 선생님은 자신을 언제나 "기자를 업業으로 삼으면서 틈틈이 한국사에 관계되는 글을 써온 비非아카데미 사학자"라고 했으나, 역사학계는 선생님이 "한국사를 연구하면서 틈틈이 신문에 관계되는 글을 써온 사람"(『신동아』 1974년 12월호에 실린 고병익高柄翊 선생의 『한국사의 재발견』에 대한 서평)으로 생각하고 있었다. 그런데 선생님은 회갑이 지난 뒤 건강에 이상이 생겨 병원에 입원하는 일이 잦아졌다. 하긴 한국일보사의 고문으로 고정 칼럼을 연재하기도 했으나, 지난날의 기백을 찾아보기 어려웠다. 이 시기 나는 선생님을 여러 해 동안 찾아뵙지 못하여 죄송한 마음이 있었는데, 1989년 출판사 일조각의 편집 책임자로부터 선생님의 논문집 『고조선사·삼한사연구』의 교정을 봐달라는 뜻밖의 연락을 받았다. 선생님은 당시 병환이 위중危重하여 입원 중이셨으므로 교정작업이 불가능한 형편이었다. 나는 그간 선생님으로부터 받은 후의에 조금이나마 보답하고 싶은 심정에서 서둘러 교정에 착수한 기억이 난다.

내가 재단법인 가락국駕洛國사적개발연구원의 부탁을 받아 동同 연구원이 발간하기로 계획 중인 『한국고대사 논총』 제1집에 선생님의 논문집에 대한 서평을 쓰고 있던 1991년 1월 중순 선생님은 홀연히 세상을 떠나셨다. 그리하여 나는 유고집遺稿集이 된 『가야사연구』의 편집 및 교정 작업을 맡아 속성으로 일을 진행하지 않으면 안 되었다. 선생님의 부인께서는 나에게 1978년 봄에 선생님께서 붓으로 쓰신 『맹자孟子』의 "천장항대임어시인야 필선고기심지天將降大任於是人也 必先苦其心志"를 표구하여 선물로 주셨다. 나는 연구실에 걸어둔 이 족자를 바라볼 때마다 일순간 숙연해지는 것을 느끼곤 한다.

# 좌·우파를 뛰어넘는 넓고 깊은 뜻

이태진
국사편찬위원회 위원장

선생은 타고난 능력과 열정으로
학계와 언론계를 넘나들면서
나라가 나아갈 정로正路를 붙잡고자
고난을 지렛대로 삼아 그 많은 일을….

## 1. 1962년 동숭동 캠퍼스에서 처음 뵌 천관우 선생

내가 천관우 선생의 함자를 처음 안 것은 국어교과서에 실린 미국 「그랜드 캐년」 여행 수필을 통해서였다. 그 멋진 글의 필자가 언론인이면서 사학자란 소개가 퍽 인상적이고 매력적이었다. 물론 그때는 천 선생이 언론인으로 어디서 근무하시는지 몰랐다. 그 글을 읽었을 때는 좋은 대학에 들어가려고 게으름을 달래는 데 급급했던 시절이라서 기성사회의 정황에 대해 아는 것이 별로 없었다. 나중에 서강대학교 교수가 되신 김학동 선생님이 우리 학교 국어 교사로서 그 글을 아주 멋지게 설명하시면서 가르쳐 준 필자의 약력에 대한 기억이 강하게 남았다. 선생의 연보에 따르면 1952년 28세 때 유네스코 기금으로 미국 미네소타 대학 신문학과에 1년간 수학하실 때 그 글을 쓰신 것이 분명하다. 천재적 필력이 이때 선을 보인 것이 아닐까.

천 선생님을 직접 뵙게 된 것은 대학에 들어가서였다. 1961년 3월에 서울대학교 문리과대학 사학과에 입학하여 천 선생의 '한국사회제도사' 강의를 듣게 되었다. 연보에 따르면 선생께서 서울대학교 '비상임강사'로 나오신 것이 1962년에서 1년간이었으니 내가 2학년 때 그 강의를 들었던 셈이다. 천 선생님의 강의는 두 학년쯤 올라 있었던 것으로 기억하는데 모두가 사학과가 아니라 사회학과에 개설된 강의였다. 당시 학부 졸업학점은 160학점이었고, 그래서 한 학기에 신청한 강의도 24학점 정도나 되었다. 사학과 강의도 아닌데 '도강盜講'으로 이 강의를 듣게 된 것은 천관우란 인물에 대한 호기심 때문이었다. 언론인이자 역사학자인 선생이 어떻게 생긴 분이신지가 무척 궁금했다. 직접 뵈니, 부리부리한 눈매, 위압감을 주는 체구, 베레모를 썼을 때 풍기는 멋스런 분위기, 그 어느 하나도 예사롭지 않았다.

강의는 오후 늦게 배정되어 있었는데 강의가 시작될 즈음 몇 분의 교수들이 따라 들어와서 강의를 듣는 모습도 동숭동 캠퍼스에서는 드문 것이었다. 황성모 교수, 김채윤 선생 등 몇 분이 천 선생의 강의를 열심히 들어서 분위기를 자아냈던 것으로 기억한다. 그즈음 우리 사회에서 국학 붐이 서서히 일어나고 있을 때였으니 사회과학 하시는 분들도 국사에 관심이 컸던 것이 아닌가 싶다. 강의 내용으로 기억나는 것은 고려 말의 한량閑良, 조선전기의 외거노비, 그리고 후기의 대표적 실학자 유형원의 『반계수록』의 내용에 관한 것 등이 많았던 것으로 기억한다. 선생께서 진단학회의 『한국사』(조선전기편) 집필에 관여하신 것을 나중에 알았는데 그 책에 실린 내용과 관계되는 것이 많았다. 나의 대학생 시절 천관우 선생은 이렇게 멀리서 바라보는 존경의 대상이었다. 물론 선생께서 내 이름을 알 리도 없었다.

## 2. 1969년 전국역사학대회 점심 자리의 첫 '신고'

선생은 1963년에 동아일보 편집국장이 되셨고 이듬해 6월에는 『신동아』가 복간되어 주간主幹을 함께 맡으셨다. 이때가 언론인으로서 가장 왕성한 활동을 보이셨던 때가 아닌가 싶다. 그런데 연보로 보면 이때도 「오위고五衛攷」를 비롯해 조선시대사 관계 논문을 계속 발표하시고 있다. 선생은 애주에 호주가로 널리 알려져 있지만 촌각을 다투는 신문사 책임직을 두 가지나 겸하면서 어느 겨를에 이런 학술 논문까지 쓰실 수 있었는지 놀라움을 금할 수 없다.

1966년에 동아일보 주필을 거치면서 왕성한 활동을 보이시던 끝에 1968년 12월에 '신동아 필화사건'으로 동아일보사를 그만두시게 되었다. 1970년에 동아일보사로 다시 돌아가시게 될 때까지 약 2년간 저술생활을 하시게 되었는데 내가 천 선생을 가까이서 다시 뵙게 된 것은 이때였다. 나는 1965년에 학부를 졸업하고 학과 조교를 하면서 대학원 석사과정을 밟고 1969년에 석사학위를 받은 뒤 5월에 병역의무를 치르기 위해 입영을 하였다. 바로 이즈음 전국 역사학대회가 동국대학교에서 열렸는데 천 선생님을 여기서 다시 뵙게 되었다. 선생은 이때 「3·1운동연구의 문제점」을 발표하신 것으로 되어 있는데 그 발표를 들은 뒤였는지 기억이 확실하지 않지만 민현구 선배와 함께 선생님을 모시고 점심을 하기 위해 동국대학교 아래쪽 어느 허름한 한식집으로 갔다. 민 선배는 그때만 해도 선생을 자주 찾아뵈었는지 천 선생께서도 가깝게 대해 주셨지만 나는 선생을 면전에서 뵙기는 처음이었다. 그만큼 어려운 자리였다.

점심에 들어가기 전에 소주를 주문하시면서 그 유명한 선생의 '낮술'이 시작되었다. 그때는 나도 술이 술술 들어가던 때라서 내 앞에 오는 잔을 넙죽넙죽 비우고 여러 차례 잔 올리기를 했다. 물론 오후 발표에는 가지도 못하였다. 대화는 주로 천 선생님과 민 선배 사이에 오가고 나는 옆자리에서 잔을 비우면서 듣기만 했다. 그런데 술자리가 오래되면서 내 앞으로 잔이 잘 돌아오지 않았다. 그래서 지루한 나머지 병채로 들고 꿀꺽꿀꺽 몇 모금을 마셨다. 그랬더니 천 선생께서 놀란 시선을 주면서 "어! 이태진이 너 민현구보다 낫구나. 민현구 이거 쩨쩨하게 따지기만 하고…." 사실은 이 광경에 대한 내 기억은 까맣게 백지상태가 되어 있었는데 최근 『한국사 시민강좌』 편집회의를 마친 뒤 저녁식사 자리에서 민 선생이 내게 상기시켜주어 간신히 그 정황에 대한 필름이 살아났다. 주호이신 천 선생과 나의 첫 술좌석은 모양새가 제법 그럴듯했다.

### 3. 1972년 정초 세배 때의 '대낭패'

나는 1969년 6월 초에 논산훈련소로 가서 6주간 신병훈련을 받았다. 본래는 육군사관학교 사학과 교관요원으로 뽑혀 광주 보병학교로 가도록 되어 있었다. 그런데 1968년 1월 21일 북한 무장공비 31명이 청와대 습격을 목적으로 서울에 침입한 이른바 1·21사태가 발생하였다. 이어 11월에는 울진, 삼척 지역에 무장공비 100여 명이 출현하여 남북관계가 준전시 상태로 발전하였다. 이런 상황에서 육군본부 장교 교육 담당관이 군의관, 군법무관, 군종장교, 사관학교 교관요원 등 이른바 특수간부 후보생들의 입영교육 계획을 바꾸었다. 비전투 장교후보생들도 논산훈련소로 가서 일반 사병들과 마찬가지로 전투 기본기술을 익히도록 한다는 것이었다. 육사 교관요원 7명은 새 계획의 첫 적용대상이 되어 논산 신병훈련소로 가서 훈련병 신분으로 6주간 교육을 단단히 받았다. 28연대를 나올 때 이등병 계급장을 달아주었는데 그것이 얼마나 자랑스러웠는지 몰랐다. 완전 세뇌상태였다.

배출대를 거쳐 광주 송정리역에 아침에 내려 쭈그리고 앉아 있는데 보병학교에서 우리를 인수하러 나온 병장이 "후보생님들! 그 (이등병) 계급장 좀 떼시지요"라고 한다. 후보생님들이란 존칭에 깜짝 놀랐다.

이 ××, 저 ××란 소리만 듣다가 '님' 자 소리를 들으면서 귀를 의심했다. 10주간의 보병학교 후보생 훈련은 그야말로 정신적으로 거지가 신사가 된 기분이었다. 어쨌든 8월에 아폴로호가 달나라를 간 뉴스를 보병학교 병영에서 듣고 그 8월 말에 중위 계급장을 달고 서울로 올라왔다.

나의 의무병역 군 생활은 훈련과정은 험난했지만 임관 후 육군사관학교 교수부에서 근무하게 되어 호강스런 것이었다. 주로 사관생도 가르치고 허선도 선생이 이끄시는 『한국군제사』 조선후기 편 집필로 3년을 보냈다. 지금 생각하니 1969년 봄, 천관우 선생과의 점심 자리도 『한국군제사』 편찬 건이 인연이 되었던 것 같다. 육군사관학교 한국군사연구실이 주관한 『한국군제사』(조선전기 편)는 1967년에 시작하여 1968년에 출간되었는데 천관우 선생이 「오위고」를 비롯해 조선전기의 군사제도에 대해 여러 편의 논문을 쓰신 것 때문에 민현구 선배가 선생을 자주 찾아뵈었던 것 같다. 그래서 천 선생께서도 내가 이 편찬사업에 관여한 것으로 알고 '낮술' 자리에 끼어주셨던 것 같다. 이 인연은 불행하게도 1972년 신년 초에 큰 '낭패'를 겪는 사태로 이어졌다.

1970년대까지도 대학교 연구실 세배 풍속은 고전적이었다. 대학원생들은 날을 정해 모여서 선생님들 댁을 순방하면서 세배를 드렸다. 천 선생께서는 1968년 12월에 '신동아 필화사건'으로 동아일보를 퇴사하셨다가 1970년 2월에 다시 동아일보에 복귀하셨다. 그러나 직무는 상근이사로 동아일보 사사社史 편찬으로, 한직이었다. 1971년 4월에 '민주수호국민협의회' 창립 공동대표로 피선되어 12월에 동아일보사를 다시 퇴사하셨다. 민현구 선배는 이즈음 전남대학교 교수가 되어 있었다. 1972년 정초에 민 선배는 서울대 사학과의 여러 선생님 댁 세배순방을 마친 뒤 저녁 무렵에 갑자기 불광동 천관우 선생 댁으로 가자고 제안하였다. 마침 선생께서 재퇴사를 당한 처지이고 해서 그 제안에 일행이 동의를 하였다. 나는 왠지 좀 꺼림칙했는데 다섯 명 정도 되는 일행의 중의에 따랐다.

동숭동에서 택시를 타고 불광동에 도착했을 때는 이미 어둠이 짙어진 때였다. 천 선생 댁 안으로 들어섰을 때 안채 마루에 세배객들이 가득 찼고 이미 술좌석이 무르익었는지 왁자지껄 소란스러웠다. 우리는 선생이 서재로 쓰시는 작은방으로 안내되었다. 거기서 거의 한 시간 정도 기다리고 있었는데 천 선생께서 상당히 취기가 돈 상태에서 방으로 들어오셔서 모두 일어나 세배를 올렸다. 사모님께서 시간을 끌지 말라는 뜻이신지 주안상은 조촐했다. 그런데 얼마 안 되어 선생께서 갑자기 일어나셔서 바깥으로 나가시더니 소주병을 한 아름 안고 들어오셨다. 집 근처 상점을 다녀오신 것이다. 나로서는 처음 보는 광경이었다. 어쨌든 선생은 우리 일행에게 일일이 잔을 채워주시면서 말씀을 하시기 시작했다.

그날 우리가 늦게 간 것이 선생께 큰 실례를 범한 것 같았다. 안채 저쪽 자리는 모두 동아일보사 사람들이었는데 우리는 역사 공부한다는 어린 백면서생들이어서 선생께서 분위기 적응이 잘 안 되시는지 말이 좀 까다로워지셨다. "내가 무슨 공부를 하는 사람이냐, 나를 찾아올 것까지 없지 않느냐"는 이투셨다. 그런데 주제넘게 내가 선생께 무슨 그런 말씀을 하시느냐고 말을 받았다. 그랬더니 갑자기 대로하신다. 너 뭐냐고 호통을 치시면서 나가라고 하신다. 정말 당혹스러웠다. 옆에 있던 외우 이기동과 함께 결국 자리를 나오지 않을 수 없었다. 그때 내 차림도 문제였던 것 같다. 나는 중위 계급장이 달린 육군장교 동복 정장차림이었다. 그즈음 나도 경제적으로 넉넉지 못한 형편이었다. 그래서 세배용으로 입을 양복이 따로 없어서 정장 군복을 입고 돌아다녔는데 군 출신들이 만든 유신체제와 싸우고 있던 선생의 시선에 거슬리었을 것이다. 동국대학교 아래 허름한 한식당에서 이루어진 '성공적' 첫 신고의 정감이 한순간에 날아가 버린 '낭패' 였다.

## 4. 1986년 환력기념 논문집을 배수할 때의 추억

그 후 나는 1972년 여름에 예비역으로 편입되어 민간인이 되었고 이듬해 한영국 선배의 도움으로 경북대학교에 전임강사로 취직하였다. 1974년인가 선생께서 무슨 일로 대구로 내려오신 길에 경북대학교에 들르셨다. 그래서 한영국 선배가 앞장서서 조촐한 저녁 자리로 모셨다. 그때 선생께서는 1972년 정초의 '사건' 에 대해 전혀 내색을 하지 않으셨다. 하나도 기억하지 않고 계시는 듯했다. 천만다행이었다. 대구에 있을 때는 물론 선생을 찾아뵐 기회가 거의 없었다. 1977년에 모교 서울대학교로 올라왔지만 1980년대 후반 '민주화' 가 이루어질 때까지 학원가가 크게 요동하는 상황에서는 선생을 찾아뵐 엄두를 낼 수 없었다. 선생께서는 그 후에도 줄곧 학계에 기여하는 학술활동, 특히 고대사에 대해 여러 형태의 업적을 내시면서 정치적 영향력도 발휘하고 계셨기 때문에 나 같은 풋내기가 근처에 가기는 더욱 어려웠다. 선생의 댁이 정권 측으로부터 감시받는 상황이었기 때문에 따로 찾아가기도 어려웠다.

나는 1985년 10월에 교육부의 해외 교수파견 프로그램의 혜택을 받아 미국 컬럼비아대학에 방문교수 자격으로 갔다가 1년 만에 돌아왔다. 떠나기 전에 '천관우 선생 환력기념 논문집 간행위원회'의 요청을 받고 「조선시대 수우·수차 보급 시도의 농업사적 의의」란 글을 투고하였다. 선생의 줄기찬 학구열에 존경의 표시를 작으나마 해야 한다는 뜻으로 영광스럽게 그 기회를 놓치지 않았다. 떠나기 전에 논문을 보내고 『천관우 선생 환력기념 한국사학논총』은 귀국 후에 받았다. 귀국했을 때는 책이 나온 지 이미 몇 달이 되었지만, 선생께서 책을 직접 전하고 싶다고 한국일보사 사무실로 한번 와달라고 하셨다. 그새 동아일보사와는 인연이 끊어지고 한국일보사 고문으로 사무실을 하나 쓰고 계셨다. 약속한 일시에 찾아뵈었더니 큰 방에 혼자 계시면서 이미 속표지에 몇 자 증정 문구를 적어놓으신 책을 건네주셨다. 사실 그것이 나로서는 천 선생을 마지막 뵌 것이 아닌가 싶다.

## 5. 한국현대사 속의 천관우 선생

천관우 선생의 학문세계는 독특하다. 우선 언론계를 본무대로 하면서 한국사학을 하신 점부터 전례를 찾기 어렵다. 저 위로 올라가 장지연, 문일평처럼 일제하 항일의 시대에서나 찾아볼 수 있지 광복 후에는 오로지 천 선생 한 분뿐일 것 같다. 선생의 업적은 한국사 연구를 본업으로 하는 분들에 비해 질, 양 어느 면으로나 차이가 없고 오히려 강한 개척적 성과를 낸 것이 많다. 선생의 학문이 앞으로 어떻게 평가

될지가 자못 궁금하다. 선생과의 인연을 추억하는 이 글에서는 감히 다룰 대상이 아니지만 앞으로의 연구의 방향성을 짚어보는 뜻에서 몇 가지 가닥을 잡아보고자 한다.

다 알듯이 천 선생의 대표 논문은 1952년에 학부 졸업논문으로 발표하신 「반계 유형원 연구—실학 발생에서 본 이조사회의 일단면」(『역사학보』 2·3호)이다. 이후에도 실학관계 논문을 가장 많이 쓰시기도 하였지만, 조선초기의 오위五衛에 관한 논문 같은 연구도 실은 유형원의 『반계수록』에 대한 이해를 위한 것이라고 믿어진다. 1950년대 초에 실학에 대한 이런 특별한 관심은 1930년대에 정인보 선생을 비롯한 이른바 민족주의 계열의 국학자들의 실학 연구를 뒤잇는 것이라고 보아야 할 것이다. 그리고 1972년 재퇴사 후 저술생활에 들어가면서 『신동아』에 「한국사의 조류—고대」를 발표하신 것을 필두로 상고사, 삼한, 가야 등에 대한 연구에 열정을 쏟던 끝에 신채호, 안재홍 등의 전집 간행을 책무로 삼으신 것으로 보면 그의 한국사학은 항일독립운동기의 민족주의 사학에 닿아 있는 것이 분명하다. 다만 선생에게는 선배들과는 달리 광복 후 새로운 국가 건설의 기회를 가지게 된 것이 다른 점이다. 그는 언론인으로서 제대로 된 민족 국민국가 건설에 기여하고자 애썼지만 제3공화국의 독재화의 길을 보고 언론의 필봉으로 반독재 투쟁에 앞장섰다.

요컨대 일제의 강압에서 벗어나 대한민국을 건설하는 마당에서 그는 일제하 민족주의 지성들이 쌓은 정신세계에 발을 딛고 자유민주주의 신국가 건설에 직접 기여하고자 노력했던 것이다. 그 짐은 어느 시대의 지성보다도 무거운 것이었지만 선생은 타고난 능력과 열정으로 학계와 언론계를 넘나들면서 나라가 나아갈 정로正路를 붙잡고자 고난을 삶으로 삼아 그 많은 일을 해냈던 것이다. 천 선생의 이러한 넓고 깊은 뜻, 그리고 역량을 좌파, 우파의 단순 잣대로 잰다는 것 자체가 잘못된 것이다. 그를 단순히 우파 지식인으로 분류하여 반독재 투쟁 전열에서 동지들을 배신했다고 매도하는 것은 더욱이 부당한 평가이다. 아무래도 천 선생의 역사학과 지성세계에 대한 평가는 한국현대사의 맥락 잡기의 중심에서 이루어져야 할 문제이다.

# 인고 속에 한국고대사 대중화에 심혈

김두진

국민대 명예교수

언론인으로서의 후석 선생은
일찍이 한국사학의 대중화에 관심을 가졌다.
『한국사의 재발견』과 『한국근대사 산책』을 통해
대중화와 아울러 한국사의 큰 틀을 마련

## 1. 천관우 선생과의 인연

학부나 대학원에서 수학할 시절에 후석 천관우 선생은 전설적 인물로 나에게 다가왔다. 언론인으로 또한 역사학자로 너무나 저명하였기 때문이다. 이는 언론계에서의 활동으로 말미암은 것이지만, 학문에 대한 강한 의욕을 버리지 않았던 데에서 찾을 수 있다. 이제 막 역사공부를 시작한 나로서는 후석 선생의 저술을 탐독하는 것으로, 배우고자 하는 갈급한 마음을 달랠 수밖에 없었다. 내가 후석 선생을 직접 뵙고 가르침을 받을 수 있었던 것은 1980년 이후였다.

1979년 박정희朴正熙 대통령의 피격 사망은 우리사회의 급격한 변화를 초래하였다. 뒤이은 광주사태 등으로 민주화가 진행되는 속에 후석 선생은 가택 연금에서 풀려나, 국토통일문제에 관여하는 등 사회활동을 새롭게 전개하였다.

1981년에는 한국일보 고문에 취임하여 칼럼을 다시 집필하였다. 마침 나는 전남대학교에서의 생활을 정리하고는 국민대학교로 옮겨 『균여화엄사상연구』를 의욕적으로 저술하였다. 이 책으로 말미암아 제8회 월봉저작상月峰著作賞(1982)을 수상하였는데, 후석 선생은 당시의 심사위원 중 한 분이셨다. 다소 막연하지만 후석 선생과 나의 첫 인연은 이렇게 시작되었다. 같이 심사를 맡았던 또 다른 한 분인 이우성 선생은 후석 선생이 보다 적극적으로 나의 책을 추천하였다고 전문해주었다.

한국일보의 고문으로 재직할 당시 후석 선생은 한국일보 문화강좌 속에 한국사를 개설하고는, 직접 강의할 정도로 이에 대한 열의를 가졌다. 그러나 일 년이 경과한 후 한국사강좌는 한국고대사와 고려시대사·조선시대사 및 한국근대사로 나뉘어, 3개월 간격으로 전공학자가 교대하여 그 강의를 담당하였다. 바쁜 중에서도 후석 선생은 그중 조선시대사를 직접 강의하였다. 내가 한국고대사를 강의하였고, 그 외 민현구·유영익 선생 등이 강좌에 참여하였다.

후석 선생을 직접 대면하게 된 것은 한국고대사 강좌를 담당한 인연으로 말미암았다. 이후 한국사강좌는 3년 정도 지속되었고, 이를 주관한 후석 선생은 매번 바뀌는 강사와도 틈을 내어 차 한잔의 정담을 나누는 여유를 잊지 않았다. 순수 학문적 입장을 반영하는 한국사강좌는 크게 인기를 끌지 못하여 수강자 수가 적었고, 후석 선생을 존중한 한국일보로서도 출혈을 무릅쓰고 설강한 것이었다. 그러던 중 병마病魔에 시달린 후석 선생은 강의는 물론 집필도 여의치 못하여졌고, 투병의 고초를 겪다가 5년을 넘기지 못하고 유명을 달리하고 말았다.

후석 선생과 나의 인연은 극히 짧은 만남에 지나지 않는다. 평소 존경하고 있었으나 특별히 찾아뵙기도 어려워서, 연말이면 나는 후석 선생에게 연하장으로 인사를 대신하였다. 그럴 때면 반드시 답장을 보내주었다. 그런데 1990년 말에 보낸 연하장에 대해서는 두 번 답장이 왔다. 잠시 의아해했는데, 과연 불길한 소식이 바로 전해졌다. 와병 중에서도 후석 선생은 학구적 자세를 조금도 흩트리지 않았다. 광개토왕릉비에 대한 발표 논문을 학보에 게재하면서, 보충 자료와 함께 보강할 내용을 나에게 보내주었다. 당시 특유의 흘린 글씨를 알아보느라고 다소 애를 먹었지만, 후석 선생의 열의는 나에게 청량제로 전해졌다.

## 2. 한국상고사의 체계화

후석 선생은 큰 몸집에 실제로 호방한 성격을 가졌다. 두주도 마다하지 않을 만큼 술을 좋아했다. 이렇듯 통이 크고 선이 굵었던 후석 선생은 몸집도 작고 술도 들지 않아, 백면서생에 지나지 않은 나와는 많이 달라 보였다.

그러나 후석 선생은 그 다른 면을 오히려 어여쁘게 보아 오히려 나를 많이 아껴주었던 듯했다. 한국고대사 강좌를 부탁하기 위해 만난 자리에서, 이미 고대사에 관해 두세 권의 저술을 출간하였음에도 후석 선생은 통일신라 시대사에 대한 이해가 학계의 수준을 넘어서지 못함을 굳이 토로하였다. 이는 지난해의 한국고대사 강좌에서 상고사를 비교적 체계적으로 강의했는데, 이번에는 통일신라 시대사를 보다 자세하게 가르쳐달라는 당부로 들렸다.

후석 선생은 겉보기와는 달리 섬세한 정서를 지녔다. 기자로서 현장을 지키기 때문에 차분히 접근하기 어려운 여건 속에서, 실증적 학술 논문을 계속해서 작성할 수 있었던 것은 이런 면에서 이해된다. 호방하면서도 섬세한 면이 후석 선생의 학문연구성과에 그대로 반영되었다. 학부 졸업논문인 「반계 유형원 연구」는 바로 그러한 산물이었고, 전문 학술지인 『역사학보』에 게재되었다. 내가 한창 역사 공부를 시작할 때만 하여도, 석사논문이 『역사학보』에 실리는 것조차 쉬운 일이 아니었다.

「반계 유형원 연구」는 조선후기 실학 연구의 방향을 전환시키는 획기적인 것이었다. 후석 선생은 이병도·김상기金庠基 등으로부터 실증사학의 방법론을 전수받고는, 그러한 바탕 위에 손진태孫晉泰·안재홍安在鴻 등의 신민족주의 사학이나 사회학 등에 관심을 가졌다. 후석 선생은 정인보鄭寅普로부터도 영향을 받았지만, 특히 안재홍에게서 시사를 받아 실학을 연구하였다.

조선후기 실학자의 문집을 섭렵하고 그들의 사회사상을 추구하면서, 후석 선생의 연구주제는 자연스럽게 한국 상고사나 고대사 쪽으로 넓혀졌다. 이는 마치 조선후기 유학자들의 문집을 광범하게 추적하면서, 그들의 삼한관三韓觀을 통해 삼한 문제를 해결하려던 이병도의 방법론을 떠올리게 한다.

후석 신생은 1970년대에 타의에 의해 칩거해 있는 시기에 한국고대사를 집중적으로 연구하였다. 자칭 저술업著述業으로 접어들었다고 한 시기는 일종의 역경逆境이면서도, 기자생활에서 누리지 못한 색다른 안정기였다. 당시 후석 선생의 한국상고사 연구는 대단히 정치한 실증적 업적을 남겼다. 이때에 연구한 결실이 『한국상고사의 쟁점』(편저)·『인물로 본 한국고대사』·『고조선사·삼한사연구』·『가야사연구』 등으로 출간되었다.

후석 선생은 고조선에서 삼한에 이르는 한국상고사에 대한 정치한 연구를 통해, 국가형성 단계를 설정하면서 가야사를 복원하였다. 이는 신라하대에까지 관심을 확대하면서 한국고대사를 체계화하려는 의도를 가진 것이다. 후석 선생의 고대사 연구성과는 처음에 다소 통설과는 거리가 있었으나, 오히려 수긍되는 면을 많이 지녔다. 그 속에는 조선후기 실학자들의 고대사 체계는 물론 엄정한 학문적 토대 위에 축적된 이병도의 실증사학은 물론 재야(비아카데미)사학의 시각도 다소 흡수되어 있었다.

## 3. 역사학의 대중화와 언론

단점과 함께 나름대로의 장점을 지녔기 때문에, 실증적 접근을 전제로 한다면 재야사학도 한국고대사 연구를 선도할 수 있다. 『고조선사·삼한사연구』는 재야사학의 주장을 다소 받아들였으나 문헌을 광범하게 섭렵한 기반 위에 이루어진 것이어서, 학문적 수준을 유지하면서도 학계에 신선한 바람을 불러일으켰다. 이러한 후석 선생의 한국고대사 연구는 나름대로의 체계를 세우고 궁금한 점을 해결하려는 의도를 지녀서, 바로 대중의 역사 이해에 대한 갈증을 해소하려는 것이다.

후석 선생의 한국고대사 연구는 역사학의 대중화와 밀착하여 추구되었다. 언론사를 떠나 경제적으로 어려울 때에 『신동아』 등에서 호구지책으로 마련해준 기획이 『한국상고사의 쟁점』과 『인물로 본 한국고대사』로 간행되었다. 그중 전자의 부제는 '한국사의 거시적 재구성과 대중화를 위한 시리즈'였다. 후자도 도쿄東京에서 발행되는 민단계民團系 일간지 『통일일보統一日報』에 기획 연재된 것을 토대로 저술하였는데, 원래는 한국사를 장기적으로 싣고자 하였으나 여력이 없어, 후삼국통일에서 한 매듭을 지은 것이다.

언론인으로서의 후석 선생은 일찍이 한국사학의 대중화에 관심을 가졌다. 신문에 연재하는 글은 무엇보다도 대중성을 요구한다. 그러나 후석 선생은 한국사 연구에서 대중을 상대로 하는 특별한 내용을 따로 설정하지 않았다. 어렵지 않게 서술함으로써 대중이 쉽게 이해하게 만드는 것이 대중화로 생각하였기 때문에, 후석 선생은 한국사를 전문적으로 연구하는, 그 자체를 중시하였다. 최근 한국고대학회가 현대 한국고대사학자로 김철준 및 이기백과 함께 다룰 정도로, 후석 선생은 한국사학사에 길이 남게 되었다.

한국사의 대중화를 본격적으로 추구한 『한국사의 재발견』과 『한국근대사 산책』은 일부 칼럼을 홀가분한 마음으로 포함시켰지만, 대부분은 전문 학술지에 실은 내용을 부드럽게 다듬은 것이다. 이 책을 통해 후석 선생은 대중화와 아울러 한국사의 큰 틀을 마련하고자 하였다. 『한국근대사 산책』을 이어 유고집으로 출간된 『자료로 본 대한민국 건국사』는 현대사에 관한 시각을 담은 것이다. 건강이 허락하지 않아 고려시대사를 정리하지 못한 것이 끝내 아쉬움으로 남는다.

하루하루에 승패를 거는 기자 생활 속에 역사학자로서의 후석 선생은 현재 문제를 해결하려는 자세를 견지하였다. 이 점은 역시 역사학의 대중화와 연결될 수 있는 부분이다. 현재성은 역사학에서 풀어야 할 중요한 문제이다. 후석 선생은 정부의 요청을 받아들여 민족통일중앙협의회 의장(1981)으로 활동하고 있었다. 때문에 민족통일 문제는 부딪혀 해결해야만 하는 당면 과제가 되었다. 실제로 『인물로 본 한국고대사』는 신라의 통일과 함께 고려의 후삼국 통일에 비교적 초점을 맞추어 저술되었다.

민족통일중앙협의회 참여는 항간에서 적지 않는 잡음을 불러일으킨 듯했다. 후석 선생은 언젠가 다방에서 만난 나에게, 한국고대사를 강의하면서 신라통일에 대한 의의를 심도 있게 지적해줄 것을 당부하였다. 그러면서 잠시 주위에 신경을 쓰는 듯하였다. 뒤에 들은 이야기이지만 당시 후석 선생은 옛 동지들로부터 오해를 받아 심기가 불편하였다고 한다. 민주화를 위한 진통이 곳곳에서 터져 나오는 어려운 현실 속에서, 부각된 문제를 해결하기 위해서는 무엇보다도 객관적 인식을 전제로 하지 않으면 안 된다.

학계의 통설을 받아들였다는 인상을 주기는 하지만, 신라의 통일로 말미암아 민족문화가 뚜렷하게 형성되었다는 후석 선생의 결론은 일부 역사학자나 재야 세력의 주장과는 달리, 객관적 인식을 전제로 한 것이다. 주위에서 가만히 내버려두지 않아서이지, 정작 후석 선생은 현실 정치에 빠져들지 않았다. 직업상 현실 문제의 언저리를 놓도 있게 걸어갔을 뿐이다. 후석 선생은 항상 전체를 관조하면서 사실적인 면을 객관적으로 부각시키려고 노력하였다. 이런 면에서 후석 선생은 언제나 진리의 편에 서 있었다고 하겠다.

# 글을 통해 얻은 배움의 은혜

정만조
국민대 교수

선생과의 세연世緣이 거의 없음에도
글을 통해 내려주신 가르침은
필자의 공부에 말할 수 없는 자산,
그 경지에는 미칠 수 없으니….

필자는 천관우 선생께 강의를 들은 적이나 가까이 뫼시고 해타咳唾를 직접 접할 수 있는 기회를 갖지 못했다. 공식석상에서 그저 멀리서 뒷모습을 좇든지, 여러 어른들과 나누시는 말씀을 귀 너머로 들은 정도가 전부가 아닌가 한다. 다만 언제인가 선생께서 무슨 일로 허선도許善道 선생을 만나실 때 마침 옆에 서 있다가 인사드린 적이 딱 한 번 있었던 것으로 기억한다.

학교 다닐 때는 선생께서 신문사의 편집국장·주필을 지내시느라 대학 강의를 그만두신 때라서 들을 기회를 잡지 못했었고, 70년대 이후는 선생께서 주로 야인野人으로 칩거하실 때라 마음만 먹었으면 선배들을 따라 찾아뵈올 수 있었으련만, 백면서생으로 선생 앞에 맨몸으로 서는 것이 종시終是 마음에 걸리어 끝내 용기를 내지 못했던 것이다.

선생과의 연분은 이렇게 얕지만, 그러나 글을 통해서 얻은 학은學恩

까지 반드시 그런 것은 아니다. 문리대 국사연구실에서 호떡 한 개로 배를 채우고는 밤늦게까지, 선생이 정리해 놓은 조선초기 과전법科田法과 관련한 '사전私田-민전民田', '반공반사전半公半私田-관전官田', '공전公田-민전民田'의 구분 〔「한국토지제도사韓國土地制度史」(하), 『한국문화사대계韓國文化史大系』 2(정치·경제사, 고려대 민족문화연구소, 1965)〕을 도식화해 놓고, 나름대로 이렇다 저렇다 하고 비평하는 만용을 부린 부끄러운 기억이 아직 생생한 것을 보면, 필자가 미열迷劣하여 제대로 이해하지 못해서 그랬을 뿐이지 선생께서 글을 통해 내려주신 가르침은 필자의 변변치 않은 공부에 말할 수 없는 자산이 되었다고 생각한다.

그래서 민현구 선배로부터 '천관우 선생 추모집'에 짧은 글을 한 편 써보라는 말씀을 들었을 때, 선생과의 세연이 거의 없음에도 불구하고 별로 사양치 않았을 뿐더러, 기실은 선생을 추모하는 글의 반열 끝에 이름을 붙일 수 있다는 사실에 기쁜 마음을 가지기까지 하였었다.

필자가 천관우 선생의 대명大名을 처음 듣기는 대학에 들어와 앞에서 말한 허 선생과 여러 선배 분들의 말씀을 통해서였다. 세월이 한참 흐른 지금에 와서 돌이켜 보면 어느 분이 어떤 말씀을 하셨는지 자세히 생각나지는 않는다. 다만 그때 들은 것으로는, 선생께서 한학漢學을 어릴 때부터 수학하신 관계로 사료史料를 남들이 한 장 읽을 때 벌써 서너 장 넘기실 정도라든가, 그래서 그 호한浩瀚하다는 『증보문헌비고增補文獻備考』를 다 읽으셔서 특히 우리나라 제도사制度史에 관해서는 무불통지無不通知하다는 말씀, 그리고 무엇보다도 해방 이후 우리 역사학계의 최대성과라는 '실학實學' 연구의 단서를 연 선생의 「반계 유형원 연구磻溪 柳馨遠 硏究—실학 발생에서 본 이조사회의 일단면」(『역사학보』 2·3호, 1952)이 사실은 학부의 졸업논문이며 분량상으로도 200자 원고지로 500여 장이 된다는 말 등(이중에는 필자가 잘못 받아들여 사실과 다르게 기억했거나 시간이 흐르면서 다른 여러 사실들과 착종錯綜되어 부정확하게 된 부분도 있을지 모르겠다)이 아직도 시간의 거리를 건너 머릿속 한쪽에 남아 있다. 그때 들은 이런 말씀들은 이제 막 역사공부의 문턱에 들어선 초보생에게는 도무지 확실하게 감이 잡히지 않으면서도 무언가 굉장히 경이로운 일인 것만은 분명한 것으로 다가왔다. 그래서 이제 자신도 그런 공부에 들어서게 되었다는 데서 오는 어줍지 않은 분기심奮起心을 가져보기도 하였다. 선생께서 필자에게 주신 학은은 비단 여기에만 그치지 않는다.

그저 사실들을 많이 암기하는 것이 역사라고만 알던 단순하고 순진한 인식에서 벗어나, 선학先學의 연구성과를 통해 우리나라 역사에 대한 이해를 다지며 사료史料 다루는 법이나 역사를 보는 안목에 대한 공부를 해가면서, 비로소 천 선생의 글을 접하게 된 것은 아마 학부 2학년 때쯤이 아닌가 한다. 진단학회에서 펴낸『한국사』(근세전기 편)를 읽으면서 '정치적 구조'와 '사회적 경제적 구조'의 체계적이고 자세한 설명을 통해 조선왕조의 제도를 배우며 조선시대의 역사에 관심을 갖게 되었다(『한국사』(근세전기 편)는 이상백李相佰 선생의 저술이나 위의 부분 서술의 기초작업은 천 선생이 담당하였다 한다). 이때 느꼈던 감흥이 과전법을 주 내용으로 하는 토지제도에 대한 지적知的 갈증을 불러와 위에서 말한『한국문화사대계』에 수록된「토지제도사」(하)를 읽게 하였으며, 그래서 한동안 조선시대 토지문제 쪽 공부에 미력한 정성을 쏟기도 하였다. 이후 석사과정을 밟으면서 선생의 오위五衛를 비롯한 병제兵制 관련 일련의 논문들을 통해 무딘 눈으로나마 조선시대의 군제軍制를 더듬어 볼 수 있는 묘맥苗脈을 찾을 수 있었다. 필자의 공부가 서원書院 쪽으로 바뀌고 또 선생께서도 불리하게 돌아가는 시국으로 인해 칩거(선생은 굳이 저술업이라고 표현하였다)하여, 고대사 방면 연구에 주력하시게 되면서 글을 통해서나마 선생의 학문을 접할 기회마저 줄어들었다.

그러나 선생의 고대사 연구가 동아시아 전체의 역사 속에서 한국고대사를 조감하는 스케일이 큰 시각에서의 접근이어서 종전까지의 연구방식과는 크게 달라 학계에 화제가 되고 있다는 등의 찬탄하는 선배들의 말씀을 들으면서, 만약 선생이 졸업 후 언론 쪽으로 가시지 않고 역사 연구를 계속 하셨으면 현재의 학계구도는 어떠했을까 하고 부질없는 생각을 해 본 적도 있다.

공부해 오는 과정에서 우둔한 머리로 비로소 터득한 것이지만, 역사 연구에는 사료를 읽고 거기서 어떤 주제를 잡아 논문을 구성하는 것과 이론을 세워 가설을 정하고 사료로써 논증하는 방식, 두 가지가 있음을 알게 되었다. 이 두 가지 방식은 연구과정에서는 물론 어느 한 쪽에만 지우치지 않고 부단히 서로 겸하여서 진행되어야 할 것임은 말할 것도 없다. 그러나 접근방식에서는 분명한 차이가 있다. 「반계 유형원 연구」 논문으로 보건대 선생의 방식은 후자 쪽에 가깝지 않은가 한다. 조선사회 내부의 발전적 요소(선생은 이를 굳이 보수적 행동이라고 하면서도 근대정신의 내재적 배반胚盤이라고 표현하였다)로서 '실학'을 상정하고 그 출발을 반계의 개혁론을 통해 논증하려 했다고 보기 때문이다. 다만 논증에 있어서 선생은, 자신의 논지전개에 필요한 부분만 읽고 단장취의斷章取義하는 식의 일반적인 경향과는 달리, 『경국대전』 등을 활용한 폭넓은 제도사적 이해를 바탕으로 해서, 『반계수록』을 통독한 데서 오는 종합적인 안목에 의해 자유자재로 사료를 구사하고 있어서 전자의 방식과 별로 구별되지는 않는다.

뚜렷한 목적의식과 사료에 의한 깊은 통찰력을 바탕으로 논리를 전개하는 선생의 이런 연구방식은 조선시대 역사 연구의 한 전형을 제시한 것이었다고 믿는다. 그것은 오늘날의 조선시대사 연구경향을 일별해 보면 그대로 확인된다. 참으로 외람된 말씀이지만 필자 역시 한동안 선생의 이런 방식을 좇아보려 했으나 도저히 미칠 수 있는 경지가 아님을 알고는, 범재凡才도 그저 사료를 열심히 읽고 자료를 정리하다 보면 거기서 어떤 역사적 현상을 설명하는 정도의 글을 쓸 수는 있다는 은사 한우근韓㳓劤 선생의 말씀을 위안 삼아 사료를 만지작거리는 쪽으로 주저앉고 말았다. 글을 통해 선생이 내려준 교시教示는 끝내 메아리 없는 경책警策이 되고 만 것이라, 사숙자私淑者라 말하기에는 지금도 스스로에 민망해할 뿐이다.

# '실학'으로 파악한 韓國史像

고병익*
전 서울대 총장

전통과 현재 이어주는 정신적 기반으로
국사연구의 시작에서부터 오늘날까지
정면으로 다루어온 중심적인 사론史論
그 식견, 논리, 행문行文 모두 놀랍다.

## 1

『한국사의 재발견』이라는 책명만 가지고서는 책의 내용이 무엇인가 선뜻 짐작이 안 갈지 모르지마는, 저자 천관우 씨의 사론史論에 접해본 일이 있는 사람이라면 씨의 중후하고도 건실한, 그러면서도 기저에 불타고 있는 정열적인 역사탐구의 의욕이 담겨진 책이 아니겠는가 하는 짐작은 갈 것이다. 이 책은 저자가 20여 년간에 걸친 국사 연구의 도정에서 때때로 발표한 한국사론들 가운데서 20여 편을 골라 엮은 책이다.

저자는 자기 자신을 가리켜 "기자를 업으로 삼으면서 틈틈이 한국사에 관계되는 글을 써온" 비非아카데미 사학가라고 하였으나(자서), 이

* 1924. 3. 5 ~ 2004. 5. 19

나라의 사학계에서는 도리어 그를 '한국사를 연구하면서 틈틈이 신문에 관계되는 글을 써온 사람'으로 생각할 정도로 그는 중단 없이 연구활동을 해온 사람이다. 그의 활동이 연구논문의 발표에 그치는 것이 아니라 학회활동에 참여, 협동적인 연구기풍의 조성 및 한국사 연구여론의 앙양에도 미치고 있다는 것은 알려진 사실이다. 이러한 저자이기에 "흔히 말하는 국사의 대중화를 위한 작업은 도리어 나와 같이 책임이 홀가분한 사학도에게 맞는 일이 아닐까 하는 생각도 있어, 이 책을 그렇게 꾸며본 것"이라고 겸손해하면서 "한국사의 전문 연구자들보다도 한국사에 관심을 갖는 일반 지식인들을 위해" 책을 엮어냈다고 하였다.

## 2

한국사의 연구는 해방 후 두드러지게 발전된 학문분야 중의 하나였다. 이것은 민족의 해방이 가져온 당연한 일이었다. 한국사 연구는 그 양에 있어서나 질에 있어서나 많은 발전이 이루어졌다. 그러나 급속한 발전은 필연적으로 단점과 결함도 내포하지 않을 수 없는 것이고, 이에 따라 한국사 연구에 대한 반성, 재검토의 소리도 높은 바 있었다. 이는 외부로부터의 비판이라기보다는 주로 연구자 자신들의 자기반성의 형태로 나타나고 있으며, 이 또한 사학斯學의 건실한 발전이 기약되는 일면이기도 하다.

이 책이 일반 지식인들을 위해서 쓴 글들이기는 하나, 저자의 연구의식은 항상 단지 기정 성과를 풀이해서 일반에게 쉽게 알리는 데에만 그치는 것이 아니라 탐구와 사색을 통해서 얻어진 새로운 생각들을 일반과 더불어 전문 연구자들에게도 묻고 있다는 것을 쉽게 간취할 수 있다. 『한국사의 재발견』이라는 책 제목을 택한 의도의 일단도 또한 여기에 있는 것이 아닌가 생각된다.

본서의 내용을 목차에서 훑어보면 「수상隨想」, 「대담對談」, 「해제解題」 등이 섞여 있으나 대부분은 사학논고史學論稿들로서 국사연구의 문제, 사상史上의 인물론, 그리고 근대화의 문제 및 민중운동, 민족운동의 문제 등으로 묶여 있으며, 그러한 가운데서도 근세 실학에 관한 논고들이 상당한 분량을 차지하고 있다.

책 첫머리에 실려 있는 「우리는 우리를 아는가?」라는 수상의 일편은 극히 평이한 글이면서도 과연 우리의 국사 연구가 무엇을 얼마만큼 기여했으며, 오히려 아직 얼마만큼이나 사실史實들이 밝혀지지 못하고 있는가, 우리의 국사지식에 얼마나 큰 구멍이 아직 뚫려 있는 상태로 있는가를 보여주는 글이다. 저자는 이리하여 "한국연구의 진흥으로 내 나라를 알고 내 나라의 정신적 기반을 든든히 하는 것은 어느 의미에서 군대 1개 사단의 위력에 비할 바가 아니요.… 국가 백 년의 앞날을 걱정하는 위정자라면 앞으로 1개 사단 증설만큼의 결심으로 한국연구 진흥에 힘을 기울여야 마땅하다"고 외친다.

이런 정열을 가지고 저자는 대학에서 국사학을 전공으로 택하여 졸업논문으로 「반계 유형원 연구」라는 거작을 내놓았다. 20수세數歲의 청년이 내놓은 이 야심작을 당시의 지도교수 이병도李丙燾 선생이 졸업생들의 환송연인가 어디에서 '군계일학'이라고 극찬하였다고 전해 듣고 있으나, '군계' 속으로 분류되어 버린 졸업생들은 섭섭했을 찬사였을지 모르나, 이 '일학'의 자질과 성과에 대해서는 모두 외경畏敬을 느꼈다고 듣고 있다. 이 졸업논문의 결론부분이 본서에 「조선후기 실학의 개념」이라는 제목으로 다시 수록되어 있다.

이 부분만 읽어 보아도 식견, 논리, 행문行文 모두가 놀라울 정도였음을 다시 느끼게 하고, 더구나 '실학'에 관한 개념상·사실상事實上의 제 문제들이 이미 여기에 거의 제기되어 있음을 볼 수 있고, 오늘날 20여 년 후에까지 학계에서 그 테두리 속에서 계속 문제가 되고 있음을 볼 수 있다. 저자가 이 회심의 구고舊稿를 다시 본서에 수록한 것도 이러한 현재에 있어서의 '문제성' 때문인 것으로 생각되며, 저자는 이 문제들을 계속 탐구·확장하여 「조선후기 실학의 개념 재론」이라는 장편의 논고를 엮어 이를 크게 부연, 여기에 수록하였다.

실학의 문제는 저자가 국사 연구의 시작에서부터 오늘날에 이르기까지 정면으로 다루어온 가장 중심적인 문제인 것으로 보인다. 그의 실학 연구가 단순히 이른바 '실학파'라고 불리는 사상가, 학자들의 저작이나 생애를 고립적으로 연구하는 데 그치는 것이 아니라 이들이 차지하는 유학사상사儒學思想史상의 위치, 조선후기 사회사社會史 속에서의 위치를 밝히고 실학사상이 갖는 특징들을 크게 근대지향적인 면과 민족주의적인 면으로 종합 제시하였다.

이 두 가지는 물론 상호 긴밀한 연결을 가진 것이다. 실학파의 학자들이 전통유학의 테두리 속에 있으면서도 '개신유학改新儒學'이라고 부를 수 있을 정도의 비판적 정신을 발로하여 주자학朱子學의 묵수墨守에 빠지지 않고 경세치용經世致用의 현실의식을 가지고서 사회의 전진적 발전을 생각하였다는 점은 근대지향적이라고 특징지을 수 있다는 것이다. 그리고 민족주의적인 면의 특징으로서는 "첫째로 중국 중심의 화이사상華夷思想을 암묵시暗默視에 전제로 한 국제질서를 탈피하고 한민족중심의 자각을 드러낸 경우, 둘째로 그러한 민족의 자각이 단지 민족감정으로 끝나지 않고 역사, 지리, 언어, 군사 등에 걸쳐 민족에 초점을 둔 지식체계의 형성으로 나타난 경우 등을 들 수 있다"(82쪽)고

하였다.

저자는 이러한 견해를 전개하는 데 있어서 조선후기의 유학사상을 탐구하고 나아가서 유학, 특히 주자학의 사상적·철학적 측면에까지 고구考究하여 중국에서의 사상사적 동향까지 연관시켰다는 것은 그 노력이 여간이 아니었음을 보여준다. 그리고 경세적인 관심을 가진, 즉 근대지향적인 면을 보인 사람은 실학에 속하는 사람이 아니라도 얼마든지 있고 또 자민족自民族중심적인 사고를 가진 사람도 실학파 아닌 사람들 사이에도 있지마는, 실학이라 할 적에는 이 두 가지 척도를 다 가진 경우라야 해당된다고 보아야 한다고 온당한 종합을 하였다.

해방 후 조선후기 실학사상의 중요성을 강조하는 데 있어서 가장 주요한 공적을 남긴 저자가 실학사상을 무슨 전무후무한 파천황破天荒의 독창적인 사상체계였다는 식으로 과장하지 않고 오히려 그 실학사상이 갖는 한계성을 냉철히 파악하여 전통유학의 테두리 속에서의 개신유학이라고 한 것은 저자의 건실한 판단과 학적 태도를 보여주는 것이다.

「조선후기 실학의 개념 재론」 편은 나아가서 아무도 시도하지 않았던 실학파 제유諸儒의 후속계보 및 실학사상 자체의 계승을 밝혀내려고 노력하였다. 실학의 최후 단계를 김정희金正喜, 이규경李圭景, 최한기崔漢綺 등의 실학파 지식인들이 근세 서양문명에 약간이나마 접했던 1870년대까지로 잡고, 그 후 박영효朴泳孝, 김옥균金玉均, 유길준兪吉濬 등의 개화·자강파自强派가 인적 관계나 사상적 계보에서 공히 실학파와 연결된다는 점을 지적하였고, 다시 실학사상이 민중 속으로까지 퍼져 들어간 시기로서 1900년 전·후까지를 상정하였으며, 그 이후 일본 지배하에 들어가서는 실학사상이 현실대응책으로서는 이미 뒤늦은 것이 될 만큼 사세가 진전되었기 때문에 실학사상은 현실타개의 직접적인 방책으로서가 아니라 오히려 전통과 현재를 이어주는 역사적인 근거로서의 사상사적 파악의 대상이 되었다고 보고 있으며, 이는 다시 1930년대에 들어와서 더 분명한 개념과 위치가 부여되고 '실학'이라는 명칭으로 정립되어서 과거의 실학을 파악하는 것이 곧 현재의 정신적 기반을 구축하는 작용을 하게 되었다고 한다.

조선후기의 실학사상이 쭉 내려와서 1930년대의 안재홍安在鴻, 정인보鄭寅普, 최남선崔南善 등에 의한 '조선학朝鮮學' 운동·'실학' 정립으로 맥락을 그대로 이어가고 있음을 해명한 것은 저자의 훌륭한 공적이었다. 실로 전자의 성격은 후자를 파악할 적에 더 분명해지는 것이요, 후자들의 사상적 위치는 전자 없이는 논하기 어려운 것이다. 다만 저자가 이런 맥락을 이어가는 과정에서 1930년 전·후의 척사위정논자斥邪衛正論者들과의 관계의 설명이 애매함을 면치 못하고 또 실학사상을 1930년대까지 이어감에 있어서 매 10년대를 빠짐없이 엮어 넣으려는 데에 다소 도식적인 느낌이 없지 않는 흠이 있다.

## 3

본서는 한국사에 관한 20여 편의 사론史論, 수상, 논고 등으로 구성되어 있으나, 사실은 모두가 조선후기의 실학사상을 중심문제로 삼은 글들이라고 해도 과언이 아니다. 또 유형원, 홍대용洪大容을 논한 두 편은 말할 것 없고, 그 밖에 한국근대화의 기점을 논한 두 편도 역시 근대화의 사상사적인 기점을 실학사상에까지 올리지 않을 수 없다는 논지를 포함하고 있다.

그리고 민족·민중을 논한 몇 편의 글들 중에서 「독립협회의 의회개설운동」, 3·1운동 관계 두 편, 「한국민족주의의 역사」의 여러 편도 모두 실학사상과의 관련에서 파악된 점이 있으며, 특히 「한국민족주의의 역사」에서는 한국의 민족주의의 전사前史가 바로 조선후기의 실학이었다고 논단하고 있다.

다시 말하거니와 본서의 전편을 꿰뚫고 있는 것은 조선후기의 실학사상에 대한 관심이며 이는 또 바로 근대지향적인 면과 민족주의적인 면에 대한 관심이었다. 이것은 저자 자신이 역사에 대해서 갖는 입장이기도 한 것으로 보인다. 민족주의라는 점에서 저자는 민족 내부의 자율적인 힘에 입각한 자각을 강조하였고 배타적 · 책타責他적인 면을 전연 나타내지 않은 점이 그의 건실한 바탕을 보여준다.

근년에 한국사학의 반성이나 재검토를 위한 주장들이 많이 나오는 가운데 민족주체를 강조하는 나머지 이족異族에 대한 비난과 책망이 주가 된 주객전도의 논의들이 흔히 보인다. 특히 제국주의 일본과 그리고 일본의 이른바 '식민사관' 또는 관학어용학자들이 우리의 역사와 문화를 온통 그르쳐 놓았고 그 영향이 오늘날까지 강하게 작용하고 있으며 이의 불식 · 시정이 가장 긴절한 과제라는 의견이 많다. 물론 옳은 의견이지마는, 해방 후 30년이 된 오늘에 이르기까지 남에 대한 책망에만 치우쳐서는 이쪽의 무능 · 무력을 나타내는 것밖에 되지 않는 것이 뒤디. 이 짐 저사는 본서의 전편을 통해서 일제 어용사가御用史家나 소위 식민사관에 의한 왜곡을 내세우지 않았으며, 남에 대한 부정 위에서가 아니라 자민족의 내면적인 힘의 긍정 위에서 민족주의사관을 수립해 나갔다고 할 수 있다. 저자는 한국사에서 실학사상이 이러한 바탕을 조성해 온 것이라고 파악하고 있는 것이다.

본서는 내리다지로 써 내려간 것이 아니라 여러 기회에 발표한 글들 가운데서 한 책으로 묶을 수 있는 것을 골라 엮은 것이다. 이렇게 엮는 데에만 2년여의 세월을 소요한 듯하니 저자의 학문에 대한 신중, 성실한 태도를 엿보게 한다. 저자가 연전에 동아일보사에서 『3·1운동 50주년 기념논총』을 편찬하는 거대한 사업을 주관할 적에 수십 명의 기고를 일일이 열독하고 자기 의견을 첨기添記하여 다시 각 집필자에게 돌려 조탁彫琢을 가하게 하는 학문상의 외경과 성실성을 목도한 평자는, 그가 한국통사韓國通史의 구성을 목표로 한 연속적인 집담회集談會를 『신동아』지에서 주재했을 적에도 마찬가지의 성실과 엄밀성을 나타내었음을 다시 본 일이 있다. 본서에서도 그런 면이 역시 드러난다.

『한국사의 재발견』이라면 재발견 이전의 첫 번째 '발견'은 언제를 말함인지, 그리고 도시 역사를 발견한다는 것이 무엇을 뜻함인지 책 이름이 애매함을 면치 못한다.

한국사에 관심을 가진 일반 지식인을 대상으로 한 본서는 행문도 유창하거니와 내용도 누구나에게 생각을 하게 하는 그런 글들이다. 「한국사상史上의 인물들」 편 같은 것은 대화의 형식으로 꾸며져 있으면서도 사상의 인물을 오늘의 안목에서 재평가해야 한다는 몇 가지의 수긍가는 구체적인 사례들을 설명하였다. 다만 '가산관료제家產官僚制'나 '가치박탈' 같은 막스 베버의 개념이 불쑥 투입되어서 생경함을 면치 못한 부분이 한 군데 눈에 뜨이기도 하나, 모든 글들이 내용 있는 생각거리를 바탕으로 하고 있다는 점에서 일반 지식인에게뿐 아니라 사학도들에게도 반성과 사색거리가 되는 책이다.

편집자 주: 이 글은 『신동아』(1974년 12월호)에 실린 천관우 저서 『한국사의 재발견』(일조각) 서평이다.

# 우리 시대의 큰 별이…

이기백*

전 서강대 교수

이 세상의 일, 이 민족의 일을
누구보다도 많이 걱정하던 이였는데
이제 그 걱정으로부터 해방이 되었으나
다시는 형의 글을 대할 길이 없으니….

바로 며칠 전에 천 형으로부터 간단한 편지를 받았었다. 모 병원에서 쓴 것으로 되어 있는 이 편지에는 보내준 책을 잘 받았다는 말과 함께 건강제일주의로 살라는 당부가 적혀 있었다. 그래서 입원한 줄은 알았으나 아마 지금쯤은 퇴원을 했으리라고만 생각하고 있었다. 그것은 꼭 무슨 탈이 있기 때문이라기보다도 그저 허약해져서 입원하는 것이라는 말을 전해 들은 일이 있기 때문이었다. 그런데 천 형이 이렇게 세상을 떠났다는 소식을 듣고는 새삼 인생의 덧없음을 느끼게 된다.

유난히도 이 몇 년 사이에 은사와 동학同學을 많이 잃었다. 그런데 이제 또 천 형을 잃고 나니, 더욱 인생무상을 느끼지 않을 수 없다. 하긴 천 형은 6, 7년 전에 폐암으로 큰 수술을 받았었다. 하지만 그 자체

* 1924. 10. 21 ~ 2004. 6. 2

는 후유증이 없는 걸로 알고 있었다. 그러므로 아마 하나님이 이 야박한 세상으로부터 천 형을 구원해준 게 아닌가 하는 생각을 해보기도 한다.

천 형은 분명히 우리 시대의 큰 별의 하나였다. 질투심이 날 정도로 천 형은 출중한 존재였다. 그러기에 은사이신 이병도李丙燾 선생께서는 '군계일학群鷄一鶴'이란 말로 천 형을 칭찬하기도 하였던 것이다. 무엇보다도 천 형은 시원스럽고 명쾌하게 일을 판단하고 처리하는 능력을 갖고 있었다. 나같이 식견이 좁고 판단력이 무디고 망설임이 많은 사람에게는 그저 부러울 뿐이었다. 그래서 나이는 한 살 아래이지만 오히려 형님과 같이 존경해온 터였다. 천 형이 언론계에서 혁혁한 공을 세운 데에는 이러한 박력이 하나의 원인이 되었을 것이라고 생각하고 있다.

천 형은 학문적인 활동에서도 이러한 장점을 잘 드러내고 있다. 흐트러진 실 꾸러미의 실마리를 풀듯이 착잡한 주제를 잘 풀어나가곤 하였다. 그 바쁜 언론계의 생활 속에서도 연구실에서 공부에 전념하는 우리들 이상으로 뛰어난 업적을 낼 수 있었던 것은, 그러한 명쾌한 판단력에 연유하는 것으로 생각한다.

해방 후에 붐을 이룬 실학實學 연구의 선구자가 된 것이며, 우리나라 근대사나 조선시대의 제도 및 고대사 연구에 뛰어난 성과를 올린 것이며, 또 한국사의 대중화를 위하여 노력한 것이며 이 모두가 길이 기억되어야 할 천 형의 학문적 공헌인 것이다. 근자에 천 형은 오로지 학문에만 전념하기를 원하였고 또 모두가 그 성과를 기다리고 있었는데 이제 다시는 천 형의 글을 대할 길이 없게 되었다.

천 형을 생각할 때에 또 느끼는 것은 천 형이 심히 결벽성이 강했다는 사실이다. 세상에는 제기끔 스스로 결백하다고 생각하는 사람이 많겠지만, 실제로는 누구나 꺼림칙한 구석을 조금씩은 가지고 있게 마련이다. 그러나 천 형에게는 그러한 구석이 있을 것 같지가 않았다. 그 결벽성이 천 형으로 하여금 지나치게 술을 즐기게 하고, 그것이 우리가 얘기했던 것보다도 일찍 세상을 뜨게 한 것은 아닌가 하는 생각조차 들게 하는 것이다.

천 형이 "이번 연말연시를 입원 중에 보내니 여러 감회가 있습니다"라고 한 그 감회란 어떤 것이었을까. 그렇게 감회가 많다는 천 형을 한 번 찾아뵈었어야 했을 텐데, 이렇게 유명을 달리할 줄 알았으면 만사를 제치고라도 꼭 가서 만나 뵈었어야 했던 것인데, 그저 무심하게만 지낸 것이 큰 죄를 지은 것 같은 회한으로 남는다.

이 세상의 일, 이 민족의 일을 누구보다도 많이 걱정하던 천 형이었는데, 이제 그 걱정으로부터 해방이 되었으니, 부디 영혼의 평안을 누리기를 두 손 모아 빌 뿐이다.

편집자 주: 이 글은 한국일보 1991년 1월 17일자에 게재된 조사弔詞이다.

3장

# 학문으로 만난 천관우 선생

# 민족주의 사학의 맥

안용환
명지대 국제한국학연구소 연구교수

천관우의 각종 논문과 저서를 살피다보니
독특한 두 사람을 만났다. 박은식과 신채호.
천관우를 포함한 이 세 사람은
모두 언론인이며, 사학자이며, 민족주의자이다.

## 1. 책으로 만난 천관우 선생

'학문으로 만난 천관우 선생'보다 '책으로 만난 천관우 선생'이라야 내 분수로는 맞다. 처음에는 책으로 만남이 분명하였으나 차츰 그분의 책을 자주 접하다보니 '학문으로 만나고 있구나' 라는 생각을 해보았다.

천관우 선생의 책의 묘미는 역사학 전문지나 논문집에 실었던 전문 이론임에도 불구하고 무겁지 않게 읽을 수 있는 책들이다. 기자를 업으로 삼으면서 틈틈이 한국사를 연구한 비非아카데미 사학이 아카데미 사학의 단점을 보완하여 읽고 싶은 국사로 대중화를 이루었다는 것을 천관우 선생 저술의 훌륭한 장점으로 꼽고 싶다.

천관우 선생을 학문으로 처음 만난 것은 2004년 석사학위 논문 준비에 이어 박사학위 논문을 준비하면서부터이다. 석사학위 논문 목차에

'실학관'이 있었고, 박사학위 논문 주제가 '개화사상'이었는데 개화사상 특성상 '실학'과 밀접히 관련되어 있었다. 개화사상의 연구는 근대의 기점과 기준을 어디에 두느냐가 매우 중요하다. 선생의 저서 중에 『한국사의 재발견』과 『근세조선사연구』에서 의문의 문제점을 대부분 해소시켜 주었다. 이때부터 천관우 선생의 학문이 나에게는 매우 친근하게 느껴졌다. 그 안에 수록된 한국 근대의 기점과 재론, 조선후기 실학의 개념, 유학사상상의 조선후기 실학의 위치, 반계 유형원, 담헌湛軒 홍대용 실학의 이론 등은 석·박사 논문 준비뿐만 아니라 실학과 개화사상을 연구하는 데 크게 도움이 되었다.

실학은 공허한 학문을 반대하고 시대정신을 반영하는 것이다. 시대정신을 반영하는 것이 개화정신의 맥으로 이어지는 것이기 때문에 실학을 먼저 연구해야 했다. 그래서 실학을 연구한 학자가 누구이며, 실학의 개념과 생성과정을 우연히 도서관에서 인터넷으로 검색하는 도중에 천관우 선생을 책으로 만나게 되었다. 그것이 앞서 말한 『한국사의 재발견』, 『근세조선사연구』, 『한국근대사 산책』이다. 이때부터 천관우 선생의 학문의 위치를 알게 되었고, 이로 인해 해방 후의 한국사 연구에서 가장 발전을 보인 분야가 실학이라는 것을 알았다.

구한말 박은식·신채호에서, 식민통치하에서는 안재홍·정인보·문일평, 해방 후로는 홍이섭·천관우·김용덕·이우선·이을호 등으로 맥을 이어오는 실학의 계보를 필자 나름대로 대략 파악하게 되면서 천관우 선생을 깊이 이해하게 되었고 아직도 연구할 분야가 많이 있음을 알게 되었다.

천관우 선생은 대학 때부터 『경국대전』과 『조선왕조실록』을 독파했고, 서울대학교 사학과 졸업논문이 「반계 유형원 연구—실학 발생에서 본 이조사회의 일단면」이었는데 이 논문이 실학 연구에 많은 기여를 하게 되었으며 그 파장도 대단했다. 이 논문은 실학사상 연구에 있어 가장 선구적인 업적으로 꼽힐 만큼 특출하여 실학 연구자로서는 피해갈 수 없는 논문이다. 이외에도 실학에 관한 중요 저서와 논문이 다수 있다.

필자는 실학에 대해 남다른 애정을 갖고 있다. 왜냐하면 실학이 무엇보다도 근대화와 민족주의를 내재적으로 추진한 개혁사상이라는 점이 개화사상과 맥을 같이하고 있기 때문이다.

1959년 10월 10일 조선일보 조간 1면에 천관우 선생의 「실학에 관한 메모」에서

> 이조후기 영·정조시대를 전성기로 하여 그 후 얼마 동안에 일어났던 신학풍을 실학이라고 불러온다. 실학이란 무엇인가. 우선 이러한 물음에서부터 천관우 선생은 영·정조시대의 이 일군一群의 학자들은 실학을 "제일의第一義가 '실덕實德'·'실행實行'·'실용實用'이라고 했고, 유학의 근본정신도 이 범주를 벗어나지 못한다." 그렇다고 '실학'을 곧 근대정신의 소산이라고 단정하기에는 멀다. 이조사회가 가졌던 여러 제약 때문에도 그러하거니와 '실학'에 대한 연구 정리의 부족 때문에도 그러하다. 정인보 씨는 조선 근고의 학술사를 종합하여 보면 반계가 일조一祖요, 성호星湖가 이조二祖요, 다산茶山이 삼조三祖라고 하였다.

원래 천관우 선생은 조선왕조시대 연구가로 『근세조선사연구』, 『한국사의 재발견』, 『한국사대계』, 『자료로 본 대한민국 건국사』, 『위암 장지연의 사상과 활동』, 『한국근대사 산책』, 「반계 유형원 연구」 등이 있다. 그 후 언제부터인가 뜻을 다시 세워 한국고대사로 전공을 하나 더 첨가하여 민족사의 뿌리 부문 탐구에 정진하여 첫 저서 『한국상고사의 쟁점』을 내놓게 된다. 두 번째 저서로 『인물로 본 한국 고대사』, 그다음으로 『고조선사·삼한사연구』를, 1991년에는 『가야사연구』, 이

에 앞서 『한국상고사의 쟁점』을 발간하고 김동욱 교수와 함께 『고대일본과 한국문화』 상·하권을 출간했다. 이처럼 고대사 분야에서도 학문적으로 많은 기여를 하여 독보적인 위치를 확보하고 있다.

천관우 선생이 고대사에 집착하게 된 까닭이 있다. 일제가 우리나라 사서史書 20여만 권을 불태우고 단군조선의 말살로 조선의 역사를 왜곡하여 '조선사'의 편찬을 주도했던 일본의 어용사학자 이마니시 류今西龍와 이병도 박사로 이어지는 식민사학에 길들여진 우리의 역사를 바로잡아야 되겠다는 애국충정과 민족주의 사학을 개척하려는 배포를 갖게 된 것이다.

그 첫 번째가 가야사연구를 통하여 '임나일본부설任那日本府說'은 4~6세기에 왜가 한반도 남부지역 임나(금관가야 지칭)에 통치기구를 세워 한반도 남부지방(경상남도 김해시 주변)을 다스렸다는 학설에 천관우 선생은 『일본서기』의 임나관계 기록들을 재해석하여 왜왕이 아닌 백제왕으로 봄으로써 왜의 '임나지배'가 아닌 임나일본부는 백제가 가야 통치를 위해 백제의 군사령부를 설치한 기관이라는 천관우 학설을 내놓게 되었다. 최근 한일역사공동연구위원회도 임나일본부설과 관련해 임나일본부의 존재 자체가 없었다는 데에 의견을 같이했음을 밝히고 있다.

## 2. 천관우의 학문은 박은식 · 신채호의 영향을 받다

천관우의 각종 논문과 저서를 살피다보니 재미있는 두 사람을 만났다. 한 사람은 박은식이요, 또 한 사람은 신채호다. 천관우를 포함한 이 세 사람은 모두 언론인이며, 사학자이며, 민족주의자이다. 그럼에도 불구하고 세 사람의 학문을 비교하여 연구한 학자는 아직은 크게 없다. 차제에 박은식－신채호－천관우로 이어지는 학술의 맥과 특성을 연구하는 것도 한국사 전체 연구에 크게 도움이 되리라 본다.

천관우(1925~1991)는 박은식(1859~1925)보다 66년, 신채호(1880~1936)보다 55년 후의 사람이니 서로 만날 수는 없었지만 서로 주고받은 학문의 영향은 대단했다. 이들은 평생을 한국의 근대민족주의가 당면했던 시대적 과제와 문제의식을 바로 인식하고 역사적인 시대상황에 따라 투철히 대응한 사상가요, 운동가인 것이 공통점이다. 박은식, 신채호, 최남선, 정인보 등의 민족주의 사학자들이 펼쳐놓은 학문적 이론을 체계화하여 재해석한 이가 천관우 선생이다. 특히 고조선의 위치를 비롯한 고대사는 더욱 그러하다.

박은식은 대한민국 임시정부 국무총리와 제2대 대통령까지 되신 분이다. 1868년부터 1875년까지 정통 주자학 교육을 받았지만 1906년부터는 자기 학문의 뿌리였던 구학문을 비판하고 신학문만이 나라를 구할 수 있다 하여 서양의 사회진화론과 과학사상을 적극적으로 받아들이고 정약용, 박지원 등 실학자들을 높이 평가했다. 천관우 선생도 이 부문에 배료되어 실학을 연구하게 된 것이다.

이들 세 사람은 사대적 중세사관과 일제의 식민사관을 극복하고 한국사의 주체적 사통史統을 확립했다. 근대민족주의 사학의 개창자와 확립자로서 박은식 선생은 세계평화사상, 신채호는 민중혁명사상을, 천관우 선생은 민족주의 사학자로 민주회복운동을 펼쳐 근대 한국사학사상 불멸의 업적을 남겼다.

박은식은 『한국통사』에서 "옛사람이 이르기를, 나라를 가히 멸할 수 있으나 역사는 가히 멸할 수 없다"고 하여 역사 국혼론을 정립하여 국권회복을 주창하였다. 신채호는 『조선상고사』와 『독사신론讀史新論』에서 한민족 심적 투쟁을 통한 자주독립정신을 일깨웠다. 천관우 선생은 이 두 분 사상의 회복을 통한 자주독립정신을 일깨웠다.

박은식이 국혼적 역사인식을 실천적으로 구현한 대표적 저서 『한국통사』는 일제 식민지화 과정을 규명·고발하는 광복운동사상 고취에 대한 구심체로 발전하여 국내의 민족독립운동은 물론 일제의 한국인식에 대한 커다란 변화를 가져오게 하는 등 그 영향은 자못 컸다. 이 책은 한국근대사를 근대역사학의 방법론을 도입하여 저술한 책으로 한국민족사학의 불후의 업적으로 평가된다. 『한국독립운동지혈사』는 애국계몽운동과 독립운동에 대한 실전實戰과 행동을 직접적으로 고취시키는 책이다. 이 밖에도 개화자강사상의 지침서인 『겸곡문고謙谷文稿』와 교육 및 종교문제를 다룬 『학규신론學規新論』을 저술했다. 최남선과 광문회를 조직하여 『동국통감』 등 17종의 고전을 간행, 그 연구에 힘쓰기도 했다. 황성신문, 대한매일신보, 독립신문의 주필이 되어 일제의 침략을 비판하고 1924년 독립신문 사장으로 취임하는 등 당시 언론계에서도 독보적인 존재였다. 오성학교五星學校와 서북협성학교西北協成學校를 설립하여 교장이 되고 인재를 양성하는 교육사업에도 치중하였다.

신채호는 박은식의 학풍을 존중했고 때로는 견해를 달리하는 학설을 내세울 때도 있었다. 우리 근대역사의 암울했던 20세기 한국의 가장 눈부신 정신의 기념탑 단재丹齋 신채호는 한시漢詩 명편 수천 수를 암송하는 발군의 실력자로서 누구보다도 재빨리 단발斷髮을 서두른 그는 여러 방면에서 개혁의 선봉이 되었고 역대 성균관 국비생 중 가장 이질적이며 첨단적인 학도로 학내운동을 주도해나갔다. 단재는 성균관의 박사학위를 받은 지 며칠 만에 거추장스럽게 생각하여 그 영예마저 쉽게 내던지는 영단을 내렸다. 그는 근대지식인의 큰 산맥으로 우람한 모습을 보이기도 했다.

천관우 선생은 신채호 선생을 존경하는 글 「도덕과 주의를 위하는 조선」과 「조선을 위하는 도덕과 주의」에서 다음과 같이 그를 예찬했다.

> 선생은, 신규식申圭植이 주도하던 상하이의 신한청년회新韓青年會와의 긴밀한 연락을 통하여, 혹은 중국 신문(中華報 · 北京日報) 등에 자주 발표한 논설들을 통하여, 민족독립운동을 꾸준히 계속하는 한편으로 후일 거편巨篇으로 남게 되는 한국상고사의 연구와 저술에 몰두하고 있었다.
>
> 3·1운동이 터진 1919년은 선생이 43세 되던 해였다. 곧 상하이로 달려가 의정원의원議政院議員 · 의정원전원위원장議政院全院委員長 등으로 임시정부에 참여하였으나 그 철저하고 준열한 독립운동 방략으로 말미암아 선생은 임시정부 안에서도 말하자면 일종의 야당적인 입장에 있었던 듯하다. 그해 10월에 선생이 창간하여 몸소 주간한 신문 『신대한新大韓』은 임시정부 기관지인 『독립신문』과도 대립하는 수가 있었고, 임시정부 수립 후에도 상하이에 오지 않고 있던 대통령 이승만을 김창숙 등과 함께 규탄하고 나선 것도 이때다.
>
> 선생은 상하이 생활을 끝내고 1920년에 베이징으로 되돌아왔다. 그리하여 진합단晋合團 · 통일책진회統一策進會 · 다물단多勿團('다물多勿'은 『삼국사기三國史記』 「동명기東明紀」에 보이는 '복구토復舊土'의 뜻) 등을 조직, 혹은 조직에 참여하여 베이징에서 독립운동에 일로一路 매진하였으나, 이 무렵 임시정부의 비능률을 둘러싸고 개조파改造派 · 창조파創造派의 두 의견이 대립되었을 때 선생은 임시정부를 처음부터 다시 세워야 된다는 후자後者의 편에 서기도 했다.
>
> 선생은 1925년, 대만 지룽항基隆港에서 일본 경찰에게 잡혀 대련으로 호송 투옥되고 마침내 옥사獄死에 이르게 된다. 그렇다 하여 선생을 간단히 아나키스트로 처리할 수는 없다. 바로 이 전후의 것으로 보이는 글에 「도덕과 주의를 위하는 조선」이 아니라 「조선을 위하는 도덕과 주의」이어야 한다고 하고(「낭객浪客의 신년만필新年漫筆」), 뒤에 마지막 공판정公判廷에서 "우리 동포가 나라를 찾기 위하여 취하는 수단은 모두 정당한 것"이라고 진술했다는 데서도(공판기록) 참정신이 어떤 것이었는가를 짐작할 수 있다.
>
> 민족독립운동에도 여러 형태가 있었다. 그러나 선생의 실천운동은 한마디로

도저한 혁명적 투쟁으로 일관된 데에 특색이 있다. 그리고 선생이 한국민족주의사에서 절정의 한 분으로 존경받는 이유의 하나는 이 같은 철저한 투쟁정신으로 신문을 제작하고 역사를 쓰고 결사를 조직하고 마침내 자신의 옥사로 이 정신을 마무리하여 증명하고 간 데에 있다고 하겠다. 선생이 한국민족주의사에서 절정의 한 분으로 존경받는 또 하나의 이유는 그가 실천가로서만이 아니라 이론가로서 근대민족주의사상의 전개에서 또한 탁월한 위치에 있어 이 이론과 실천이 절묘하게 원융되어 있는 데에 있다고 하겠다.

그러나 한 가지만 지적해 둘 것이 있다. 선생의 역사학이 투쟁적이라는 것은 사실이지만 그것이 비과학적이라는 평은 깊이 재고되어야 한다는 점이 그것이다. 위에서 언급한 『조선사론』만 하더라도 1920년대로서는 훌륭하리만큼 역사과학의 방법을 제시하고 있는 것이고, 비록 고증이 부족한 입론도 없지는 않지만 그것은 후인의 고증으로 보강됨으로써 정당한 입론이었음이 확인될 부분도 적지 않다고 본다. 예컨대 필자도 최근 일면의 고증을 시도하는 가운데 선생의 「전삼한前三韓 · 후삼한後三韓」설이나 「진번眞番 = 변辰 · 진弁」설이 정곡을 뚫은 것이었음에 새삼 놀란 바 있다.

이와 같이 천관우 선생은 신채호 선생의 사상과 학문에 매료되어 민족주의 사학자가 되었고, 치열한 역사의식과 함께 호방하면서도 강직한 성품을 지닌 언론인, 역사학자로 거듭날 수 있었다.

신채호는 1898년 독립협회에 가입하여 회장급으로 서광범, 박영효, 서재필, 민영환과 교분을 이루며, 내무부 문서부에 소속되어 이상재, 김규식 등과 일을 보았으며 문교부장급인 김윤식, 박은식과도 이때 일을 같이하면서 학맥을 이루는 동기가 되었다. 그는 독립협회에 발을 들여놓으면서 앞서 열거한 사람들과는 물론 이승만, 안창호, 이승훈, 이동녕, 박용만 등 그 당시 빛나는 독립투사들과도 폭넓은 교분을 나눈다. 이러한 운동에 대해서 천관우 선생은 『한국근대사 산책』에서 단재 신채호를 우리민족의 역사와 전통에 관한 긍지, 그리고 민족주의 운동에 있어서의 민족사의 비중에 대한 신념은 그의 청년시절부터라고 말했다.

단재 신채호는 나름대로 '단재사학史學'을 형성했다고 볼 수 있다. 단재의 붓은 망명 이전과 망명 이후로 구분될 수 있다. 망명 이전에는 「역사와 애국심의 관계」, 「이순신일기」(1908), 「을지문덕」(1908), 「독사신론讀史新論」(1908), 「동국거걸최도통전東國巨傑崔都統傳」(1909)과 이에 앞서 「이태리건국삼걸전伊太利建國三傑傳」(1907)을 써서 명성을 얻었다.

망명 이후 병고와 싸우면서도 1925년의 「전후삼한고前後三韓考」, 「조선사연구초硏究草」, 1931년의 「조선상고사」, 「조선상고문화사」가 있다. 그리고 그의 명편인 「조선역사상 4천년 내 제1대사건」에서 우리 고유의 낭가사상郞家思想(화랑도)을 찾아내기도 했다.

위의 저술 모두 하나하나가 특출한 역사이론이었으며 단재 사관의 표적인 동시에 한국민족사관의 수립에 정초定礎의 구실을 놓았다고 천관우 선생은 그의 저서 『한국근대사 산책』에서 강조하였다. 이와 같은 실력이 나온 배경에는 단재의 타고난 학문의 열정이 있었지만 그 무렵 당시 북경대학 교수로 문명을 떨치던 루쉰魯迅, 러시아 시인 예로센코, 타이완의 범본량范本梁 등과 교류하면서 토론과 지식을 습득하였다.

신채호는 사학에서만 특출한 것이 아니라 단재의 혁명문학인 대표 시작품 「너의 것」을 썼고, 투옥 직전의 중편소설 「용과 용의 대격전」이라는 역작을 쓰기도 했다. 그는 민족과 인류를 구원할 민중문학에 심취해 있었다. 단재의 붓은 녹슬 줄 몰라 「부父를 수囚한 차대왕次大王」을 비롯하여 「신라건국연대에 대하여」를 시대일보에 연재하였고, 「조선사 정리에 대한 사의私疑」와 「연개소문의 사후死後」, 「조선민족의 전성시대」를 집필했다.

그가 민족사의 새벽별이 되기까지는 부지런한 연구 자세와 남다른 역사에의 접근방식이었는데 그 결실이 『조선상고사』라고 볼 수 있다.

이러한 역사적 저술도 민족주의를 배경으로 하고 있다. 한마디로 신채호의 민족주의는 일제의 강도적 강권에 대한 폭력 수단이 정당화된다는 폭력철학인 무정부주의 사상을 갖고 있었다.

신일철과 최홍규 교수는, "신채호가 민족주의의 실천을 위한 수단으로서 무정부주의의 방법을 채택한 것뿐이다" 했고, 신용하 교수는 "신채호가 스스로 무정부주의의 사상에 공감을 갖고 진정한 무정부주의자가 되어 있었다"라고 했다.

한편 신채호는 3·1운동을 전후하여 전 세계는 물론 한국의 독립운동가들과 국민들 사이에 풍미하기 시작한 공산주의에 대해서는 배용일 저 『박은식과 신채호 사상의 비교연구』에서는 확실한 선을 긋고 비판하였다. 신채호는 20대부터 천하를 뒤흔든 언론인이었고 근대 한국이 낳은 대표적 역사가인 그는 조국의 해방을 위해 온몸으로 싸웠고, 짧은 57년 생애 거의 대부분을 언론창달, 역사창달과 독립을 위해 민중혁명가로 일관하였다.

단재 선생이 우리의 품을 떠난 지 75년이 지났으나 그 정신은 역사의 복판에서 상록수의 기상으로 날로 더욱 푸르게 살아난다. 그 자신의 일생이 곧 역사의 산 정신이었으며 그것은 언제나 역사를 새롭게 창조하는 원동력이었다.

박은식—신채호—천관우 이들은 국사 연구를 통하여 무엇보다도 민족적인 기개와 자존심을 앙양하려고 노력하였다. 그들의 저서 속에는 공통적으로 정도의 차이는 있지만 「을지문덕전」, 「김유신전」, 「강감찬전」, 「최도통전」, 「이순신전」 등 외국의 침략에 대항하여 싸운 인물들의 전기가 상당한 비중을 차지하고 있는 것으로도 이를 알 수가 있다.

천관우의 학문은 앞서 박은식의 혼사관魂史觀과 강직한 신채호의 순수한 한국민족주의 사관에 열정을 받았다고 본다. 천관우 선생은 신채호의 『조선상고사』(상·하), 『조선사연구』, 『조선사연구초』, 『조선상고문화사』, 『한국사연구초』 등 이 모두가 천관우의 『고조선사·삼한사연구』 『가야사연구』, 『인물로 본 한국고대사』, 『근세조선사연구』, 『한국상고사의 쟁점』, 『한국사의 재발견』, 『위암 장지연의 사상과 활동』의 저술들이 비슷한 사상과 감정으로 책을 저술하였으니 역사의 한 맥을 형성하였다고 볼 수 있다. 특히 천관우 선생은 신채호를 연상케 하는 강직하고 당당한 투쟁가였다고 남재희 씨는 저서 『언론·정치 풍속사』에서 말하고 있다.

## 3. 천관우 학문의 세계

### 1) 천관우 학문에 도움을 주신 분들

선생님의 학문 시작은 6살부터 13세까지 한문수학으로 시작된다. 선생께서 1976년 『서강타임스』에 기고한 글을 보면 학문의 시작과 한국사와의 인연을 이렇게 말했다.

> 5년제 시골 중학을 그것도 시원치 못한 성적으로 나온 나는, 위 학교 시험을 치면 떨어지곤 해서 재수·삼수로 2년이나 공을 쳤다. 첫해는 영어, 단자 외우기, 기하의 보조선 긋기에 재미를 붙였지만, 다음 해에는 그것도 시들해져서 아는 둥 마는 둥 닥치는 대로 남독을 했다. 그런 가운데서 '이것 참 희한하다'고 느낀 것이 최남선 선생의 역사책들과 기행집들이었다. 한국사와의 인연은 이렇게 해서 시작되었다.

선생님은 원래가 교수의 꿈을 갖고 대학원에 진학하여 무급 조수가 되어 연구실에 있었으나 6·25전쟁으로 허사가 되면서 선생님도 『한국

근대사 산책』에서 밝혔듯이 신문인을 직업으로 삼으면서 기자 반, 사학도 반으로 고백하였고, 「육십자서」(『한국사학논총』)에서는 자신의 학문을,

> 어느 한 가지를 좀 오래 붙들고 있지 못한 고로 실학을 다루다가, 조선 초의 병제를 다루다가, 고대사를 다루다가, 조선의 근대사를 다루다가 … 이런 식이었다. 아주 가까운 사람이 그런 학문을 충고하면 "나의 은사 이병도 교수님을 보라. 그분은 고대의 삼한三韓, 사군四郡, 고려사상, 조선왕조의 유학사상 등을 통틀어 연구하면서도 폭넓고 굵직굵직한 업적들을 내놓으셨잖나."

라고 대꾸했다고 한다. 천관우 선생 스스로 이병도 박사 식의 공부를 했다고 그러지만, 꼭 그런 것만은 아니다. 단군檀君－기자箕子－위만衛滿조선의 정체를 밝히는 데만 10년이나 걸렸다. 이러한 학구열로 실학 연구, 고대사 쟁점 부분, 근대사, 현대사 등 분야별로 발표했다 하면 학계의 관심을 불러일으키고 영향력을 행사한 독보적인 학자로 자리매김한 것 또한 사실임에는 틀림없다. 그분이 쓴 「육십자서」에 보면, 하루하루에 승패를 거는 기자보다는 무엇인가 한 가지 장기적인 연구과제를 붙들려고 무던히도 애를 썼고, 후배 기자들에게도 그런 학문의 자세를 권했다. 그의 학문에 대한 대단한 열정은 1976년 『서강타임즈』에 기고한 글에서도 잘 나타나 있다.

> 나의 기자생활은 눈코 못 뜨게 돌아가는 편집국 근무의 기간보다, 비교적 시간의 여유가 있는 논설기자의 기간이 훨씬 길었다. 그래서 논설을 쓰는 동안에는 이 대학에서 한 학기, 저 대학에서 두 학기 강의를 맡기도 했다.
> 옛날에는 역사학의 대가가 신문에 논설을 쓴 일도 적지 않았다. 그러나 나는 기자를 하면서 가능한 데까지 역사학 공부를 해보겠다는 것이었던 만큼, 경우가 반대이었고, 게다가 갈수록 직업의 전문화가 요구되는 세상에 시대를 역행해서 살아온 꼴이었다.

아직 인생을 되돌아볼 나이는 아니지만, 이렇게 어정쩡하게 살다보니, 기자로서의 인생도 아직까지로는 실패작이요, 연구자로서의 인생도 아직까지로는 실패작이 된 것 같다. 그러나 좋은 세월 20년을 신문에 몸 바쳐 온 데 대해 후회는 없다. 또 기자로서 한국사학에 관심을 계속해 온 데 대해서도, 그만큼 신문에 충실하지 못했던 것이 미안은 하지만, 그렇다 해서 역시 후회는 없다.

라고 진솔하게 피력했다. 또 그는 민족의 사학자라고 평가받고 싶어했고, 또 노력했다. 1977년 그 당시 베스트셀러였던 저널리스트 11인선人選 『파도야, 어쩌란 말이냐』의 「나의 학문의 길」에서 이렇게 말했다.

최근 몇 해 동안은 상고-고대사를 다루고 있다. 왜가 2세기 동안 낙동강 방면을 지배했다는 일본사의 어처구니없는 주장이 그 패전 이후에는 없어진 줄 알았더니, 웬걸, 새록새록 모양을 바꾸어 기승을 부리는 것을 보고, 한국사에서도 가만히 보고 있을 수 없다고 해서 손을 댔었다. 그런데 이 임나任那(伽倻) 문제는 삼한三韓 문제로, 삼한 문제는 기자箕子 문제로, 자꾸 확대가 된 것이다.
이 소위 '임나일본부任那日本府' 문제의 주된 자료는 『일본서기日本書紀』다. 한국인으로서 일본 고문古文을 비교적 힘 안 들이고 읽을 수 있는 세대도, 내 연배가 거의 하한下限일 듯하다. 따라서 내 연배에서 누군가가 이 문제에 한 매듭을 지어두는 것이 필요할 듯도 하고, 그것은 일본 교육을 받고 자라온 세대의 겸연쩍음을 다소라도 보상받는 일이 될 듯도 해서 지금은 이것을 붙들고 있다.

라고 했다. 식민사관을 극복하고 민족주의 사학자로 높이 평가받고 있는 대목이다. 「석굴암과 조공朝貢」이라는 글에도 잘 나타나 있다. "석굴암을 보라 … 대장경을 보라 … 왜 이런 훌륭한 민족이 중국에 조공을 바쳤나" 하고 한탄을 했다. 병자호란 때 인조가 청나라에 항복한 사적을 적은 삼전도비三田渡碑가 홍수가 나서 묻혀 있던 비석이 저절로 또 드러남을 보고 역사는 지우려고 해도 지워지지 않는다면서 크게 자성自省했다고 한다.

선생은 세계적인 인물로 서양에 알렉산더 대왕이 있다면 우리에게는 동서양을 통틀어 을지문덕 장군이 있고, 인도·중국에서조차 논論으로 우러러보는 『금강삼매경약소金剛三昧經略疏』의 원효도 있다고 했다. 어찌 이뿐이겠는가. 단군, 주몽, 수로, 근초고왕, 광개토왕, 왕인, 이차돈, 김유신, 대조영, 최치원, 궁예 등을 『인물로 본 한국고대사』에서 민족주의 웅도를 그리면서 심도 있게 다루었다. 그리고 재일동포에게 새로운 국사상國史像과 역사의식을 심어줄 요량으로 1979년 통일일보에 몇 달 동안 연재하고, 연이어 1980년 11월부터 1981년 3월까지 경향신문에 연재하여 그 당시 좋은 호평을 얻었다.

천관우 선생이 학문의 길을 걸을 수 있었던 것은, 그 당시 최고 석학인 최남선 교수는 한국사 개안開眼의 길을 터준 분이고 안재홍 교수와 정인보 교수는 실학공부에 지침이 되어주셨고, 이병도 교수에게서는 고대사(삼한三韓, 사군四郡), 고려사, 조선왕조의 유학을 배웠고, 졸업논문인 「반계 유형원 연구」의 지도를 받으면서 역사학도로서의 충분한 자질을 벌써 이때 갖추었다고 봐야 한다. 이분들이 실학공부에 지침이 되어주어 조선후기 실학의 첫 개척자라고 할 수 있는 「반계 유형원 연구」을 쓰는 계기가 되었다. 이 논문이 결국은 실학계의 큰 파장을 일으켰고, 아직도 귀한 대접을 받고 있는 것이다. 이때 나름대로 실학에 대한 정의를 확실히 내린 것 같다.

특히 안재홍 선생님으로부터는 일대일로 10여 일 동안 역사철학 강의와, 『신민족주의와 신민주주의』라는 안재홍 전집 2권을 읽은 것이 민족주의 사학자가 된 것 같다. 이런 감격의 인연이 한참 후에 안재홍 유가족으로부터 『안재홍 선집』의 책임감수와 편집을 맡게 되는 기이한 인연을 맺기도 했다.

서울대학 사학과를 졸업하자마자 신문사에 취직하여 중요한 온갖 직함을 두루 거치면서 그 분주한 가운데서도 역사 연구를 계속할 수 있었던 것은 10여 년 연장자로 후일 고려대, 연세대 역사학 교수가 된 홍이섭 선생의 말 한마디가 컸다고 본인 스스로 고백했다. "천 군, 신문사를 다니더라도 기왕에 시작한 한국사는 계속하시오"라는 권면과 격려였다.

1969년부터 삼선개헌, 유신, 긴급조치 등 민주화운동의 선봉으로 섰다가 허구한 날 기관으로부터 '오너라, 가너라' 하는 속에 수사당하고, 연금당하면서 거의 10여 년을 칩거생활로 들어가는 바람에 사학계로 볼 때는 이때가 전화위복의 기회가 된 셈이다. 고대사를 본격적으로 연구하여 단군에서 시작하여 기자, 위만조선, 낙랑(왕조), 주몽, 수로를 연구하면서 전체를 통관하는 연구실적을 쌓아 정신문화연구원에서 주최한 학술회의에 발표하기도 했다. 이처럼 천관우 선생님은 당대의 석학들에게 아낌없는 권면과 지원을 받은 것도 행운이었고 사학계에도 크게 도움이 된 것이다.

### 2) 천관우 학문의 세계

선생의 학문은 한국의 고대사에서부터 근대사, 현대사에 이르기까지 다양한 논설로 광범위하여 학문의 깊이와 넓이를 가늠할 수 없다. 선생의 논총을 만드는 자리에 그냥 지날 수는 없기에 선생의 연구분야 중에서도 중심 연구분야였던 '실학'을 빼놓을 수 없다. 그중에서도 아직도 학자들 간에 이론이 분분한 실학의 개념과 실학의 기원, 그리고 실학의 범위를 짚어봄으로써 그분의 학문 세계를 극히 단편적이나마 소개하여 볼까 한다.

실학이라는 용어는 우리나라뿐만 아니라 중국과 일본에 이르기까지 동양 삼국에서 동시대적으로 사용되어 왔다. 우리나라에만 한정시켜 보더라도 고려시대에는 불교에 대응해 유학을 실학이라 하였고, 그 시대의 사상이나 학문 경향이 밀폐화되어 부화하고 공허해지는 현상에 대해 이의 극복을 위한 대안 제시의 학풍을 일컫는 것이므로 시대에 따라 거기에 담는 내용과 실체가 다르다고 할 수 있다.

천관우 선생의 실학 개념정리를 그분의 학설이 훼손되지 않는 범위 내에서 원문대로 옮겨보면, 실학의 개념을 논하기 전에 실학의 출전出典을 중요시했다. 즉 실학의 뜻을 그의 저서 『한국사의 재발견』에서 아주 간단명료하게 표시한 바 있다.

> 실학이란 때로는 유가 자신의 호칭으로 불리기도 하지만, 흔히는 '실사구시의 학' 이란 의미로 쓰이고 있으니 그 출전은 『한서漢書』「하간헌왕전河間獻王傳」의 "수학호고修學好古, 실사구시實事求是" 에 있다고 하며, 청대淸代 학술學術에서도,
>
> 요컨대, 청학은 일一 '실實' 자字를 제창함으로써 성盛하였고, 일一 '실' 자를 관철치 못함으로써 쇠衰하였다(량치차오梁啓超, 『청대학술개론淸代學術槪論』).
>
> 고 하는 말과 같이 실학으로 시종하였거니와, 이 '실' 은 자유성을 의미하는 '실정實正' 의 실이요, 과학성을 의미하는 '실증實證' 의 실이요, 현실성을 의미하는 '실용實用' 의 실임은 말할 것도 없다. 조선에서 이 실학이란 용어가 쓰이기 시작한 것은 그 유래를 자세히 알 수 없으나, 종래의 지칭하는 바 실학이라는 개념은 모호함을 면치 못한 것이었으며, 위에서 말한 '실정', '실증', '실용' 의 어느 일면을 가진 것이면 실학의 범위 내에 들어오는 것이었다.

선생은 졸업논문과 그 후 1952년 『역사학회』 회보에 기고한 글에서 실학의 개념을 간단하게 다음과 같이 피력했다.

필자가 「반계 유형원 연구」(1952~3, 본서소수本書所收)에서 실학의 개념에 대하여 다소의 언급을 시도한 것도, 물론 이러한 견해들의 누적을 배경으로 한 것이었다. 그 가운데서 "실학이란, 때로는 유가 자신의 호칭으로 불리기도 하지만 흔히는 실사구시의 학學이란 의미로 쓰인다" 고 한 것은, 비록 선명치 못한 설명이기는 하였으나마, 실학이란 한편으로 전통유학이 그 본래의 진면목을 자부하여 써 온 말인 동시에 한편으로는 최근 수십 년간에 걸쳐 관용되어 오듯이 조선후기에 있어서 독특한 신경향을 나타낸 일군一群의 학자 · 사상가의 학술 내지는 학풍 · 사조를 말하는 양면이 있음을 지적하면서, 실학을 그 후자인 신학풍 · 신사조라는 방향으로 잡아 결론한 것이었다.

실학이라면 "멀리 중국 3대三代의 학學을 가리키는 한편 가까이는 송宋 · 원대元代의 정주학程朱學을 가리켰다" 는 설에 대하여 천관우 선생은 그의 저서 『근세조선사연구』와 1959년 10월 10일 동아일보에 기고한 「실학에 관한 메모」에서 다음과 같이 피력했다.

오늘날 실학이라면 흔히 영英 · 정正시대 전후에 일어났던 특유의 학풍을 막연히 지칭하고 있는 것이 사실이나, 이 소위 '실학' 자들 자신은 실학이라는 말을 쓰되 실득實德 · 실행實行 · 실용實用 등을 갖춘 학문의 뜻으로 쓴 것을 여기저기서 볼 수 있는 것이니, 곧 유학儒學의 말폐에서 벗어나 그 근본의根本義로 돌아가는 것을 말한 것이라 하겠으며, 따라서 실학은 반드시 주자학을 가리킨다고 하기는 어렵다.

자신의 졸업논문 「반계 유형원 연구」에서는 다음과 같이 실학을 정의했다.

"실학이란 때로는 유학 자신의 호칭으로 불리기도 하지만 흔히는 실사구시의 학이란 의미로 쓰인다" 고 말한 바 있거니와, 최근 10여 년 동안 활발하게 전개되어 온 실학 논쟁은 크게 두 가지 방향으로 집약될 수 있다고 본다.

하나는, 1930년대에 쓰인 정인보·문일평·최남선 등의 논자로부터 관용되기 시작한 대로, 조선후기에 신학풍을 일으킨 일군의 학자들의 사상 내용을 실학으로 부르는 것으로서 그 기초는 물론 유학에 둔 것이라 하되, 그 개혁 유학적인 일면을 중시하는 방향이라 하겠다. 또 하나는, 1958년경부터 시도된 바와 같이, 실학이라는 명칭의 사용례를 고전에서 검출하는 명사론적인 구명을 통하여, 실학은 수기치인修己治人을 목표로 하는 유학儒學 바로 그것이로되, 다만 시대에 따라 그 내용은 유동적이어서 조선조 일대에 있어서 실학이란 성리학(주자학)을 지칭한다는 것이다.

조선후기 신학풍을 인정하지 않는 것은 아니나, 이것을 실학이라 부르는 데에 주저할 뿐 아니라, 유학 내지 주자학의 본령이 이미 이 신학풍의 내용을 포괄하고 있다는 점을 강조하는 방향이다.

선생은 실학의 개념을 아래와 같이 근대정신과 민족정신으로 표현되는 것이라고 설명하였다.

1930년대에 실학의 새 개념이 형성된 데에는 그들이 종래의 실학의 개념을 몰라서가 아닐 것이요. 특히 이들 개혁유학자군에게서 실實을 찾을 수가 있다고 믿었기 때문일 것이다. 실학의 개념이 과연 유동적인 것이라면, 오늘의 시점에 서서 보는 '실'은 과거 어느 시기에 서서 보던 '실'과는 다를 수 있는 것이요, 따라서 수세기 전의 어느 시점에서 본 '실'이 '실학'임을 자부한 것처럼, 40년 전의 시점에서 본 '실'이 또한 '실학'의 새 개념을 낳아 괴이할 것은 없다고 보는 것이다. 실학實學의 이 새 개념에서 본 '실'은 구체적으로 무엇을 말하는가. 조선후기 개혁유학자들의 중요한 위치를 근대화와 민족주의에서 거슬러 찾아보는 입장에서 볼 때 그 '실'은 당연히 전근대정신에 대립하는 근대정신을, 몰민족정신에 대립하는 민족정신을 뜻하게 된다.

실학의 개념 정리를 시대에 따라 수기修己, 치인治人이라는 유학의 학풍을 뜻하는 것으로 유학의 본령에 충실한 학풍이라고 학술지에 발표하기도 했다.

최근까지도 시비가 없지 않는 '실학'이라는 명칭에 관하여 언급해 두기로 한다. 본래 실학이라는 용어는 수기修己 · 치인治人이라는 유학儒學의 본령本領에 충실한 학풍을 뜻하는 것으로서 시대에 따라 수기와 치인의 중점이 달랐다. 사실 조선후기 실학파 제유도 그들 자신의 학學을 실학實學으로 자처한 일도 없었으며, 조선후기의 개신유학改新儒學을 오늘날처럼 실학이라고 부르기 시작한 과정에 있어서도 처음에는 그러한 명칭을 삼가려는 기색마저 엿보였던 것이 사실이다. 그러나 일반적으로 어의語義란 상당히 충동적인 것이어서 가령 '경제'라는 말이 '경국제민經國濟民'의 뜻에서 오늘날의 '에코노미'의 뜻으로 전화하고, '이학理學'이라는 말이 '의이학義理學'의 뜻에서 오늘날의 '자연과학自然科學'의 뜻으로 전화한 것과 같이, 실학이라는 말이 그 원의原義에서는 유학의 본령에 충실한 '학풍'이라 할지라도….

천관우 선생님의 학문 세계를, 어느 부분의 비록 단편적이라 할지라도 광활하게 펼쳐놓은 논조를 몇 마디로 압축하는 것이 여간 어려운 일은 아니나 조심스럽게 되도록 원문에 가깝게 살려보았다.

**※ 참고문헌**


1. 천관우, 『한국사의 재발견』, 일조각, 1974.
2. 천관우, 『근세조선사연구』, 일조각, 1979.
3. 천관우, 『한국근대사산책』, 정음문화사, 1986.
4. 천관우해설, 『세계의 대사상사』 26권, 희문출판사, 1961.
5. 천관우, 「실학에 관한 메모」, 동아일보 1959. 10. 10.
6. 천관우, 『인물로 본 한국고대사』, 정음문화사, 1982.
7. 한국사상사학회 천관우 선생 추념논총 간행위원회, 『천관우선생 추념논총』, 서울문화사, 1993.
8. 천관우, 『고조선사 · 삼한사연구』, 일조각, 1989.
9. 남재희, 『언론 · 정치 풍속사』, 민음사, 2004.
10. 천관우 외 11인, 『파도야 어쩌란 말이냐』, 전예원, 1977.
11. 배용일, 『박은식과 신채호 사상의 비교연구』, 경인문화사, 2002.

12. 박은식, 『한국통사』, 대동편집국, 1915.
13. 임중빈, 『단재 신채호』, 명지사, 1993.
14. 임중빈, 『단재 신채호 일대기』, 범우사, 1987.
15. 천관우, 「육십자서」, 『한국사학논총』, 정음문화사, 1985.
16. 최홍규, 『신채호의 역사학과 민족운동』, 일지사, 2005.

# 현실에 기초하는 역사 연구 중시

문창로
국민대 교수

천관우 선생의 사학과 고대사 연구는
'언관'과 '사관'의 역할에 충실하고자
'나와 우리의 입장' 그리고 '현재의 입장'이
투영된 역사상歷史像을 추구

주지하듯이 천관우 선생은 해방 이후 한국 언론계를 이끌었던 인물이자, 주목받는 한국사 연구자 가운데 한 사람이었다. 특히 1970년대 이후 '고대국가 형성론'을 비롯한 한국고대사학계의 연구 흐름에도 큰 영향을 끼쳤던 인물이다. 천 선생은 일찍이 박은식·장지연·신채호 등의 활동을 거론하면서 스스로 언론인이자 역사가로서 살아가기를 다짐했으며, 또한 그렇게 살기 위해 노력하였다. 다음의 글을 참고할 수 있다.

> 옛날에는 박은식·장지연·신채호 … 역사학의 대가들이 신문에 고정적으로 논설을 쓴 일이 적지 않아, 나도 이런 분들을 따라가야지 하고 채찍질을 하기도 했다. 그러나 나는 기자를 하면서 이제부터 가능한 데까지 역사학을 공부해 보겠다는 것이었던 만큼 그분들과는 경우가 반대였고, 게다가 갈수록 직업의 전문화가 요구되는 세상에 시대를 역행해서 살아온 꼴이었다. … 신문의 일선

에서 물러난 지 오래지만 그래도 가끔은 신문에 무언가 써야 될 때마다 절실해지는 것은, 이것도 더 해두어야 했을걸, 저것도 좀 더 해두어야 했을걸 하는 욕심이다. 속을 잘 모르는 방면의 이야기를 쓰기가 차차 두렵기 때문이다. 그래서 더러 쓴다는 것이 결국은 역사학적인 발상, 역사학적인 서술이 되고 만다. 누에는 뽕잎을 먹고 자란다더니, 기자로서의 내가 이렇게 한국사학의 덕을 보고 또 그 테두리를 벗어나지 못하리라고는 미처 생각을 못했었다.[1]

언론인과 국사학자, 어느 것 하나 쉽지 않은 길이지만 천관우 선생은 두 가지 일을 함께 추구하였다. 비록 삶의 무게중심은 언론계에 기울었다고 할 수 있지만, 궁극적으로 자신의 글쓰기는 '역사학적인 발상'과 '역사학적인 서술'이 되고 말았다는 회고담 속에서, 천 선생에게 한국사 연구는 삶의 테두리이자 든든한 버팀목이 되었음을 알 수 있다.

사실 천관우 선생에게 조선시대의 언관言官과 사관史官은 관심의 대상이 될 수밖에 없었다. 이러한 점은 특히 생전에 펴낸 저서 가운데 하나인 『언관言官 사관史官—한국 신문의 체질』을 통해서도 확인할 수 있다. 이 책은 언론생활을 하면서 틈틈이 발표했던 신문 단평을 엮은 것이다. 부제에서 밝혔듯이 '한국 신문의 체질'을 논하면서 당시 한국 신문의 현황과 그 기능을 진단하고, 한국 신문의 역사를 일별하였던 일종이 '한국 신문 입문서' 성격을 지닌 것이다.[2] 그럼에도 불구하고 굳이 제목을 '언관 사관'이라고 붙였던 사실을 통하여, 이 책에 실린 내용 전반에 '조선시대 언관·사관'의 비판적 정신이 반영되었을 것이라

1 千寬宇, 「六十自敍」, 『문학사상』(1984. 5.), 1984; 『千寬宇 散文選』, 심설당, 1991, 127～129쪽.

2 千寬宇, 『言官 史官—韓國新聞의 體質』, 培英社, 1969. 이 책은 부제에서 밝히듯이 한국 신문에 대한 이해를 돕는 일종의 개설서 성격을 지니는데, 다음과 같은 주요 목차를 통해서도 알 수 있다. 한국 신문의 현황/한국 신문의 안팎 [신문의 보도적 기능(1)(2), 신문의 비평적 기능(1)(2), 신문의 자유(1)(2)(3)(4), 신문의 윤리, 신문과 독자, 신문기자 (1)(2), 附 · 대학신문의 방향]/한국 신문의 발자취 [근대 신문으로의 접근, 왕조시대의 민간지, 3 · 1운동과 3대 민간지, 일본 침략전쟁하의 신문, 민족해방과 신문, 정부 수립후의 신문].

는 점을 쉽게 추측할 수 있다.

한편 천관우 선생이 주목한 '언관'과 '사관'은 그 성격이나 역할에 있어 동전의 앞·뒷면과 같은 존재이다. 특히 천 선생은 '신문'과 '역사'의 관계에 대해서 다음과 같이 조선시대 '언관'과 '사관'과 관련지어 언급하였다.

> '신문'과 '역사'는 혼동해서 안 될 것이기는 하지만, 신문은 오늘의 역사요, 역사는 어제의 신문이라고 내 나름으로 생각하면서, 그 다루는 방법에 비슷한 점도 없지 않다고 보기 때문일세. … 언관은 국정의 잘잘못을 국왕에게 직언하는 직책이고, 사관은 국왕을 중심으로 움직여지는 국정의 전말을 기록하는 직책이라고 했네. … 그러나 기록된 역사에서의 산 역사를 찾는 노력은 현실의 역사에서 산 역사를 찾는 노력의 중요한 접근방법의 하나는 될 수 있을 것일세.[3]

천관우 선생은 신문과 역사에 대하여 각각 '오늘의 역사로서의 신문'과 '어제의 신문으로서의 역사'로 규정하면서 양자의 밀접한 관계를 부각하였다. 이처럼 양자의 밀접한 관련성을 강조한 것은 '언관'과 '사관'의 역할이 갖는 공통점, 곧 '언론言論'과 '사론史論'의 비판적 기능을 염두에 두었기 때문이다. 천 선생은 평소에도 신문이 직시直時의 공시公示를 위한 것으로 현재의 비판을 위한 것이라면, 역사는 미래의 비판을 예비하는 기능을 가진 것으로 여겼다.[4]

사실 현업 언론인으로서 역사 연구를 병행했던 천 선생의 입장에서 '언관'과 '사관'에 주목한 것은 어쩌면 당연한 일이기도 하다. 물론 천

---

3 千寬宇, 「산 歷史와 죽은 歷史」, 『讀書新聞』, 1974년 10월 27일자; 『千寬宇 散文選』, 심설당, 1991, 86~93쪽.

4 千寬宇, 「民族과 自由와 言論」, 『高在旭先生華甲紀念論叢』, 1963; 『韓國近代史 散策』, 正音文化社, 1986, 192쪽.

관우 선생은 전통시대의 '언관'과 '사관'의 역할을 오늘날의 입장에서 재해석하여 발전적으로 계승하려고 하였다. 곧 과거의 '언관'과 '사관'이 비록 민民을 상대로 알리는 것은 아니었지만, 오늘날에는 민의 편에 서서 민에 충성하고 민의 입장을 지키는 것만이 참다운 저널리즘임을 분명히 하였다. 그리하여 천 선생은 언론의 역할이 관官에 대한 견제와 비판 기능, 그리고 바른 기록이라는 점을 강조하였다.[5]

천관우 선생은 평소 "기자를 업業으로 삼으면서 틈틈이 한국사에 관계되는 글을 써온 나는 비非아카데미사학이 아카데미사학과는 또 다른 단점과 함께 그 나름의 장점도 지니고 있다고 믿는 자이다"[6]라고 하여, 스스로 '비아카데미사학'을 표방하기도 하였다. 해방 이후 한국사 연구에서 중요한 위치를 차지하였던 천 선생이 굳이 '비아카데미사학자'를 자처한 까닭은 아마도 오랜 기간 언론계에 종사하면서 일반 대중을 위해 한국사와 관련된 글을 많이 썼던 입장을 반영한 것으로 이해된다.[7] 그리하여 천 선생은 '민의 입장을 지키는 언관'이자, '민의 눈높이에 맞추는 사관'의 역할을 통하여 '역사의 대중화'를 위해 꾸준히 노력하였다.[8] 천관우 선생이 게재지에 구애받지 않고 대학신문, 여성잡지, 월간지, 일간지, 정부홍보용 일문日文과 영문英文 잡지 등 대중

5 "옛날의 言官이나 史官은 모두 官으로서 관에 충성하는 것이었음에 대하여, 오늘의 저널리즘은 民으로서 민에 충성하는 것인 데에 근본의 차이가 있다. 민의 입장을 지키지 못하고 민의 편에 서지 못하는 저널리즘은, 아무리 외면상으로 저널리즘의 형태를 갖추었다고 하더라도 그것은 이미 저널리즘이 아니다. … 현재에만 사로잡히면 오늘은 있어도 내일은 없다. 또 진리나 올바른 길은 오늘 눈앞에만 있는 것이 아니다"(千寬宇, 「新聞의 自由(二)—言官과 史官」, 『言官 史官』, 培英社, 1969, 87~90쪽).

6 千寬宇, 「自序」, 『韓國史의 再發見』, 一潮閣 , 1974, 3쪽.

7 "선생 스스로 많이 쓸 뿐 아니라 남에게도 그렇게 하도록 권하기조차 하였으며, 이러한 저자의 입장을 스스로 非아카데미 史學이라고 표방하고 나서게 되었다"고 하였다(李基白, 「書評—『韓國史의 再發見』」, 『歷史學報』 63, 1974, 163쪽).

8 실제로 사론 성격의 글을 묶은 『韓國史의 再發見』(一潮閣, 1974)과 『韓國近代史 散策』(正音文化社, 1986) 외에 평이한 역사서술과 체계적 역사서술을 양립시키고자 노력한 『人物로 본 韓國古代史』(正音文化社, 1982) 등의 저술을 통하여 대중을 위한 역사 글쓰기에 노력하였음을 알 수 있다.

이 쉽게 접할 수 있는 지면이면 어디에나 자신의 글을 수록한 사실은 이와 무관하지 않을 것으로 생각된다.

천관우 선생은 역사가 '미래의 비판을 위해 예비하는 기능'을 가졌던 것으로 보았기 때문에, 역사 연구의 접근방법을 '현실의 역사에서 산 역사를 찾는 노력'의 일환이라는 입장에서 추구하였다.[9] 평소 천 선생은 현실에 기초한, 현실에서 강력히 요구하는 역사 연구의 필요성을 강조하였다. 이러한 사실은 자신의 한국사 연구를 회고하는 가운데, 역사가로서 한국 역사학의 당면 과제를 진단한 내용을 통해서도 확인할 수 있다. 천관우 선생은 대학 신입생을 대상으로 하여 "앞으로 이 학문은 어떤 도전을 받게 될 것인가?"라는 질문에 대한 답변의 형식을 빌려 '학문 그 자체가 침체될 수 있는 요인을 도전'이라고 전제한 뒤에,[10] '한국사학에도 이런 뜻의 도전자가 적지 않음'을 다음과 같이 피력하였다.

먼저 역사학은 과거를 다루는 동시에 과거의 모든 것을 다루는 학문이기 때문에, 바로 거기에 도전이 내재해 있다고 보았다. 예컨대 한국의 경제사는 경제학에서, 의학사는 의학에서, 불교사는 불교학에서, 문학사는 문학에서 각각 그 해당 학문의 깊은 이해를 통하여 일반 역사학이 경제·의학·불교·문학을 다루는 것보다 효율적인 연구성과를 내는 경향을 하나의 도전으로 간주한 것이다.[11] 이러한 지적은 당시 한

9 千寬宇, 「산 歷史와 죽은 歷史」, 讀書新聞, 1974년 10월 27일자; 앞의 책, 심설당, 93쪽.

10 千寬宇, 앞의 글, 1984, 127~137쪽의 내용은 '나는 왜 길을 선택했는가', '이 학문을 택하신 동기는?', '현재 이 학문은 어떤 비중을 차지하고 있으며, 현대 역사 속에서 어떤 의의를 지니고 있는가?', '왜 후학들이 이 학문을 전공해야 하는가?' 등의 설문에 대하여 저자가 대학신입생들에게 응답하는 형식으로 쓴 글이다. 이 글을 통해 역사학 전반에 대한 친절한 길잡이 역할을 하였는데, 특히 마지막 설문이었던 '앞으로 역사학은 어떤 도전을 받게 될 것인가?'에 응답하는 형식으로 천관우 선생은 한국 역사학의 과제와 역사의식에 대한 자신의 생각을 피력하였다.

11 千寬宇, 앞의 글, 1984, 133~134쪽.

국 역사학계의 연구경향에 대한 자기 성찰과 분발을 촉구하는 대목으로 받아들일 수 있다.

다음으로 역사학은 과거 그 자체에만 파묻히는 관심, 곧 단순한 호고벽好古癖 때문에 있는 것은 아니므로, 한국사학의 두 번째 도전은 바로 '과거를 앎으로써 현재의 위치를 파악하고, 나아가 미래에 대한 설계를 위한 것'이라는 현실적 요구에 부딪힌다는 것이다.[12] 그리하여 한국의 역사학은 과거와 연결되는 현재·미래를 위한 것이어야 한다는 현실적 요구에 결부되는, 이른바 '역사의식'이 요구됨을 보다 분명하게 강조하였다.

천 선생이 말하는 역사의식에는 무엇보다 역사를 통해 파악되는 '문제의식'이 필요하며, 이와 함께 역사의 형성에 대한 '책임의식'을 가져야 한다는 것이다. 또한 천 선생은 '문제'가 생겼으면 '책임'을 느끼는 것은 당연하고, 책임을 느꼈으면 마땅히 '참여'해야 하는 것이기 때문에, 역사의식은 바로 '참여의식'을 일컫는다고 하였다. 이와 같이 천관우 선생은 역사를 통해 현실에 대한 '문제의식→책임의식→참여의식'으로 이어지는 계기적인 면을 부각하였다. 즉 천 선생이 피력한 '역사의식'이란 현실에 대한 통찰력 있는 자각 곧 '문제의식', 그리고 역사의 변화가 자신의 삶과 밀접하게 연관된다는 '책임의식', 이를 바탕으로 하는 능동적인 '현실참여 의식'을 말하며, 이는 바로 역사의 진전과 함께 맞물려 간다는 것이다.

천관우 선생은 현실참여의 역사의식을 피력하면서도 특히 '역사학도인 한, 역사를 향해 뉘우침 없다는 신실信實한 생각에서 참여할 것'[13]을 주문하였다. 그리하여 이른바 역사학의 '도전'에 대한 자각과 '참

---

12 千寬宇, 앞의 글, 1984, 134~135쪽.

13 千寬宇, 앞의 글, 1984, 134~135쪽.

여'로 상징되는 한국 역사학계의 자기 점검과 냉철한 현실인식, 그리고 이에 따른 '실천적 노력'을 당부하였다.

실제로 천관우 선생은 한국사를 연구하는 근본 문제에 대한 반성을 촉구하는 한편, 장차 한국사학이 추구해야 할 방향에 대하여 다음과 같이 제시하였다.[14]

(1) 역사의 서술도 글이요 말인 이상, 바로 이러한 절실한 요구로 토로吐露된 것일수록 바람직한 역사가 아닐까 생각해본다. … 절실한 요구에서 씌어진 역사라면 당연히 사관이 분명한 역사라 해도 좋을 듯하다.

(2) 역사를 알겠다는 것, 알려주겠다는 것은, '나와 우리'의 현재의 위치를 이해하기 위해서 또는 이해시키기 위해서, 다시 말하여 과거에서 현재에 이르는 그 시간적 경과, 그 사회적 조건 속에서 현재의 나와 우리가 어디에 와 서 있는가를 알아보기 위해서 또는 알려주기 위해서다. … 그러나 과연 오늘날의 한국사학은 얼마나 역사에 대하여 물을 것을 묻고 역사로부터 충분히 대답을 받고 있는가를 자문自問하게 된다. 나와 우리의 입장, 현재의 입장이라는 시각에서 말이다.

(3) 역사가 자세하고 정밀한 것만이 능能이 아닐진대, 한국사의 전 체계를 일관하여 무엇을 말하고자 하는가를 드러내 보이는 역사가 좀 더 있어야 하겠다. 그것은 통사通史의 경우만이 아니라, 어느 단대사斷代史, 어느 특수사特殊史에도 해당된다.… 거듭 말하여 실증實證은 역사학에 있어 불가결의 기초다. 그러나 또 거듭 말하여 실증 일변도에 가까운 사풍史風은 오늘날 한국사학에서 반성되어야 하고, 거시적巨視的인 역사서술이 좀 더 많이 나와야 하겠다는 것이 셋째로 들고자 하는 나의 생각이다.

먼저 (1)은 사마천司馬遷이 『사기史記』를 쓰게 된 동기를 친구 임안任安에게 보낸 편지를 인용하면서 언급한 내용으로, 천관우 선생은 그만

14 千寬宇, 「韓國史를 어떻게 볼 것인가」, 『知性』(1972년 3월호), 1972; 「韓國史學의 反省」, 『韓國史의 再發見』, 一潮閣, 1974, 39~50쪽

큼 현실의 절실한 요구에 의해 쓰인 역사가 필요하다고 하였다. 부연하면 한국사학의 반성 과제로 무엇보다 먼저 사관이 뚜렷하고 개성이 강한 역사, 곧 '절실한 요구에서 쓰인 역사'가 좀 더 많이 나와야 한다는 것이다. 또한 천 선생은 (2)와 같이 '나와 우리'의 입장, 현재의 입장에 투철한 역사가 더욱 일반화되어야 한다는 점을 들었다. 나아가 천 선생은 (3)처럼 역사학에 있어 실증은 불가결의 기초이지만, 과거의 사실에 대한 실증 일변도의 사풍을 반성하면서 좀 더 현실에 입각한 거시적인 관찰이 필요함을 역설하였다.

주지하듯이 천관우 선생은 조선후기 실학의 특징을 근대지향적近代指向的이며 민족적인 면에서 찾았다. 특히 1930년대 정인보鄭寅普·안재홍安在鴻·최남선崔南善 등의 선학들이 조선후기 이익李瀷을 비롯한 일군의 실학자들에 주목한 까닭은 전통유학에서 소홀해지기 쉬었던 경세학(정책론 등)·고거학考據學(고증적 문헌학) 등의 분야에서 과거 실학자들이 빛을 발했기 때문으로 보았던 것이다. 곧 조선후기 실학파에 대한 재평가 내지 재구성을 시도한 것은 바로 1930년대의 역사가들이 실학의 근대지향적·민족적인 면, 나와 우리의 입장, 그리고 현재의 실천적 관심을 투영시킨 것이라고 이해하였다.[15]

그렇다면 천관우 선생이 처음 조선후기 실학분야를 연구대상으로 삼았던 사실은 바로 한국사학이 추구해야 할 방향으로 (1) '절실한 요구에서 쓰인 역사', (2) '나와 우리의 입장, 현재의 입장'이 투영된 역사, (3) '미시적 고증과 함께 한국사를 거시적으로 통찰洞察'할 것을 강조하였던 면과 결코 무관하지 않을 듯싶다. 그래서인지 근대화나 민족·민중 등을 논하는 글에서는 특히 현실적 요구와 밀접하게 연결되는 면

15 千寬宇,「韓國史學의 反省」, 앞의 책, 1974, 45~46쪽.

이 드러나고,[16] 그 관점 역시 거시적인 점을 특징으로 한다는 지적[17]을 받았는지도 모르겠다. 물론 천관우 선생이 '현실에 입각한 거시적인 관찰을 강조한 점'에 대하여, 그와 입장을 달리하면서 '사실에 대한 실증과 거시적인 관찰', 양자를 꼭 같이 강조하는 것이 오히려 당시 한국 역사학계의 실정에 걸맞은 것이라는 견해가 제기되기도 하였다.[18]

16 千寬宇, 「韓國 民族主義의 構造」, 『新東亞』(1973년 9월호), 1973; 「韓國 民族主義의 歷史」, 앞의 책, 1974, 377~378쪽에서는 "한국 민족주의의 당면한 목표로서, 아직도 성취되지 못한 一民族 일국가의 민족통일국가 형성은 누구나가 들게 될 것이다. … 대한민국이 현대한국사의 正統이어야 한다는 당위가 실현되기 위해서는, 南이 北에 비하여 체제상 역량상으로 압도적인 우위를 과시할 때에 가능할 것이라고들 한다. 따라서 공포 아닌 자유, 궁핍 아닌 번영, 부정부패 아닌 사회정의, 국제상의 고립 아닌 유대, 이런 것들이 북에 비하여 압도적인 우위에 서고, 그 우위의 거리를 되도록 넓히는 일이야말로 한국 民族主義의 主人들의 당면한 과제의 하나가 될 것이다"라고 하였다. 한편 해방공간에서 반탁운동에 앞장섰던 천관우 선생은 기본적으로 보수 우익의 성향을 지녔던 것으로 생각된다. 전통적인 보수의 입장이 '자유', '번영', '사회정의' 등의 가치를 추구하는 것이라면, 천 선생이 유신독재시절 반독재민주화 운동에 앞장섰던 것도 어쩌면 자신의 가치에 충실하였던 일면을 보여주는 것이 아닐까 한다. 또한 한계는 있지만 '민족통일국가의 형성'을 지향하는 입장에서 1980년대 이후 통일운동기구에 참여한 것도 같은 맥락에서 이해할 수 있다.

17 李基白, 「書評 - 『韓國史의 再發見』」, 『歷史學報』 63, 1974, 164~165쪽.

18 李基白, 앞의 글, 1974, 165~166쪽에서는 "그런데 이 진단은 그리 간단하지는 않을 것 같다. 왜냐하면 종종 공식적인 이론을 한국사에 적용하는 것을 한국사의 연구라고 생각하는 경향은 아직도 지배적인 영향력을 행사하고 있기 때문이다. 그리고 저자의 소위 민족주의사학이 국수주의로 硬化하는 것을 반드시 염려할 필요가 없는 문제로 치부해서 좋을는지 의문이다. 또 현재의 한국사학자들이 철저한 실증을 해낼 만큼 논리적인 사고의 훈련이 되어 있다고도 생각되지 않는다"고 하였다.

# 3부 민주투사

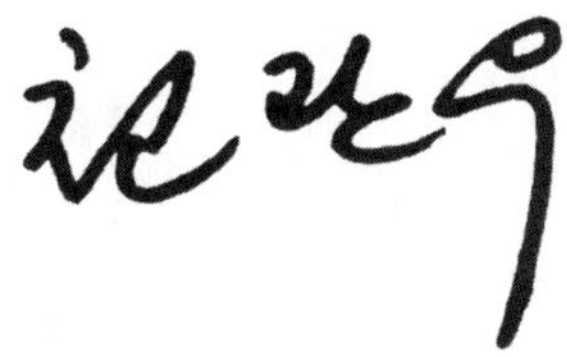

1장

# 서슬 퍼런 그 시절<br>서슬 같던 그 기개

# 재야단체의 효시 '민수협'의 기둥

이호철
소설가

초창기 재야민주화운동을 주도했던
40년 전을 다시 돌아보면,
누구에서도 볼 수 없는 큰 발자취
망각의 늪 속으로 팽개쳐져 있는 것 아닌지….

**1970년대 초 재야민주화운동의 태동과 문단의 꿈틀거림**

1970년대에 와서 온 나라의 정체停滯 국면에 쐐기를 박으며 일어섰던 것은 바로 10년 전에 '4·19의거'를 일으켰던 그 대학생들이었다. 그 효시를 끊었던 것은 서울대학교 문리대 학생들이었다.

1973년 10월 2일 오전 11시, 동숭동의 문리과대학 4·19탑 앞에서 전격적으로 3백여 명의 학생들이 모여 채택한 학생비상총회의 선언문이 바로 그것이었다. 이 선언문은, 바로 1년 전 72년 10월에 박정희 대통령의 유신선포에 정면으로 도전해 나서는 첫 도화선이 되었다.

이 선언문에서는 4개항의 결의사항을 밝혀 놓고 있는데,

첫째, 파쇼 통치 즉각 중지하라. 둘째, 국민 생존권 보장하라. 셋째, 중앙정보부 해체하고 김대중 납치 사건 진상 밝히라. 넷째, 기성 정치인과 언론은 각성하라였다. 어떤가, 아주 짧지만 당시의 우리 정황을

이만큼 간명하게 그리고 선열하게 드러낼 수가 있었겠는가.

한 시간이나 넘게 계속된 이 학생 시위는 12시 30분 교내로 진입한 경찰에 의해 와해되면서 현장에서 180명의 학생들이 연행되어 20명 구속 기소, 9명 불구속 기소, 57명 즉심(구류 25일 처분) 그리고 94명은 훈방이었다. 당국도 당국대로 이 정도로 엄혹하게 조치를 했던 것이다. 그러나 이틀 뒤인 10월 4일에는 같은 서울대 법대에서 역시 오전 11시, '정의의 종' 앞에 모인 2백여 명의 학생들은 거리로까지 진출하려다가 경찰에 의해 해산당한다. 그 이튿날인 5일에는 역시 같은 서울대 상대에서 세 번째 시위가 일어난다. 그 뒤 한동안 잠잠하다가 10월 30일에는 지방도시인 대구 경북대생들이 학내 시위를 벌인 데 이어, 11월 5일에는 영남대생까지 가세한 2백여 명의 학생들이 경북 도청을 향해 가두시위를 감행했다. 같은 날 서울대 사대생들은 동맹휴학을 결의, 대학 시위는 새로운 양상을 드러내기 시작한다.

역시 같은 날 11월 5일, 필자가 운영위원으로 있었던 '민주수호국민협의회'에서는 서울 종로 2가 YMCA 1층 식당에서 민간인 모임으로는 처음으로 '15인 시국성명'이 발표된다. 천관우가 작성하고 김재준 목사가 낭독한 이 선인문에는 다음과 같은 문장도 보인다.

"현 정권의 독재정치 공포정치로 국민의 양심과 일상생활은 더없이 위축되고, 최근 1년 남짓 비판적인 언론을 완전히 봉쇄당해온 우리는 이제 강요된 침묵에도 한계가 있다고 판단하여 민주 국민의 당연한 권리로 이 자리에서 쾌히 우리의 의사를 발표하는 바이다.", "작년 10월 계엄 이후의 비정상적인 사태 진전은 급기야 집회, 언론, 학원, 종교의 마지막 자유의 숨기를 누르고 사법과 입법을 완전히 행정부의 장중에서 좌우하는 독재의 체제를 구축함으로써 우리의 입국의 기초인 민주주의는 공공연하게 또 뿌리째 무시되기에 이르렀다. … 민주주의의 철저한 회복을 위해 우리 모든 국민이 각자의 처소에서 전력을 다해 궐기 투쟁할 것임을 굳게 기약하는 바이다."라는.

그 이틀 뒤, 11월 7일에는 서울대학교의 상대, 공대, 문리대 등에서 동시다발적으로 또 데모가 일어나고, 다음 날 8일에는 서울대 교양학부생 1천4백 명과 가정대생 2백여 명이 시위에 나서고, 외국어대생들도 같은 날 동맹휴학을 결의한다. 이어 9일에는 서울대 농대생 6백 명, 치과대생 2백 명이 시위에 나서고, 한국신학대생들은 동맹휴학을 결의한다. 그리고 드디어 12일에는 이화여대생 4천여 명이 결의문을 채택한다. 13일에는 고려대 총학생회 간부 20명의 단식농성 돌입, 14일에는 연세대생들의 결의문 발표로 이어진다.

바로 이러한 대학생들의 움직임에 보조를 맞추어 이미 앞에서 밝혔듯이 11월 5일에는 민주수호국민협의회 주최로 민간차원으로는 처음으로 '15인 시국선언'이 발표된 것이다. 그 면면은 다음과 같다.

강기철, 계훈제, 김승경, 김재준, 김지하, 법정, 이병린, 이재오, 이호철, 정수일, 조향록, 지학순, 천관우, 함석헌, 홍남순(가나다 순). 이날 모임의 사회는 민주수호국민협의회 대표위원의 한 분인 천관우가 맡았었는데, 이날 이 자리에 참석했던 총 아홉 분의 인사들은 미리 종로경찰서에서 준비했던 스리쿼터에 전원이 실려 관할서인 종로경찰서로 연행되었다. 그 면면은 다음과 같다.

김재준, 함석헌, 이병린, 천관우, 지학순, 김승경, 법정, 김지하, 이호철, 이상 9명이었다.

이날 일은 필자가 시종 현장에 있었기 때문에 생생하게 기억하거니와, 각자 피의자 조서를 작성한 뒤에 이 경찰서(당시는 구옥)의 2층 꾸정꾸정한 홀에 전원대기상태로 쭉 앉아 있었다. 난로도 없는 썰렁썰렁한, 잔뜩 흐린 날씨 속에서 경찰서 측에서 시켜준 비빔밥으로 점심 한 그릇씩 먹고 무한정 지루하게 기다렸다. 경찰서 측 말로는 상부의 지시를 기다린다는 거였는데, 해가 뉘엿뉘엿 기울 무렵에야 전원 아홉 사람을 서장실로 불러들였다. 지금도 생생하게 기억이 나는데, 그날은 아침부터 줄곧 흐려 있었지만, 우리 모두가 서장실로 들어서던 늦은 오후부터는 날씨도 청명하게 개어 있어 서장실 서쪽 창으로 들이비치는 햇살이 그 이상 따뜻할 수가 없었다.

한데 서장실은 아홉 사람 전원이 앉기에는 비좁아, 의자를 더 들여오는 등 잠시 수선을 피워야 하였다. 그러는 동안에는 벌써 대강 감은 잡혀 왔다. 서장이라는 사람은 그런대로 세련되어 있었고 추호나마 결례라도 될까보아 아주 조신하고 말 한 마디 한 마디도 여간 신경을 쓰지 않았다. 원체 각계의 명망 있는 노인들이어서 더 그랬을 터이지만, 정작 가까이 마주 앉아본즉, 그이도 그이대로 여북하면 이 노인들께서 이렇게까지 움직였을 것이냐 하는 점이 이해되었을 터였다.

다만, 자기로서는 이 일을 감당해야 하는 공인으로서 상부 지시대로 움직일밖에 달리 길이 없다는 것을 누누이 중언부언하고 나서, 끝으로 이건 이런 경우의 행정상의 관례적인 형식에 불과하니 까다롭게 신경일랑 쓰지 마시고 '반성문' 한 장씩을 써 주십사고 말하였다.

그러사 함석헌 옹이 대번에, "아니, 반성이라니, 반성할 것이 털끝만큼도 없는데 무슨 놈의 반성문이냐, 우리는 반성할 것이 추호도 없으니 아무쪼록 법대로 처리해 주기를 바란다"고 딱 부러지게 거부의사를 밝혔다. 잇따라 이병린 변호사와 천관우 선생도 함 옹 말씀에 동조해 나섰다.

그러자 서장도 이쪽에서 보기 민망할 정도로 난감해하며 거의 애걸하다시피, 저 자신으로서는 선생님들의 그 입장을 충분히 이해한다면서 다만, 그렇다고 선생님들을 제 손으로 법망에 걸리게 한다면, 저로서는 두고두고 일생일대의 치욕을 겪게 될 것이니, 제발 지금의 제 입장도 깊이 헤아려 주십사고 거듭 앙청하였다. 그러자 김재준 목사가 나섰다.

"이런 경우의 관례를 보건데, 그대들 입장에서는 우리 아홉을 당장 법망으로 얽을 수는 없을 것이라는 건 우리로서도 대강 어느 정도 감이 잡힌다. 그렇다고 여기 앉아 있는 우리 모두가 각자 오늘 일을 반성하는 반성문을 쓴다? 여보시오, 한번 생각해 보시오" 하자, 곧바로 서장은 황황히, "아니올시다. 각자 반성문을 쓰시라는 것이 아니고, 그저 이쪽에서 이런 경우의 관례로 사전 준비되어 있는 문안에 손도장 하나씩만 눌러 주시면 끝나는 겁니다. 그러니까 법적으로는 훈방조치가 될 것인데, 선생님들의 경우에다 훈방이니 뭐니 그런 유의 명칭을 붙이는 것부터 저희들로서는 몸 둘 바를 모르게 죄송한 생각입니다마는, 이런 경우를 다루게 되는 우리 관의 입장도 십분 헤아려 주셔야 하겠습니다" 하였다.

필자가 재야민주화운동 초창기인 1973년 11월 5일, 그날 재야 원로들 틈에 껴서 종로경찰서에 연행되었다가 당일로 훈방조치로 풀려났던 것은 일생일대에 이날이 처음이었는데, 경찰서장이라는 사람의 그러저러한 행태에서 풍겨오는 것들은 필자로서는 매우 충격이었다. 그이도 그이대로 사사롭게는 피의자들 쪽인 우리들 쪽에 연민이나 동정을 넘어서 차라리 은밀하게 공감을 하고 있는 것을 필자로도 역력히 보아낼 수가 있었던 것이다. 다만, 그이로서는 하필이면, YMCA 건물이 자기 경찰서 관내에 있다는 것만 억울하지, 그이 마음속 저 저변에서는 우리들에게 강한 공감을 하고 있었던 것이었다.

그 점으로 말한다면, 가령 그로부터 두 달 뒤인 1974년 1월 7일, '문학인 61인 개헌지지 선언'을 했을 때도 매한가지였다.

그 당시 원로 문인들 가운데 이희승을 비롯해 소천 이헌구, 이산 김광섭 두 분께서 이 61인 명단에 올라 있었다는 것도, 3·15 부정선거 직전에 이정재나 임화수 같은 정치깡패 도당의 손아귀에서 놀아나던 우리 문화계의 행태를 떠올리고, 특히 제1공화국 출범 때 이산 김광섭이 경무대 공보비서였다는 점이나 소천 이헌구가 초대 공보실 차관이었다는 점 등을 곰곰 씹어 본다면 새삼 의미심장해 보인다.

1974년 1월 7일 그날은 월요일이었는데, 오전 9시에 명동성당 맞은편의 지하다방 코스모폴리탄에 25명가량이 모여 필자의 회의진행으로 염무웅이 작성한 선언문을 백낙청이 낭독하였는데, 업소 측에서 득달같이 관할 경찰서인 중부경찰서로 통고, 금방 정보과 형사들이 달려들었다. 그렇게 원로 소설가들인 안수길, 박연희를 비롯하여 필자와 백낙청, 한남철, 천승세, 김지하, 황석영, 송영 등 9명이 연행되었다.

그때 그 중부경찰서의 분위기도 필자가 보기에는 불과 두 달 전, 민주수호국민협의회 운영위원으로 재야 운동으로서는 난생 처음으로 연행됐던 종로경찰서의 분위기와 흡사하였다. 간부들이나 졸병 순경들이나 할 것 없이 모두가 하나같이 실실 웃고들 있었다. 더러는 이참에 직섭 만났으니 저자 사인을 해달라기도 하였다. 그렇게 전혀 삼엄하지가 않았다. 경찰 간부고 졸병 순경이고 우리 문학인들 61명이 벌인 그런 일에는 애당초에 별 관심을 두지 않는 것처럼 보이기까지 하였다. 단지, 그럴 만해서 그랬으려니, 하고 알고 있을 뿐이었다. 그렇다, 바로 이 점이야말로 북쪽과는 다른 이 남쪽 세상의 진면목일 터였다.

그나저나 필자는 이 자리에서도 새삼 확신하였다. 이 정권의 어느 끝머리가 보이는 듯하였다. 경찰들 한 사람 한 사람의 생각들은 이미 이 박 정권의 핵심에서는 천리만리였던 것이다. 그렇게 중부서에 연행된 9명 문인 각자가 개인 조서를 마친 뒤에는 모두가 난롯가에 둘러앉아 서로 농담해 가며 웃고 떠들고 하였던 것이다. 심지어 이때 김지하는 '1974년 1월 7일의 이호철'이라는 제목으로 그날 석간의 백판 광고란에다 필자의 캐리커처를 그려 넣는 심심파적을 하기도 하였다. 그렇게 우리는 그날 석간으로 나온 이 신문 저 신문에 난 그날 아침의 우리 행적 기사를 돌려가며 재미나게 읽을 수가 있었고, 그 1월 7일, 같은 날에 여당인 공화당의 정구영 의장과 예춘호 사무총장이 자진 사퇴했다는 충격적인 뉴스까지 접하며 대놓고 중부경찰서 안에서 일제히 환호성까지 내질렀던 것이다.

그날 밤 통행금지 임박해서야 우리 전원은 훈방조치로 풀려날 수 있었고 아직 문 닫지 않은 근처 선술집에서 술 한 잔씩을 급히 마신 뒤, 김지하와 송영, 황석영 등은 불광동의 필자 집까지 같이 와서 다시 서너 시까지 퍼마시고 설핏 잠이 드는 둥 마는 둥 이튿날 날벼락 같은 조치법 1호가 발동됐다는 뉴스를 접하곤 부랴부랴 각자 흩어졌던 것이다.

### 민주수호국민협의회와 천관우

민주수호국민협의회의 결성준비모임은 1971년 4월 9일 종로 2가 YMCA 빌딩 8층 홀에서 있었다. 그때 우리 문인 여럿도 그 모임에 참여하였었는데 남정현, 한남철, 염무웅, 방영웅 등 그 밖에도 자세히 기억은 안 나지만 일여덟 명이 같이 갔다. 지금도 선명하게 기억나는 것은 1층 엘리베이터 앞에서 현 한나라당 국회의원인 이재오와 서울대 정치과 출신으로 1964년 6월 3일의 특별 계엄을 이끌어냈던 '한일 타결 반대시위'의 주역 중의 한 사람이었던 김도현 전 문화관광부 차관을 만나 반갑게 악수를 나누었던 일이다. 그 무렵 이재오는 중앙대학교 출신으로 민주수호청년협의회 대표직을 맡고 있었다. 그리고 필자는 그즈음 월간지 『세대』에 장편소설 「소시민」을 연재하고 있었는데 그들 6·3 주역들 거개가 매달 그 소설을 애독하고 있어 이미 피차에 안면정도는 익히고 지냈었다.

우리 문인 몇이 준비모임 현장에 도착했을 때는 이미 홀 안은 사람들로 꽉 찬 채 회의는 진행 중이었고 우리는 출입구 쪽의 얼마 안 남은 맨 뒷자리에 앉았다. 회의장의 앞쪽에는 김재준 목사며 이병린 변호사며 천관우에 양호민 같은 분들의 모습도 보였다. 바로 그 회의에서 정치적으로 엄격하게 불편부당을 내세운 단체 성격이며 운영 방안, 운영위원 인선까지 대강 완료되었는데, 우리 작단 쪽의 운영위원으로는 고 한남철의 제의로 필자가 선임이 되었었다.

그리고 그 열흘 뒤인 4월 19일, '4·19' 기념일을 기해 첫 발기인 총회가 바로 그 자리, YMCA 8층 홀에서 열렸고, 준비 모임 때 정해졌던 대로 모든 것은 일사천리로 통과가 되었다.

이렇게 대표위원으로 김재준, 이병린, 천관우 세 분이 선임이 되어 3개월마다 교대로 상임 대표위원 일을 맡아보도록 결의되었다. 운영위원으로는 10명 내외가 선임되었는데, 지금 기억나는 분으로는 천안의 김숭경 의학박사, 강기철 교수, 고 장룡 교수, 원주의 고 장일순, 여성으로 김정례, 법정 스님, 그리고 필자였다. 그리고 사무국장은 당시 미국에 체류 중이던 함석헌 옹의 퀘이커교도 제자인 성균관대 출신의 전덕용이었다.

세종로의 현 세종문화회관 쪽 현대빌딩 뒤편에, 허름한 3층 건물의 2층에다 조촐하게 꾸려진 사무실도 하나 얻었다. 그렇게 운영회의를 수시로 열어 현안 문제들을 다루었고, 마침 때가 때인지라, '민수협'은 그대로 1971년 대통령 선거 회오리에 휘말려들 수밖에 없었다.

거듭 얘기지만, '민수협'은 처음부터 불편부당, 어느 특정 정당이나 특정인 지지는 엄격히 배제, 어디까지나 민주주의 수호에만 표적을 두기로 한 만큼 오로지 공명선거를 이뤄내는 데만 주안을 두고 있었다.

71년의 '대선' 회오리는 그런대로 온 사회를 신선하게 고양시켰고, 일단은 유례없는 야당 붐으로 우리 정국을 강타하기에 이른다. 우리 '민수협'도 처음부터 불편부당, 어디까지나 공명선거를 표방하고 있었지만, 당시의 정황에서는 여당으로서는 '눈 안의 가시'였을 수밖에 없었고, 야당에게는 그 이상의 우군이 없었다. 당시 정황에서는 공명선거를 지향하며 표 지키기에 나선다는 것부터가 실제 국면으로 야당 쪽 성향이 될 수밖에 없었던 것이었다.

선거결과는 야당 붐이 그다지나 고조되었던 데 비해서는 표 나오는 게 시원치가 않았다. 하긴 그러리라고 이미 대강 짐작은 하고 있었던 터였다.

다시 부정선거 시비가 과열되면서, 대통령 선거에 이어 곧바로 치러지게 될 국회의원 선거에 야당이 참여하느냐 마느냐로 야당권 안에 옥신각신 실랑이가 벌어져, '민수협' 주관으로 당시의 야당 원로들과의 담화모임도 현 프레스센터 뒤의 호텔에서 열려 해위 윤보선을 비롯하여 당시 야당 중진이던 홍익표, 양일동 등 그 밖에도 여남은 명이 둘러앉아 국회의원 선거에 참여한다, 못한다로 또 실랑이가 벌어졌지만, 쉽게 결론이 나지 않았다. 필자도 '민수협' 운영위원의 자격으로 그 말석에 끼어 앉아 있었는데, 그때는 야당 쪽의 중견 정치인이던 채문식과 천관우가 서로 언성을 높이던 모습만은 어제 일처럼 선명하게 기억이 난다. 물론 그때 채문식 쪽은, 아무리 여차여차하더라도 정치판을 송두리째 깰 수는 없는 것이니 국회의원 선거에 참여해야 한다는 쪽이었고, 천관우는 제대로 생긴 야당이라면 이따위 선거 놀음에서 아예 발을 빼야 한다는 쪽이었다. 두 사람은 그 무렵 나이도 비슷했고, 듣자하니 채문식은 서울대 정치과 출신으로 내무부의 촉망받는 관리였다가 그 무렵 막 정치(야당) 쪽으로 갓 진입한 사람이었으며, 천관우는 같은 서울대 사학과 출신이어서 서로가 익히 잘 알고 있었다. 그 뒤 두 사람이 더듬어간 길은 모든 것을 여실하게 보여준다 하겠다. 한 사람은 국회의장까지 지내며 승승장구했으며, 천관우는 말년을 불우하게 지내다가 91년에 이승을 하직한다.

결국은 그 뒤, 우여곡절을 겪으며 양일동은 통일당이라나, 새로운 당 하나를 만들어 갈려 나가게 되거니와, 그렇게 끝내는 그해 5월 25일의 국회의원 선거가 야당의 참여로 치러진 뒤, 여름 들면서 '민수협'은 대폭 확대 강화된다.

미국에서 막 돌아온 함석헌 옹을 새로 대표위원으로 맞아들이면서 지학순 주교, 장준하, 이영희 등을 새로 운영위원으로 보강했을 뿐 아니라, 계훈제를 상임이사로(그 전에 윤현이가 잠깐 맡았었다), 정수일을 새 사무국장으로 앉힌다.

그러나 충격적인 7·4 남북공동성명으로 남북 간의 문제가 새로 부각되면서 정국 전체는 새 국면으로 접어든다. 이에 따라 '민수협' 운영회의도 자주 열게 되고, 어디까지나 민주수호에다 주안을 두었던 그 위상에 알맞게 안간힘을 다한다. 이 대목에서 '민수협'으로 하여금 그 운신을 가장 어렵게 한 것은 다름이 아니었다. 7·4 남북공동성명 뒤의 전체 정국의 흐름이 유신체제의 정당성을 집권당(공화당)으로 하여금 내세울 수 있게 해 준 바로 그 점이었다. 자연, '민수협'의 최대 주안도 그 점에 모아졌다. '민수협' 입장으로서는 북의 정권도 민주화 쪽으로 끌어내면서 남북관계를 풀어가는 것이 제대로 된 길이었을 터인데, 반대로, 남쪽의 민주체제까지도 북쪽 비슷한 독채체제 쪽으로 닮아가는 방향으로 남북관계가 벌어지고 있었던 것이다. 그 어간에다 쐐기를 박는 역할을 해 내자는 것이 바로 그즈음의 '민수협'이었다.

하지만 남북 정국의 새 흐름은 '민수협'의 그 안간힘을 다한 꿈틀거림과는 상관없이, 당시의 남북관계를 빌미로 한 남북권력의 합작품 비슷하게 서로 닮아가면서, 끝내는 1972년 10월의 유신선포로까지 이어지는 것이다. 그렇게 '민수협'도 응당 당연히 그로부터 1년 뒤 11월 5일에는 '민수협' 주최로 15인 시국성명을 내게 되었던 것이고, 대대적인 학생시위가 폭발하게 되면서 끝내는 그해 말 1973년 12월 30일자로 장준하가 주도했던 '개헌청원 백만인 서명운동'이 시작된다.

결국은 당시의 박정희 공화당정권은 북한 정권의 간접 도움을 받아 유신시대를 출범시켰었고, 사실은 그 당시도 박 정권과, 애오라지 '남조선 해방'만을 금과옥조로 내세우던 북한 권력이 애당초에 대화가 제대로 가능했을 리가 없었다. 다시 말해 북한 정권도 박정희 정권에 양껏 이용만 당한 꼴이었다.

그렇게 새해 1974년으로 접어들어 1월 7일자로 문학인 61명의 개헌지지시국선언으로 이어지고, 필자는 1월 25일자로 서울구치소에 수감되기에 이르는데, 필자의 이 일로 천관우까지 서빙고 육군보안사령부에 연행돼, 사흘 밤낮을 수사받았으나 그냥 무혐의로 풀려난다.

그리하여 '민수협'의 절정은 그해 8월 20일, 박정희의 부인 육영수가 문세광의 총탄에 쓰러진 뒤, 온 나라를 온통 휘감다시피 했던 애도와 장례 분위기 속에서, 천관우 단독으로 민주주의의 회복을 절규한 '민수협' 성명을 낸 점이었다. 그것은 바로 '민수협'의 장렬한 끝이기도 하였다. 그 소식도 필자는 서울구치소 3사에서 듣게 되거니와, 그러나 이 '민수협'의 장렬한 끝은 이듬해 1975년에 이르면 기존의 정치권까지 합세, '민주회복국민회의'로 확대되어 재야민주화운동은 한 걸음 더 나아가는 새로운 국면을 맞게 되는 것이다.

그로부터 40년이 지난 이 시점에서 다시 돌아보면, 재야민주화운동의 초창기였던 그 당시의 '민수협' 시절에도 원로 대표위원 네 분 중에 가장 주도적인 일을 끌어 나갔던 것은 바로 천관우였다.

그 당시 필자는 우연히도 그이와 불광동 한동네 이웃이어서 연일 술자리를 같이하였었고, 그렇게 가까이 모시면서 음으로 양으로 많은 영향을 받았었다. 그 뒤, 1980년대 들어서 그이의 소위 왈 보수적인 행태를 두고는 노상 잡음이 끊이지 않았고, 지금까지도 그이의 행적을 두고는 폄하하는 시선이 있는 것으로도 보이지만, 그때나 지금이나 필자는 그의 입장을 필자 나름대로 이해한다고 자처해 오는 쪽이었고, 더구나 말년의 외롭고 불우했던 처지며, 번듯한 자식 하나 남기지 않아, 1991년에 서거한 뒤, 20년이 지난 이날 이때까지도 재야 언론인 일각에서까지 여전히 그의 행적에 대한 곱지 않은 눈길이 있는 것은 매우 안타깝게 생각해 오는 터이다.

하여, 이 기회에 우리 재야민주화운동 과정에서의 그이의 자리를 제대로 챙겨 드리는 것이 40년 전 그때 그이를 아침저녁 가까이서 모시며 지켜보았던 필자 같은 사람이 해내야 할 몫이 아닌가 싶어지는 것이다.

이건 그이에게서 필자가 직접 들었던 그의 어릴 적의 삽화 한 토막이다.

초등학교 때 어느 하루는 담임선생께서 자기 집이 양반이라고 알고 있는 아이는 손을 들어보라고 하여 자기는 번쩍 손을 들었는데, 순간 담임선생은 물론이고 교실 안 주위가 조금 묘하더라는 것이다. 비시시 웃는 담임선생 얼굴도 그렇고 한반의 몇몇 아이들도 비아냥거리듯이 웃고 있더라는 것이다. 그때 비로소 천관우는 아마도 자기 집이 양반은 못 되는 모양이라고 대강은 눈치껏 짐작을 했다는 것이다.

이런 얘기를 듣던 그 당시도 필자는 이런 이야기를 전혀 스스럼없이 우스갯소리로 털어놓는 그이에게 내심 조금 감탄을 하였었지만, 집안 체모 같은 것을 까다롭게 따지는 그런 사람들로서는 아무리 사적인 자리일망정 쉽게 할 수 있는 소리는 아니었다. 천관우라는 사람의 그 드물게 우람한 체대에 알맞게 툭 터진 사람됨의 일면을 약여하게 보여주던 대목이었다.

그런 그이는 일본으로부터 해방되기 직전에 일본의 어느 고등학교에 응시를 하였다가 신체검사에서 낙방, 곧 이어 해방을 맞아 서울대학교 사학과에 들어간다. 그렇게 해방 직후의 혼란정국 속에서는 서울대학교도 '국대안' 반대다, 뭐다, 한바탕 소용돌이를 겪는데, 그 무렵의 그이는 좌, 우 어느 쪽에도 가담하지 아니하고, 지금의 돈화문 앞에 있던 벽초 홍명희의 아들 홍기문 집에 드나들며 몇몇이서 같이 한문공부와 역사공부에만 골몰했다는 것이다. 그러다가 6·25가 터져 서울을 비롯한 전국의 곳곳이 '인공' 치하가 된 뒤에는, 한때 반동으로 몰려 잡혀서 어디 어디로 끌려다니는 혹독한 고초도 겪었던 모양이었다. 그 뒤로 그이에게 있어 그 점만은 거의 절체절명의 원칙 같은 것이 되어 있었다. 이를테면 반공산주의, 그러나 천관우는 평소에 그런 소리를 아무 데서나 헤프게 입을 놀려 지껄인다거나 하지는 않았고, 북한체제에 대해서도 당신 마음속 깊이 일종의 유보사항으로 두고 있는 것 같았다. 그런 쪽의 이야기는 되도록 엄하게 피하려고 들었다.

천관우의 학문적 업적으로는 을유문화사에서 간행되었던 진단학회 편 『한국사』의 근세전기 편이 대표적인 것이 될 것이다. 하지만 그 저자명은 지금도 이상백으로 되어 있으나, 당시 이상백은 서울대학교 사학과 교수로 재직해 있으면서도 올림픽위원이다, 뭐다, 갖가지 사회활동으로 눈코 뜰 새 없이 바빠, 사학과의 촉망받는 제자였던 천관우가 맡아 실제의 저작 일을 해냈다고 한다. 이때의 그 저작이 오늘의 우리

국사학 근세사 통사의 기본 틀을 이뤄낸 효시가 아니었을까. 필자만 하더라도 우리 국사의 통사는 1960년대 초에 이 진단학회 편의 『한국사』를 구입하여 읽은 것이 최초였으니까. 듣자하니 근세후기 편의 실제 집필자도 그이보다 서울대 사학과의 후배였던 이종복이었다고 한다.

아무튼 이때까지의 필자 평생에 천관우라는 사람만큼 강하게 마음속 깊이 박혀 있는 사람도 흔하지 않다. 그 큰 허우대에 어울리게 우렁찬 목소리 하며, 매사에 경우 차리는 데 있어 철저한 점이며, 어느 자리에서나 분수 없이 자신을 내세우지 않는 자기절제며, 어떤 일로나 자신의 잇속 같은 것을 앞세우지 않고 그리고 쩨쩨하지 않는 호탕한 성품이며, 그러면서도 비록 짧은 문장 하나를 두고도 구석구석 단어 하나까지 철저하게 챙기는 그 섬세함이며…. 그뿐인가, 그 책임감이며, 어느 누구를 함부로 얕보거나 소홀히 여기지 않은 점에도 어찌 보면 소심해보일 정도로 조심스러웠다. 그이야말로 필자로서는 그가 당대의 어느 누구에서도 볼 수 없는 거인으로 비쳐졌다. 그는 매사에 날렵하게 영리한 사람 쪽보다는 조금 아둔해 보이더라도 어느 한 가지에 끈질기고 외곬인 사람 쪽을 선호하는 것으로 보였다.

다음에 소개하는 몇 가지 삽화들은 필자가 그 본인에게서 직접 들은 것인네 천관우라는 사람의 핵심을 약여하게 보여주고 있다.

그이가 조선일보 편집국장이었을 때였다니까, 1950년대 말의 어느 날이었다고 한다. 사장실에서 사환아이가 웬 문건 하나를 가져다가 주기에 무심하게 펼쳐본즉, 이승만 대통령이 손수 지은 한시 한 편이더라는 것이다. 물론 우리 한글로 번역을 한 것인데 역자는 바로 노산 이은상이더라는 것이다. 순간 천관우는, 아니 노산께서는 이런 일도 하는가 하고 울뚝 노여움이 일었다. 그동안 편집국장 자리에 있으면서 천관우는 노산이라는 사람의 남달리 결곡한 성품을 비롯해 널리 애창

되며 회자되고 있는 '가고파' 노래의 작사자로서도 마음속 깊이 존경하며, 신춘문예의 시 부문 심사나 그 밖에도 새해 첫날의 권두시 같은 것도 그이에게 부탁을 드리곤 했었는데, 바야흐로 지금이 어느 때인데 고작 이런 정신 빠진 짓이나 하고 있는가 하는 생각이 들었다.

그 즉시 천관우는 사직서를 써서 편집국 사환아이를 시켜 사장실로 올려 보냈다. 그러니 사장실에도 금방 난리가 났을밖에. 결국 천관우는 사장실로 불려 올라갔고, '꽝' 하고 사장실 문을 열고 들어서자마자 그이 특유의 우렁찬 목소리로 천관우는 소리소리 질러댔다. "아니, 사장은 엄연히 사장이 할 몫이 따로 있을 것인데, 편집국장 할 몫까지 하려고 든다면 편집국장이라는 게 이젠 이 회사에서 필요가 없을 터인즉 오늘 부로 소생은 물러가겠소이다…." 하고.

그러니 어떠했을 것인가. 사장은 천관우의 그 우렁찬 수사자 같은 목소리와 그이 특유의 큰 체대가 온통 불덩이로 화한 듯한 기세에 그만 압도를 당하고 말았다는 것이다.

결국 그 일은 천관우의 뜻대로 전혀 없었던 일로 유야무야 끝났던 모양인데, 보기에 따라서는 아무 자취 하나 남기지 않은 그야말로 하찮은 사건이었다고 할 수도 있을 것이다. 그러나 긴 안목으로 볼 때도 과연 그러할까.

그때 그 순간의 천관우는, 그 한 몸뚱이로 그 당대 이 나라 언론 전체를 혼자서 떠메고 있었다고 보아야 하지 않을까. 그야, 이승만 대통령의 그 시 한 편이 그 지면에 실렸다, 안 실렸다, 하는 건 나라의 큰 대세와는 별로 상관이 없을 수 있다. 그러나 그 막중한 순간에 언론인으로서의 천관우라는 한 사람이 혼자서 해낸 그 몫은, 바로 이 나라 언론의 사활과 관련되는 문제였던 것이다. 그 한 몸으로 그 당시의 이 나라 언론 전체를 떠메고 있었던 것이다. 아니, 당시의 무소불위의 독재 권력에 혼자서 맞서 이 나라 민주주의를 그 한 몸으로 지켜내고 있었던 것이다. 우리 남쪽에는 이런 사람 몇몇이 꾸준히 연면하게 이어져 왔었다는 것이 현 북한 권력과는 근본적으로 다른 점이었지 않았을까. 1960년대, 70년대로 이어오며 장준하며 함석헌도 대표적으로 그런 사람들이었던 것이다.

또 한 가지, 역시 천관우가 조선일보 편집국장으로 재직하고 있을 때였다고 한다. 이것도 필자가 본인에게서 직접 들었던 이야기다. 요즈음은 각계 각처에서 너무 흔해져서 별것으로 느껴지지가 않지만, 소위 세미나나, 심포지엄이다, 하는 것이 처음으로 우리나라에 상륙하던 1950년대 말엽이었다.

마침 합천 해인사에서 1박 2일로 큰 심포지엄이 처음으로 열려 당시의 이 나라 대표적인 명사들이 거의 빠짐없이 초청되었다고 한다. 물론 월탄 박종화도 초청되었고, 천관우도 당시로서는 중견 역사학도에 조선일보 편집국장이라는 자격으로 그 자리의 말석을 차지하고 껴 있었노라는 것이다. 그 첫날 밤에 모처럼 국내외 제제다사들을 죄다 한 자리에 모아 놓은 것을 축하한다는 뜻으로 주최 측에서 제법 모양새 갖춘 술판을 벌였던 모양이었다. 그 당시로서는 보기 드문 양주까지 걸판지게 등장하였다던가.

그렇게 술판이 벌어졌는데, 이미 그 당시 60년 초반으로 들어섰던 월탄께서도 양주 몇 잔에 그만 획 취하여 게걸게걸 이 소리 저 소리 두서없이 중언부언하다가 마침 맞은편 저 끝에 천관우의 얼굴이 보이자, 느닷없이 지껄이더라는 것이다. "암튼 이제 이 나라는 망했어, 이 나라 대표적인 신문사 편집국장 자리에 천가 성 가진 사람이 앉았으니 더 이상 말해 뭣해. 이제 망했다니까."

순간 천관우는 거나하게 취기가 오르는 속에서도 아찔하더라는 것이다. 바로 자신을 빗대서 하는 소리가 아닌가. 아니, 빗대기는커녕 자신만을 골라서 여럿 앞에 망신을 주자는 것으로 보였다. 바로 '천방지추마골피', 속설로 내려오는 이 나라의 천한 성씨들을 염두에 둔 소리였을 것이다. 내로라하는 제제다사들이 거의 죄다 모인 좌중 앞에서 저런 소리를 해대는 월탄에게 30대 중반을 막 넘어서던 천관우도 그냥 당하고 있을 수만은 없더라고 했다. 대번에 천관우는 엉엉 울면서 월탄에게 맞대들었다.

"그러는 월탄께서는 양반입니까? 충신동 사시는 월탄의 조상들은 뭐 해 잡수신 분들입니까? 그건 세상이 다 아는 일이올시다. 그렇소이다. 제 조상은 천자, 만자, 리자, 천만리, 임진왜란 때 이 나라를 도와주려고 명나라에서 들어왔다가 그냥 이 땅에 눌러 앉은 분이올시다. 그래서? 그래서 대관절 어쨌다는 겁니까? '천방지추마골피', 이런 막중한 자리에서 고작 그런 비속한 소리나 해대는 월탄은 그래서 장안의 어중이떠중이들이 존경해 마지않는 통속 소설가입니까."

이렇게 되자 자리는 금방 파장이 되었고, 월탄도 '아뿔싸' 하고 술이 깨오며 후회막급이었을 테지만, 이미 내뱉어진 말을 걷어 들일 수는 없었을 것이다.

이튿날 아침 월탄은 심포지엄 회장으로 들어서는 길에 천관우에 슬쩍 다가와 간밤에는 자기가 그만 취해서 헛소리를 했노라고 사과 비슷하게 한마디를 하더라는 것이다.

그이를 둘러싼 재미있는 일화들이 이 밖에도 많지만, 끝으로 한 가지만 더 보탤까 한다.

그이가 동아일보 주필로 재직했을 때였다니까 1960년대 말쯤이었을 것이다. 요즈음 어떤지 모르지만 그 무렵에는 통상 연말 크리스마스 철이 되면 정계 요로에 있는 사람들은 자기가 줄이 닿는 재계에서 거금을 뜯어 언론계 중진들에게도 나름대로 인사를 챙기는 것이 관례이다시피 되어 있었는데, 어느 해이던가, 여당인 공화당의 중진으로서 그 당시 국회 재경위원장이라는 막중한 자리에 있던 김성곤이라는 사람 이름으로 크리스마스카드와 함께 적지 않은 돈이 오더라는 것이다. 그 즉시 천관우는 정확히 도로 반송한다는 내용증명까지 붙여서 등기우편으로 도로 반송을 하도록 사환아이에게 지시를 했다는 거였다. 그 뒤로 김성곤이라는 자가 천관우 이름만 나오면 치를 떨듯하며 '나쁜 놈'이라고 갖은 욕을 해댔다는 거였는데, 작금의 우리 정치권을 들여다보노라면 그때 그 시절의 천관우의 그 행태가 어떤 깊은 뜻을 지니는지 새삼 가슴속으로 파고들곤 한다.

바로 언론인 천관우라는 사람은 이런 사람이었다.

하지만 그때로부터 40년 세월이 지난 지금에 와서 그이는 너무 망각의 늪 속으로 팽개쳐져 있는 것이나 아닌지….

김재준, 함석헌, 장준하, 이병린, 원주의 지학순 주교 등은 후대들이 나름대로 챙겨 드리는 것으로 아는데, 천관우만은 당시의 그 드물게 뜨거웠던 족적들이 그냥 저냥 파묻혀 있는 듯하여 그이 살아생전에 비로 가끼운 이웃으로 살면서 가장 큰 영향을 받았던 필자 같은 사람으로서는 심히 안타끼운 느낌을 금할 수 없다.

언론계 인사로서는 그이보다 조금 늦게 1975년경부터 재야민주화운동에 합류했던 송건호 같은 사람도 그 무렵에는 한 달이면 네댓 번씩이나 단아한 두루마기 차림으로 천관우를 어김없이 찾아뵙곤 했던 것이었다.

이상으로 1960년대 초의 정체될 대로 정체되었던 우리 문단 분위기 속에서 1970년대 초에 '민주화 쟁취' 쪽으로 문단 일각이나마 서서히 돌아서던 과정을 주로 필자의 체험을 바탕으로 대강 정리해 보았거니와, 특히 그 도정 속에서의 70년대 초기 재야단체였던 '민주수호국민협의회'와 그 주역의 한 분이셨던 천관우라는 사람의 활동상을 간략하게나마 복원시켜본 것은 다른 뜻이 아니다.

그것은 기왕에 우리 학계에서 이런 류의 '역사 정리'라는 것들이 흔히 빠지기 쉬웠던 지나친 당위론이나 엄숙주의의 폐는 필자가 유난히 절감하곤 했던 것이어서 당대 속에서의 그 원로 본인들 한 사람 한 사람을 자연인으로서의 인간 면모 그 자체의 생동감 쪽에다 우선 주안을 맞춰 보려고 하였으며, 특히 1991년에 작고하기까지 말년을 가장 불우하고 외롭게 지냈던 천관우라는 사람을 이 자리서 되짚어 보는 것도 이 시점에서는 그런대로 뜻이 없지 않을 것이라는 생각 때문이다.

박정희는 1978년 7월 6일에 다시 파행적인 체육관 선거를 감행, 소위 왈 통일주체국민회의에 의해 제9대 대통령에 선출된다. 1967년의 변칙적 '3선개헌'에 이어 1972년의 유신쿠데타로 이어지다가 마침내 1978년의 네 번째 헌정 파괴를 자행하며 5대에서 9대에 이르는 그의 연임 대통령직은 원칙적으로 불법이었다. 1978년의 이 파행적인 체육관선거에 대한 재야의 저항은 꾸준히 이어져 그 10년 뒤인 1987년 6월의 대항쟁까지 고스란히 관류되었고 마침내 노태우의 소위 '6·29 선언'이라는 것을 빼앗아내기에 이르렀던 것이다.

# 되새기는 잊혀진 거목

김정남

전 청와대 교육문화사회 수석

왜 그 한때를 이전처럼 의연하게 버텨주지 못했나.
그러나 누가 뭐래도 그분은 당대 제일의 논객이었으며
기개 높은 언론인이었다.
그리고 이 나라 민주화운동의 거목이었다.

**재야 운동의 시발이었던 분이….**

1991년에 작고한 천관우 선생을 생각하면, 가슴이 아리고, 죄송스러운 마음을 금할 수 없다. 누가 뭐래도 그분은 탁월한 역사학도였고, 기개 있는 선비이자 언론인이었다. 그리고 정치적으로 암흑이 지배했던 그 시절, 이 나라 재야민주화운동을 창도하고 이끈 우뚝한 지도자였다. 그분이 1980년, 전두환 군사정권 아래서 국토통일원고문, 민족통일중앙협의회의장, 평화통일정책자문위원회위원, 국정자문위원으로 들어가면서부터, 민주화진영은 물론, 어제까지 그분을 모시고 따르던 동아·조선투위의 기자들까지 그분과의 발길을 끊었다. 그것은 나도 마찬가지였다.

2004년에 처음으로 천관우 선생 가족의 근황이 언론에 보도되었다. 부인의 인터뷰 기사가 한국일보에 실린 것이다. 거기서 부인은 이렇게 말했다. "남편은 사람들이 쉽게 이야기한 것처럼 암이나 술로 죽은 것이 아니고, 주위의 비난 화살에 괴로워하다 죽었다." 아마도 이 말은 사실일 것이다. 1980년 이후, 쏟아진 그분에 대한 비난과 의도적인 외면을 그분은 외로움 속에서 감내해야 했고, 그것이 필경 그분으로 하여금 죽음에 이르게 하였을 것이다.

전두환 신군부정권이 출범하기 바로 전, 1980년 3월 '지식인 134인 선언'에 참여한 것을 마지막으로 그분은 민주화운동과 결별했다. 왜 그랬을까. 부인은 "전두환과 독대를 하고 7년 단임을 꼭 한다는 약속을 받아내고서 입을 다문 것인데, 사람들은 천관우가 돈을 받았다고 오해했다"고 말한 것으로 보도되었다. 어떤 지인은 "그 시절 그는 전두환이 아니라 더한 사람이라도 통일사업을 한다면 협조했을 것"이라고 말했다고 한다. 그러나 나는 이들의 말에 동의하지 않는다. 내가 생각키로는 그분은 그 무렵 너무 지쳐 있었고, 그리고 자신을 지켜나가기 힘들 만큼 가난에 쪼들리고 있었다. 어쩌면 그 피로와 가난이 그분으로 하여금 전두환의 유혹에 빠지게 만든 빌미가 아니었을까 생각되는 것이다.

아마도 1976년쯤이었을 것이다. 이호철과 임헌영 등으로부터 이상한 얘기를 들었다. 천관우 선생이 명시적으로 나를 지칭하지는 않았지만 나를 향해서 몹시 못마땅해하고 질타하는 듯한 말을 자주 한다는 것이었다. 때로는 마당에 나와서 고래고래 큰 소리로 "누구 나와라"고 외치기도 한다는 것이다. 그 누구가 바로 김정남이라는 것이다. 이호철더러 들으라는 소리다. 당시 천관우 선생의 집은 이호철과 이웃해 있었고, 나는 등 너머 10분 거리에 살았다. 그들의 전언은 나를 몹시 당황하게 했다.

그때 나는 이제 막 결성된 민주회복국민회의의 집행부라 할 운형중

상임대표와 대변인 함세웅 신부의 일을 거들고 있었다. 박정희 정권이 민주회복국민선언에 참여했다는 이유로 백낙청, 김병걸 교수를 각각의 학교에서 해임하는 등 탄압이 심할 때였다. 천관우 선생은 대표위원 가운데 한 분이었는데 사건이 터질 때마다 일일이 대표위원회의를 열 형편이 아니어서, 먼저 성명을 내고 사후에 양해를 구하는 경우가 많을 수밖에 없었다. 구속자가족협의회의 김한림 선생이나 김지하의 어머니 정금성 여사가 대표위원들에게 연락하는 일을 자주 했다. 아마 천관우 선생이 화를 낸 것은, 내가 대표위원도 무시하고 성명을 작성, 발표하는 등 자기 멋대로 민주회복국민회의의 일을 처리한다는 오해에서 비롯된 것이 분명해 보였다.

아무래도 오해는 풀어야 되겠다 싶어 그해 추석 때 귀성했다 올라오는 길로 천관우 선생 댁을 찾았다. 그러나 정작 만나서는 별다른 질책이 없었다. 그분이 흔히 하는 방식대로 술판이 벌어졌다. 이제나 저제나 기다렸으나 끝내 아무 말씀도 없었다. 그러다 보니 술병이 여러 개 비었고, 나는 술에 취해 그 집에 쓰러져 자다가 뒤늦게 집으로 돌아왔다. 이런 인연으로 이후 천관우 선생은 내게 서먹서먹했다. 지금 생각하면 왜 자주 찾아뵙지 않았는지 후회스럽지만 그때는 그랬다. 1991년 그분의 부음을 듣고서도, 남들처럼 나도 그분의 빈소를 찾아가지 못했다. 생각하면 참으로 용렬했다는 생각이 든다. 그러나 변명 같지만, 독재란 것이 인간성을 파괴하고 인간을 참으로 옹졸하게 만드는 것이 아닌가 싶다.

어쨌든 1980년 이후 천관우 선생의 집에는 발길이 딱 끊겼다. 그리고 간헐적으로 군사정권하에서 그분의 처신을 비난하는 소리가 들리곤 했다. 이렇게 하여 천 선생은 우리로부터 멀어지기 시작했다. 1988년 5월 한겨레신문의 창간행사 때도 그분은 모습을 드러내지 않았다.

1980년 그분의 민주화운동과의 결별은 그분을 위해서나 나라를 위해서 참으로 애석한 일이었다. 왜 그 한때를 이전처럼 의연하게 버텨주지 못했나 그것이 안타까운 것이다. 그러나 누가 뭐래도 그분은 당대 제일의 논객이었으며, 기개 높은 언론인이었다. 그리고 이 나라 재야운동의 시발이라 할 민주수호국민협의회를 창립하고 이끈 이 나라 민주화운동의 거목이었다.

### 비바람이 쳐도 새벽닭은 운다

천 선생은 동아·조선 자유언론투쟁위원회의 정신적인 지주였다. 해마다 정초가 되면 불광동 천 선생의 집에는 이들 동아·조선투위 기자들을 비롯한 민주인사들의 세배객으로 들끓었다. 1978년 3월에는, 동일방직 여성노동자들의 투쟁을 지지하는 동아투위의 단식농성을 천관우 집에서 했다. 남재희 씨는 이때의 천 선생을 가리켜 '성주城主'와 같았다고 했다. 이들 언론투위 기자들을 격려했던 글이 그들에게는 엄청난 위안이 되었다.

자유언론투쟁위원회가 1주년을 맞이하였을 때, 천 선생은 "여러분에게 진심으로 경의를 표하는 바입니다"라고 전제하며 "이것은 과거 한동안 언론계에 몸담았었고, 지금은 실제의 언론활동을 못하고는 있지만 아직도 언론인으로 떳떳이 자처하고 있는 한 선배가 여러분에게 드리는 경의입니다" 하였다. 그러면서 청초清初의 사상가 고염무顧炎武의 염치廉恥라는 글을 소개하였다.

松栢後凋於歲寒
鷄鳴不已於風雨
송백은 추위가 와도 끝까지 시들지 않고
닭은 비바람이 와도 울 때는 운다.

이 글을 설명하면서 천 선생은 “송백은 엄동설한이 닥쳐와 시드는 수가 있더라도 마지막에야 시들고 닭은 비바람이 몰아쳐 온다 해서 울 때에 울음을 그치는 일이 없다. 저 햇빛 어두운 날, 모든 사람이 제 정신을 잃어도 그 가운데 홀로 깨어 있는 사람이 왜 없겠는가. 저 양심을 묻어두고 세상에 아첨하는 자들이여, 부끄러운 생각이 들지 않는가” 하는 뜻을 전했다.

2주년 때는 “앙불괴어천仰不愧於天, 부부작어인俯不怍於人(우러러 보아 하늘에 부끄러움이 없고, 굽어 보아 사람 앞에 부끄러울 것이 없다)” 이라는 맹자의 글을 인용하면서 “옳은 일을 향해 옳게 살아가는데 떳떳지 못할 까닭이 있을 리 있겠습니까. 여러분이 이제까지 버티고 나온 것도 이 떳떳함이 바탕이 되었던 것으로 압니다. 앞으로 싸워 이겨 나가는데도 이 떳떳함이 최대의 무기일 것으로 압니다. 사필귀정事必歸正이라고들 합니다. 짧게 보면 정의가 짓눌리고 시들어 보이는 한때가 있기는 하지만, 길게 보면 정의가 결국은 이기는 것이기에 이런 말이 생긴 것이겠지요. 그러나 사필귀정은 기대만이 아니라 의지요 신념이기도 한다고 봅니다” 하였다. 이 얼마나 위안이 되고, 용기가 되게 하는 말이었던가.

1978년 정초, 천 선생은 자신이 아는 언론인들에게 ‘千人之諾諾 不如一士之諤諤 천인지락락 불여일사지악악’ 이라는 글을 써서 연하장으로 보냈다. 천 선생에 의하면 이 말은 『사기史記』 「상군열전商君列傳」에 나오는 말로, 상앙이 한참 세도를 할 때 조량趙良이라는 선비를 만나 충고 듣기를 원했을 때 그는 이렇게 말했다고 한다. “양의 천 마리 가죽이 한 여우 겨드랑 가죽을 따르지 못하듯이 천 사람의 맹종이 한 선비의 옳은 직언을 따르지 못합니다. 주나라 무왕은 신하들의 직언으로 흥하였고, 은나라 주왕은 신하들의 맹종으로 무왕에게 망하였습니다.

상군께서 만약 무왕을 그르다고 생각하지 않으신다면 제가 종일토록 직언을 드려도 죄를 주지 않으시리라 믿습니다만 어떠하신지요?"

이렇게 말을 꺼낸 조량은 공포정치를 비난하고, 덕을 믿는 자는 흥하고 힘을 믿는 자는 망한다는 옛말을 인용하면서 상군이 살아남을 길은 은퇴밖에 없다고 권고했다. 그러나 상군은 여기에 귀를 기울이지 않다가 다섯 달 만에 모반의 혐의를 입고, 잡혀 죽었다는 것이다. 이때 상군은 신분을 감추고 국외로 탈출하려고 관문에 이르러 여관에 하룻밤을 묵으려 하니, 주인이 상군께서 만든 법에는 여행증명이 없는 이를 재우면 벌을 받게 된다면서 거절했다. 결국 그는 그가 만든 법에 의해 꼼짝없이 잡히게 된 것이다.

### 1970년대 재야민주화운동의 중심

제3공화국의 헌법 제69조 3항은 "대통령은 1차에 한하여 중임할 수 있다"고 규정하고 있었다. 박정희가 1971년에 실시되는 제7대 대통령 선거에 다시 출마하기 위해서는 이 조항을 고쳐야 했다.

박정희 일당은 1967년의 6·8선거에서 원내 3분의 2의 개헌선을 확보하기 위해 대대적인 부정선거를 자행했다. 더 나아가서는 개헌에 장애가 되는 사람들을 하나씩 하나씩 제거해나갔다. 그러고 나서 1968년 12월부터 개헌논의에 불을 붙이기 시작했다. 마침내 박정희는 1969년 7월 25일, "① 기왕에 거론되고 있는 개헌문제를 통해 나와 이 정부에 대한 신임을 묻는다. ② 개헌안이 국민투표에서 통과될 때에는 그것이 곧 나와 이 정부에 대한 신임으로 간주한다. ③ 개헌안이 국민투표에서 부결될 때에는 나와 이 정부는 야당이 주장하듯이 국민으로부터 불신임을 받고 있는 것으로 간주하고 나와 이 정부는 즉각 물러난다"는 내용의 담화를 발표했다. 말하자면 장기집권의 본색을 드러낸 것이다.

당연하게도 그는 개헌안의 국회통과를 위해 수단과 방법을 가리지 않았다.

이렇게 하여 '3선개헌'안은 그해 8월 7일, 국회에 제출되었고, 9월 9일에는 국회 본회의에 상정되었다. 당시 야당이었던 신민당 의원들은 즉각 본회의장 농성에 돌입했다. 그러나 9월 14일, 일요일 새벽 2시 30분, '3선개헌'안은 국회 본회의장이 아닌 국회 제3별관에서 날치기로 통과되었다. 공화당의원들은 제3별관의 뒷문을 통해 들어가서 일렬로 서서 차례로 투표를 했고, 새벽 2시 38분에 개헌안 통과가 선포되었다. 그들은 개헌안에 이어 국민투표법까지 통과시킨 다음 2시 54분, 별관을 빠져나왔다. 이 사실을 뒤늦게 안 신민당의 김상현 의원이 제3별관에 뛰어들었을 때는 이미 상황이 종료된 뒤였다. 이로써 한국의 민주주의는 '돌아오지 않는 다리'를 건너기 시작한 것이다. 국민투표법은 오직 정당의 신고된 집회에서만 찬반논의를 할 수 있도록 하여 국민의 입과 말을 봉쇄했다. 이런 가운데 10월 17일, 개헌안은 77.1%의 투표율과 65.1%의 찬성으로 국민투표를 통하여 확정되었다.

'3선개헌'은 한국민주주의의 사활이 걸린 문제였기 때문에, 대학가를 중심으로 광범한 반대투쟁이 전개되었고, 사태의 심각성을 깨달은 재야와 야당이 7월 17일 제헌절에 '3선개헌 반대 범국민투쟁위원회'를 결성했다. 위원장은 기독교계의 김재준이 맡았고, 윤보선, 유진오, 함석헌, 이재학, 박순천, 장택상, 이희승, 김상돈, 정화암, 임영창 등이 고문으로 추대되었다. 범국민적인 투쟁기구를 표방하였으나, 하부조직은 신민당의 지방조직이 담당하였다. 한일협정 반대투쟁 이후 야당과 재야가 결합, 공동투쟁에 나선 것은 이것이 처음이었다. 그러나 '3선개헌' 반대투쟁은 결국 성공하지 못했다. 이제 박정희의 3선을 저지하는 일만 남았다.

1971년 4월 27일, 대통령 선거일이 다가오면서, 재야 쪽은 이대로는 가만있을 수 없었다. 3월 20일부터 이병린과 천관우 등은 '민주수호국민협의회' 결성준비에 착수, 30일에는 YMCA 회의실에서 발족시킬 것을 결의, 준비과정을 이병린과 천관우에게 일임했다. 4월 8일, YMCA 8층 회의실에서 준비모임을 개최(46명 서명에 25명 참석) 양대선거(4월 27일의 대통령 선거와 5월 25일의 국회의원 선거)가 민주적이고 공명정대하게 치러질 수 있도록 하기 위해 범국민운동을 전개할 것을 발의했다.

4월 19일, 발족된 민주수호국민협의회는 김재준, 이병린, 천관우를 3인 대표위원으로 선임하고 결의문에서 국민들에게 "민주적 질서가 파괴되는 현실을 직시하고, 이를 회복하기 위한 국민적 궐기"를 촉구하면서, 특히 양대선거가 민주헌정사의 분수령임을 강조하고, 국민들에게 권력의 탄압에 굴하거나 기타 금전적인 유혹에 넘어가지 말고, 신성한 주권을 공명정대하게 행사해 줄 것을 호소하였다. 민주수호를 위한 공명선거에 초점을 맞추어 출범한 것이다. 재야 민주화 투쟁의 중심에 언론인 출신의 천관우 선생이 등장하기 시작한 것이 바로 민주수호국민협의회를 통해서였다. 그분은 바로 대표위원에 선임되었으며, '민수협'의 크고 작은 문건을 손수 작성하거나 감수했다.

야당인 신민당의 대통령후보 김대중은 평화통일을 위한 남북교류 실시, 미·일·중·소 4대국의 한반도 평화보장, 자립경제와 빈부격차 완화를 지향하는 대중경제론의 제창 등 새로운 공약들을 제시하며, 국민들의 관심을 크게 모았다. '40대기수론'을 맨 먼저 제창했던 김영삼과의 후보경선 과정부터가 국민적 관심을 모았다. 1차 투표에서는 이기고 2차 투표에서는 패배한 김영삼이 경선결과에 깨끗이 승복, 김대중 당선을 위해 솔선수범한 것도 한몫을 했다. 김대중은 이러한 기세에다 선명한 의제 선점으로 박정희와 호각지세를 이루어 나갔던 것이다.

이러한 흐름을 타고, 민수협에 이어 민주수호청년협의회, 민주수호기독청년협의회도 결성되었다. 민주수호청년협의회는 4·19와 6·3에 참여했던 소장청년들이 중심이 되었고, 민주수호기독청년협의회는 기독교 관련 3개 청년단체들이 결합하여 만든 조직이었다. 대통령선거 바로 직전까지 대구, 전주, 광주, 천안 등지에 민수협의 지역협의회가 결성되었다. 민수협은 특정정당이나 특정인사 지지를 엄격히 배제하며, 오직 민주주의 수호를 위한 공명선거 달성에 초점을 맞추어 선거참관인단 구성과 파견에 심혈을 기울였다. 그러나 선거 경험이 없는 참관인 파견으로 공명선거를 담보하기에는 역부족이었다. 제8대 대통령 선거결과 박정희는 53.2%, 김대중은 45.3%의 득표율로 박정희가 90여만 표의 차이로 당선되었다. 아마도 관권이 개입할 수 없는 엄정한 선거였다면 김대중이 승리할 수도 있었을 것이다. 박정희는 이 선거를 통하여, 국민의 직접투표를 통해서는 자신이 더 이상 대통령에 당선될 수 없다는 사실을 절감했을 것이다. 실제로 그것이 그로 하여금 10월 유신을 획책하게 만들었던 것이다.

4월 30일, 민주수호국민협의회는 대통령 선거에 대한 성명을 발표하고, 4·27 선거가 "유례가 드물 만큼 행정조직과 금력에 의해 지능적으로 치밀하게 계획된, 원천적 부정의 토대 위에서 실시된 선거"라고 평가했다. 청년단체들의 보고나 평가도 마찬가지였다. 이들 청년단체와 학생들은 대통령 선거가 원천적 부정선거로 끝난 이상, 5월 25일의 국회의원 총선에 참여하는 것은 공화당정권의 들러리가 될 뿐이라고 판단하고, 총선참여를 거부할 것을 강력히 주창했다. 그것은 민수협도 마찬가지였다.

그러나 5월 1일과 3일, 두 차례에 걸쳐 각 정당 대표가 참석한 가운데 간담회를 열었지만, 제1야당인 신민당은 국회의원 선거를 거부하는 데 반대했을 뿐만 아니라 서명을 거부했다. 재야의 길과 야당의 길이 갈린 것이다. 결국 5·25 국회의원 총선거에서 국민은 야당인 신민당에 표를 몰아주어 박정희의 일당독재에 대한 견제의지를 표출했다. 박정희의 공화당이 48.8%, 신민당이 44.4%의 표를 얻었다. 공화당은 이 선거에서 3분의 2의 개헌선을 획득하는 데에 실패한 것이다.

3선은 가까스로 달성했지만 더 이상의 집권은 어렵다고 판단한 박정희는 영구집권을 위한 유신을 향해 한 발 한 발 나아가고 있었다. 1971년 10월 5일 서울 일원에 위수령이, 12월 6일에는 국가비상사태가 선포되었다. 12월 27일에는 국가보위법이 국회에서 통과되었다. 모든 정부시책은 국가안보를 최우선으로 하고, 안보상 취약점이 될 사회불안 요소를 철저히 배제한다는 명분으로 국민에 대한 선전포고를 한 것이었다. 이와 비례해서 탄압은 더욱 가중되었고, 민수협의 활동은 점점 위축될 수밖에 없었다. 민수협의 두 축이라 할 천관우와 이병린에게는 언제나 정보과 형사가 붙어 다녔고, 미행과 연금을 다반사로 했다.

1972년 4월 19일, 마지막 몸부림으로 민수협은 정기총회에서 기왕의 공동대표 3인 외에, 미국에서 귀국한 함석헌을 역시 공동대표로 합류시키고, 운영위원 11명을 선출하면서 "비상사태선언은 자유와 민주주의를 저해하는 것임이 이제 분명히 드러났으므로 하루 속히 철폐하고 특별조치법 등 관계법령을 속히 폐기하라"는 성명을 발표한다. 그러나 정국은 10월 유신을 향해 치닫고 있었다. 드디어 1972년 10월 17일, 국회해산과 더불어 비상계엄이 선포되는 유신정변과 함께 민수협의 활동은 철저하게 탄압, 봉쇄되기 시작하였다.

1973년 11월 5일, 대학가의 반유신투쟁이 일고 있는 것과 때를 같이하여, 천관우, 이병린을 비롯한 재야 15인이 YMCA에서 유신철폐를 주장하는 성명을 발표했다. 비록 민수협의 이름이 아니라 연명으로 된 것이었지만, 사실상 민수협이 그 가운데 있었다. 민수협의 활동은 그 대부분이 천관우가 주도한 것이었다. 3인, 또 4인 대표시절에도 언제나 그 중심은 천관우였다. 탄압이 가중되면서는 천관우 혼자서 그 민수협을 떠받치고, 또 지키고 있었다. 당시는 등사판 유인물로 성명을 발표했는데 어떤 때는 원지를 긁어 성명서를 발표하는 일을 천관우 혼자서 했다. 타고난 글솜씨에 달필의 필적으로 된 성명서를 작성한 것도 여러 번이었다. 이호철에 의하면 1974년 8월 20일에, 천관우 단독으로 민주회복을 절규하는 성명을 민수협 이름으로 냈다고 한다. 그것이 바로 민수협의 장렬한 끝이었다는 것이다.

1970년대 초반, 이 나라 재야민주화운동의 명맥을 이어온 것이 천관우였다. 그는 혼자서 재야민주화운동의 기둥을 떠받치고 있었던 것이다. 민주수호협의회는 1974년 말에서 1975년 초에 출범한 재야민주화운동의 구심체, 민주회복국민회의로 자연스럽게 연결되었다.

### 역사학자, 그리고 인간 천관우

천관우 선생은 1925년 충청북도 청풍에서 비교적 유복하게 태어났다. 9살 때 글씨 잘 쓰는 소년으로 동아일보 지면에 소개될 만큼 신동으로 알려졌다. 이미 다섯 살 때부터 책을 읽기 시작했다고 한다. 언젠가 남재희는 내게 청주고등학교가 낳은 3대 천재를 꼽는데, 천관우를 맨 앞에 세우고, 그 뒤에 민기식과 김종오를 들었다. 그때 나는 김종오 대신 남재희가 들어가야 한다는 생각을 한 적이 있다.

해방 전 천 선생은 일본의 어느 대학에 응시를 했다가 신체검사에서 떨어져 경성제대 예과에 들어갔다가 해방과 동시에 서울대학교 사학과에 편입하였다.

서울대 사학과를 졸업할 때의 학사 졸업논문이 「반계 유형원 연구」

였는데, 당시 사학계의 태두였던 이병도 박사가 "실학 연구의 방향을 제시한 군계일학 같은 업적"이라고 할 만큼, 두고두고 학계의 주목을 받았다. 1950년대 이후 해방 후 한국역사학계의 대표적인 저작이라 할 진단학회 편의 『한국사』 근세편은 사실상 천관우 선생이 썼다는 설이 있다(이호철, 『예술원논문집』 제41집). 천관우 선생은 특히 한학漢學에 밝았는데, 해방정국의 와중에서 벽초 홍명희의 아들, 대산 홍기문의 돈화문 집에 드나들면서 오직 한문과 역사공부에만 몰두한 덕분이었다고 한다. 그분은 역사학자로서도 많은 저술을 남겼다. 『한국사의 재발견』, 『한국상고사의 쟁점』, 『근세조선사연구』, 『인물로 본 한국고대사』, 『고조선사·삼한사연구』, 『가야사연구』, 『자료로 본 대한민국 건국사』 등이 있다.

부인 최정옥 여사에 의하면, 천관우 선생이 "죽은 후 1년 내에 글과 스크랩해 놓은 것을 출판해 달라"면서 남긴 유고가 역사와 관련된 것만 큰 종이 상자로 4개가 넘었다고 한다. 천 선생이 언론인으로 쓴 2권 분량의 스크랩북이 있었는데, 그것을 보관했던 사람이 일실했다고 한다. 그분의 사학과 언론관계 글을 있는 대로 찾아내 전집으로 정리하는 일은 이제 남아 있는 사람들의 몫으로 되고 말았다.

천 선생의 기개를 보여주는 일화로 이호철이 그로부터 들은 얘기 하나. 그분이 조선일보 편집국장이었을 때 사장실에서 대통령 이승만이 지은 한시 한 수를 신문에 실으라고 내려 보냈다. 한글로 번역한 사람은 노산 이은상이었다. 천 선생은 즉시 사직서를 써서 사장실로 올려 보냈다. 결국 천 선생은 사장실로 불려 올라갔고, '쾅' 하고 사장실 문을 열고 들어서자마자, 그 크고 우렁찬 목소리로 소리소리 질러댔다. "사장이 편집국장 몫까지 하려고 든다면, 편집국장은 필요가 없으니, 오늘부로 물러가겠다"고 했다. 결국 이 일은 전혀 없었던 일로 유야무

야되었다.

천 선생의 엄청난 주량 역시 장안의 화제였다. 신문사 시절, 그분은 점심 때 반주를 곁들이는 데, 보통 소주 2병을 마셨다. 그분은 고급술보다는 소주나 배갈 같은 흔한 술을 좋아했다. 어쩌다 들어온 고급양주는 부인이 시장에 나가 소주와 바꿔왔다. 그 술로 찾아오는 손님을 접대했다. 1970년대에는 동아투위 사람들이 와서 매일 술과 함께 계란 한판씩을 먹고 가기도 했다.

천 선생은 거구에 호방하면서도 지나치게 노여움을 많이 타는 섬세한 일면도 가지고 있었다. 그분은 민주화운동을 하면서도 정치인과 한 묶음으로 어울리거나 한패로 몰리는 것을 지나치리만큼 경계했다. 장준하 선생이 정치를 할 때는 장 선생이 민주수호국민협의회에 참여하는 것조차 몹시 꺼렸다. 그만큼 개결한 성품을 가지고 있었다. 발표하는 문장을 두고서도 구석구석 단어 하나까지 철저하게 챙겼다. 따라서 좋아하는 사람과 싫어하는 사람이 분명했다. 이러한 천 선생을 보면서 나는 한때 대지약우大智若愚라는 말이 그분을 두고 한 말이 아닐까 싶었던 일도 있었다. 그분의 글씨는 펜으로 쓰면 달필이었고, 붓으로 쓰면 명필이었다. 그분의 글씨 한 점을 생전에 챙겨놓지 못한 것이 두고두고 후회스럽다.

어쨌든 그분은 너무 빨리 잊혀졌고, 그분이 밟고 간 족적마저 제대로 조명되거나 평가받지 못하고 있다. 그분에 대한 올바른 평가와 조명이 지금쯤은 이루어져야 하지 않을까. 그 걸걸한 목소리 하며 거구에서 우러나오는 호방함, 그리고 체구에 어울리지 않게 섬세했던 모습이 지금도 눈에 선하다.

# “내가 다 보고 있다, 이놈들아!”

권근술

전 한겨레신문 회장 · 전 동아일보 기자

거구에서 터져 나오는 분노의 고함소리
새벽 거리를 쩌렁쩌렁 울렸다.
한겨레신문 창간을 준비하면서
아쉬웠던 천 선생의 부재.

1975년 3월 17일 새벽 세 시 반을 넘어서였다. 이른 봄 새벽 바람은 차가웠고 바깥은 아직 어두웠다. 천관우 선생은 광화문 동아일보 사옥 현관 앞에서 차고 쪽으로 내달리며 고래고래 고함을 질렀다. 농성 중인 동아일보 사원들을 끌어내기 위해 2백여 명의 폭도들이 수송부 차고 쪽에서 2층 공무국으로 몰려가고 있었다.

“이놈들아, 내가 다 보고 있다! 세상에 이럴 수가….”

천 선생(우리는 천관우 씨를 늘 ‘천 선생’ 이라고 불렀다)의 거구에서 터져 나오는 분노의 고함소리가 통금으로 고요한 새벽 거리를 쩌렁쩌렁 울렸다.

그 전날 오후 늦게 나는 안종필 선배의 지시로 기자협회 회관으로 농성 상황을 전하러 갔었다. 회사로 돌아왔을 때는 이미 사옥 전체의 단전 · 단수 조치가 내려졌고 현관 셔터도 닫혀 있었다. 안 선배는 기자협회 동아일보 분회장으로 엿새째 150여 사원들의 철야농성을 이끌고 있었다.

그때 누군가 사옥 3층 편집국에서 종이쪽지를 매단 노끈을 창밖으로 내려뜨렸다. 혹시 사복형사들이 달려들어 그 메모지를 채 갈까 봐 나는 얼른 그 쪽지를 안주머니에 찔러 넣었다. 쪽지에는 오늘 밤이나 내일 새벽 강제 해산이 강행될 것 같으니 축출당할 경우에 대비한 성명서를 밖에서 준비하라는 안 선배의 메모가 적혀 있었다. 나는 서대문에 사는 대학 친구 우학명의 집으로 달려가 전화번호부를 갖다놓고 야당 지도부의 사무실과 재야인사들의 집에 닥치는 대로 전화기 다이얼을 돌렸다. 농성 중인 기자, 아나운서, 프로듀서 등 사원들의 강제 해산이 임박한 것 같으니 광화문으로 나와 축출 현장을 지켜보는 증인이 되어 달라는 당부를 끝없이 해댔다. 물론 천관우 선생에게도 이 같은 사실을 알렸다. 사위는 이미 어둠이 짙게 깔리고 있었다.

### 거인의 눈시울은 붉게 젖었다

천 선생은 전화 받기가 무섭게 뛰쳐나왔지만 불 꺼진 3층 편집국과 4층 방송국의 창밖으로 터져 나오는 농성 사원들의 절규를 속수무책으로 지켜볼 수밖에 없었다. 통금이 다가오자 사옥 앞을 지켜 섰던 일행은 일백 미터가량 떨어진 인근 여관으로 자리를 옮겼다. 잠시 자리를 비웠다가 현관 셔터가 내려지는 바람에 도로 농성장으로 들어가지 못한 여자 아나운서도, 재야인사 몇 분도 함께 갔다. 그리고 밤을 꼬박 샌 천 선생 일행이 통금시간이 채 끝나기도 전에 동아일보 사옥 앞으로 서둘러 나왔다가 폭도들을 목격한 것이다.

폭도들은 술에 취해 있었고, 저마다 손에 몽둥이와 해머를 들고 공무국 철문을 산소용접기로 뜯어내고 있었다. 소문은 그들이 회사가 동원한 동아일보 지국의 직원들이라고도 했고 인근 태권도 도장에서 차출한 젊은이들이라고도 했다. 그들은 농성 사원들을 강제 축출할 때 회사의 한 중견간부의 지휘에 일사불란하게 따랐지만 회사는 끝내 그들이 누구인지 밝히지 않았다. 서대문 친구 집에서 밤새 성명서를 준비한 나는 통금이 채 끝나기도 전에 사옥 앞으로 달려갔다. 바로 그때 천 선생의 격노한 모습을 보았고 그의 고함소리를 들었다.

3월 22일자 '동아자유언론수호투쟁위원회(동아특위)' 명의의 유인물은 이날 새벽 천 선생의 모습을 이렇게 적었다.

"… (천관우 선생은) 16일 밤부터 동아의 폭력 음모 소식을 듣고 본사까지 왔다가 인근 여관에서 뜬 눈으로 밤을 지새운 후 폭도들이 준동하기 시작한 17일 새벽 세 시 반경 회사 앞으로 달려 나왔다. 그는 이층 베란다에서 미친 듯이 날뛰는 폭도들을 보고 격분에 못 이겨 차고문 쪽으로 다가섰다. 이때 문을 지키고 있던 폭도들이 몽둥이를 휘두르며 천관우 씨를 위협했다. 천관우 씨가 '내가 다 보고 있다. 이놈들아!' 하고 고함치자 폭도들은 금방이라도 천관우 씨에게 덤벼들 기세를 보였다. 경비과 직원이 난행 직전의 폭도들을 말려 가까스로 불행을 막았다."

통금이 풀리자 동아일보 사옥 앞에는 재야인사들이 하나둘 모여들기 시작했다. 길 건너 광화문파출소에는 밤새 불이 켜져 여러 곳에서 나온 정보기관원들이 저마다 무전으로 상부에 보고하느라 서성이는 모습이 멀찌감치서도 보였다. 새벽 네 시가 좀 지나자 농성 사원들이 술 취한 폭도들에 이끌려 사옥 앞에 내동댕이쳐졌다. 폭도들에게 무수히 두들겨 맞고 발길질, 주먹질, 욕지거리에 머리끄덩이를 끌리며 사원들은 사옥 앞 계단을 내려왔다.

그때 방송뉴스부 김민남 기자가 말 없이 천 선생 앞에 고개를 숙여

인사했다. 그 전해인 1974년 말, 천 선생이 함석헌, 장준하 선생 등과 함께 헌법개정청원운동본부를 결성하고 일백만 명 서명 운동을 벌였을 때 김 기자는 사내 서명자를 취합한 명단을 천 선생 댁에 전하러 갔다가 남산에 붙들려가 천 선생과 함께 곤욕을 치른 남다른 사연이 있었다. 그때 김 기자는 "거인의 눈시울은 붉게 젖어 있었다"고 후일 내게 말했다.

이때 천 선생은 더 큰 목소리로 외쳤다.

"회사 쪽을 향해 앉아요! 다들 얼른 앉아요! 앉아!"

천 선생은 거듭 목이 터져라 외쳤다. 바로 연좌 농성에 들어가자는 것이었다. 사원들이 회사 정문을 향해 앉기 시작하자 회사 부근 골목길에서 대기하고 있던 사복 경찰들이 몰려들었다. 그들은 사정없이 사원들을 낚아채어 종각 쪽으로, 시청 쪽으로 끌고 가 뿔뿔이 흩어놓았다.

사옥에서 축출당한 사원들은 이날 아침 기협회관 복도에 다시 모였다. '동아자유언론수호투쟁위원회(동아투위)'가 출범하는 자리였다. 안종필 선배가 밤새 준비한 성명서를 읽어 내려갔다.

"'동아'의 정통성은 폭도를 고용한 자들에게 있는 것이 아니라 자유언론을 사수하는 우리에게 있다."

### '동숙녀同宿女' 그림 광고, 파렴치의 극치

그로부터 일주일 뒤 3월 24일자 동아일보 5면에 해괴망측한 광고 하나가 실렸다. 광고는 펜화로 여성 아홉 명의 서로 다른 머리 모양을 세 줄로 나눠 그려놓고 그림 위에는 펜글씨로 "모든 분과 같이 하고 있습니다"라고 쓰고, 아래에는 '여동숙자女同宿者들'이라고 썼다. 그림 옆에는 세로로 "'모든 분과 같이 하고 있다는 여동숙자女同宿者들'은 무슨 뜻인가?"라고 활자체로 써놓았다. 그 그림은 여자 아나운서들이 사옥 2층 공무국에서 단식 농성 중인 스물세 명의 기자들을 격려하기 위해 전달한 메모에 그려진 것이었다. 기자들은 자유언론의 요구가 관철될 때까지 농성을 풀지 않겠다는 결의를 다지기 위해 공무국 문을 걸어 잠그고, 어떠한 경우에도 신문 제작의 생명인 활자 보관대를 지키기 위해 안간힘을 쓰고 있었다. 당시는 신문 제작을 활자로 조판하던 시절이었다.

이 메모는 여자 아나운서들도 다른 사원들과 함께 철야 농성에 동참하고 있다는 뜻에서 "모든 분과 같이 하고 있습니다. 여동숙자들"이라고 쓰고, 각자의 헤어스타일의 특징을 살린 캐리커처를 곁들였다. 철야와 단식으로 극도로 긴장해 있을 동료 사원들을 격려하기 위해 잠시나마 웃으며 힘내라는 메시지를 담은 젊은 여성들다운 아름다운 이벤트였다.

농성 사원들을 끌어내는 과정에서 이 메모를 발견한 회사 측이 이를 신문 광고에 써먹은 것이다. "모든 분과 같이 하고 있다는 '여동숙자들' 은 무슨 뜻인가?"라니, 마치 농성 남녀 사원들에게 불미스러운 일이라도 있다는 듯이 흘리는 그런 파렴치한 짓을 서슴지 않았던 것이다. 농성 사원들끼리도 그 그림 광고가 3월 17일 밤 천관우 선생이 여자 아나운서 등 일행과 함께 여관에 투숙한 것을 빗댄, 야비하기 짝이 없는 광고라고들 흥분했으니 저간의 사정을 모르는 일반 독자들이야 말해 무엇하랴!

그것은 신문사가 제정신으로 할 수 있는 일이 아니었다. 더욱이 이 광고는 사원들의 자유언론 투쟁이 전해지면서 시민들이 보내오는 격려 광고들 틈에 슬쩍 끼워져 있었다. 광고 탄압이 계속되는 동안 많은 시민들이 동아일보를 지키기 위해 격려 광고로 정권의 탄압에 맞서는,

세계 언론사상 유례 없는 일대 장관이 펼쳐지고 있는 상황이었다. 한편으로 자유언론을 위한 사원들의 철야 농성을 강제 진압하면서도, 아니 그 후에도 동아일보사는 자유언론운동을 계속하고 있는 것처럼 거짓말을 퍼뜨리면서 격려 광고를 계속 내보냈다. 그야말로 파렴치의 극치이자 동아일보의 배반의 시대가 시작된 것이다.

1975년 3월 26일자 동아투위 소식지는 「변질된 광고란에 대해 일언함」이라는 제목으로 이렇게 썼다.

"한때 민권의 축제장을 방불케 했던 동아일보 광고란이 최근 들어 변질되고 있다. 무엇보다도 익명을 가장한 가짜 광고가 없지 않다는 사실이다. 그 대표적인 예가 24일자 5면에 나 있는 그림 광고이다. … 그 내용에 대해서는 너무도 비열하고 저질이어서 언급할 흥미를 느끼지 않는다. … 이제 회사는 이미 '소돔의 성'으로 화해버렸단 말인가. … 가짜 광고뿐 아니라 회사 측의 입장을 강변하는 1면의 연속 광고만 해도 그렇다. … 배신을 항의하는 전화가 빗발치고 이미 계약한 격려 광고를 해약하는 일이 잇달아 일어나고, 이미 낸 광고 대금조차 되돌려달라고 요구하는 작금의 사태가 두렵지도 않은가."

직어도 박정희 독재 정권의 압력에 못 이겨 신문사를 떠난 주필에 대한 예우치고는, 또 온 국민의 성원에 힘입어 자유언론을 실천하기 위해 온몸을 던져 싸우는 사원들에 대한 대응치고는 상상하기 어려운 무지막지한 일이 눈앞에서 벌어진 것이다.

동아일보사가 보여준 그 같은 인면수심의 비정함은 후일 동아투위 위원장 안종필의 죽음에 대한 태도에서도 그대로 드러났다. 안 위원장은 1978년 10월 「보도되지 않은 민주 인권 사례 일지」를 만들었다 긴급조치 위반 혐의로 다섯 동료들과 함께 투옥되었다. 그는 감옥에서 병을 얻어 이듬해 12월 출옥 후 두 달여 만에 타계했다. 그때 그의 나이 마흔셋. 1980년 봄 자유언론에 순사한, 사실상 옥사나 다름없는 안 위원장의 운구 행렬이 동아일보 사옥 앞을 지날 때 동아일보사는 어떠했던가. 그들은 모든 창문을 걸어 닫고 사옥 앞 보도를 신문 수송 트럭으로 이중삼중으로 가로막았다. 그 옛날 동료들도 누구 하나 얼굴조차 내밀지 않았다.

### 언론인으로 기댈 언덕은 천관우·송건호뿐이었다

동아일보에서 150여 명의 사원들이 강제 축출되자 윤보선, 김영삼, 김대중, 유진오 등 22인의 원로들이 내외신 기자회견을 열고 사원들의 복직과 정상 신문 제작을 호소했을 때, 동참한 언론인은 천관우 한 분뿐이었다. 동아일보를 떠난 우리들이 기댈 언론계 선배라고는 천관우 선생과 동아 사태의 책임을 통감하고 사표를 던진 송건호 선생뿐이었다.

우리들은 설날이면 송건호 선생 댁에 모여 점심으로 떡국을 먹고 여럿이서 천 선생 댁으로 몰려갔다. 설이나 추석에는 천 선생 댁은 재야의 방문객들로 인산인해를 이루었지만 설날 점심때는 방문객이 뜸해 우리들 차지가 되었다. 우리들은 으레 대주가인 천 선생이 따라주는 술잔을 받아 마시다 대취하여 천 선생 댁을 나서기 일쑤였다. 심지어 동아투위 동료들이 무더기로 구속되었을 때 천관우 선생 댁에서 농성을 벌이기도 했다. 동아투위가 자유언론을 목청껏 외칠 수 있는 곳은 대한민국 천지에 천 선생의 불광동 좁디좁은 방밖에 없었던 것이다.

그즈음 나는 조선일보 해직기자 세 친구와 함께 청람문화사라는 출판사를 하고 있었다. 오랜 준비 끝에 '청람논단' 시리즈를 기획하면서 그 첫 번째 권으로 『사관史觀이란 무엇인가』를 출간할 예정이었다. 천관우 선생과 서강대 차하순 교수를 공동 편자로 하여 총론을 두 분이 집필하고, 차 교수는 서양사에서 역사철학에 관한 주요 논문을, 천 선생은 한국사와 중국사, 혹은 동양사에서 사관을 다룬 적절한 논문을 고르기로 하였다. 두 분을 모시고 중국음식점에서 책에 들어갈 내용까지 검토를 마쳤는데 느닷없이 천 선생이 전화로 그 일을 하지 않겠다고 딱 잘라 말하는 것이었다. 전두환의 등장으로 정국은 혼미했고 이미 천 선생이 동아투위를 멀리하려 한다는 소문이 나돌 즈음이었다. 출판사 초창기에 『한국논쟁사』를 준비하면서 한우근, 전해종과 벌인 실학 논쟁을 실을 때, 또 여러 인사들의 산문 모음집인 『1970년대의 우수』를 펴낼 때 이것저것 챙겨주던 천 선생의 자상한 모습과는 딴판이었다.

전두환 정권이 들어서고 천 선생이 한국일보 상임고문으로 발령이 났다. 박정희 밑에서 정무수석을 하던, 지난날 동아일보 정치부장을 지냈던 유혁인에게 "내 편지나 뜯어보지 말라고 박정희한테 전하게" 라고 호통쳤다던 천 선생이 전두환 정부의 민족통일중앙협의회 의장 자리를 맡았다는 것은 아이러니였다. 설 명절이 와도 천 선생은 시골 내려가 집에 안 계신다는 전언만 있었을 뿐, 어느새 투위는 발길을 끊었고 명절이면 발 디딜 틈이 없었던 천 선생 댁 현관은 썰렁했다.

나는 1967년 10월에 입사한 동아일보 수습 10기였다. 입사 당시 주필이었던 천 선생은 동기 수습사원들에게 중국음식점 태화관에서 우리들의 입사를 축하하는 저녁 턱을 근사하게 내고는 이듬해 동아일보사를 떠났다. 흔히 '신동아 필화사건'이라고 얼버무리는 보도 특집 「차관」기사를 빌미로 삼았지만, 어느 신문도 권력의 압력에 의한 그분의 퇴진을 단 한 줄 비치지 않았다. 한국 언론은 그분의 퇴장과 함께 그렇게 침묵 속에 침몰하고 있었다.

훗날 한겨레신문 창간을 준비하면서 창간 멤버들 가운데는 천관우 선생의 부재를 아쉬워하는 이들이 있었다. 동아투위, 조선투위, 80년 해직기자들, 그리고 여러 신문사에서 몰려온 경력기자들, 저마다 색깔이 조금씩 다른 그들을 호통치며 끌고 갈 큰 어른이 있었으면 했던 것이다. 그러나 누구도 천 선생 얘기를 꺼내지 않았다. 천 선생은 이미 우리에게서 너무 멀리 가 있었다. 동아·조선 투위가 이끈 한겨레신문의 창간호가 나오던 감격의 순간에도, 한때 그들의 기댈 언덕이었던 천 선생의 모습은 보이지 않았다.

# 자유언론의 길 '우리대장 천관우'

이부영

전 국회의원 · 전 동아일보 기자

동아투위 사무실도 폐쇄당해 모일 곳이 없었다.
아무 수입도 없이 칩거하고 계신 선생 댁에 가서
20명 가까운 젊은 해직언론인들이 농성을 했다.
넓지도 않은 집에 하루 종일 그것도 닷새 동안…

천 선생을 떠올리면 먼저 송구스럽고 제대로 모시지 못한 회한이 앞선다. 우리가 동아일보에 입사한 첫날부터 떠나온 날까지 우리의 '대장'이셨다. 그 대장을 제대로 모시지 못한 죄송함이 사무친다.

우리 언론사가 언제 한번 바람 잘 날 없이 평온한 적이 있었겠는가만, 천 선생께서 수필로 재직하시던 1968년 말에 우리가 입사한 동아일보사는 폭풍 전야의 전장 같았다. '3선개헌'을 통한 장기집권 음모를 착착 진행시키고 있던 박정희 정권은 정권의 아킬레스건인 '차관'에 관한 특집을 꾸몄다는 것을 빌미로 천 선생을 동아일보로부터 축출했다. 재벌들에 대한 외자도입 특혜를 지렛대로 장기집권을 위한 천문학적 정치자금을 비축하고 있던 박 정권에게 비수를 들이댄 특집이었다. 천 선생을 그대로 두고서는 자신들의 집권연장 계획이 순조롭게 진척될 수 없다는 것을 안 박 정권이 내린 결단이었다.

필자를 비롯한 동아 수습11기와 천 선생의 만남은 만나자 이별이었다. 우리들이 입사하자마자 터진 이른바 '신동아 사건'이 그것이었다.

그래도 수습기자 오리엔테이션 이후 주필과 수습기자 25명 사이에 벌어진 술자리는 이별주연으로선 손색이 없었다. 점심 식사 후부터 시작된 술자리는 오후 내내 계속되었다. 한창 나이의 25명 젊은 기자들과 주필 한 분과의 대작이었다. 25명의 수습기자 모두와 주거니 받거니 하더니, 젊은 기자들이 하나둘 곯아떨어졌고 주필 한 분만 멀쩡하게 앉아 계셨다. 나중에 편집국장을 지낸 김용정이 마지막까지 대작 상대였지만 이미 25대 0으로 승패가 가려진 뒤였다.

그 당시 신문사 술 문화가 그랬는지는 확실히 모르겠으나 천 선생은 젊은 기자들과 합동 술자리를 가질 때 중국집의 배갈 됫병(한 되들이)을 시켜서 돌렸다. 이렇게 젊은 기자들의 기를 돋우고 요즘 말로 스킨십을 통해 짙은 정을 쌓았다. '우리 대장 천관우'가 됐다.

1968년 말에 동아일보사에서 강제퇴직 당하셨던 천 선생은 1970년 2월 동아일보에 복귀, 상근이사로 사사社史편찬을 담당하셨다. 허울뿐인 이사로 대접했지만 논설 등 글을 쓰지 못하도록 만들어 놨다. 근무처도 3층 편집국과 별관 출판국으로 가는 중간에 있는 조그만 독방이었다. 1971년 4월경 대통령 선거를 앞두고 천 선생은 민주수호국민협의회를 결성하여 공동대표의 한 분으로 활동하기 시작하셨다. 당시 편집부에 근무하던 필자는 자주 천 선생 방으로 호출당했다. 눈치로 보건대 안성열, 심재택 두 기자가 따로따로 가끔 불려오는 듯했다. 자유언론 투쟁으로 해직당해 동아투위에 함께 몸담았던 두 선배는 천 선생이나 마찬가지로 세상을 떴다. 천 선생은 양면 괘지에 특유의 필체로 유려하게 써내려간 시국관련 성명서 초안을 함석헌, 김재준, 장준하, 이병린, 유진오 등 재야인사들에게 회람토록 해서 서명을 받아오라는 부탁을 하시곤 했다. 유진오 선생이 신병 요양차 묶고 계시던 유성 별장에 감시하는 정보과 형사의 눈을 피해 새벽에 찾아가서 서명을 받아온 적도 있었다. 당시 더 이상 대통령 선거는 없고 박정희 일인지배의 총통제가 실시될 것이라는 관측이 떠돌았다. 부정선거 시비가 그치지 않고 재야와 대학사회의 저항이 계속되자 박 정권은 12월 국가비상사태를 선포했고 천 선생은 다시 동아일보사를 퇴사하셨다. 천 선생께서는 1972년 10월 유신을 통해 실낱같던 민주주의가 숨을 거뒀다고 판단하시고 1974년 12월에 '민주수호국민협의회'를 '민주회복국민회의'로 이름을 바꿔 결성하고 투쟁하셨다.

그런 와중에 필자는 1973년 4월 장준하 선생의 비서로 있던 손수향 양과 결혼하게 되었다. 아버지가 없던 두 사람은 장준하 선생을 대부로 그리고 천관우 선생을 주례로 모시고 태평로 신문회관에서 결혼식을 올렸다. 천관우, 장준하 두 분 선생을 모시고 올린 결혼식은 그 뒤 필자의 생애를 결정짓는 고비가 되지 않았을까 생각된다. 결혼 후 첫 신접살림은 천 선생 댁 바로 옆의 전셋집에서 시작되었다. 천 선생 댁은 50년대 말에 지은 국민주택이었고 필자의 셋집은 허름한 단독가옥 단칸방이었는데 필자의 집 바로 앞에 파출소가 자리 잡고 있었다. 천 선생 댁으로 들어가는 골목 입구였다. 그 골목 안에는 작가 이호철 선생 댁과 야당 김현수 국회의원의 댁이 함께 자리 잡고 있었다. 필자의 집까지 포함해서 네 집을 감시하는 중앙정보부원을 비롯한 정보기관원들이 파출소에 언제나 북적인 것은 당연했다.

지금도 잊을 수 없는 '동아일보 사주' 측의 만행이 다시 눈앞에 어른거린다. 우리 동아 기자, 프로듀서, 아나운서 등 자유언론의 기수들이 내쫓기던 1975년 3월 16일 자정 무렵부터 다음 날인 17일 통금 후 새벽 4시부터 6시경까지의 경과는 다음과 같았다. 16일 오후 9시경부터 동아 사주 측은 보급소 직원들을 비롯한 깡패들을 동원(외신들은 사복 경찰관들도 동원되었다고 보도했다), 폭력으로 농성자들을 사옥 밖으로 내쫓으려는 움직임을 보이고 있었다. 수많은 재야인사들과 야당 정치인들이 동아일보 사옥 앞 광화문 부근으로 모여들었다. 검은 베레모를 쓴 거구의 천 선생이 다른 재야인사들 및 외신 기자들과 함께 서 계셨다. 윤보선 전 대통령의 영부인 공덕귀 여사와 정일형·이태영 선생 부부도 함께 계셨다. 그분들의 응원을 지켜보던 우리들은 무엇과도 비길 데 없는 큰 위로와 격려를 얻었다. 그리고 우리 농성자들은 통행금지 해제 직전 쇠파이프와 몽둥이 그리고 산소 용접기를 든 깡패 폭도들에게 폭행당하면서 동아일보 사옥 밖으로 내쫓겼다. 밖에서 통금이 해제되기를 기다렸다가 나와 준 천 선생을 비롯한 많은 인사들이 우리들을 맞아 주었다. 그리고 우리는 함께 외쳤다. "자유언론 만세!!", "폭력축출 사과하라!!", "자유언론 사수하자!!"

그런데 며칠 뒤 사주 측이 장악한 동아일보 격려광고 지면에는 해괴한 광고 한 개가 실렸다. "천관우 씨, 여자 아나운서와 여관 동숙同宿" 대강 이런 낯 뜨겁고 야비한 내용이었다. 농성자들 걱정에 귀가하지 못하던 천 선생을 비롯한 재야인사들이 16일 자정 가까워서 통금을 피해 세종로 부근 여관에 함께 투숙해서 꼬박 밤을 지새우고 다시 새벽 4시 통금이 해제되자마자 쫓겨나오는 농성자들을 맞이한 것이 전말이었다. 농성장에 함께 있다가 농성자들의 먹을거리를 사려고 외출했던 여자 아나운서 한현수 씨가 봉쇄에 막혀 농성장에 합류하지 못하고 재야인사들과 함께 여관에서 지샌 것을 두고 동아일보 사주 측은 그 같은 저질 광고를 '자유언론을 격려하는 광고'에 섞어 내보냈다. 뒤에 동아자유언론수호투쟁위원회가 결성되고 나서 권영자 문화부 차장이 위원장으로 선임되자 동아일보 사주 측은 다시 격려광고 지면으로 당시 동아일보에 연재 중이던 조선작 작가의 연재소설 「영자의 전성시대」를 빗대서 비방광고를 내기도 했다.

1975년 6월에 필자가 국가보안법, 반공법, 긴급조치9호, 국가모독죄(형법 104조 2항) 등의 혐의로 구속되어 2년 6개월의 형기를 마치고 1977년 12월 말 출감해보니 아내는 불광동 전셋집에서 나와 여섯 차례의 이사 끝에 종로구 청운아파트로 옮겨 있었다. 나는 틈나는 대로 천 선생 댁에 들러서 밖의 사정을 전하고 당부 말씀도 들었다. 1978년 한여름, 찌는 듯한 날씨에 내방객도 없는 가운데 천 선생께서는 베잠방이 차림으로 고대사 연구에 몰두하고 계셨다. 면도도, 머리 손질도 하지 않으셨다. 개다리소반에 소주 두어 병과 맥주잔 그리고 된장, 풋고추와 썰어놓은 오이 몇 개가 전부였다. 소주 한 병을 따르면 맥주잔으로 두 잔을 못 채웠다. 선생께서는 거의 말 없이 들으셨고 내가 주로 저간의 사정을 말씀드렸다. 1975년 동아강제해직사태 이후에 천 선생은 거의 외부 활동을 하지 않고 계셨다. 1976년 3·1명동성당민주구국선언사건에도 참여하지 않으셨다. 그러니 자연스레 재야인사들과의 관계도 소원해졌다. 그러던 가운데 1978년 10월에 동아투위에서 지난 1년 동안 제도언론에 보도되지 않은 사건·사고를 '10·24민주·인권일지'로 묶어 재야인사들과 종교계 그리고 외신 등에 배포했다. 비록 펜과 마이크를 빼앗겼어도 자유언론의 깃발을 들고 있던 해직언론인 안종필 동아투위 위원장 등 10명이 그 파동으로 구속되는 아픔을 겪었다. 동아투위의 사무실도 폐쇄당해 모일 곳도 없었다. 동아투위 사람들은 농성이라도 해야 한다는 생각으로 무작정 천 선생 댁으로 가서 농성을 시작했다. 넓지도 않은 선생 댁에 20명 가까운 젊은 해직 언론인들이 하루 종일 그것도 닷새 동안 농성투쟁을 벌였다. 아무 수입도 없이 칩거하고 계신 천 선생 댁에 천지 분간 못 하던(?) 젊은이들이 장기 농성투쟁을 벌이고 있었으니 천 선생 특히 사모님의 난감함이라니, 오죽하셨을까. 세월이 지나 눈 감고 생각해보니 송구스러워 얼굴을 들 수 없다.

그런 어려움 속에서도 1970년대에 한국고대사 연구에 정진, 동아일보 휴직상태에는 『신동아』에, 그리고 동아일보를 떠나신 뒤에는 제도언론의 모든 창구가 봉쇄되자 사학계 학회지 등에 다수의 논문을 집필하셨다. 필자의 서울대 문리대 동기로 사학과 출신인 김종심은 『신동아』에 재직할 당시 학술담당기자였고 이름난 잡지편집자였다. 그는 천 선생의 한국사 관계 논문과 학술대담 · 좌담 등을 도맡아 처리했다. 그는 천 선생의 난해한 초서체 원고를 해독하는 유일한 편집자로 천 선생께서도 인정하는 준재였다. 그도 천 선생의 심기를 건드려 혼뜨검을 한 일이 있었다. 천 선생은 태어나실 때부터 양 손가락이 불구이셨다. 당신의 양손이 사진 찍히는 것을 피하셨다. 김종심이 편집한 어느 좌담회 기사에 천 선생 상반신과 함께 천 선생의 손이 그대로 드러난 사진이 실렸다. 김종심이 벼락을 맞았던 이야기는 두고두고 전해진다.

1979년 박정희 시대 말기에 이르러서 천 선생께서는 동아투위와도 거리를 두고 두문불출하셨다. 박 정권의 폭압이 거칠어질수록 더불어 급진화하는 듯한 민주화운동 진영에 대해서도 우려하셨던 것이 아닐까 짐작했다. 10·26 박정희 피살사건과 12·12 신군부쿠데타 그리고 5·18 광주민주항쟁을 거치면서 고조되었을 천 선생의 위기감이 그 뒤 전두환 정권의 의도적 접근으로 더욱 심화하지 않았을까 짐작될 따름이다.

대한민국 건국 이후 민주주의 건설과 언론자유 창달을 위해 헌신하셨던 천 선생 입장에서는 우리 사회가 직면한 위기 앞에서 당신의 입지보다 조금 더 우경화하지 않았을까 생각된다. 당시의 대다수 민주화운동 진영의 인사들과는 생각을 함께하지 않으셨던 것이다. 그러나 말년의 천 선생의 삶이 전체 삶의 무게를 지워버릴 만큼 큰 것은 아니라고 생각한다. 필자는 지금도 우리 언론인들을 기개 높은 선비의 길로 인도해주신 것에 천 선생께 감사하는 마음을 지니고 살고 있다. 천 선생의 명복을 빈다.

# 깊은 물길 같았던 내 마음의 의지처

김영준

전 민주화운동기념사업회 상임이사

말수는 적으셨고 간결한 가운데
건네는 것은 가득히 따른 소주잔.
그 술잔에는 참으로 맑은 것을 담으셨다.
얼굴과 눈빛에서 나는 정을 느꼈고….

**아! 벌써 20년이나 되었나**

선생의 추모문집을 내려 한다는 소식을 듣는 순간 세월의 빠름에 놀라며 동시에 선생께 참으로 무심했음에 부끄러움이 앞선다.

내가 선생을 뵙게 된 것은 전국민주청년학생총연맹(이하 민청학련) 사건으로 구속되었다가 석방된 뒤였다. 박정희 유신독재체제에 맞서 날선 싸움으로 온 사회가 극도의 긴장을 유지하고 있던 당시 우리는 여론에 밀려 민청학련 관련자들을 석방한 정권에 대한 투쟁의 의지를 결코 꺾지 않고 있었다. 많은 사람들이 구속되었다 나온 뒤 자연스레 함께 싸움에 동참했던 어른 및 선배들을 찾아 말씀을 들으며 시국에 어떻게 대응할 것인가에서부터 삶을 살아가는 지혜를 구하던 때였다.

나도 그렇게 동료들과 어울려 선생 댁을 찾았고 찾는 회수가 늘어가며 선생의 가르침과 격려에 큰 힘을 얻었다. 나는 선생과 조직적 활동을 했거나 함께 어떤 사건에 연루된 적이 없다. 그래서 지금 선생을 회고하려니 구체적인 기억들은 생각나지 않는다. 막연하고 아련한 기억뿐이다.

나는 기억이란 것이 기억하는 주체를 중심으로 저 좋을 대로 필요한 것, 유리한 것, 하고 싶은 것에 치우치는 위험한 면이 있다고 생각한다. 그러기에 내 기억에만 의지하는 것이 두려워지고 그런 기억조차 희미해 과연 선생을 제대로 추모하는 글이 될 수 있을지 망설여진다. 그런 기억 속에서 우선 떠오르는 것은 불광동 선생 댁을 찾아 작은 소반을 가운데 놓고 소주를 마시던 일이다. 술자리는 단순히 술을 목 안으로 넘기며 취기를 즐기는 자리는 아니었다. 나누는 몇 마디의 말 가운데서도 선생의 지혜와 격려를 받으며 나를 다시 추스르는 갱신의 자리였다.

자리가 반복될수록 나는 없는 말재주를 굳이 숨기려 하지 않고 한두 마디로 마음속 문제를 드러내거나 현안에 대해 질문하곤 하였다. 그때마다 선생은 장황한 논리를 펴며 설득하려 하시거나 웅변조의 격려 말을 내놓지는 않으셨다. 말수는 적으셨고 간결한 가운데 오히려 건네는 것은 가득히 따른 소주잔이었다. 그 술잔에는 참으로 많은 것을 담으셨다는 생각이다. 얼굴과 눈빛에서 나는 선생의 정을 느꼈고 격려를 받았다. 얼핏 보기에 선생은 가까이하기에는 너무 큰 인간적 위엄을 갖춘 것같이 느껴졌으나, 술잔이 오가며 나누는 대화 사이로 때로 드러나는 인간적 여림도 보여주셨다. 그런 넘나듦을 통해 충전된 갱신의 기억은 지금 생각해도 어렴풋하지만 가슴 뜨거워지는 소중하고 고마운 내 삶의 자취 그것이다

경제학을 전공하겠다고 입학한 나는 당시의 시대적 조건의 영향을 받으며 학생운동모임에 참여하였다. '당신의 조국 한국을 알자'는 구

호 아래 동아리 친구들과 우리역사 공부에 열중하였고, 식민사관의 극복이란 것을 가장 큰 문제로 놓고 민족사관에 관심을 가졌다. 당시 연세대 사학과 홍이섭 선생의 한국사상사 강좌를 들으면서 지식이 실천과 유리되어서는 안 된다는 가르침을 새겼고, 홍이섭 선생의 조용하면서도 분명한 삶의 태도는 당시 젊은 내게 많은 깨우침을 주셨다. 그러나 이렇게 내가 존경하던 홍 선생께서 74년 돌아가신 후 나는 마음의 의지처를 잃고 말았다. 그러다 천 선생을 뵙게 되면서 역사인식에서 홍 선생과 궤를 같이 하시는 것을 확인하고 매우 반가웠었던 기억이 난다.

그런 여러 차례의 만남에서 선생께서 하신 말씀 중 74년 10월 한국사의 재발견 인터뷰에 나온 "역사를 이해한다는 것은 우리 자신의 주체적이고도 현실적인 요청에서 나오는 것이며 미래에 대한 실천적 관심을 전제로 한 것"이라는 논지가 지금도 여전히 깊은 울림을 준다. 그리고 천 선생께서는 이순신 장군에 대한 말씀을 가끔 하셨다. 이순신 장군 말씀을 하신 것은 당시의 암울한 상황에서 장군께서 보여주신 탁월한 전략, 온갖 음모에도 흔들리지 않고 전장에 나서는 살신성인 구국의 충성심과 희생정신, 고매한 인격을 강조하시려는 것이었다고 생각된다.

물론 선생께서는 "충무공이라면 삼척동자라도 이름을 안다. 그러나 충무공을 안다면 얼마나 아는가. 거종巨鐘은 크게 울리면 크게 울고 작게 울리면 작게 운다. 충무공이라는 거종을 몸 전체로 부딪쳐 본다 해도 얼마만 한 소리로 울어 줄는지"(동아일보 1998년 5월 2일자)라고 하시며 당신께서는 감히 충무공을 우러를 뿐임을 강조하셨다. 선생의 이런 말씀은 바로 당신의 삶의 자세를 드러내는 것이며 당신께서 가누고자 하는 마음가짐의 기둥이었다고 믿었다.

선생께서는 일찍이 박정희 독재에 맞서며 오랜 시간 그 투쟁의 선봉에 서셨다. 그런 자세는 당신에게 많은 긴장과 고통을 안겨드렸을 것임에도 한 번도 그런 것에 대해 내색해 보인 적이 없으셨다. 비분강개조의 울분을 토하는 말씀이나 후배들에게 당대의 석학들 이론을 들어 설득하는 등의 흔히 듣던 유의 말씀을 선생에게서는 접하지 못했다. 선생께서는 언제나 깊은 물길처럼 조용하고 소박하셨고 찾아가는 우리 후배들을 맞아 별말씀 없이 소주를 권하며 격려하셨다.

그런 선생의 풍모는 그 자체로 큰 산이었다. 선생은 민청학련관련자들이 구속된 동안 민주회복국민회의의 결성과 활동에 앞장서시면서 "불원不遠 곡성哭聲이니 관 사두라"는 험한 위협을 받으실 때도 "무릎을 꿇고 사느니 서서 죽는 용기를" 하시는 말씀을 신문에 공개적으로 발표하는 기개를 보여 주셨다.

그런 선생의 기개와 강직함은 당시 중앙정보부장으로 무소불위의 권력을 휘두르며 민주화를 요구하는 인사들의 탄압에 앞장섰던 김형욱도 인정하였으니, 그는 회고록에서 "언론을 길들이기 위해 각개격파의 전법을 사용했으나 동아일보 편집국장과 주필을 지낸 이사 천관우만은 끝까지 지조를 지켰다"(동아일보 1999년 3월 26일자)고 썼다.

그런 선생께도 밝음만 있는 것이 아니라는 비판을 들으시게 된 것은 그 진실한 내막이야 어떻든 안타까운 일이다. 널리 알려진 대로 선생께서는 80년 전두환 신군부가 등장하면서 만들어진 민족통일협의회 의장을 맡으셨다. 그 배경을 알기가 쉬운 일이 아니기에 미루어 짐작하며 비난하는 분위기에 함께하지는 않으려 한다. 다만 선생께서 81년 5월 위 협의회가 공식 발족할 때 하신 이 말씀을 그대로 믿고 이해하고 싶다.

"장기집권의 폐단을 지적하고 민주화를 요구한 체제비판이라는 입장과 통일운동에 앞장서려는 현재의 입장에 모순을 느끼지 않습니다. 모두 한국을 수호 발전시키자는 생각에서 출발한 것입니다."

선생께서는 그 일 전이나 뒤에나 늘 말씀에서 이념을 내세우지 않으셨다. 선생은 독재와 부패로 나라가 이렇게 되어 가면 참으로 큰 위기에 빠질 수 있다는 우국의 염이 앞서셨다. 말씀에는 항상 진정성이 있었고 과장이나 과시의 어법이 드러나지 않았다. 그런 선생에게서 나는 선비적인 인상을 보았다. 잠시의 술자리는 선생께서 보여주시는 그 마음가짐을 닮으라고 나를 채근하곤 하였다.

그리고 선생은 보여주기 위한 행동을 경계하시며 말과 행동의 일치를 강조하셨고, 당신도 그렇게 하려고 애쓰셨다고 기억된다. 당시 우리는 치열한 반독재 민주화 투쟁을 함께하는 수많은 동지들을 귀하게 생각하면서도 때로 일부의 사람들에게 그 진정성과 진실한 목표가 과연 민주화에 있는지 의심하지 않을 수 없는 경우도 있었는데, 애써 감추고 외면하려 했던 경험이 있었다. 그런 우리에게 선생의 다음과 같은 말씀은 많은 것을 시사해 주는 대목이라 생각된다.

"기록이란 소중한 것. 그러나 기록만을 위한 기록, 현재의 영향은 기대할 수 없고, 미래의 영향이나 기대해 보는 기록, 이른바 후세 사가에게는 소용될망정 당장에 그 날을 보내는 백성에게는 잠시 떠올랐다가 꺼지는 물거품에 불과한 기록이라면 그것은 매우 서글픈 것이 아닐 수 없다" (동아일보 1970년 5월 19일자)

이제 선생이 돌아가신 지 20년, 이 지점에서는 선생께서 하신 모든 것들을 조금 떨어진 거리에서 바라보며 끼치신 큰 공을 기려 마음으로 존경할 수 있었으면 한다. 아울러 당시 상황에서 받아들이기 어려웠던 일부 과過라 느껴지는 것들도 좀 더 큰 시야에서 혹시 어떤 동기에서 그리 결정하셨을까 이해해보려 할 때가 되었다고 본다.

그렇게 공과 과를 조금은 떼어 놓고 바라보는 여유와 열린 눈으로 선생을 되새기고 싶다.

2장

# 천관우 선생의 통일사상

# 천관우 선생의 '복합국가론'을 다시 생각한다

## — 한반도 평화통일론에서의 자리매김을 위하여

이부영
전 국회의원 · 전 동아일보 기자

80년대 후반부터 시작된
남쪽의 평화 공존적 통일방안 제기는
천 선생이 1972년에 밝힌 '복합국가론'과
궤를 함께하고 있었다.

### 1. 들어가는 글

이 글은 가톨릭 종합월간지 1972년 9월호 『창조創造』(발행인 김수환 추기경)에 「민족통일을 위한 나의 제언提言」 제목으로 발표된 천관우 선생의 '복합국가론複合國家論'을 다시 살펴보려는 뜻으로 썼다.

5·16군사반란이 일어난 뒤 어떤 형태의 통일 논의도 탄압되었던 탓으로 통일 논의는 물론 통일운동도 거의 전개되지 못하고 있었다. 간혹 원론적인 통일이 주장되기는 했어도 실현가능하고 구체적인 방안으로서의 통일론은 표면 위에 떠오르지 못하고 있었다.

1972년 7월 남북 사이에 발표된 7·4남북공동성명은 우리 사회 안에도 큰 충격을 불러일으켰다. 외세의존 없는 평화통일, 상호비방 중지와 군사충돌 방지, 제반의 남북교류 활성화, 남북적십자회담의 적극화, 서울—평양 직통전화 설치, 남북조절위원회의 구성, 민족의 이름으로 합의사항에 대한 준수 약속 등 7개항에 양측은 합의했다. 야권에서도 이 같은 획기적인 남북관계 전개에 이러지도 저러지도 못하고 의견을 내놓지 못하고 있을 때, 박정희 정권에 대해 줄곧 맞섰던 장준하 선생은 "7·4성명이 민족통일에 전향적 조건을 마련했다"고 환영했다. 그리고 첫 이론적 반응이 당시 재야민주화운동 진영의 본부 격인 민주수호국민협의회의 공동대표였던 천관우 선생의 '복합국가론'이었다. 천 선생의 '복합국가론'은 천 선생의 제안을 바탕으로 내부논의와 공청회를 거쳐 재야민주화운동 진영의 동의를 얻어낸 민수협民守協의 입장으로 봐도 무리가 없을 것으로 보인다.

1960년 8월 15일 북한 김일성의 '남북연방제'라는 공세적 통일방안 제안이 있은 뒤, 5·16군사반란 이래 남한은 통일정책에 있어서 수세적 입장을 면치 못했다. 중소中蘇이념분쟁의 심화와 미중美中의 수교 등 강대국들 간의 관계에 큰 변화가 일어나는 가운데 남북한 사이에 자주·평화·민족대단결이라는 3대 통일원칙을 내세우는 7·4남북공동성명이 발표되자 재야 지도부인 민주수호국민협의회는 신중히 대응했다. 북한의 '남북연방제' 통일방안에 대해서 정부는 정부대로 거부해왔고 민간은 국가보안법 탄압에 막혀 전혀 대응하지 못했는데, 천관우 선생의 '복합국가론'이 처음으로 그에 대응하는 개괄적인 통일방안을 제기한 것이었다. 천 선생의 '복합국가론'은 냉전시대의 제약 속에서도 단독정부 수립 이후의 남북 양 정체의 현실을 상호 인정하는 최초의 남한 측 통일론을 모색했다는 점에서 주목받았어야 했다. 그러나 박정희 유신독재가 진행되고 있었던 시대상 때문에 묻혀버리고 말았다. 80년대 후반부터 시작된 남쪽의 평화 공존적 통일방안 제기는 천 선생의 '복합국가론'과 궤를 함께하고 있었다는 점을 밝히려는 데 이 글을 쓴 목적이 있다.

## 2. 7·4공동성명에 이르기까지의 남북 '공존적' 통일방안 개요

### 가. 남한의 '공존적' 통일방안

한국이 냉전 제일선에 서 있다는 것을 부각시켜 미국으로부터 더 많은 군사·경제 원조를 얻어내고 국내의 탄압기조를 강화, 정치적 안정을 도모하려는 정책으로 이승만은 무력통일, 북진통일정책을 실시했다. 이런 상황에서 1956년 대통령 후보로 나선 진보당의 조봉암曺奉岩의 '평화통일론'은 대담하고 충격적이었다. 『중앙정치中央政治』 1957년 10월호에 발표된 「평화통일의 길」에서 조봉암은 "우리의 국책國策처럼 되어 있는 무력적 주장에 의한 남북통일의 수행이 완전히 불가능하게 되었다. 지금 우리나라를 둘러싼 모든 국내·국제적인 실정은 어떠한 전쟁의 수단으로서라기보다도 정치적·평화적 수단에 의해서 해결되어야 한다는 것이 국가적·민족적 요청"이라고 주장했다. 이승만 정권은 그를 간첩혐의를 씌워 사법살인했다.

1960년 4월 혁명으로 민권승리가 확인되자 자유당의 무력통일론은 자취를 감추고 보수, 혁신을 가릴 것 없이 모든 정당들이 '평화통일론'을 내세웠다. 민주당은 '유엔감시하의 남북총선거'를 내세웠지만 통일 전의 남북교류를 거부하고 평화통일론과 남북협상론, 민족자결론의 기만성을 폭로한다는 입장을 보였다. 혁신세력을 대표하는 사회

대중당은 유엔감시하의 자유선거의 실시, 김일성 집단의 정치축출, 국토통일의 조속실현, 국토통일문제에 있어서의 거족적 초당외교를 제창했다. 혁신세력들은 7·29총선거에서 분열로 완패한 뒤, 민족자주통일중앙협의회民族自主統一中央協議會(이하 민자통)와 중립화조국통일운동총연맹中立化祖國統一運動總聯盟(이하 중통련)으로 양분되어 통일운동을 전개했다. 민자통은 즉각적인 남북협상, 민족통일건국 최고위원회 구성, 외세배격, 통일 후 오스트리아식 중립 또는 영세중립 혹은 다른 형태의 정체의 선택여부 결정 등을 내세웠다. 중통련은 국제보장하의 영세중립통일, 영세중립화 국민운동 전개 등 통일방안을 내세웠다. 중립화통일론과 남북교류론이 활발해지자 1960년 11월을 기해 민주당 장면 정부는 중립화통일론을 배격하고 남북교류에도 공식적으로 반대했다. 장면 정부는 통일문제는 오히려 부차적인 위치로 내리고 국내경제건설에 정책의 역점을 두었다. 즉 '선건설 · 후통일'의 논리였다.

5·16 이후 박정희 군사정권은 "민족적 숙원인 국토통일을 위하여 공산주의와 대결할 수 있는 실력배양에 전력을 기울인다"고 천명, '선건설 · 후통일론'을 제창했다.

1971년 2월 민주당의 김대중 대통령 후보는 미국 방문 중 '4대국 보장론'으로 일러진 '3단계 통일론'을 발표했다. "제1단계는 평화공존을 위해 동족끼리 전쟁을 않는다고 약속하고, 동시에 긴장완화를 위해 쌍방이 평화협정을 체결하며 서로가 상대의 현실적 존재를 인정하고 비방을 중단한다. 제2단계는 평화적 교류를 확대한다. 제3단계는 평화적 통일을 이룩한다"는 것이었다.

### 나. 북한의 '공존적' 통일방안

남한에서 1960년 4월 혁명이 성공하자 8·15해방식전에서 북한의 김일성은 그 뒤 북한의 통일정책의 기본이 된 '남북연방제'를 제의했다. 외국간섭 없는 자유총선거, 이를 수용치 않겠다면 과도적 조치로 남북연방제, 남북연방제를 수용치 않겠다면 순수 경제위원회 조직, 모든 분야에서의 교류 실시, 미군철수 및 남북 당국·정당·사회단체 대표간의 대화추진이 주요내용이었다. 그는 이어 "우리가 말하는 연방제안은 당분간 남북 조선의 현 정치제도를 그대로 두고 조선민주주의인민공화국 정부와 대한민국 정부의 독자적 활동을 보장하면서 동시에 두 정부 대표로 구성되는 최고민족위원회를 조직하여 주로 남북 조선의 경제 · 문화 발전을 통일적으로 조절하는 방식으로 실시하자는 것"이라고 설명했다. 1960년의 연방제는 첫째, 단계론적인 접근, 둘째, 대한민국이라는 국호를 쓰면서 독자적인 활동 보장, 셋째, 연방정부의 창설 대신 합의체로서의 '최고민족위원회'를 언급하고 있다. 이것은 표현만 연방제라고 하고 있을 뿐 사실은 국가연합제에 가까운 성격을 가진 것이라고 볼 수 있다.

북한의 이 제의는 장면 정부에 의해 즉각 거부되었다. 그러나 그 제의는 북한과의 협상을 주장한 민통과 혁신계의 지지를 받았다.

## 3. 천관우 선생의 '복합국가론'

열 개 단락으로 나뉘어 쓰인 「민족통일을 위한 나의 제언」은 천관우 선생 이름으로 발표되었다. 그동안 묻혀 있던 글이지만 본론을 중심으로 일부는 생략하고 옮겨 실었다. 본문에 한자로 표기된 부분도 가급적 한글로 썼다. 문단을 나누는 가, 나, 다 등은 분문에는 없었으나 옮기면서 편의상 부쳤다.

### 가. 남북공동성명이 몰고 온 당황

공동성명 이후 한 달이 지났건만, 제1 야당에서는 곧 작정을 하겠지만 당론을 공표하지 않고 있고, 여당에서는 정부 하는 일이라 찬성을 하는 것은 그럼직하지만 내용이나 알고 찬성을 하는 것인지 분명치 않다. 정치의 제일선을 맡은 이들이 이렇다면, 더구나 우리네 일반 민중이 딜레마를 느끼는 것은 당연한 일일는지도 모른다.

모든 변혁에는 크건 작건 당황이 따를 수밖에 없다. 다만 당황이 당황으로만 남아 처지면 그것은 실패의 변혁일 뿐이다.

### 나. 통일은 기필코 이루어져야

남북통일은 되도록 조속한 시일 안에 기어이 성취되어야 하겠다. 통일문제를 생각할 때에 무엇보다도 대전제가 되어야 할 점은 바로 이것이라고 생각한다.

너무도 당연한 말이라고 할는지 모른다. 그러나 과연 그처럼 당연하게 그것이 받아들여지고 있을까. 통일은 오늘날 우리 민족의 지상과제라고들 한다. 그 대의명분이 원체 어마어마한 것인 만큼 아무도 감히 내놓고 여기에 회의를 표시하고 있지 못할 뿐, 실은 '왜 통일은 필요한가' 하는 의문을 한 구석에 갖는 이들이 결코 없지 않으리라고 본다. …

그러나 아무튼, 통일은 기필코 이뤄져야 한다. 여러 가지 이유를 들 수 있을 것이다. 그중에서도 단적으로 통일이 끝내 안 되면 이 민족이 북北은 북대로 남南은 남대로 시들어버리지 않을까, 심하면 멀지도 않은 장래에 이 민족의 존재까지 사그라져 없어지는 일은 없을까 하는 우려를 나는 역사학도의 한 사람으로서 씻지 못하는 것이다.

민족의 역량을 간단히 인구로 상징시켜 생각해 보자. 우리는 지금 남북을 합해서 5천만, 그만 하면 전 세계에서도 20위 이내에 드는 민족이다. 그러나 우리의 주위가 간단치 않다. 5천만을 가지고도 잘해야 견디어 나갈 형편인데, 이것이 반으로 갈라져 아주 굳어진 상태를 상상해 보자.

외세가 가져다준 분단이기에, 그 외적 원인에 변동이 생기는 날이 오는 언제인가는 남북이 다시 만나리라는 기대 속에 어언 30년 가까운 세월을 보냈다. 이제 그 변동이 두드러지게 나타나게 된 것이다. 이 기회를 잡지 못하면 다음 기회는 또 언제가 될 것인가, 그다음 기회가 오기까지 이 민족은 민족으로 살아남을 수 있을까 하는 것이다.

### 다. 민족이 사멸되어서는 안 된다

일본 강점이라는 어두운 시기를 보낸 지 얼마 안 되는 우리에게 있어 민족이라는 말은 생생한 매력이 있다. 또 민족이 죽을 뻔하다가 살아났기에 민족이라는 말은 얼핏 영원한 생명을 담는 것으로 느끼게 되어 있다.

그러나 민족은 과연 죽지 않는 것인가. … 몇 천 년을 끈질기게 살아오는 민족이 있고 새 민족이 탄생하는 수도 있지만 이렇게 사장하는 민족(부여扶餘, 거란契丹, 여진女眞, 말갈靺鞨 - 앞의 중략부분에서 필자 옮김)도 있는 것이다.

민족은 죽어 없어져도 사람답게 살 수 있겠는가. 먼 훗날에는 민족을 내세우는 것이 우스꽝스럽게 보이는 날이 올는지 모른다. 아니 지금도 민족이니 민족주의니 하는 것을 구시대의 유물처럼 보려는 경향이 없지 않아 있다. 독일의 경우 일민족一民族 일국가一國家를 되찾는 것보다도 전 유럽의 통합에서 살 길을 찾으려는 움직임이 있다는 말도 들린다. 그러나 우리는 먼 훗날의 이야기나 남의 이야기를 할 겨를이 없다. 남이 전 유럽을 구상한다니 우리는 전全 극동極東이라도 구상할 필요성이니 조건이 성숙되어 있는가. 세계정부 같은 이상이 훌륭하다는 것을 모르는 것은 아니지만 실지로 민족단위의 역량 없이 그 속에서 무슨 구실을 할 수 있겠는가.

적어도 이 시점에서 우리가 냉혹한 국제질서 속에서 살 길을 현실적으로 찾는다면, 또 이 민족이 인류문화에 혹은 세계사에 무엇인가 기여해야 한다면, 우선 그것은 단일민족의 재통합 위에 하루 바삐 단일국가를 세우는 것에서 출발하는 이외에 별다른 묘방妙方이 있을 것 같지 않다.

### 라. 통일문제는 전진적 자세로

남북통일은 하루 바삐, 그리고 기어이 이루어져야 한다면 통일문제에 대해서 전진적으로 생각하고 전진적으로 행동해야 된다는 것은 당연한 귀결이다. …

모든 사물이 대개 그렇듯이 이번 남북공동성명에도 긍정적으로 볼 수 있는 면과 부정적으로 볼 수 있는 면이 있다. 그러나 나는 이 공동성명의 긍정적인 면을 적극적으로 인정해야 한다고 믿는 자이다. 그 긍정적인 면을 민족의 이름으로 또 전진적인 자세로 밀고 나가야 한다고 믿는 자이다.

실지로 오래 지켜질는지는 두고 볼 일이지만, 아무튼 남북이 무력을 행사하지 않겠다고 했다. 또 언제 뒤집힐 약속인지 모르나마 우선은 남북이 평화통일을 실현해 보겠다고 했다. 그리고 이 약속이 누구의 이름으로 되었건 간에 전 세계를 향해 내놓은 공약이라는 점이 매우 중요하다고 본다.

통일을 향한 이 거센 조류는 남북의 온 민중의 염원이 모이고 포개져서 이루어진 것이다. 그러기에 어느 세력의 어느 정권이 통일을 향한 첫 합의를 했다는 것이 문제 된다면 그것은 이 거센 조류 앞에서 자그마한 문제에 불과하다. 남북이 각각 정권이라는 체제를 가진 이상에는 어느 때이건 그 정권이 통일의 실무를 맡아보지 않을 수 없기 때문이다.

또 그러하기에 오늘날의 상황 속에서 나온 이번 공동성명이 만에 하나라도 다른 목적에 저의가 있다거나 그 밖의 불순한 술책으로 이용된다면, 그것은 민중이 용납하지 않을 것이며 역사가 용납하지 않을 것이다.

### 마. 과거의 논리와 미래의 논리

통일문제에 전진적인 자세로 임해야 한다고 하면 우리는 과거에 있어오던 통일관계 논의 가운데 새로운 상황 속에서 재검토가 불가피한 부분이 발견되어야 하고 그에 대치될 더 합리적인 방안이 제시되어야 할 것이라고 믿는다. 다만 대한민국 수립 이래의 전통적인 정책이었다는 이유만으로 그것에 지나치게 구애되고 집착한다면 우리 민족사상 몇 번이 안 될 앞으로의 대변혁에 대처할 수도 없거니와 우선 대한민국의 입장부터가 난처한 지경에 빠질 염려도 없지 않다. …

예를 들면, '두 개의 한국론'의 시비 같은 것. …

이제 상황은 많이 달라져 정통正統의 대표와 괴뢰의 대표가 마주 앉아 대화를 했고, 더구나 괴뢰라는 말을 쓰지 말라고 하는 세상이 되었다. '두 개의 한국론' 시비는 매우 비생산적인 것이 될 것이 분명하다. 이제 여기에는 우리의 우위優位를 확보할 무엇인가 새로운 주장이 있어야 할 것으로 믿는다. 문제에 따라서는 종래와는 다른 차원의 이론 구성과 정책 수립이 필요할 것이라는 말이다. 그것이 비약이라기보다는 초극超克이라고나 할 변혁을 의미한다.

### 바. 복합국가라는 통일방안

전통적인 정책에 대한 반성이라는 면에서 또 하나의 예라고 하기보다는 가장 중요한 예의 하나가 '유엔감시하의 남북총선거론'이다. 여기서의 문제점은 '유엔감시'보다도 '남북총선거'에 있다.

총선거를 한다고 치면 그 관리나 '감시'는 어찌 되었건 간에 거기서 탄생되는 정부는 남북연립南北聯立이 될 수밖에 없다. 제1차, 제2차의 총선거에서는 남북 어느 한 편이 압도적인 우세를 차지하는 변화가 있을는지도 모른다. 우선 제1차의 총선거의 결과가 그런 형태로 결과 될 것은 부인할 수가 없지 않은가. …

이 '유엔감시하의 남북총선거' 이론은 평화통일을 지향하면서도 무력통일의 여지를 남겨두었던 시기의 주장, 아니면 통일의 필요성은 인정하면서도 통일의 가능성은 가까운 장래에 없다고 판단했던 시기의 주장이라고 할 수밖에 없다. …

여기에 제기하고자 하는 '복합국가론'은 지난 7월 20일 민주수호국민협의회가 주최한 '남북공동성명에 관한 공청회'에서 사견私見을 대충 개진한 바 있으므로 여기서는 그 골자를 되풀이하는 것이지만, 이것은 새삼스럽게 '제기'라고 할 것도 없이 누구나가 얼른 착안할 수 있었던 대안代案의 하나라고 함이 옳겠다. 다만 통일논의가 거의 터부로 되어 있던 시기에, 구태여 공개해서 거론을 하지 않았을 뿐인 방안인 것으로 안다.

또한 그 복합국가의 구조가 구체적으로 어떤 것이어야 하는가, 이 복합국가 방안에도 당연히 예상되는 기본제도상의 결함이나 실현상의 난점은 어떻게 극복해야 하는가 하는 문제들에 대해서는 나로서는 언급할 준비도 소양도 없다. 그것은 정치학자·정치인을 비롯한 이 방면의 전문가들의 연구토론을 기다려야 할 것이며 여기서는 다만 인류의 경험으로 가져 보았던 이런 방향의 방안도 검토되어봄 직하다고 믿는 것뿐이다.

### 사. 우리 민족이 창조해야 할 복합국가의 새로운 형태

정밀한 학문적 정의는 어찌 되었건 간에, 복합국가란 두 개 이상의 정권이 있는 그대로 결합해서 한 국가를 형성하는 것을 말한다. 이 복합국가는 역사상 선례로만 보더라도 여러 가지 형태가 있어 왔다.

미국 초기의 13주 연합이나 19세기 독일연방과 같은 이른바 국가연합confederation의 경우는 어느 범위 안에서는 그 복합된 국가가 전면적으로 한 나라로서 움직이기도 하고 또 어느 범위 안에서는 그 구성국가가 부분적으로 제각기 한 나라로 움직이기도 하는 것이다. 또 오늘날의 미국이나 소련 같은 이른바 연방federal state은 몇 개의 나라가 한 나라를 구성하되 한 주권 아래 강력하게 결합되어 있다. 그 밖에도 여러 특수한 선례가 있으나 우리에게 참고될 것은 아니어서 여기에 일일이 들출 것은 없다.

우리도 '남북총선거'의 선행단계로 우선 한동안 남은 남대로 북은 북대로의 체제를 유지하고 그러면서도 일정한 한도 안에서나마 한 민족이 한 덩어리로 얽히는 국가의 형태를 취해 볼 수는 없을까 하는 것이다.

그 복합국가는 처음에는 결합력이 약한 것일 수밖에 없을 것이다. 그러나 흔히 논의되고 있듯이 각 방면의 단계적인 교류를 통하여 최대한의 공통점을 발견 제도화, 그 확대를 시도한다거나, 또 예컨대 자력으로는 힘에 겨운 군비를 축소하는 일을 포함하여 긴장을 완화하는 가능한 조치를 서로의 균형하에 단계적으로 추진한다거나 하여, 점차로 피차의 거리를 좁히고 결합력을 굳혀 가는 가운데 마침내 단일국가의 단계에 도달할 수는 없을까 하는 것이다.

그러나 이 복합국가는 과거 역사상에 있던, 혹은 현재 존속하고 있는 어떤 유형도 우리에게 참고는 될지언정 만족할 만한 모델이 될 수는 없을 것이며 그것은 전적으로 우리의 형편에 맞는 전혀 새로운 유형의 것이 될 수밖에 없는 것이다.

예컨대 오늘날의 이스라엘에서 사유농장私有農場과 함께 키부츠, 모샤브 등 공산주의 못지않은 공유농장共有農場이 종교적·이념적인 공동의 바탕 위에 병존하듯이 제도를 초월한 선례는 있지만 사상과 이념을 초월하여 한 나라를 만든 선례는 정복 이외에 별로 있어 보이지 않기 때문이다.

만일 남북의 민중이 통일을 염원으로 삼고 있음이 진실일진대 이러한 전혀 새로운 유형의 복합국가가 결코 불가능하지는 않으리라고 보며, 이러한 작업을 통하여 한민족韓民族의 창조적 역량이 발휘되고 평가받을 수 있을 것으로 믿는 것이다.

### 아. 복합국가가 최선의 방안은 아니다

이 복합국가 방안이 최선의 방안이 아님은 물론이다. 민족은 국가 간의 관계처럼 공존을 할 성질의 것이 아니라 언젠가는 완전히 통일이 되어야 한다. 그러므로 우리의 군사력이나 경제력이 압도적으로 우세하거나 국제정세가 우리에게 결정적으로 유리하여 비교적 단시일 내에 곧바로 단일국가를 이룩하는 통일이 될 수 있다면야 일부러 우회迂回의 방법을 써야 할 까닭이 없다. 그러나 오늘날의 국내외 조건이 우선 이러한 제1차적 통합이라는 차선의 방법을 택하지 않을 수 없게 되어 있다.

같은 핏줄기, 같은 언어, 비록 강역에는 변동이 있었지만 오랜 공동의 역사, 서로 이야기해서 이해만 되면 통일이 되리라고 보는 이도 있을는지 모른다. … 또 혹은, 남북 양방의 제도나 나아가서는 사상까지도 절장보단絶長補短으로 종합하여 제3의 체제나 이념을 창조함으로써 동질화의 방향을 갈 수 있지 않을까 하는 이도 있을 법하다. … 또 그것이 앞으로 언젠가는 가능하다 하더라도 그러한 가정을 전제로 한 단일국가의 연립정권이 온전히 기능을 발휘한다는 것은 아직은 가당치도 않은 일이며, 더구나 오늘날의 남북대립이 각각 그 주도적인 권력을 중심으로 한 대립이라는 현실의 일면을 가지고 있다는 사실도 간과할 수는 없을 것이다.

이와 같은 내적 조건들만이 아니라 외적인 조건은 더욱 우리를 초조하게 한다. … 오늘날 남북공동성명에까지 온 기적奇蹟 같은 대화의 시작도 강대국 간의 화해정책과 그 직접·간접의 충격에서 온 일면이 있는 것을 부인하기 어렵지만, 또 한편으로 그들 강대국이 그 화해상태를 유지하기 위해서는 현상동결을 가장 바람직스럽게 생각할 가능성을 배제하기 어려운 것이다. 그것은 분단分斷을 항구화할 가능성을 의미한다.

### 자. 왜 우선 복합국가라야 하나

일찍이 밖에서는 한반도중립화론이 있었고, 안에서는 4대국보장론이 있었다. 그러나 중립이나 4대국보장이나 그것이 실현될 수 있는 한반도 정세의 여건이 갖추어져야 비로소 실현의 가망이 보일 뿐이 아니라, 중립이나 4대국보장이 강대국들의 구미에도 맞는 것이라면 그것이 반드시 통일한국이 아닌 분단한국에서도 가능한 것이라는 점이 지적되어야 하겠다.

조국의 통일은 우리 한민족의 요구일지언정 주변 강대국들의 절실한 관심사일 수는 없다. 그들에게 필요한 것은 한반도에 있어서 유리한 지위 내지 세력의 균형에 있을지언정 직접으로 한민족의 통일에 있는 것 같지는 않다. 그럴수록 통일은 우리 민족의 자주적인 역량에 기댈 수밖에 없는 것이고, 통일이라기보다는 불완전한 통합이나마 우선 복합국가라는 방안이라도 검토해야 한다. …

이에 대해서는 첫째로는 앞서 말한 강대국들이 원할는지도 모르는 현상동결에 대하여 우리 민족의 의사가 되도록 강력하게 집약 표시되어야 하겠으며, 둘째로는 남과 북에서 각각 단일민족이라는 의식이 점차 사상이념상의 거리를 압도할 수 있게 하기 위해서는 역시 그것이 되도록 강력하게 집약 표시되어야 하겠다. 그러기 위해서는 비록 불완전하나마 통합된 나라의 형태를 취하는 것이 옳을 것이며, 불완전하나마 그 통합된 나라로까지 이끌어 올리는 과정에 있어서의 양방의 실천이 또한 귀중한 소득이 될 것으로 보는 것이다. …

**차. 우리가 끝내 지켜야 할 가치는?**

… 자유민주주의를 우리의 국시國是처럼 말하지만 그 실체가 오늘날 우리 민중이 겪고 있는 이 상태를 의미하는 것이라면 공산주의와의 대결에서 끝내 지킬 거점으로는 여기서 취할 것이 별로 없다.

흔히 공산주의 이론의 형식상의 정서整序에 비교하여 우리 민주사회의 '철학의 빈곤', '사상의 빈곤'을 말하는 이도 있지마는 우리의 철학이나 사상이 빈곤한 것이 아니라 우리는 그중의 어느 것만이 획일적으로 강요되고 있지 않고 있을 뿐이다. 다만 우리에게서 염려되는 것은 무슨 주의나 무슨 사상이 부족한 데에 있는 것이 아니라 그 좋은 주의, 사상이 정상적으로 민중 속에 뿌리를 박기에는 너무도 명名과 실實이 동떨어져, 그것을 지킬 자신을 상실하고 있는 데 있다. 이것을 회복해야 한다. 그것만이 우리가 하루 이틀 아닌 지구전持久戰으로 북과 대결함에 있어 가장 기초되는 무기가 될 것이다. 반공세력은 약하지 않아도 민주세력이 약하다는 이 눈앞의 취약점을 어서 극복해야 한다.

이 글을 맺음에 있어 덧붙여 말해둘 것은 누구나가 알고 있듯이 이 몇 해째 북에서 연방론聯邦論을 내세우고 있다는 점이다. 그 소위 연방이란 것이 어떤 내용인 것인지 잘 알 수는 없으나 대체로 복합국가의 한 형태일 것은 거의 분명하다. 민족의 장래를 위해서도 우리 편의 이익을 위해 좋은 결과가 예상되는 것이라면 어느 편이 먼저 발상 혹은 발론을 했다는 것이 문제 될 것은 없다. 아마 남에서도 여러 사람에 의하여 이미 착안되었을 이 복합국가 방안이 방안의 하나로서도 활발히 검토되지 않은 것은 아직껏 논의의 분위기가 자유롭지 못하기 때문일 것이다. 이 점 특히 정부의 적절한 대책이 요청된다.

## 4. 1972년 9월호 『창조』 전후 '복합국가론' 논의

### '복합국가론' 최초의 토론

『사상계』가 폐간된 뒤 재야 민주진영의 대변지 역할을 수행하던 종합월간지 『씨알의 소리』 1972년 8월호는 「민족통일을 위한 좌담회—민족통일의 구상(1)」을 실었다. 1972년 7월 31일(월) 오전 11시부터 오후 5시까지 서울 종로 YMCA 8층 식당에서 열린 좌담회에서 거론된 '복합국가론' 부분은 아래와 같다.

천관우: 42페이지에서 45페이지에 이르기까지 위에 기술한 『창조』지 9월호의 '복합국가론' 내용을 비교적 상세히 언급했으므로 중복을 피하기 위해 생략했다. (필자 씀)

선우 휘: "저는 그… 천 선생님은 복합국가라라고 했는데 비등한 발상이라면 이북에서 연방제라는 거 그게 아마 비등할 겁니다. 그러니까 그렇게 되면은 어떤 의미에서는 가장 실현성이 있을는지 모르지요. 그리고 뭐 남북한 간에 경

제적으로 상호보완하는 문제에서 교역을 한다든가 말이죠. 또는 학자들이 교류를 한다든가 하는 국한된 면에서 접촉을 가지면서 그걸 만약 복합국가를 하나의 국가로 지향할 수 있느냐 없느냐는 문제도 있겠지마는 그런 면에는 아마 정치적 차원에서는 다른 것보다는 가장 가능할는지 모릅니다."

이런 지적에 대해서

천관우: "그저 북쪽 연방 얘기가 나왔기 때문에 그 말씀이 필요 없었는데 그 말씀이 나왔으니까 한마디 더 해야 하겠습니다. 북쪽에서 하는 연방제가 무슨 어떤 형태의 연방제인지 저는 잘 모릅니다. 또 물론 연방이라고 하는 것이 지금까지 있어 왔던 국가 형태로서는 복합국가의 한 형태겠지요. 그렇다고 해서 이게 무슨 북쪽에서 말한 것을 우리가 받아들인다 안 받아들인다 하는 문제하고는 다른 문제이고 또 요전 그런 말 했습니다만 누가 먼저 발설했느냐 이건 뭐 큰 문제가 아니고 말이죠. 사실 당면한 민족의 활로가 열린다면 누가 먼저 발설했기로 큰일 날 게 아닌 게고, 혹시 오해가 있을까 싶어서 한마디 덧붙여 두겠습니다. 하하하… "

라고 조심스럽게 응답했다. 천관우 선생의 '복합국가론'에 대해 가장 적극적으로 그리고 한 걸음 더 나아간 견해를 밝힌 분은 장준하 선생이었다.

장준하: "… 이제 해야 될 일은 솔직하게 남쪽은 북쪽 정부를 공식적으로 인정하고 북쪽은 남쪽을 공식적으로 인정하고, UN에도 같이 가서 마주 앉고, 이래 가지고 모든 대화가 동등한 입장에서 이루어져야 된다고 생각합니다. 이렇게 해서 아까 천관우 선생께서 '복합국가론'을 말씀하셨습니다마는 결국 그런 어떤 과정을 거쳐서만 비로소 적극적인 접촉을 할 수 있는 것이지, 서로 얼굴을 가려놓고 아웅 하는 식으로 이렇게 대결해 가지고는 도저히 안 된다는 얘깁니다.

저는 이스라엘에 가서 한 2주일 동안 있는 동안에 이스라엘의 천재적인 정치

운영 방법을 봤습니다. 내가 너무 피상적으로 본 것인지 모르겠습니다마는 그것을 본 연후에 그것을 보기 전까지는 공산주의와 자유민주주의라는 것은 불구대천의 원수다, 이렇게 생각했던 제 생각이 달라졌습니다. 이스라엘의 경우 사실상 복합사회입니다. 아시다시피 기브츠라고 한다면 이 이상 더 철저히 공산주의가 있을 수 없을 정도의 조직입니다. … 그 기브츠가 이스라엘에서 적어도 전 농산물의 32%를 내고 있는가 하면 그와 반면에 완전한 자본주의 체제인 대농장을 가지고 기업영농을 하는 그런 측도 있고 모샤브라고 하는 조직이 있어서 공동투자, 공동영농으로서 생산하는 그런 것도 있고 이 모든 것들이 완전히 그 사회 속에 공존하고 있으면서 그 나라를 부강하게 하고 있다고 볼 때 이것이 우리 민족사회에도 적용될 수 있지 않나 생각했습니다. … 복합사회는 이스라엘의 경우만이 아니고 분단의 고민을 안고 있는 우리 민족에게도 가능하지 않는가, 그렇게 생각합니다. 어떤 형태로든지 무슨 연방이라도 좋고 복합국가라도 좋고 어떤 형태로든지 서로가 서로를, 공적으로 인정하는 자리에서 적극적인 자세를 취하면서 장차 올 기회를 마련해봐야 되지 않겠느냐 하는 생각을 하고 있습니다."

장준하 선생의 견해는 천관우 선생의 '복합국가론'에 온전히 반영되었다.

### '복합사회론' 최초 제기

장준하 선생은 이어서 1972년 9월호 『씨알의 소리』에 게재된 그 유명한 「민족주의자의 길」에서도 다시 천관우 선생의 '복합국가론'에 적극적인 동의를 표하고 '복합사회론'을 제기했다.

"다음은 하나의 민족을 향해 서로 개혁해 나아가야 한다. 그 현실적인 단계로 지금 일컬어지는 복합국가론 같은 것은 신중하게 검토되어야 하며 이것은 또 외형의 문제이고 내부체제에 있어서 복합사회라고 할 제諸 제도와 체제의 병존과 같은 사회체제도 연구되어야 할 것이다. 이것은 아마도 이스라엘의 사회체제에서 귀중한 시사를 받을 수 있을 것이다.

물론 이것은 하나의 민족 하나의 국가를 향한 현실적인 하나의 단계이지 궁극적인 목표는 아니다. 적어도 각 분야에서 대외의존이 청산되고, 자주성이 세워지고, 이에 따라 통일민족의 의식과 도덕이 확립된다면 복합적 사회체제가 불가능하다고는 할 수 없을 것이다."

**'복합국가론' 제기 이후**

1972년 7·4남북공동성명이 발표되었다가 10월 17일 유신체제가 선포된 100여 일 동안에 천관우 선생의 '복합국가론'도 발표되는 등 통일논의가 시작되는 듯했으나 유신독재 선포로 다시 기나긴 침묵의 시대로 들어갔다. 7·4공동성명 배후에서는 이미 성명 발표 이전부터 천 선생이 '복합국가론'에서 경계해 마지않던 "다른 목적의 저의와 그 밖의 불순한 책동"이 준비되고 있었던 것이다.

1973년 8월 28일 북한은 남북대화를 중단한다는 성명을 발표했다. 1979년 10·26사건으로 박정희 시대가 끝나고 신군부 집권을 통한 전두환 시대가 전개되는 동안에도 이산가족 상봉, 군사회담과 고위급 회담이 열리기는 했어도 통일문제를 전면적으로 진전시키는 합의안이나 제안은 나오지 않았다. 계기는 내외에서 거의 동시에 발생했다. 내부적으로는 1987년의 6월 민주항쟁으로 부분적으로 민주화가 진전되고 밖으로는 고르비초프 정권의 등장과 함께 미소 사이의 탈냉전 시대가 전개되는 등 남북관계에도 중요한 진전을 가져올 조건이 조성되었다.

**가. 남한의 평화공존 방안 제기**

**노태우 시대**: 노태우 대통령은 1988년 7월 7일 '민족자존과 통일번영을 위한 특별선언(7·7선언)'을 발표했다. 7·7선언의 핵심은 대북인식의 전환을 공식화한 것인데 북한을 적대의 대상이 아니라 민족공동체의 일원으로서 상호 화해와 협력을 바탕으로 공동번영을 추구해나갈

선의의 동반자라는 인식을 갖는다는 것이다. 이런 인식이 가능하기 위해서 첫째로 북한의 현실적 존재를 실질적으로 인정해야 하고, 둘째 한 민족 안의 두 체제를 수용하여 남북관계를 민족공동체 안의 특수한 관계로 본다는 것이다. 7·7선언은 정치적 선언이기는 하지만 구체적인 실천조치들이 취해짐으로써 그 실효성이 커졌다.

노태우 대통령은 1989년 9월 11일 국회에서의 특별선언을 통해 '한민족공동체 통일방안'을 발표했다. 이 방안은 한 국가중심의 통일 개념에서 민족공동체라는 사회중심의 통일 개념으로 바꾼 것이 핵심이었다. 통일의 원칙으로 자주, 평화, 민주를 제시하되, 통일의 과정은 중간과정의 과도적 통일체로서 남북연합을 만들어 남북 간의 개방과 교류협력을 실현하고 민족사회의 동질화와 통합의 기반을 다져나가면서, 통일의 여건이 조성되면 민주적 절차와 방법으로 통일헌법을 마련하고 이 헌법에 정하는 바에 따라 통일정부와 통일국회를 구성하여 하나의 통일된 국가를 완성하자는 것이다. 남북연합에는 최고 의사결정 기구로 남북정상회의와 남북 정부대표로 구성되는 남북각료회의, 그리고 남북 동수의 국회의원으로 구성되는 남북평의회를 두며 서울과 평양에는 남북 각기 상주연락대표를 두기로 하고 있다.

이 측면에서 연방정부부터 수립하자는 선 국가통일론에 입각한 북한의 '고려민주연방공화국 창립방안'과는 분명한 차이를 보였다. 이로써 '한민족공동체 통일방안'이 발표된 시점부터 남측의 '연합제'와 북측의 '연방제'가 양측의 통일방안으로 대립하게 되었다. 1972년 천관우 선생의 '복합국가론'이 발표된 이후 남한 측은 처음으로 복합국가론 개념에 근거해서 북한의 '고려연방제' 안에 대해 뚜렷한 통일방안을 가지고 대응하게 되었다고 하겠다.

남북은 1990년 9월 4일부터 1992년 9월 15~18일까지 8차에 걸쳐 서울과 평양에서 열린 남북고위급회담에서 이른바 '남북기본합의서(남북 사이의 화해와 불가침 및 교류 · 협력에 관한 합의서의 줄임말)' 에 합의했다. 방대한 분량의 이 문서는 그 당시 이후 남북 사이에 지금까지 합의된 가장 중요한 장전이다. 제1장은 체제(제도)의 인정 · 존중, 내부문제 불간섭, 비방 · 중상 중지, 파괴 · 전복 행위 금지, 정전상태의 평화상태로의 전환, 국제무대에서의 협력, 이행기구로 '남북화해공동위원회'를 구성 · 운영하고 그에 관한 별도합의서 작성 등으로 되어 있다. 제2장은 무력 불사용, 분쟁의 평화적 해결 및 우발적 무력충돌 방지, 불가침 경계선 및 구역(*남과 북의 해상불가침 경계선은 앞으로 계속 협의한다), 군사직통전화의 설치 · 운영, 협의 · 이행 기구로 남북군사공동위원회와 남북군사분과위원회의 가동을 담고 있다. 제3장은 경제 교류 · 협력, 사회문화 교류 · 협력, 인도적 문제의 해결 등을 담고 있다.

남한은 남북고위급회담 직후인 1991년 12월 18일 노태우 대통령이 "이 시각 우리나라의 어디에도 단 하나의 핵무기도 존재하지 않는다"고 핵부재 선언을 했다. 북한은 그동안 주장해오던 비핵지대화 논리를 접어두고 핵무기를 시험, 제조, 생산, 접수, 보유, 저장, 배비, 사용을 하지 않으며 핵재처리시설과 우라늄 농축시설도 갖지 않는다는 데 합의해 나옴으로써 1992년 2월 19일 '비핵화 공동선언' 이 타결되었다.

박정희 · 전두환 군사독재 정권의 연장이라고 할 노태우 정권은 태생적 한계에도 불구하고 6월 민주항쟁 이후 국내의 민주화 진전과, 소연방 해체와 동구권 붕괴 그리고 독일통일 및 중소와의 수교 등 세계사적 격변의 기류에 편승, '복합국가론', 즉 국가연합론에 근거하여 '한민족공동체 통일방안' 을 내놓고, '남북기본합의서' 와 '비핵화 공동선언' 합의를 이루어냈다. 김대중 · 노무현 정권의 남북관계 진전도 노태우 정권의 선도적 정지작업에 힘입은 바 컸다는 점이 지적되어야 할 것이다.

**김영삼 시대:** 김영삼 대통령은 1994년 8·15 광복절 경축사를 통해 기존의 '한민족공동체 통일방안'을 보완, 발전시켜 '한민족공동체 건설을 위한 3단계 통일방안(민족공동체 통일방안)'을 천명했다. 이 방안은 기본적으로 '한민족공동체 통일방안'을 그대로 계승하고 있다. 다만, 남북기본합의서가 발효된 상황에서 남북한이 남북연합을 구성하기 위해 필요로 하는 화해와 신뢰구축의 과정을 화해·협력단계→남북연합단계→통일국가 완성단계의 3단계로 명확히 제시했다는 점에서 차이가 있다. 통일방안 발표에 앞서 1994년 6월 카터 전 미국대통령이 평양을 방문하고 서울로 돌아와 김영삼 대통령을 만난 자리에서 김일성 주석이 남북정상회담에 호응하겠다는 의사를 전하자 양측은 회담개최에 합의했으나, 김 주석의 갑작스런 사망 이후 조문파동이 일어나면서 남북관계는 끊기고 냉전 분위기로 돌아갔다. 통일방안 발표는 메아리 없는 발표로 끝났다.

**김대중 시대:** 1998년 처음으로 수평적 정권교체에 성공한 김대중 대통령은 취임사에서 "첫째, 어떠한 무력도발도 결코 용납하지 않겠다. 둘째, 우리는 북한을 해치거나 흡수할 생각이 없다. 셋째, 남북 간의 화해와 협력을 가능한 분야부터 적극적으로 추진해 나갈 것이다"라고 3원칙을 밝히고, '남북기본합의서' 이행을 위한 특사교환을 제의했다. 특히 경제교류와 관련하여 정경분리 원칙을 밝혔는데, 경제 분야의 교류와 협력 사업은 한반도 정세와 남북관계의 상황변화에 영향을 받지 않으며, 순전히 경제적 논리에 입각하여 중단되거나 축소됨이 없이 지속적으로 추진해 나간다는 것이다.

햇볕정책으로 널리 알려진 대북포용정책은 '사실상의 통일된 상태'를 실현하는 것으로 결국 남북한 간에 정치적으로나 군사적으로 신뢰가 구축되고 평화체제가 제도적으로 정착된 상태이며, 경제 사회 모든 부문에서 호혜적 관계가 구축되고 대외적으로도 민족공동이익을 추구해나가는 정도의 상태가 이룩됨으로써 완전한 통일단계에 들어가기 직전에까지 이르는 것을 말하는 것이다. 여기서 중요한 것은 통일을 당장 실현목표로 보지 않는다는 것, 즉 통일의 실현 그 자체보다는 통일을 달성해가는 과정을 중시한다는 것과, 그 과정은 통일로 가기 위해 거쳐야 할 필수적인 단계라는 점을 전제로 하고 있다는 점이다. 이에 따라 남북경협 활성화 조치가 이어지고 금강산 관광이 활성화되었다.

2000년 4월 10일, 남북정상회담이 6월 12~14일에 평양에서 열린다고 발표되었다. 김대중 정부 출범 후 2년간의 포용정책의 일관성에 대한 신뢰와 대미 관계 개선의 가능성이 정상회담을 성사시켰다. 역사적인 '6·15남북공동선언'의 요지는 다음과 같다.

1) 남과 북은 나라의 통일문제를 그 주인인 우리 민족끼리 서로 힘을 합쳐 자주적으로 해결해나가기로 한다.

2) 남과 북은 나라의 통일을 위한 남측의 '연합제' 안과 북측의 '낮은 단계의 연방제' 안이 서로 공통성이 있다고 인정하고 앞으로 이 방향에서 통일을 지향시켜 나가기로 하였다.

'6·15공동선언'은 1972년의 '7·4남북공동성명'과 1992년의 '남북기본합의서'와 더불어 남북관계사에 중대한 전환점을 마련한 기념비적인 문건이다. 이 선언이 갖은 의미는 첫째, 분단사상 처음으로 남북쌍방의 최고당국자가 직접 합의하고 서명한 문건이라는 점, 둘째, 남한과 북한이 상호 체제인정을 바탕으로 한반도 문제를 당사자 간의 대화를 통해 풀어나가기로 한 점, 셋째, 통일에의 접근 방법에서 공통성을 찾으려는 시도가 처음으로 이루어졌는데 남북정상회담에서 김정일 위원장이 '낮은 단계의 연방제'란 남과 북이 외교권을 각각 보유하는 등 현존하는 2체제 2정부를 그대로 유지하면서 점진적으로 통일하자는 개념이라고 밝히고 사실상 남한의 연합제와 차이가 없음을 인정하였다는 점, 넷째, 제반 분야의 교류협력을 활성화하는 기본 토대를 제공해주고 있다는 점 등이었다. 흡수통일의 우려 속에 정치·군사 문제 선결을 앞세우며 교류와 협력을 회피해오던 북한이 동참의지를 표명한 것은 한반도 평화구축 문제의 진전과 북한의 개방정책으로의 전환 등에 대해서도 긍정적 기대를 가질 수 있게 하였다.

**노무현 시대**: 2007년 10월 4일 노무현 대통령과 김정일 국방위원장은 두 차례의 정상회담을 통해 평화정착, 공동번영, 화해 · 통일에 관한 제반 현안에 대해 협의하고 8개항으로 된 '남북관계 발전과 평화번영을 위한 선언(10·4선언)'을 발표했다. 주요내용을 요약하면 다음과 같다.

1) '6·15공동선언'의 적극 구현.

2) 상호 존중과 신뢰의 관계로 전환—내정문제 불간섭, 각기 법률적 제도적 장치들을 통일 지향적으로 정비, 남북 의회 등 각 분야의 대화와 접촉을 적극 추진.

3) 군사적 긴장완화와 평화보장을 위한 협력—전쟁 반대 불가침 의무 준수, 서해 공동어로수역 지정 및 군사적 신뢰구축조치 협의를 위해 국방장관회담 개최.

4) 항구적 평화체제 구축 및 관련국 정상들이 종전을 선언하는 문제 추진—'9·19공동성명', '2·13 합의' 이행 공동노력.

5) 공리공영과 유무상통의 원칙에서 경협사업 확대, 발전—서해평

화지대 설치, 공동어로구역과 평화수역 설정, 해주경제특구 건설, 한강하구 공동이용 등 추진, 개성공단 2단계 개발 착수, 문산—봉동 간 철도 화물수송 시작, 통신·통행·통관 등 제도적 보장조치 조속히 완비, 개성—신의주 철도와 개성—평양 고속도로 개보수 협의, 안변과 남포에 조선협력 단지 조성, 부총리급 남북경제협력공동위원회 운영.

그 밖에 사회문화 분야 교류협력의 발전, 인도주의 협력사업 적극 추진, 국제무대에서의 협력 강화 등을 합의했다.

'10·4선언'은 첫째, '6·15공동선언'에 비해 대단히 구체적이다. 합의들의 이행이 남한의 차기 정부로 넘어가는 만큼 대북정책의 기조를 묶어두려는 의도에서 비롯된 측면이 있다. 둘째, 군사적 긴장완화와 평화의 제도화에 대해 본격적으로 논의가 이루어지고 북한의 소극적 태도 일변도에 변화를 보였다. 특히 서해평화협력특별지대를 설치하기로 한 것과 국방장관회담에서 군사적 신뢰구축조치를 다루도록 한 것은 의미가 크다. 셋째, 평화체제 구축문제와 관련하여 남북한이 공통인식을 넓혔다. 즉 남북한이 주도하여 3자, 또는 4자 회담을 통해 종전을 우선 선언하자는 것이다. 북한 측이 기존에 견지해온 평화문제에서의 남한 배제 및 선 평화협정 체결이라는 입장에서 벗어나 있는 것을 알 수 있다. 넷째, 경협사업에서 그동안 장애요소로 되어온 제도적 보장조치 문제들을 정상 차원에서 해결하고 다방면의 신규사업들을 합의하였다. 특히 해주경제특구 건설과 한강하구 공동이용, 경의선 철도·도로개보수, 조선단지의 건설은 남북경협의 질적인 전환을 가져올 수 있는 대규모 프로젝트이다. 다섯째, '10·4선언'은 그 이행을 위해 회담 틀을 전면적으로 재조정, 남북총리회담이 중심협의체가 되고 그 밑에 남북경제협력공동위원회와 서해 평화협력특별지대추진위원회, 남북 국방장관회담, 사회문화교류협력추진위원회 그리고 기존의

적십자회담이 운영되도록 했다.

### 나. 북한의 평화공존 방안 제기

**고려연방공화국안 제의**: 1973년 6월 23일 북한의 김일성은 '조국통일 5대강령'을 제의하는 가운데 남북연방제의 실시를 다시 제의했다. 1) 통일에 이르기까지의 과도적 조치로, 2) 현존하는 남북의 상이한 정치 제도의 존속을 인정하고, 3) 남북의 두 정부가 각각 독자적인 정부 활동, 즉 독자적 내외 정책의 집행을 계속하면서, 4) 두 정부가 임명하는 같은 수의 대표들로 하나의 조정기관을 만들어, 5) 이 조정기관으로 하여금 남북 관계의 개선에 이바지할 수 있는 공동의 조치를 하나하나 강구하여 민족의 단결을 도모함으로써 통일에 접근해 가자는 것이다. 이것은 분명히 국가연합이다. 김일성 자신이 1973년 6월 23일의 발언에서 말하고 있듯이, 그의 연방제는 통일 이전의 분단된 남북관계를 제도화하는 하나의 방안이지 통일된 국가의 형태를 말하는 것이 아니다.

**고려민주연방공화국 창설 제의**: 1980년 10월 10일 김일성은 노동당 제6차 대회에서 다음과 같은 요지의 새 안을 내놓았다.

1) 북과 남이 현재 존재하는 사상과 제도를 그대로 인정하고 동등하게 참가하는 민족통일정부를 수립하고, 그 밑에서 북과 남이 같은 권한과 의무를 지니고 각각 지역자치제를 실시한다.

2) 북과 남이 같은 수의 대표들과 적당한 수의 해외동포 대표들로 최고민족연방회의를 구성하고 거기에서 연방상설위원회를 조직한다.

3) 북과 남의 지역정부들은 연방정부의 지도 밑에 둔다.

4) 연방국가의 국호는 고려민주연방공화국으로 한다.

5) 고려민주연방공화국은 어떠한 정치·군사적 동맹이나 블록에도

가담하지 않는 중립국이어야 한다.

6) 고려민주연방공화국은 조선 인민의 근본 이익과 요구에 맞는 정책을 실시한다.

7) 고려민주연방공화국은 다음과 같은 시정방침을 내세운다. i) 대외적 자주노선, ii) 민주주의에 의한 민족 대단결 도모, iii) 북과 남 사이에 경제적 합작과 교류, iv) 과학, 문화, 교육 분야에서의 교류, v) 교통과 체신의 연결, vi) 노동자와 농민을 비롯한 근로 대중과 전체 인민들의 생활 안정 도모, vii) 북과 남 사이의 군사적 대치 해소와 민족연합군 조직, viii) 해외 동포의 권익 옹호, ix) 두 지역 정부의 대외활동을 통일적으로 조절, x) 평화 애호적 대외정책과 유엔 및 국제기구들에 유일 대표로 참가.

남한은 북한이 주한미군 철수문제와 반공법제의 철폐를 선행조건으로 내세웠기 때문에 연방제 안을 반대했다. 그러나 장기적으로 볼 때, 원론적 의미에서의 연방제 안 자체는 충분히 검토할 가치가 있었다. 연방제라는 개념 또는 국가연합제라는 개념 자체가 한반도의 정치적 통합을 가능하게 하는 하나의 선택일 수밖에 없었다. 특히 뒤에 '6·15 남북공동선언'의 '국가연합' 안과 '낮은 단계의 연방제' 안은 다름이 없다는 남북 양측의 해석이 있었고 '10·4선언'은 그것을 세목으로 구체화한 합의였다.

### 다. 남한 민간부문의 평화공존 방안 제기

**백낙청 교수의 '분단체제론'을 통한 '복합국가론'의 확대·심화·발전**: 백낙청 서울대 명예교수(문학평론)는 1972년에 발표된 천관우 선생의 '복합국가론'을 분단체제론에 입각해서 꾸준히 확대·심화·발전시켰다. 백 교수는 유신체제가 극도의 탄압책을 쓰고 있던 1978년에 천 선생의 '복지국가론'을 홀로 언급했다.

"자주·평화통일이란 국민 모두가 거들지 않고는 될 수 없는 일이다. 더구나 '사상과 이념·제도의 차이를 초월하여 우선 하나의 민족으로서 민족 대단결을 도모'한다는 합의사항은 퍽이나 애매한 문구로 72년 당시에 국회와 신문지상에서도 상당한 논란이 있었거니와, 이런 애매한 사항일수록 범국민적으로 허심탄회하게 토론을 거친 뒤에만 그것이 속임수로 악용될 가능성을 막을 수 있을 것이다. 초월해야 할 사상·이념·제도의 차이는 구체적으로 어떤 것인가? 차이를 차이로서 인정해두고 '초월'한다는 것은 무슨 뜻인가? 그렇게 해서 '우선' 민족적 대단결을 도모하는 방안으로는 어떤 것이 있는가? 우리 정부는 어떤 복안을 가지고 있으며 예컨대 일찍이 천관우 씨에 의해 제기됐던 복합국가론 같은 민간 측 제안에는 어떤 장·단점이 있는 것인가?"

"남북 양쪽에서 제기한 국가연합을 전제한 민족공동체라든가 연방제, '연합성 연방제' 등이 모두 우리가 8·15 이후 분단이 안 되었더라면 당연한 것으로 생각했을 통일 민족국가와는 뚜렷이 구별되는 복합국가 형태를 설정하고 있다. 이 모든 것을 '완전한 통일국가'로 나아가는 잠정단계로 생각하는 예가 대부분이기는 하다. 그러나 분단시대가 마치 없었던 것처럼 8·15 당시의 민족사적 목표로 돌아갈 수 없음은 물론이려니와, 분단체제 극복의 방편으로 채택되는 연방 또는 연합 체제가 '국가' 개념 자체의 상당한 수정을 동반하는 새로운 복합국가 형태의 창출 아니고는 곤란할 것이다. … 통일과정의 진전과 더불어 남북 양측에 중대한 변화가 일어나게 마련임은 당연한 상식이지만, 특히 분단체제라는 개념을 전제한 경우 이 체제의 하위체제에 불과한 현존 '2체제'는 그 상위체제의 변화로 직접적인 영향을 받을 것이 자명한 일이다. 그러므로 남북 각기의 '내부변화'를 위한 노력도 항상 통일운동과의 유기적인 관계 속에서 진행되어야 하거니와, 고세현 씨가 제의한 '2체제' 개념의 유연한 해석과 병행하여 '1국가' 개념도 기존의 틀을 벗고 생각해봄 직하다. 다시 말해 분단극복을 가능케 하는 '1국가 2체제'가 현존하는 '2체제' 그대로일 수 없듯이 '1국가' 역시 기존의 '1국가'는 아니리라는 것이다."

"민중운동은 우선 남북 가운데 자신이 속해 있는 쪽의 기성질서를 현실로 인정하고 출발하는 것이 순리일 터이며, 다른 쪽의 분단국가 또한 그쪽에 살고 있는 동포들이 마찬가지로 인정해 마땅한 하나의 실체이자, 사안의 성격상 절대악도 절대선도 될 수 없음을 인정하는 일이 필요할 듯싶다. … 이는 곧, 비록 분단으로 불구화된 국가지만 두 개의 국가가 한반도에 공존함을 인정하고 그것이 평화적 공존이어야 한다는 명제에서 출발함을 뜻한다. … 통일을 향한 획기적인 한 걸음을 뜻하면서도 분단체제의 급격한 붕괴를 피하는 국가체제라면 비교적 느슨한 형태의 복합국가인 국가연합confederation이 아닐 수 없다고 본다. … 일찍이 북의 '연방공화국' 제안이 영어로 'confederal republic'(즉 국가연합 공화국)으로 표현되었다는 사실들을 떠나서라도, 남북 간에는 국가연합을 향한 더욱 실질적인 합의가 이미 이루어진 상태임을 주목할 필요가 있다. 남북한의 UN 동시가입이야말로 국가로서의 상호인정이라는 면에서 그 어느 공동선언보다 실질적인 조치였으며, 이렇게 상호인정을 나눈 두 국가 당국은 1991년 12월에 조인되어 92년 2월에 발효된 '남북합의서'에서 남북관계를 '나라와 나라 사이의 관계가 아니라 통일을 지향하는 과정에서 잠정적으로 형성되는 특수한 관계'로 규정함으로써 이미 국가연합 형태의 단초를 열어놓은 형국이다. … 분단시대를 거쳐 온 민족의 구체적인 필요에 걸맞은 새로운 연방국가 형태를 창안할 기회를 국가연합 단계를 포함한 분단체제극복의 과정에서 찾아내야 할 것이다.”

“한반도 사람들이 구상해야 할 것은 우리의 역사 체험에 걸맞은 새로운 연방적 구조이며, 그 같은 구상이 없이는 ‘국가연합이라는 에움길’마저도 실패하기 마련이다. 이 새로운 연방 구상에 반영될 체험은, 한편으로 적어도 10세기에 걸친 정치적 통일성과 아울러 예외적으로 높은 인종적 · 언어적 동질성을 지금껏 지니고 있으면서 다른 한편 분단의 오랜 지속과 엄혹함 탓에 이미 상이한 국민형성의 몇몇 단초적 양상을 보이고 있기도 한 주민집단의 경험을 당연히 포함한다. … 그 같은 창의적 국가구조의 출현은, 지구 전체에 퍼져 있는 새로운 유형의 민족공동체의 형성을 수반하면서, 겉으로만 다양하고 실제로는 불평등이 날로 심화되는 현 세계체제를 독자적으로는 끝장내지는 못할지언정 심각하게 위협할 수는 있을 것이다.”

“한쪽이 다른 한쪽을 삼키는 통일이 아님은 물론, 양쪽 기득권 세력들 및 강대국들 간의 야합에 의한 통일도 아닌 진정으로 민주적인 분단극복이라고 할 때는, 현재의 남북 어느 사회와도 크게 다르며 현대 세계 전체를 보더라도 괄목할 만한 몇 가지 특징을 지니게 되리라는 것이다. 예컨대 이러한 통일은 그 진행과정에서 남북 각기의 체제개혁운동이 자리 잡고 드디어는 양자 간의 분단체제극복을 위한 연대가 형성됨을 뜻하며 이 운동의 성공은 남북 주민의 서로 다른 역사적 경험과 현실을 포용하면서 시민들에 대한 국가의 강제력을 획기적으로 제약하는 새로운 형태의 복합국가 건설을 요구할 것이다. … 통일 한반도의 새로운 복합국가는 동시에 다민족국가로서의 기틀을 잡아야 할 것이다. … 앞서 말한 민주적이고 자주적인 다민족multi-ethnic 복합국가가 한반도에 건설됨으로써 전 세계 한민족의 긍지를 드높이고 현실적으로 든든한 뒷배가 됨은 물론이지만, 바로 그러한 성격의 국가가 자신이 거주하는 지역에서도 성립하고 발전하는 것이야말로 재외 조선족의 생활상의 이익에 부합하는 일이며 다국적 한민족공동체가 세계 속에서 순탄하게 존속할 터전이 되기도 하는 것이다. 그런데 다민족 복합국가가 한민족뿐 아니라 21세기 대다수 민중에게 이익이 되듯이 다국적 민족공동체 또한 21세기 인류문명에 요긴한 존재가 될 것인가? 21세기의 인류가 살아남고 인간답게 살기 위해서는 지금보다 물질적으로 훨씬 균등한 사회가 이루어져야 하듯이, 경제적인 이해타산에만 좌우되지 않는 다양한 공동체들이 지금보다 훨씬 튼튼하게 자리 잡아야 할 것이다. 이런 공동체의 대표적인 예의 하나가 다민족국가라 한다면 또 다른 예는 다국적 민족공동체가 아닐까 한다."

백낙청 교수는 극복해야 할 분단체제가 복합국가로서의 국가연합 혹은 '연방성 연합'을 거쳐 남북한 거주 주민들의 연대와 참여를 통해 새로운 형태의 연방국가로 전화될 것으로 예상하면서 그 연방국가는 '다민족 복합국가'의 내용과 '다국적 민족공동체'의 외연을 지니면서 세계체제의 변혁에도 일정한 기여를 할 것으로 전망했다.

## 5. 정리하는 글

이 글은 연구논문이 아니다. 가톨릭 종합월간지 『창조』 1972년 9월호에 실린 전 동아일보 주필이자 사학자인 천관우 선생의 「민족통일을 위한 나의 제언」의 '복합국가론'이 한반도 평화통일론사平和統一論史에 중요한 위치를 차지하고 있음에도 불구하고 잊혀진 것으로 보여 연구자들과 관심 있는 인사들에게 알려주고자 쓴 것이다.

천 선생의 '복합국가론'은 죽산 조봉암 선생의 '평화통일론'이 이승만 정권의 사법살인으로 탄압당하고 이어 1960년의 4월 혁명 이후에 분출했던 '평화통일론', '남북교류론', '중립화통일론' 등이 5·16군사반란으로 억압당한 뒤 1960년의 북한 김일성의 공세적인 '8·15 남북연방제' 제의에 대해서 계속 수세적이었던 남한 측의 입장에 합리적이고 유연하게 대응할 수 있는 논리를 제공한 중요한 시론時論이었다.

1972년에 있었던 남북당국의 7·4공동성명으로부터 뒤이어 나타날 10·17유신독재체제까지 100여 일 동안 지속된 '통일론의 열린 시공간時空間'에 힘겹게 발표된 것이 이 '복합국가론'이었다. 이 시론은 1960년에 발표된 김일성의 '남북연방제'에 내포된 '국가연합제적 성격', 즉 "우리가 말하는 연방제 안은 당분간 남북 조선의 현 정치제도를 그대로 두고 조선민주주의인민공화국 정부와 대한민국 정부의 독자적 활동을 보장하면서 동시에 두 정부 대표로 구성되는 최고민족위원회를 조직하여 주로 남북 조선의 경제·문화 발전을 통일적으로 조절하는 방식으로 실시하자는 것"이라는 정치적 의미를 집어냈으며, 남북의 평화공존을 통해 통일에까지 이르는 과도적 기간을 설정하여 "통일統一이라기보다는 불완전한 통합이나마 우선 복합국가複合國家라는 방안이라도 검토해보자"는 설계를 담고 있었다.

당시 천관우 선생은 함석헌, 장준하, 김재준, 이병린, 유진오, 김정한, 계훈제, 김동길 선생 등 재야인사들과 민주수호국민협의회를 결성하여 공동대표를 맡아 민주화운동을 벌이고 있었다. 그러므로 '복합국가론'은 7·4공동성명 발표에 대응하여 천 선생의 제안을 바탕으로 내부토론과 공청회를 거쳐 발표된 민수협民守協의 입장이었던 것으로 보인다. 5·16군사반란 이래 박정희 정권의 탄압으로 표면 아래 잠복한 상태로 논의되었던 '복합국가론'이 이렇게 표면화된 것이 아니었던가 보인다. 북측의 공세적 '고려연방제론'에 대해 평화공존과 궁극적 평화통일을 지향하던 남측 재야 지식인들의 잠재적 대응담론인 '복합국가론'이 민수협 공동대표인 천관우 선생의 정리와 제안으로 공론화되었던 셈이다. 이 부분도 연구대상이 됨직하다.

유신독재체제 수립 이후 80년대 후반에 이르기까지 '평화통일론'에 있어서 남측은 수세적 입장을 견지했다. 1987년 6월 민주항쟁에 이어 출범한 노태우 정부는 독일통일, 소연방 해체와 동구권의 붕괴, 중국의 개혁개방 그리고 중소와의 수교 등에 힘입어 국가연합에 근거한 '한민족공동체 통일방안'(1989년)을 발표했고 이어서 북측과 8차례의 남북고위급회담을 열어 국가연합 개념을 근간으로 하는 '남북기본합의서'(1992년)에 합의했다. 즉 남북관계를 "나라와 나라 사이의 관계가 아니라 통일을 지향하는 과정에서 잠정적으로 형성되는 특수한 관계"로 규정함으로써 국가연합 형태의 단초를 열어놓은 것이다. 1960년의 북측의 '남북연방제' 발표 이후 처음으로 남측은 '남북기본합의서'에 합의함으로써 실질적으로 북측과 대등하게 '평화통일론'을 대북정책으로 천명하게 되었다. 천 선생의 '복합국가론'이 발표된 지 20년 만에 한국의 통일정책이 '복합국가론'에 근거하여 북한과 합의를 도출한 것이었다.

김대중 정부의 '6·15남북공동선언'은 남측의 '국가연합'과 북측의 '낮은 단계의 연방'이 다른 것이 아님을 천명함으로써 사실상 '남북의 국가연합' 단계에 들어섰음을 내외에 알렸다. 우여곡절이 있었지만 노무현 정부도 남북의 국가연합이 구체적으로 실현될 것임을 '10·4선언'을 통해 보여주었다.

그러나 이명박 정부는 노태우, 김영삼, 김대중, 노무현 등 4개 한국 정부가 힘겹게 쌓아온 '복합국가론'에 근거한 대북정책을 전면적으로 부정하면서 통일정책을 황폐화시켰다. 북한의 경제난과 식량위기, 그에 따른 북한의 대중국 의존심화 사태가 진행되었으며 한반도와 주변에는 위기가 고조되었다. 다시 '복합국가론'에 근거한 대북정책의 복원이 논의되고 있는 이유다.

남북 당국의 평화공존, 평화통일론이 꾸준하게 진전되는 배경에는 남한 안의 시민사회에서 '복합국가론' 논의가 확대·심화·발전된 것에 힘입은 바 컸다. 특히 서울대 백낙청 명예교수(문학평론)는 '분단체제론', '다민족 복합국가론', '국가연합을 넘는 새로운 연방 구상', '시민참여형 통일론' 등 '복합국가론'의 지평을 확대하고 심화·발전시키는 데 독보적 노력을 기울였다. 백 교수의 성과는 한국의 사회과학계가 아닌 1990년대와 2000대 시민사회진영에서 이루어진 것이 특색이다.

천 선생은 '복합국가론' 마지막 부분에서 "누구나 알고 있듯이 이 몇 해째 북北에서 연방론을 내세우고 있다는 점이다. 그 연방이라는 것이 어떤 내용의 것인지 잘 알 수는 없으나 대체로 복합국가의 한 형태일 것은 거의 분명해 보인다. 민족의 장래를 위해 또 우리 편의 이익을 위해 좋은 결과가 예상되는 것이라면 어느 편이 먼저 발상 혹은 발론發論을 했다는 것이 문제될 것은 없다"고 대담하게 서술했다. 가혹한 국가보안법이 5·16군사반란 10여 년째 모든 통일논의를 탄압하고 있었을 때, 공개적으로 북의 연방제 수용 의사를 밝힌 것은 비상한 각오가 따르는 결단이었다. 7·4남북공동성명을 한 단계 더 올려놓고자 하는 재야 민주진영의 사려 깊은 대응이 아니었을까 생각된다. 이 부분도 앞으로 연구자들의 규명을 기다리는 주제일 것이다.

이상의 글 어디에도 나오지 않는 글귀가 '복합사회'다. 『씨알의 소리』 1972년 8월호 「민족통일의 구상/토론회」에서 장준하 선생은 이스라엘 방문기를 소개하면서, 이스라엘에는 완전 공산주의 체제로 운영되는 농장 키부츠, 공동투자 공동영농도 하는 모샤브, 대기업농장 등 다양한 이념에 따라 생산하고 분배하는 공동체들이 아무런 마찰과 갈등 없이 공존하고 있다고 소개하고 자본주의와 공산주의가 한 사회 안에서 공존하는 것이 불가능한 일이 아님을 체험했다고 밝혔다. 천 선생은 장 선생의 이야기를 '복합국가론'에 그대로 소개했다. 언어도 다르고 국적도 다르고 다양한 체제 속에서 살았던, 그러나 종교만 유태교를 공통으로 믿던 유태인들이 이스라엘로 모여들었을 때, 그들은 서로 다른 공동체 생활을 추구할 수밖에 없었을 것이다. 전 세계에 민족공동체를 형성하고 있는 한민족사회를 감안하건대, 복합사회에 관한 논의도 있을 법하다.

천 선생의 '복합국가론'은 1978년 백낙청 교수가 간단히 언급한 것을 제외하고는 여야, 학계, 보수·진보 어느 쪽에서도 거론되지 않았다. 천 선생이 1981년 전두환 신군부 정권의 민족통일중앙협의회 의장으로 참여했던 것이 야당과 재야·진보 쪽 인사들과의 관계를 소원하게 만든 데 따른 결과로 보인다. 보수학계, 여당 쪽도 마찬가지였다. 노태우 정부는 1972년의 재야 통일론이라고 할 천 선생의 '복합국가론'에 상당 부분 근거해서 '한민족공동체 통일방안'과 '남북기본합의서'를 성안한 것이었느니, 70년대 재야의 통일론을 수렴한 것이 되었을 것이다. 바로 얼마 전까지 민족통일중앙협의회 의장에 재임했던 천 선생의 통일론에 힘입었다는 것이 밝혀졌어도 노태우 정부의 통일론에 보탬이 되었으면 되었지 손해가 되지는 않았을 것이다. 국가보안법 탄압을 예상하고서 '복합국가론'을 제안했던 천 선생의 자세를 여야든 보수, 진보든 깊이 성찰해볼 필요가 있다. 87년 6월 민주항쟁 이후에 평화공존적 통일론을 기술하거나 성안하는 인사들은 천 선생의 '복합국가론'을 참조하고 근거하고 있다는 것을 밝히는 것이 도리일 것이다.

천 선생의 '복합국가론' 말고도 다른 많은 분들의 주목할 평화통일론 제기가 유신독재체제와 5공 전두환 군부독재 시절 동안에 있었을는지 모르겠으나 여기에 언급하지 못한 것은 전적으로 필자의 견문 부족 탓으로 돌려주시기 바란다. 다만 필자는 묻혀 있던 천관우 선생의 '복합국가론'이 다시 공개되어 한반도 평화통일론 사상 정당한 평가를 받기를 희망하면서 이 글을 썼을 따름이다. 천관우 선생의 명복을 빈다.

**※ 참고문헌**


1. 고세현, 「통일운동의 몇 가지 쟁점에 대하여」, 『창작과 비평』 1992년 가을호.
2. 김대중, 「나의 3단계 통일론」, 『김대중 자서전 1』, 도서출판 삼인, 2010.
3. 김학준, 『한국문제와 국제정치』, 박영사, 1995.
4. 김형기, 『남북관계의 변천사』, 연세대학교 출판부, 2010.
5. 박명림, 「한국 군부통치의 정치사적 평가: 박정희 시대를 중심으로」, 『5·16, 우리에게 무엇인가』, 민주·평화·복지 포럼 정책자료집, 2011.
6. 백낙청, 「인간해방과 민족문화운동」, 『창작과 비평』 1978년 겨울호(『민족문학과 세계문학 1/ 인간해방의 논리를 찾아서』, 창작과 비평사, 2011에서 재인용)
7. 백낙청, 「분단체제의 인식을 위하여」, 『창작과 비평』 1992년 겨울호.
8. 백낙청, 「21세기 한민족공동체의 가능성과 의의」·「분단체제극복운동의 일상화를 위해」·「독일과 한반도 통일에 관한 하버마스의 견해」·「김영호씨의 분단체제론 비판에 관하여」, 『흔들리는 분단체제』, 창작과 비평사, 1998년.
9. 송건호, 「한국정당의 통일정책」, 『민족통일론의 전개』, 형성사, 1984년.
10. 장준하·천관우·선우 휘, 「민족통일의 구상/토론회」, 『씨알의 소리』 1972년 8월호.
11. 장준하, 「민족주의자의 길」, 『씨알의 소리』 1972년 9월호.
12. 천관우, 「민족통일을 위한 나의 제언」, 『創造』 1972년 9월호.
13. 통일부, 『통일백서』, 2003.
14. 통일부, 남북회담 인터넷 자료실.

# 4부 인간

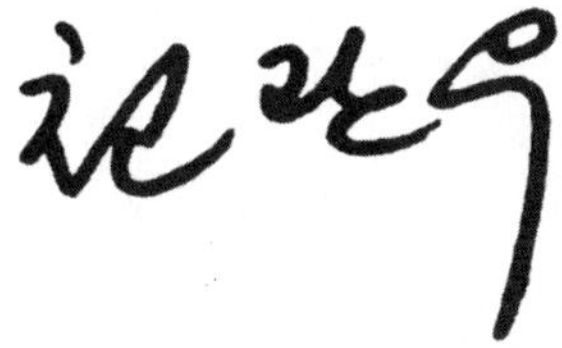

1장

# 가족과 지인들의 안타까운 회상

# "허허 내가 돈을 먹어…"

## — 후석 선생의 알려지지 않은 이야기들

이병대

대한언론인회 부회장 · 전 동아일보 기자

천 선생은 전두환 씨와 독대한 자리에서
확고하게 단임을 지키겠다는 약속을 받고
평소 하고 싶던 통일사업에 매달린 것뿐,
독립기념관 건립 중심에도 선생이….

"천관우 선생은 폐암으로 돌아가신 게 아니라 울화증으로 목숨을 거두었어요.

과거 뜻을 같이했던 일부 민주화 동지들이 10·26 이후 천 선생의 현실 참여를 비판하고 심지어 몇 사람은 매일 전화를 걸어와 '돈 얼마나 먹었느냐'고 욕을 했지요. 천 선생과 저의 명예를 걸고 말씀드리지만 돈 먹은 것 없어요. 돈을 먹었으면 지금 저가 이 외딴 시골에서 생활보호 독거노인이 되어 정부의 보호를 받으면서 살겠어요. 돈 먹었다는 얘기는 천 선생을 너무 모르고 인격을 모독하는 말씀이에요.

천 선생은 돈 때문에 무슨 일을 할 그런 성격의 사람이 아닙니다. 천 선생은 소신과 신념으로 평생을 사신 분이고 현실 참여도 당신의 소신과 신념에 따른 것으로 누구의 사주에 의한 것이 아니라 당신이 그렇게 결정한 것입니다."

구정을 쇠고 며칠 뒤인 지난 2월 8일 후석 천관우 선생의 미망인 최정옥崔貞玉(85) 여사가 살고 있는 생활보호 임대아파트인 충북 충주시 연수동 주공 2단지 206동 409호 아파트(11평)는 두 사람 이상 앉을 수 없을 정도로 협소한 공간이었지만 햇살이 눈부실 정도로 창문을 타고 넘어와 따뜻하게 비치고 있었다.

이번 문집 발간을 위한 편집회의에서 1980년대 이후 후석 선생의 활동에 대해 필자가 쓰기로 약속했었으나 당시를 증언해 줄 분들이 대부분 작고하였고 결정적인 증언을 해 줄 분은 나의 취재 범위 밖에 있기 때문에 35년을 동고동락한 최 여사의 진솔한 증언이 진실에 가장 가깝고 나아가 일치할 수 있을 것이라는 판단에 따라 충주를 찾게 된 것이다.

그동안 몇 차례 취재차 충주를 찾았거니와 헤아릴 수 없을 정도로 자주 그것도 장시간 전화기를 잡고 1980년대 후석 선생의 행적에 대해 묻고 또 질문했다.

최 여사는 과거 민주화 투쟁을 함께 했던 일부 동지들이 일방적으로 천관우 선생이 "돈 먹고 민통(민족통일중앙협의회) 의장으로 갔다"고 매도하는 게 정말 분하고 억울하다고 주먹을 불끈 쥔다.

3평 정도의 거실(거실이라야 앞에서도 설명한 것처럼 두 사람 이상 다리 뻗고 앉을 수도 없다) 벽에는 동아일보 편집국장 당시 백인수 화백이 그린 약 삼십여 호가량 되는 후석 선생의 두루마기 입은 동양화 터치의 초상화와 후석 선생이 좌우명을 직접 쓴 『논어論語』 「태백편泰伯篇」의 '사불가이불홍의士不可以不弘毅, 임중도원任重道遠(선비는 도량이 넓고 의지가 견고해야 하며 그 임무는 무겁고 가야할 길은 멀다)' 글귀가 후석 선생의 일생을 한마디로 표현한 듯한 느낌을 준다.

돌아가신 지가 20년이 됐다고는 하지만 사방을 둘러보아도 물건다운 물건 하나 없다. 빈약한 유품과 초라한 가재도구가 방문객을 놀라게 한다.

후석 선생은 돌아가실 때까지 '역사의식'을 화두로 틀어잡고 치열하게 인생을 사셨던 분이다. 후석 선생은 역사를 '산 역사와 죽은 역사'로 나눠 보았다.

"남이 만들어주는 역사나 정해진 방향에서 계속 밀고 나가는 역사는 편한 길이나 기성의 방향을 바꾸어 새 차원의 역사를 모색하는 길은 매우 험난하다. 그러나 역사는 항상 변혁을 쉬지 않으면서 전진하여 왔다. 그리고 그 역사의 전진은 항상 역사 형성에 의식적으로 참여하는 사람들을 주축으로 하여 이뤄져 왔다." (독서신문 1974년 10월 27일자)

후석 선생의 '전진하는 역사 형성에의 의식적인 참여'는 10·26을 분기점으로 하여 그 전후기간이 차별화된다.

## 1. 단임 약속과 민족통일중앙협의회 참여

최 여사는 후석 선생이 민주화 투쟁을 접고 통일운동에 참여하게 된 경위를 이렇게 전한다.

"전두환 씨가 정권을 잡고 난 뒤 천 선생을 만나자고 전화가 왔대요. 만났더니 북한이 서울을 불바다로 만들겠다는 등 적화야욕을 드러내고 있으니 민간 차원의 통일운동을 하시면 어떻겠냐고 했대요. 천 선생은 그 조건으로 대통령 단임을 제시하고 요구했어요. 그랬더니 전두환 씨가 자기는 대통령직을 단임만 하고 평화적으로 정권을 이양하겠다고 약속을 했대요. 그래서 민간 NGO(비정부조직) 형태로 통일사업을 하는 민족통일중앙협의회에 참여한 겁니다.

천 선생은 민주화 투쟁 과정에서 민주질서를 왜곡하는 가장 중요한 원인을 1인 장기집권으로 보았어요. 한꺼번에 모든 게 민주화되는 게 좋겠지만 당시의 정세를 감안하면 일단 평화적으로 정권을 교체하고 단계적으로 왜곡됐던 각 부문의 질서가 바로잡히는 것이 다소 불충분하다 하더라도 실현 가능한 민주화 방법이라고 확신하셨어요. 같이 식사를 하면서 몇 번이나 말씀하셨어요. 천 선생은 전두환 정권이 7년 단임으로 끝나고 다른 정권이 등장하는 걸 민주화의 관건으로 본 거지요. 지금 보면 당연하다는 생각들 하겠지만 당시 상황은 그렇지 않았잖아요. 어느 의미에서 보면 천 선생과 전두환 씨와의 약속은 우리나라 민주화에 큰 계기가 아니었나 생각해요."

— 언제쯤 만났대요?

"자세히는 모르겠지만 10·26 이후 1980년대 초 '서울의 봄'이라는 표현을 썼지만 혼란스러웠고 정치인들이 서로 욕심만 부리다가 전두환 씨에게 정권을 내주게 되었잖아요. 그 이후인 것 같아요. '서울의 봄'이라며 정치인들이 동상이몽同床異夢으로 서로 다툴 때 천 선생은 정말 안타까워했어요."

— 다리를 누가 놓았습니까?

"다리는 무슨 다립니까. 저가 알기로는 전두환 씨가 직접 전화를 해서 만났겠지요. 천 선생은 중간에 누가 다리 놓고 해서 만날 사람이 아니에요. 세간에는 누가 다리 놓고 누가 주선했다고들 하는데 그건 지어낸 말입니다. 전두환 씨가 직접 전화하지 않았으면 만나지 않았을 겁니다. 평생 같이 산 사람이 그걸 모르겠어요. 잘은 모르지만 전두환 씨와 솔직한 대화를 하면서 단임의 약속을 지킬 것이라는 신뢰가 생긴 것 같아요. 천 선생은 당신이 하신 일을 잘 얘기하지 않았어요. 그런데 단임 얘기는 몇 번이나 하셨어요."

이른바 유신시대라는 1인 독재의 어둡고 긴 터널과 같은 반反민주시기 때 후석 선생은 민주화 투쟁 대열의 선두에 서 있었다. 그때 후석 선생은 마치 어둠을 밝히는 횃불과도 같은 존재였다. 전두환 씨와의 만남은 후석 선생의 미래를 결정하는 중대한 계기가 된다.

당시의 남북관계는 일촉즉발의 매우 위험한 경계까지 치닫고 있었다. 박정희 대통령 시해 후 긴박한 정국에 편승한 북한의 움직임은 재론할 필요가 없거니와 이른바 '서울의 봄'을 구가하던 '3김'의 노골적인 권력욕은 많은 사람들을 실망시키기에 충분했다.

되돌아보면 1944년 경성제국대학 예과에 입학했던 후석 선생은 해방과 함께 찾아온 좌우세력 간의 갈등에서 어느 의미로 보면 서울대학교의 우익대표 격으로 좌익세력과 대결했었다. 후석 선생은 1947년 봄, 고향(충북 청풍)에 들렀다가 좌익계 청년들로부터 뭇매를 맞아 허리를 크게 다친다. 그 이후 돌아갈 때까지 그 후유증인 허리통증으로 크게 고생했다. 후석 선생은 젊을 때부터 공산주의에 반대했고 그 추종자를 싫어했다.

특히 1970년대 민주화라는 공동목표 아래 이른바 이념에 구애되지 않고 종파 간에 함께 손을 잡는 가운데서도 후석 선생은 좌경세력에 대한 경계를 게을리하지 않았다. 후석 선생은 한국적인 정치여건 아래 7년 단임의 실현이 민주화에 가장 중요한 실질적인 요소로 판단한 듯하다. 민주주의의 왜곡은 장기집권에서 비롯되고 일단 평화적으로 정권이 교체되면 자연스럽게 모든 것이 제자리에 앉을 수 있을 걸로 확신한 듯하다.

후석 선생의 예견처럼 그 후 전두환 정권은 평화적으로 정권을 이양했고 지금 우리는 세계 어느 나라보다 민주화되어 복지국가를 향해 전진하고 있다. 이것이 후석 선생이 내다본 우리나라 역사의 전진 과정이 아니었겠는가 하고 반문해 본다.

후석 선생은 「육십자서六十自敍」(『문학사상』 1984년 3월호)에서 '역사의식'을 1974년에 발표한 글에 이어 다음과 같이 밝혔다.

"역사의식이란,

- 역사를 통해 파악하는 문제의식으로 우리사회의 현재 위치를 정확히 파악하려는 욕구이고,
- 역사의식은 역사형성에의 책임의식으로 나를 포함해 같은 시대를 사는 모든 사람들이 역사 창조에 한몫을 하고 있다는 점을 분명히 의식하는 것이며,
- 역사의식은 참여의식으로 '문제'에 '책임'을 느끼면 '참여'가 당연하다.
  이 참여를 '여'니 '야'니 지나치게 저차원적으로 생각하지 말자. 이미 정해진 방향으로 밀고 나갈 수도 있고 새 차원의 역사를 모색할 수도 있다. 가라는 법도 없지만 가지 말란 법도 없다. 역사를 향해 뉘우침 없다는 신실信實한 생각에서 참여해야 한다."

이 글은 당시 후석 선생의 심경을 그대로 밝힌, 새로운 참여에 대한 소신으로 보인다. 후석 선생의 민통 참여와 한국일보 복귀는 이러한 시대에 대한 역사의식에 따라 접근한 의식의 변혁이 갖고 온 산물이었다.

최 여사와의 대담은 이어진다.

— 후석 선생의 고민도 많았겠어요?

"10·26 이후 많은 고민을 했었지요. 그러나 전두환 씨와 만나 단임 보장을 반고 나서는 굉장히 마음 편하게 생각했어요. 대통령이 단임만 실천하면 우리가 바라던 민주화는 성공한다고요."

후석 선생은 1981년 5월 14일 '민통' 의장으로 선출된다. 나흘 후 동아일보와의 「5분 인터뷰」에서 다음과 같이 피력한다.

"저를 아는 사람 중 나이 든 층에서는 '잘해 보라'고 격려하고 젊은 층에서는 '안 하던 일을 어떻게 하려느냐'며 회의적인 시각도 있습니다. 그것은 장기집권 체제를 비판한 입장과 통일운동에 앞장서려는 현재의 입장이 모순된 것이라는 시각인데 그렇지 않습니다. 모두가 한국을 수호, 발전시키자는 생각에서 출발한 것입니다. 통일 운동은 여·야를 초월해야 하는 것은 물론 정권 안보적

차원도 뛰어넘어야 합니다.
통일의 당위성과 과정, 통일 후의 민족상에 대한 민족적 공감대를 형성해야 합니다."

기자와의 대담 내용은 최 여사가 앞에서도 증언한 후석이 '민통'에 참여한 신념의 중심 내용이다.

그렇다면 이른바 '민통'은 어떤 조직인가.

'민통', 즉 민족통일중앙협의회는 민간인이 조직한 NGO이다.

'민통'은 헌법기관인 '평통'으로 불리는 민주평화통일자문회의와는 설립취지부터 다르다. 1977년 통일연구소에서 이수한 사람들이 주축이 되어 통일 관련 일들을 하다가 1979년 1월에 전국통일꾼대회를 연데 이어 그해 3월에는 남북 당국 간 대화를 촉구하는 1천만 국민서명운동에 나서기도 한다.

발전을 거듭하던 이른바 통일꾼 모임은 전국 규모의 민족통일중앙협의회를 조직하기로 합의하고 1981년 2월에 발기총회를 가진 뒤 5월 14일 후석을 초대의장으로 선출하게 된다. 중앙협의회 아래로 16개 시도협의회가 있고 그 밑에 2백여 개 시군구협의회가 조직되어 5만여 명의 회원들이 자발적으로 참여하고 있다. 민통은 그때부터 통일과 관련한 각종 사업을 비정부 차원에서 활발하게 펼치고 있는 것이다.

후석 선생에 이어 2대 의장은 건국대 총장을 지낸 조일문 씨, 3대 의장은 성균관대 총장을 지낸 현승종 씨가 맡았고 현재는 대구에서 치과병원장으로 있으면서 로타리 등 여러 분야에서 사회봉사 활동을 하는 이재윤 씨가 11대 의장으로 봉사하고 있다.

10·26 이전까지만 하더라도 함께 투쟁했던 민주화 동지들이 불광동 문화촌 소재 후석 선생의 집이 마치 센터인 양 낮밤 가리지 않고 찾아들었다. 최 여사의 기억으로 하루 한두 번의 술상차림은 기본이었고

많을 때는 대여섯 번, 심지어 2백여 명이 한꺼번에 찾아들어 방에 앉을 수 없어 북새통을 이루기도 했었다고 한다.

후석 선생은 이때에도 좌익세력에 대해서는 '알레르기' 반응을 보였다고 한다. 민주화 동지 가운데 거의 매일 집에 찾아오던 인사가 좌파운동에 연루되면 그 후 찾아와도 일절 아무 말을 하지 않았다고 한다. 후석의 특정인에 대한 배척은 '말을 하지 않는 것'이었다. 그냥 먼 산만 바라보곤 했다. 학생 때부터 좌익과 맞서 싸웠던 후석은 이념적 확신에 따라 '민통'에 스스로 참여했고 이에 대한 동지들의 비판에 대해서도 바위처럼 확고한 조국애에 따른 선택이었음을 밝히기도 했다. 후석의 민통 참여는 10·26 이전 민주화 투쟁 세력과 미묘한 관계에 처하게 된다.

최 여사에게 다시 물었다.

— 동지들과의 관계는 어떻게 됐어요?

"참 우습더군요. 그렇게 가깝던 사람들이 하루아침에 발을 뚝 끊는 거예요. 그리고 전두환에게서 돈 얼마 받아먹었느냐고 떠들기 시작했어요. '민통'에 관계하고 나서 얼마 뒤부터 아침식사 하려고 밥상을 내오면 전화가 와요. 전두환한테 얼마 받고 민통에 갔느냐고. 하루도 빼지 않고 계속해 오는 거예요. 밥을 못 먹었어요. 천 선생은 '허허 내가 돈을 먹어…' 하면서 쓴웃음을 지었어요. 천 선생은 정말이지 남의 돈을 먹을 수 있는 그런 성격이 못 돼요."

후석 선생은 회갑기념으로 발간된 논총의 끝에 "민통에 관계한 이후 구설수가 잦은 것은 나도 짐작은 하고 있다"고 피력할 정도로 큰 상처를 받았다. 최 여사의 증언에서 보듯이 오죽했으면 수술한 폐암 때문이 아니라 울화증으로 세상을 떠났다고 말할 정도이겠는가.

2007년 1월 10일에 발간된 후석 선생의 『자료로 본 대한민국 건국사』에서 한영국 교수는 편집후기에서 다음과 같이 밝히고 있다.

"일찍이 학생시절 반탁운동에 앞장선 바 있는 선생은 1980년대 정치적 혼돈이 초래할 대한민국의 안보 불안을 누구보다 걱정하였고 통일문제에 대해서도 정권의 차원을 넘어 건전한 방향에서 논의되고 추진되어야 할 중대 사안이라는 확고한 입장에 서 있었다. 그러나 민통에의 참여는 선생의 심중을 무겁게 하였다."

후석 선생과 가까웠던 한 지인은 "그는 전두환이가 아니라 더한 사람이라도 통일 사업을 한다면 협조했을 것"이라고 말한다. 그러나 이때 옛 동지들이 후석 선생을 괴롭힌 것은 "돈 먹고 변절했다"는 누명이었다고 최 여사는 말한다.

"'돈 얼마 받아먹었느냐'는 전화가 매일 걸려와 우리 부부를 괴롭혔어요. 어떻게 가슴을 열고 증명할 수도 없고 남편은 기분이 언짢으면 말씀을 안 하는 성격이라 그런 전화가 걸려 와도 일절 대꾸를 하지 않았어요. 한번은 부부끼리 잘 아는 사이의 한 언론인 부인이 시장에서 저를 보더니 전두환이가 땅을 줘 그걸 팔아 돈을 챙겼다는 소문이 자자하다고 떠드는 바람에 억장이 무너져 아무 말도 하지 않고 돌아온 일이 있었어요."

## 2. 땅 취득과 매매 관계

그때 누명 아닌 오해로 공격 자료가 된 땅 취득과 매도 경위는 최 여사의 증언을 포함하여 취재한 결과 다음과 같은 내용이었다.

1970년대 초 가택연금생활을 했던 은평구 불광동, 이른바 문화촌의 후석 선생 집에는 이웃들이 많이 찾아와 위로와 편의를 제공했다. 그때 자주 놀러오던 임종남이라는 사람이 있었다. 임종남은 군대에서 위생병으로 근무하다 제대한 지 얼마 되지 않은 때였는데 자기 형이 의사여서 감기약 등 상비약을 자주 가져다주곤 했다.

등기권리증

소유자 千寬宇 金英淑

등기권리증

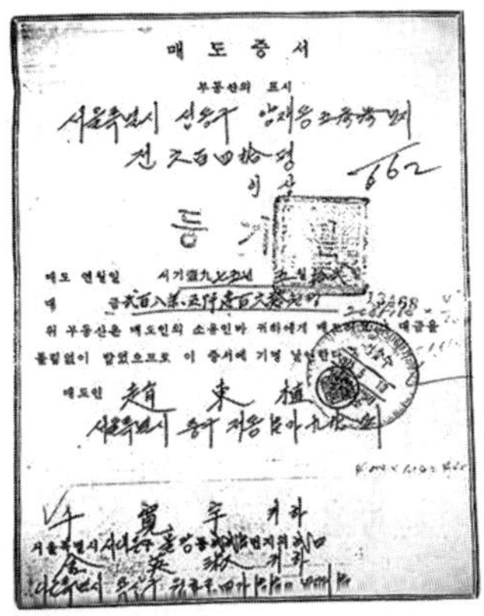
매도증서

매도증서

문제의 땅은 1975년 초 임종남이 와서 최 여사에게 “천 선생이 놀고 계시는데 자신이 좋은 땅을 계약하려 하나 돈이 없으니 구입하시라”고 종용하더니 나중에는 자기가 계약했는데 천 선생이 사지 않으면 돈 떼인다고 사정을 하여 구입하게 된 땅이다. 당시 땅 주소는 서울특별시 성동구 양재동 533번지 밭 6백 40평이다. 임종남이 불쌍한 생각도 들고 큰돈이 아니니까 땅에 묻어두고 싶은 마음도 들었다.

최 여사는 물론 한 번도 답사하지 않고 임종남의 말만 듣고 그동안 동아일보에서 받은 보너스와 저축한 돈 2백8만 5천 원에 서울 용산구 원효로 4가 110-1 김영숙과 공동명의로 매도인 서울 중구 저동 1가 90 조동식과 계약하고 1975년 5월 12일 등기를 끝낸다. 이때 이 땅은 곧 대지로 형질 변경될 계획이었다.

그런데 그 이후 후석 선생 명의로 등기된 양재동 이 땅은 이해할 수 없는 우여곡절을 겪는다. 대지로 바뀐다던 땅이 갑자기 자연 녹지로 형질 변경되는데, 1978년 6월 15일 서울시 제2부시장 김명년 명의의 형질 변경 통지서가 날아든다. 그러더니 그해 11월 29일에는 성동구

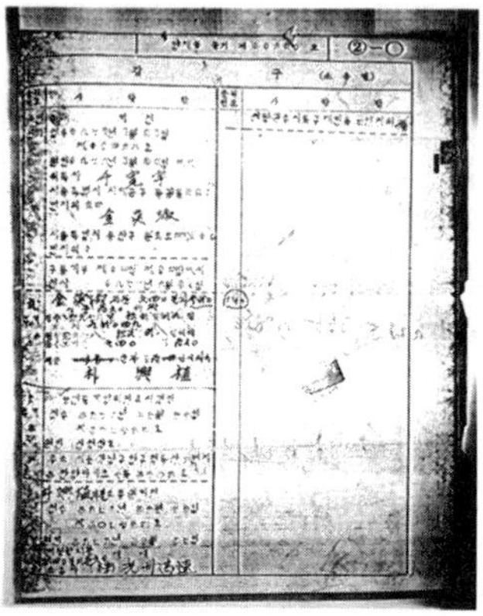

갑구

군자동 104-6 박홍식 명의로 토지대장의 이름이 바뀐 뒤 세금도 박홍식 이름으로 나온다. 최 여사는 소송을 통해 이를 바로잡는다.

이때 한 재벌회사에서 이 일대 땅을 매입하기 시작한다. 양재동 소재 후석 선생 명의 주변 땅 매입 책임자였던 이 회사의 한 간부는 거의 아침저녁으로 최 여사에게 찾아와 팔라고 매달린다. 그러나 그때의 시세는 자연 녹지로 바뀌는 바람에 이 땅을 매입할 때와 거의 비슷했고 공동명의자의 지분을 분할하기 이전이었던 관계로 팔려 해야 팔 수가 없었다. 이 일대의 땅을 매입한 이 회사는 이를 담보로 은행에서 융자를 얻는데 이때 작성된 서류에 구입하지 못한 후석 선생의 땅도 묻어 들어갔던 관계로 은행에서부터 후석 선생의 양재동 땅 소문이 나기 시작했다.

그때 상과대학 출신으로 은행 일에 밝았던 동창생 모 신문사 간부가 후석 선생을 만났는데 "자네 언제 양재동에 땅 샀어. 은행 인사로부터 들었어. 자네 부자야"라는 농까지 하여 후석 선생이 매우 불쾌해했다고 한다.

이런 연유로 10·26 이전에 양재동 땅과 관련한 소문은 알 만한 사람은 다 알았을 정도로 퍼졌고 끝내는 박정희 정권이 자연 녹지로 형질 변경까지 해버렸던 것이다. 1979년 10월 26일 박 대통령 유고는 양재동 땅에도 큰 변화가 왔다. 10·26 사건 후 곧이어 이 땅은 당초 예정대로 '자연 녹지'에서 '대지'로 서울시가 형질 변경한 것이다. 문제의 재벌회사는 주차단지 조성을 위해 후석 주변의 땅을 모두 매입했고 후석의 땅도 사려고 하다가 10·26 후 자동으로 이 일대가 형질 변경되었는지 재벌의 노력으로 풀렸는지 알 수 없으나 어쨌든 그 후 재벌의 주차단지가 된다. '자연 녹지' 640평이 '대지'로 형질 변경되면서 서울시로부터 480평을 환지 받았는데 후석 선생 지분이 355.5평, 나머지는 공동명의자 김영숙 지분으로 분할된다. 이제야 이 땅이 팔 수 있는 땅으로 바뀐 것이다.

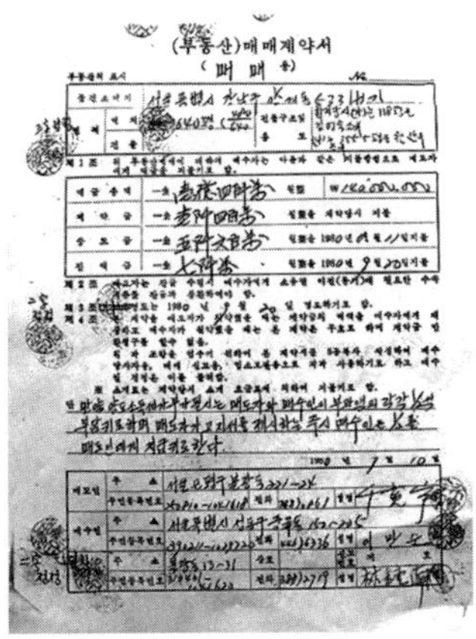
(부동산)매매계약서

부동산 매매계약서

그때 후석 선생의 생활환경은 말이 아니었다. 수입은 없는 데다가 생활비와 찾아오는 손님 접대로 빚이 많았는데 동네 구멍가게에도 외상값이 밀려 있었다. 이제 땅을 팔지 않으면 안 되었다. 곧 복덕방에 땅을 내놓아 1980년 1월 10일 이 땅을 팔게 된다. 1억 4천만 원을 받기로 하고 이날 계약금 조로 1천4백만 원을 받는다. 이 땅 매입자는 서울시 성동구 중곡동 150-205 이만순 씨였다.

다시 최 여사에게 물었다.

— 다시 한 번 질문합니다만 임종남 씨 소개로 문제의 땅을 왜 매입하게 됐습니까?

"임종남 씨는 거의 매일 약을 가지고 우리 집을 찾았어요. 집에서 남편 수발만 하던 제가 세상물정을 뭘 알겠어요. 좋은 땅이라고 하도 얘기하기에 믿고 보너스 등으로 받아 모은 돈을 주고 샀지요. 보지도 않고 그냥 샀는데 나중에 현장을 가보고 속았다는 생각이 나요. 산 밑의 자갈밭이었어요. 그리고 공동명의로 분할되지 않은 땅인 줄도 몰랐어요. 정말 잘못된 거에요."

— 그 땅이 전두환 씨로부터 돈 받아먹었다는 증거로 제시되기도 했잖습니까?

"그 땅은 앞서 설명드렸듯이 전두환 씨 집권 전 유신탄압 때 매입한 것이고 10·26 후 조금 있다가 판 것이니까 전두환 씨 하고는 시기적으로 아무 관계가 없다는 것이 명백하게 드러났잖아요. 모략을 해도 비슷해야 하잖아요. 다시 한 번 말씀드리는데 전두환 씨로부터 돈 받은 게 없습니다.

민통 의장을 맡은 게 2년이었는데 그때 생활비는 한국일보사에서 고문으로 있었기 때문에 제가 직접 한국일보에 가서 받아온 월급으로 살았습니다. 민통 의장으로서의 천 선생이 월급(월급을 받았는지 여부는 한 번도 말씀을 하시지 않아 모릅니다)을 전혀 집에 가져오지 않았기 때문에 저는 '백의종군' 하셨다고 표현합니다. 돈과 관련하여 천 선생은 그런 사람이고 돈에는 정말이지 관심이 없었어요.

그 땅과 관련하여 악의적인 소문이 말할 수 없이 많았지만 그동안 해명 기회도 없어 속앓이만 했지요. 그 땅을 전두환 씨로부터 받았다는 얘기를 비롯해서 그 땅을 전두환 씨가 대지로 형질 변경해 준 대가로 민통에 참가했다는 등 말로 다 설명할 수가 없습니다.

제가 이 땅을 1970년대 중반에 정당하게 구입한 서류들이 현재 있고 땅을 구입할 때 이미 대지로 형질 변경하기로 되어 있었으나 느닷없이 자연 녹지로 바뀌더니 10·26이 지나자 곧바로 원래 계획대로 형질 변경된 것인데 무슨 설명이 더 필요합니까. 그리고 제가 돈이 필요해 얼마 뒤 팔았잖아요. 정말이지 세상 소문 무섭네요. 될 법한 얘기를 해야지 전혀 맞지 않는 소리예요. 그러나 내용 모르는 사람들이 소문을 들으면 그대로 믿어버리니 문제지요. 그리고 얼마 뒤 땅 판 돈으로 집을 개축했어요. 그랬더니 전두환 씨 돈 먹어 집 고쳤다고 소문이 나더라고요.

천 선생이 몇 번인가 고무신으로 나를 때렸어요. '왜 그 땅을 사 오해받게 하는가. 누가 그 땅을 사라고 했는가' 하고 원망하면서 눈물까지 흘렸어요. 지금 생각해도 가슴이 미어져요. 얼마나 마음 아팠으면 저를 고무신으로 때리고 눈물까지 흘렸겠어요."

## 3. 불광동 집 개축 경위

최 여사가 전하는 불광동 집 개축 경위는 이렇다. 후석 선생은 31살 나던 1956년 5월 2일 운현궁 예식장에서 두 살 아래인 최정옥 여사와 결혼하여 셋방을 전전하다가 결혼 3년 뒤인 1959년에 서대문구 불광동에 ICA(International Cooperation Agency) 자금으로 '문화촌'이라는 이름 아래 조성되는 주택을 10년 만기 분납 조건으로 분양받아 입주, 줄곧 이 집에서 사는데 운명도 이 집에서 맞는다. 주택 규모는 대지 62평에 건평 15평. 집이 협소하여 손님이 한꺼번에 열 명 이상 방문하면 함께 앉을 수조차 없었다.

후석 선생에게는 개축공사를 한 세 살 위 아저씨뻘 되는 천병상 씨와 특별한 인연이 있다. 6·25가 터지자 후석 선생은 피난을 가지 못하고 서울에 살던 천병상 씨 집에 숨어 있다가 1·4후퇴 시 부산으로 피난했는데 그때 살기 위해 찾은 직업이 기자였다. 그때 언론계와의 인연이 시작된 것이다. 1980년대 천병상 씨는 천안에서 주택사업을 하고 있었다. 천병상 씨는 불광동에 올 때마다 집을 조금 크게 고치자고 제안하면서 자신이 싸고 멋지게 새로 지어 주겠다고 했다. 그래서 천병상 씨가 이 집 공사를 하게 된 것이다. 공사는 1986년 4월에 시작하여 그해 12월 중순에 아담한 2층으로 준공했는데 1층 27평, 2층 25평. 그때 공사비는 원가에 가까운 실비로 천병상 씨에게 계산했는데 양재동 땅 판 돈으로 충당했다.

— 좁은 집에 사시다가 제대로 된 서재를 갖추고 손님이 오면 앉을 공간도 생겼겠네요.

"사용할 수 있는 공간이 많이 생겨 좋았어요. 그러나 그때 이미 천 선생은 폐암 투병을 하고 계셨어요. 집이 좀 넓어졌다는 것은 잠시뿐 천 선생의 건강 회복에 초점이 맞춰질 수밖에요. 그런데 그놈의 돈 이야기가 또 나오는 거예요. 전두환 씨가 돈을 줘 새로 집을 지었다느니 어디에서 땅을 얻어 그걸 팔아 지었다느니 정말 말로 옮길 수 없는 소문을 누군가 악의적으로 퍼뜨리는 거예요. 천 선생은 그 악의적인 루머에 크게 상처 받았습니다."

— 그러니까 후석 선생은 폐암이 아니라 울화증으로 돌아가셨다는 말씀이군요.

"천 선생은 대범하지만 치밀하고 꼼꼼한 성격이었어요. 하늘을 우러러 한 점 부끄러움 없는 인생을 사신 천 선생이 그런 말을 들으니 잠이 오겠어요. 무슨 일만 하면 소설을 지어 퍼뜨리는 거예요. 말씀을 잘하지 않으셨지만 많이 괴로워했어요. 저 분명히 말하지만 천 선생은 폐암이 아니라 울화증으로 돌아가셨어요. 그런데 그렇게 많은 돈을 받아먹었으면 제가 이 모양으로 얼마 남지 않은 인생을 살고 있겠어요. 그러나 이렇게 사는 것에 불만은 없습니다. 그런 거지요. 뭐!"

— 그런 소문을 날조해 퍼뜨린 이유가 뭐라고 생각하세요?

"민통에 관계하니까 배신했다고 본 거지요. 그전까지만 해도 아들처럼 행세하던 분들을 포함해 거의 매일 우리 집을 찾던 수많은 분들이 발을 끊는 거예요. 그러고는 '돈 얼마 먹었느냐'는 해괴한 전화를 걸어오지 않나. 정말 많이 괴롭혔어요. 천 선생이 '민통' 간 것은 변절이 아넙니다. 돈 먹은 것은 더구나 아닙니다. 천 선생은 우리나라의 내일을 위해 소신에 따라 민통에 참여한 겁니다.

유신시절 천 선생은 민주화 과정에서 가장 중요한 것이 '대통령 단임'으로 보았습니다. 왜냐하면 민주화 투쟁의 제1구호가 '1인 장기집권 저지'였고 인권 및 사회 각 부문의 왜곡된 반민주 현상이 모두 1인 장기집권 때문에 빚어진 것으로 보았습니다.

다시 한 번 말씀드리자면 천 선생은 전두환 씨를 처음 만나자마자 단임을 요구했고 이에 대해 전두환 씨가 확고하게 단임을 지키겠다고 대답했어요. 남편은 당신이 바라던 민주화의 단추가 그 순간 끼워진 걸로 판단하고 마음의 여유가 생긴 겁니다. 유신시절 그렇게 외치던 '장기집권 타도'가 집권자와 합의하에 성취되게 됐는데 얼마나 느낌이 많았겠어요. 특히 그때는 북한이 적화야욕을 그대로 드러낸 때 아닙니까.

전두환 씨가 천 선생에게 '단임은 꼭 실현하겠다. 지금 북한이 저렇게 남한을 적화통일하려고 야단이니 통일사업을 해달라'고 솔직히 얘기하니 천 선생이 동의한 겁니다. 그것뿐입니다. 그게 무슨 잘못입니까. 소신과 신념에 따라 행동했을 뿐 돈 때문에 통일사업에 나선 것이 아닙니다.

그리고 10·26 이후 '3김'에 대해 크게 실망하였어요. 그들은 정권 잡겠다는 생각밖에 없었잖아요. 천 선생은 자기 욕심만 부리는 사람을 가장 싫어했습니다. '3김'을 그런 차원에서 본 거지요. 그리고 보십시오. 천 선생이 예견한 대로 우리사회가 민주화되지 않았습니까. 그리고 민주화 일정에서 가장 중요한 '대통령 단임'이 실현되지 않았습니까. 천 선생이 정확하게 내다본 겁니다."

후석 선생이 예견한 바처럼 계절도 절기상 입춘이 지나고 우수 경칩에 이르면 대동강물이 자연스레 풀리듯이 우리의 민주화도 단임 약속이 지켜지면서 우여곡절은 있었다 하더라도 자연스레 발전을 거듭해서 국민 모두가 느끼든 못 느끼든 이제 민주주의 꽃을 화려하게 피우고 있질 않는가. 그것은 후석 선생과 전두환 대통령 사이의 단임 약속을 바탕으로 전 대통령이 국민에게 이를 다시 약속하고 단임을 민주화의 핵심 과제로 인식했던 후석 선생은 그 약속을 믿고 평소 하고 싶던 통일사업에 매달린 것으로 이해된다.

다시 말해 후석 선생과 전 대통령 사이의 '단임'이라는 약속이 현재 우리가 누리고 있는 민주주의를 꽃피게 한 중대한 이벤트가 아니었나 평가해 본다.

병자호란 당시가 생각난다. 그때 조선에는 주전파主戰派와 주화파主和派 사이에 엄청난 갈등이 있었다. 양론兩論 모두 우국충정에서 나왔고 나라를 구하고자 하는 양보할 수 없는 목숨을 건 주장들이었다. 주전파의 김상헌金尙憲이나 주화파의 최명길崔鳴吉 모두 애국자였다. 주전파는 대의명분을 찾으려 했고 주화파는 조선이 살아남을 수 있는 실리에 초점이 있었다. 외견상 주전파의 주장이 모양새가 좋았고 주화파는 그렇지 못했다. 그러나 역사는 주화파의 손을 들어주었다. 어느 역사 논문에서 병자호란 때 영웅은 최명길이라고 쓴 것을 본 기억이 난다.

어쨌거나 후석 선생과 전두환 대통령과의 단임 약속은 그 뒤에 여러 고비는 있었지만 지켜졌고 오늘날 민주주의 꽃을 피울 수 있도록 끼운 첫 단추였음을 되새겨 본다.

위기의 시대에 사람들의 비난을 받는 가운데서 미래를 내다보는 혜안으로 시대를 이끈 선각자들을 우리는 역사 속에서 수많이 발견한다. 그들은 비난 속에서 괴로워했으나 역사는 그들 선각자의 선택에 힘입어 발전해 왔다. 시간이 선각자들의 정당한 선택을 자연스레 입증하고 역사의 이름으로 올바른 평가가 주어지고 있는 것이다.

후석 선생은 1980년에 수상한 '외솔상' 시상식에서 이런 말을 남긴다. "떳떳한 사람이란 항상 역사의 주인공이라고 생각하며 사는 것"이라고.

## 4. 일본 역사교과서 왜곡과 독립기념관 건립

후석 선생과 관련한 1980년대 이후 생애에서 또 하나 중요한 일은 일본 역사교과서 왜곡과 그 후에 세워진 독립기념관과 관련된 일련의 결실이다. 1982년 7월 초 일본 역사교과서의 왜곡 내용이 보도되었다. 후석 선생은 7월 25일 조간 『한국일보』 「일요일 아침에」 난의 칼럼을 통해 왜곡된 일본 교과서 내용을 해박한 역사 지식과 당신의 일제강점기 체험을 바탕으로 왜곡 내용을 조목조목 반박했다.

예를 들어 새 일본 교과서에서 '조선어와 조선문자의 사용이 금지되었다'가 '조선어, 일본어가 공용으로 사용되었다'로 고쳐졌는데, 후석 선생은 당시 학우들끼리 우리말을 쓰다가 크게 당한 당신의 체험을 예로 들어 반박했다.

그리고 또 '신사 참배를 강요당했다'가 '신사 참배가 장려되었다'로 바뀌었는데, 당시 신사 참배를 거부했던 학교들이 문을 닫았고 후석 선생의 경우 한 달에도 두세 번 교련용 38식 소총을 메고 나팔악대를 선두로 신사 참배를 강제로 했던 경험들을 제시했다.

"우리가 애국을 하려는 듯이 일본인 역시 애국을 하려는 것은 당연하다. 다만 한 가지 진실을 말해야 한다. 불행한 과거란 일본이 한일관계를 얘기할 때 즐겨 쓰는 표현이다. 그 불행을 씻기는 고사하고 그릇되게 가르치는 것은 두 나라 청소년이 갈수록 오해와 거기에서 빚어지는 경멸, 증오를 더해간다면 한일관계는 자손 대대 어디로 가자는 것인가. 빗나간 애국심이 진실을 가려 놓으면 서로 불행밖에 올 것이 없을 것이다"라고 통렬히 나무랐다. 이어서 『한국일보』에 「일본 꼭 이래야만 되는가」라는 제하의 칼럼을 7회에 걸쳐 실었다.

일본이 1845년 개항하고 30여 년 후 강화도조약 체결 후 일본에서 등장한 정한론征韓論에 우리가 일본의 선각자라 꼽는 게이오대학慶應大學 설립자 후쿠자와 유기치福澤諭吉까지 참여하는 등 한국을 우습게 보는 풍조가 당시 일본에 만연해 있었음을 비판한다. 특히 조선왕조 말 1905년 을사5조약과 1907년 정미7조약을 이토 히로부미伊藤博文가 당시 조선의 내각 수상이던 한규설韓圭卨을 감금하고 대신들을 협박한 가운데 가결시킨 뒤 외교권과 내정권을 탈취한 '침략'적 행위였는데 이를 '진출'로 표기하고 독립운동인 3·1운동을 폭동으로 기술했으며 농민의 토지를 강제로 빼앗은 사업을 토지조사사업으로 교과서에 싣고 있음을 지적하고 있다. 그 결과 일본인 하타다 다카시旗田巍 씨가 지적한 것처럼 다음과 같은 한국에 대한 인식이 일본인들에게 만연됐음을 들면서 가슴 아파한다. 곧 일본인들은 첫째, 조선인을 가치 있는 존재로 보지 않고, 둘째, 식민지 지배가 조선인을 괴롭힌 게 아니라 은혜를 베푼 일이었으며, 셋째, 이러한 일본인의 우월감에서 비롯한 조선인에 대한 멸시감이 팽배해버렸다는 것이다.

이제 일본 교과서 왜곡과 관련하여 후석 선생의 이야기가 궁금해진다. 최 여사에게 묻는다.

— 칼럼을 쓰실 때 정말 비분강개하셨겠어요?

"그때 서울대학병원에 입원해 계실 때에요. 건강이 좋지 않았는데 병실에서 글을 써 연재하셨어요. 그때 폐 수술은 하지 않았고 그동안 술과 담배로 몸이 많이 망가져서 달을 건너서 입원하곤 하셨지요. 특히 교과서 역사 왜곡 문제는 매우 심각하게 생각하셨어요."

— 칼럼을 통해 일본 교과서 내용의 부당성을 논리적으로 비판하셨는데 그때 어떤 말씀을 했어요?

"마주 앉아도 말씀을 잘 안 하시니 잘은 모르겠지만 교과서 왜곡사건을 계기로 극일克日운동의 학습 도량道場이 필요하다는 말씀이 계셨어요. 칼럼에서의 문제 제기와 각계 인사와의 합의에 따라 5천만 국민의 5백억 원 성금으로 항일독립투쟁사를 종합 전시하는 독립기념관을 건립하기로 했잖아요. 그때 성금은 조선조 말 국채보상운동처럼 온 국민의 참여로 펼쳐졌으면 좋겠다고 말씀하셨어요."

— 후석 선생의 칼럼이 독립기념관 건립에 중대한 계기가 됐습니다만 계속해서 건립에 참여하셨죠?

"그럼요. 정말 사명감을 갖고 참여했어요. 박순천 씨를 위원장으로 한 55명의 준비위원회 위원의 한 사람으로 참여하였고 1987년 개관 후에는 이사로서 참여하셨어요. 개관 후 거의 매일 독립기념관에 출근하다시피 했어요. 저도 개관 후 두 번 갔었는데 전시장에 천 선생의 실물대 흑백사진이 전시되어 있어 놀라기도 했어요. 두루마기 입은 사진인데 저에게는 무척 인상적이었어요. 지금도 전시되어 있는지 모르겠어요."

충청남도 천원군 목천면에 국민의 성금으로 세워진 독립기념관은 공사 중이던 1986년 8월 화재로 타버려 다시 공사에 나서 1987년 8월 15일 개관한다. 독립기념관 건립은 1982년 여름에 일본 역사교과서 왜곡 사실이 드러나면서 극일의 방향에서 우리 민족의 염원을 담아 시작됐는데 건립의 중심에 후석 선생이 서 있었다. 후석 선생의 연재 칼럼은 국민에게 큰 감명을 주었고 독립기념관 건립의 필요성에 대한 인식을 심어주는 데 결정적 역할을 했다. 개관 후 독립기념관은 올바른 민족사를 알리는 데 새로운 교육 현장이 되고 있는 것이다.

후석 선생은 우리나라 역사적 인물 가운데 충무공 이순신 장군을 가장 존경했다. 주변 사람들에게 "충무공이 최후 순간을 맞는 노량해전이 특히 인상 깊다"고 자주 얘기했다. 후석 선생은 마지막 노량해전에서 자신의 죽음을 알리지 못하게 하고 독전하면서 최후를 맞는 이 충무공에게서 어떤 감명을 받은 것일까. 사람마다 살아온 인생 환경에 따라 감명은 다를 수 있지만 이 충무공의 나라사랑 살신성인殺身成仁의 모습은 모든 한국인에게 지워지지 않는 감동으로 애국심을 북돋워 주는 교훈이 되고 있다.

## 5. 후석 선생의 마지막

후석 선생의 마지막은 이야기하기에도 마음 아프다. 후석 선생은 1980년대 들어 병마와의 길고 긴 싸움에 나선다. 1980년대 중반 서울대학교병원에서 폐암 수술을 받고 1991년 1월 15일 오후 3시 55분 자택에서 별세한다. 돌아가시기 하루 전 지인이 집으로 찾아와 병원에 전화를 걸어 "선생님 빨리 한국통사를 쓰셔야죠" 하는 말을 듣고 그 다음 날 운명했다. 운명하던 날 아침 부인 최 여사는 입원 중인 서울대학교병원이 추워 집에 가야 되겠다는 말씀을 듣고 후석 선생을 집으로 모셔온다. 후석 선생은 3일 동안 아무것도 먹지 못했다. 음식물이 넘어가지 않았다. 이날 오후 2시 반경 이발을 하고 싶다고 했다. 5백 미터 떨어진 동네 이발관에서 이발을 한 뒤 부축을 받아 집으로 돌아온다. 계단을 올라 문을 열고 긴 소파에 앉는 순간 갑자기 쓰러지면서 숨이 넘어가는 소리가 들렸다. 그것이 마지막. 1월 15일 오후 3시 55분.

최 여사께 물었다.

— 집에 도착하자마자 운명하셨는데 어떻게 모셔왔어요?

"집에서 돌아가시려고 필사적으로 걸어와 쓰러지신 것 같아요. 그날 집에 오시고 나서 한마디도 안 하셨어요. 유언이 없었어요. 얼굴만 서로 보았죠."

— 장례는 어떻게 치렀어요?

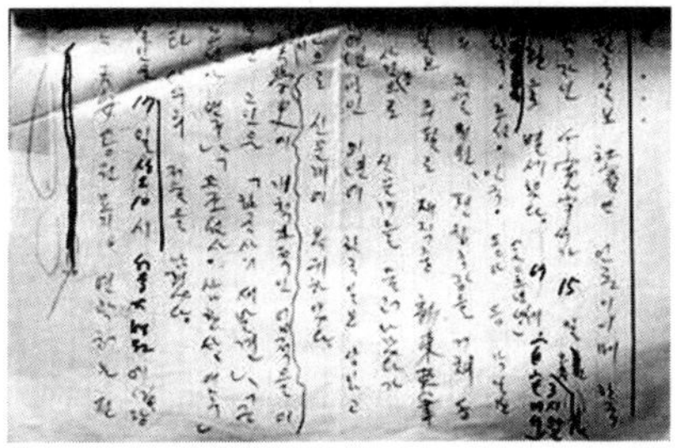

후석 선생이 직접 작성한 장례 관련 유서

"얼마나 꼼꼼하신지 장례 관련 유서를 작성해 두었더라고요. 그리고 그 유서는 저와 집안 장손만 보라고 되어 있었어요. 유서는 부고에서부터 진행, 발인, 장지, 묘비 등 모든 사안을 직접 써 두셨더라고요. 눈물이 납니다."

유해는 곧 서울대학교병원으로 옮겨졌다. 후석 선생이 손수 작성한 장례 관련 유서를 참고로 옮긴다.

보도자료

'한국일보 사빈社賓인 언론인이며 한국사학자인 천관우千寬宇 씨가 숙환으로 별세했다. 한국, 조선, 민국, 동아 등 각 일간지의 논설위원, 편집국장을 거쳐 동아일보 주필로 재직 중 신동아 필화사건 등으로 신문계를 물러났다. 10여 년 만인 1981년에 한국일보 상임고문으로 신문계에 복귀하였다. 특히 실학사實學史에 개척사적인 업적을 이룩한 고인은 『한국사의 재발견』, 『근세조선사연구』, 『조선사·삼한사연구』 기타 다수 저술을 남겼다.

발인 :

장지 : 천안공원묘지.

연락처 :

그리고 '초상에 참고할 일들'이라는 제하의 유서를 통하여 몇 가지 당부를 한다.

• 모든 진행을 평범 위주, 간소 위주로 하라. 옛말에 '정승집 개가 죽어도 조상하는 사람이 많지만 정승을 그만둔 사람은 죽어도 조상하는 사람이 적다'고 했다. 대수술 이후 5년 이상을 활동 없이 지낸 나로서는 조객이 많이 오리라고

생각되지 않는다. 남의 눈 두려워 말고 그저 평범 위주로 치러라.

• 우선 급한 일 첫째
발인 장소와 일시를 의논하여 빨리 작성하라. 이상 '발인' 장소와 일시가 빨리 정해지지 않으면 신문보도를 부탁할 수 없다. 장소는 큰 대학병원 영안실 작은 것 하나 얻으면 적당할 것이다. (가능하면) 조객이 그리 많지는 않을 것이나 그래도 찾아오기 손쉬운 곳이 좋다. 내가 만일 서울대학교병원에서 운명을 아니하더라도 장의사를 통하여 옮겨올 수 있을 것이다.

• 우선 급한 일 둘째
장지를 재확인해 볼 것. 장지는 수년 전 천안 조금 남쪽에 있다. '천안공원' 에 구해둔 것이 있다. 관계 문서는 최정옥 씨가 가지고 있다(18평).
전화 562-2779~2780, 554-5326 강남구 역삼동 648-23 대홍빌딩 1003호 (대표자) 김정숙金貞淑

• 우선 급한 일 셋째
별지에 사망보도 기사 원고를 만들어 두었으니 그것을 제록스로 몇 부 만들어 우선 급한 데 몇 군데부터 배포하여 실어달라고 부탁하는 것이 좋다.

• 우선 급한 일 넷째
장의사를 급히 정할 것. 필요한 일을 부탁도 하거니와 경험이 많은 사람들이라 절차상 문제가 있으면 그들의 말을 대체로 들으면 과히 틀림이 없을 것이다.

• 우선 급한 일 다섯째
종교의식은 물론 필요 없고 종래 보통 가정에서 해 온 유교식이면 된다. 되도록 곡성은 내지 말 것. 물론 가족장이다. 가족 이외에 장사를 지내 주겠다는 데도 현재는 없겠지만 혹시 있더라도(예 한국일보 사빈으로서 사우장) 처음부터 사절하라. 다만 사람이 몇 사람 와서 도와주겠다고 하거든 물론 고맙게 받아들여야지(집안에 인력이 부족하기 때문). 이런 사람들 대접 소홀하지 않도록 특히 유의. 조객에게는 원칙적으로 커피, 홍차 등 다과 대접, 술은 일절 내놓지 말라. 단 밤샘이 하는 이들 등 특별히 고생해 주는 이에게는 술을 대접하라.

• 떠나는 날 영결식, 추도식 등을 하지 말고 보통 장례식대로 발인제(아주 간단한 제사)만 지내라. 영결식, 추도식 등을 하면 사람 동원이 또 필요하고 추도사 등 저명인사의 동원이 필요해 일이 크게 복잡해진다.

• 묘지석은 다음과 같이 만들라.
"言論人이며 歷史學者이었던
千寬宇(1925~ )
여기에 잠들다"

후석 선생은 이렇게 당신의 장례에 관한 유서만 남겨둔 채 한마디 말씀도 없이 이발 후 집에 도착해 의자에 앉자마자 운명했다. 최 여사는 남편과 함께한 세월이 머릿속을 지나면서 가슴이 텅 비어 마음을 가눌 수 없었다. 3일장을 치르고 귀가한 집은 그야말로 적막강산이었다. 남편이 영면하고 있는 천안공원으로 답답하면 달려갔다.

지난 세월 남편의 자랑스러운 모습들이 그리움이 되어 밀물처럼 다가왔다.

돌아가신 그해 12월 28일, 그날도 천안묘지를 찾은 뒤 '눈 내리는 그의 묘소' 제하의 사부곡思夫曲을 이렇게 적었다.

흰 눈발이
앞다투어 날아 내려오는
이 아침에
눈에 덮여 아늑한
그의 묘소를 생각한다.

그의 옆에서 나는 보았다.
그는
한 시대의 선도자이며 희생자였다.

79년 10월 26일 정변 후
좌우 두 갈래 흐름에 획을 긋기 위해
민족통일중앙협의회 의장직을 맡았다.

그는
눈처럼 순수하고
눈처럼 깨끗하게

일하고 세상을 떠났다.

뭇 새들이 지저거려도
그것을
눈 속에 잘 파묻고 난
그의 마음은
편안하리라.

필자에게도 후석 선생에 대한 아련한 추억이 있다. 1965년 수습기자로 입사했을 때 후석 선생은 편집국장으로 계셨다. 항상 헝겊 보자기에 두툼한 책들을 싸들고 출퇴근하셨고 검은 베레모에 파이프를 물고 향긋한 토바코 담배 향을 날렸다. 하도 냄새가 좋아 향기로운 그 토바코를 찾아 나서기도 했는데 'NO 79'라는 이름을 써 논 연초였다.

수습기자로 입사한 그해 광주에서 전국체전이 있었는데 압사사고가 나는 등 뉴스가 크게 많았다. 대회 마지막 날 천 편집국장이 광주에서 취재단 일행에게 한잔 사면서 격려했다. 그런데 그날 밤 도둑이 들어 술에 취해 곯아떨어진 동아일보 취재단의 주머니를 모두 털어간 것이다.

다음 날 아침 눈이 마주치자 나를 데리고 여관 옆 다방으로 갔다. 천 국장은 베레모에 파이프를 물고 연기를 뿜으시면서 "다른 것은 괜찮은데 결혼식 때 예물로 받은 파커 만년필을 훔쳐간 것이 마음 아프다"고 하셨다. 그때 마침 다방의 스피커에서 비제의 「카르멘」 중 「투우사의 노래」가 신나게 흘러나왔다. 천 편집국장이 그 멜로디를 따라 흥얼거리시면서 파이프를 만지작거리시던 모습이 눈에 선하다.

입사하고 얼마 후 우리 수습기자들을 모두 동아일보사 옆에 있던 중국집 '복취루'에 불러 놓고 청요리와 술로 크게 축하해 주었다. 이때 우리들에게 "기자 생활을 하지만 특정부문에서 다른 사람과 차별되는 전문가가 되는 게 좋겠다"면서 공부하라고 촉구하시기도 했다. 당시 중국집 복취루는 가난한 기자들이 외상으로 먹고 마실 수 있는 마음 편한 집이었다. 지금 생각해보니 거의 매일 중국 자장면을 배달시켜 회사 책상에서 잡수신 천 편집국장의 호주머니 사정이 수습하던 우리나 다름없이 어려웠던 것으로 느껴진다. 과묵하다가 어쩌다 한 말씀 하시면 쩌렁쩌렁한 목소리에 주변을 바짝 긴장하게 했다.

## 6. 만남과 결혼

이제 미망인 최 여사와의 만남과 결혼에 얽힌 얘기를 들어보자.

— 최 여사님, 후석 선생과는 어떻게 만났어요?

"지금은 롯데호텔이 들어서 있는 곳이 옛날 중앙도서관이었어요. 그때 저는 서울대학교 사대 영문과에 다녔어요. 도서관에서 공부를 하고 나오니 문 앞에 한 남학생이 서 있더군요. 아무 설명 없이 저에게 '남산에 가자'고 해요. 그때만 해도 서울 시내에 남녀가 앉아 이야기할 장소가 없었어요. 같은 서울대학교 학생이다 보니 아무 생각 없이 따라갔어요. 남산 중턱에 앉아 다른 얘기는 하지 않고 서울대학교 사대를 다니는 저를 문리대로 오래요. 그래 안 간다 하고 내려온 뒤 그냥 헤어졌어요. 그때 문리대에 오라는 말밖에 하지 않았어요."

최 여사는 대구의 명문 경북여고를 졸업하고 경성여자사범학교에 진학하는데 이 학교가 뒤에 서울대학교 사대의 모체 가운데 하나가 된다. 최 여사는 서울대학교 사대를 졸업한 뒤 부산여자고등학교에서 영어교사로 있던 중 6·25를 맞는다. 이때 부산 수영만 소재 해양대학을 미군에서 접수하여 미국 교육사절단이 활동하고 있었는데 최 여사는 이곳에 들어가게 된다. 1년 반 뒤 함께 일하던 덴마크 여성의 권유로

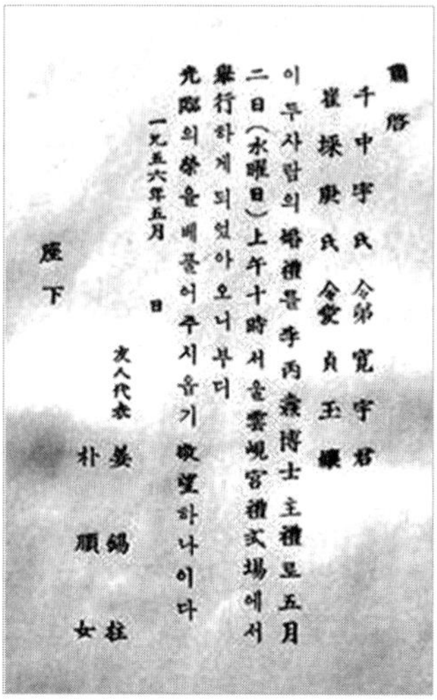

謹啓

千中宇 氏 令弟 寬宇 君
崔採默 氏 令愛 貞玉 孃
이두사람의 婚禮를 李丙燾博士 主禮로 五月
二日(水曜日)上午十時 서울雲峴宮禮式場에서
擧行하게되었아오니부디
光臨의榮을베풀어주시옵기 敬望하나이다
一九五六年五月 日

友人代表 姜錫柱
朴順女

座下

결혼식 청첩장

미국의 '양친회Foster Parent Plan'로 자리를 옮긴 뒤 상경한다. 당시 팔판동에 자리한 양친회는 많은 불우 어린이들에게 힘이 되었다.

최 여사는 그때까지 전혀 다시 만난 적이 없던 후석 선생을 1955년 지인의 중개로 다시 만나 그다음 해인 1956년 5월 2일(수요일) 오전 10시 서울 운현궁 예식장에서 후석의 대학 은사 이병도 박사의 주례로 혼례식을 갖는다.

이때의 방명록에는 최준崔埈, 전광용全光鏞, 한운사韓雲史, 조풍연趙豊衍, 최종기崔鍾起, 한우근韓沽劤, 홍사중洪思重, 예용해芮庸海, 권중휘權重輝, 구태회具泰會, 허선도許善道, 김광섭金光涉, 유홍렬柳洪烈, 이형李馨, 이관구李寬求, 차주환車柱環, 민석홍閔錫泓, 이건호李建鎬, 곽복산郭福山, 정일형鄭一亨, 이광표李光杓, 고영복高永復, 방일영方一榮, 오종식吳宗植, 홍승면洪承勉, 이석희李奭熙, 이동욱李東旭, 윤석헌尹錫憲, 염보현廉普鉉, 김태길金泰吉, 주요한朱耀翰, 홍종인洪鍾仁, 이한빈李漢彬, 박준규朴浚圭, 장기영張基榮, 윤석중尹石重, 김상기金庠基, 고제경高濟經, 이기백李基白, 이상백李相佰, 최철해崔哲海 등 당대의 언론계, 학계, 관계에서 활동하던 기라성 같은 선후배, 동료 그리고 잠시 가르쳤던 경기고등학교 제자들이 참석했다. 눈길을 끄는 것은 김재석金再釋, 최준, 최병우崔秉宇 씨 등 세 분이 접수대를 맡고 있었다는 점이다. 특히 후석의 결혼 얼마 뒤 한국일보 특파원으로 긴장이 고조되던 타이완 금문도에서 취재하다 실종된 최병우 씨가 눈길을 끈다.

최병우 씨는 방명록에 이렇게 대서특필한다.

"노총각 늦바람 났구나. 이제 판관 1년생일세(판관 6년생 최병우)."

당시 대한민국을 주름잡던 각계 유력 인사들이 참석하여 화제가 된 결혼식이었다. 피로연 장소는 '그릴 뉴서울'.

최 여사는 결혼 후 사회활동을 접고 평생 남편을 내조한다.

— 결혼하고 시집에 자주 갔습니까?

"결혼하고 천 선생과 같이 청풍 시댁엘 갔는데 대문 앞에서 5분 뒤에 들어오래요. 왜 그러냐고 물었더니 신랑 신부가 함께 들어가면 상놈이라고 욕을 먹는대요. 그 뒤 처음으로 저 혼자서 청풍을 갔어요. 청량리에서 기차를 탔는데 그때는 석탄을 때는 기관차라서 중앙선의 그 많은 터널을 지날 때마다 연기 때문에 코를 막곤 했어요. 그리고 제천역에 내리니 버스가 없어요. 걸어갈까 하다가 마침 짐을 가득 실은 화물차가 청풍을 간대요. 그때 새색시가 겁 없이 짐 꼭대기에 올라타고 가기도 했어요."

— 보통 후석 선생의 하루 일정은 어떠했습니까?

"하루 종일 책만 보고 글을 썼어요. 그리고 찾아오는 많은 사람들과 만났어요. 천 선생은 당신 서재에서, 저는 안방에서 그냥 살았어요. 서로 믿음으로 살았고 서로 한 마디도 하지 않은 날이 매우 많았어요. 저는 사치하고 밖으로 돌아다니는 걸 싫어해요. 이심전심以心傳心으로 이해하면서 살았지요. 되돌아 보건대 행복했어요."

— 경제적으로 어려웠지요?

"다 그렇게 살지 않았어요? 편집국장 시절에도 월급을 안 갖다 줄 때가 많았어요. 술상 차리는 일 말고는 돈 쓸 데도 특별히 없고 … 그렇게 살았어요. 결혼 초 조선일보 있을 때 유봉영 선생이 많이 신경 써 주셨어요. 한번은 '천관우가 쌀이 떨어져 밥을 굶는다' 면서 사장에게 돈을 받아 보내주시기까지 했어요."

충주에 살고 있는 최 여사는 요즘 부근 청풍 일대에 산재해 있는 후석 선생과 관련한 흔적을 찾아다니며 옛날을 회상하곤 한다. 후석 선생의 선대는 고향 청풍의 이른바 지주였다. 후석 선생의 할아버지 천인봉千仁鳳 씨는 근검절약으로 가난한 가정을 풍요롭게 만들고 중추원 의관議官을 지냈다. 1939년 청풍지역에 심한 흉년이 들어 많은 사람들이 굶어 죽게 되자 돈 8천 냥과 곡식 16곡斛(10말)을 선뜻 내놓아 동네 사람들의 목숨을 구해 주었다. 1941년 할아버지의 덕을 기리기 위해 마을사람들이 '천인봉 자선비'를 화강암으로 만들어 읍리 286번지에 세웠는데 청풍지구가 수몰되는 바람에 현재 청풍 문화재 단지의 비석 군지에 이전되어 있다.

이뿐만 아니라 마을 개울에 '고교高橋'라는 이름의 다리를 세워 마을을 살기 좋게 만드는 등 많은 봉사를 하였다.

청풍 부근에는 우리가 노래로 잘 알고 있는 박달재라는 고개가 있다. 후석 선생이 제천 중앙라이온스클럽의 의뢰로 박달재 전설을 쓴 박달재비가 현재 박달재 길목에 세워져 있는데 그 내용은 다음과 같다.

박달재 비

해발 453m, 산 높고 골 깊은 이 고개는 그 이름을 모르는 이 드문 박달재—박달현朴達峴이다. 치악산의 맥이 뻗어 백운산이 되고 다시 남으로 달려 구학산, 박달산, 시랑산을 이루니 이 박달재는 동서로 봉양과 백운을 잇고 멀리는 제천과 충주를 잇는다.

1216년 고려의 김취려金就礪 장군이 거란의 대군을 여기서 물리쳤고 1268년 고려의 이 고장 별초군別抄軍이 또한 여기서 몽고의 군사를 막아냈다.

영남 땅 도령 박달과 이 재 아랫마을 처녀 금봉의 애달픈 사연이 전해오기도 하고 박달은 태곳적부터의 유래를 지닌 백산白山의 뜻이라고도 하나 이 소상한 일들을 오늘날 뉘 소상히 알랴.

이 재를 쉬고 넘는 길손들을 위해 간략히 적어 둔다.

1980년 11월 일
천관우 짓고
현수근 쓰고
제천 중앙라이온스클럽 세우다

최 여사는 남편의 고향 청풍이 잠겨 있는 충주와 남편과 인연이 있는 곳을 찾으며 지난 세월의 회상에 잠기기도 한다. 남편의 생애는 짧았지만 의미 있는 삶이었다.

간난신고艱難辛苦의 세월이었건만 지금 되돌아보면 보람 있고 행복했다. 그리고 남편이 한없이 존경스럽다.

최 여사는 옛 시골길을 걸으며 남편과 함께 애송하던 워즈워스의 「수선화Daffodils」가 머리에서 맴돈다.

하늘 높이 골짜기와 산 위를 떠도는
구름처럼 외로이 헤매다
문득 나는 보았네. 수없이
많은 금빛 수선화가
호숫가 나무 아래
미풍에 한들한들 춤추는 것을
…

남편 후석을 기억하면 애국심과 정직 그리고 책임감이 먼저 생각난다. 항상 바른 길을 가려고 했고 권모술수를 싫어했다. 후석의 관棺을 덮은 지 20년, 왜곡되지 않고 있는 그대로의 남편에 대한 평가를 받고 싶은 마음이 미망인으로 마지막 바람이다.

사슴을 말이라고 했던 지록위마指鹿爲馬의 왜곡은 이젠 더 없어야 한다고 다짐해 본다.

# 말년 금연을 거부했던 그 심정

천기홍

천관우 선생 조카 · 전 대한변호사협회 회장

치열했고 정의로웠던 그분의 삶에서
보통사람 단견으론 이해하기 어려운
말로 표현할 수 없는 고뇌와 번민
그리고 결단의 순간을 진정 알려면….

후석 천관우 선생은 사적으로 나의 재당숙이 되는 분이시다. 가문에 자손이 귀하여 크게 번창하지 못하였던 탓에 먼저 작고하신 나의 선친(천정우千晶宇)과는 친형제같이 지내신 것으로 기억하고 있고, 나에게는 친삼촌 이상으로 잘해주셨다.

소싯적에는 신동이란 말을 들었고 젊어서는 문인과 역사학자로 이름을 날렸으며 장·노년에는 언론인으로 많은 사람들의 존경을 받는 한 시대의 거목이었지만, 우리 가문에서도 일족의 정신적 지주로서 큰 역할을 하셨고 후손들에게 귀감이 되는 큰 인물로 추앙받고 있는 귀중한 분이시다.

작고하신 지 20년이 지난 지금, 많은 후배들이 모여 추모집을 발간하신다는 말씀을 전해 듣고 친족의 일원으로서 그분에 대한 작은 추억이라도 보탬으로서 조카 된 후손의 도리를 조금이라도 표하고자 한다.

## 1. 한벽루의 신동

숙부님의 고향은 이미 알려진 대로 충북 제천군 청풍읍이다. 옛날 현청 소재지였던 탓인지 내가 어릴 적에도 꽤 큰 규모의 시골마을이었다. 지금은 청풍읍 전체가 충주댐 건설로 수몰되었고 남아 있는 유적은 청풍문화재단지에 이전 보존되고 있는 누각 한벽루寒碧樓와 비석거리의 송덕비뿐이다.

내가 중학생 시절 숙부님 댁에 놀러갔던 기억이 있는데 당시 생존하셨던 숙부님의 모친이신 할머님의 자상하던 모습이 지금도 생생하다. 숙부님 댁의 바로 옆에는 단양팔경을 휘돌아 내려오는 남한강이 유유히 흐르고 있었고 강변언덕에는 지방문화재로 지정된 한벽루가 역사의 위엄을 자랑하고 있었는데, 한벽루에 올라 바라보는 남한강은 그 유장함과 아름다움에 어린 나의 가슴에도 큰 감동을 주었던 것으로 기억한다.

"한벽루는 예부터 청풍의 선비들이 모여 청풍명월을 노래하던 곳이다. 네 당숙은 어릴 때부터 선비들과 시문을 같이하여 신동으로 불렸다. 너도 공부 잘해서 당숙같이 되거라." 할머님의 당부말씀이었다.

아름다운 산천 그리고 역사적 향기가 서린 문화의 고장에서 태어나 성장하신 환경이 신동의 원천적 기반이었다고 할 수 있을 것이다.

그런데 청풍문화재단지에서 지나칠 수 없는 또 하나의 유적은 숙부님의 친조부님(천인봉千仁鳳 씨)의 송덕비일 것이다. 흉년에 가산을 풀어 백성들의 삶을 도와준 은덕을 기리기 위해 주민들이 자진하여 세운 기념비라고 비문에 적혀 있다.

근래에 단지관광을 다녀온 나의 친구들은 그 자손들이 은덕을 입을 것이라고 입을 모으고 있으니 숙부님도 선조의 은덕으로 남다른 총명함을 타고나신 것이 아닌가 하는 생각도 든다.

## 2. 교과서적 문필가

나의 고등학교 시절 국어교과서에는 수필문학의 한 표본으로 「그랜드 캐년」이라는 제목의 기행문이 실려 있었다. 'K형'으로 시작되는 편지형식의 이 기행문은 미국 그랜드 캐니언의 비경을 관광하고 그 감개를 억누를 수 없어 뛰어난 문장으로 그야말로 명문으로 엮은 내용이다. 숨 쉴 겨를이 없을 정도로 자연경관의 변화를 눈앞에 보듯이 처음부터 끝까지 보여주고 있고, 마지막에는 그 땅의 주인이었던 인디언들의 비참한 생활상을 소개하며 끝을 맺는다.

단순한 기행문에서 나아가 문명사적 의미까지 함축하고 있고 객관적 관찰력과 섬세한 표현력 그리고 한문의 적절한 사용방법까지 교육할 수 있는 훌륭한 작품이라고 당시 국어선생님이 설명하던 것을 지금도 잊을 수 없다. 이 글의 저자가 바로 천관우 숙부님이시다.

청소년 시절에 받은 심리적 충격은 좋은 것이든 나쁜 것이든 평생 잊히지 않는 것이 일반적 상례일 것이다. 내가 중학교에 입학했을 때 유니온 영어교과서 첫머리에 "I am a boy. You are a girl. My father is a station master."라는 영어문장이 나온다. 당시 나의 부친은 교통부 서울철도국 의정부역장으로 봉직하셨다. 벼슬이 높은 것도 아니고 돈을 많이 버는 직장도 아니었지만 영어교과서 첫머리에 나의 아버지 직업이 소개되고 있다는 데 대해서 나는 충격을 받았고 그것은 엄청난 자부심으로 변하여 내 생애의 기본바탕이 되어 있다. 마찬가지로 고등학교 교과서에 실려 있던 숙부님의 글 또한 잊을 수 없는 추억이며 당시 그분의 조카라는 자부심으로 가슴 뿌듯했던 감정을 지금도 간직하고 있다.

어쨌든 숙부님의 글은 국어교과서에 실릴 정도의 명문이었으며 지금 읽어 보아도 객관적이고 치밀한 표현에 다시 한 번 감탄하게 되는 것이다. 여행을 좋아하고 기행문을 즐기는 분들에게 일독을 권하고 싶다. 평생을 언론인으로 종사하시면서 수많은 글을 써오셨지만 그분의 글이 고등학교 국어교과서에까지 실렸다는 것은 또 다른 의미의 뛰어난 교과서적 문필가였다는 것을 다시 한 번 입증하는 것이라고 본다.

또 한 가지 고등학교 시절에 자랑스러웠던 기억은 숙부님이 대학졸업 후 잠시 동안이긴 하지만 나의 모교인 경기고등학교 교사로 재직하셨다는 사실이다. 해방 후 어려웠던 시기에 그 학교에는 전국의 많은 우수교사들이 모여 있었다고 하는데 대부분 대학교수로 전직하셨다고 한다. 숙부님은 역사와 한문 과목에서 명강의로 소문이 나 있었다고 하니 어린 나에게는 큰 자랑거리가 아닐 수 없었으며 지금까지도 아련히 남아 있는 즐거운 추억이다.

### 3. 엄격한 언론인

언론인 천관우 선생 하면 그분을 아는 많은 분들은 아마도 술과 담배를 연상하게 될 것이다. 두주불사의 호탕한 성품에 줄담배의 습성을 평생 유지하셨는데 거기에다가 체구가 크신 편이기 때문에 항상 건장하고 당당한 모습을 보여주셨다. 내가 알기에 그분의 특별한 건강비결은 틈틈이 숙면을 즐기시는 것이었다. 특히 자동차만 타면 아무리 덜컹거려도 즉시 숙면에 빠지는 습관이 있었는데 그 습관을 평생 즐기신 것으로 기억된다.

언론인으로서의 천관우 선생은 그분의 많은 선배, 동료, 후배들이 잘 알고 계시는 바이므로 내가 얘기할 분야는 아니다. 다만 내가 겪은 두 가지 사례를 생각하면서 그분의 엄격한 성품을 다시 회상하게 된다.

내가 대학을 졸업할 즈음 숙부님은 동아일보사 주필로 재직하고 계셨다. 당시에도 신문기자 취업은 매우 어려웠다. 나의 한 친구가 동아일보 기자 채용시험에 응시하여 필기시험에 우수한 성적으로 합격하고 면접시험을 보게 되었다. 나의 친구는 면접관들에게 기자로서의 당당함과 창의적 사고를 보여주고 싶었는지, 의외에도 신문사설의 전면 한글화를 역설하였다고 한다. 천관우 주필이 매우 불쾌해하더라고 걱정하더니 결국 낙방하고 말았다.

소싯적부터 한학에 밝았고 역사학자로서 한문의 중요함을 깊이 인식하고 있던 분에게는 군에서의 항명이나 다름없는 중대사건으로 생각되었을 것이다. 후에 내가 그런 사실이 있었느냐고 문의했더니 매우 우수한 학생이었는데 동아일보와는 맞지 않는 사람이었다고 단호하게 대답하시는 것이었다. 어떻게 보면 고집이라고 할 수도 있겠지만 원칙을 지키는 엄격함이 몸에 배어 있는 한 모습이었다고 생각된다.

또 하나의 사례는 지극히 사적인 것이기는 하지만, 숙부님의 성품을 단적으로 보여주는 좋은 예인 것 같아 여기에 소개한다. 아주 가까운 친척의 부탁을 차갑게 거절한 사건으로 집안에서 화제가 되었다. 좋은 화제로서가 아니라 세상에 그럴 수가 있느냐는 비난의 소리였다. 숙부님은 부탁을 받고 이렇게 답변하셨다는 것이다.

"나에게 부탁하지 마라. 그리고 나에게 부탁했다는 말조차 하지 마라." 부탁을 거절한 것은 물론이고 부탁하는 말을 들었다는 그 자체까지도 싫다는 의미였을 것이다. 요사이 말로 심한 결벽증이 체질화되어 있었던 것 같다.

결과적으로 숙부님은 평생 자그마한 불광동 국민주택을 벗어나지 못하였고 가족을 위해 남겨 놓은 재산도 없이 엄격한 언론인으로 고고한 삶을 살다 가셨다.

## 4. 역사학자로서의 소임

나는 지금도 1973년도에 삼진사에서 발간한 『한국사대계』(전 12권)를 소중히 간직하고 있다. 여러 역사학자들이 저술하시고 숙부님이 감수하신 귀중한 국사저서이다.

종전의 국사책과는 다른 방법과 각도에서 편찬된 것으로 학계에서 높이 평가된 것으로 알고 있으며, 그 외에도 『한국사의 재발견』 등 많은 저서와 논문이 있어 역사학자로서도 큰 공적을 남기신 것은 널리 알려진 사실이다. 위 저서의 서문에 보면 숙부님의 역사관은 확고하다. 우리역사에 대해 자신을 갖되 자존에 빠져서는 안 되고 자성할 점도 있지만 자조해서도 안 된다는 것이며, 그런 기조에서 사학의 대중화, 개방된 국민의 국사학을 강조하였다. 오늘날 역사학계의 당면과제가 아닌가 한다.

특히 위 저서의 연표와 편람 2권은 직접 집필하신 것으로 알고 있는데 월 단위까지의 상세한 역사연표와 역대왕조의 상신록에서부터 한민족의 의식주, 종교와 법률, 예술과 세시풍속에 이르는 광범위한 해설은 역사의 문외한들에게도 신선한 충격을 주기에 충분한 역작이었다고 생각된다.

또 사적으로 고심하신 것은 나의 조부님(천명일千命一 씨)의 독립운동에 관한 자료수집이었다. 나의 조부님은 중국 운남군관학교를 졸업하시고 조선독립군 교관으로 활약하셨다고 전해오고 있는데 객관적 자료를 찾지 못해 독립유공자로 선정되지 못하고 있는 점을 늘 안타깝게 생각해오셨으나, 이를 해결하지 못하고 작고하신 것이 후손으로서 두 분 모두에게 죄송스럽고 민망할 따름이다.

## 5. 맺는 말

끝으로 숙부님이 말년에 민족통일중앙협의회 의장으로 취임하신 사건에 대하여 언급하지 않을 수 없다. 이에 대하여는 그분을 잘 아시는 분들도 비판적이거나 아쉬워하고 있는 것이 사실이다. 그러나 이 문제는 단선적이거나 피상적으로 접근하여서는 진실에 다가갈 수 없다는 생각이다. 역사학자로서 국가장래에 대한 긴 안목의 중대판단일 수도 있고, 언론인으로서 겪어야 했던 남모르는 고뇌 그리고 그분의 치열했던 생의 전 과정을 종합하여 그 깊은 의미를 이해해야 한다고 생각한다.

1973년 초 검사에 임관된 나는 인사차 숙부님 댁을 방문하였다. 그때 나에게 이런 말씀을 하신 것을 기억한다. "중앙정보부가 나의 일거수일투족을 감시하고 있다. 앞으로는 우리 집에 오지 마라. 공무원인 너에게 어떤 불이익이 있을지 모른다." 그 말씀은 그분이 당시의 정부와 얼마나 날카롭게 대치하고 있었는지, 그 현실을 정확하게 표현하신 것이었다. 그런 분이 수년 후 정부에 대한 기본입장을 바꾸었다는 것은 보통사람의 단견으로는 이해하기 어려운 것이 또한 사실이다.

그러나 나는 숙부님이 작고하실 당시의 상황을 회상하면서 그분의 말로 표현할 수 없는 고뇌와 번민 그리고 결단의 순간을 이해하려고 한다. 그분은 폐암으로 작고하셨다. 마지막 주치의였던 서울대학교병원 담당의사가 나의 절친한 친구였는데 금연하지 않으면 생명이 매우 위태롭다고 누차 강력히 경고하였음에도 그분은 끝내 금연을 거부하고 작고하신 것이다.

나의 숙부님이 죽음을 앞두고도 금연을 거부한 진정한 이유를 알 수 있을 때 그분의 치열했던 그리고 정의로웠던 파란의 일생을 이해할 수 있을 것이다.

삼가 하느님께 위대한 영혼의 평화로운 안식을 간절히 기도한다.

# 거목으로 우뚝 서 계시옵소서!

황 빈

천관우 선생 생질녀·수필가

이승을 하직하신 지 오랜 시간이 흘렀어도
그 학문은 나날이 새로운 빛을 발하며
여러 사람들의 학문추구에 큰 길잡이가 되어
길이 기억됨이 가슴 뿌듯하온데….

해마다 이맘때가 되면 어김없이 보내주시던 친필로 쓴 정겨운 연하장을 금년도 혹여 받을 수 있을까 허망한 기대로 기다려 보았습니다. 평소 좋아하시던 약주와 안주도 마련하여 찾아뵙고 덕담도 듣고 싶었습니다. 만년 겨울철 즐겨 착용하시던 솜을 둔 풍성한 한복을 입고 집필에 열중하시다가도 언제나 반가이 맞아주시던 그 넉넉하신 기품을 어느 곳에 가서 다시 만나 보려는지요. 늘상 우리 곁에 우뚝 서 계시며 보듬고 지켜 주실 줄 알고 있었답니다.

유년시절 겨울방학이 되면 어김없이 찾던 정겨운 외가에 꿈에라도 한번 찾아가 보고 싶습니다. 빛바랜 한지에 달필로 쓴 '입춘대길立春大吉'이 붙여진 오래된 우람한 한옥대문을 지나 중문쯤 당도할 즈음 떠들썩한 인기척으로 놀란 외할머니가 버선발로 댓돌 위로 달려 나와 "아이고, 우리 강아지들이 왔나?" 하며 반기시던 외가에서 긴긴 겨울방학을 함께 보내던 그때를 그려봅니다. 사방에서 몰려온 이종들과 이웃의 친인척들로 식솔들이 집안 가득하여 평소 어른만 계셔서 절간같이 조용하던 집안이 갑자기 활기가 넘쳤답니다. 모처럼 귀향하여 우리들과 함께 시간을 보내며 들려주시던 그 많은 동서양을 넘나들던 고전과 재치가 넘치는 유익한 이야기들은 어린 우리들의 지식의 보고로서 지적인 양식을 충족시켜 주기에 부족함이 없었지요.

대문에 붙여진 힘찬 붓글씨는 외삼촌이 유소년 시절에 쓴 명필이라고 몇십 년을 그대로 붙여 놓고 들고나는 사람들에게 보여 주던 가문의 자랑이자 또한 인근 고을 사람들에게는 무언의 명필교본이 되기도 하였답니다. 지금은 수중 궁궐 깊은 물길 속에 잠겨 우리들의 뇌리에서 사라진 지도 벌써 오랜 세월이 흘렀습니다. 충주호가 생기며 수몰된 청풍지역 일대에 무리 지어 살던 많은 옛사람들의 유품과 자취는 이렇게 해서 영원한 침묵 속에 수장되고 말았지요. 사진을 찍어 영상으로 보관하였던지 탁본이라도 떠놓았더라면 영구보존이 되었으련만 큰 아쉬움으로 남습니다. 아쉬움으로 남는 것이 어찌 그뿐이겠습니까?

지금 우리들이 마음먹으면 어느 때나 찾아볼 수 있는 청풍문화재단지 조성을 위해 각 방면으로 뛰며 혼신의 힘을 다해 노고를 아끼지 않으셨던 보람으로 그 옛 자취를 미약하나마 후세에 전할 수 있게 된 것을 기억하는 사람이 몇이나 되려는지요. 아울러 한 집안을 어우르는 어른으로서 조상들의 묘역도 어렵사리 혼자의 힘으로 남한강이 바라다 보이는 경관이 수려한 양수리 공원묘원으로 모두 이장하기에 얼마나 노고가 크셨을지 간혹 회고해 봅니다.

다행히 외증조부님의 공덕비는 문화재단지 내에 이전이 되어 있는 것을 보았습니다. 그 옛날 제천에서 청풍으로 들어가는 내륙의 길은 교통편이 매우 불편하여 육로로 시오 리를 걸어가다 청풍나루에서 뱃

사공의 힘을 빌려 강을 건너야만 갈 수 있었지요. 마을 어귀 비각碑閣 안에 세워진 증조부님의 공덕비 앞을 지나야 마을로 가는 길의 진입이 가능했지요. 이 비는 정축丁丑년 큰 물난리에 온 고을사람들이 큰 수해를 입어 초근목피로 어렵게 연명할 때 증조부께서 큰 재물을 희사하신 공덕으로 세워진 공덕비라고 외조부님께서 들려 주셨지요. 어린 우리들은 조상님의 큰 위업에 늘상 자긍심을 지니고 살았답니다. 수년 전 찾아본 문화재단지 내에 이전되어 세워진 여러 기의 공덕비와 선정비들 중 오랜 풍상으로 마모된 흐릿한 비문에서 그분의 자취를 찾을 수 있었습니다. 시공을 초월한 반가운 조상님과의 해후가 감개무량했답니다.

고인의 외양은 한국일보 입사 당시를 회고하던 오종식吳宗植 선생님의 글에서처럼 "흔히 표상할 수 있는 기자 타입이 아니고 장사연壯士然하였다" 하듯 우람한 체구와 성품이 그의 조부를 많이 닮아 있었지요. 일찍이 그의 조부장祖父丈 슬하에서 한학을 수습하였던 것이 후에 그를 신동이라 부르는 계기가 되었으리라 봅니다.

부친은 비교적 연약한 체질에 매우 감성이 뛰어난 예술가적 기질을 지니셨던 분이었답니다. 일찍이 외국유람도 하시며 서양문물을 받아들였던 개화된 분으로서 늘그막 낙향 이후로는 한촌에 기거하면서 개량된 서양의 농작물과 약초를 재배하는 등 생산적인 일로 소일을 하셨지요. 조석으로 한유한 시간 빼어난 경관의 금수산이 바라다 보이는 강가로 나가 낚싯대를 드리우고 망중한을 즐기는 강태공처럼 유유자적한 노후를 보내셨답니다. 젊은 날 멋지고 화려했던 옛일들을 꿈속에 그리며 객지에 있는 자손들의 안위를 염려하는 공허한 시간을 보내셨으리라고 봅니다.

방학이 되면 조손들과 함께 지내려는 일념으로 불편한 장거리여행도

마다하지 않으시고 상경하여 우리를 대동하고 고향을 들고나던 자상하시던 외할아버지! 외할머니 솜씨로 잠자리 날개같이 잘 손질된 흰모시 두루마기와 백구두 차림에 중절모를 쓰고 단장을 휘두르며 발걸음도 가벼이 앞서 걸어가시던 모습이 마치 어제인 양 눈에 선하답니다.

모친은 여성이면서도 선이 굵은 여장부의 기질을 타고나셨던 듯 언변도 좋으시며 매사 시원시원하셨지요. 옛 여인으로서는 보기 드문 팔등신이라 할 훤칠한 키에 인물도 뛰어나게 훤하신 분으로서 댁을 찾는 손 접대함에 한 치의 소홀함이 없으셨답니다. 일 년 사계절 수없이 치러내야 했던 조상 3대 봉제사는 물론, 명일이나 평소 조석으로 늘상 넉넉한 음식장만을 하여 가솔들과 이웃의 여러 사람들에게 베풀기를 즐겨하셨지요. 막내 아드님이 평생을 청렴하고 강직하게 사는 학자로서의 고달픈 삶에 늘상 가슴 아파하셨답니다. 물 흐르듯 시류에 함께 동조하며 일상생활에 여유를 갖고 범인들처럼 편히 살아내기를 얼마나 기원하셨던가.

누구라 그분의 학자로서의 높은 기개를 꺾을 수 있었을까? 높은 학덕을 지니셨음에도 겸양지덕을 겸비하신 것을 그분의 일상생활에서 종종 발견하며 과연 큰 어른이심을 철이 들면서 우리는 늘상 깨우치며 살았답니다.

거의 60여 성상이 지난 일로서 고등학교 3학년 국어교과서에 고인의 미국 체류 중에 쓴 기행문 「그랜드 캐년」을 학습 당시 국어수업을 담당하셨던 선생님의 극찬이 아니었어도 고인의 이 글은 기행문 중의 백미로 만인이 기억하고 있으리라고 봅니다. 이 글 중에서 발췌한 어려운 한문숙어 문제가 대학입시 문제로 출제되어 간혹 여러 입시생들의 원망 아닌 원망을 많이 사기도 하였던 것을 기억한답니다.

금년이 어언 이승을 하직하신 지 20주년이 된다니 감회가 새롭습니다. 어찌 그리 서둘러 떠나셨는지요. 험난한 세태에서 자기 한 몸 돌보지 않으시고 주야로 너무 많은 시간을 학문추구와 올곧은 글 쓰시기에 몰두하느라 심신을 혹사하셔서인가 싶습니다. 요즘 다시 읽어보는 당신의 유고집을 대하다 보면 인간의 두뇌는 그 저장의 한계가 얼마나 되는지 의심스러울 때가 있습니다. 어찌 그리 박학다식한 해박함을 작은 두뇌에 다 저장하고 계셨을까요? 학자로서의 높은 기개氣概를 지니면서도 겸허함을 늘상 잃지 않으셨던 분!

이승을 하직하신 지 오랜 시간이 흘렀어도 그 학문은 나날이 새로운 빛을 발하며 여러 사람들의 학문추구에 큰 길잡이가 되어 길이 기억됨이 가슴 뿌듯하답니다. 당신을 기리는 여러분들이 각계에 아직도 이렇게 많이 계시니 우리들의 정신적 지주로서 오래오래 우뚝 서 계시기를 소망합니다.

외삼촌을 기리며 두서없이 쓴 외람된 글 영전에 삼가 바칩니다.

2011년(신묘년) 정초에 씀

# 생가 수몰은 큰 실책

정운종
대한언론인회 상임이사 · 전 경향신문 논설위원

제천이 낳은 거목 천관우 선생 생가에
아무도 신경 쓰지 못한 것은 실책 중의 실책
지금이라도 고증을 들어 청풍문화재단지에
복원작업을 서둘러야 하지 않을까.

필자가 1965년 신아일보新亞日報 조사부 기자로 한창 자료를 정리하고 있을 때다.

제천서 몇 안 되는 언론인 중의 한 사람으로 대외적으로는 논설위원 직함을 가지고 이런 저런 초청모임에 잠석하곤 했을 때 우연히 천관우 선생을 뵈올 기회가 있었다. 사실 그때만 해도 필자는 천관우 선생이 동아일보 편집국장으로 계신다는 정도만 알았지 이분이 유명한 사학가이자 당대의 명논객이면서 제천이 고향인 사실을 모르고 있었다. 그런데 만나는 이마다 고향이 제천이라고 말하면 "아, 천관우 선생을 아느냐" 고 반문하곤 해서 어떤 분인가 하고 한번 인사를 가야겠다고 벼르던 어느 날 우연한 기회에 천관우 선생을 만났을 때 우선 거구에다 과묵하신 탓으로 처음부터 압도당했던 기억이 새롭다. 그러나 약주를 드시면서 말씀이 많아지고 인정미가 듬뿍 풍겨 고향 어르신을 뵙는 것 같은 느낌이 들었다.

천관우 선생에 대한 얘기나 일화는 선배 언론인마다 이런 저런 추억을 간직하고 있을 줄 알지만 필자가 늘 아쉽게 생각해 온 것은 천관우 선생 생가가 수몰되어 자취를 감춘 사실이다. 청풍문화재단지가 조성됐을 때 마땅히 그리로 옮겼어야 할 집이 흔적도 없이 사라진 것은 생각할수록 큰 실책으로 여겨진다.

충주호를 굽어보는 호수의 산마루에 자리 잡고 있는 청풍문화재단지는 충주댐 건설로 인해 청풍의 옛날 화려한 이름만을 전설처럼 남긴 채 물에 잠기게 되자 1983년부터 3년여에 걸쳐 현재의 위치로 이전 복원되었다.

청풍문화재단지는 1만 6천여 평의 면적에 팔영루, 한벽루, 금남루, 응청각, 금병현, 향교 그리고 각종 민속가옥과 연자방아 등을 비롯하여 1천 6백여 점의 문화재로 이루어져 있다. 고가古家 4동 등 보물 2점, 지방유형문화재 9점, 비지정문화재 42점과 생활유물 1,900여 점과 유물전시관에는 300여 점의 유물이 전시되어 있다. 옮겨진 고가 중에는 제천 제헌국회의원을 지낸 고 유홍렬 의원의 생가도 눈길을 끌고 있다.

필자는 이 유홍렬 의원 생가를 볼 때마다 왜 천관우 선생 생가를 이곳에 옮겨 놓지 못했던가 하는 의문에 사로잡히곤 했다. 제천의 인물로 당대의 사학가이자 언론계 거목이셨던 천관우 선생, 다른 분은 모르지만 이분의 생가는 수몰되기 전 당연히 청풍문화재단지에 이전됐어야 했다는 것은 필자만이 느끼는 아쉬움이 아니다.

청풍문화재단지를 조성할 당시인 1983년 천관우 선생은 청풍문화재단지 조성에 남다른 관심과 애정을 쏟고 계셨던 것으로 알려져 있다. 한벽루(보물 제528호)를 옮겨 지을 때 고증을 가장 많이 해주신 분이 바로 천관우 선생이라는 사실을 아는 사람은 다 안다. 이 건물은 원래 고려 충숙왕 4년(1317)에 청풍현이 군으로 승격되자 이를 기념하기 위해 세운 관아의 부속건물이었다. 1972년 대홍수로 무너진 것을 1975년 원래의 양식대로 복원하였고 청풍이 수몰되면서 이 건물을 문화재단지로 옮기면서 얼마나 노고가 많으셨던지 대들보(상량上樑)에 자신의 이름 석 자가 빠진 것을 못내 아쉬워했다는 후문이다. 유홍렬 의원 이름은 들어가고 정작 복원작업에 열정을 쏟았던 천관우 선생의 이름 석 자가 빠진 것은 그렇다 치고 천관우 선생 생가 복원작업에 아무도 신경을 쓰지 못한 것은 당시 청풍문화재단지 조성작업을 주관했던 관계 당국의 실책 중의 실책이라 아니할 수 없다. 이제 와서 그 책임 소재를 따져 보았자 부질없는 일이지만 지금이라도 고증을 들어 청풍문화재단지에 천관우 선생 생가 복원작업을 서둘러야 하지 않을까 생각된다.

천관우 선생 생가는 알고 보니 정용만이라는 분이 사들여 일부 고가 자재를 뜯어다 집을 짓고 산다고 한다. 대강 알려지기로는 대청마루와 서까래 몇 개가 살아남은 모양이다. 제천 청풍에서 성장해 농협 조합장, 의료법인 대표이사직을 두루 거쳤던 천관우 선생의 외사촌 동생 민정기閔正基 씨(천관우 선생의 어머님이 민정기 씨의 고모다)는 필자와의 전화 통화에서 "청풍문화재단지 조성 때 고종사촌 형님(천관우)의 고가를 옮겨 짓도록 건의하지 못한 것이 매우 후회스럽다"며 돌아가신 천관우 선생께 미안한 마음을 금할 수 없다고 술회했다. 그러면서 "짐작하건대 강직하기로 유명한 천관우 선생이 자신의 생가를 옮겨 짓는다 해도 말렸을 것이라는 생각도 든다"고 당시를 회상했다.

그나마 다행인 것은 천관우 선생의 조부님인 천인봉千仁鳳의 비석이 매몰되지 않고 보존된 점이다. 천인봉의 자는 우현禹玄이고 명나라의 무신으로 임진왜란 때 이여송 휘하로 조선에 출정하여 여러 싸움에서 대승을 거두었고 정유재란 때도 전공을 세우고 조선에 귀화한 천만리千萬里의 후손이다. 청풍문화재단지에 세워진 그분의 자선비에 따르면 천인봉의 관직은 의관醫官이었는데 의관은 1895년(고종 32년) 중추원 관제에 따라 설치된 직위로서 1·2·3등으로 나뉘고 인원은 50명 안팎이었다. 평소에 효행이 인근에 자자하였으며 어려서는 매우 가난하였지만 근검과 절약으로 열심히 일하여 부자가 되었다고 한다.

1939년 청풍지역에 심한 흉년이 겹쳐서 가난한 사람들이 먹지 못하여 굶어 죽게 되자, 천인봉은 돈 8천 냥(1냥=2만 원)과 곡식 16곡(1곡은 10말)을 불쌍한 사람들에게 선뜻 내주어 이들을 구제하였다. 천인봉의 빈민구휼의 덕을 기리기 위하여 1941년 3월, 읍리 286번지에 화강암으로 '천인봉 자선비'를 세웠다. 지금은 수몰로 인하여 청풍문화재단지의 비석군지로 이전하였다.

1925년 6월 2일(음) 제천시 청풍면 북진리에서 천병선과 민수홍의 2남 3녀 중 막내로 출생한 천관우 선생은 바로 이분의 손자다. 천관우 선생은 1930년(6세)부터 조부 천인봉의 슬하에서 7년 남짓 한문漢文 수학을 한 것으로 알려져 있다. 1931년(7세) 청풍공립보통학교淸風公立普通學校(청풍초등학교)에 입학하여 1937년(13세) 3월 졸업(24회)한 천관우 선생은 어릴 때부터 신동으로 소문이 자자했으며, 훨씬 나중 일이지만 이 시골에서 미국 유학생이 나왔다고 모교인 청풍초등학교에서 악대까지 동원하는 행사도 있었다고 한다.

그 뒤로 한국 언론사와 국사학계에 이바지한 큰 발자취, 그리고 민주화운동에 헌신한 천관우 선생의 행적을 되새기며 수몰되어 없어진 선생의 생가를 청풍문화재단지에 복원할 수는 없을까 생각해 본다. 제천의 자존심이라 해도 과언이 아닌 천관우 선생의 위업을 기리고 선생이 남기신 자유언론 창달, 그 파사현정破邪顯正의 정신을 본받게 하는 일은 이제 우리 후진들 모두의 몫이다. 이 일에 제천시가 서둘러 앞장서기를 기대하면서 늦게나마 선생의 명복을 기원한다.

# 고향에 남긴 '박달재 비문'

장석건
제천 내제문화연구회장

박달은 태곳적부터의 유래를 지닌
백산白山의 뜻이라고도 하나
이 오랜 일들을 오늘날 뉘 소상히 알리.
이 재를 쉬고 넘는 길손들을 위해….

거인 천관우 선생님 생가

## 1. 청풍명월의 본향 제천이 낳은 거인

천관우 선생은 1925년 8월 10일(음력 6월 2일) 제천시 금성면 북진리에서 천병선과 민수홍 사이의 2남 3녀 중 막내로 태어났다. 후석 천관우는 "험난한 파도기에 태어나 갈피를 못 잡는 세대와 은銀고리를 걸려고 애쓰다 간 것"이란 표현이 말해 주듯 20세기 초부터 우리 민족이 겪었던 험한 파도와 같은 삶을 살았다. 그 옛날 고구려 장군 양만춘楊萬春의 이미지처럼 6척의 거구로 우족탕은 3인분, 초밥은 5인분을 먹는 것이 그의 보통 식사량이었다. 주량도 상당하여 4홉들이 막소주 1병이 반주飯酒요, 그러고서도 방안을 진동시키는 코골음 소리를 내며 아무 데서나 잠도 잘 잤기에 천관우千關羽라는 별명이 붙었다고 한다. 역사의 인물 중에서 양만춘을 가장 닮고 싶은 멋쟁이로 꺾이지 않는 대나무라는 기개와 지조 하나로 살다간 고집이 센 성격이었다. 조선일보의 이규태 선생도 천千 고집을 넘어 만萬 고집, 아니 억億 고집으로까지 표현할 정도로 고집스러움 없이는 뜻을 관철시킬 수 없는 격동의 세월을 살았다고 한다. 또한 다방면에서 활동을 하면서 그는 부富와 귀貴를 위하여 평생 양심과 정의를 저버린 일이 없는 분명한 제천이 낳은 거인이다.

한편으로 제천에서 태어난 두 분의 역사학자 순암順菴 안정복安鼎福(1712~1791)과 후석 천관우(1925~1991)는 213년이라는 시공을 초월하여 '제천이 고향'이라는 인연을 맺게 되었으며, 그들은 벼슬에는 연연하지 아니하고 사회의 건전한 비판세력이 되어 국가와 민족을 위해서 준엄하고 냉철하게 사회비판을 했다는 순수성을 볼 수 있고, 그 뜻을 기리는 역사연구에 전념했던 공통점은 제천이라는 곳에서 출생한 인연이 묘하다는 느낌을 주는 바 크다.

따라서 제천은 고대 구석기시대의 점말동굴과 황석리유적은 물론 산수가 수려하고 아름다우며 제천 시내에 정기精氣가 흐르고 있는 칠성봉七星峰을 비롯하여 용두산龍頭山, 월악산月岳山, 금수산錦繡山, 감악산甘岳山, 백운산白雲山, 송학산松鶴山 등의 명산名山과 의림지義林池, 청풍호淸風湖의 정기를 이어받아 제천인은 도전 정신이 강할 뿐만 아니라 최근에도 이어지는 인물로 허영호許永浩, 최종열崔鍾烈 대장을 비롯한 생사를 초월한 탐험가와 이춘구李春九, 이원종李元鐘 같은 올곧은 정치인이 탄생하는 역사의 흐름은 명당 터에 살고 있는 청풍명월의 본향 제천인堤川人인지도 모른다.

## 2. 박달재 비문에 담긴 천관우 선생님의 글

### (1) 박달재 비문—거인 천관우 짓다

박달재비 앞면

박달재비 뒷면

박달재 비(문)

해발 453m, 산 높고 골 깊은 이 고개는 그 이름을 모르는 이 드문 박달재—박달현朴達峴이다.

치악산의 맥이 뻗어 백운산이 되고 그 줄기가 다시 남으로 달려 구학산, 박달산, 시랑산을 이루니 이 박달재는 동서로 봉양과 백운을 잇고 멀리는 제천과 충주를 잇는다.
1216년 고려 김취려金就礪 장군이 거란의 대군을 여기서 물리쳤고 1268년 고려의 이 고장 별초군別抄軍이 또한 여기서 몽고의 군사를 막아냈다.
영남 땅 도령 박달과 이 재 아랫마을 처녀 금봉의 애달픈 사연이 전해오기도 하고 박달은 태곳적부터의 유래를 지닌 백산白山의 뜻이라고도 하나 이 오랜 일들을 오늘날 뉘 소상히 알랴.
이 재를 쉬고 넘는 길손들을 위해 간략히 적어 둔다.

1980년 11월 일
천관우 짓고
현수근 쓰고
제천 중앙라이온스클럽 세우다

※ (자연석은) 청풍산

### (2) 박달재 노랫말—반야월 작사, 김교성 작곡, 박재홍 노래

박달재 노래비

(1절) 천등산 박달재를 울고 넘는 우리 임아
물항라 저고리가 궂은비에 젖는구려
왕거미 집을 짓는 고개마다 굽이마다
울었소 소리쳤소 이 가슴이 터지도록

(2절) 부엉이 우는 산골 나를 두고 가는 임아
돌아올 기약이나 성황님께 빌고 가소
도토리 묵을 싸서 허리춤에 달아주며
한사코 우는구나 박달재의 금봉이야

(3절) 박달재 하늘고개 울고 넘는 눈물고개
돌부리 걷어차며 돌아서는 이별길아
도라지꽃이 피는 고개마다 굽이마다
금봉아 불러보나 산울림만 외롭구나

※ 3절은 1988년 11월 23일 박달재 노래비 제막식에서 반야월 선생님이 직접 쓴 자필을 돌리며 발표한 곡이다(필자는 그때 자필서와 사인을 받은 『가요야화』 책을 소장하고 있음).

### (3) 모두가 인연

박달이와 금봉이

지난 1월 31일 제천 출신 정운종 선배님(대한언론인회 상임이사)의 전화와 천관우 선생 추모문집 편찬위원회의 원고청탁 서신을 받고 다소 당황하였으나, 한편으로 고마운 생각을 하면서 자료수집을 하는 과정에서 부족함을 느꼈다. 마침 본회 임용식 부회장이 1993년 6월 20일에 발행한 내제문화 5집에 게재한 논문이 있어 용기를 내어 찾은 것이 박달재 정상에 세워진 박달재 비석에 '천관우 선생님이 쓰신 비문'이 있어 사진을 찍고 소작으로 써 보았다. 그러면서 박달재 정상에 세워진 '박달재비'와 '박달재 노래비'는 문화적 가치를 지니는 것임을 알았다. 거인 천관우 선생님이 쓰신 '박달재 비문'이나 반야월 선생님이 작사하신 '박달재 노랫말 3절'은 같은 울타리에서 모두가 인연을 맺고 박달재를 빛나게 하고 있다는 진정성이 담긴 역사적 사실이 되었다. 앞으로 박달재 노래 4절은 청풍명월의 본향 제천에 희망을 주는 '웃고 넘는 박달재'가 되기를 바라는 마음으로 작사 되기를 기대해 본다.

### 3. 다시 한 번 그가 쓴 「그랜드 캐넌」 기행문을 읽으며
#### —고인의 명복을 빕니다.

"K형, 황막荒漠의 미개경未開境 '애리조나'에 와서 이처럼 조화의 무궁을 소름 끼치도록 느껴보리라고는 미처 생각하지 못했습니다. '그랜드 캐넌'의 그 웅혼雄渾 괴괴한 절승을 그 한 모퉁이나마 전해드리려고 붓을 들고 보니, 필력이 둔하고 약한 것이 부끄러워집니다. K형, '애리조나' 주 '피닉스' 불사조의 이름을 지니는 이곳에 온 것이 5월 7일, 기온은 화씨 90도를 오르내리고 있습니다. 내리쬐는 강렬한 햇볕에, 시야에 들어오는 것이라곤 메마른 암괴巖塊로만 되어 있는 듯 기묘한 '스카이라인'을 이루는 미국 남부 특유의 산형과, 거리마다 우거진 높다란 종려棕櫚의 가로수입니다. 이 '피닉스'에서 다시 대협곡의 관문인 '홀래그스태트'까지 자동차로 여섯 시간의 행정行程입니다.…
눈앞에 전개되는 아아 황홀한 광경! 어떤 수식이 아니라 가슴이 울렁거리는 것을 어찌할 수 없습니다. 이 광경을 무엇이라 설명해야 옳을지. 발밑에는 천인千仞의 절벽, 확 터진 안개에는 황색, 갈색, 회색, 청색, 주색으로 아롱진 기기괴괴奇奇怪怪한 봉우리들이 흘립屹立하고 있고 고개를 들면 유유창천悠悠蒼天이 묵직하게 드리우고 있는 것입니다. 나는 지금 550m의 협곡 남안에 서 있습니다. 그리고 K형, 나는 이것을 보려 여기에 온 것입니다. 별안간 일진의 바람이 거세게 불어닥치며 옷자락을 휘몰더니 휘날리는 눈, 눈, 멀리 이 협곡의 대안對岸인 '포웰' 고원을 운무의 품안에 삼키고 기발한 봉우리를 삽시간에 차례차례로 걷우고, 마침내 눈앞에 보이던 마지막 봉우리를 삼키고 망망한 운해, 휘날리는 눈보라, 그리고 숨 가쁜 강풍, 회명晦冥하는 천지 속에 나는 옷 젖는 것도 잊고 서 있을 수밖에 없었던 것입니다. '염천지지유유念天地之悠悠 독창연이체하獨愴然而涕下'라고 한 옛사람의 글귀가 선뜩 머리를 스치면서, 까닭 모를 고요한 흥분에 사로잡히는 것입니다.…"

1960년대 고등학교 국어교과서에 실려 있던 천관우의 기행문 「그랜드 캐년」이다. 언론인이자 저술가로 이 글을 꼭 한 번 읽고 싶었는데, 오늘 글을 쓰면서 청풍명월의 본향 제천 출신의 올곧은 선비의 글을 고교시절로 돌아가 다시 한 번 읽으며, 고인의 명복을 빌었다.

**※ 참고문헌**

1. 내제문화연구회, 『내제문화』 15집, 1993년 6월 20일 발행.
2. 반야월, 『가요야화』, 세광음악출판사, 1987.
3. 1960년대 고등학교 국어교과서
4. 장석건 일기

2장

# 후석 선생에 대한 단상

# 역사에 일가견 갖춘 33세 편집국장

조선일보사 사료연구실

1959년 초 자신의 손으로 직접 뽑은
수습 2기생들을 특히 아꼈다.
수습기자들에게 주제를 주고 기사를 써 오게 한 후,
마음에 드는 기사는 전면으로 게재하기도 했다.

"좀 봅시다."

1958년 11월 사장 방일영方一榮이 논설위원 천관우를 불렀다. 사장이 논설위원들에게 밥을 살 때면 멀찌감치 말석에 앉아 부완혁夫琓爀, 고정훈高貞勳, 고병익高柄翊 등 선배들의 고담준론高談峻論을 듣기만 하던 천관우로서는 무슨 일인가 싶었다. 방일영은 그에게 다짜고짜 편집국장을 맡으라고 했다.

33세, 입사 2년여 만이었다. 천관우는 1951년 대한통신에서 기자 생활을 시작한 후 1954년 한국일보로 옮겨 칼럼 「지평선」으로 실력을 인정받았다. 1956년 조선일보로 옮겨 와서는 고정란 「만물상」을 전담 집필하다시피 하면서 해박한 지식을 짭짤한 읽을거리로 풀어내고 있었다.

기왕 언론계에 발을 들였으니 편집국장 한번 해 보겠다는 욕심이 없는 것은 아니었다. 그래도 이건 너무 빨랐다. 게다가 9년간 편집국장 자리를 지킨 성인기成仁基의 후임이 아닌가. 아무래도 부담스러웠다.

회사는 그의 고충을 짐작하고 있었는지 백전노장百戰老將 유봉영劉鳳榮을 편집고문으로 국장 바로 옆자리에 앉혔다. 또 유건호柳建浩와 조동건趙東健을 부국장으로 임명해 그를 돕게 했다. 30대 청년 국장을 내세워 조선일보를 혁신하겠다는 포석이었다. 유건호와 조동건은 "밤새는 것은 우리 둘이 돌아가며 할 테니, 국장은 낮에만 자리를 지키라"고 했다. 하루에 조간, 석간 두 번 신문을 내던 때라 국장 자리는 잠시도 비울 수 없었다.

국장 자리에 오르자마자 천관우는 난제에 부닥쳤다. 자유당 정권은 언론을 제약하려는 저의底意가 짙은 국가보안법 개정안을 힘으로 통과시키려 했다. 천관우는 지면을 통해 이를 강하게 비판했다. 그러던 어느 날 그는 수사시관에 소환됐다. 이미 무혐의로 풀려난 예전의 사건을 다시 조사하겠다는 것이었다. 괜한 트집을 잡아 겁을 주려는 의도였다. 더 캘 것도 없는 사건을 가지고 묻고 또 묻고 밤이 깊어서야 겨우 풀려날 수 있었다. 회사에 돌아오니 사장, 부사장, 주필, 편집국 간부들이 아무도 퇴근하지 않고 그를 기다리고 있었다.

1958년 12월 24일 끝내 국가보안법이 국회에서 변칙 통과됐다. '2·4파동'이었나. 국회는 난장판이 됐다. 조선일보 기자들은 현장의 모습을 생생하게 그리면서 권력을 거침없이 비판했다. 천관우는 정치부 기자들이 써낸 기사를 한번 쓱 훑어보고는 편집자가 내민 제목을 고쳐 달았다. 「난무하는 적나赤裸의 권력」. 사건의 성격을 절묘하게 꼬집은 제목을 보면서 기자들은 "저게 편집국장이 가진 붓의 힘이구나" 하고 감탄했다. 천관우는 항상 붓을 사용했다.

천관우의 언론관은 확고했다. 1958년 12월 조선일보 사보에서 그는 "다들 조선일보를 '중립지'라 부르는데 그것은 이쪽도 저쪽도 아닌 중간이란 뜻이 아니다. 우리는 서양언론에서 말하는 이른바 '인디펜던트 페이퍼'(독립지)가 되어야 한다. 여與와 야野의 중간지대로서 중립지가 아니라, 여든 야든 옳을 때는 옳다, 그를 때는 그르다고 확실하게 시시비비是是非非를 가리는 '적극적 중립'이 되어야 한다"고 밝혔다.

그러나 의욕과 패기에 가득 찼던 그는 편집국 전체의 호응을 얻지는 못했다. 몇몇 노장파 기자들이 '외래파 30대 국장'인 그에게 대놓고 반기를 들었다. 천관우는 이것을 참지 못했다. 이 때문인지 그는 술에 취해 편집국에 들어와 종종 전화기를 내동댕이치곤 했다. 총무국 직원들이 "수화기를 쇠사슬로 묶어 놓자"고 진지하게 고려할 정도였다. 편집국을 장악하지 못한 천관우는 재임 10개월 만에 전화기를 던지고 아예 회사를 나가버렸다. 그는 어릴 때부터 신동으로 소문났고 자존심이 대단해 타협을 몰랐다.

천관우는 서울대학교 사학과에 다닐 때부터 대학신문에 게재한 글로 주목을 받았다. 그의 졸업논문 「반계 유형원 연구」는 스승 이병도李丙燾로부터 군계일학群鷄一鶴이라는 격찬을 들었다. 사람들은 천관우에 대해 '서서 죽을지언정 무릎 꿇지는 않을 사람'이라고 했다.

조선일보 시절, 그는 텁수룩한 머리에 노타이 차림으로 고무신을 신고 출근했다. 거구에 와이셔츠 차림으로 편집국 가운데 딱 버티고 서서 양손을 바지 주머니에 꽂고 줄기차게 담배를 피워댔다. 담배를 입에 문 채 이야기하면서 손도 대지 않고 콧바람으로 재를 훅 털어버리는 묘한 재주가 있었다. 두주불사 술꾼이었던 그는 한 자리에서 소주 대여섯 병 정도는 순식간에 해치워 술을 마신다기보다 입 안에 털어 넣는 수준이었다. 점심때도 설렁탕 한 그릇에 소주 한 병 정도는 반주로 마셨다.

그는 1959년 초 자신의 손으로 직접 뽑은 수습 2기생들을 특히 아꼈다. 수습기자들에게 주제를 하나씩 던져 주고 기사를 써 오게 한 후,

이 중 마음에 드는 기사는 전면으로 게재하기도 했다. 천관우가 퇴사한 다음에도 수습 2기들은 종종 서울 불광동 그의 집으로 찾아가 함께 술을 마셨다.

천관우는 강직하고 호방한 성격으로 따르는 사람이 많았다. 4·19 직후 그가 민국일보 편집국장이 되자 각 신문사 기자 20~30명이 그를 따라 민국일보로 옮겨 '천관우 사단'이란 말이 생겼을 정도다. 그 후 동아일보에서 편집국장을 거쳐 주필을 지내던 중 1968년 이른바 '신동아 필화 사건'으로 주필직에서 물러났다.

박정희 정권이 언론의 손발을 꽁꽁 묶어 놓았던 1970년대, 그는 모든 공직을 거부하고 칩거하면서 한국사, 특히 고대사 연구에 몰두해 『한국상고사의 쟁점』, 『고조선사·삼한사연구』, 『한국사의 재발견』, 『인물로 본 한국고대사』 등 역사책을 연이어 내놓았다. '역사학계의 기린아麒麟兒'로 일찌감치 그를 점찍었던 스승 이병도의 뜻을 뒤늦게 따른 셈이다. 천관우는 문공부 장관 혹은 국회의원으로 데려가려는 권력의 손길을 뿌리친 채 유신 철폐를 외치는 지식인의 대열에 섰다.

그러나 1981년 그는 전두환 대통령의 간청을 뿌리치지 못하고 '민족통일중앙협의회' 의장 자리를 받아들였다. 통일문제는 범민족적인 것이니 여야가 따로 있을 수 없다는 생각에서였다. 그러나 이른바 재야 지식인들은 이 일로 천관우에게서 등을 돌렸고, 1991년 사망할 때까지 그의 삶은 쓸쓸했다.

—『조선일보 사람들』(광복 이후 편), 랜덤하우스중앙, 2004.

# 천관우의 '학생가' 기백

한운사*

작가

천관우의 학생가는
우리가 세상을 건지지 않으면 누가 건지느냐.
이 학교에 들어오고 싶거든
마음가짐부터 다지고 와라. 그런 기백이었다.

한가람 흘러 흘러/비신 터 기름지니/삼천리 밝은 정기/엉킬 곳이 예로다/태백에 밤이 새여/봉은 바람을 치니/아! 온 누리 건질/경성대학 예과

10만억도 머다할까/진리의 길손 우리/청자에 감긴 슬기/가난한 맘에 품고/유유히 천지간에/생각하여 예리니/아! 생명수 찾는/경성대학 예과

사나이 의로 모여/의기에 느꼈으니/거칠 것 있을소냐/청춘의 잔채로다/화랑의 불타는 혼/질고質古히 피었으니/아! 자유에 사는/경성대학 예과

1945년 광복으로 경성제국대학 예과에 재학 중이던 천관우는 제국의 굴레에서 벗어나자 이런 학생가를 지었다. 작곡은 일본의 우에노上野 음악학교를 나온 이호섭李湖燮 교수가 맡았다. 천관우는 진리의 사도使徒를 자부했다. 천재라는 자부심도 가지고 있었다. "WAS IST LEBEN?" (바스 이스트 레벤?—인생이 무엇이냐?) "WAS IST WAHRHEIT?" (바스 이스트 바르하이트?—진리가 무엇이냐?) 독일어로 발음하기를 좋아했

* 1923. 1. 15~2009. 8. 11

다. 그래야만 실감이 나는 말이었다. 일본은 망했다. 군국주의도 망했다. 세상을 너무 우습게 알고 강력한 제국주의로 밀고 나가면 안 되는 게 없을 것이라고 단정하고 복종에 길들여진 일본인들을 끌고 다니다 파국을 초래한 것이다.

그러나 메이지유신 이래 그들이 세계의 바닷가에 노닐기 위하여 시행해 본 교육철학은 조용히 음미해 볼 만한 알맹이가 있다. 특히 인생에 눈을 뜨기 시작하는 청년 학도들에게 제일 먼저 철학적 고민을 안겨 주고 어느 방향으로 어떻게 달려가야 하는가. 엘리트 교육에 치중한 것은 어느 때 어느 곳에서든 참고해 볼 만한 과제다.

천관우의 학생가는 그 연장선상에서 새겨 볼 만했다. '온 누리 건질 경성대학 예과'는 웅대한 기백이다. 어깨동무를 하고 합창하면서 우리들 젊은 가슴은 들끓었다. 나는 입학시험을 치러 갔을 때 교문에 들어서자 장대한 격문에 압도되었다. 우리가 세상을 건지지 않으면 누가 건지느냐. 이 학교에 들어오고 싶거든 마음가짐부터 다지고 와라. 그런 기백이었다.

천관우는 일제 때 입학한 수재다. 경성대 예과는 당초 일본인을 위하여 만든 것이지만 소수의 조선인 학생도 받아 주었다. 그래서 수재 중의 수재만 들어올 수 있게 했다. 천관우는 그런 관문을 통과하고 들어간 엘리트다. 일본인 학생이 싹 빠져나가자 일본에서 고교나 대학 예과 등에 다니던 조선인 수재들이 되돌아와 편입을 했다.

나도 편입시험에 합격했다. 광복 전후의 카오스 상태에서 천관우를 만나고 홍승면洪承勉을 만난 것이다.

우리는 학생가를 소리 높여 부르며 새 출발하는 조국을 열정적으로 껴안았다. 아, 온 누리 건질 경성대 예과!

—『구름의 역사』, 민음사, 2006.

# 「李圭泰 코너－천관우」

이규태

전 조선일보 논설위원

기개가 서슬 같던 천관우 국장,
"뜻을 세우고 일단 세우면 불가능에 도전해야 한다.
기자記者는 지자志者다.
기자로서뿐 아니라 세상 살아가는 요체다"라고.

신문사에 입사, 첫 출근하던 날의 일이다. 그날이 바로 대학입학시험이 시작되던 날이기도 했다. 당시 편집국장이던 천관우 씨가 첫 출근한 수습기자들을 모아놓고 시험 치르는 각 대학에 배치, 시험 문제지를 그 시험이 끝나기 전에 빼내오라는 하명을 하는 것이었다.

필자가 배당받은 학교는 이화여자대학교였다. 수험생을 위장, 수험장에 들어가기 전에는 사실상 불가능한 일이었다. 어렵사리 얻은 직장을 첫날에 쫓겨나는구나 하고 마음을 죄고 있었다. 첫 시험이 시작되고 학교 사무직원이 학부모들이 웅성거리고 있는 게시판에 시험 문제지를 붙이는 것을 보았다.

기회를 엿보다가 그 공시한 문제지를 뜯다가 들통이 났다. 다중에게 얻어맞고 채인 다음 멱살과 머리채를 끌려 교무처에 인도되었다. 당시

* 1933. 9. 6～2006. 2. 25

의 교무처장이 후에 총장을 역임한 김옥길金玉吉 씨였다. 절도범으로 경찰에 인도되나 했다. 한데 김 처장은 나의 의도를 듣더니 의외로 부드러운 말투로 "그런 뜻이라면 나한테 와서 말을 할 일이지" 하며 사무직원을 불러 시험지를 거둬 주는 것이었다. 마치 누님만같이 고마웠던 기억이 난다. 그렇게 상이기자傷痍記者가 되어 빼낸 시험지인데 신문에 한 줄 실리지도 않았고, 또 국장도 일언반구가 없었다.

며칠 뒤 천관우 국장은 이렇게 말하는 것이었다.

"뜻을 세우고 일단 세우면 불가능에 도전해야 한다. 기자記者는 지자志者다. 기자로서뿐 아니라 세상 살아가는 요체다"라고.

32년 전의 일이다.

그 누님 같던 김옥길 총장도 가고, 기개가 서슬 같던 천관우 국장도 유명을 달리했다. 고인이 존경하는 역사적 인물은 예외 없이 지사형志士型 인물이었다. 경술국치庚戌國恥 소식을 듣던 날 유시遺詩를 남기고 자결한 황현黃玹, 집이 어디냐고 물으면 '광화문전'이라고 대답했을 만큼 도끼 들고 상소로 지새웠던 최익현崔益鉉, 나라가 다치고 헐벗음이 내가 다치고 나의 헐벗음이라 하여 고통을 같이했던 박은식朴殷植, 시일야방성대곡是日也放聲大哭했던 장지연張志淵 등….

고집 없이 뜻을 관철할 수 없있음인지 고인은 무척 고집이 세었다. 은밀한 별칭이 천고집千固執이었고, 경우에 따라 만고집萬固執, 억고집億固執으로까지 상승했다.

일제 때 제천에 신동神童이 났다 하여 신문에까지 났을 정도의 수재인데 수재답지 않게 거구였다. 식량食量도 비범하여 우족탕이면 3인분, 초밥이면 5인분을 먹었다.

주량도 대단하여 네 홉들이 막소주 1병이 반주飯酒요, 그러고서 아무데서건 방안을 진동시키는 코골음으로 잠도 잘 잤다.

그래서 천관우千關羽이기도 했다. 거구를 움직이고 또 뜻에 소모하고도 열량이 남아돌았음인지 매사에 정력적이기도 했던 고인이다. 험한 과도기에 태어나 갈피 못 잡는 세대와 세대 간에 은銀고리를 걸려 애쓰다 간 것이다.

—「李圭泰 코너—천관우」· 조선일보 1991년 1월 17일자

3장

# 천관우 단평집 『썰물 밀물』, 『언관 사관』

# 현대산문의 한 틀

오종식*

전 서울신문 사장

어느 편이라도 펼쳐지는 대로 읽어 보라.
조사措辭에 하자瑕疵가 있고 행문行文에 소루疎漏가 있고
운상運想에 용만冗漫 해이解弛가 있어 보이는가.

후석 천관우 학인學人이 그의 단평집短評集을 내게 되었다. 나와야 할 것이 나왔구나 싶다. 내가 후석을 알기는 십여 년 전 한국일보 창간 뒤 얼마 되지 않아서다.

그는 또한 미주유학에서 갓 돌아온 뒤였는데, 흔히 표상表象할 수 있는 기자 타입이 아니고 장사연壯士然하였다. 그가 쓴 논평을 보고 첫눈에 그 필력에 놀라버렸다. 그때 삼십이 될락 말락한 학인으로서 조사措辭 행문行文의 솜씨가 보통이 아니었다.

알고 보니 유시幼時에 조부장祖父丈 슬하에서 한학漢學을 수습修習한 득得이 컸던 데다가, 국사전공國史專攻이요, 그 위에 신문학新聞學을 또 연구했으니 그 소양의 넉넉함을 짐작할 수 있었거니와 그 관찰과 필력은 역시 천품天稟의 소치라는 생각에 기울어 들지 않을 수 없었다.

* 1906. 1. 14~1976. 10. 26

일찍 학창시절에 실학實學, 반계磻溪에 잠심潛心하고 마냥 연찬硏鑽했던 결과를 발표하여 사계斯界의 선달先達들을 놀라게 하였지만, 그의 시사논평마저 탁월하고도 건전함에는 또한 평단을 괄목刮目케 하였다.

원래 외국어를 모르고는 모국어의 특질을 잘 모르게 된다고 하는데, 다 같은 외국어라도 구미어歐美語보다 한문을 아는 편이 나을 것 같고, 거기다 전자前者의 한 가지라도 겸하면 더욱 좋을 것은 틀림없겠다.

후석은 양洋·한학漢學을 다 겸한 데다가 국사학자니 더 말할 나위가 없고, 거기다 천품이 유여有餘하니 금상첨화라 하겠다.

어느 편篇이라도 펼쳐지는 대로 읽어 보라. 조사措辭에 하자瑕疵가 있고 행문行文에 소루疎漏가 있고 운상運想에 용만冗漫 해이解弛가 있어 보이는가. 가위可謂, 현대산문現代散文의 한 틀을 지었다 할 것이다.

—천관우 단평집 『썰물 밀물』 序·1965년 9월 30일

# 신문단평의 이정표

김진만
전 고려대 교수

한학과 서구 문물에 탁월한 조예를 지닌
후석의 학식이 에피소드를 장기로 하는
이른바 만물잡학이 아니라….

근간近刊 후석 천관우 씨가 낸 『썰물 밀물』은 한국 신문단평의 한 이정표里程標이다. 광무光武·융희隆熙시대에 민간신문의 특색 있는 칼럼으로서 시작한 단평이 신문이 겪은 한 많은 곡절을 함께 겪으면서 자라고 성숙해서 「지평선」과 「메아리」가 되고 「만물상」이 되었다. 그리고 그중에서도 후석이 건필을 휘두르던 1955년부터 1960년 4·19 때까지의 그 칼럼들이 단평사短評史에 빛날 유산이요, 오늘날 쓰이고 있는 각지의 단평은 후석이 이룩한 높은 경지를 크게 뛰어넘지 못하고 있다.

단평은 단평이기에 사상事象이나 화제를 다루는 데 몇 가지 제한이 있다. 우선 지면의 제한이 있고, 사건의 경위나 관계자료를 장황하게 전시할 수 없는 사정에서 표현이나 문체의 제한이 있다. 그래서 서술보다는 추상에, 단정보다는 암시에 흐르기 싶다. 그러나 신문단평에서 서술이나 단정, 정연한 논리의 전개나 명백한 결론을 요구하는 사람은 단평과 사설 또는 기사와의 구별을 모르고 있는 것이다.

대부분의 단평이 무기명이며 『썰물 밀물』에 담긴 것도 모두 무기명으로 실렸던 것이지만, 단평만은 사설과는 달리 개인적인 작품이요,

작자의 개성과 인품이 두드러지게 나타날수록, 그리고 그 개성과 인품이 독자를 끌고 매혹할 수 있는 선하고 기름진 것일 때 비로소 그의 단평이 성공하는 것이다.

후석의 학식은 여기에서 따로 논할 필요가 없을 정도로 그를 아는 만인萬人이 공인하는 것이다. 다만 한학과 서구의 문물에 다 같이 탁월한 조예를 지닌 후석의 학식이 가십이나 에피소드를 장기長技로 하는 이른바 만물잡학萬物雜學이 아니라 그의 전공인 국사학에 있어서는 물론, 인문학의 전반에 걸친 높은 학식이라는 것을 강조할 필요가 있다. 『썰물 밀물』에서 털끝만큼의 현학衒學의 티를 찾을 수 없고, 그 속에 즐비한 동서의 시문詩文이며 고사故事의 인용을 아무런 역겨움 없이 읽어 내려갈 수 있는 이유가 그것이다.

후석은 일찍이 문체의 묘를 터득한 산문가散文家이며, 쉽고 친근하고 그러면서도 행간에서 때로 꿋꿋하고 때로 너그러운 귀한 인품을 풍성하게 풍겨주는 글을 쓸 수 있는 극히 드문 문필가 중의 하나이다.

그러나 후석의 식견과 문체의 묘妙만으로는 주옥과 같은 그의 단평이 나오지 않았을 것이다. 그의 단평이 단평으로서 크게 성공하고 한국의 신문이 신문단평의 역사에 한 이정표의 구실을 하게 된 것은 후석이 지닌 천성과도 같은 양식과 정의감의 소치일 것이다.

단평에서 작자의 개성이 큰 비중을 차지하기 때문에 무색투명한 양식은 오히려 단평의 격조를 해치는 것으로 생각될 수 있다. 또 사설 아닌 단평이 지나친 사회의식이나 정의감의 매개가 되어서는 안 된다는 이론도 있을 수 없다. 그러나 양식을 저버린 편견이나 아집은 단평을 저속하게 만들고 정의감의 끈덕진 뒷받침 없는 단평은 신문의 귀한 지면을 날마다 잠식할 자격이 없는 것이다.

—중앙일보 1966년 3월 19일자

# 大海서 떠낸 물 같은 단평

선우 휘*
전 조선일보 주필

풍요한 지식에 있어서 그렇고
보는 눈에 있어서 그렇고
가름하고 간 여운에 있어서 그렇다.

천관우 씨가 처음으로 그가 쓴 단평을 엮어서 한 권의 책으로 내어 놓았다.

씨의 단평은 정평이 있다. 정평이 있다기보다 해방 후 신문단평으로서 남의 추수追隨를 불허하는 그 자신의 뚜렷한 스타일을 확립한 단평은 씨의 단평 외에 찾아보기 힘들지 않을까 한다. 남달리 재치 있는 단평을 쓰는 분이 한두 분 생각나기는 하지만 창조성에 있어서는 아직이란 느낌이 있는 것이다.

씨의 단평은 대해大海에서 떠내는 한 그릇의 물 같다. 그 밑바닥을 이루는 풍요한 지식에 있어서 그렇고 보는 눈에 있어서 그렇고 가름하고 간 여운에 있어서 그렇다. 씨의 고금동서에 관한 깊고 넓은 지식과

* 1922. 1. 3~1986. 6. 12

연찬을 들어 그 연유를 말하는 수가 있지만 씨처럼 많이 알고 노력한다고 누구나 그렇게 될 수 있는 것은 아니다.

직관력과 종합력과 조화력—이것이 씨의 재능의 핵심이 아닌가 생각된다. 따라서 날카로우면서 위태롭지 않고 화려하면서도 현학적이 아니고, 섬세하면서도 웅경雄勁하다. 물론 거기에는 씨의 중후한 인품이 작용하고 있지만 따지고 보면 인품도 재능의 표현이지 전혀 원래적인 것은 아니다.

문장으로 보나 재치로 보나 기교에 흐르지 않는 유머의 감각으로 보나 또한 치우치지 않는 중정中正의 계몽성으로 보아 이제 거의 고전적 가치를 지니게 된 씨의 단평이 책으로 되었다는 것은 기쁜 일이기보다 의의 있는 일이다.

—조선일보 1965년 12월 30일자

# 衒學스럽지 않은 지성의 샘

조풍연*
전 한국일보 논설위원

시사時事를 다루었으되
시세時勢에 끝나지 않고
일관된 사상이 담긴….

후석 천관우 형의 『썰물 밀물』에는 어느 비평의 태도에 대하여 이런 말이 들어 있다. "출판기념회 같은 데에서 저자의 위인爲人을 칭송하고 자기와의 교분을 강조하는 것까지는 좋으나 막상 그 저작의 내용에는 언급이 없는 경우다. 실은 기념하는 그 책을 읽어 보지도 않았거나 목차나 한번 훑어보고 서문이나 읽어 본 것밖에 없는 것이다."

하지만 적어도 나만은 그런 평자가 아님을 저자에게 말하고 싶을 만큼 이 책을 첫머리로부터 애독하고 있다. 사실은 한국일보 지상紙上에 「지평선」을 맨 먼저 쓴 사람은 나인데, 근 3백 회를 썼을 때 외국에 여행하게 되자 바통을 이어받은 이가 후석이며, 그 뒤 그의 필치로 수백 회가 나갔다. 필자가 조선일보사로 옮겨 「만물상」을 담당하매 「지평

* 1914. 7. 16~1991. 7. 15

선」은 또 내 차례로 돌아왔다. 이때부터 나는 종시 라이벌 의식으로 대했던 탓으로 「만물상」 연재 중엔 누구보다도 정독하고 있었다.

신문의 단평란이 사설과는 달리 필자 개인의 의견을 살리고 간단·명료·통쾌의 3요소를 지니어 매력적이긴 하지만 역시 무기명이면서 사의 의견을 대표하고 또 다분히 시사적인 성질로 보아 '문집'으로 나온다면 어떤 것인가고 흥미와 기대 속에 이 책을 펼치니, 이상하게도 그것은 일찍이 읽은 것이면서도 아주 새로운 맛을 준다.

그것은 저자가 연재물을 그냥 모으지 않고 전적으로 개필改筆하고 제목을 단 뒤 재정리·편집했기 때문인가 한다. 이는 저자의 독자에 대한 성의의 발로요, 동시에 신문제작자로서의 탁월한 수완의 소산이라 아니할 수 없다. 그를 아는 분들이 그의 문장력의 출중出衆을 찬양함에 나도 이견이 없으나 오히려 나는 이분이 매사에 성실한 그 인품에 못내 두려움을 느낀다. 시사時事를 다루었으되 시세時勢에 끝나지 않고 일관된 사상이 흐르도록 한 것은 후석이 그 바쁜 틈에도 새로운 창작의욕을 이 한 권에 쏟은 성의 이외의 것이 아니다. 현학衒學스럽지 않은 부드러운 '지성의 샘'은 이래서 탄생했다.

—한국일보 1966년 1월 11일자

# 한국신문 이해의 길잡이

홍승면
전 동아일보 편집국장

신문에 애정의 회초리…
언론인에게 깊은 감명 준
'연탄가스중독론'은 압권

부제가 '한국신문의 체질'. 신분이란 어떤 것이라기보다는 '한국의 신문'이 어떤 것인가를 그동안 저자가 다각도로 살펴보았던 글들이 다행히 한 권의 책으로 모여졌다.

한국신문의 ① 현황, ② 안팎(여러 양상), ③ 발자취(약사略史), 이렇게 세 부분으로 나뉜다.

국내독자는 물론이고 한국의 신문을 알아보려는 외국인들에게도 절호의 길잡이가 될 것으로 믿는다.

세 부분 가운데서도 기둥이라고 볼 수 있는 것이 둘째 부분인 「한국신문의 안팎」. 책 제목인 '언관言官 사관史官'도 원래 여기에 수록되어 있는 「신문의 자유 (2)」론에서 나온 것이다.

「한국신문의 안팎」은 20년간을 신문사에 몸을 담았고 몸소 신문 편집 및 논설의 책임을 맡았던 저자가 스스로의 견문에 입각하여 한국신문의 여러 양상을 분석하고 평가했다는 점에서 비상한 설득력을 지닌다. 일반 독자들이 '한국의 신문'을 이해하는 데에도 귀중한 자료가 될 수 있겠지만 신문인들에게는 남달리 깊은 감명을 줄 수 있는 부분이라고 믿는다.

「한국신문의 안팎」 가운데서 압권이 되는 것은 역시 네 편에 걸친 「신문의 자유」론이다. 특히 「신문 연탄가스중독」론은 신문인들뿐만 아니라 신문에 관심이 있는 국민이라면 민관이나 여야를 가리지 않고 일독을 권하고 싶다.

그것은 하나의 '한국의 신문' 비판이기도 하겠다. 그러나 문외한의 무책임한 비판이 아니라 신문을 알고 아끼고 진심으로 걱정하는 비판이기에 신문과 신문인에 대한 저자의 한결같은 애정이 느껴지는 비판이라고 말할 수 있다. 이러한 비판이 '한국의 신문'의 앞날을 위하여 필요하고 유익하리라는 것은 두말할 것도 없다.

—『언관 사관』 평 · 한국일보 1969년 9월 28일자

# 부록

# 六十自敍

千 寬 宇

## 1

친지들이 마련해 주는 이 회갑기념논문집回甲紀念論文集에도 항례대로 '년보年譜'가 실리는 것으로 안다. 그랬으면 됐지 또 무슨 변명일까마는, 아무래도 '자서自敍'라는 사족蛇足을 붙이고 싶은 데는 두어 가지 연유가 있다.

기념논문집을 마련해 준다는 것부터가 나에게는 참으로 분에 넘치는 일이 아닐 수 없다. 지나가는 겸사謙辭가 아니다. 신문기자로 지내온 나의 반생半生이 역사학 연구자로서는 너무도 겸연쩍은 것이었기 때문이다. 나는 '비非아카데미 사학도'로 자처하기도 했고 '국사의 대중화' 같은 일이 나에게는 알맞은 임무일 법하다고도 했다. 그런데도 한국사학계의 친지들은 나를 연구사의 동열로 대접해 준다는 뜻이 아닌가. 나는 이 영광에 감사의 답사라도 하는 심정에서, 내가 그동안 '겸연쩍은 역사학도'로 지내 온 전후사정이나마 적어 두는 것이 도리일 듯하다는 생각이 들었다.

또 한 가지 여기서 하고 싶은 말이 있다. 나는 정치에는 별 향념向念이 없이 살아온 사람이지만, 그래도 직업이 신문인이었던 까닭으로 의식 무의식 간에 현실문제의 언저리를 더러는 농도 있게 걷기도 한, 말하자면 '의사擬似' 정치적이라고나 할 판국도 없지 않았던 것이 사실이요, 거기서 오는 훼예포폄毁譽褒貶 또한 어디까지나 나 개인의 것임도 물론이다. 따라서 친지들이 논문을 써 주고 논문집을 만들어 준다 해도, 현실문제에 대처하는 시각에 대해서만은 나를 이해하는 입장도 있을 수 있고 꾸짖는 입장도 있을 수 있는 것은 당연한 것이다. 바로 그 점을 여기에 내 손으로 적어 두어야 하겠다는 생각이다. 나는 다만 동학同學의 정情, 동호同好의 의誼만으로 이 값진 논문집을 만들어 주는 한국사학계의 풍토를 새삼 고맙고 아름답게 여길 뿐이다.

2

청주에서 5년제 중학을 별로 시원치도 못한 성적으로 나왔다. 지금은 제목도 잘 기억되지 않는 소설 권이나 읽느라고 학교 공부에는 힘을 쓰지 않았기 때문인데, 그래저래 위 학교 시험을 치면 떨어지곤 해서 재수 삼수로 2년이나 공을 쳤다. 첫해는 영어 단자 외우기나 기하의 보조선 긋기에 재미를 붙였지만, 다음 해에는 그것도 시들해져서 남들이 고전이라고 하는 책들을 아는 둥 마는 둥 남독濫讀을 했다. 남독이라 해야 도합 얼마나 되었던지 뻔한 노릇이고, 그것도 대개는 일역日譯으로 된 『세계문학전집』이니 『세계사상전집』이니 하는 것의 일부였다.

남대문로에 있던 총독부 도서관을 주로 이용했다. 점심 싸가지고 가서 늦게까지 무엇인가 읽기는 읽다가, 시장기를 누르고 전등불 밑을 걸어 나오면서, 무슨 남다른 공부꾼이나 된 것 같은 일종의 쾌감에 젖어 들기도 했다. 독서의 맛을 알기 시작했던 것일까.

그러던 중에, 이것 참 희한하다고 느낀 것이 최남선崔南善 선생의 역사책들과 기행집들이었다. 시골 가숙家塾에서 어깨너머로 『통감』(『통감절요』) 초권初卷이나 대하던 어렸을 때의 기억과는 전혀 다른 신선한 세계였다. 나의 한국사와의 인연은 이렇게 해서 시작되었다.

학교는 서울의 대학 예과엘 들어갔다. 고향의 어른들은 내가 의사가 되기를 원하고 계셨기 때문에 앞으로 인문과학을 하게 될 반에 입학이 되자 그저 덤덤하게 대해 주셨다. 아마도 실망했다는 뜻이었겠지만 그래도 반대까지는 안 하셨던 것은, 내가 2년이나 공을 친 데 데었기 때문이었을 것이다.

8·15 해방이 되고 대학 예과부장으로 현상윤玄相允 선생이 오셨다. 이분의 본래 전공이 역시 역사학이라는 것은 채 모르고 있었으나, 하루는 무슨 일이었던가로 선생을 뵙게 되었다.

"이제 학부(대학 본과)로 올라갈 날도 얼마 남지 않았는데 무얼 전공할 셈인가."

"한국사학韓國史學을 해볼까 합니다."

선생은 만족해하시면서 잠시 무엇인가 생각 끝에 뜻밖의 말을 꺼내시는 것이었다.

"집안은 넉넉한가."

"시골서 땅마지기로 그저 먹고 살만 합니다."

"다행이로군."

역사학歷史學도 돈벌이 되는 학문이 아니라는 것을 언외言外에 다짐하신 것이었을 것이다.

사학과로 올라가서는 매우 자신감을 가지고 공부할 수 있었다. 교수진에 이병도李丙燾 선생을 비롯하여 손진태孫晉泰 선생, 이인영李仁榮 선생, 유홍열柳洪烈 선생이 계시었고, 국사편찬위원회의 신석호申奭鎬 선생, 국립박물관의 김재원金載元 선생이 시간으로 나오셨다. 한국사 강의는 아니하셨지만 동양사의 김상기金庠基 선생과 사회학의 이상백李

相佰 선생도 한국사학에 큰 업적을 가지고 계시어서, 뒤에 여러 가지로 지도를 받는 계기가 되었다.

시골뜨기인 내가, 대학이라는 제도가 없었던들, 또 한국사 연구가 크게 자유로워진 해방 직후가 아니었던들, 당대의 일류 가는 석학 선생님들을 어떻게 이처럼 한꺼번에 모실 수가 있었을까. 나는 지금도 대학시절의 이 홍복洪福을 자랑삼아 이야기하곤 한다.

대학원은 적을 두자마자 6·25전란이 터져 끝이 났으나, 대학 때에 선배 대학원 학생들을 따라 두어 학기 동안 홍기문洪起文이라는 이의 자택에 드나들며 『대전회통』 연습演習을 도강盜講한 일이 있다. 도강이란, 자격 없이 끼어들어 강의를 듣는 것을 그렇게들 불렀다. 그이는 남북협상 때 북北으로 간 뒤 최근까지도 거기서 활동을 한 것으로 전해지고 있는데, 이 무렵 강의의 분위기로는 당시 학원을 휩쓸던 이데올로기 문제 같은 것은 끼어들 틈도 없었다. 나로서는 조선왕조사 이해에 큰 도움을 받았기에 한마디 적어 두는 것이지만, 소문에는 『조선왕조실록』을 삼독三讀을 했다던가, 전고典故에는 정말 밝은 이였다.

그러자니 지금 생각해서 아쉬운 것은, 최남선 선생과 정인보鄭寅普 선생을 먼발치 이외로는 뵈옵지 못한 일이다. 최남선 선생은 나에게 한국사 개안開眼의 길을 터 준 분이고, 정인보 선생은 후일 나의 '실학實學' 공부에 지침이 되어 준 분이기 때문이다. 이 무렵에 내가 이분들을 찾아가 뵈올 마음만 먹었더라면 그럴 수도 있는 나이이기는 하였다. 그러나 공부는 아니하는 주제에 그런 대가大家 앞에서 무엇을 물어본담 하는 소심小心 때문에 생심生心을 못했던 것이다. 지금 배짱 같아서는, 구체적으로 무엇을 배우고 얻고가 아닐지언정 그런 분들의 풍모를 가까이서 배拜하고, 지나가는 한두 마디라도 들어 두었더라면 역시 큰 공부였겠는데 하는 것이다.

그 무렵의 사학과는 졸업반이 되자마자 곧 졸업논문을 준비하는 것이 보통이었다. 처음 쓰는 논문이라 우선 주제를 고르는 데 고심을 하는 것은 누구나가 경험하는 터이나, 나는 수월하게 조선후기 실학의 '일조一祖(첫 개척자)'라고도 하는 반계磻溪 유형원柳馨遠을 택했다.

해방 직전, 그러니까 대학 예과시절에 우연한 기연機緣으로 잠시 가까이 모신 일이 있는 안재홍安在鴻 선생에게서 실학에 대한 단편斷片의 귀동냥을 얻어 둔 일이 있었기 때문이다. 그때 나는 선생을 고명한 언론인 내지 민족운동가로만 알고 있었다. 그런데 훨씬 뒤에 안 일이지만, 이분은 실학에 대해서도 벌써 1930년대에 정약용丁若鏞『여유당전서』의 거질巨帙을 교열하고 이 방면의 귀중한 논술 몇 편을 남기고 계셨던 것이다.

그런 분을 가까이 모셨다고 하니 무슨 대단한 사연이나 있었던 것같이 들릴 듯도 해서 몇 마디 덧붙여 두기로 한다.

해방이 되던 해 일찍부터 나는 홍남에 있던 군수화학공장에 학도근로동원으로 가 있었는데, 미 공군의 B-29 폭격기가 연일 홍남 상공을 정찰하러 오는 어수선한 분위기가 몹시 불안해서 그해 6월 말께에 칭병稱病을 하고 서울로 되돌아왔다. 아프다는 핑계가 먹혀 들어간 것이 참으로 나행이었다. 이때, 내가 서울서 본래 기거하던 일가 집 6조疊방에 안재홍 선생이 한발 먼저 와 계셨던 것이다. 선생의 연보年譜를 보면, 이 무렵은 일본인들의 암살 위협으로, 고향 평택을 떠나 서울에서 이 집 저 집 피신을 다니던 중으로 되어 있다.

선생에게는 잊지 못할 추억이 하나 있다. 한번은 불쑥 "조선에도 고유의 철학체계가 있었을까요" 하고 주제넘은 질문을 했더니, 뜻밖에도 "아암, 있구 말구" 하는 자신 있는 대답이 떨어졌다. 뿐만 아니라 이튿날에는 "그 방면에 흥미가 있다면 대충 일러줄 테니 필기도구를 준비해 두게" 하는 데까지 이야기가 진전이 되었다. 아무 참고서적도 없이 줄줄 이어져 나오는 구술을 받아쓰기 하루 한두 시간씩, 한 열흘은 걸렸던 것 같다. 칩거생활과 감옥생활을 오래 반복하는 동안에 읽고 생각하고 하면서 스스로 터득한 것이라고 했다.

하나는 하늘(天)이요, 둘은 들(野-地)이요, 셋은 씨앗(種)이요… 하는 데서 시작되는 이 독대獨對의 강의는, 내가 이해를 하고 못하고 혹은 내가 공명共鳴을 하고 아니고는 둘째로, 어디서고 비슷한 이야기를 전혀 듣지 못했던 신기로움과, 그것이 이분의 사색과 체험을 통해 창출되었다는 한 인간의 무게가, 완전히 나를 압도했다. 이 강의와 동일한 줄거리가 해방 직후에 『신민족주의와 신민주주의』라는 소책자의 일부분으로 활자화되고, 그것이 그대로 『안재홍 선집』 제2권에도 수록이 되어, 지금은 뜻만 있으면 누구라도 펼쳐 볼 수 있게 되어 있다.

나는 이 필기노트를 보물처럼 간직하다가 6·25 난리 통에 잃고 말았지만, 태평양전쟁의 막바지, 당신께서 언제 어떻게 될지 모르는 상황에서, 어쩌다가 만난 젊은 학도 한 사람에게나마 요령을 전해 두면 혹시 줄거리라도 후일에 남을까 하는 처절한 배려가 아니었을까, 여러 해 뒤에 나는 나대로 상상을 해 본 일도 있다.

선생은 그해 8월 10일께 홀연히 나의 6조 방을 떠나 가셨고, 그 며칠 뒤부터는 저 역사적인 전환기라, 신문에서나 소식을 듣는 딴 세계의 분이 되어 있었다.

인연이라는 것이 정말 있는 것일까. 오랜 세월이 흐른 뒤 유가족의 부탁으로 내가 『안재홍 선집』의 책임편집을 맡게 되리라고는 생각지도 못한 일이었다. 큰 보따리로 여럿인 유고遺稿 뭉텅이는, 활자로 해서 열댓 권은 실히 될 듯했으나, 그중 상당 부분은 무기명의 신문사설 등속이어서, 원고를 취사 정리해 5권 분량으로 다듬어 놓았고, 출판사의 전적인 호의로 그중 제1·2권이 현재까지 출간되어 있다. 이 『선집』 편집에 나로서는 전후 5년을 소비하여(물론 이 작업에만 매달린 것은 아니나), 정성은 다하노라 하였다.

이야기가 많이 빗나갔으나, 아무튼 안재홍 선생의 시사示唆로 나는 실학을 당면한 연구주제로 잡았고, 논문 작성에 각별한 가르침을 주신 이병도 선생의 은덕으로 나의 처녀논문 「반계 유형원 연구」를 내놓을 수가 있었다.

## 3

이 이후의 내 나름의 한국사학 공부를 이야기하자면, 자연히 신문 쪽을 잠시 돌이켜 볼 수밖에 없다.

학교를 나오자 나도 처음에는 앞으로 교수가 되었으면 해서 무급조수(조교)로 연구실에 남았으나, 1년도 못 가 6·25전란으로 허사가 되고 말았다. 아무 연고자도 없는 피난 수도 부산에서, 당장 세끼 밥을 먹기 위해, 친구의 연줄로 대한통신大韓通信의 기자가 되었다. 몇 달 동안의 외근 수습을 내놓고는, 이 통신이 받고 있던 UP통신 번역을 주로 하면서 지냈다.

전쟁 때 나는 20대 후반이었지만, 원체 다급한 전시라, 비슷한 나이에 통역장교 등으로 새삼 군에 들어가는 친구도 내 주변에 적지 않았는데, 나는 끝내 후방으로 밀려다니는 민간인이었다. 그 처참한 위기에 남들이라고 다 나가는 군대를 나만 빠진 것 같은 것이, 한창 나이에 여간 열등의식을 느끼게 하는 것이 아니었다. 기피를 해서 그렇게 된 것은 아니다. 나는 본래 총 쏘기에 어울리지 않는 신체적 결함이 있어서, 학교 때 군사 교련에서 사격 연습을 하면 엄청나게 빗나가는 점수가 나오곤 했다. 그래서 일본강점 말기의 일본군 징병검사에서도 불합격, 몇 해 후 부산 피난시절의 한국군 충원 검사에서도 불합격이었던 것이다.

이때 유네스코 기금으로 단기간의 미국유학을 시켜 주는 케이스가 운수 좋게도 나에게 돌아와, 1년도 채 못 되는 동안이었지만 미네소타 대학에서 신문학 공부를 합네 하고 돌아왔다. 신문계에서는 더욱 발을 빼기가 어려워졌다.

전쟁이 끝난 이듬해 봄, 때마침 서울서 창간된 한국일보로 들어갔다. 두어 달 후에 논설위원이 되었는데, 이때 나이 꼭 30. 조숙한 편이라는 평을 듣기도 했다. 젊은 기운에 앞뒤 가리지 않고 써 젖히라고 일부러 그런 직책을 주었는지도 모른다. 이 무렵 홍이섭洪以燮 선생이, 술 한 모금 못하는 분인데도 소주 값까지 대신 치러 주시면서 "신문사를 다니더라도 기왕에 시작한 한국사는 계속하시오" 하고 진심 어린 충고를 해 주시던 것을 나는 오래 잊지 못하고 되새기곤 했다.

나의 이력을 보면, 40이 거의 다 될 때까지도 한군데 진득이 붙어 있지를 못하고 이 신문에서 저 신문, 마음 내키는 대로 전전한 것이 나타나 있다. 참을성이 없어서였던 것은 물론이다. 그러나 억지소리 같지만, 신문사가 대개는 자리를 잡지 못했던 당시로서는 이런 유랑벽이 일부 젊은 신문인들에게 일종의 유행이었던 것도 사실이다. 신문인들이 즐겨 내세우는 독립불기獨立不羈—어디에고 매이지 않고 산다는 것이, 다소 비딱하게 반영된 일면도 있었던 것 같다. 그래서 나도, 툭하면 충돌을 하거나 기회를 보아 슬며시 물러나곤 했던 것이다. 한번은 신문사가 문을 닫아서 함께 침몰한 적도 있고.

전쟁 중에 구복지계口腹之計로 시작했던 기자생활이 그도 그럴듯해서 이럭저럭 지내다 보니 기자라는 직업이 굳어져 버렸으나, 그 뒤로도 한국사 논문은 쉬엄쉬엄이나마 발표해 왔다. 양산量産은 어림도 없는 일이었고, 남이 아주 잊지는 않을 정도로 명맥을 유지해 온 것이다. 이런 경위로 나를 역사학 연구자로 불러 주는 이도 더러 있었고 혹은 그렇게 자처하기도 하면서 지내왔다.

나는 가끔 젊은 후배기자들에게 이렇게 권고하는 수가 있었다. "흔히 기자는 깊지는 않더라도 우선 넓어야 한다고들 하지만, 기자도 무언가 하나에만은 깊은 것이 좋다"고. 내가 한국사에 그런대로 관심을 지속해 온 것도 그런 생각에서였던 것 같다. 또 하루하루에 승패를 거는 기자생활 속에서 무언가 한 가지 장기적인 것을 붙들고 있지 않고서는 허전해서 못 견딜 것 같은 심정이기도 했다.

나의 기자 생활은, 눈코 못 뜨게 돌아가는 편집국 근무의 기간보다, 비교적 시간의 여유가 있는 논설기자의 기간이 훨씬 길었다. 그래서 논설을 쓰는 동안에는 무엇보다도 내 공부를 위해 이 대학에서 1년, 저 대학에서 2년, 애써서 강의를 맡기도 했고, 편집국 근무를 하는 동안에는 논문 한 편 못 쓰고 넘어간 해도 많았다. 지금 생각해도 고마운 것은, 내가 강의를 맡고 싶어 할 때 웃으며 자기 소속 대학의 '시간'을 알선해 주던 선배·친지들이다. 그 무렵만 해도 대학 역시 온전히 자리가 잡혔다고 할 수가 없어 나처럼 들락날락하는 시간강사가 견디어난 일면이 있었을는지 모르지만, 그렇다 해도 '시간' 하나 떼어 주기란 그때라고 그렇게 쉬운 일은 아니었던 것이다.

내 멋에 내 나름의 공부라 공부의 내용도 그러해서, 실학을 다루었다가 조선 초의 병제兵制를 건드렸다가… 이런 식이었다. 나를 아껴주는 이들이 더러 충고를 하기도 했다. "어느 한 가지를 좀 오래 붙들고 있지 그래" 그럴 때 나는 짐짓 앙연昂然한 체했다. "나의 은사 이병도 선생께서는 50 훨씬 전에 벌써 고대의 삼한·사군, 고려의 도참사상圖讖思想, 조선왕조의 유학…등, 폭넓게 굵직한 업적들을 내놓으셨는데, 젊은 우리들이라고 그 근처에도 가지 말라는 법 있나."

이제는 인생을 되돌아볼 나이가 된 것도 같고 아직 아닌 것도 같지만, 아무튼 이렇게 어정쩡하게 살다 보니 기자로서의 인생도 실패작이요 연구자로서의 인생도 실패작이다. 하기야 신문사에서의 자리가 결코 낮은 편은 아니었고, 또 역사학에 관계되는 공적인 직함을 한두 개 가져 보기도 했다. 그러나 그것은 나잇살이나 지긋해지기 시작했다고 과분하게 대접을 해주는 것이었음을 잘 안다. 나 자신이 그 어느 편에도 전력투구를 못한 후회가 늘 따라다니고 있어서, 특히 역사학도로서는 항상 겸연쩍었던 것이다.

신문의 일선에서는 물러난 지 오래지만 최근까지도 가끔 무엇인가 써야 할 때마다 자주 절실해지는 것이 있었다. 신문을 조각보에 비유한 이도 있듯이 헝겊 조각을 모아 보褓를 만들자니, 이것도 좀 더 읽어 두어야 했을걸, 저것도 좀 더 챙겨 두어야 했을걸 하는 후회이었다. 속을 잘 모르는 방면의 이야기를 쓰기가 차차 두려워졌기 때문이다. 그래서 더러 쓴다는 것이 결국은 역사학적인 발상, 역사학적인 서술이 되고 마는 것이었다.

누에는 뽕잎을 먹고 자란다지만, 기자로서의 내가 이렇게 한국사학의 덕을 보고 또 그 테두리를 벗어나지 못하리라고는 미처 생각을 못했었다.

현역기자로서 마지막 종사를 한 것은 동아일보東亞日報에서였다. 편집국장 만 3년, 주필 만 3년으로 내 딴에는 꽤 장기근속을 한 셈인데, 이른바 삼선개헌이 발설되기 직전에 미리 신문의 기를 죽이느라고 그랬던지, 별것도 아닌 일에서 신동아필화新東亞筆禍 사건이라는 것이 일어나, 나도 여기에 연루가 되어서 부득이 퇴사를 했다.

1년 남짓을 집에서 보내는 동안, 신문사는 때마침 진행 중이던 『3·1 운동 50주년 기념논집』의 일을 계속 나에게 맡겨 주었고, 삼선개헌도 한 매듭 되고 나니 다시 신문사로 들어오라는 전갈이 왔다. 그래 거기서 사사社史 담당이라는 한직으로 2년을 더 보냈다. 그러나 다음에는 국가비상사태 선언이라는 또 다른 바람이 불어와 동아일보를 재차 그만두게 되고, 그로부터 다시 10년간을 집에서 칩거를 해야 했다. 그때나 지금이나 '칩거蟄居'라는 말이 어쩐지 탐탁지 않아 '저술업著述業'을 한다고도 했다.

이 두 번째 퇴사는 나로서도 할 말이 없었다. 그 얼마 전부터 민주수호국민협의회民主守護國民協議會라는, 당로자當路者 측에서 달갑지 않게 여기는 단체에 계속 관여하고 있었기 때문이다. 종교인·변호사·교수·문인 등 재야의 지식인들이 중심이 된 모임이기도 했고, 나로서도 어쩔 수 없을 만큼 숨이 막히는 상황에서 여기에 관여한 것이기도 했다. 그러나 신문 밖에서의 이러한 행동이 신문인으로서 도를 넘는 것임을 나 자신도 알고 있었다. 이렇게 자초했던 일이라, 정든 신문계를 떠난다 해도 올 것이 왔구나 할 뿐이었다.

## 4

신문계에서 20년이 좀 넘는 세월을 이렇게 보내는 동안, 한국사학의 공부 쪽은 항상 마음만 초조할 뿐 실적은 지지부진이었던 것이 당연하다.

나는 실학파 가운데서도 남인계南人系로 불리어 온 유형원(실은 북인北人)을 살펴본 다음에, 노론계老論系로 불리는 홍대용洪大容을 들여다

보았다. “당시 조선인의 절지切至한 고민으로 좇아 생기는 진정한 성오省悟”에 남북노소가 어디 있었겠느냐는 정인보 선생의 글에서 깊은 시사를 받은 것도 일인一因이었다. 그러나 그다음에는 이럭저럭 실학파의 개별연구는 등한히 접어둔 채가 되었다.

그 대신 연래年來의 또 다른 숙안宿案에 매듭을 지어야 하겠다는 집념에 쫓기고 있었다. 1952~3년에 발표했던 유형원 연구의 끄트머리에서 ‘실학의 개념’을 부론附論했던 것이 뜻밖에 1958년부터 논쟁을 불러일으켜, 이 논쟁에서 빚을 지고 있었기 때문이다. 처음에는 이 문제 대한 견해를 부분적으로 몇 편인가 발표하다가, 1970년에야 나의 입장을 총괄해 보았다. 실학이란, 첫째로 근대의식 내지 근대지향의식, 둘째로 민족의식, 이 둘을 척도로 해서 재구성한 조선후기 유학사상儒學史上의 개신(리포메이션)적 사상이라는 것이 결론이었다. 이러한 파악에 대한 시비는 물론 있을 것이고 앞으로도 있을 줄로 알지만, 여기에만 붙들려 있을 수도 없어, 나로서는 이 정도로 연래의 빚을 우선은 갚은 것으로 하기로 마음먹었다.

이 20년 동안에, 실학이라는 조선후기의 사상사와 병행해서 한편으로 조선전기의 군사제 · 토지제 등 제도사制度史도 다루고 있었다. 이상백 선생께서 담당하신 진단학회震檀學會『한국사 · 근세전기 편韓國史 · 近世前期篇』의 기초작업을 도와드리게 되어 자연히 조선전기에도 상당한 정력을 기울이지 않을 수 없었기 때문이었다. 이 작업은 전후 7년간을 끌어, 선생께는 물론 진단학회에도 크게 누를 기친 결과가 되었다.

이 일련의 제도사 공부에서 얻은 것은 대체로 다음의 세 가지로 요약될 수 있다.

첫째는 ‘한량閑良 · 한인閑人’의 문제. 여말선초 麗末鮮初의 과전법科田

法에서 군전軍田을 분급 받은 한량이 무엇인가 파악이 되면 그 전제田制개혁의 의미가 한결 분명해질 것이라는 생각에서 여기에 착안해 본 것이다. 이때의 한량은 퇴직 하급관원의 신분에 속하는 계층으로 지방사회에서 유력자층을 형성하고 있었다. 또 한인은 한량의 전신前身인 것으로 보인다.

둘째는 '오위五衛'의 문제. 한량과 군전을 훑어 내려오다 보니, 조선 전기 병제兵制의 근간이라고들 해 오던 오위에까지 연결이 된 것이다. 그리고 결국은, 그것이 전국 국방을 망라한다기보다 도리어 지방군에 대응하는 경군京軍이었다는 것을 알게 되었다.

셋째는 '공전公田'·'사전私田'과 '관전官田'·'민전民田'의 문제. 전근대사회에서 병제가 신분제身分制·전제田制·세제稅制 등과 서로 밀접히 관련되는 것은 더 말할 것 없는지라, 오위를 살피면서 동시에 자연히 눈을 돌리게 된 것이 과전법의 전개·붕괴 과정과 관련되는 이 문제였다. 그리고 그것은 자연히 토지국유제 여부라는 해묵은 시비거리와도 맞닿게 되었다.

이 몇 가지 논문들은 졸저拙著『근세조선사연구近世朝鮮史硏究』에 수록해 두었다.

20년이란 세월이 짧지 않아서 그랬던지, 내가 신문인이어서 그랬던지, 이 동안에 근대사에 관한 한두 가지에도 손을 댔다.

첫째, 우리 역사에 있어서의 '근대의 기점'에 관한 것. 그 무렵까지만 해도 시대구분이라면 왕조를 기준으로 한 상고·고대·중세·근세·근대·현대… 하는 것이 보통이었다. 그리고 이러한 구분에 대해, 한담하는 자리 같은 데에서는, 뭐 세계사적 보편성이니 야단스럽게 말을 아니하더라도, 좀 이상하지 않으냐고들 했던 것이다. 그래서 이 문제에 대한 초보적인 도전을 시도하여 겁도 없이 두세 편을 발표해 본 것인데, 솔직히 말해 한국사의 시대구분에 대한 견해는 나 자신 아직까지도 자주 흔들리고 있는 실정이다.

둘째는 '중세와 근대의 교량'에 관한 것. 우리의 근대가 우리의 전통사회 · 문화와는 매우 이질적인 서양 근대를 모델로 하다시피 하여 전개되었던 만큼 우리 중세—근대의 '접목' 상황이 궁금했던 것이다. 발표한 글은 얼마 되지 않았으나 『근대한국 명논설집』 등 이런 각도의 출판물 제작에 관여해 본 것도 그 때문이었다.

근대사와의 관련에서, 나에게 주어졌던 소중한 기회의 하나가 동아일보사의 『3·1운동 50주년 기념논집』 제작이었다.

실은 3·1운동 50주년을 앞두고 신문사로서 무슨 사업이 있어야 하지 않겠는가 하는 논의가 나오기에, 역사학도가 한마디 할 때는 이때다 싶어서 몇 가지 건의를 했다. 그중에서 신문사 측에 받아들여진 것의 하나가, 남한만이라도 중요 유적지에 연차로 기념물을 세워가는 운동을 펴자는 것이었고, 또 하나가 이 기념논집의 간행이었다. 기념물 건립은 연구자로서는 힘이 미치는 범위가 뻔한 일이라 후보지의 선정과 그 일부지역의 현지답사까지만 관여했으나, 기념논집 간행은 내가 책임을 지도록 작정이 되었다.

원고 청탁을 받은 필진이 각기 회답을 해 준 논제들을 정리해본즉, 더러는 논제가 중복된 것도 있었고 더러는 기대했던 논제가 전체에서 누락되어 있기도 했다. 관계 필진과 다시 의논해서 조절을 한 결과, 76편이라는 적지 않은 논문들—그것도 3·1운동에 관한 중요한 문제점이 대체로 망라된 논제들이 결정되었다. 그리고 그것이 빠짐없이 들어왔다. 이때는, 앞에서도 언급했듯이 잠시 집에서 쉬고 있던 중이어서 이 『논집』의 편집을 단기간에 별 탈 없이 수행할 수 있었다. 물론 몇몇 학회의 대표들로 구성된 위원회의 자문을 받으면서 일이 진행되었지만.

5

내가 신문기자를 이른바 타의로 그만두고 자칭 저술업으로 접어든 것은 1972년. 비교적 평탄했던 과거에 비하면 그 뒤의 10년간은 일종의 역경이라 할 수 있었다. 일상적인 감시, 때로는 여러 날 나의 외출은 물론이요 찾아오는 이들의 출입도 금하는 연금, 걸핏하면 오너라 가거라 하는 연행… 이런 것들이 동반했던 시절이다. 감옥에까지는 가지 않았던 것은, 나의 행동이 그리 중요시될 만한 것이 아니었던 반증일 것이다.

처음에는 꽤 신경에 거슬리기도 했으나 차차 그런 생활에 적응도 되어 도리어 가라앉은 마음으로 공부를 할 수 있었다. 공부라는 면에서는, 기자 생활 동안에 맛볼 수 없었던 일종의 안정이었다.

이 동안은 주로 상고—고대사(이하, 편의상 고대사로 부름)를 들여다보았다. 이때까지 조선왕조 이후를 다루다가 갑자기 고대로 올라간 데에는 몇 가지 계기가 있었다.

그러니까 동아일보의 사사 담당으로 다소 한가로웠던 때, 월간 『신동아』지誌가 「토론: 한국사의 쟁점」이라는 거창한 연재기획을 세워 날더러 사회를 맡아 달라는 것이었다.

이런 종류의 토론이라는 것이 자칫하면 물줄기를 못 찾고 엉뚱한 데로 표류를 하는 것을 종종 보았기 때문에, 나는 매회의 토론예정자들을 사전에 찾아가서, 말을 맞춘다기보다도 그분들이 말하고자 하는 방향을 사회자로서 대충 미리 알아 두기로 하였다. 이 작업이 의외로 힘이 들었고, 또 매달 한 번 여러 분야의 전문가들 여럿이 한자리에 모이기란 생각보다 쉽지 않아, 연재토론은 결국 5회로 중단이 되고 말았다. 뒤에 이것이 단행본으로 되어 나올 때, 이 책을 사회자인 내 이름의

'편저'로 하겠다는 출판사의 뜻을 토론참가자들 쪽에서도 이의 없이 받아들여 준 것은 정말 큰 호의였다.

내가 아주 집에 들어앉게 된 것은 바로 이 연재토론이 중단된 뒤 얼마 안 되어서이다. 『신동아』지는 보기가 안 됐던지 다시 나를 끌어내어, 한국사 통사를 써보라는 주문이었다. 몇 해가 걸려도 좋다는 격려에 힘입어, 자신의 역량도 재보지 않은 채, 어떻게 되겠지 하고 「한국사의 조류潮流」라는 새 연재를 시작했다.

준비부족으로 연재를 더러 쉬기도 하면서 12회 만인가에 삼국통일까지는 어찌어찌 끌고 내려갔으나, 다음 통일신라와 고려는 준비가 더욱 달려서 도저히 더 계속할 도리가 없었다. 더구나 발표된 부분만 해도, 여기저기 큰 구멍이 뚫린 실패작이었던 것이다. 그런대로 책으로 내자는 권유도 있었지만 엄두를 못 내다가, 그로부터 6, 7년이 지난 후에 『인물로 본 한국고대사』라는 제목으로, 비록 인물사人物史라는 서술형식의 제약은 있었으나마, 내 나름의 고대사를 새로 써서 다소의 줄거리를 세울 수 있었던 것이 다행이었다.

고대사로 관심을 옮겨가게 된 데에는 또 하나의 이유가 있었다. 집에 들어앉고 보니까, 자료를 얻어 보기 어려운 사정이란 여간한 것이 아니었다. 무언가 공부감은 있어야 되겠고… 변통을 찾다 보니, 고대사라면 기본사료史料 얼마만 가지고도 우선은 연구 활동이 가능하지 않을까 하는 궁리를 하게 되었다. 기본자료의 양이 상대적으로 적다해도 참고자료를 골고루 찾아보자면 역시 한이 없는데도 말이다. 그러나 당장에 어쩔 수도 없는 노릇이었다.

처음에 대상으로 잡고 싶었던 것은 가야사加耶史(일본에서 말하는 임나사任那史)이었다. 그러자면 변한사弁韓史 내지 삼한사三韓史, 나아가서는 고조선사古朝鮮史까지 거슬러 올라가야 무언가 잡힐 것 같아, 기자箕子

연구를 제일착으로 내놓은 것도 그런 사정에서였다. 지내 놓고 보니 가야사에 꼭 고조선사가 선결문제도 아니었지만.

나의 고대사 공부는 대략 다음과 같이 발전되어 갔다.

(1) **조선**朝鮮 · **진번**眞番 · **한**韓(삼한三韓)

나는 한국상고사의 주인공을 韓한 · 濊예 · 貊맥으로 보는 설을 따르고 그것을 다시 한계韓系(조선 · 진번 · 삼한)와 예濊 · 맥계貊系(부여 · 고구려 · 동예)로 대별하는 편인데, 이 중에서 한계韓系를 살펴보느라 한 셈이다.

— 단군신화는, 선주어렵민先住漁獵民인 고古아시아인人과 후래後來 농경민인 북北몽골인(알타이족)의 동화 교체를 반영한 것이라는 것이 나의 잠정적인 견해이다(아직 논문으로 발표할 정도의 준비는 없다).

— 이른바 '은인殷人' 기자箕子의 설화는, 기箕(산서성 태곡山西省 太谷)를 근거로 했던 동이계東夷系의 기자족箕子族이 은말주초殷末周初(전前 12세기 후반)에 동방으로 이동을 개시한 사실을 반영하고 있다.

— 전국말戰國末(전前 4세기 후반)에 기자의 후손임을 칭하는 '조선후朝鮮侯'가 칭왕稱王을 하고 연燕과 호각의 세를 이루었는데, 이 무렵을 한국사상 고대의 개막으로 본다.

— 『사기』에 보이는 '조선朝鮮 · 진번眞番' 가운데 '조선'은 내동강하류를 중심으로 하여 마한족馬韓族이 지배하였다. '진번(북진번北眞番)'은 요하遼河하류를 중심으로 분포되었던 진辰 · 변한족弁韓族의 합칭이다. 이 '조선 · 진번'이 북삼한北三韓이다.

— 북진한北辰韓 · 북변한北弁韓은 진秦(전前 3세기 후반)의 요동 방면 장성長城 수축修築을 계기로 남하하여 '남진번南眞番'이 되고(황해도 방면), 북마한北馬韓은 한초漢初(전前 2 세기 초) 위만衛滿의 공격으로 남하하여 '마한국馬韓國'이 되었다(전북 방면 아니면 충남 방면).

— 적어도 전국말戰國末 이후의 '조선'의 위치는 대동강하류이었다. 그것이 발해안渤海岸에 있었다는 설은, 4세기 이후 낙랑군樂浪郡이 발해안 방면으로 축출되면서 남긴 흔적 등이 바탕으로 되어 있는 것 같다.

— '연인燕人'이라 일컬어 온 위만은, 당시의 연영燕領인 요하하류에 있던 조선(북진번)인이었다는 설을 따른다.

**(2) 진국辰國과 진왕辰王**

— '진국辰國'이란, 삼한三韓(혹은 마한馬韓) 총연맹체가 아니다. 황해도 방면(남진번)에도 정착하지 않은 북진한北辰韓·북변한계北弁韓系의 일부가 더 남하하여 한무제漢武帝 때 전후 한동안 한강하류 방면에 자리 잡았던 상태가 바로 『사기』가 말하는 『진번방진국眞番旁辰國』의 진국인 것이다. 이 진·변한계는 그 뒤에 부여계夫餘系인 백제百濟에게 밀려 다시 남하를 계속, 마침내 각각 사로斯盧·구사狗邪의 중심세력이 된다.

— '진왕辰王'은, 진국과는 아무 상관이 없다. 진왕의 실체는, 3세기 후반인 『삼국지』 당시 한반도 남부에서 가장 두각을 나타내고 있던 백제국왕伯濟國王과 사로국왕斯盧國王을 각칭하는 동명이체同名異體이다.

— 진왕의 근거지이었다는 '목지국目支國'은 미추홀彌鄒忽=인천이며, 초기 백제 한동안은 서울 강동의 '백제국伯濟國'과 인천의 '목지국'이 병립하여 왕계王系의 계승에까지 큰 영향을 주었다. 또 다른 진왕의 근거지가 경주인 것은 물론이다.

**(3) 남방 백제百濟·신라新羅·가야加耶의 국가형성**

— 부족국가—부족연맹—고대국가라는 발전 단계 대신, 그보다는 한국사에서 사료상史料上 좀 더 실체를 분명하게 파악할 수 있는

성읍城邑국가—영역領域국가라는 발전단계로 고대사를 설명해 본다.

— 고조선이나 려麗·제濟·라羅 3국의 국가 형성기도, 정복활동의 시작이라는 관점에서, 종래의 통설보다 각각 여러 세기 앞서는 것으로 파악한다. 조선은 전前 4세기, 려麗·제濟는 전前 1~후後 1세기, 라羅는 후後 1~2세기가 그에 해당한다.

**(4) 가야사加耶史의 복원**

— 『일본서기』에 빈번하게 나오는 '임나任那' 관계 사료가 가야사加耶史의 복원을 가능케 한다.

— 『일본서기』가 기록한 '왜倭의 임나(가야)에 대한 200년 지배'의 정체는, '백제의 가야(임나)에 대한 200년 지배'이다. 따라서 『일본서기』의 이른바 '임나일본부任那日本府'의 정체는 가야 방면에 파견되었던 백제군의 총사령부 같은 것이다.

— 가야제국諸國은 4세기 후반 이래 한동안은 백제의 세력권 내에 들어 있다가, 신라의 국력이 충실해진 6세기 전반부터 신라에게 차례로 정복을 당한 것이다.

이 밖에 북방 고구려사 관계로는, 광개토왕릉비를 다루어 본 일이 있다. 이 문제 역시 임나일본부설의 근거로 제시됨으로써 눈을 끈 일이 많지만, 믿기 어려우며, 도리어 광개토왕의 일생에서 가장 빛나는 업적인 요하遼河 선線 확보, 즉 대對 후연後燕 작전이 이 능비에서 규명되어야 한다는 것이 나의 생각이다.

고대사상古代史上의 이 몇 가지 연구는 아직 단행본으로 수집收輯할 겨를을 갖지 못하였고, 되도록 가까운 장래에 책으로 내 볼까 벼르는 중이기는 하지만, 앞서 말한 졸저 『인물로 본 한국고대사』에 그런대로 줄거리는 알아볼 만큼은 적어 두었다. 이러한 견해들은 원체 종래의 통설과는 거리가 있는 경우가 많아, 아직은 '이상한 소리' 정도로 듣는 이도 적지 않을지는 모르나, 명색 연구자의 한 사람으로서 자설自說의 줄거리에 대한 소신은 아직 흔들리지 않고 있다. 1982년에 나온 한 고대사 개설서에 처음으로 나의 신설新說들이 상당량 반영되어 있는 것을 보고, 내 견해가 취택取擇된 경우나 부용不容된 경우나 간에 매우 용기를 얻었던 것도 그 때문이다.

## 6

1979년 가을, 박정희 대통령의 피격 서거로 국면은 크게 바뀌기 시작했다. 그러나 세상은 쉽사리 가라앉지 않아, 내가 한국일보 고문이라는 이름으로 비록 뒷전이나마 신문계로 복귀할 수 있었던 것은, 그러고도 1년 남짓이 지난 1981년 봄. 나는 57세로, 세대교체가 심한 편인 우리 신문계로서는 벌써 한물간 나이가 되어 있었다. 더구나 1970년대는 우리 현대사에서 사회의 질적 변전變轉이 가장 격심했던 시기의 하나라고들 하는데, 나는 그 격변에 담을 쌓다시피 하고 지낸 셈이었던 것이다.

한국일보와 다시 관련을 맺기로 작정이 된 것과 거의 동시에, 나는 또한 민족통일중앙협의회民族統一中央協議會(민통)라는 사단법인 단체의 의장으로 선임되었다. 통일 문제에 관심을 많이 쏟아 온 민간인들의 전국조직인데, 초창기이었기 때문에 거의 격일 꼴로 나가 보아야 했다.

정부로부터 재정 일부를 지원받는 단체라 해서 그러했던지, 여기에 관계한 이후로 구설수가 잦은 것을 나도 짐작은 하고 있다. 이에 대해서 할 말이 없는 것은 아니로되, 역사학도로서의 반생을 이야기하는 이 자리가 그런 사설辭說 늘어놓기에는 적당치 않은 듯하다.

민통民統 의장은 2년 임기를 채우고 물러났다. 그러나 한동안 분주했던 습성 탓인지 이번에는 공부가 안 되는 것이다. 공부란 간난중艱難中일수록 이루어지는 법이라는 말이 맞는 것일까. 신문사에서 차려 준 내 방이 그만하면 쾌적하지만, 구고舊稿를 정리해서 책 한두 권 만드는 작업 이외에 변변한 새 논문 하나 발표하지 못하고 지내온 지가 벌써 몇 해째다. 그 역시 잠시의 슬럼프 현상이려니 하고 나 자신에게 점수를 후하게 매기고 있던 중에, 금년 봄에는 뜻하지 아니한 중병으로 건강을 크게 해치고 말았다.

돌이켜 보면, 내 딴에 지금까지 힘을 기울여 본 한국사상韓國史上의 몇 가지 문제란 여러 선학先學들이 닦아 놓은 기초 위에서 참으로 조그만 발돋움을 시도해 본 것들에 불과하다는 것을 누가 모르랴. 그러나 그 보잘것없는 시도나마, 없었던 것보다는 나은 것 아닌가, 그때마다 내 나름의 정성을 쏟았다는 사실 그것에 보람을 느끼며 자족하고 있다.

요즘은 회갑이라면 이제부터 한창 일할 나이라는 것이 상식인데, 벌써 이런 회상이나 일삼고 있는 것은 그만큼 심약해진 까닭일 것이다. 그러나 아직도 한 가지 소그만 욕망은 있다. 나도 이제는 한국사 통사韓國史 通史를 하나 써 보고 싶은 것이다. 다만 나의 지금 건강으로 그것을 완결할 여력이 있을는지, 이제까지의 나태를 자탄하고 있는 중이기는 하지만. (1985. 12)

『천관우千寬宇 선생先生 還曆紀念 韓國史學論叢』(정음문화사, 1985)에서

# 千寬宇 先生 年譜

**1925 乙丑**

음력 6월 2일(호적: 1925. 8. 10) 천병선千禽善 공과 민수홍閔壽興 씨의 2남 3녀 가운데 막내로, 충청북도 제천군 금성면 북진리忠淸北道 堤川郡 錦城面 北津里에서 출생 (북진리는 충주댐 건설로 수몰). 가업家業은 농업.

**1929 4세**

제천군 청풍면 읍리堤川郡 淸風面 邑里로 이사 (읍리도 수몰).

**1930 5세**

조부 천인봉千仁鳳 공의 슬하에서 한문 수학 시작 (~1937. 3).

**1931 6세**

4월 청풍공립보통학교 입학.

• 9월 만주사변 (~1932. 5).

**1937 12세**

3월 청풍공립보통학교 졸업.

4월 청주공립고등보통학교 입학.

• 7월 중일전쟁 (~1945. 8).

**1941 16세**

• 12월 태평양전쟁 (~1945. 8).

**1942 17세**

3월 청주제일공립중학교 졸업.

**1944 19세**

4월 경성제국대학 예과 문과 을류(인문계) 입학.

**1945 20세**

• 8월 8·15 해방.

• 9월 38선.

**1946 21세**

7월 경성대학 예과 수료.

9월 국립 서울대학교 문리과대학 사학과 진학.

**1948 23세**

•8월 대한민국정부 수립 선포.

**1949 24세**

7월 국립 서울대학교 졸업.

9월 서울대 사학과 조수 (~1950. 6).

•10월 북경에 중공정부.

**1950 25세**

•6월 6·25 전쟁 (~1953. 7).

**1951 26세**

1월 임시수도 부산에서 대한통신 기자 (~1952. 9).

•9월 연합국, 대일강화조약對日講和條約.

**1952 27세**

4월 부산에서 역사학회 창립에 발기인, 이어 평의원 .

9월 유네스코 기금으로 미국 미네소타 대학 신문학과 수학 (~1953. 5).

「반계 유형원 연구磻溪 柳馨遠 硏究—실학實學 발생에서 본 이조사회李朝社會의 일단면一 斷面」(『역사학보』 제2, 3호 · 『근세조선사연구』에 수록).

**1953 28세**

•7월 휴전협정 · 휴전선.

**1954 29세**

3월 서울대 강사 (~1959. 8).

3월 홍익대 강사 (~1955. 8).

6월 한국일보 창간에 조사부차장, 곧 논설위원 (~1955. 11).

「한국사 근대의 기점」(원제: 「갑오경장과 근대화」, 『사상계』 12월 · 『한국사의 재발견』에 수록).

**1955 30세**

한국일보 논설위원.

「사료로 본 해방 10년 약사」(한국일보 8~11월, 미완. 1964년 중앙선거관리위원회 편, 『대한민국정당사』 부록으로 수록).

**1956 31세**

1월 조선일보 논설위원 (~1958. 10).

5월 최채경崔琛庚 공의 장녀 정옥貞玉과 결혼.

9월 고려대 강사 (~1959. 2).

「여말선초麗末鮮初의 한량閑良」(『이병도 박사 화갑기념논총』 · 『근세조선사연구』에 수록).

**1957 32세**

조선일보 논설위원.

4월 한국신문편집인협회 창립에 발기인, 이어 운영위원 등 (~1966. 4).
9월 단국대 강사 (~1959. 2).
[부] 「신문윤리강령」 기초 (4월, 편집인협회 채택).

**1958 33세**

조선일보 논설위원.
10월 조선일보 편집국장 (~1959. 9).
• 12월 '24파동' (언론조항 포함된 국가보안법 개정에 언론계 반대 격화).
「한인고閑人攷—고려초기 지방통제에 관한 일 고찰」 (『사회과학』 2 · 『근세조선사연구』에 수록).
「반계 유형원 연구 의보磻溪 柳馨遠 硏究 疑補」(『역사학보』 10 · 『근세조선사연구』에 수록).
「홍대용洪大容의 실학사상」 (『문리대학보』 6-2 · 『근세조선사연구』에 수록).
「실학의 개념 시비」 (『대학신문』 12월 · 『근세조선사연구』에 수록).
「독립협회의 의회개설운동」 (원제: 「60년 전에 될 뻔했던 국회」, 『신태양』 5~6월호 · 『한국사의 재발견』에 수록).

**1959 34세**

조선일보 편집국장.
8월 서울 불광동에 정착.
9월 한국일보 논설위원 (~1960. 6).

**1960 35세**

한국일보 논설위원.
3월 중앙대 강사 (~1961. 2).
• 4월 4·19 의거.
6월 세계일보에 입사, 민국일보로 개편.

**1961 36세**

민국일보 편집국장 (~1961. 3).
1월 영국 공보부 초청으로 영국 언론계 등 견학.
3월 서울일일신문 주필.
• 5월 5·16군사쿠데타 (~1963. 12).
12월 서울일일신문 폐간으로 퇴사.

**1962 37세**

저술생활.
3월 서울대 강사 (~1963. 2).
3월 성균관대 강사 (~1963. 2).
「오위고五衛攷 (1)—조선 초기 오위의 형성」 (『역사학보』 17, 18호 · 『김상기金庠基 교수 화갑기념집』 · 『근세조선사연구』에 수록).
「한국근대화의 제諸문제」(진단학회 심포지엄 주제 · 『진단학보』 23호에 수록).
[부] 『한국사』(근세전기편). (진단학회 편, 이상백李相佰 저. 을유문화사, 1955~

1962, 이 책의 기초 작업을 도움).

**1963 38세**

1월 동아일보 편집국장 (~1965. 12).

• 12월 군정 종료.

「성웅 이순신론」(『세대』 9월 · 『한국사의 재발견』에 수록).

**1964 39세**

동아일보 편집국장.

6월 월간 『신동아』 복간에 주간을 겸임 (~1965. 5).

• 6월~9월 '6·3 사태' (대일對日 '굴욕' 외교 반대 시위 격화로 계엄). '언론파동' (언론윤리위원회법안에 언론계 반대 격화).

11월 뉴델리에서 열린 국제신문인협회(IPI) 세미나에 참석.

「오위고五衛攷 (2)—조선 초기 오위의 병종兵種」(『사학연구』 18 · 『신석호申奭鎬 박사 화갑기념집』 · 『근세조선사연구』에 수록).

「오위고五衛攷 (3)—오위와 조선초기 국방체제」(『이상백 박사 화갑기념 논총』 · 『근세조선사연구』에 수록).

[부] 「(언론윤리위원회법 반대) 전국언론인대회 선언」 기초 (8월, 대회 채택).

**1965 40세**

동아일보 편집국장.

• 9월 월남 파병 (~1973. 2).

• 12월 한일국교 정상화.

12월 동아일보 주필 · 이사 (~1968. 12).

신문단평집 『썰물 밀물』 (어문각 간).

「과전법科田法과 그 붕괴」(원제: 「한국토지제도사 · 하」, 고려대, 『한국문화사대계』 2 · 『근세조선사연구』에 수록).

「홍대용洪大容 지전설地轉說의 재검토」(『효성 조명기趙明基 박사 화갑기념 불교사 논총』 · 『근세조선사연구』에 수록).

**1966 41세**

동아일보 주필.

4월 한국신문편집인협회 부회장에 피선 (~1969. 1).

11월 동경에서 열린 제1회 한일韓日 신문인 세미나에 참석.

[부] 『근대한국 명논설집』 간 (『신동아』 부록, 이 책 제작에 참여).

**1967 42세**

동아일보 주필.

2월 호주 공보부 초청으로 호주 언론계 등 견학.

[부] 『속 · 근대한국 명논설집』 간 (『신동아』 부록, 이 책 제작에 참여).

「장지연張志淵과 그 신구新舊 과도기의 사상」(원제: 「장지연과 그 사상」, 『백산학보』 3 · 『한국근대사 산책』에 수록).

「조선후기 실학의 개념 재검토」(연세대, 『실학공개강좌』 1 · 『근세조선사연구』에 수록).
[부] 동아일보 상용한자 2,000자안案 발표 (1965~1967, 이 제정위원회 주무).

**1968 43세**
동아일보 주필.
12월 '신동아필화筆禍' 사건으로 동아일보 퇴사.
[부] 동아일보 사설「신동아필화」집필 (11월).

**1969 44세**
저술생활.
• 7월 미 우주인, 달에 착륙.
• 9월 3선개헌.
신문론 논집『언관言官 사관史官』(배영사 간).
[부]『3 · 1운동 50주년 기념논집』(동아일보사 간, 이 책 책임편집).
「민중운동으로 본 3 · 1운동」(『3 · 1운동 50주년 기념논집』·『한국사의 재발견』에 수록).
「3 · 1운동사 연구의 문제점」(전국역사학대회 주제 ·『동양사학』4호에 수록).
「실학개념 성립에 관한 사학사史學史적 고찰」(『이홍직李弘稙 박사 화갑기념 한국사학논총』·『근세조선사연구』에 수록).
「한국사연구 100년」(역사교육연구회 심포지움 주제 ·『한국사의 재발견』에 수록).
「한국신문의 발자취」(『언관 사관』에 수록).

**1970 45세**
저술생활.
2월 동아일보에 복귀, 상근이사로 사사社史 담당 (~1971. 12).
「조선후기 실학의 개념 재론」(원제:「한국실학사상사」, 고려대,『한국문화사대계』6 ·『한국사의 재발견』에 수록).
「한국근대화의 기점 재론」(원제:「한국사상史上의 중세—근대의 계선界線」, 한국경제사학회,『한국사 시대구분론』·『한국사의 재발견』에 수록).

**1971 46세**
동아일보 상근이사.
4월 민주수호국민협의회 창립에 공동대표의 1인으로 피선 (~1974년 1월경 활동 정지).
• 12월 국가비상사태 선언.
12월 동아일보 재퇴사.
「조감 3 · 1운동」(원제:「3 · 1운동사 총론」, 독립운동사편찬위,『독립운동사』1 ·『한국사의 재발견』에 수록).
연재토론「한국사의 쟁점 – 고대사회」(『신동아』1~5월 · 1975년 단행본으로 출판).

**1972 47세**
저술생활.
• 2월 미대통령, 중공 방문.
• 7월~9월 남북공동성명. 남북적南北赤 첫 평양 · 서울 회담.

• 10월 '유신' 선언.
「한국사의 조류—고대」(『신동아』 1972. 5~1973. 8).
「한국사학韓國史學의 반성」(원제: 「한국사를 어떻게 볼 것인가」, 『지성』 3월 · 『한국사의 재발견』에 수록).

**1973 48세**
저술생활
「한국 민족주의의 역사」(『신동아』 9월 · 『한국사의 재발견』에 수록).
[부] 『한국사대계』(삼진사 간, 이 책 전 12권 감수 명의, 연표 · 편람 제작 참여).

**1974 49세**
저술생활.
• 1월 긴급조치 제1호.
12월 민주회복국민회의 창립에 공동대표의 1인으로 피선 (~1975년 4월경 활동 정지).
『한국사의 재발견』(일조각 간, 1976년 하타다 다카시旗田巍 감수, 다나카 아키라田中明 번역으로 동경 학생사에서 일역판 간)
「기자고(箕子攷)」(『동방학지』 15에 수록).

**1975 50세**
저술생활.
• 2월 '유신' 헌법 찬반 국민투표.
• 4월 월남 공산화.
편저 『한국상고사의 쟁점』(일조각 간, 1977년에 하타다 다카시旗田巍 감수, 도마리 가쓰미泊勝美 번역으로 동경 학생사에서 일역판 간).
「삼한고三韓攷 (1)—삼한의 성립과정」(『사학연구』 26에 수록).

**1976 51세**
저술생활.
「삼한고 (2)—『삼국지三國志』 한전韓傳의 재검토」(『진단학보』 41에 수록).
「삼한고 (3)—『삼한의 국가형성』(『한국학보』 2, 3호에 수록).
「진 · 변한제국辰 · 弁韓諸國의 위치 시론」(『백산학보』 20호에 수록).
「한국사에서 본 기마민족설騎馬民族說」(『독서생활』 11~12월 · 1980, 김동욱金東旭과의 공편서共編書에 수록).

**1977 52세**
저술생활
「난하灤河하류의 조선—중국 군현郡縣의 폐치廢置와 관련하여」(『사총』 21, 22호에 수록).
「복원 가야사加耶史」(『문학과 지성』 1977 여름호~1978 봄호에 수록).
「한국 근대사상 개관」(삼성출판사 『세계사상전집』 31, 해제 · 『한국근대사 산책』에 수록).
[부] 「단재 신채호丹齋 申采浩 전집」(개정판 간, 이 판 전4권 교열).
「신채호의 민족주의 사상」(『단재 신채호전집』 별권 「서序」 · 『한국근대사 산책』에

수록).

**1978 53세**

저술생활.

「민세民世 안재홍安在鴻 연보」(『창작과 비평』 가을호 · 『한국근대사 산책』에 수록).

**1979 54세**

저술생활.

• 10월 박정희 대통령 피격 서거.

『근세조선사연구』 (일조각 간).

「목지국고目支國攷」 (『한국사연구』 24호에 수록).

「마한제국馬韓諸國의 위치 시론」 (『동양학』 9에 수록).

「광개토왕릉비문 재론」 (『전해종全海宗 박사 화갑기념 사학논총』에 수록).

「인물한국사 · 고대편」 (동경 통일일보 1979. 10～1980. 3. 일역 연재 · 경향신문 1980. 11～1981. 3. 국문 연재 · 1982년 단행본으로 국문판 출판).

**1980 55세**

저술생활.

2월 국토통일원 고문 (～1985. 4).

2월 한국일보사 제정 한국출판문화상 저작상 받음.

3월 외솔회 제정 외솔상 문화부문상 받음.

• 5월 광주 민주화운동 (계엄하 광주 시위에 군병력 진입).

[부] 공편共編 (김동욱) 논문집 『일본문화의 원류로서의 비교 한국문화』(삼성출판사 간 · 1980년 동경 학생사에서 일역판 간).

**1981 56세**

저술생활.

3월 건국대 대우교수 (～1983. 2).

2월 한국일보 상임고문.

4월 사단법인 민족통일중앙협의회 창립에 의장으로 피선 (～1983. 4).

6월 평화통일정책자문위원회 위원 (～1985. 5).

• 9월 1988년 올림픽 서울 개최 결정.

[부] 『민세 안재홍 선집』 제1권 지식산업사 간 (선집 간행위 편, 이 책 전5권 책임편집, 1973～1974, 1977～1980).

**1982 57세**

한국일보 고문 · 민통 의장.

7월 국사편찬위원회 위원.

8월 재단법인 독립기념관 건립위원회 창립에 준비위원, 이어 이사.

『인물로 본 한국고대사』 (정음문화사 간, 1985년에 이은택李銀澤 번역으로 동경 학생사에서 일역판 간)

[부] 「독립기념관 건립 발기취지문」 기초 (8월, 준비위원회 채택).

**1983 58세**

한국일보 고문 · 민통 의장.
2월 문화재위원회 위원 (~1985. 2).
5월 한국일보 이사 겸임.
6월 민족통일중앙협의회 중앙지도위원 (~1985. 12).
9월 성균관대 강사 (~1985. 2).
9월 금관문화훈장 받음.

**1984 59세**

한국일보 고문.
12월 한국사상사학회韓國思想史學會 창립에 회장으로 피선.

**1985 60세**

한국일보 고문.
4월 국정자문위원.
• 5월~9월 남북적 서울 · 평양회담 재개. 남북 이산가족 첫 상봉.
9월 인하대 객원교수.
『한국근대사 산책』(정음문화사 간, 1986년).

* 천관우 선생 연보략은 『천관우 선생 환력기념 한국사논총』(정음문화사, 1985)의 자료를 바탕으로 하였습니다. 따라서 이 연보는 1985년 12월까지의 기록입니다.
* 연령은 만으로 적습니다.

# 추모문집 편찬을 끝내고

역사란 수많은 시대와 그 시대를 특징짓는 인물들이 씨줄과 날줄이 되어 엮어내는 지도라고 할 때 시대와 인물은 특정한 지형이 되어 들판이 되고 산이 될 것인즉 역사의 갈피 속에 잠시 묻혀 있는 높은 메의 이름을 부릅니다.

후석後石 천관우千寬宇 선생.

동시대를 살았던 후배 언론인들과 가르침을 받았던 후학後學 사학자들, 그리고 민주화운동의 전열戰列에 함께 섰던 동지들이 한목소리가 되어 그의 이름을 부릅니다.

발의發議와 추진은 천관우 선생 생전에 성해聲咳에 접할 기회가 드물었다 하더라도 걸어간 발자취에 대한 흠모와 그 이름을 기리는 간절한 마음만 있다고 한다면 누구라도 가능하다고 본 것이 불초 본인이 나서게 된 이유의 전부입니다.

골짜기가 울면 산도 응한다(谷鳴山應)든가. 서울언론인클럽의 발의에 많은 언론인, 사학자들, 민주화 운동가들이 흔쾌히 나서서 추모문집(『우리 시대의 '言官 史官'－巨人 천관우』) 발간이 이루어졌습니다.

지난해, 2010년 11월 23일. 프레스센터 19층 식당에서 『천관우 선생 추모문집』을 발간키로 추진위를 구성함으로써 추모문집 발간사업은 시작되었습니다. 이날 모임에 참석한 분들은 이혜복(위원장), 남재희, 권도홍, 남시욱, 손세일, 손일근, 민현구, 정진석, 여영무, 홍원기, 제재

형, 박실, 공대식, 박진서, 이병대, 정운종, 맹태균, 강승훈 등이었으며, 그 자리에서 편찬위원회(위원장 이혜복, 위원 권도홍, 남시욱, 강승훈, 민현구, 정진석, 이병대, 간사 맹태균)가 구성되었습니다. 그 뒤 여러 차례 모임을 가지며 많은 인사가 참여, 추모문집 발간은 박차를 가하게 되었습니다. 특히 천관우 선생 생전에 저서 출간으로 인연이 깊었던 출판사 일조각一潮閣에서 출판계 사정이 어려움에도 기꺼이 출간을 맡아준 일은 무엇보다도 고마운 일이 아닐 수 없습니다. 그리고 대한언론인회 홍원기 회장의 대국적인 측면지원도 또한 고맙다고 아니할 수가 없습니다.

추모문집 발간을 진행하면서 선두에서 꼼꼼히 편찬을 감수한 권도홍 편찬위원과 대소사를 챙긴 이병대 대한언론인회 부회장 그리고 발의에서 상재까지 편집 실무를 도맡아 현역시절 이상의 정열과 세심한 주의력을 기울여 행여 있을까, 추모문집의 하자를 걷어내기 위해 필자와의 연락을 게을리하지 않았던 서울언론인클럽 맹태균 편집주간의 노고가 두드러집니다.

추모문집 발간에 힘을 보탠 준 방일영문화재단과 모든 이에게 감사한 마음을 보냅니다.

2011년 10월 가일佳日

서울언론인클럽 회장 강승훈

巨人 천관우

우리 시대의 '言官 史官'

1판 1쇄 펴낸날 2011년 10월 20일

**지은이** | 천관우 선생 추모문집간행위원회
**펴낸이** | 김시연

**펴낸곳** | (주)일조각
**등록** | 1953년 9월 3일 제300-1953-1호(구 : 제1-298호)
**주소** | 110-062 서울시 종로구 신문로 2가 1-335
**전화** | 734-3545 / 733-8811(편집부)
733-5430 / 733-5431(영업부)
**팩스** | 735-9994(편집부) / 738-5857(영업부)
**이메일** | ilchokak@hanmail.net
**홈페이지** | www.ilchokak.co.kr

ISBN 978-89-337-0618-3 03070
값 38,000원



* 이 도서의 국립중앙도서관 출판시도서목록(CIP)은
e-CIP홈페이지(http://www.nl.go.kr/ecip)와
국가자료공동목록시스템(http://www.nl.go.kr/kolisnet)에서
이용하실 수 있습니다.
(CIP제어번호: CIP2011004209)